Kohlhammer

Doris Bischof-Köhler

Von Natur aus anders

Die Psychologie der Geschlechtsunterschiede

4., überarbeitete und erweiterte Auflage

Verlag W. Kohlhammer

4., überarbeitete und erweiterte Auflage 2011

Umschlag: Gestaltungskonzept Peter Horlacher
Umschlagabbildung: Pablo Picasso, Bacchante et Centaure, 1947,

Gesamtherstellung:
W. Kohlhammer Druckerei GmbH + Co. KG, Stuttgart
Printed in Germany

ISBN 978-3-17-021625-9

Für

Karoline
Annette
Franziska

und ihren Vater

Vorwort zur ersten Auflage

Als ich Mitte der 1980er Jahre zum ersten Mal eine Vorlesung über die Entwicklung geschlechtstypischer Verhaltensunterschiede hielt, rief diese gemischte Reaktionen hervor: ein Teil der Studierenden war offenkundig fasziniert, bei anderen meldete sich heftiger Widerspruch, einzelne blieben sogar aus Protest weg. Woran lag das? Ich hatte das Geschlechterthema explizit in einen evolutionsbiologischen Bezugsrahmen gestellt und dem Auditorium zugemutet, sich mit der Möglichkeit anlagebedingter Verhaltensunterschiede auseinander zu setzen. Das erschien Einigen politisch nicht korrekt, schrieb es doch scheinbar die Diskriminierung von Frauen fort. Positive Reaktionen kamen dagegen von Studierenden, die verstanden hatten, dass es mir primär darum ging, sie an eine etwas differenziertere Sicht des Anlage-Umwelt-Verhältnisses heranzuführen und ihnen bezüglich der Biologie die Angst zu nehmen, die immer ein schlechter Ratgeber ist.

Ich habe die Vorlesung turnusmäßig bis heute immer wieder gehalten und die negativen Reaktionen haben deutlich abgenommen. Während man vor 15 Jahren bisweilen allen Mut zusammennehmen musste, um gewisse Aussagen mit Provokationspotential nicht um des lieben Friedens willen kurzerhand wegzulassen, gestaltet sich das Klima neuerdings zunehmend so, dass ich offene Türen einzurennen meine. Dass die Geschlechter von Natur aus verschieden sein könnten, wird heute mit einer gewissen Selbstverständlichkeit konzediert.

Was hat diesen Einstellungswandel wohl bewirkt? Mag sein, dass ich in den Jahren eine gewisse Routine entwickelt habe, die heiße Ware an den Mann oder die Frau zu bringen. Vielleicht spielen aber auch die Fortschritte der Genetik eine Rolle, von denen man fast täglich liest. Sie haben der Biologie eine Präsenz im öffentlichen Bewusstsein verschafft, die es nicht mehr erlaubt, sie im Stile vergangener Jahrzehnte zu verdrängen.

Möglicherweise hängt die gelassenere Einstellung der Studierenden – und unter ihnen insbesondere der weiblichen – aber auch damit zusammen, dass Frauen ihre Situation weniger aussichtslos sehen und sich deshalb von biologischen Argumenten nicht mehr so sehr bedroht fühlen. Falls diese Annahme zutrifft, stellt sich die Frage, ob es überhaupt noch zeitgemäß ist, ein Buch wie das hier vorgelegte zu veröffentlichen. Sein Hauptanliegen geht ja dahin, eine differenzierte Diagnose der Faktoren zu liefern, die einer Diskriminierung von Frauen Vorschub leisten. Vielleicht ist das inzwischen gar nicht mehr erforderlich und die Situation hat sich bereits so weit zum Guten gewendet, dass man getrost das Weitere abwarten kann.

Analysiert man die gesellschaftliche Situation allerdings genauer, dann erscheint eine allzu große Euphorie nicht angebracht. Zwar fordern junge Frauen heute mit Selbstverständlichkeit ihr Anrecht auf eine berufliche Karriere ein und viele machen ihren Weg. Wie sieht das aber in der Praxis aus? Ich bin Mutter dreier Töchter. Mein Mann und ich haben sie nach Kräften ermutigt, anspruchsvolle Berufe zu ergreifen, und sie sind darin inzwischen auch sehr erfolgreich. Dafür schlagen sie sich jetzt aber mit dem Problem herum, wie sie die Familie und insbesondere den Kinderwunsch mit ihrer Tätigkeit vereinbaren können. Diese persönliche Erfahrung ist, wie ich fürchte, repräsentativ. In Deutschland, und nicht nur hier, geht die Geburtenziffer dramatisch zurück. Frauen verzichten zunehmend zugunsten der Berufstätigkeit auf Kinder, und viele erleben diese Wahl keineswegs als befriedigend. Jedenfalls gehört es für die meisten meiner Studentinnen auch heute noch zum Lebensplan, Beruf und Familie zu vereinigen. Ob ihnen das gelingen wird, ist eine offene Frage. Die

Karrieremuster, die ihnen unsere Gesellschaft anzubieten hat, wird so manche unter ihnen nötigen, auf das eine oder das andere zu verzichten, wenn nicht die Kinder die Zeche zahlen sollen.

Ich meine also, dass das Thema dieses Buches nicht an Aktualität eingebüßt hat. Es ging darum, alles zusammenzutragen, was man wissen sollte, wenn man eine gerechte Lösung für das Zusammenleben und die Selbstverwirklichung der Geschlechter sucht. Ob das lückenlos gelungen ist, bleibe dahingestellt, jedenfalls habe ich mich darum bemüht. Allerdings gebe ich unumwunden zu, dass mir die These, die beiden Geschlechter seien allein beim Menschen, wie sonst nirgends in der Natur, mit völlig gleichen Verhaltensdispositionen ausgestattet, von Anfang an nicht eben überzeugend schien. Ich habe mich dem Thema also in einer gewissen Erwartungshaltung genähert und kann nicht ausschließen, dass das Spuren hinterlassen hat. Allerdings kann ich guten Gewissens sagen, dass es nie meine Absicht war, irgendetwas zu „beweisen".

Das Buch ist im Grundtenor entwicklungspsychologisch konzipiert; auf diesem Gebiet liegt mein eigener Kompetenzschwerpunkt. Man kann das Thema aber nicht ohne interdisziplinäre Brückenschläge behandeln; es waren also auch noch andere Forschungsperspektiven einzubeziehen, darunter namentlich die Evolutionsbiologie, die Anthropologie, die Primatologie, die Endokrinologie und die vergleichenden Kulturwissenschaften. Ohne regen Gedankenaustausch mit Spezialisten in den betreffenden Gebieten wäre das nicht möglich gewesen. Unter diesen sind vor allem Jane Goodall, Hans Kummer und August Anzenberger zu nennen. Ferner möchte ich mich bei meinen studentischen Mitarbeiterinnen Margot Kirkpatrick, Christa Seiler, Marianne Rahm, Laura Alagia Collenberg, Sybille Bechstein-Renner und Manuela Oesch bedanken, die durch Experimentalarbeiten und Literaturrecherchen einen Beitrag zu diesem Buch geleistet haben. Dankbar verbunden bin ich auch Lutz von Rosenstiel, der mir wiederholt die Möglichkeit gab, das Thema „Frau und Karriere" mit Managern zu diskutieren, Rudolf Cohen, der einige zentrale Thesen sehr gründlich mit mir erörtert hat, und Irmgard Bock, die die Mühe auf sich genommen hat, das fertiggestellte Manuskript zu lesen und mir ein wertvolles Feedback zu geben.

Ein besonderes Wort dankbarer Erinnerung gebührt Ferdinand Merz. Mit seinem Buch: „Geschlechterunterschiede und ihre Entwicklung" ist er mir in all den Jahren, in denen ich mich mit der Materie beschäftigte, Vorbild gewesen. Seine Weise, an die Frage heranzugehen, setzt genau die richtigen Akzente und berührt alle die Bereiche, die mir beachtenswert erscheinen. Sein leider nicht mehr aufgelegtes Werk ist heute, mehr als 20 Jahre nach seinem Erscheinen, noch genau so gültig wie damals, und vieles, was darin Vermutung bleiben musste, ist inzwischen empirisch bestätigt worden.

Auch unsere drei Töchter Karoline, Annette und Franziska seien noch einmal genannt. Sie haben nicht nur Anschauungsmaterial für viele Probleme geliefert, die in dem Buch behandelt werden, sondern waren mir auch wichtige Diskussionspartnerinnen. Vor allem aber haben sie mich immer wieder gedrängt weiterzumachen, wenn mir im Laufe der Jahre der Atem einmal kurz wurde. Dies gilt in besonderem Maße auch für meinen Ehemann Norbert, den ich, was die Unterstützung betrifft, die er mir zuteil werden ließ, eigentlich einen Feministen nennen möchte, auch wenn er das nicht gerne hört. Wenn mir anlässlich von Vorträgen zum Thema Geschlechtsunterschiede ein eisiger Wind entgegenwehte, war er zur Stelle und stärkte mir den Rücken. Insbesondere aber hat er inhaltlich Wesentliches zu dem Buch beigetragen. Schon Mitte der sechziger Jahre hat er zu dem damals unter Verhaltensforschern noch kaum aktuellen Thema ein interdisziplinäres Symposium in der Reimers-Stiftung organisiert, mit dem unser gemeinsames Interesse an diesem

Arbeitsgebiet seinen Anfang nahm. Seitdem hat sich eine gewisse Arbeitsteilung eingestellt, bei der er eher die evolutionsbiologische Perspektive eingebracht hat, während ich selbst mich vor allem als Entwicklungspsychologin verstehe. Insofern dokumentiert dieses Buch auch, dass zuweilen Forscherehen funktionieren können.

Abschließend möchte ich noch dem Kohlhammer-Verlag, insbesondere Herrn Dr. Poensgen, für die sehr angenehme Zusammenarbeit danken.

Bernried, im Mai 2001 Doris Bischof

Vorwort zur vierten Auflage

Jede Neuauflage ist ein Anlass, vormalige Aussagen zu überprüfen und empirisch zu vertiefen. Zuweilen gilt es, substantiellen Umbrüchen gerecht zu werden, öfter indessen wird man feststellen, dass sich nicht allzu viel geändert hat. Mein Eindruck geht auch diesmal eher in die letztgenannte Richtung. Die weibliche Benachteiligung besteht trotz einiger positiver Veränderungen noch immer, und man macht dafür nach wie vor in erster Linie gesellschaftliche Widerstände verantwortlich. Die Möglichkeit spezifisch gelagerter weiblicher Präferenzen, die sich Frauen nicht ohne Weiteres ausreden lassen, bleibt ein Thema von beträchtlichem Reizwert. Neu ist, dass das männliche Geschlecht in eine Art „Problemkonkurrenz" zu den Mädchen tritt, man stößt immer häufiger auf das Thema „benachteiligte Jungen".

Die Rückmeldungen zu dem Buch waren in der Mehrzahl erfreulich. Wie zu erwarten, blieb freilich auch gereizte Kritik nicht aus. Man rechnete nach, wie alt die zitierte Literatur ist, gerade so als würde jede neue Veröffentlichung automatisch zunichte machen, was fundierte empirische Forschung zuvor dokumentiert hat. Ich darf versichern, dass ich mich bezüglich des Forschungsstandes auf dem Laufenden halte und es unverzeihlich finden würde, aktuelle Befunde zu ignorieren, weil sie eigenen Thesen widersprechen. Aber beim modernen Veröffentlichungsbetrieb ist eine Auswahl unvermeidlich und sie sollte sich an der Substanz und nicht am Erscheinungsjahr orientieren.

Bei der Überarbeitung war es mein Anliegen, die Ausführungen in möglichst allen Bereichen auf den neuesten Wissensstand zu bringen. Dabei habe ich mich, wo immer sie zugänglich waren, auf Originaluntersuchungen konzentriert. Nicht alle in dem Buch angesprochenen Inhalte sind allerdings in der neueren Forschung vertreten, zuweilen wohl auch deshalb, weil man das Thema fälschlich für erledigt oder einfach für zu brisant hält. Wie in den vorigen Auflagen liegt auch in der vierten der Schwerpunkt der Diskussion auf motivationspsychologischen Befunden als Hauptquelle geschlechtstypischer Stärken und Schwachstellen insbesondere im Bereich des Selbstvertrauens und des Konkurrenzverhaltens. Bei den kognitiven Unterschieden beschränke ich mich hingegen auf das Wesentliche, da ich ihre Bedeutung für zweitrangig halte. Der derzeit zu beobachtende Boom der Neurowissenschaften fördert nahezu wöchentlich neue Erkenntnisse zu gehirnanatomischen und -physiologischen Geschlechtsunterschieden zu Tage; ich habe mich entschieden, darauf nur in den notwendigsten Fällen einzugehen und auf die Fachliteratur zu verweisen, weil eine erschöpfende Darstellung den Rahmen dieses Buches sprengen würde.

In der öffentlichen Rezeption bestehen noch immer erhebliche Unterschiede in der Bereitschaft, biologische Gesichtspunkte bei unserem Thema für relevant zu halten. Wo der biologische Ansatz, meist in kurzen Nebensätzen, als Erklärung geschlechtstypischen Verhaltens für ungeeignet erklärt wird, hat man allerdings selten den Eindruck, das Urteil in dem an Fallstricken reichen Problemfeld der Anlage-Umwelt-Interaktion beruhe auf profunder Fachkompetenz. Bezüglich der Ursachenfrage verharren viele nach wie vor auf der vereinfachenden Vorstellung eines Entweder-Oder, was es schwer macht, eine differenzierte Sicht des Sowohl-als-auch zu vermitteln, vor allem, wenn dies in kurzer Form geschehen soll – nicht umsonst umfasst das Buch 400 Seiten.

Bei der Sichtung populärwissenschaftlicher Veröffentlichungen bestätigt sich das Bild einer Polarisierung der Positionen. Einerseits besteht eine Tendenz, Geschlechtsunterschiede verschwinden zu lassen, indem man die Beweiskraft empirischer Befunde in Frage stellt oder ihre Bedeutung wegen geringfügiger Ausprägung herunterspielt. An mehreren Beispielen wird in dem Buch demonstriert, warum sich ein solches Vorgehen als kontraproduktiv erweisen kann – man muss die Geschlechtsunterschiede ernst nehmen, wenn man ihre negativen Auswirkungen in den Griff bekommen möchte.

Es zeichnet sich aber auch ein Trend ab, der genau in die andere Richtung geht. Angesichts einiger Veröffentlichungen könnte man geradezu von einem Biologie-Boom reden; aber auch er hinterlässt Unbehagen, weil er sich im Endeffekt negativ auf die Akzeptanz biologischer Argumentation auswirkt und das in einigen Fällen aus nachvollziehbaren Gründen. Manche Autoren bieten Biologie-Kritikern nämlich eine willkommene Angriffsfläche, indem sie biologische Komponenten einseitig überbetonen, etwa wenn sie Hormonen die beherrschende Rolle bei der Verursachung geschlechtstypischen Verhaltens zuweisen. Ohne Zweifel liegen neue spannende Befunde aus der Endokrinologie insbesondere zum Statusverhalten und zur Fürsorglichkeit beider Geschlechter vor, die natürlich in die Neuauflage Eingang gefunden haben. Nur scheint es mir unumgänglich, ihren relativen Stellenwert im Konzert aller möglichen Einflussfaktoren angemessen zu bestimmen. In Anbetracht der Komplexität menschlichen Verhaltens sollte man vorschnelle Generalisierung vermeiden, auch wenn einen die Begeisterung über einen Befund einmal „wegzutragen“ droht. Ob mir das immer gelungen ist, sei dahingestellt, zumindest habe ich mich darum bemüht.

Bleibt mir, den Mitarbeitern vom Kohlhammer-Verlag, insbesondere Frau Ulrike Döring, herzlich für gute Zusammenarbeit zu danken. Zu meiner Freude haben die Picasso-Erben erneut die Erlaubnis für das Titelbild gegeben. Picasso hat seine besonderen Vorstellungen vom Geschlechterverhältnis, wobei er in künstlerischer Freiheit da und dort doch, wie mir scheint, ein wenig übertreibt. So groß sind die Unterschiede letzten Endes auch wieder nicht!

Bernried, im Juli 2011 Doris Bischof

Inhalt

Einleitung
Natur und Kultur

1 Die Macht der Stereotypen

„Baby Sexing"

Seit etlichen Jahren halte ich in regelmäßigem Turnus eine Vorlesung über die Entwicklung von Geschlechtsunterschieden, die damit zu beginnen pflegt, dass dem Auditorium eine Reihe von Videofilmen mit Kindern im Alter von eineinhalb bis zwei Jahren vorgeführt wird. Die Studierenden sollen bei jedem Kind raten, ob es sich um einen Jungen oder ein Mädchen handelt. Dies lässt sich bei dieser Altersklasse nicht einfach an Äußerlichkeiten feststellen, denn Mütter ziehen ihre kleinen Kinder längst nicht mehr geschlechtsrollenkonform an. So trifft man Jungen mit langen, wallenden Locken und goldenen Armbändchen ebenso wie Mädchen mit Kurzhaarfrisuren und in Höschen, beide sowieso noch mit Windelpaketen, die auch nicht gerade zwischen den Geschlechtern differenzieren. In Anlehnung an den angelsächsischen Sprachgebrauch, bei dem Geschlechtsbestimmung von Haustieren kurzerhand auf die dort üblich pragmatische Weise als „Sexing" bezeichnet wird, bereicherte eine Studentin, die mir bei der Auswahl des Videomaterials zur Hand ging, unseren Laborjargon um den Begriff „Baby Sexing". Die Studierenden sollen dabei ihren Eindruck zunächst spontan äußern und dann versuchen, sich Rechenschaft abzulegen, anhand welcher Merkmale sie zu ihrem Urteil kamen.

Da ich diese Übung nun schon öfter durchgeführt habe, geben mir einige Merkwürdigkeiten zu denken, die dabei regelmäßig auftraten.

Über die Jahre hinweg zeigte sich nämlich, dass die Beurteilungen zwar häufig danebengingen, dass die verschiedenen Gruppen aber in hohem Maße in der Wahl der Merkmale übereinstimmten, mit der sie ihre Zuordnungen begründeten, sodass ich dazu übergehen konnte, eine vorbereitete Folie mit einer Liste von Eigenschaften für den Hellraumprojektor mitzubringen, die mit jeweils nur geringfügigen Modifikationen dann die Grundlage für die Diskussion abgab. Die nachfolgende Tabelle informiert über die Einträge dieser Liste, soweit sie das Verhalten betreffen. Physiognomische Kriterien (Kopfform, Körperbau, Haltung und Bewegung, Zierlichkeit, Weichheit etc.) wurden auch genannt, sollen hier aber außer Betracht bleiben. Interessant ist auch, dass gewisse Merkmale sowohl für die Beurteilung als Junge als auch als Mädchen den Grund lieferten. So wurde z. B. einerseits der Eindruck, das Kind sei konzentriert und ausdauernd bei der Sache, als Indiz für Weiblichkeit genannt, dann aber wurde auch wieder geglaubt, Jungen an ihrer Beharrlichkeit zu erkennen.

Junge	Mädchen
demonstriert Stärke	behutsam
Imponiergehabe	vorsichtig
laut	zurückhaltend
angeberisch	geduldig
„Pascha“	sorgfältig
dominant	zaghaft
aggressiv	scheu
selbstständig	mutterorientiert
bestimmt	angewiesen auf
zielsicher	Ermutigung
initiativ	Hilfe
erfinderisch	Schutz
experimentierfreudig	kommunikativ
explorativ	kontaktbereit
ablenkbar	spricht viel
mehr am Spiel	interaktives Spiel
und an Objekten	expressive Mimik
als an Personen	emotional engagiert
interessiert	zeigt Mitgefühl
	schamhaft
	kokett

An diesem Ergebnis ist zunächst einmal nichts besonders Bemerkenswertes. Interessanter erscheint mir dagegen eine Verhaltenseigentümlichkeit, die sich während der Diskussion fast schon voraussagbar einstellte. Anfänglich gaben die Studierenden einige ganz unbefangene Urteile ab, etwa von der Art „Es ist ein Junge, denn er ist so draufgängerisch“, oder „Es ein Mädchen, denn es ist mehr am Kontakt als am Spielzeug interessiert“. Das rief die ersten verlegenen Lacher hervor und der Strom der Kommentare wurde daraufhin zähflüssiger. Inhaltlich tendierte man nun dazu, sich auf Merkmale der äußeren Erscheinung wie Haarlänge etc. zu beschränken, obwohl ich vorher betont hatte, dass diese irrelevant seien. Irgendetwas wurde den Studenten zunehmend peinlich, sie begannen sich offensichtlich klarzumachen, auf was sie sich bei ihrer Urteilsbildung einließen, und verloren ihre Unbefangenheit.

Nun könnte das daran liegen, dass die meisten Studierenden in einer solchen Einstufung nicht geübt sind, denn eineinhalb bis zweijährige Kinder gehören im Allgemeinen nicht zu ihrem täglichen Umgang. Es wäre also denkbar, dass sie sich überfordert fühlten. Andererseits hing aber nichts für sie davon ab, ob sie richtig oder falsch urteilten. Die Ursachen lagen also wohl auf einem anderen Sektor. Wenn man sie direkt auf ihre Befangenheit hin ansprach, dann stellte sich regelmäßig heraus, dass sie sich zunehmend der Tatsache bewusst wurden, in ihren Äußerungen Inhalte zum Ausdruck zu bringen, die sich mit den gängigen *Geschlechtsrollenstereotypen* deckten, wie sie von Williams und Best kulturübergreifend festgestellt wurden: Männer gelten als durchsetzungsstärker, aggressiver, selbstbewusster und risikobereiter, Frauen als sensibler, fürsorglicher, vorsichtiger und nachgiebiger[1].

[1] Williams & Best, 1990; Williams et al., 1999

Stereotypen

Unter Stereotypen versteht man soziale Urteile, die eigentlich zutreffender als *Vorurteile* zu kennzeichnen sind, da sie die Tendenz haben, Personen grob vereinfachend und ohne Rücksicht auf ihre Individualität zu etikettieren. Solche Überzeugungen werden von einem großen Teil der Bevölkerung geteilt; sie bestimmen die Einstellung zu eigenen und zu fremden Gruppen und eben auch die Rollenerwartungen an die Geschlechter. Da den Studierenden in diversen Vorlesungen die Botschaft vermittelt wird, eine Urteilsbildung auf der Basis von Stereotypen sei fragwürdig, ja sogar verwerflich, gerieten sie beim „Baby Sexing" offensichtlich in einen Konflikt, sobald sich zeigte, dass sie sich doch von solchen Überzeugungen leiten ließen – und dies dann gar noch öffentlich im Hörsaal. Eine Studentin brachte ihr Unbehagen einmal auf den Punkt, indem sie sich gerade heraus weigerte, überhaupt bei dieser Übung mitzumachen, mit der Begründung, ein solches Vorgehen zementiere die Diskriminierung von Frauen, man müsse doch endlich von diesen Stereotypen wegkommen und das Denken in Unterschieden überwinden.

Nun trifft es ohne Zweifel zu, dass Stereotype die Eigenschaft haben, zu übertreiben und über einen Kamm zu scheren. Tatsächlich gingen die Studierenden bei ihrer Beurteilung teilweise von recht groben Klischees aus und trafen damit dann auch tüchtig daneben. Die krassesten Fehleinschätzungen kamen dort vor, wo allein schon das bloße Auftreten eines als „typisch" männlich oder weiblich geltenden Verhaltens für die Zuordnung ausschlaggebend war, ohne dass dabei aber berücksichtigt wurde, in *welcher Art* dieses Verhalten ablief. Fußballspiel z. B. wurde wie selbstverständlich als Kennzeichen für Jungen gewertet, so als wäre es überhaupt nicht denkbar, dass auch einmal ein Mädchen Spaß daran findet.

Überhaupt wurden die Begründungen häufig so formuliert, als käme das betreffende Merkmal *ausschließlich* einem Geschlecht zu. Wurde also beispielsweise „Kontaktfähigkeit" als Indiz für Weiblichkeit angeführt, so klang das zuweilen so, als sei das männliche Geschlecht in dieser Hinsicht schlechterdings inkompetent. Stereotype Urteile sind eben nicht nur pauschal, sondern auch ausgrenzend; wird eine Eigenschaft dem einen Geschlecht zugewiesen, so wird sie dem anderen ebenso unterschiedslos abgesprochen.

Androgynie

Auch in den ersten Versuchen, Geschlechtsunterschieden wissenschaftlich durch Fragebogenerhebungen auf die Spur zu kommen[2], war man davon ausgegangen, dass maskuline und feminine Merkmale bipolar auf einer einzigen Dimension liegen und sich daher gegenseitig ausschließen. Je weniger weibliche Eigenschaften eine Person aufweist, umso mehr männliche sollte sie auf sich vereinen und umgekehrt.

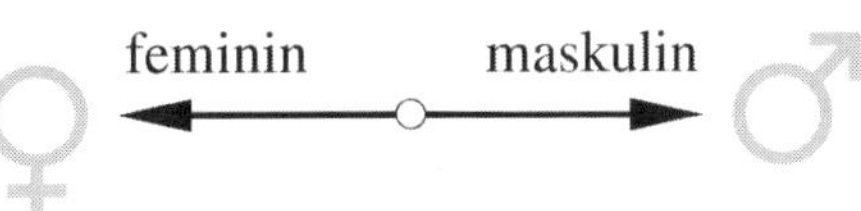

Eindimensionale Skala

Diese Position wurde aber auf die Dauer unhaltbar. Es fanden sich zwar Merkmale, die ein Großteil der Frauen als typisch für sich reklamierten; die Männer fühlten sich dann aber keineswegs durch das Gegenteil dieser Eigenschaft adäquat charakterisiert, sondern besetzten mehr oder minder unbefangen die gesamte Bandbreite von „trifft auf mich genau zu" bis „trifft überhaupt nicht zu",

2 Beispielsweise im Terman-Miles-Test of Masculinity and Femininity, 1936

mit einer natürlichen Häufung im Bereich mittlerer Ausprägung. Entsprechendes galt für typisch männliche Merkmale.

Daraus ließ sich nur der Schluss ziehen, dass Maskulinität und Femininität unabhängige Merkmalsgruppen sind, die sich nicht strikt widersprechen, sondern kombiniert werden können. Statt einer einzigen hat man demnach zwei Achsen zu unterscheiden, deren eine durch die Pole „männlich-unmännlich", die andere durch „weiblich-unweiblich" zu charakterisieren sind. Ursprünglich wurde angenommen, dass diese Achsen völlig unabhängig voneinander sind, was dann graphisch durch ihre orthogonale Anordnung auszudrücken wäre. Inzwischen hat sich gezeigt, dass zwar keine Identität, aber wohl doch eine gewisse Verwandtschaft zwischen weiblich und unmännlich einerseits, männlich und unweiblich andererseits besteht, sodass die Achsen heute meist in obliquer Anordnung dargestellt werden (siehe Abbildung)[3].

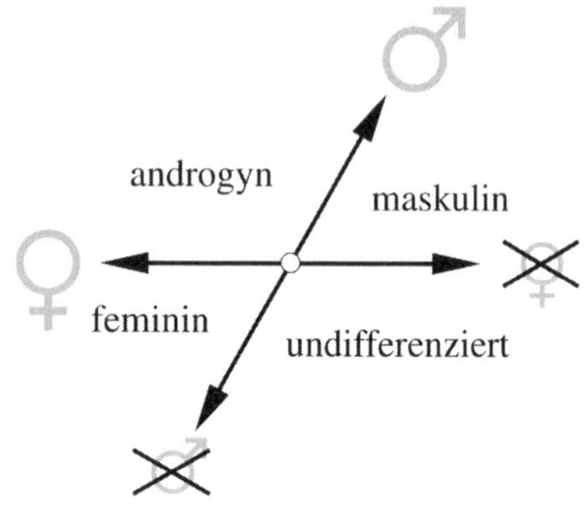

Zweidimensionale Skala

Auch in diesem Falle hat man statt einer bipolaren eine Vier-Felder-Anordnung. Personen rangieren nur noch dann als „feminin", wenn sie viele feminine Merkmale und zugleich niedrige Werte in Maskulinität aufweisen. Entsprechendes gilt spiegelbildlich für die Zuweisung zur Gruppe „maskulin". Zusätzlich gibt es nun noch Personen, die sich in Bezug auf sowohl Maskulinität als auch Femininität unternormal einschätzen. Diese werden meist, nicht sehr treffend, als „undifferenziert" bezeichnet; niemand interessiert sich sonderlich für sie. Das Gegenteil gilt für die letzte Gruppe, die laut Selbstbeurteilung sowohl typisch männliche als auch typisch weibliche Merkmale in sich vereint. Diese wird nach einem Vorschlag von Sandra Bem als „androgyn" bezeichnet[4], und auf sie richtete sich ein gut Teil Emanzipationshoffnung, sind die betreffenden Personen doch gewissermaßen der Vortrupp auf dem Weg zur endgültigen Befreiung vom Diktat der Geschlechtsrollen.

Bem arbeitete mit einem Geschlechtsrolleninventar, das jeweils 20 eher männliche, eher weibliche und eher geschlechtsneutrale Merkmale enthielt. Die Probanden hatten sich selbst auf einer siebenstufigen Skala einzuschätzen, die von „nicht oder nahezu nie zutreffend" bis zu „immer oder fast immer zutreffend" reichte. Spence[5] konzipierten ungefähr um die gleiche Zeit ebenfalls einen Fragebogen zur Messung geschlechtsspezifischer Merkmale. Er unterschied nur zwei Skalen, die er mit den Symbolen F und M belegte. Zusätzlich versuchte er die beiden Klassen auch noch inhaltlich zu identifizieren, und zwar die maskuline Skala durch das Stichwort „Instrumentalität", die feminine durch „Expressivität". Diese Charakterisierung entspricht aber wohl mehr dem Bedürfnis, eine einigermaßen politisch korrekte, d.h. wertfreie, Etikettierung zu finden, als dass sie wirklich als inhaltlich adäquat überzeugt.

---

3 Reinisch et al., 1991
4 Bem, 1974
5 Spence et al., 1974

Beispiele aus dem Geschlechtsrolleninventar von Bem

eher zu Männern passend	*zu beiden Geschlechtern passend*	*eher zu Frauen passend*
aggressiv	launisch	liebevoll
kompetitiv	freundlich	leidenschaftlich
dominant	theatralisch	warm
ehrgeizig	verlässlich	verständnisvoll
kraftvoll	ernsthaft	sanft
unabhängig	etc.	nachgiebig
risikobereit		scheu
etc.		etc.

Beispiele aus dem Geschlechtsrolleninventar von Spence

M-Skala (Instrumentalität)	*F-Skala (Expressivität)*
aktiv	einfühlend
Druck standhaltend	auf andere eingehend
konkurrierend	freundlich
entscheidungsfähig	gefühlsbetont
nicht leicht aufgebend	herzlich
selbstsicher	hilfreich
sich überlegen fühlend	verständnisvoll
unabhängig	etc.
etc.	

Die Bedeutung dieser Studien wird vornehmlich darin gesehen, dass sie durch einen eleganten Kunstgriff erlauben, den Kuchen gleichsam zu essen und zu behalten: Auf der einen Seite wird die im Volksmund unausrottbar verwurzelte Unterscheidung „typisch weiblicher“ von „typisch männlichen“ Eigenschaften aufgegriffen und beibehalten, auf der anderen aber von der schicksalhaften Bindung an das biologische Geschlecht gelöst. Wenn eine Person von Genetik und Anatomie her eine Frau ist, braucht sie deshalb noch längst nicht auch psychologisch feminin zu sein; ihr steht das ganze allgemeinmenschliche Wertspektrum offen. Wieso jene Merkmale aber überhaupt noch als „feminin“ und „maskulin“ apostrophiert werden, wieso man nicht wirklich konsequent nur noch etwa von „Instrumentalität“ und „Expressivität“ spricht, entzieht sich dann leicht der weiteren Reflexion.

Die Studie von Maccoby und Jacklin

Wie steht es nun aber wirklich mit der Verteilung „femininer“ und „maskuliner“ Eigenschaften auf die beiden Personengruppen, die wir im vorwissenschaftlichen Sprachgebrauch als „Mädchen“ und „Jungen“, als „Frauen“ und Männer“ zu unterscheiden pflegen? Werden die in den Stereotypen zum Ausdruck gebrachten

Differenzen wirklich nur herbeigeredet, sodass ihre terminologische Abkoppelung vom biologischen Geschlecht oder – wie im Falle der oben erwähnten Studentin – die strikte Weigerung, sie überhaupt beim Namen zu nennen, schon ausreichen könnte, um sie aus der Welt zu schaffen? Sind sie einfach nichts anderes als Vorurteile, die es endlich auszuräumen gilt?

Viele sind noch heute davon überzeugt, dass das in der Tat so ist. Die Annahme, dass die Geschlechter sich in Wirklichkeit überhaupt nicht unterscheiden, wird so selbstverständlich für zutreffend gehalten, dass man es gar nicht für notwendig hält, ihre Richtigkeit nachzuweisen. Sie wird vielmehr als das behandelt, was die Statistiker eine *Nullhypothese* nennen (siehe Kasten).

Nullhypothesen

Wenn man dreimal hintereinander eine Sechs würfelt, muss das nicht heißen, dass der Würfel präpariert ist. Wenn also ein Forscher glaubt, irgendeinen interessanten, dem bisher verbindlichen Wissensstand widersprechenden Zusammenhang entdeckt zu haben, so muss er zunächst statistisch prüfen, ob der beobachtete Effekt nicht auch rein zufällig hätte zustande kommen können. Er muss, wie man es ausdrückt, eine *Arbeitshypothese* („der Würfel ist präpariert") gegen die *Nullhypothese* („Der Würfel ist normal") prüfen. Das Verfahren ist asymmetrisch: Die Arbeitshypothese muss man *sichern,* die Nullhypothese *widerlegen.* Die Arbeitshypothese trägt also die Beweislast.

Das bedeutet: Wenn jemand behauptet, Unterschiede im Verhalten und Erleben von Frauen und Männern existierten nur im Volksglauben oder gar in der Fantasie von Ideologen und Chauvinisten, während in Wirklichkeit doch alle Menschen gleich angelegt seien, dann darf er dies solange tun, bis irgendwer ihn unausweichlich widerlegt, während die These, Frauen seien anders als Männer, und dies womöglich auch noch von Natur aus, die volle Beweislast zu tragen hat. Offenbar wird es als „sparsamer" empfunden, Geschlechtsunterschiede zu leugnen als sie zu akzeptieren. Die Berechtigung zu dieser asymmetrischen Betrachtungsweise wird freilich so gut wie nie reflektiert.

Eleanor Maccoby und Carolin Jacklin von der Stanford University, die gegenwärtig immer noch zu den prominentesten Gewährsleuten in der Frage der Geschlechtsunterschiede zählen, gingen in ihrem Buch „The Psychology of sex differences" ebenfalls von der gerade formulierten Nullhypothese aus und prüften nach, ob die empirische Befundlage an irgendwelchen Stellen dazu nötigen würde, sie zu verwerfen. Sie kamen dabei zu dem Schluss, dass „viele populäre Überzeugungen über die psychologische Eigenart der beiden Geschlechter erwiesenermaßen eine geringe oder überhaupt keine Grundlage haben. Die Ursache, warum solche Mythen dennoch aufrechterhalten werden, liegt darin, dass Stereotype eine so machtvolle Wirkung haben"[6].

Die beiden Autorinnen haben etwa 1.600 empirische Arbeiten aus allen erdenklichen Gebieten der Psychologie daraufhin analysiert, ob männliche und weibliche Versuchspersonen dabei irgendwie abweichende Resultate erzielt hatten. Sie kamen zu dem Ergebnis, dass Unterschiede in lediglich vier Bereichen angenommen werden müssten. Drei davon betreffen den kognitiven Stil:

Männer hätten bessere Fähigkeiten im mathematischen Denken und in der visuellräumlichen Vorstellung, während das weibliche Geschlecht eher sprachbegabt sei.

[6] Maccoby & Jacklin, 1974, S. 355, Übersetzung von D.B.-K.

Auf dem emotionalen Sektor gäbe es überhaupt nur einen belegbaren Unterschied, nämlich in der Aggressivität. Alle übrigen üblicherweise postulierten Unterschiede dagegen seien ohne empirische Basis.

Als Resultat ihrer Studie sahen sich Maccoby und Jacklin in ihrer Vermutung bestätigt, Stereotypen seien nicht viel mehr als willkürliche Setzungen der Gesellschaft, die ihre Durchschlagkraft lediglich der Tatsache verdanken, dass sie von Generation zu Generation weitergegeben und insbesondere von den Männern bereitwillig immer wieder aufgegriffen werden, um die eigene Vorherrschaft zu sichern. Als engagierte Feministinnen folgerten die Autorinnen weiter, ein Abbau der Diskriminierung sei am ehesten dadurch einzuleiten, dass man die Stereotypen als das entlarve, was sie eigentlich sind, nämlich „Mythen“ ohne Wahrheitsgehalt.

Das passt zunächst gut zu der Feststellung, dass die gängigen Stereotypen wenig geeignet waren, meinen Studierenden zu wirklich qualifizierten Urteilen zu verhelfen. Aber ganz so einfach ist es auch wieder nicht.

Feinschlägige Nuancen

Das Bild sieht nämlich anders aus, wenn man einige Zusatzerfahrungen mitberücksichtigt, die sich in unserer Arbeit inzwischen eingestellt haben. So zeigt sich etwa, dass die Trefferquote erheblich ansteigt, wenn die Beurteiler über mehr Erfahrung mit der betreffenden Altersgruppe verfügen.

In einer Studie an unserem Institut hatte eine Studentin den Auftrag, die Verhaltensweisen 16-monatiger Kinder beiderlei Geschlechts, die auf Video aufgenommen waren, genau zu analysieren. Die Kinder trugen einheitlich neutrale Kleidung, und Namensnennungen sowie sonstige Hinweise auf das Geschlecht waren auf den Videobändern gelöscht. Die Studentin konnte also nicht wissen, ob es sich bei einem Kind um einen Jungen oder um ein Mädchen handelte; vorgefasste Meinungen über Geschlechtsunterschiede hätten die Auswertung daher nicht beeinflussen sollen.

Dennoch stellte sich heraus, dass es der Untersucherin gar nicht möglich war, *keine* Mutmaßungen über das Geschlecht der Kinder anzustellen. Wir ließen sie, eher der Vollständigkeit halber, nach Abschluss der Auswertung ihre diesbezüglichen Einschätzungen notieren. Und diese erwiesen sich dann ausnahmslos als zutreffend – die Studentin hatte sich nicht bei einem einzigen der 25 Kinder im Geschlecht getäuscht!

Es muss also bereits in diesem Alter Differenzierungen geben, die dem Experten eine zuverlässige Zuordnung ermöglichen, auch wenn die üblichen Stereotypen vielleicht nicht zutreffen. Bei den Verhaltensunterschieden, die sich dann bei der Auswertung dieser Studie objektiv herausstellten, handelte es sich weder um die von Maccoby und Jacklin konstatierten Abweichungen in den kognitiven Stilen – diese manifestieren sich erst viel später im Verhalten –, noch lag es daran, dass die Buben jetzt schon „aggressiver“ waren als die Mädchen. Es handelte sich vielmehr um feinschlägige Unterschiede in der Art und Weise, wie die Babys mit Spielsachen umgingen, wie sie diese manipulierten und untersuchten und wofür sie sich besonders interessierten. Auch in der Interaktion mit der Mutter und in der Reaktion auf eine kurzfristige Trennung von ihr unterschieden sich die Geschlechter.

Ich werde auf diese Ergebnisse noch genauer zu sprechen kommen und habe hier nur auf sie verwiesen, um deutlich zu machen, dass Maccoby und Jacklin in ihrer zugegebenermaßen anerkennenswerten Absicht, Vorurteile abzubauen, offensichtlich über das Ziel hinausgeschossen sind.

Methodische Probleme

Zu derselben Ansicht war Jeanne Block, eine Kollegin der genannten Autorinnen, bereits im Jahre 1976 gekommen, als sie das Buch von Maccoby und Jacklin bald nach seinem Erscheinen einer Revision unterzog. Sie analysierte das darin zugrunde gelegte Material ein zweites Mal und kam zu recht deutlich abweichenden Befunden[7].

Vor allem machte sie auf methodische Schwachpunkte des Buches aufmerksam. Ein großer Prozentsatz der von Maccoby und Jacklin berücksichtigten Arbeiten hatte gar nicht primär die Frage nach Geschlechterunterschieden zum Thema gehabt. Die Autoren waren im Gegenteil sogar ausdrücklich daran interessiert gewesen, möglichst nicht auf solche zu stoßen, und zwar gar nicht unbedingt aus Gründen der politischen Korrektheit, sondern einfach deshalb, weil diese die Stichprobengröße halbiert und damit ihre eigentlich erwarteten Ergebnisse weniger signifikant gemacht hätten.

Signifikanz ist ein mathematischer Ausdruck für die Sicherheit, mit der man ein zufälliges Zustandekommen des Ergebnisses einer empirischen Untersuchung ausschließen kann. Sie hängt wesentlich von der Größe der Stichprobe ab (siehe Kasten).

In den von Maccoby und Jacklin untersuchten Fällen waren nun oft genug durchaus Geschlechtsunterschiede aufgetreten, diese hatten aber wegen der zu kleinen Stichprobengröße keine ausreichende Signifikanz erreicht. Im Text der Veröffentlichung wurde dies dann als „keine Unterschiede" verzeichnet. Bloße Tendenzen blieben unerwähnt. Wenn nun aber in mehreren Untersuchungen, die unabhängig voneinander demselben Thema gewidmet sind, überall *dieselbe* Tendenz auftauchte, dann beginnen sich die Befunde gegenseitig zu stützen und können gemeinsam durchaus ein passables Signifikanzniveau erreichen.

Gravierender ist allerdings Blocks Feststellung, dass Maccoby und Jacklin eine Reihe von Untersuchungen zwar angeführt, bei der statistischen Gesamtevaluation dann aber überhaupt nicht berücksichtigt haben; man hatte sie offensichtlich vergessen. Dabei handelte es sich nun ausgerechnet um Befunde, die weitere Geschlechtsunterschiede gerade auch im motivational-emotionalen Bereich eindeutig belegten, nämlich höhere *Explorativität, dominanteres Verhalten* und *stärkeres Selbstvertrauen* bei Jungen, und erhöhte *Ängstlichkeit, Neigung zu Gehorsam* und *größere Nähe im persönlichen Kontakt* bei Mädchen.

Signifikanz

Wenn in einer empirischen Untersuchung, sagen wir, zwölf von 20 Jungen, aber nur neun von 20 Mädchen eine bestimmte Leistung erbrachten, so erlaubt dieses Ergebnis für sich noch nicht die Behauptung, es bestehe ein Geschlechtsunterschied. Es könnte immer noch leicht durch Zufall zustandegekommen sein; es ist nicht „signifikant", sondern höchstens „tendentiell", was soviel heißt wie, dass man die Untersuchung noch einmal mit einer größeren Stichprobe wiederholen sollte, bevor man ihr wirklich trauen kann. Wenn jedoch von jedem Geschlecht die zehnfache Zahl, also je 200 Kinder, an dem Versuch teilgenommen und dann 120 Jungen und 90 Mädchen positiv abgeschnitten hätten, so wäre ein zufälliges Zustandekommen des Ergebnisses so unwahrscheinlich, dass man es ernst nehmen müsste.

[7] Block, 1976

Man wird einer erwiesenermaßen integren Wissenschaftlerin vom Format Eleanor Maccobys sicher keine bewusste Täuschungsabsicht unterstellen können. Arbeiten von diesem Umfang lassen sich aber nun einmal nicht ohne einen Stab von Mitarbeitern bewältigen, und da können sich, wie man auch hier wieder sieht, allerlei Pannen einschleichen.

Block zieht ihrerseits aus der intensiven Beschäftigung mit dem Datenmaterial das Fazit, dass die Stereotypen doch einen Wahrheitsgehalt haben könnten. Sie schreibt:

> „Meiner Meinung nach kann man den ‚Volksglauben' und die ‚Mythen' über Geschlechtsunterschiede, auf die sich Maccoby und Jacklin beziehen, nicht einfach dadurch wegerklären, dass man nur auf die Verbreitung und Überzeugungsmacht von Stereotypen verweist. ... Selbst wenn Stereotypen nur ‚Mythen' zur Grundlage haben sollten, so könnten darin dennoch auch gewisse kulturell scharfsichtig wahrgenommene und vielfach bestätigte Wahrheiten zum Ausdruck kommen."[8]

Die Kontroverse hatte in jüngster Zeit noch ein bedenkenswertes Nachspiel. In einer Buchveröffentlichung von 1998 hat sich Eleanor Maccoby, inzwischen emeritiert, noch einmal ausführlich auf der Basis der neuesten Befundlage mit dem Thema befasst und ihre Annahmen von 1974 erheblich revidiert. Von ihrer damals vertretenen Ansicht, die Geschlechter würden sich nur unwesentlich unterscheiden, ist dabei nicht mehr viel übriggeblieben. Stattdessen befasst sie sich nun eingehend mit den Unterschieden, die sie vor allem in der Gruppenstruktur, in den Interaktionsmustern, in Konfliktbewältigungsstrategien und im Spielverhalten lokalisiert. Sie sieht in ihnen die Erklärung für die durchgängig beobachtbare und im frühen Alter bereits einsetzende Geschlechtertrennung, einem Phänomen, dem sie weite Partien ihres Buches widmet[9]. Was die Ursachenanalyse betrifft, so problematisiert sie die Annahme einer ausschließlichen Sozialisiertheit von Geschlechtsunterschieden und zieht neben kognitiven Faktoren auch eine biologische Mitverursachung ernsthaft in Erwägung, wobei man allerdings ihrer Diktion anmerkt, wie schwer ihr dieser Schritt fällt. Umso bemerkenswerter sind ihr Versuch eines Neuzugangs und die Erweiterung ihrer Perspektive.

Mit diesem Perspektivenwechsel steht Maccoby übrigens nicht allein. Auch andere, zum Teil durchaus feministisch orientierte Forschende, die ursprünglich davon ausgegangen waren, die Annahme geschlechtstypischer Verhaltensunterschiede hätte keine reale Basis, haben inzwischen ihre Einstellung revidiert. Alice Eagly, eine der prominentesten amerikanischen Genderforscherinnen, kennzeichnet 1995 die in den 70er Jahren auf feministischer Seite dominierende Überzeugung, Geschlechtsunterschiede seien so unbedeutsam, dass man sie vergessen könne, als unzutreffend und kontraproduktiv[10]. John Williams und Deborah Best, deren Forschungsabsicht es ursprünglich gewesen war, die Nicht-Existenz von Geschlechtsunterschieden nachzuweisen, gelangten aufgrund einer kulturvergleichenden Studie über Geschlechtsstereotype zu der Einsicht, dass diese nicht wegzuleugnen seien, und diskutieren in diesem Zusammenhang durchaus auch biologische Ursachen[11]. Diane Halpern, die davon ausgegangen war, dass kognitive Geschlechtsunterschiede nicht existierten und diesbezügliche Berichte auf Untersuchungsartefakten, Fehlern und Vorurteilen beruhten, kam nach Sichtung der gesamten einschlägigen Litera-

---

8 Block, 1976, S. 285 und 295
9 Maccoby, 2000
10 Eagly, 1995
11 Williams & Best, 1990; siehe auch Lippa, 2010

tur zu dem Ergebnis, „es gibt tatsächlich und in manchen Fällen sogar erhebliche Geschlechtsunterschiede in einigen kognitiven Fähigkeiten. Sozialisationspraktiken sind dafür zweifelsohne wichtig, aber es gibt auch gute Hinweise, dass biologische Geschlechtsunterschiede eine Rolle spielen.“[12]

Solche Einsichten haben inzwischen in Form populärer Bestseller auch die breite Öffentlichkeit erreicht und um Erkenntnisse des Kalibers bereichert, Frauen „könnten nicht einparken“ und Männer seien „vom Mars“. Nun erweisen sich diese Elaborate in ihrer kruden und wenig fundierten Argumentation aber als ausgesprochen kontraproduktiv. Dies nicht nur, weil sie unzutreffende Vorstellungen über Ausmaß und Ursachen von Geschlechtsunterschieden in ihrer Leserschaft hervorrufen, sondern vor allem auch, weil sie durch undifferenzierte und einseitige Annahmen über die Wirkung der Veranlagung antibiologischen Vorurteilen erneut Nahrung geben. So beklagt Sylvia Jahnke-Klein in einem Artikel im jüngst erschienenen Handbuch zur Mädchenpädagogik, in dem es um Mädchen und Naturwissenschaften geht, dass *biologische Begründungsansätze* (kursiv von D.B.-K.) in der öffentlichen Diskussion immer wieder viel Aufmerksamkeit erfahren. Und dann führt sie als einziges Beispiel eben das Buch von Pearse an („Warum Männer nicht zuhören und Frauen schlecht einparken“), das sie offensichtlich als repräsentativ für den biologischen Ansatz erachtet, denn sie kommt ohne Umschweife zur einer pauschalen Aburteilung: „Wissenschaftlich haltbar ist meines Erachtens keiner dieser biologischen Erklärungsansätze“[13] (man beachte die Mehrzahl!). Wenn sie anschließend dem „biologischen Begründungsmuster“ einen „gravierenden Denkfehler“ unterstellt, weil es der überlappenden Verteilung von Fähigkeitskurven zwischen den Geschlechtern angeblich nicht Rechnung trage, dann beruht der gravierende Denkfehler ausschließlich darauf, dass sie sich offensichtlich nie ernsthaft mit seriösen biologischen Ansätzen befasst hat.

Bei dieser Grundstimmung verwundert es nicht, dass das Pendel neuerdings wieder in die andere Richtung ausschlägt. Eine Studie von Janet Hyde trägt denn auch den bezeichnenden Titel „Die Hypothese der *Geschlechterähnlichkeit*“[14]. Hydes Zusammenstellung von 46 Übersichtsarbeiten zu verschiedenen psychologischen Bereichen läuft auf die These hinaus, dass die meisten in der Populärliteratur behaupteten Geschlechtsunterschiede keine oder nur eine schwache empirische Basis hätten. So haben vor ihrem kritischen Blick lediglich Unterschiede in der Aggression, der Sexualität (Männer masturbieren mehr!) und der Motorik Bestand. Wenn man ihre Übersichtstabellen allerdings genauer anschaut, stellt man fest, dass dort noch etliche weitere Unterschiede wie beispielsweise in Fürsorglichkeit, Durchsetzungsorientiertheit und räumlichem Vorstellungsvermögen angeführt sind, auf die dann aber in der zusammenfassenden Diskussion nicht Bezug genommen wird, obwohl sie ebenfalls ein deutliches statistisches Gewicht aufweisen. Hyde hat Untersuchungen mit eindeutigen Unterschieden bei ihrer Bilanz offensichtlich nicht berücksichtigt, wenn nicht *sämtliche* Studien in diesem Bereich zu einem vergleichbaren Ergebnis kamen. Dies trägt meines Erachtens der Tatsache nicht genügend Rechnung, dass Ergebnisse je nach der verwendeten Methodik variieren können. Es macht zum Beispiel einen erheblichen Unterschied, ob ein Befund durch direkte Beobachtung oder aber nur über eine Befragung erhoben wurde, und durch den Einsatz bestimmter Tests können unterschiedliche Aspekte einer Fähigkeit angesprochen werden. In solchen Fällen ergibt die Mittelung der Er-

[12] Halpern, 2000 (Zitat aus Rhoads, 2004); Halpern et al., 2007
[13] Jahnke-Klein, 2010, S. 248
[14] Hyde, 2005

gebnisse wenig Sinn, aber man kann dadurch natürlich Geschlechtsunterschiede zum Verschwinden bringen[15].

Nun ist es, ähnlich wie bei Maccoby und Jacklin, das ausdrückliche Anliegen der Autorin, die Gleichheit der Geschlechter zu betonen. Auf diese Weise hofft sie, die Diskriminierung zu unterbinden und zu verhindern, dass die Betroffenen selbst an die Geschlechtsunterschiede glaubten und sich in ihrem Verhalten entsprechend einrichten. So ehrenwert diese Absichten sein mögen, wir werden uns im Folgenden doch etwas kritischer mit einer solchen Vorgehensweise auseinander setzen müssen.

[15] Kritisch zu Hyde siehe auch Guimond, 2008

2 Der Wunsch nach Veränderung

Sozialisierte Geschlechtsunterschiede

Die Weise, in der Maccoby und Jacklin und die übrigen genannten Autoren zunächst argumentierten, wie auch die neuerdings vertretene Stoßrichtung von Hyde, sind beispielhaft für eine von zwei verbreiteten Haltungen zur Frage, wie die Diskriminierung von Frauen abgebaut werden könne: Man sucht nachzuweisen, dass die üblicherweise angenommenen Unterschiede zwischen den Geschlechtern entweder überhaupt nicht existieren oder so geringfügig sind, dass man sie vernachlässigen kann. Nur so glaubt man, ungerechtfertigte Vorurteile entmächtigen zu können und damit der Diskriminierung ihre Basis zu entziehen.

Verbreiteter ist eine zweite Position. Deren Vertreter gehen nicht so weit, Geschlechtsunterschiede herunterzuspielen oder ganz zu leugnen. Sie akzeptieren, dass sich Männer und Frauen in allerlei Hinsicht voneinander unterscheiden, haben jedoch eine dezidierte Meinung bezüglich der Ursache dieses Effektes. Die nämlich wird selbstverständlich allein in einer nach Geschlechtsrollen differenzierenden *Sozialisation* gesehen, und die dabei vermittelten Normen gelten ebenso selbstverständlich als rein kulturell gesetzt.

Da solche Unterschiede regelmäßig zu Lasten der Frauen gehen, müsse man, um endlich Chancengleichheit zu erreichen, Jungen und Mädchen konsequent geschlechtsneutral erziehen und dafür sorgen, dass die traditionelle Rollenteilung einer egalitären Gleichverteilung der Aufgaben Platz mache. Letzteres scheint freilich nicht ganz leicht realisierbar zu sein, denn die anfängliche Euphorie, mit der entsprechende Maßnahmen auch politisch durchgesetzt wurden, hat inzwischen einen Dämpfer erhalten. Zwar haben diese Bemühungen durchaus Erfolge zu verzeichnen: Mädchen schneiden in der Schule besser ab, sind an den Universitäten in vielen Fächern in der Überzahl, machen berufliche Karriere und werden sogar Bundeskanzlerin. Andererseits sind die Erwartungen aber auch vielfach nicht erfüllt worden: Frauen sind in Führungspositionen immer noch erheblich unterrepräsentiert und verdienen nach wie vor weniger als Männer.

Die jungen Generationen sind immer noch weit davon entfernt, das neue Gleichheitsideal zu verkörpern. Sie legen zwar vielleicht entsprechende Bekenntnisse ab, in ihrem Lebensstil bleibt vieles aber noch immer den alten Vorstellungen verhaftet. Frauen rackern sich nach wie vor in der Familienarbeit ab, auch wenn sie voll berufstätig sind, und Männer sind nur zu einem verschwindenden Prozentsatz bereit, die Rolle des Hausmannes zu übernehmen. Diese Rückschläge werden wie eh und je mit gesellschaftlichen Bedingungen erklärt, die in der Tat in mancher Hinsicht keineswegs ideal sind, was z. B. die Vereinbarkeit von Beruf und Familie oder flexible Arbeitszeitregelungen betrifft, um nur zwei wesentliche Punkte zu nennen. Allerdings sollte man sich mit dieser Erklärung nicht zufriedengeben. Es stellt sich nämlich die Frage, ob das Vorgehen, mit dem man die Veränderungen herbeiführen wollte, der Vielschichtigkeit des Problems angemessen war.

Kinderläden

Eindeutige Evidenz, dass erzieherische Gleichbehandlung nicht notwendigerweise zum angestrebten Effekt führt, ergab sich unbeabsichtigt aus einem großangelegten Experiment mit Kindern im Vorschulalter. Im Zusammenhang mit der Achtundsechziger-Bewegung hatten sich einschlägig engagierte Eltern zusammengetan und in leerstehenden Läden antiautoritäre Kindergärten eingerichtet, für die sich die Bezeichnung „Kinderläden“ einbürgerte. Ziel war es, Vorschulkinder gemeinsam aufwachsen zu lassen und dabei bestimmte von der Tradition abweichende Erziehungsideale zu realisieren. Zu diesen zählten in erster Linie eine repressionsfreie Erziehung und die Förderung der Selbstregulierung innerhalb der Gruppe. Die Erzieher sollten also möglichst wenig eingreifen, Formen der Konfliktbewältigung waren zu fördern, bei denen es keine Opfer geben sollte, Kooperation und Solidarität standen im Vordergrund. Und nicht zuletzt wollte man eben auch auf die Einübung von Geschlechterrollen verzichten, in der Hoffnung, dass dies von selbst zur Angleichung der Geschlechter führen werde.

Zwei Psychologen, Horst Nickel und Ulrich Schmidt-Denter, wollten nun in einer umfangreich angelegten Untersuchung klären, wieweit sich diese Ziele erfüllt hatten[1]. Es wurden 40 Kinderläden – fast alle, die es überhaupt gab – mit 31 traditionellen Kindergärten verglichen. Die Alterspanne der untersuchten Kinder reichte von drei bis zu fünf Jahren (s. Abb. nächste Seite).

Zur Enttäuschung der Untersucher, die zum Teil auch als Eltern in der Initiative engagiert gewesen waren und ihre eigenen Kinder in Kinderläden gegeben hatten, erwies sich das Erziehungsziel der geschlechtlichen Angleichung als voll verfehlt. Dies äußerte sich vor allem bei der Bewältigung von Konflikten. In den *traditionellen* Kindergärten wurden diese in erster Linie aggressiv ausgetragen, wobei die Jungen signifikant die Mädchen übertrafen. Ein solches Ergebnis hatte man auch erwartet, denn Aggressivität gehört zum Rollenstereotyp eines „ordentlichen Jungen“. Nicht erwartet hatte man jedoch, dass der gleiche Unterschied auch in den *Kinderläden* auftreten würde, und zwar – zum Entsetzen der Beteiligten – nicht etwa in geringerem Maß, sondern sogar noch ausgeprägter als unter den traditionellen Erziehungsbedingungen. Die Jungen in den Kinderläden lösten ihre Konflikte vorzugsweise mit brachialer Gewalt, während die Mädchen sich bereitwilliger zurückzogen und noch ängstlicher und abhängiger agierten als ihre Geschlechtsgenossinnen im „bürgerlichen“ Kindergarten. Letztere setzten sich sogar durchaus zur Wehr, entsprachen also viel weniger dem Rollenstereotyp als die repressionsfrei erzogenen Mädchen. Zwar erwiesen sich die Kinderläden generell als konfliktärmer, was die Untersucher auch erwartet hatten, aber dies ging eben eindeutig zu Lasten der Mädchen, die einfach im Streitfall sofort nachgaben. Erst die Fünfjährigen zeigten ein ähnliches Ausmaß an Aggressionsbereitschaft wie die Jungen, so als hätten sie allmählich doch gelernt, sich zu wehren.

Das Ergebnis widerspricht eklatant der Erwartung, geschlechtstypische Aggressionsunterschiede seien anerzogen. Wenn letzteres nämlich zuträfe, dann müssten sich Jungen und Mädchen gerade in den traditionellen Kindergärten stärker unterscheiden, und dies umso ausgeprägter, je älter die Kinder sind, denn umso besser sollte das an den gängigen Stereotypen orientierte Rollenverhalten eingeübt sein. Tatsächlich ist es aber gerade umgekehrt.

Die Untersucher wollten der Sache dann noch genauer auf den Grund gehen und herausfinden, wie es mit den Dominanzverhältnissen stand, ob hier wiederum das alte Geschlechtsrollenstereotyp der männlichen Vorherrschaft durchschlagen würde. Sie brachten deshalb in beiden Typen von Kindergärten Jungen und Mädchen in eine Konkurrenzsituation, in der sie um ein attraktives Kinderfahrrad rivalisieren konnten. Wiederum war das Ergebnis eindeutig: Das in traditionellen Kulturen sattsam bekannte Muster, dass das männliche Geschlecht das weibliche

[1] Nickel & Schmidt-Denter, 1980

dominiert, trat auch hier in Erscheinung, und zwar eben auch bei den nondirektiv erzogenen Kindern.

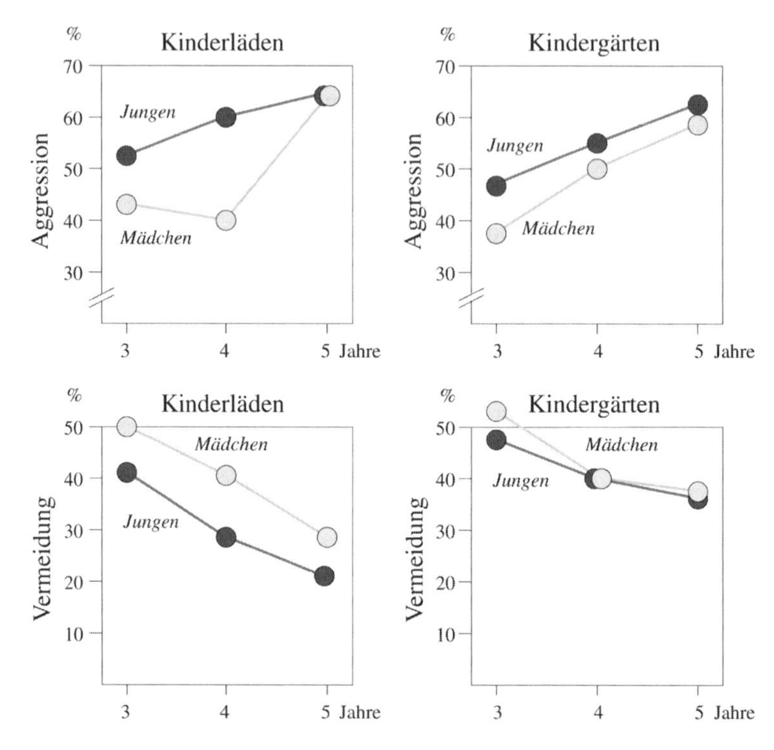

Relative Häufigkeiten aggressiver (oben) bzw. vermeidender (unten) Reaktionen auf Konfliktanlässe bei Jungen und Mädchen im Altersverlauf zwischen drei und fünf Jahren. Links: Kinderläden, rechts: traditionelle Kindergärten.

Die Autoren waren einigermaßen ratlos, wie sie dieses unerwartete Ergebnis erklären sollten. Sie erwogen sogar, ob die Kinder in den Kinderläden durch das Bemühen ihrer Eltern, sie *nicht* geschlechtsrollenkonform zu erziehen, vielleicht gerade für Geschlechterunterschiede sensibilisiert und dadurch veranlasst worden sein könnten, diese besonders deutlich auszuleben.

Sehr überzeugend ist diese Argumentation nicht. Man könnte natürlich auch einwenden, die Kinder seien ja nicht im luftleeren Raum aufgewachsen und hätten immer noch genügend Berührung mit der traditionellen Kultur gehabt, um sich ihre Informationen über die gängige Geschlechterrollenzuweisung zu verschaffen. Das ist aber insofern wenig plausibel, als die Kinder in erster Linie eben doch in ein alternatives Erziehungsmilieu eingebettet waren. Vor allem leuchtet nicht ein, wieso die geschlechtstypische Differenzierung unter diesen Bedingungen ausgerechnet *besonders profiliert* auftreten sollte. Wenn man die Interpretation der Autoren ernst nähme, dann hätte eine Umerziehung im Sinne einer Angleichung nicht die geringste Chance, im Gegenteil, man müsste um das Schlimmste zu verhüten, gerade propagieren, die traditionelle Behandlung beizubehalten.

In Wirklichkeit spricht alles dafür, dass konservativ denkende Eltern und Erzieher eher dazu tendierten, der Aggression bei Jungen einen Dämpfer aufzusetzen, anstatt sie auch noch zu fördern. Es besteht aber noch immer wenig Neigung, zwei und zwei zusammenzuzählen und die Konsequenzen aus solchen Erfahrungen zu ziehen. Noch immer beansprucht die Ansicht, Geschlechtsunterschiede seien ausschließlich anerzogen, das unumstößliche Recht, Interpretationsmöglichkeiten verbindlich festzulegen und einzuengen.

Tausendjährige Sozialisation?

Die Frage ist nur, worin eine alternative Erklärung bestehen könnte. In den 1980er Jahren erschien ein Artikel in der Neuen Zürcher Zeitung, dessen Tenor recht nachdenklich klingt, was die Umsetzbarkeit erzieherischer Leitbilder betrifft. Der Autor Allan Guggenbühl, ein Psychologe, beklagt, dass aller Koedukation zum Trotz Buben immer noch „unangepasster, wilder und störrischer" seien als ihre Altersgenossinnen. Eltern und Erzieher müssten daher zur Kenntnis nehmen, dass sich ihr Ideal von der Gleichbehandlung der Geschlechter nicht bewährt habe, weil sich auf diese Weise die Unterschiede offensichtlich nicht nivellieren ließen; es müssten also wohl geschlechtsdifferenzierende Maßnahmen erwogen werden. Buben und Mädchen unterschiedlich behandeln, hieße aber faktisch, zu den Geschlechtsstereotypen zurückzukehren, was wiederum die Gefahr berge, einzelne Kinder auf diese Norm einzuengen, auch wenn sie ihrem Entwicklungspotential nicht entspräche. Eltern und Erzieher müssten sich aber trotz dieses Dilemmas der Herausforderung stellen.

So weit so gut. Man ist schon dabei, die Zeitung abzulegen, da fällt der Blick noch eben auf einen letzten Satz, der alles wieder gründlich relativiert. Den entscheidenden Gedanken darin habe ich kursiv hervorgehoben. Er lautet: „Das Verhalten der Knaben muss ein Thema sein, *auch wenn es das Resultat tausendjähriger entsprechender Sozialisation sein mag*".

Die Argumentation ist typisch für die Unerschütterlichkeit, mit der am Glauben an die Sozialisation auch angesichts offensichtlich widersprechender Befunde festgehalten wird. Wenn gar nichts mehr hilft, greift man zu einer formelhaften Beschwörung der Geschichte. Jahrhunderte oder gar Jahrtausende von Tradition werden ins Feld geführt, Großeltern, Urgroßeltern, Generationen von Ahnen werden bemüht, die immer noch ihren Einfluss geltend machen sollen.

Nicht, dass ich die Verkrustung von gesellschaftlichen Strukturen und die Hartnäckigkeit, mit der sich Einstellungen über Generationen hinweg halten können, gering gewichten möchte, aber man sollte sich doch zumindest einmal überlegen, was das konkret heißen würde. Schließlich haben wir als junge Leute gerade in der Erziehung unserer Kinder ganz bewusst so ziemlich alles anders gemacht als unsere Eltern. Sollten wir als Mitglieder einer Gesellschaft, die in Innovation, Veränderung und Fortschritt ihre primären Werte sieht und der Tradition immer weniger Raum gewährt, ausgerechnet im Bereich der Geschlechtsrollen sklavisch dem verhaftet sein, was unsere Großeltern wollten und deren Großeltern auch schon? Ist es wirklich glaubwürdig, dass deren Vorstellungen eine solch immense, schon geradezu magische Wirkkraft ausüben, dass sie die Absichten einer ganzen Erziehergeneration zunichte machen können, wenn diese sich doch immerhin wenigstens rechtschaffen Mühe gibt, Buben und Mädchen gleich zu behandeln?

Könnte es nicht sein, dass die Veränderung deshalb nicht funktioniert, weil wir sie falsch anpacken und weil wir dabei von realitätswidrigen Voraussetzungen ausgehen? Ganz in diese Richtung weist ja auch die Guggenbühlsche Argumentation, wenn er nahelegt, die Geschlechtsstereotypen müssten ernst genommen werden und man müsse vom Ideal der Gleichbehandlung wegkommen. Nur hatte er zum Zeitpunkt, als er den Artikel verfasste, für den möglichen Grund dieser Notwendigkeit einen blinden Fleck.

Lesern, die nicht so unverbrüchlich an die Macht der Sozialisation glauben, fällt nämlich als erstes und nächstliegendes ein, dass es vielleicht auch etwas mit dem *Naturell* der Buben zu tun haben könnte, wenn sie sich als erziehungsresistent erweisen. Und genau in dieselbe Richtung würde man auch angesichts der Befunde aus den Kinderläden assoziieren. Solche Fantasien verletzen freilich die guten Sitten politischer Korrektheit; denn sie rühren an das Tabuthema der *Veranlagung*.

Warum aber ist es eigentlich nicht möglich, den Gedanken wenigstens einmal zur Diskussion zu stellen, in der oben von Guggenbühl angesprochenen geschlechtsspezifischen Herausforderung könnte sich auch so etwas wie *Natur* ausdrücken? Es muss ja vielleicht nicht zutreffen, aber erwägen sollte man es doch einmal dürfen – eine Überlegung, für die sich der Autor übrigens mittlerweile in einer neuen Veröffentlichung durchaus offen zeigt[2].

Geschlecht als Morphologie

Die durchgängig beobachtbare Tendenz, angesichts von Geschlechtsunterschieden die Allmacht der Sozialisation zu beschwören und eine biologische Verursachung überhaupt gar nicht erst zu erwägen, lässt den Verdacht aufkommen, dass hinter dem, was oberflächlich als Desinteresse erscheint, tiefer gründende Berührungsängste lauern. Falls das zutrifft, müssen wir deren Ursachen genauer analysieren.

Dabei macht sich hinderlich bemerkbar, dass „Biologie" ein Reizwort ist, das, wenn es überhaupt thematisiert wird, selten eine sachliche Behandlung erfährt. Im Folgenden wollen wir zunächst Revue passieren lassen, was unter dieser Wortmarke alles verstanden bzw. missverstanden zu werden pflegt, um dann den Ursachen der eigentümlichen Aversion nachzugehen. Recht weit verbreitet ist eine häufig von soziologischer und feministischer Seite vertretene Einstellung, die sich vordergründig als „aufgeklärt" charakterisieren ließe; sie wurde u. a. von Margaret Mead vertreten. „Biologie" wird hier praktisch synonym mit *Anatomie* verstanden, im Falle der Geschlechtlichkeit also konkret mit dem berühmten „kleinen Unterschied" der Fortpflanzungsorgane einschließlich der unmittelbar daran gebundenen Aktivitäten.

Selbstverständlich, sagen die Vertreter dieses Standpunktes, spielt diese „Biologie" eine Rolle. Als Wesen mit Selbstbewusstsein reflektieren wir die Tatsache unserer Geschlechtlichkeit und die unterschiedlichen Funktionen bei der Fortpflanzung. Daraus lassen sich geschlechtsspezifische Aufgaben ableiten, die eine Rollenteilung der traditionellen Form nahe legen, und das führt schließlich zu einem unterschiedlichen Selbstverständnis der Geschlechter. Dieses Erklärungsmuster ist kurz gefasst der Kern der *sozialen Rollentheorie*, die – auf Talcott Parsons zurückgehend – derzeit insbesondere von Alice Eagly vertreten wird[3]. Konkret stellt man sich das so vor, dass die Menschen wahrgenommen haben, wie Männer sich aufgrund ihrer physischen Ausstattung anders verhalten als Frauen, was sich in einer Arbeitsteilung manifestiert. Aus dieser Erfahrung wird abgeleitet, dass die Geschlechter sich auch psychologisch unterscheiden und daraus entwickeln sich die Geschlechtsrollenvorstellungen und diesbezügliche Verhaltensanforderungen. Aufschlussreich für diesen theoretischen Ansatz ist es, dass die Rolle der Biologie

---

[2] Guggenbühl, 2008
[3] Eagly, 1987

auf den physischen Bereich beschränkt gesehen wird. Psychologische Unterschiede werden ausschließlich als soziales Phänomen gedeutet[4]. Dass in solchen Zuweisungen indessen zutreffende Einsichten zum Ausdruck kommen könnten, es sich also um mehr als nur um Unterstellungen handelt, – die Möglichkeit der biologischen Evolution von psychologischen Verhaltensdispositionen wird gar nicht erst erwogen.

Der Biologie wird in dieser Konzeption also zwar eine gewisse Bedeutung zugebilligt, die sie für das menschliche Verhalten haben kann – dies aber nur, wenn es der Gesellschaft auch gefällt, dies überhaupt zur Kenntnis zu nehmen und zum Gegenstand der Interpretation zu machen. Aber natürlich bleibt es den Kulturen anheim gestellt, wie sie ihre Geschlechtsrollen bestimmen; diese sind also relativierbar, besonders heute, wo die Biologie „funktionslos" geworden ist, weil wir Mittel gefunden haben, ihren „Zwängen" zu entkommen.

Zu erwähnen ist in diesem Zusammenhang, dass die Selbstdefinition mittels der Geschlechtsrollen nicht – wie aufgrund der sozialen Rollentheorie zu erwarten wäre – in Kulturen mit traditioneller Aufteilung am stärksten ausgeprägt ist, sondern in den eher egalitären Kulturen, bei denen sich die Geschlechter eigentlich mehr Angleichung erlauben könnten[5]. Warum das so sein könnte, wird uns später noch eingehender beschäftigen: Der Befund weist indessen darauf hin, dass die Übernahme der Geschlechtsrolle nicht dann besonders pointiert vollzogen wird, wenn es eine besonders ausgeprägte Stereotypisierung eigentlich nahelegen würde.

Geschlecht als Inszenierung

Noch ein paar Schritte weiter geht der so genannte „ethnomethodologische" Ansatz, eine besonders rigorose Spielart des Kulturrelativismus. Dieser billigt den einzelnen Kulturen nicht nur zu, die Geschlechtsrollen frei zuweisen zu können, sondern geht so weit zu behaupten, der Unterschied zwischen den Geschlechtern werde überhaupt nur dann *wahrgenommen,* wenn ihn eine Kultur entsprechend „inszeniere"; man spricht direkt von „doing gender". „Geschlechtlichkeit" wird als etwas angesehen, das man sich aneignet, „und zwar als soziale Konstruktion". Konsequentermaßen wird dann in der „Dekonstruktion" das geeignete Heilmittel gegen die Diskriminierung gesehen[6]. Im Originalton klingt das etwa folgendermaßen:[7]

> „Jede Interaktionssituation bietet die Gelegenheit, Geschlechterrollen zu perpetuieren, aber auch zu verändern, d. h. wir kreieren den Geschlechtsunterschied permanent durch Andersbehandlung der Geschlechter mit oder wir heben ihn durch Gleichbehandlung vorübergehend auf. Gesellschaftliche Strukturen, wie beispielsweise männliche Dominanz oder weibliche Unterlegenheit, sind also nicht einfach gegeben, sondern ein kultiviertes Konstrukt, das wir in Interaktionssituationen aktivieren können."

Die Geschlechtlichkeit in ihren somatischen Aspekten wird als „sex" von „gender" unterschieden, um auch durch die Wortwahl klar zu machen, dass die Biologie nichts mit dem Verhalten zu tun hat. In einer Verlautbarung des Bundesfamilienministeriums wurde das im Jahre 2003 in folgendem Wortlaut festgeschrieben: „Gender bezeichnet die gesellschaftlich, sozial und kulturell geprägten Geschlechtsrollen

4 Eagly & Wood, 2009
5 Guimond, 2008; Lippa, 2010
6 Gildemeister, 1988, S. 497
7 Günthner & Kotthoff, 1991, S. 8

von Männer und Frauen. Diese sind – anders als das biologische Geschlecht (also sex) – erlernt und damit veränderbar". Nur „gender" als erlernte und von der Kultur übernommene Geschlechtsrolle ist von Interesse. „Sex" dagegen kann zwar kulturell thematisiert werden, zwingend ist dies aber nicht; prinzipiell wäre man auch frei, die somatischen Unterschiede zu ignorieren.

Manche Autorinnen gehen so weit zu behaupten, die Morphologie böte sowieso keine hinreichend eindeutige Basis für die Einteilung in Mann und Frau. Die Geschlechtszuordnung sei vielmehr rein willkürlich. So argumentiert etwa Fausto-Sterling, jemanden als männlich oder weiblich zu bezeichnen, sei eine rein „soziale Entscheidung"; sie beruft sich dabei auf Fälle von Hermaphroditen und anderen anatomischen Uneindeutigkeiten[8]. Auch Muldoon und Reilly bezweifeln, dass es eine ausreichende biologische Grundlage dafür gäbe, „männlich" und „weiblich" als dichotome, sich gegenseitig ausschließende Kategorien zu bestimmen[9]. In ihrer radikalsten Form wurde diese Annahme von Judith Butler formuliert, bei der nicht nur die Geschlechtsidentität, sondern auch die körperliche Geschlechtlichkeit keine festgelegte Größen sind, sondern ständig nach Maßgabe bestimmter Normen im Handeln neu hervorgebracht werden[10]. Diese Radikalität ist allerdings auch von feministischer Seite mit dem Argument in die Kritik geraten, wenn Geschlecht sich nur in individuellen Interaktionen und Interpretationen manifestiere, verflüchtige es sich gleichsam und entziehe sich der wissenschaftlichen Untersuchung.

Auch wenn nicht alle feministischen Theorien so weit gehen, die morphologische Geschlechtlichkeit zu leugnen, teilen die meisten doch die Annahme, Feminität und Maskulinität und die davon abgeleiteten Geschlechtsrollen seien ausschließlich „sozial konstruiert"[11]. Ich möchte an dieser Stelle noch nicht auf die sicher unzutreffende Annahme eingehen, für die morphologische Zweigeschlechtlichkeit gäbe die Biologie keine ausreichende Basis ab. Auf jeden Fall dürfte feststehen, dass das Thema „anlagebedingte Geschlechtsunterschiede" im Rahmen dieses Theorieansatzes überhaupt nicht „diskursfähig" wäre. Letztlich läuft die Argumentation darauf hinaus, der Natur jeden Einfluss auf Verhaltensunterschiede der Geschlechter überhaupt abzusprechen und zu glauben, wo solche in Erscheinung träten, könnten sie durch geeignete „Dekonstruktion" ohne Weiteres zum Verschwinden gebracht werden. Der konsequente Abbau von Geschlechtsunterschieden erscheint unter einer solchen Perspektive durchaus nicht als utopisch. Er würde allerdings nicht nur voraussetzen, Jungen und Mädchen erzieherisch gleich zu behandeln; man müsste auch im kulturellen Umfeld, in dem sie aufwachsen, alle Hinweise auf die Geschlechtlichkeit konsequent tilgen. Walter Hollstein hat in Bezug auf dergleichen Bemühungen seine Skepsis angemeldet, wenn er lakonisch Horaz zitiert: „Treib die Natur mit der Forke hinaus; stets kehrt sie zurück, heimlich durchbricht sie als Sieger die Mauern des hässlichen Hochmuts"[12].

Das Anliegen, Geschlechtsrollen zu dekonstruieren, richtet sich im Umfeld feministischer Ideologie gegenwärtig in erster Linie gegen eine „hegemoniale Männlichkeit", worunter patriarchalische Strukturen verstanden werden, die sozial konstruiert gedacht sind und in denen Männer dominieren und Frauen sich unterordnen[13]. Somit ist es vor allem „Männlichkeit", die es zu dekonstruieren gilt. Welch groteske Formen das annehmen kann, dokumentieren gewisse „Anleitungen" zur

8 Fausto-Sterling, 2000
9 Muldoon & Reilly, 1998
10 Butler, 1990
11 Rhoads, 2004; Campbell, 1999
12 Hollstein, 2004, S. 48
13 Conell, 1999

Jungenpädagogik. So heißt es beispielsweise in einer einschlägigen Veröffentlichung: „Jungen sollen in profeministischer, antisexistischer und patriarchatskritischer Jungenarbeit lernen, dass sie so wie sie sind, nicht sein sollten und einem fatalen Männlichkeitsbild hinterherjagen“[14]. In einer anderen Anweisung wird es dann geradezu menschenverachtend: „Nicht die stabile (männliche) Identität (kann) das Ziel von Jungen- und Männerarbeit sein. Das Ziel (ist) nicht der ‚andere' Junge, sondern gar keine Junge“[15].

Politisch findet der Versuch, Geschlechtergerechtigkeit herzustellen seit etlichen Jahren in einer Bewegung Ausdruck, die als *Gender-Mainstreaming* bezeichnet wird – ein Begriff, der dem Normalverbraucher nicht gerade das Verständnis erleichtert. Gender-Mainstreaming hat in Form großzügig finanzierter Projekte die Gleichstellung der Geschlechter zum Ziel und begründet dies in der oben zitierten Broschüre des Bundesfamilienministeriums dahingehend, „bei allen gesellschaftlichen Vorhaben (seien) die unterschiedlichen Lebenssituationen und Interessen von Männern und Frauen von vornherein und regelmäßig zu berücksichtigen, da es keine geschlechtsneutrale Wirklichkeit gibt“ – was immer das heißen mag[16]. So ganz scheint man sich aber auch hier nicht von einem gewissem Ressentiment gegen die Männlichkeit verabschiedet zu haben, wohl weil man befürchtet, man würde „dem Paradigma von der weiblichen Benachteiligung ‚auf die Füße treten'“[17]. Wie sich das auswirken kann und wofür unter dem Stichwort Gender-Mainstreaming Geld ausgegeben wird, zeigt das schon beinahe an Kabarett erinnernde Beispiel einer von der Landesregierung mit 27 000 Euro gesponserten Studie zum „Gender Mainstreaming im Nationalpark Eifel“, aufgrund derer empfohlen wird, „Bilder der Hirschbrunft im Werbematerial zukünftig möglichst zu vermeiden, denn sie förderten ‚stereotype Geschlechterrollen'“[18].

Die Jungen lassen sich unterdessen die Dekonstruktion von Männlichkeit nicht so ohne Weiteres gefallen, sondern rebellieren auf ihre Weise, indem sie lautstark auf den Putz hauen oder sich einfach verweigern. Zum Glück sind inzwischen in der Pädagogik kräftige Gegenbewegungen zu registrieren. Sicher handelt es sich bei den angeführten Zitaten um Auswüchse und es kann nichts schaden, wenn Lehrkräfte dafür sensibilisiert werden, Geschlechtsrollenverhalten nicht ausdrücklich auch noch zu unterstreichen. Kontraproduktiv ist es aber, wenn das zu einer völligen Verunsicherung führt, wie man sie unter praktizierenden Pädagogen gegenwärtig nicht selten beobachtet, die einfach ratlos sind, welche Maßnahmen sie überhaupt noch ergreifen dürfen[19].

Repressive Korrektheit

Ein Bereich, in dem man eine Veränderung der Geschlechtsrollen für besonders erfolgversprechend hält, ist die *Sprache,* der eine dominante Funktion bei der Ausbildung des Bewusstseins allgemein und damit auch des Bewusstseins der Geschlechtlichkeit zugemessen wird[20]. Dementsprechend erwartet man von ihrer

[14] Forster, 2004
[15] Krabel & Schädler, 2001
[16] Zit. nach Tischner, 2008, S. 350; kritisch hierzu: Hollstein, 2004
[17] Rose, 2007, S. 77
[18] R. Pfister: Der Spiegel 1, 2007
[19] Tischner, 2008
[20] Eine fundierte und kritische Einführung in die theoretische und empirische Befundlage zu dieser Thematik gibt Klann-Delius, 2005

Entsexualisierung eine besondere Wirkung, wie sich dies in der Öffentlichkeit ja inzwischen auch unübersehbar in der Vorschrift bemerkbar macht, neben den männlichen auch die weiblichen Bezeichnungen zu verwenden oder radikal gleich nur die letzteren.

Das kann Stilblüten von unfreiwilliger Komik produzieren, so etwa, wenn eine große deutsche Universität ihre Studienanfänger in einem Rundschreiben mit „Liebe Erstsemesterinnen und Erstsemester" anredet. Unangenehmer wird es, wenn sich dieser Druck, wie in Amerika inzwischen üblich, mit Sanktionen verbindet. Es gilt als „politisch unkorrekt", Begriffe zu gebrauchen, die so etwas wie Verhaltensunterschiede zwischen den Geschlechtern auch nur von Ferne suggerieren könnten. So erlebt man, dass in wissenschaftlichen Veröffentlichungen ohne Rücksprache mit dem Autor von Verlagsmitarbeitern das Personalpronomen „she" bzw. „he" pauschal durch die Mehrzahlform „they" ersetzt wird, die als einzige für „unschuldig" genug gilt. Wenn dabei der Sinn des Inhalts entstellt wird – was soll's; der Autor hat es klaglos zu schlucken.

Ob man der Sache der Frauen mit einer solchen kollektiven Zwangsneurose einen Gefallen tut oder ob nicht vielmehr die Mehrzahl der Bevölkerung, der der Nutzen all der verordneten Umständlichkeiten ja einleuchten müsste, in eine kontraproduktive Trotzhaltung getrieben wird, bleibt abzuwarten. Jedenfalls gibt aber die Kurzsichtigkeit in der Argumentation zu denken. So ist den Verfassern dieser Reglementierungen offenbar bisher noch nicht aufgefallen, dass es Sprachen gibt wie beispielsweise die türkische, in denen überhaupt keine geschlechtlichen Markierungen vorgesehen sind. Wenigstens ein bisschen weniger krass sollten in solchen Kulturen doch also die Rollenunterschiede der Geschlechter ausfallen, wenn die Sprache wirklich mit so überragender Kraft den Stil des Verhaltens und Erlebens prägt. Gleichwohl wird niemand behaupten wollen, dass türkische Männer auf Grund früh eingeübter Sprechgewohnheiten weniger Macho-Allüren zeigen und bereitwilliger Windeln wechseln als ihre deutschen oder italienischen, im diskriminierenden Milieu indogermanischer Grammatik aufgewachsenen Geschlechtsgenossen.

3 Die missverstandene Biologie

Angst der Regie vor dem Autor

Die Frage, ob sich das Bewusstsein der Geschlechtlichkeit und der damit verbundenen Eigenschaften wirklich so beliebig „inszenieren“ oder auch weginszenieren lässt, muss also sicher gründlicher ausgelotet werden. Dabei ist schon der Begriff der Inszenierung selbst eine Reflexion wert. Er bezeichnet die Tätigkeit des Regisseurs, der eine vom Autor kreierte Idee – ein Drehbuch, eine Opernpartitur oder ein Skript – aus der abstrakten Textform in Anschauung transformiert. Inszenierung ist durchaus ein eigenständiger schöpferischer Akt; sie setzt aber ebenso selbstverständlich immer schon ein Werk voraus, das es zu inszenieren gilt. Und wenn man, wie heutzutage allerdings üblich, hinter der Bearbeitung die Vorlage überhaupt nicht mehr wiedererkennt, weil sich der Regisseur auf Kosten des Autors allzu sehr selbst zu verwirklichen beliebte, dann monieren die Kritiker mit Recht fehlende *Werktreue.*

Die Verfechter des „konstruktivistischen“ Ansatzes scheinen sich nun tatsächlich ganz an jenen postmodernen Regie-Egomanen zu orientieren, denen es gelingt, den Autor aus ihrem Werkverständnis zu verdrängen. An sich wäre gegen das Bild von der kulturellen Inszenierung des Geschlechterspiels nämlich überhaupt nichts einzuwenden, ja es trifft die Realität sogar haargenau – nur darf dabei eben nicht vergessen werden, dass aller Inszenierung, wenn das Wort seinen Sinn behalten soll, auch ein Textmaterial zugrunde liegt, das schon da gewesen sein muss, bevor die Fantasie des Regisseurs ihre Arbeit aufnehmen kann. Die Rede von der kulturellen Inszenierung der Geschlechtlichkeit verweist somit, richtig verstanden, von sich aus auf die Frage nach den natürlichen Grundlagen.

In dem gerade geschilderten ideologischen Umfeld ist es freilich nicht möglich, diese Frage auch nur zu stellen. Sie wird – günstigstenfalls – für hoffnungslos obsolet erklärt oder ihre Proponenten als „biologistisch“ abgestempelt. „Biologie“ ist eben ein Reizthema; wenn es anklingt, dann schlagen die Emotionen hoch, die Diskussion wird unsachlich bis hin zur moralischen Diffamierung und dem Vorwurf, die Sache der Frauen zu verraten. Konfrontiert man die Opponenten mit gut fundierten Daten, die eigentlich zu einer Revision ihrer Überzeugung führen müssten, so ist der Verdacht auf falsche „erkenntnisleitende Interessen“ schnell bei der Hand.

Es sieht so aus, als sei die Diskussion zwischen Umwelttheoretikern und Biologen durch den unbeherrschbaren Zwang vergiftet, die Gegenseite zu verteufeln. Genauer betrachtet ist die Dynamik aber doch asymmetrisch. Es gibt unter Soziologen, Germanisten und Kulturwissenschaftlern einen antibiologischen Affekt, zu dem auf der Gegenseite keine vergleichbare Voreingenommenheit erkennbar ist. Bei diesem Pauschalurteil muss ich alle Soziologen um Entschuldigung bitten, mit denen ich fruchtbare Diskussionen hatte; nur waren sie in der Minderzahl. Zu ihnen gehört Walter Hollstein, der einmal in einem Referat ausdrücklich auf die angesprochene Schieflage hingewiesen hat und sie auch in seinem Buch „Geschlechterdemokratie“ thematisiert. Wird „der Biologie die Negation gesellschaftlicher Bedingungen vorgeworfen […], dokumentiert dies nicht eine angenommene Fehlleistung naturwissenschaftlichen Denkens, sondern vielmehr die Ignoranz bestimmter Sozialwissenschaftler und Sozialwissenschaftlerinnen“[1]. Mir ist jedenfalls kein in der Frage der Geschlechtsunterschiede biologisch argumentierender Autor bekannt, der die Wichtigkeit soziokultureller Einflüsse anzweifeln oder gar ableugnen würde.

---

[1] Hollstein, 2004, S. 263

Wenn also bei Diskussionen zwischen Sozialwissenschaftlern und Biologen den letzteren explizit oder – häufiger – implizit unterstellt wird, sie erhöben einen Alleinerklärungsanspruch, dann ist der Verdacht nicht ganz abwegig, dies sei die Projektion der eigenen Intoleranz. Jedenfalls hängt die Haltung mit tiefgreifenden Missverständnissen und daraus resultierenden Befürchtungen zusammen, auf die ich nun genauer eingehen möchte.

Missverständnisse

Missverständnisse beruhen auf Fehlinformation oder auf dem Unwillen, sich überhaupt in einem Gebiet kundig zu machen. Was ist so schlimm an der biologischen Argumentation? Um „die Karten aufzudecken", konfrontiere ich meine Studentinnen zu Anfang der Vorlesung regelmäßig mit der Frage: „Wie reagieren Sie, wenn ich Ihnen sage, Sie seien anders veranlagt als Männer?" In ihren Antworten dominieren drei in unserem Zusammenhang äußerst aufschlussreiche Argumente, wobei die Studentinnen wohl unreflektiert davon ausgehen, ich würde mit „Veranlagung" die gängigen Stereotypen im Sinn haben.

1. Veranlagung bedeutet Festgelegtsein, denn an der Natur kann man nichts ändern.
2. Wenn man Geschlechtsrollen als naturgegeben akzeptiert, erhebt man sie damit auch zur gesellschaftlichen Norm; Abweichungen wären dann als „naturwidrig" verpönt.
3. Natürliche Geschlechtsunterschiede zugeben heißt, Männern Eigenschaften zubilligen, die den Frauen fehlen. Daraus ließe sich das Recht ableiten, Frauen als „minderwertig" zu diskriminieren.

Wir wollen diesen drei Thesen genauer auf den Grund gehen. Dabei erweist sich die erste als besonders zentral und hartnäckig; sie wird uns eine Weile beschäftigen.

Es geht dabei um die so genannte Anlage-Umwelt-Kontroverse, die Frage also, wie der genetische Code und äußere Einflüsse miteinander bei der Gestaltung des Organismus und seiner Verhaltensprogramme interagieren. Zuweilen kann man lesen, dieses Thema sei inzwischen ausdiskutiert; das stimmt aber nicht: die Gemüter erhitzen sich nach wie vor daran. Dabei wird man nun eben regelmäßig mit dem erstgenannten Argument konfrontiert, demzufolge Anlagen sich *unabhängig von Umwelteinflüssen* entfalten und erbbedingte Verhaltensweisen folglich *nicht veränderbar* sein sollen.

Eine Aussage von J. Block[2] kennzeichnet diese Überzeugung recht treffend. In einem Review-Artikel zur geschlechtsdifferenzierenden Sozialisation diskutiert sie im einleitenden Abschnitt auch die Möglichkeit biologischer Einflüsse und kommt sinngemäß zu folgendem, etwas resignativ klingendem Schluss: Wo die Biologie eine Differenzierung von Verhaltensbereitschaften vorsehe, dort könne man ohnehin nichts mehr ändern. Sozialisation habe nur dort eine Chance, wo sie an einem biologisch neutralen Ausgangsmaterial ansetze. Bevor man daher die Wirkung biologischer Faktoren überhaupt nur erwäge, müsse man ganz sicher gehen, dass man den Einfluss der Sozialisation gänzlich ausgelotet habe.

---

2 Block, 1983

Nun argumentiert Block noch vergleichsweise differenziert. Andere gehen mit der Biologie weniger behutsam um. Einfachste Grundkenntnisse in dem ungeliebten Fach sind nicht eben verbreitet; und wo Wissen fehlt, stellen sich leicht Zerrbilder in, die sich dann unschwer ins Lächerliche ziehen lassen.

Repräsentativ hierfür sind beispielsweise die Ausführungen der Soziologin Carol Hagemann-White[3]. In ihrem Buch über geschlechtsdifferenzierende Sozialisation widmet sie der Biologie immerhin ein ganzes Kapitel. Darin finden sich insbesondere zwei Thesen, die auch anderswo, wenn auch vielleicht nicht in so zugespitzter Form, vertreten werden[4].

Verhaltensunterschiede müssen, um sich als „biologisch" zu qualifizieren, *regelmäßig, deutlich und zuverlässig* bei allen Kulturen auftreten.

Das ist ungefähr so sinnvoll wie wenn man behaupten würde, die Farbenpracht einer empfindlichen Zierpflanze sei nur dann genetisch angelegt, wenn jeder Tölpel sie in seinem Blumentopf verlässlich zum Blühen bringen kann. Bei einem richtigen Verständnis biologischer Wirkweise kann der Gedanke gar nicht aufkommen, anlagebedingte Dispositionen würden starr ein ganz bestimmtes Verhalten determinieren. Es versteht sich vielmehr von selbst, dass sie sich je nach Maßgabe kultureller Einflüsse in verschiedener Form manifestieren können.

In Kulturen mit Ackerbau legen die Menschen größten Wert darauf, Eigentum zu mehren und zu wahren. Bei Jägern und Sammlern, die alles, was ihnen gehört, auf dem Leib mit sich tragen müssen, stellt Besitz dagegen einen niedrigen Wert dar. Heißt das nun, dass das Verlangen nach persönlichem Eigentum nicht zur natürlichen Grundausstattung des Menschen gehört? Werden Jäger und Sammler später doch noch sesshaft, ist es mit der Genügsamkeit jedenfalls bald vorbei. Allenfalls können sich Übergangsrituale bilden, die die Spannung für eine Weile kanalisieren. So wird etwa bei manchen nordamerikanischen Indianern von besonders reich gewordenen Stammesangehörigen erwartet, dass sie anlässlich eines Festes ihren gesamten Besitz wieder verschenken. Der Brauch ist nicht weit verbreitet, er scheint kulturgeschichtlich nicht sehr stabil zu sein. Das Beispiel zeigt aber, wie mannigfaltig die Formen sind, in denen die Kultur das Kräftespiel menschlicher Grundmotive „inszenieren" kann, ohne dass dies im geringsten die natürliche Angelegtheit dieser Motive widerlegt.

Wenn also gewisse Geschlechterunterschiede in verschiedenen kulturellen Kontexten nicht gleich auffallend ausgeprägt sind und vielleicht in Einzelfällen sogar einmal in ihr Gegenteil verkehrt erscheinen, dann reicht dies noch längst nicht aus, um die Relevanz biologischer Faktoren überhaupt zu widerlegen. Hagemann-White macht es sich entschieden zu leicht mit dem Argument, wenn man erst einmal zugestehe, dass die Kultur überhaupt die Natur „überspielen" könne, dann befände man sich, was die Verursachung betrifft, im Bereich völliger Spekulation; Unterschiede wie Gleichheit könnten dann genauso gut kulturbedingt sein. Mit solcher Logik wird man dem komplexen Sachgebiet kaum gerecht werden können.

Ähnlich viel ist von einem zweiten, von der Autorin noch nachgeschobenen Argument zu halten[5]:

[3] Hageman-White, 1984
[4] Guimond, 2008
[5] Hageman-White, 1984, S. 30, kursiv von D.B.-K.

Will die biologische Erklärung sich auf empirische Regelmäßigkeit beziehen, so müssten die gefundenen Unterschiede *ausreichend groß* sein, um mit der Wirkungsweise biologischer Mechanismen vereinbar zu sein.

Verbunden mit der Behauptung, dass die Unterschiede tatsächlich aber ganz gering seien und sich überhaupt nur zeigen würden, wenn man größere Stichproben heranziehe, folgt auch hieraus wiederum die Irrelevanz biologischer Argumentation.

Warum biologische Mechanismen nur für grobschlächtige Unterschiede zwischen den Geschlechtern verantwortlich sein sollen, lässt die Autorin offen. Abgesehen davon sind die Differenzen aber gar nicht überall so minimal, wie sie meint. Am ehesten trifft dies für den kognitiven Bereich zu. Hagemann-White sind aber offensichtlich die vielen Befunde zur motivationalen, emotionalen und sozialen Entwicklung insbesondere bei Kleinkindern entgangen, auf die wir noch ausführlich zu sprechen kommen werden und bei denen Schwerpunktverschiebungen zwischen den Geschlechtern zum Teil bereits bei Stichprobengrößen von 20 Kindern signifikant werden.

Überlappende Verteilungen

Schon eher ernst zu nehmen ist ein weiteres Argument, das häufig gegen die Biologie ins Feld geführt wird, bei genauerer Analyse allerdings gerade umgekehrt gut geeignet ist, um die Durchschlagkraft auch schwacher biologischer Effekte im Anlage-Umwelt-Wechselspiel verständlich zu machen.

Bei den meisten psychologischen Merkmalen, die statistisch zwischen den Geschlechtern differenzieren, ist es so, dass sich die Verteilungskurven für Frauen und Männer weitgehend überlappen. Die Variation innerhalb eines Geschlechts ist also oft größer als die zwischen Männern und Frauen insgesamt. Daraus wird mit schon vorhersehbarer Regelmäßigkeit abgeleitet, dann könne man die Unterschiede doch gleich ganz ignorieren, eine Folgerung, die gern gegen eine biologische Vorgehensweise vorgebracht wird. Dabei wird ebenso regelmäßig übersehen, dass solche Unterschiede trotz ihrer Geringfügigkeit durchaus schon genügen, um aufgrund spezieller Dynamismen erhebliche Schieflagen zu produzieren. Es gibt keinen Grund, sie von vornherein als belanglos zu bagatellisieren, da die Kultur sie auf jeden Fall „überspielen" könnte, wie Hagemann-White meint.

Die Umwelt unterliegt eben ihren eigenen Sachzwängen, die sie unter Umständen veranlassen können, geringfügige Differenzen nicht zu nivellieren, sondern erheblich zu verstärken. Hierauf haben nachdenkliche Autoren schon seit langem hingewiesen, so z. B. Merz bereits vor über zwanzig Jahren in einer noch immer lesenswerten Monographie[6]. Anhand eines Gedankenexperiments möchte ich hier vorab schon einen Eindruck vermitteln, wie man sich eine solche Dynamik vorzustellen hat; sie wird uns in diesem Buch noch wiederholt beschäftigen.

In vielen Beschäftigungszweigen sind Frauen erkennbar unterrepräsentiert. Dies trifft insbesondere auf technische Berufe zu. Nehmen wir an, es handle sich um das Fach Maschinenbau an einer Technischen Hochschule. Für die Aufnahme zum Studium bestehe ein Numerus Clausus, der sich nach einer Eignungsprüfung richtet. Gehen wir von dem fiktiven Fall aus, dass die Aufnahme jährlich aufgrund eines Tests an der Gesamtpopulation der männlichen und weiblichen Abiturienten vorgenommen wird, dass sich beide Geschlechter gleichermaßen

[6] Merz, 1979

für das Fach interessieren und dass wirklich nur das Ergebnis dieser Aufnahmeprüfung zählt, also kein Vorurteil gegen Frauen besteht.

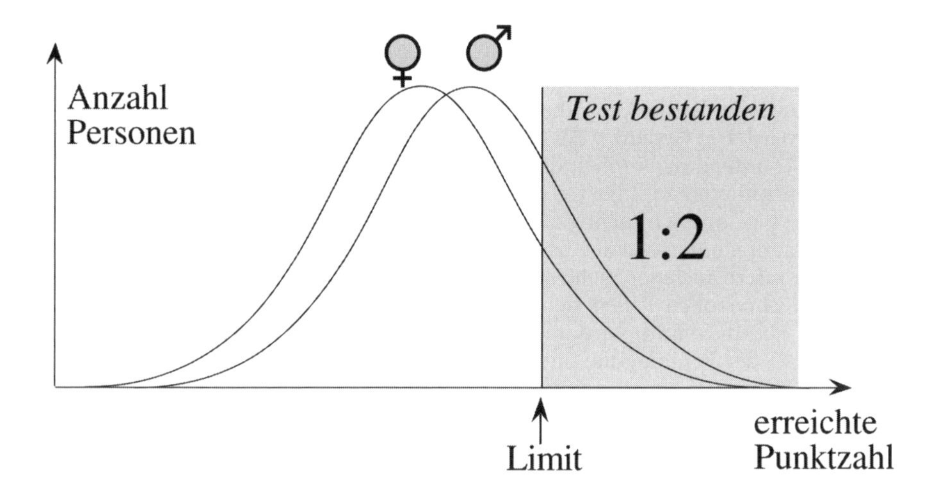

Nun möge der Eignungstest einige Aufgaben beispielsweise zum räumlich-visuellen Vorstellungsvermögen enthalten, bei denen, aus welchen Gründen auch immer, Frauen im Mittel etwas schlechter abschneiden als Männer. Das schlägt sich in der Statistik der Testergebnisse nieder. Allerdings ist der Unterschied geringfügig. Nehmen wir beispielsweise eine Verteilung an, wie sie in oben stehender Abbildung veranschaulicht ist. Die horizontale Skala zeigt die erreichte Punktzahl im Aufnahmetest, die vertikale den Prozentsatz der Personen, die eine jeweilige Punktzahl erreichen. Die Verteilungen überlappen sich weitgehend, doch liegt der Durchschnitt der Männer aus den genannten Gründen ein paar Punkte über dem der Frauen. Wenn nun wirklich nur Bewerber akzeptiert werden, die mindestens eine bestimmte Punktzahl erreichen, dann wirkt sich der optisch kaum ins Gewicht fallende Unterschied der Verteilungskurven schon gravierend aus. Unter den in der Abbildung zugrunde gelegten Verhältnissen wären unter den erfolgreichen Kandidaten die Männer bereits im Verhältnis 2 zu 1 überrepräsentiert. Bei noch rigoroserer Auswahl wird das Verhältnis sehr rasch noch viel ungünstiger.

Generell muss man sich bei dem Argument, Geschlechtsunterschiede seien wegen ihrer sich überlappenden Verteilung vernachlässigbar, also immer vor Augen halten, dass in diesen Fällen das in Frage stehende Merkmal nicht nur beim einen Geschlecht häufiger vertreten ist, sondern – was noch wichtiger ist – in seinen *stärksten* Ausprägungen eben auch *nur* bei diesem Geschlecht vorkommt.

Gefahren der Gleichbehandlung

Selbstverstärkende Mechanismen der gerade geschilderten Art sind nicht immer leicht zu durchschauen. Das Beispiel der Kinderläden zeigt sehr eindrücklich, dass z. B. für die Balance von Aggressivität und Nachgiebigkeit im Verhältnis von Buben und Mädchen eine neutrale Haltung der Erzieher überhaupt nicht zuträglich ist.

Gleichbehandlung wäre nur dann eine geeignete Maßnahme, wenn die Geschlechter von der Veranlagung her auch wirklich gleich wären. Unterscheiden sie sich dagegen, dann kann eine Angleichung, wie Guggenbühl argumentiert, wirklich nur durch differenzierende Behandlung erreicht werden. Es entsteht somit in der Tat das Paradox, dass man die Geschlechtsstereotypen ernst nehmen muss, um sie zu überwinden.

Was bei dieser Sachlage bedenklich stimmt, ist die unbefangene Selbstverständlichkeit, mit der die Gleichheit der Veranlagung weiterhin als Nullhypothese behandelt wird. Der Gedanke, dass man mit einer solchen Einstellung auch Schaden anrichten könnte, dass nämlich die Unterschiede wie im Beispiel der Kinderläden nur umso profilierter zu Tage treten könnten, wird offenbar nicht erwogen.

Solange wir indessen nicht genau abgeklärt haben, ob die Geschlechter sich in der Veranlagung unterscheiden und worin diese Unterschiede bestehen, ist es nicht nur naiv, sondern auch der Sache der Frauen abträglich, einfach davon auszugehen, die Geschlechterrollen ließen sich ohne Energieaufwand beliebig „inszenieren". Was dabei herauskommt, wird im Ergebnis immer auch davon abhängen, wie die Kulturen mit der Veranlagung umgehen.

Wenn wir ernsthaft eine Änderung der bestehenden Verhältnisse anstreben und uns die Gleichberechtigung der Frauen wirklich ein Anliegen ist, werden wir also wohl nicht umhinkönnen, uns auch mit der Frage nach einer möglichen geschlechtstypischen *Veranlagung* gründlich auseinander zu setzen. Nur so gehen wir sicher, alle Voraussetzungen ventiliert zu haben, die eine Rolle spielen könnten, wenn man mit Maßnahmen zur Veränderung auch Erfolg haben will. So moralisch wünschenswert das Gleichheitsideal auch ist, man kann nicht einfach dekretieren, die Geschlechter seien gleich und im Übrigen Wissensverzicht praktizieren oder gar erzwingen wollen. Die rigorose Einforderung politischer Korrektheit, in deren Namen eine manchmal schon an Meinungsterror grenzende soziale Kontrolle gerade bei Äußerungen zur Geschlechterproblematik ausgeübt wird, kennzeichnet eine gefährliche Entwicklung, die fatal an Zeiten erinnert, in denen selbständiges Denken automatisch als Erweis für Verkehr mit dem Teufel erachtet wurde. Machen wir uns also frei von solchen Zwängen und stellen wir uns in aller Offenheit der Frage, ob – über die Trivialitäten der Anatomie hinaus – Mann und Frau von Natur aus anders sein könnten. Je gründlicher wir in das Thema eindringen, umso deutlicher wird sich zeigen, dass die damit verbundenen Ängste weitgehend ungerechtfertigt sind und bei genauer Kenntnis der Zusammenhänge gegenstandslos werden.

Natur und Freiheit

Was würde es bedeuten, wenn bei geschlechtstypischem Verhalten und Erleben tatsächlich Anlageunterschiede eine Rolle spielen? Wir werden uns dieser Frage nicht sogleich zuwenden, sondern zunächst die sozialisatorischen und kulturellen Einflussfaktoren betrachten und ausloten, wieweit sich empirisch belegbare Unterschiede durch sie erklären lassen. Einige Worte der Klarstellung sind aber vorab am Platze, damit Leser und Leserinnen sich eine Vorstellung vom Stellenwert machen können, der dem Faktor Biologie in späteren Kapiteln zuzumessen sein wird. In Stichworte gefasst, lässt sich der zu entwickelnde Standpunkt wie folgt skizzieren.

Die Relevanz der Veranlagung beschränkt sich nicht darauf, die *morphologische* Geschlechtlichkeit vorzugeben, die wir dann reflektieren und zum Kristallisationskern erzieherischer Wertmaßstäbe und persönlicher Identitätsbildung machen würden. Dabei soll keineswegs abgestritten werden, dass diesem Prozess natürlich ebenfalls eine wichtige Bedeutung zukommt. Mir scheint aber bei Sichtung des vorliegenden Befundmaterials unabweislich, dass sich auch die *psychologischen* Dispositionen der Geschlechter voneinander unterscheiden, noch bevor wir darüber nachdenken oder an ihnen herumerziehen, dass also Frauen und Männer von vornherein in ihren Interessen und Motiven, im Stil ihrer Emotionalität und – was noch am unwichtigsten ist – auch auf dem Begabungssektor verschieden angelegt sind.

Das bedeutet nun aber *nicht,* dass wir durch solche Dispositionen in unserem Verhalten *determiniert* wären. Die Natur legt uns nicht in dem Sinne fest, dass wir uns nur in einer bestimmten Weise und nicht anders verhalten könnten. Wir sind als Menschen prinzipiell frei, unsere Handlungen zu planen und zwischen Alternativen zu entscheiden. Die Wirkung natürlicher Dispositionen ist *appellativer* Art; sie legen uns bestimmte Verhaltensweisen näher als andere. Bestimmte Tätigkeiten und Aufgabenbereiche kommen einfach den im Durchschnitt vorherrschenden Neigungen, Interessen und Begabungen des einen Geschlechtes mehr entgegen als denen des anderen, verschaffen jenem daher mehr Befriedigung, lassen sich bequemer realisieren und tragen besser zum Gefühl der Erfüllung bei.

Es geht also gar nicht darum, dass das eine Geschlecht nicht Äquivalentes in den Bereichen, die eher dem anderen liegen, vollbringen *könnte.* Einige Naturtalente für noch so „typisch männliche“ oder „weibliche“ Kompetenzen gibt es immer auch beim Gegengeschlecht, und auch bei den übrigen ließe sich mit geeigneten Erziehungsmaßnahmen eine Angleichung der Leistungen erreichen; zumindest theoretisch wäre sogar so etwas wie eine Rollenumkehr denkbar. Nur müsste diese eben eigens trainiert werden, man müsste bestimmte Tätigkeiten einüben, sich mehr anstrengen und unter Umständen stets erneut gegen innere Widerstände ankämpfen. Auch wenn die Natur nichts *erzwingt,* so fordert sie doch ihren *Preis.*

So wird sich – um ein geschlechtsneutrales Beispiel heranzuziehen – ein Junge von körperlich eher zarter Konstitution schwerer tun, bestimmte Turnübungen perfekt auszuführen, als sein Klassenkamerad mit athletischem Körperbau. Aber bekanntlich kann man durch Bodybuilding viel erreichen, nur ist es eben zeitaufwendig und bedarf der besonderen Motivierung. Beide Schüler können also zur gleichen Leistung kommen, nur fällt sie dem einen eher mühelos zu, während der andere sich anstrengen muss. Fest steht allerdings, dass der Turnlehrer bestimmt keinen Erfolg mit dem körperlich schwächeren Jungen hätte, wenn er beide konsequent „gleich behandeln“, beiden also von Anfang an das Gleiche zumuten würde. Er muss seine Förderung vielmehr individuell an die Voraussetzungen seiner einzelnen Schüler anpassen. Dies ist auch schon das Geheimnis, wie man sich generell den Umgang mit unterschiedlichen Veranlagungen zu denken hat: Um das gleiche Verhaltensergebnis zu erreichen, muss man das erzieherische Vorgehen in Anpassung an das jeweilige Entwicklungspotential differenzieren.

Nun kommt noch ein Weiteres hinzu. Geschlechtsrollenerwartungen tendieren wie alle Stereotypen dazu, über einen Kamm zu scheren; sie tun so, als seien alle Männer in *gleichem Maße anders* als alle Frauen. In Wirklichkeit gibt es aber Abstufungen in der Leichtigkeit, mit der das einzelne Individuum ein bestimmtes geschlechtstypisches Verhalten zu verkörpern vermag – bis hin zu einer Minorität, der in der Tat die Rolle des Gegengeschlechts besser liegen würde. Wenn man also Männer und Frauen *einzeln* befragt, dann nehmen sie Merkmale, die im statistischen Mittel größerer Populationen als geschlechtsdifferenzierend ausgewiesen sind, für sich selbst mit vollem Recht als mehr oder weniger bzw. auch überhaupt nicht zutreffend in Anspruch.

Das simple Schwarz-Weiß-Muster der Geschlechterrollen, dem wir im Alltag immer wieder ausgeliefert sind, ist also wirklich ein primär kultureller Effekt. Nur ist es bei aller Übertreibung nicht ganz willkürlich. Denn die meisten Gesellschaften dürften bevorzugt diejenigen Verhaltensmuster zu Kristallisationskernen ihrer Stereotypenbildung machen, die den natürlichen Dispositionen der Mehrzahl ihrer Mitglieder am bequemsten entgegenkommen; das minimiert automatisch den kollektiven Widerstand und garantiert Stabilität. Auf dieser Basis stellt sich dann fast schon spontan eine geschlechtstypische Differenzierung ein, ohne dass der Erziehungsaufwand besonders nachdrücklich in die entsprechende Richtung zu wirken braucht. Die „scharfsinnige und kulturell vielfach bestätigte Wahrheit" der Stereotypen, auf die Jean Block in ihrem Einwand zu Maccoby und Jacklin aufmerksam macht, beruht wohl letzten Endes darauf, dass die Kultur nachzeichnet und akzentuiert, was die Natur vorgibt.

Die nachstehende Abbildung drückt das Gemeinte schematisch aus: Die gesellschaftliche Selbstinterpretation des Menschen ist der Schlichtheit des Gruppendenkens angepasst, drängt daher auf Eindeutigkeit und transformiert ein empirisches „Mehr-oder-Weniger" leicht in ein normatives „Alles-oder-Nichts". Wo sich also ein Merkmal nur statistisch eher bei Männern oder bei Frauen häuft, wird es rasch zur gesellschaftlich einklagbaren Norm, sodass die Verteilung im Endergebnis viel eindeutiger ausfällt als der natürlichen Veranlagung entspräche. Wobei gerade der Umstand, dass es eine solche Veranlagung gibt, erst den Stress jener verständlich macht, die von Natur aus am „falschen" Ende ihrer Verteilungskurve siedeln.

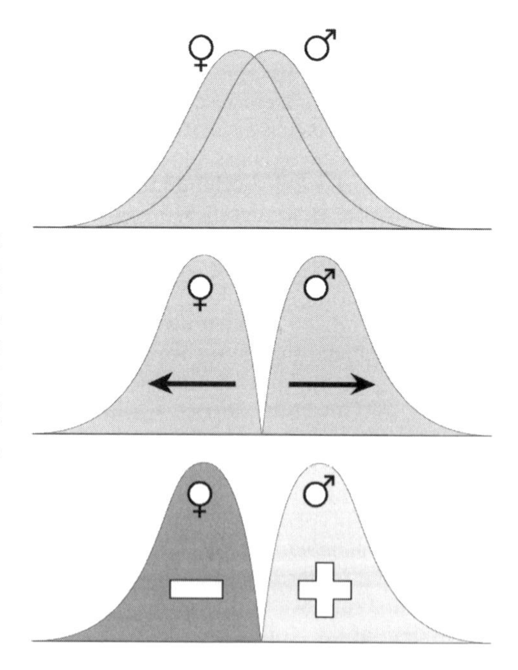

Gesellschaftliche Transformation einer überlappenden empirischen Verteilung geschlechtstypischer Verhaltensmerkmale (*oben*); Akzentuierung der gelebten Unterschiede durch normative Dichotomie der Rollen (*Mitte*); Höherbewertung der männlichen Abwertung der weiblichen Verhaltensmuster (*unten*)

Biologie und Moral

Damit kommen wir auf ein weiteres Missverständnis zu sprechen, das ebenfalls dazu beiträgt, die biologische Argumentation in Misskredit zu bringen; es betrifft die Beziehung zwischen Biologie und Moral. Traditionelle Kulturen nehmen nicht nur eine Dichotomisierung nach Art der Abbildung vor, sie setzen ihre Mitglieder auch – bald rigoros und autoritär wie im islamischen Fundamentalismus, bald unbewusst ermunternd – dem Zwang aus, ein typisch weibliches oder männliches Verhalten an den Tag zu legen. Um dieser Forderung nun einen Absolutheitsanspruch zu verleihen, beziehen sie sich auf die Veranlagung, versuchen also Moralvorschriften naturgesetzlich zu *legitimieren*. Etwas, das von der Natur vorgezeichnet ist, also in unserem Fall etwa die von den unterschiedlichen Fortpflanzungsfunktionen der Geschlechter nahegelegte Aufgabenteilung in der Familie, wird als die gottgewollte Bestimmung von Mann und Frau angesehen und zur Grundlage moralischer Wertsetzung gemacht. Eine solche Legitimierung moralischer Normen durch biologische Einsichten ist aber nicht zulässig und außerdem keineswegs eine logische Konsequenz einer biologischen Betrachtung. Man spricht in diesem Zusammenhang von der „naturalistic fallacy", also einem naturalistischen Trugschluss, dem manche Morallehren anheimfallen.

Ob und wie sich Moral überhaupt legitimieren lässt, gehört zu den schwierigsten Fragen; ihre Beantwortung ist nicht Gegenstand dieses Buches, sondern muss der philosophischen Ethik vorbehalten bleiben. Eins aber ist sicher: Naturgegebenheiten können nicht herangezogen werden, um daraus moralische Normen abzuleiten. Was auch immer wir beschließen, für richtig zu halten, es wird darunter immer auch Regeln geben, die sich gegen die Natur richten. So sind wir von Natur aus dazu angelegt, viele Kinder in die Welt zu setzen und für viele Kulturen ist dies auch heute noch ein hoher moralischer Wert. Der dramatische Bevölkerungszuwachs legt den Weiterdenkenden aber nahe, dass eigentlich genau das Gegenteil, nämlich Geburtenkontrolle angebracht wäre. Da wir die Umwelt, an die wir natürlicherweise angepasst sind, längst drastisch verändert haben, ist vieles, was unseren natürlichen Neigungen besonders entgegenkommen würde, unserem Wohlbefinden abträglich. Davon abgesehen wäre auch schon im Mittelalter niemand auf die Idee verfallen, den Zölibat für sittenwidrig zu halten, weil er dem natürlichen Geschlechtstrieb zuwiderläuft.

Ebenfalls mit dem Rückbezug auf die Veranlagung gerechtfertigt wird eine weitere und wie mir scheint, eine der folgenschwersten Maßnahmen der Gesellschaft. Sie betrifft die unterschiedliche *Wertung* der Geschlechter. Typisch weibliche Eigenschaften und Frauen überhaupt gelten in vielen Kulturen als minderwertig, während Tätigkeiten allein schon dadurch ein höheres Prestige erhalten, dass sie von Männern ausgeübt werden. Das muss nicht so sein, wie der Kulturvergleich zeigt. Aber aus Gründen, die noch genauer erörtert werden, ist die Gefahr, dass es zu einer Abwertung des weiblichen Geschlechts kommt, größer als umgekehrt. Es wird sich zeigen, dass es in der Tat bestimmte Unterschiede in der Veranlagung sind, die eine solche Entwicklung begünstigen, was aber natürlich wiederum nicht heißt, dass sie damit auch unvermeidlich oder gar legitim wäre.

Die Befürchtung, Anlageunterschiede könnten dazu missbraucht werden, eine Diskriminierung von Frauen zu rechtfertigten, kann gar nicht ernst genug genommen werden. Der berechtigte Wunsch, einer solchen Legitimierung den Boden zu entziehen, darf aber nicht so weit gehen, die wissenschaftliche Diskussionen über Anlageunterschiede einzuschränken oder gar zu verbieten, wie das bei Kreisen, die dem Gender-Mainstream nahestehen, die Tendenz ist. Ich denke, dass man den

Frauen – und im Übrigen auch den Jungen und Männern – keinen guten Dienst erweist, wenn man wichtige Einsichten unterbindet, und dabei gar so weit geht, denjenigen, die sich mit den Auswirkungen biologischer Mechanismen befassen, fragwürdige Motive zu unterstellen. Bischof spricht in diesem Zusammenhang von einem „moralistischen“ Trugschluss, in dem er das Pendant zum naturalistischen Trugschluss sieht[7]. Wenn etwas als moralisch nicht wünschenswert deklariert wird, dann besteht die Tendenz, seine Existenz überhaupt zu leugnen, „weil nicht sein kann, was nicht sein darf“: Geschlechtsunterschiede gibt es nicht, weil man sie sonst zur Legitimation von Diskriminierung heranziehen könnte.

Es ist ein zentrales Anliegen dieses Buches, die Missverständnisse aufzuklären, die zu der hartnäckigen Fehleinschätzung biologischer Faktoren führen. Nur wenn wir uns vorbehaltlos auch über die biologischen Aspekte unserer Verhaltensorganisation Rechenschaft ablegen, werden wir eine Chance haben, bestehende Vorurteile abzubauen und den Schwächen beider Geschlechter wirksam gegenzusteuern. Ob daraus dann letztlich eine Angleichung resultieren sollte, oder ob nicht vielmehr die *Gleichbewertung bei beibehaltenen Unterschieden* das Erstrebenswerte wäre, mag zunächst offen bleiben.

---

[7] Bischof, 1996

1. Teil
Theorien und ihre Beweiskraft

Wie im 1. Kapitel erwähnt, fordert Jeanne Block, man müsse immer erst ausloten, ob und wieweit Unterschiede auf die Sozialisation zurückzuführen sind, bevor man biologische Einflussfaktoren in Erwägung ziehen dürfe. Gegen dieses Postulat lässt sich, wie wir festgestellt haben, allerlei einwenden; es beruht auf einer höchst willkürlichen Festsetzung der Nullhypothese. Da es aber nicht viel einbringt, im Vorfeld der Sachfragen über Verfahrensregeln zu streiten, wollen wir auf die Forderung eingehen. Unterziehen wir also die zugunsten der Sozialisationsannahme anführbare Evidenz einer genaueren Betrachtung.

Es empfiehlt sich, dabei in zwei Schritten vorzugehen. Sozialisationsprozesse, die zu einer stabilen Polarisierung geschlechtstypischer Verhaltensstile führen, liegen nicht so offen zutage, dass sie von vornherein als trivial vorausgesetzt werden könnten. Man kommt also nicht umhin, sie in Form theoretischer Annahmen zu spezifizieren. Als Erstes wäre demnach zu klären, welche theoretischen Standpunkte in diesem Problemkomplex überhaupt vertreten worden sind. In einem zweiten Schritt wollen wir sodann die Befunde überprüfen, die mit den vorgestellten Theorien im Einklang oder auch im Widerspruch stehen. Auf diese Weise erhalten wir eine Anschauungsgrundlage, auf deren Basis wir beurteilen können, wieweit die Annahme soziokultureller Verursachungen ihre Bestätigung findet und wo sie gegebenenfalls an Grenzen stößt.

Die geschlechtsrollenbezogenen Sozialisationstheorien, die in der Fachwelt diskutiert werden und mehr oder weniger auch Akzeptanz gefunden haben, lassen sich an einer Hand abzählen. Es handelt sich um die Theorie Freuds, die abgesehen von einigen kritischen Modifikationen auch von seinen Anhängern vertreten wird, ferner um lerntheoretische Erklärungsansätze, die zum einen im Rahmen der Bekräftigungstheorie formuliert wurden, zum anderen in der Theorie des sozialen Lernens die Rolle der Imitation betonen, und schließlich um den kognitivistischen Ansatz von Lawrence Kohlberg mit seiner Fortführung in der Genderschema-Theorie.

4 Freud und die Folgen

Ödipus- und Kastrationskomplex

Unter den Theorien, die Außeneinflüsse für die Übernahme der Geschlechterrolle verantwortlich machen, soll aus historischen Gründen die von Sigmund Freud an erster Stelle behandelt werden, wobei wir uns darauf beschränken wollen, seine Überlegungen soweit zu skizzieren, wie es erforderlich ist, um seinen Einfluss auf die anderen zu erörternden Ansätze verständlich zu machen. Ein weiterer Grund, warum Freud nicht unerwähnt bleiben darf, ist seine unverkennbar abwertende Haltung dem weiblichen Geschlecht gegenüber. Diskriminierende Argumente bei den nachfolgenden Generationen haben nicht selten bei ihm ihren Ursprung.

Freud hat sich in erster Linie mit der männlichen Entwicklung befasst, während er sich zur weiblichen wohl nur auf Drängen von Mitarbeiterinnen gegen Ende seines Lebens mehr anekdotisch äußerte. Zwar betont er, dass diese Äußerungen nur vorläufigen Charakter haben; da man aber in seiner Anhängerschaft dazu neigt, seine Worte prinzipiell für verbindlich zu halten, haben diese Bemerkungen gleichwohl ihren – zum Teil eben wenig erfreulichen – Einfluss ausgeübt[1].

Freud misst – bei Jungen und Mädchen gleichermaßen – zwei Ereignissen im Alter zwischen drei und fünf Jahren besondere Bedeutung für die Ausbildung des Geschlechtsrollenverständnisses zu. Einmal handelt es sich darum, dass Kinder die anatomischen Unterschiede entdecken, wobei die Feststellung, dass Mädchen keinen Penis haben, für beide Geschlechter gravierende Folgen haben soll. Den zweiten wichtigen Vorgang in diesem Altersabschnitt sieht Freud darin, dass „die Libido die Genitalregion besetzt", dass also die Genitalien erstmals zum Zentrum lustvoller Erregung werden.

Bekanntlich nimmt Freud eine allgemeine Triebenergie an, die er „Libido" nennt. Am Beginn des Lebens sei diese zunächst auf den *oralen* Bereich fixiert, weil Nahrungsaufnahme so ziemlich das einzige ist, wobei ein Säugling schon eigene Aktivität entwickelt. Darin ist ein elementarer Symmetriebruch grundgelegt: Für Buben ebenso wie für Mädchen wird die *Mutter* als Vermittlerin der Nahrung zum ersten Beziehungsobjekt. Es folgt dann die *anale* Phase, in der die Ausscheidungsorgane in den Fokus des Erlebens rücken, und schließlich die so genannte *phallische* oder *genitale* Phase, in der die Triebenergie erstmals eine sexuelle Orientierung im eigentlichen Sinn erhält. Der gegengeschlechtliche Elternteil erscheint jetzt als begehrenswert. Dadurch gerät nun aber die Beziehung zu den Eltern in eine Krise.

Bei Söhnen verläuft der Prozess der Geschlechterrollenübernahme so, dass sie mit dem Übertritt in die phallische Phase anfangen, ihr primäres Bindungsobjekt, die Mutter, auch sexuell zu begehren[2]. Der Vater ist dabei im Weg und wird somit unvermeidlich zum Rivalen. Der kleine Junge beginnt, ihn zu hassen und ihm den Tod zu wünschen. Diese Konstellation bezeichnet Freud als den *Ödipuskomplex*, nach dem griechischen Sagenhelden, der seinen Vater totschlug und die Mutter heiratete. Während der wirkliche Ödipus letzteres aber erst tat, nachdem der Vater ausgeschaltet war, liegen die Verhältnisse beim Fünfjährigen komplizierter. Der mächtige Vater ist immer noch präsent und lässt sich die Unbotmäßigkeit natürlich nicht gefallen. Er droht vielmehr, sich zu rächen und den Sohn zu bestrafen, was diesen in beträchtliche Angst versetzt. Der Junge malt sich nun aus, was der Vater ihm Schlimmes antun könnte. Diese Ängste fallen in den gleichen Zeitraum, in dem er auch den „defekten" Zustand der Genitalien bei Mädchen bemerkt. Sie haben offensichtlich irgendwann einmal ihren Penis verloren. Einen Penis zu haben ist also keine Selbstverständlichkeit, er kann einem abhanden kommen. Was liegt näher, als sich vorzustellen, dass der Vater dem Jungen dieses Lustobjekt nehmen wird, um ihn für sein unbotmäßiges Begehren zu strafen. Der Junge entwickelt in der Folge einen *Kastrationskomplex*, und dieser hilft ihm dann auch, den Ödipuskomplex zu überwinden. Die Angst vor der Kastration lässt sich nämlich bewältigen, wenn man die auf die Mutter gerichteten Triebwünsche aufgibt und sich mit dem Vater identifiziert, ihn also zum Leitbild macht, seine Forderungen übernimmt und sich selbst bestraft, indem man auf die Mutter verzichtet.

---

[1] Freud, 1925

[2] Freud, 1900, 1923

Anna Freud[3] hat diesen Vorgang später unter Verwendung eines ursprünglich auf Ferenczi[4] zurückgehenden Konzepts als *Identifikation mit dem Angreifer* präzisiert. Wenn man als kleiner Junge die Aggression selbst gegen sich richtet, die man eigentlich vom Vater befürchten muss, dann braucht dieser gar nicht erst feindselige Affekte zu entwickeln, und seine positive Zuneigung bleibt einem erhalten. Gleichzeitig kommt man, indem man sich mit ihm identifiziert, auf Umwegen doch noch, jetzt aber legitimerweise, in den Besitz der Mutter.

Die Identifikation mit dem Vater hat zwei wesentliche Konsequenzen. Sie führt einerseits dazu, dass sich ein „Über-Ich" ausbildet, das die Aufgabe einer verinnerlichten Strafinstanz übernimmt. Damit ist nach Freud die Basis für *moralisches* Verhalten gelegt. Zweitens eignet sich der Junge, indem er sich mit dem Vater identifiziert, die männliche Geschlechterrolle an.

Elektrakomplex?

Wie sieht es nun mit der entsprechenden Entwicklung bei Mädchen aus? Wie schon erwähnt, hat sich Freud vor diesem Thema immer ein wenig gedrückt. Er äußert sich dazu erstmals 1925 als 68-jähriger Mann in einem Artikel mit dem Titel „Einige psychische Folgen des anatomischen Geschlechtsunterschieds"[5]. Einmal mag er damit dem Druck seiner Schülerinnen Helene Deutsch und J. Lampl de Groot nachgegeben haben, von denen die letztere in Anlehnung an Jung einen „Elektrakomplex" postuliert hatte, wobei sie davon ausging, dass die Entwicklung beim weiblichen Geschlecht symmetrisch zum Ödipuskomplex verlaufe. Hauptsächlich könnte der Anlass aber Freuds schwindende Lebensperspektive gewesen sein, denn er gibt am Anfang des Artikels, vermutlich auch unter dem Eindruck seiner Krebserkrankung, den Hinweis, dass er nicht mehr unbegrenzt Zeit habe und deshalb etwas verlautbaren müsse, das noch nicht vollständig ausgereift sei, sondern lediglich seinen Eindruck aus etwa einem Dutzend Fällen wiedergebe. Mit der Betonung der Vorläufigkeit seiner Aussage, deren Richtigkeit erst noch von seinen Schülern genauer überprüft werden müsse, suchte er wohl die Brisanz des Inhalts etwas abzumildern. 1931 folgte dann ein zweiter Artikel „Über die weibliche Sexualität", in dem Freud explizit und kritisch auf den „Elektrakomplex" Bezug nimmt[6].

Freud betont, dass die geschlechtliche Entwicklung bei Jungen und Mädchen eben *nicht* symmetrisch verläuft. Auch das Mädchen ist nach seiner Meinung zunächst oral auf die Mutter fixiert und erlebt daher den Vater als Rivalen. Die weitere Entwicklung verläuft hier aber insofern weniger prägnant, als die Situation des Penisverlusts ja bereits eingetreten ist. So beginnt der Prozess bei den Mädchen nicht mit dem Ödipuskomplex, am Anfang steht vielmehr die Erfahrung der Kastration. Das Mädchen bemerkt, mit den Worten Freuds, „den auffällig sichtbaren groß angelegten Penis eines Bruders oder Gespielen, erkennt ihn sofort als das überlegene Gegenstück seines eigenen, kleinen versteckten Organs und ist von da an dem Penisneid verfallen"[7]. Hiervon kommen Frauen lebenslang nicht mehr los; sie erleben sich als minderwertig gegenüber dem Mann, der seinerseits einen „Abscheu vor dem verstümmelten Geschöpf empfindet oder triumphierende Geringschätzung desselben". In der Organminderwertigkeit sieht Freud ferner der

[3] Anna Freud, 1946
[4] Ferenczi, 1939
[5] Freud, 1925
[6] Freud 1931
[7] Freud, 1925

Grund, dass Frauen zu Eifersucht neigten, und auch die erhöhte weibliche Schamhaftigkeit rühre daher; denn man möchte verbergen, dass etwas nicht vorhanden ist. In diesem Zusammenhang wird dann gleich noch die Vorliebe für das Flechten und Weben erklärt, die ja dem Bedecken dienen. Schließlich resultiert daraus auch die Eitelkeit, denn irgendwann entdeckt das Mädchen, dass es schön ist und muss dies nun kompensatorisch übertreiben.

Wie verarbeitet das Mädchen nun aber die ganze Schande? Es macht die Mutter verantwortlich, die es so schlecht ausgestattet hat, und verachtet sie als ebenfalls minderwertiges, weil penisloses Geschöpf. Konsequenterweise wendet es sich von ihr ab und dem Vater zu, in der Hoffnung, an dessen Organ zu partizipieren oder doch wenigstens ein Kind als Ersatz von ihm zu bekommen. Damit hätten wir ein weibliches Pendant zum Ödipuskomplex. In den Worten Freuds: „Während der Ödipuskomplex des Knaben am Kastrationskomplex zugrunde geht, wird der des Mädchens durch den Kastrationskomplex ermöglicht und eingeleitet"[8].

Schuld- und Angstreaktionen sind auch hier die Folge und führen dann schließlich doch zu einer kompensatorischen Identifikation mit der Mutter, die freilich wegen deren schon erwähnter Minderwertigkeit schwächer ausfällt. Immerhin kommt es aber ebenfalls zu einer Übernahme der Geschlechterrolle und auch moralische Wertvorstellungen werden ausgebildet. Allerdings besteht für das Mädchen kein Anlass, den Ödipuskomplex ebenso rigoros zu überwinden wie der Junge; denn es kann ihm ja nichts mehr passieren, den Penis hat es sowieso schon verloren. Das wirkt sich natürlich auf die weibliche Moralentwicklung aus: „Das Über-Ich wird niemals so unerbittlich, so unpersönlich, so unabhängig von seinen affektiven Ursprüngen wie wir es vom Manne fordern". Hierin liege die Ursache dafür, dass das Weib „weniger Rechtsgefühl" zeige und weniger die „Neigung zur Unterwerfung unter die großen Notwendigkeiten des Lebens". Freuds Ausführungen laufen letztlich darauf hinaus, dem weiblichen Geschlecht das schwächere moralische Gewissen zu attestieren.

Kritische Anmerkungen

Auf den Punkt gebracht, beruht für Freud die Übernahme der Geschlechterrolle auf der Identifikation mit dem gleichgeschlechtlichen Elternteil, wobei diese Identifikation dazu dienen soll, dessen Rache dafür abzuwenden, dass man seinen Partner sexuell begehrt. Der Mechanismus der Identifikation ist insofern für unsere weiteren Überlegungen wichtig, als er erklären würde, wie Kinder dazu kommen, sich auf den gleichgeschlechtlichen Elternteil auszurichten, ihn als Modell für ihr Verhalten zu bevorzugen und sich damit geschlechtsangemessen zu orientieren.

Im Übrigen ist der Erklärungswert der Theorie mit vielen Fragen behaftet, auf die ich im Folgenden kurz eingehen möchte. So führt Asendorpf gegen Freud an, dass geschlechtstypisches Verhalten, falls es denn allein durch Identifikation mit dem gleichen Elternteil zustande käme, eine viel größere Stilähnlichkeit zwischen Söhnen und Vätern bzw. Töchtern und Müttern erkennen lassen müsste, als sich in der Realität beobachten lässt[9]. Auch würde Identifikation kaum erklären, wieso Geschlechtsunterschiede bereits lange vor der ödipalen Phase auftreten

Des Weiteren ist einzuwenden, dass es keine wirklich überzeugenden empirischen Befunde gibt, die das Auftreten des Ödipuskomplexes bzw. des Penisneids

[8] Ebd., S. 167
[9] Asendorpf, 1996

im einschlägigen Alter belegen[10]. Für manche Kinder ist es zwar beunruhigend, wenn sie die anatomischen Unterschiede entdecken, und sie machen sich hierzu in der Tat eigene Erklärungen zurecht, wie etwa: der Penis der Mädchen sei kleiner, würde noch wachsen, sei abgeschnitten, irgendwie seien Mädchen komisch, nicht richtig, anders. Nun halten Kinder im Vorschulalter aber alle äußeren Merkmale der Erscheinung einer Person für wandelbar und machen dabei, wie unten noch zu zeigen sein wird, auch nicht vor den Geschlechtsattributen halt. Vor diesem Hintergrund bereitet es Mühe, sich vorzustellen, dass die Entdeckung des anatomischen Geschlechtsunterschieds im Normalfall traumatische Auswirkungen haben soll, die dann auch noch geeignet sind, daraus gesetzmäßig die gesamte Geschlechterrollenübernahme und gar noch die Gewissensbildung abzuleiten.

Freud hat seine Folgerungen über die kindliche Entwicklung weitgehend aus Berichten erwachsener Patienten rekonstruiert. Nur in einem Fall bestand seine Induktionsbasis in einer Kinderneurose[11]. Die empirische Evidenz steht also auf schwachen Beinen. Dieser Mangel wird von psychoanalytischer Seite gern mit dem enormen Verdrängungspotential begründet, das sich daraus ergäbe, dass den gegengeschlechtlichen Elternteil zu begehren so ungeheuer unstatthaft sei. Nun mögen in den Trauminhalten erwachsener Patienten ja durchaus auch Bilder geschlechtlicher Vereinigung mit – im Übrigen – *beiden* Elternteilen auftauchen. Aber bedeutet das allein schon, dass sich darin reale Kindheitserlebnisse widerspiegeln müssen? Könnten Träume dieser Art nicht vielmehr auch eine Möglichkeit darstellen, metaphorisch und symbolisch ganz andere als sexuelle Motivkonflikte zum Ausdruck zu bringen?

Bindung ist nicht gleich Sexualität

Damit klingt bereits ein viel grundsätzlicherer Einwand an. Er wendet sich gegen eine der wenigen Thesen, an denen Freud bis zum Schluss mit unbeirrbarer Hartnäckigkeit festgehalten hat und in gleicher Weise ein Großteil von Psychoanalytikern unter seiner Anhängerschaft – die These von der *Homogenität der Liebe,* konkreter: die Gleichsetzung von *Sexualität* und *Bindung.* Jeder, der bereit ist, bei einem so allgemeinbiologischen Sachverhalt wie der Sexualität auch aus der Beobachtung tierischer Lebensformen zu lernen, sieht sich mit dem offensichtlichen Tatbestand konfrontiert, dass die Motivation, sich affektiv an den Sexualpartner zu *binden,* seine Nähe zu suchen und ihn zu unterstützen, vom *Fortpflanzungstrieb* unabhängig sein muss. Viele Tiere leben in eheähnlichen Gemeinschaften, die über viele Jahre erhalten bleiben, obwohl die sexuelle Brunftzeit sich nur auf einen kleinen Ausschnitt des Jahres erstreckt[12].

Auch das von Freud in Anspruch genommene Faktum des Inzestwunsches spricht, richtig betrachtet, nicht *für* sondern gerade *gegen* die Homogenität: Wie schon Westermarck richtig vermutet hat, stellt gerade die frühe Bindung des Kindes an seine Eltern nicht eine Vorbereitung, sondern eine entscheidende Hemmung der Sexualität dar. Am eindrücklichsten belegen dies Beobachtungen in israelischen Kibbuzim. Bis vor kurzem wurden die Kinder einer Kibbuz-Gemeinschaft gemeinsam in einem „Kinderhaus" aufgezogen, waren also zwar mehrheitlich nicht verwandt, aber von Geburt an miteinander vertraut. Wie Shepher in einer eingehenden Recherche aufzeigen konnte, genügte diese Vertrautheit, um zu verhindern, dass unter

[10] Goldman & Goldman, 1982
[11] Freud, 1909
[12] Bischof, 2001; Bischof-Köhler, 2011

den Betroffenen auch nur eine einzige eheliche Verbindung eingegangen wurde, obwohl niemand auf den Gedanken gekommen wäre, ihnen das auszureden, da sie ja nicht verwandt waren[13]. Die Vertrautheit von früher Kindheit an fungiert unter normalen Entwicklungsbedingungen als sicheres Hemmnis für die erotische Anziehung. Das gilt nicht nur zwischen Geschwistern sondern auch für das Verhältnis zwischen Eltern und Kindern. Daran ändern auch die sich mehrenden Berichte über Inzest bei nahen Verwandten nichts. Es handelt sich dabei in der Regel entweder um Stiefkinderbeziehungen, bei denen die Vertrautheit der Betroffenen eben nicht in die frühe Kindheit zurückreicht, oder die elterlichen Verführer weisen massive Beziehungsstörungen auf.

Feministische Alternativen

Der unverblümt diskriminierende Unterton der Theorie Freuds, bei dem sich zu seinen Lebzeiten kaum jemand etwas dachte, hat später zunehmend Anstoß erregt und dazu geführt, dass einige von Freuds Schülern und vor allem Schülerinnen Vorstellungen entwickelten, die explizit frauenfreundlicher ausfielen und dafür im Gegenzug das männliche Geschlecht problematisierten.

Am bekanntesten unter diesen ist Nancy Chodorow geworden[14]. Für sie stellt sich das Bild etwa wie folgt dar. Auch hier, darin gleicht ihr Ansatz dem Freuds, bildet die Mutter als natürliche Quelle von Nahrung und Geborgenheit das primäre Bindungsobjekt für Kinder beiderlei Geschlechts. Beide unterscheiden sich daher auch zunächst nicht im Stil des Verhaltens und Erlebens – sie suchen gleichermaßen Bindung, Verschmelzung, emotionale Wärme. Alsbald beginnt jedoch die *Mutter*, den anatomischen Unterschied zwischen Sohn und Tochter zum Angelpunkt diskriminativen Verhaltens zu machen: Sie erlaubt der Tochter, die ihr als Erweiterung ihres eigenen Selbst erscheint, weiterhin an der Mutter-Kind-Symbiose zu partizipieren, während sie den Sohn mehr und mehr als andersartig erlebt und ihn dies auch spüren lässt. Mit dieser Deprivation kann der arme Kerl nur dadurch fertig werden, dass er hart wird, sich fortan seinen Gemütsbedürfnissen verschließt und jede empathische Anwandlung unterdrückt, da ihn diese ja nur wieder dazu verführen würde, sich jene emotionale Verschmelzung zu erhoffen, die ihm von der Mutter verwehrt bleibt.

Die Töchter hingegen haben dieses Problem nicht; sie können im warmen Nährboden emotionaler Geborgenheit reifen und gedeihen. Sie „definieren sich ... nicht im selben Maße wie Jungen durch Verleugnung präödipaler Beziehungsmuster. Regression zu diesen Mustern wird von ihnen demnach nicht als so grundlegende Bedrohung ihres Ichs erlebt.“[15] Zu ihrer Geschlechtsidentität gehören also weder Loslösung noch Individuation, sie haben beide gewissermaßen nicht nötig und ersparen sich damit auch die ständigen Beziehungsprobleme, mit denen Männer ihre aufgezwungene Ich-Abgrenzung bezahlen müssen.

Das könnte so verstanden werden, als würden Männer im Leben zwar unglücklich und psychisch verkrüppelt, aber immerhin wenigstens reif, während Frauen das Los seliger Infantilität in Zweieinigkeit mit der Mutter beschieden wäre. Damit ist Chodorow aber nicht einverstanden. Wenn in unserer Gesellschaft Persönlichkeitsentwicklung mit Ablösung gleichgesetzt werde, so sei dies bereits die Auswirkung der von Männern beanspruchten Richtlinienkompetenz, die einfach einseitig

[13] Shepher, 1983
[14] Chodorow, 1978
[15] Chodorow, 1978, S. 167

ihren eigenen Lebensstil als verbindlich deklarieren und die weibliche Mentalität daran messen. Im Übrigen bleibt der Autorin nicht verborgen, dass Mädchen auch Konflikte mit ihrer Mutter haben und sich vom Vater fasziniert zeigen. Letzteres deutet sie als Reaktion auf den Umstand, dass er sich ihren Kontaktwünschen so oft durch Abwesenheit entzieht. Spannungen mit der Mutter wiederum erklärten sich dadurch, dass dieser in der frühen Kindheit so uneingeschränkte Allmacht zukam.

Verglichen mit dem Ansatz Freuds zeichnet Chodorow sicher ein deutlich anderes Bild der affektdynamischen Prozesse. Davon abgesehen treten aber unverkennbare Gemeinsamkeiten beider Theorien hervor: Beide postulieren eine ursprünglich gleiche Erlebnisweise von Jungen und Mädchen, in beiden Fällen fungiert die Mutter als primärer Bindungspartner, der anatomische Geschlechtsunterschied wird hier wie dort zum Auslöser der Diskrimination, und in beiden Fällen ermöglicht bzw. erzwingt ein Elternteil – bei Freud der Vater, bei Chodorow die Mutter – durch die Art, wie es mit dem Kind interagiert, die geschlechtliche Identifikation[16].

Kritisch einzuwenden ist auch gegen Chodorow, wie schon gegen Freud, dass die Identifikation mit dem gleichgeschlechtlichen Elternteil eine größere Ähnlichkeit des Charakters zwischen Müttern und Töchtern einerseits und Vätern und Söhnen andererseits bedingen müsste, für die es keine empirischen Belege gibt. Was die starke Betonung der positiven Beziehung zwischen Mutter und Tochter und den Ausschluss des Sohnes betrifft, so geben hierzu insbesondere Befunde der Bindungstheorie zu denken. Diese unterscheidet – je nach Qualität der Mutter-Kind-Beziehung – „sicher" und „unsicher gebundene" Kinder, wobei die unsichere Bindung dadurch bedingt ist, dass die Mütter Probleme haben, emotionale Nähe zu ihren Kindern herzustellen. Während sicher Gebundene sozial kompetent sind und affektiv einen guten Rapport herstellen können, gelten unsicher Gebundene als emotional eher problemgeladen und neigen dazu, sich zurückzuziehen[17]. Wenn Chodorow recht hätte, dann müssten Jungen in erster Linie in der zweiten Gruppe zu suchen sein. In den zahlreichen Untersuchungen, die in der ganzen Welt zur Bestimmung des Bindungstyps an kleinen Kindern vorgenommen wurden, findet sich aber kein Hinweis für die Überrepräsentation des männlichen Geschlechts bei unsicher Gebundenen[18].

[16] Für eine detaillierte Würdigung von Chodorows Theorie siehe Rohde-Dachser, 1991
[17] Ainsworth et al., 1979; Bretherton et al., 1985
[18] Vgl. auch Maccoby, 2000

5 Dressur und Nachahmung

Theorie der geschlechtstypischen Verstärkung

Freuds Theorie hat in der Diskussion unseres Themas bis in die Gegenwart hinein Spuren hinterlassen. Offiziell beruft sich heute, außer in orthodox psychoanalytischen Kreisen, freilich kaum mehr jemand ernsthaft auf sie. Bis vor kurzem und zum Teil auch heute noch lieferten vielmehr *lerntheoretische* Konzeptionen die eindeutig favorisierten Erklärungsansätze für geschlechtstypisches Verhalten. Dabei geht man von der als selbstverständlich betrachteten Voraussetzung aus, dass beide Geschlechter von Natur aus gleich veranlagt sind. Das Auftreten geschlechtstypischen Verhaltens wird ausschließlich Umweltwirkungen zugeschrieben, unter deren Einfluss Kinder allmählich in ihre Rolle als Mann oder Frau hineingeformt würden.

Bei den lerntheoretischen Erklärungen lassen sich zwei Stoßrichtungen unterscheiden. Die eine steht in der Tradition der *Bekräftigungstheorie;* Geschlechtsunterschiede entstehen ihr zufolge durch Belohnung und Bestrafung. Der zweite Ansatz rückt die Wirkung von Modellen und das Nachahmungslernen in den Vordergrund; man bezeichnet diese Richtung als *Theorie des sozialen Lernens.*

Für die Bekräftigungstheorie beruht soziale Rollenübernahme darauf, dass entsprechende Verhaltensweisen *andressiert* werden. Man nimmt an, dass die Erwartungen, die sich in den Geschlechtsstereotypen einer jeden Kultur niederschlagen, als Leitbild für das Erziehungsverhalten dienen. Die Konditionierung stellt man sich als eine Art *„shaping"* vor, also ein Vorgehen in kleinsten Schritten. Jede Verhaltensandeutung in Richtung des Leitbilds wird belohnt, während Tendenzen in die gegengeschlechtliche Richtung entweder nicht zur Kenntnis genommen oder bestraft werden.

Da die Überzeugung, Geschlechtsunterschiede seien ausschließlich ein Lernprodukt, in diesem Theorieansatz als Nullhypothese gilt, hält man es vielfach nicht für nötig, sich Gedanken darüber zu machen, ob diese Annahme je bewiesen wurde. Häufig begnügt man sich mit dem Hinweis, Buben und Mädchen würden ja von Geburt an unterschiedlich behandelt, also verstehe es sich von selbst, warum sie verschieden sind. Wir werden diesen Annahmen in den folgenden Abschnitten noch auf den Grund gehen. Dabei wird sich zeigen, dass man bei genauerer Sichtung der empirischen Befundlage keineswegs den Eindruck gewinnt, Lob und Tadel hätten wirklich das Gewicht bei der Geschlechterdifferenzierung, das ihnen unterstellt wird. Bereits Maccoby & Jacklin haben in subtiler Weise die Probleme artikuliert, die sich für eine ausschließliche Konditionierungshypothese stellen[1]. Generell monieren sie, dass die Wirksamkeit geschlechtstypischer Verstärkung häufig nur innerhalb *eines* Geschlechts geprüft wird. Man stellt dabei fest, welche Erziehungspraktiken ein als geschlechtstypisch geltendes Merkmal besonders prägnant hervortreten lassen und generalisiert daraus, dass die entsprechende Praxis überhaupt die Ursache für das Merkmal sei.

Wie problematisch ein solches Vorgehen sein kann, demonstrieren die Autorinnen an folgendem Beispiel. Eine stark strafende Erziehungshaltung begünstigt nachweislich Verhaltensweisen, die dem femininen Stereotyp zugehören, und zwar gleichermaßen bei Jungen wie bei Mädchen. Strafe „verweiblicht" also. Geht man nun davon aus, dass beide Geschlechter von Natur aus gleich sind, dann läge es nahe zu erwarten, dass Mädchen sich deshalb femininer als Jungen verhalten,

[1] Maccoby & Jacklin, 1974

weil sie von den Eltern häufiger gestraft werden. Tatsächlich ist aber das genaue Gegenteil der Fall.

Erziehungspraxis der Eltern

Im Folgenden wollen wir nun prüfen, wieweit sich die Annahme belegen lässt, dass Eltern, Spielkameraden und sonstige Sozialisationsagenten bei Kindern ausschließlich oder bevorzugt Verhaltensweisen verstärken, die als geschlechtsangemessen gelten. Jungen würden dieser Theorie zufolge in erster Linie für selbstbewusstes, aggressives, leistungs- und wettbewerbsorientiertes Verhalten belohnt, Mädchen dagegen, wenn sie nett, entgegenkommend, fürsorglich und hilfsbereit sind, um nur die gängigsten Stereotypen aufzugreifen. Sofern die Kinder ein nicht rollenkonformes Verhalten zeigten, müsste dies Ablehnung, Befremden, vielleicht gar Spott und Strafe hervorrufen.

In einem neueren Übersichtsartikel, der alle erreichbaren Untersuchungen zu geschlechtsdifferenzierenden Erziehungspraktiken in Nordamerika im Zeitraum von 1952 bis 1987 einer Metaanalyse (siehe Kasten) unterzog, fanden sich in den meisten Bereichen, die Gegenstand der Evaluation waren, keine signifikanten Unterschiede in der Behandlung von Jungen und Mädchen, sondern im statistischen Sinn lediglich Tendenzen, die zum Teil in die Richtung des einen, zum Teil aber auch in die des anderen Geschlechts wiesen. So erhalten Jungen etwas mehr Ermutigung auf dem Leistungssektor, werden etwas häufiger eingeschränkt und sind mehr disziplinierenden Maßnahmen, einschließlich körperlicher Strafe, ausgesetzt, während Mädchen etwas öfter warme Zuneigung erfahren und etwas mehr zu Abhängigkeit angeregt werden[2]. Lediglich bei der Ermutigung zu geschlechtsrollenadäquaten Tätigkeiten, also z. B. zu bestimmten Spielaktivitäten und zum Umgang mit bestimmten Spielsachen, ergab sich ein signifikanter Effekt von mittlerer Stärke ($d = 0.43$)[3]. Eltern verstärken eher rollenkonformes als gegengeschlechtliches Verhalten. Außerdem stellte sich heraus, dass entsprechende Anleitungen bei Jungen ein größeres Gewicht haben und dass Väter in ihrem erzieherischen Verhalten etwas stärker als Mütter zwischen

Metaanalyse

Verfahren, um mehrere unabhängige Untersuchungen derselben Fragestellung, also z. B. der Geschlechtsunterschiede, zu vergleichen. Dabei wird zunächst die *Effektstärke d* bestimmt, indem man die Mittelwertsdifferenz der beiden Geschlechtergruppen durch die Standardabweichung teilt, also gemäß folgender Formel verfährt:

$$d = 2 \cdot (m_M - m_W)/(s_M + s_W)$$

wobei immer der weibliche Mittelwert m_W vom männlichen abgezogen wird. Positive *d*-Werte weisen auf eine männliche, negative auf eine weibliche Überlegenheit hin. Große Mittelwertsdifferenzen und kleine Standardabweichungen ergeben große Effektstärken, die Geschlechtsunterschiede treten also deutlich hervor. Nach derzeitiger Konvention gilt ein *d* von 0,2 als geringer, von 0,5 als mittlerer und ab 0,8 als großer Unterschied. Bei der Metaanalyse werden die Effektstärken der einzelnen Studien entweder einfach gemittelt oder bisweilen auch entsprechend der Größe der Stichproben gewichtet.

[2] Lytton & Romney, 1991

[3] Ein positiver Wert bedeutet in diesem Fall rollenkonforme Verstärkung.

Jungen und Mädchen differenzierten. Kein signifikanter Unterschied zeigte sich im elterlichen Verhalten gegenüber Aggression, einem der am eindeutigsten belegten Geschlechtsunterschiede; die Untersuchungen wiesen hier lediglich eine ganz leichte, aber eben wirklich nicht signifikante Tendenz dahingehend auf, dass Aggression bei Mädchen etwas weniger geduldet wird.

In einigen weiteren Ländern westlicher Zivilisation, von denen einschlägige Befunde von den Autoren ebenfalls evaluiert wurden, ergab sich als einziger signifikanter Unterschied, dass Jungen mehr Schläge erhalten als Mädchen ($d = 0.37$).

Die Autoren kommen zu dem Schluss, dass die durchgängig favorisierte Annahme, geschlechtstypische Unterschiede seien in erheblichem Maß auf differenzierende Erziehung im Elternhaus zurückzuführen, sicher nicht aufrecht erhalten werden kann. Vor allem mahnen sie zur Vorsicht bei der Ursachenanalyse. Wenn geschlechtsadäquate Aktivitäten verstärkt würden, so bedeute dies nicht automatisch, dass diese auch primär dadurch verursacht seien; man könne vielmehr nicht ausschließen, dass die Eltern damit etwas aufgreifen, was den bereits bestehenden Vorlieben der Kinder entspricht. Wie eine Untersuchung von Caldera und Mitarbeitern[4] zeigt, spielten bereits 18-monatige Kinder lieber mit für ihr Geschlecht als typisch geltenden Spielsachen, obwohl sie nicht besonders von den Eltern dazu angehalten wurden, und sogar schon einjährige Jungen machten sich nichts aus Puppen, selbst wenn es der Vater war, der sie ihnen zum Spielen anbot. Auch weitere Studien, die bei Lytton & Romney nicht berücksichtigt wurden, ergeben ein uneindeutiges Bild von der Verstärkungspraxis der Eltern. Selbst wenn sie vornehmlich geschlechtstypisches Spiel verstärken, muss das noch nicht heißen, dass sie nicht auch gegengeschlechtliches Spiel tolerieren und in Einzelfällen sogar begrüßen[5].

In einer Studie aus dem Jahr 2009 an 17 bis 21 Monate alten Kindern zeigten die Jungen eine Präferenz für Spielzeuglastwagen, während die Mädchen eine Puppe bevorzugten. Das war aber eher dann der Fall, wenn die Kinder alleine spielten. Waren die Mütter anwesend, dann traten diese Präferenzen weniger deutlich in Erscheinung, was die Autoren dahingehend interpretieren, dass die Mütter wohl nicht geschlechtsrollenkonformes, sondern eher geschlechtsneutrales Verhalten wünschten[6]. Ein ähnliches Bild ergab eine Untersuchung von Langlois und Downs, bei der in einer Experimentalsituation beobachtet wurde, wie Eltern sich verhielten, wenn ihre drei- bzw. fünfjährigen Kinder mit als geschlechtsadäquat bzw. nicht -adäquat geltenden Objekten spielten. Jungen und Mädchen erhielten nacheinander Jungenspielzeug (Soldaten, Tankstelle, Cowboyanzug) und Mädchenspielzeug (Puppenhaus, Kochherd mit Töpfen, Sachen zum Verkleiden)[7].

Insgesamt lobten die Mütter mehr, während die Väter häufiger tadelten. Mädchen wurden von ihren Müttern insbesondere dann gelobt, wenn sie mit den Mädchenspielsachen spielten, bei der Beschäftigung mit Jungenspielsachen dagegen erhielten sie milden Tadel. Mütter verhielten sich den Mädchen gegenüber also ganz im Sinne der Stereotypenverstärkung. Auch die Jungen wurden von den Müttern mehr gelobt als vom Vater, insgesamt aber doch auch häufiger getadelt als die Mädchen. Entscheidend ist nun aber, *wofür* sie positiv oder negativ verstärkt wurden. Mütter lobten ihre dreijährigen Jungen nämlich vorzugsweise dann, wenn sie mit den Mädchenspielsachen spielten. Tendenziell war dies auch noch bei den Fünfjährigen der Fall, wenn auch weniger ausgeprägt. Die Beschäftigung mit Jungenspielzeug dagegen veranlasste die Mütter eher zu Tadel oder zu

[4] Caldera et al., 1989
[5] Snow et al., 1983
[6] Zosuls et al., 2009
[7] Langlois & Downs, 1980

Nicht-Beachtung. Zumindest die Jungen erhielten von ihren Müttern also keine durchgängige geschlechtsrollenkonforme Bekräftigung.

In dieser Hinsicht verhielten sich die Väter eindeutiger, sie verstärkten strikter geschlechtsrollenkonform, wie auch andere Untersuchungen belegen. Sie lobten sowohl Jungen als auch Mädchen für geschlechtsadäquates Spiel und tadelten sie für gegengeschlechtliches, wobei bei Mädchen das Lob, bei Jungen der Tadel überwog. Bei der Gruppe der Fünfjährigen reagierten die Väter bei Söhnen sensibler auf abweichendes Verhalten als bei Töchtern. Fagot fand eine solche Tendenz bereits bei Vätern von 18-monatigen Söhnen[8]. Väter befürchten offensichtlich schneller einmal, ein Junge könne verweichlichen, während sie „Wildfangverhalten" bei Mädchen eher zu tolerieren bereit sind. Wenn also überhaupt elterlicherseits ein Druck auf geschlechtstypisches Verhalten ausgeübt wird, dann am ehesten noch vom Vater; aber man muss dabei immer im Auge behalten, dass es, wie die Metaanalyse von Lytton & Romney zeigt, etliche Bereiche gibt, die von geschlechtsrollenkonformer Sozialisation durch die Eltern kaum oder gar nicht betroffen sind.

Erziehungspraxis im Kindergarten

Auch das Vorgehen von Erziehern im Kindergarten ist keineswegs so konsequent rollenkonform, wie man fordern müsste, wenn die Unterschiede ausschließlich auf Verstärkung beruhen sollten. Ein 1985 erschienener Artikel von Fagot – er trägt den bezeichnenden Titel „Beyond the reinforcement principle: Another step toward understanding sex role development" – kommt zu dem Schluss, dass man nach weiteren Erklärungsansätzen suchen müsste[9]. In dieser und einer vorangehenden Untersuchung[10] haben die Autorinnen sich bemüht, die Verstärkungspraktiken von Erziehern etwas genauer zu beleuchten. In der ersten Untersuchung hatten sie Dreijährige beiderlei Geschlechts ein Jahr lang im Kindergarten beobachtet. Bei der zweiten Untersuchung waren die Kinder erst zwischen 21 bis 25 Monate alt.

Als erstes fiel auf, dass sich geschlechtstypische Verhaltenspräferenzen, wie sie übrigens auch aus anderen Untersuchungen hervorgehen, bereits in diesen frühen Altersabschnitten manifestierten: Die Jungen rauften lieber, transportierten größere Baumaterialen und bauten mit diesen, die Mädchen bevorzugten Puppen, verkleideten sich gern und malten und bastelten viel. Da solche zum gängigen Stereotyp passenden Vorlieben bei den kleinen Mädchen bereits etwas eindeutiger ausgebildet waren als bei den Jungen, nahmen die Autorinnen zunächst an, Mädchen würden intensiver für geschlechtsadäquates Verhalten belohnt. Es stellte sich dann aber heraus, dass sowohl männliche als auch weibliche Betreuer in der Häufigkeit verstärkender Interventionen keinen Unterschied zwischen den Geschlechtern machten.

Interessant ist aber, dass auch noch in einer anderen Hinsicht Gleichbehandlung zu konstatieren war, nämlich darin, *wofür* die Kinder gelobt wurden. Dies war bei *beiden* Geschlechtern nämlich ein eher dem femininen Stereotyp entsprechendes oder allenfalls geschlechtsneutrales Verhalten. Ruhiges Spiel wurde gleichermaßen von männlichen wie weiblichen Erziehern bevorzugt, wohl weil es ihnen das Leben erleichterte, während die als typisch jungenhaft geltenden Verhaltensmerkmale wie Aggressivität, wildes Spiel, Freude am Raufen nicht eigens verstärkt wurden. Das hielt die Jungen aber keineswegs davon ab, Präferenzen gerade für diese Aktivitäten auszubilden.

---

8 Fagot & Hagan, 1991; siehe auch Siegel & Robinson, 1987
9 Fagot, 1985
10 Fagot & Patterson, 1969

Erziehung durch Gleichaltrige

Nun muss man allerdings noch einen anderen wichtigen Umstand berücksichtigen. Die Untersuchung ergab, dass Jungen generell weniger auf Erwachsene hörten als Mädchen. Einen wesentlichen Einfluss übten bei ihnen dagegen die gleichgeschlechtlichen *Peers,* also andere Jungen, aus: Sie verstärkten sich gegenseitig und dies in der Tat vor allem für geschlechtstypisches Verhalten. Beobachtungen dieser Art sind durch mehrere Studien belegt[11] und führten zu einer neuen Variante der Sozialisations-Euphorie: Vergesst die Erwachsenen, die Kinder erziehen sich gegenseitig![12]

In Wirklichkeit muss man schon etwas kurzgefasst denken, um sich mit solchen „Lösungen" zufrieden geben zu können. Zwar dürfte außer Frage stehen, dass sich der Gruppendruck bei älteren Kindern auf das Verhalten der Einzelnen geschlechtsprofilierend auswirkt. Was aber die jüngeren Kinder betrifft, so erhebt sich die unbequeme Frage, wie die gleichaltrigen Spielgefährten denn überhaupt zu einer geschlechtstypischen Präferenz in ihrem Verstärkungsverhalten gekommen sind. Man muss sich vor Augen halten, dass die beobachteten Kinder noch nicht einmal zwei Jahre alt waren. Wie wir noch sehen werden, ist dies ein Alter, in dem sie noch Schwierigkeiten haben, das eigene Geschlecht und das der anderen richtig einzuordnen. Die erste Frage ist also schon einmal, wieso ein kleiner Junge überhaupt unter den bevorzugten Einfluss männlicher Peers gerät, und die zweite, woher diese wissen sollen, was sich für einen „richtigen" Jungen gehört.

So kamen negative Reaktionen, die sich auf das Geschlecht bezogen, unter den Kindern auch äußerst selten vor. Wenn sie überhaupt auftraten, dann bei Buben, die ihren Spielkameraden zu verstehen gaben, dass man nicht mit Mädchen oder Mädchenspielsachen spielt. Kleine Mädchen des gleichen Alters dagegen fanden bei ihren Geschlechtsgenossinnen jede Form von Verhalten akzeptabel, unabhängig ob es geschlechtsadäquat war oder nicht. Im Übrigen wurden die Mädchen als gehorsamer beschrieben, allerdings nur gegenüber den Betreuern; von den Jungen ließen sie sich auch nichts sagen.

Zwischenbilanz

Zusammenfassend ist festzuhalten, dass geschlechtsdifferenzierendes Erziehungsverhalten nicht nur durch das Geschlecht der Kinder, sondern auch durch das der Sozialisationsagenten beeinflusst wird. Hinzukommt, dass die Verstärkungspraxis auch von der Situation abzuhängen scheint, wie sich daran zeigt, dass Jungen im Kindergarten sogar von männlichen Betreuern für Verhaltensweisen gelobt wurden, die eigentlich dem gegengeschlechtlichen Stereotyp zuzurechnen sind.

Bei Jungen zeichnet sich das Bild ab, dass Mütter und Kindergartenbetreuer eher neutrales und mädchenhaftes Verhalten fördern, während Väter und andere Buben eher Nachdruck auf Geschlechtsrollenkonformität legen. Bei Töchtern sind Väter dagegen toleranter gegenüber Abweichungen, und hierin stimmen sie weitgehend mit der Haltung der Mütter und anderer kleiner Mädchen überein. Besonders interessant ist das Verhalten kleiner Buben. Sie scheinen neben den Vätern noch am ehesten das Leitbild der Geschlechtsrollenverstärkung zu verwirklichen – und das, obwohl sie ihrerseits eigentlich widersprüchliche Botschaften erhalten. Da sie im fraglichen Alter auch kaum über explizite Kenntnisse zur Geschlechtlichkeit

[11] Z.B. Langlois & Downs, 1980
[12] Harris, 1995

verfügen, stellt sich die interessante Frage, wie sie so frühzeitig dazu kommen, Maßstäbe für geschlechtsrollenkonformes Verhalten zu entwickeln. Dieses Thema müssen wir allerdings auf ein späteres Kapitel verschieben.

Als Bilanz bleibt, dass der Druck der Erziehungsagenten nicht so eindeutig und nachhaltig auf rollenkonformes Verhalten ausgerichtet ist, wie landläufig angenommen wird. Daran hat sich in den letzten 50 Jahren nichts geändert, auch Eltern in den 50er Jahren differenzierten nicht ausgeprägter zwischen den Geschlechtern als die „aufgeklärten" jüngeren Generationen[13]. Obwohl es sicher überspitzt wäre, daraus abzuleiten, dass Verstärkung völlig ohne Bedeutung sei, kann man doch davor warnen, ihre Wirkung zu überschätzen. Dabei ist vor allem auch zu berücksichtigen, dass eine Reihe von Verhaltensbereichen, wie z. B. Besonderheiten des Denkstils, gar nicht das Thema einer geschlechtsdifferenzierenden Sozialisation darstellen, teils weil die Eltern nicht über entsprechende Fähigkeiten für eine spezifische Förderung verfügen, teils weil sie dem keine Bedeutung zumessen.

Annahmen über die „Natur" der Geschlechter

Wenn nun bei den Erziehungsagenten schon nicht das Bedürfnis besonders ausgeprägt zu sein scheint, die Kinder den Geschlechtsstereotypen gemäß zu erziehen, welche anderen Faktoren könnten die Erziehungsleitbilder beeinflussen? Das häufig vorgebrachte Argument, Jungen und Mädchen würden unterschiedlich behandelt, also verstehe sich von selbst, dass die Unterschiede sozialisiert seien, hat Maccoby und Jacklin veranlasst, einmal ganz prinzipiell der Frage nachzugehen, wie geschlechtsdifferenzierende Erziehung überhaupt motiviert sein kann. Und dabei kommen sie zu dem Schluss, dass die Eltern nicht notwendigerweise von Anlagegleichheit ausgehen müssten, sondern ebenso gut auch eine unterschiedliche Veranlagung annehmen könnten. Diese Möglichkeit veranlasste die Autorinnen zur Formulierung folgender Hypothese[14]:

> Eltern und Erzieher lassen sich von bewussten Annahmen über die „Natur" der Geschlechter leiten.

Was dabei unter der „Natur" oder dem „Wesen" der Geschlechter verstanden wird, dürfte sich weitgehend mit den Stereotypen und den traditionellen Geschlechtsrollenvorstellungen decken. Die „naive" Alltagspsychologie tendiert nämlich eher dazu, Geschlechtsunterschiede als veranlagt denn als soziokulturell bedingt anzusehen. Die Erziehungspraxis wird in diesem Fall also zwar von den gleichen Stereotypen bestimmt, nur wirken diese sich ganz anders aus, als wenn unterstellt wird, die Geschlechter seien von der Veranlagung her gleich.

Eltern und Erzieher, die mit der „Natur" der Geschlechter rechnen, gehen mehr oder weniger explizit davon aus, das Kind neige aufgrund seines Geschlechts zu bestimmten Verhaltensweisen und habe infolgedessen einerseits gewisse Stärken, andererseits aber auch Schwachstellen. So hört man vielfach, Buben „seien halt" aggressiv und Mädchen ängstlich. Nun wird häufig argumentiert, solche Erwartungen wirkten sich im Sinne einer *self-fulfilling prophecy* notwendigerweise dahingehend aus, dass entsprechende Eigenschaften auch bekräftigt werden. Dabei übersieht man, dass auch genau das Gegenteil eintreten kann. Je nach Gewicht

[13] Lytton & Romney, 1991
[14] Maccoby & Jacklin, 1974

und Wertung, die Eltern einem durch Veranlagung bedingten Verhalten beimessen, werden sie entweder bemüht sein, es besonders zu unterstützen, oder aber auch, ihm gegenzusteuern. Und schließlich wäre denkbar, dass sie den Dingen einfach ihren Lauf lassen.

In einer kanadischen Untersuchung kamen entsprechende Einstellungen zur Natur der Geschlechter und ihre Konsequenzen für die Erziehungshaltung recht gut zum Ausdruck[15]. Die Untersuchung liegt mehr als 30 Jahre zurück, dennoch zeichnen sich bereits Tendenzen darin ab, von denen wir annehmen können, dass sie heute eher noch stärker zum Tragen kommen.

Eltern von sechsjährigen Jungen und Mädchen wurden zunächst befragt, wie sie ihre Kinder einschätzten, welche Eigenschaften sie ihnen zuschrieben. Dann sollten sie angeben, welche Eigenschaften sie für sie wünschten. Die Charakterisierungen entsprachen ganz den gängigen Stereotypen; Buben wurden als rauer im Spiel beschrieben, als lauter, besser in der Lage, sich zu verteidigen, körperlich aktiver, kompetitiver, mehr in Gefahr involviert und mehr an Mechanik interessiert. Außerdem meinten die Eltern von Jungen öfter, diese verdienten eine Strafe. Mädchen wurden als hilfsbereit im Haushalt charakterisiert, als sauber und ordentlich, ruhig und zurückhaltend, einfühlsam, gut erziehbar, rasch einmal am Weinen, leichter geängstigt und schwatzhaft.

Lässt man nun die Eigenschaften Revue passieren, die sich die Eltern für ihre Kinder *wünschten,* dann ergibt sich für beide Geschlechter weitgehend dasselbe Profil. Dessen Bestandteile rekrutierten sich gleichermaßen aus den positiv bewerteten Merkmalen des männlichen wie des weiblichen Stereotyps. Beide Geschlechter sollten hilfsbereit sein, sauber und ordentlich, selbständig für sich sorgen können, nicht so leicht ärgerlich werden, sich nicht auf etwas Gefährliches einlassen, Rücksicht auf andere nehmen, sich verteidigen können und kompetitiv sein. In einer Studie aus dem Jahre 2006 zeichnet sich das Bild nicht viel anders. Die Eltern stellen sich positiv zu einigen eher männlichen Eigenschaften für ihre Mädchen und manche wünschen sich auch Empathie, Hilfsbereitschaft und Beteiligung an der Hausarbeit bei ihren Jungen, lehnen allerdings feminine Verhaltensweisen bei letzteren mehrheitlich strikt ab, vor allem solche, die auf Homosexualität hinweisen könnten[16].

Gemäß den Befunden scheinen die Eltern die Einstellung zu haben, dass sie von einem unterschiedlichen „Ausgangsmaterial" ausgehen, das sie dann aber auf ein gar nicht so unterschiedliches Ziel hin formen wollen. Würde es gelingen, solche Wunschvorstellungen effizient zu realisieren, dann wäre eine Angleichung der Geschlechter durchaus denkbar. Bis zu einem gewissen Grad zeichnet sich eine solche Tendenz heute ja auch tatsächlich ab, wenn wir die Gegenwart mit den traditionellen Verhältnissen vergleichen, die noch bei unserer Großeltern-Generation vorherrschten.

Wenn es nun aber zutrifft, dass Eltern von der Veranlagung bestimmter Eigenschaften ausgehen, dann ist zu erwarten, dass sie sich weniger Mühe geben, diese auch noch nachdrücklich an zu erziehen. Andererseits liegt es nahe, dass sie positive Eigenschaften, von denen sie annehmen, dass sie nicht in der Natur des Geschlechts liegen, besonders unterstützen. Ferner wäre damit zu rechnen, dass sie weniger erwünschten Anlagen bewusst gegensteuern. So würden die Eltern beispielsweise erhöhte Aggression bei Jungen zwar für geschlechtstypisch halten, ohne aber auf die Idee zu kommen, sie müssten sie ausdrücklich fördern.

[15] Lambert et al., 1971
[16] Kane, 2006

Bezugssysteme

Damit ist bereits eine weitere, ebenfalls von Maccoby erwogene Möglichkeit angesprochen, wie sich explizite Annahmen über das Wesen der Geschlechter im Erziehungsverhalten auswirken könnten. Gehen wir einmal davon aus, Eltern würden immer nur dann erzieherisch tätig, wenn das Verhalten ihres Kindes von der Norm abweicht. Vorausgesetzt wären also ganz bestimmte Erwartungen, wie ein Junge oder ein Mädchen sich verhalten sollte. Benimmt sich das Kind entsprechend, dann wird es weder gelobt noch getadelt. Tritt dagegen unerwartet eine Verhaltensweise auf, die zwar nicht dem Stereotyp entspricht, aber dennoch erwünscht ist, verhält sich ein Junge also etwa hilfsbereit, dann würde Lob gespendet. Handelt es sich indessen um ein gegengeschlechtliches Verhalten von geringer Wertschätzung, reagiert ein Junge also beispielsweise ängstlich, dann würde er getadelt.

Die Realität spricht indessen kaum dafür, dass mit einer solchen elterlichen Erziehungspraxis stereotypengemäßes Verhalten zu sichern wäre. Sie würde die Stereotypen nämlich nur dort stützen, wo das Kind von ihnen in negativ bewerteter Richtung abweicht. Positiv bewertete Abweichungen aber würden gerade umgekehrt zu einer Einebnung der Unterschiede führen, denn sie würden nur verstärkt, wenn sie beim Gegengeschlecht auftreten.

Ein ganz anderer Aspekt, der in diesem Zusammenhang auftaucht, betrifft die Frage, was die Sozialisationsagenten eigentlich als die *Norm* ansehen. Ist diese in Bezug auf beide Geschlechter die gleiche, gibt es also ein einheitliches Bezugssystem, innerhalb dessen eine bestimmte Verhaltensweise bei einem Mädchen genauso wahrgenommen wird wie bei einem Jungen, oder existieren geschlechtsspezifische Bezugssysteme, die Verhalten vom gleichen Ausprägungsgrad unterschiedlich erscheinen lassen, je nachdem bei welchem Geschlecht sie auftreten? Wenn letzteres der Fall wäre, dann müssten auch die Toleranzschwellen divergieren. Gingen Eltern also beispielsweise von der Erwartung aus, Buben seien aggressiver als Mädchen, dann wäre eine mögliche Konsequenz, dass sie das gleiche Ausmaß an Aggression bei einem Buben noch tolerieren, das sie bei einem Mädchen bereits veranlasst, die Stirn zu runzeln.

Eine Untersuchung von Meyer und Sobieszek[17] ist dieser Frage genauer nachgegangen. Den Probanden wurden Videofilme von zwei geschlechtsneutral gekleideten Kindern gezeigt und die Beobachter sollten das Verhalten der Kinder charakterisieren. Die eine Gruppe der Beurteiler erhielt die Information, das eine Kind sei männlich, das andere weiblich, für die andere Gruppe wurden die Kinder mit dem Gegengeschlecht bezeichnet.

Hätten sich die Beurteiler nach den Geschlechtsstereotypen gerichtet, dann wäre zu erwarten gewesen, dass ein als Mädchen gekennzeichnetes Kind bereitwilliger als ängstlich und kooperativ und seltener als aggressiv und selbständig eingestuft worden wäre. Umgekehrt sollte bei einem als Junge bezeichneten Kind eher das Urteil aggressiv auftreten. Tatsächlich wurden die Beurteilungen genau im entgegengesetzten Sinn abgegeben. Tobte sich ein als Mädchen bezeichnetes Kind in wildem ungehemmtem Spiel aus, dann galt es als aggressiv. Hielten die Teilnehmer an der Untersuchung das gleiche Kind dagegen für einen Jungen, dann beurteilten sie es als lebhaft, nicht aber als aggressiv. Das Ergebnis spricht also dafür, dass unterschiedliche Bezugssysteme für die Beurteilung von Jungen und Mädchen bestehen und man bei Jungen in Bezug auf Aggression toleranter ist und diese weniger zur Kenntnis nimmt.

---

[17] Meyer & Sobieszek, 1972

Ergebnisse dieser Art mögen zu der Annahme verleiten, Buben und Mädchen verhielten sich in Wirklichkeit gar nicht unterschiedlich. Dieser Schluss wäre aber kurzsichtig, wie folgende Überlegungen verdeutlichen mögen. Es ist ja nicht von vorneherein ausgeschlossen, dass sich ein Großteil von Buben in der Realität wirklich wilder und ungehemmter im Spiel gebärdet. Hat man dergleichen erst einmal wiederholt beobachtet, dann bildet sich natürlich berechtigtermaßen die Erwartung aus, dass Buben wilder und ungehemmter sind. Nehmen wir nun einmal an, man bekommt in einem Versuch der gerade geschilderten Art das Verhalten eines tatsächlichen Jungen als das eines Mädchens vorgespielt. Da es eher unwahrscheinlich ist, dass man ein solches Verhalten vorher häufig bei Mädchen beobachtet hat, wird man also begründetermaßen irritiert sein.

Nun könnte man sich mit der Erklärung zufrieden geben, die Irritation rühre daher, dass das Verhalten nicht ins Rollenklischee passe. Damit kommen wir aber an den kritischen Punkt, an dem wir fragen müssen, ob Rollenklischees eigentlich wirklich nur willkürliche Setzungen sind, die nichts mit der Realität gemein haben, oder ob sie nicht etwas nachzeichnen, das in Wirklichkeit auch beobachtbar ist. Die der Erfahrung des Einzelnen entspringenden Erwartungen müssen ja nicht deshalb unzutreffend sein, weil sie außerdem dem Rollenklischee entsprechen. Wenn jemand gleichwohl darauf beharrt, der Unterschied zwischen Buben und Mädchen sei nur eine Angelegenheit der Perspektive, und diese sei gesellschaftlich konstruiert, dann wird man ihm vorhalten müssen, dass er oder sie die Augen möglicherweise ganz fest vor der Realität verschließt, die sich eben nicht beliebig umdeuten lässt.

„Baby-x-Studien"

Die gerade aufgeworfene Frage, ob die Geschlechtsunterschiede vielleicht in Wirklichkeit nur auf einer Wahrnehmungstäuschung beruhen, wurde in den 70er Jahren zu einem beliebten Forschungsgegenstand. Man bezeichnet entsprechende Untersuchungen als „Baby-x-Studien". Die eigentümliche Bezeichnung rührt von dem typischen Design dieser Untersuchungen: Die Teilnehmer wurden, wie in der Studie von Meyer und Sobieszek mit einem geschlechtsneutral gekleideten, einige Monate alten Jungen oder Mädchen konfrontiert[18]. Einem Teil der Stichprobe gab man das richtige Geschlecht des Kindes an, einem anderen Teil das falsche. Die Teilnehmer mussten, wie in der Studie von Meyer und Sobieszek, die Reaktionsweisen des Kindes charakterisieren und erhielten außerdem Spielsachen, die sie beim Spiel mit dem Kind einsetzen sollten.

Ziemlich regelmäßig stellte sich dabei heraus, dass die Erwachsenen ein als geschlechtsangemessen geltendes Spielzeug auswählten, also etwa eine Puppe, wenn sie dachten, es handle sich um ein Mädchen oder ein Auto, wenn sie einen Jungen vor sich glaubten. Das tatsächliche Geschlecht des Kindes spielte bei dieser Wahl keine Rolle. Bei einigen Untersuchungen stuften die Erwachsenen auch das Verhalten stereotypengemäß entsprechend der Geschlechtsbezeichnung ein, und zwar auch dann, wenn das Kind in Wirklichkeit dem anderen Geschlecht angehörte. So bezeichneten sie beispielsweise ein Kind, dass ablehnend auf einen Kastenteufel reagierte, als ängstlich, wenn sie es für ein Mädchen hielten, und als ärgerlich, wenn sie glaubten, es sei ein Junge. Das Ergebnis scheint bei erstem Hinblick der Annahme Vorschub zu leisten, die Wahrnehmung von Geschlechtsunterschieden hätte keine reale Grundlage, sondern sei wirklich nur durch die Erwartungen der

[18] Seavey et al., 1975; Condry & Condry, 1976

Beurteiler bestimmt. Mittlerweile haben Stern und Karraker[19] in einem Übersichtsartikel 23 Baby-x-Studien einer Gesamt-Evaluation unterzogen. Bei der Auswertung wurden drei Aspekte des Verhaltens der Erwachsenen unterschieden: *Zuordnung von Merkmalen* (z.B. laut, freundlich, kooperativ), *Interaktionsstil* und *Spielzeugauswahl.* In Bezug auf die Zuweisung von Merkmalen ließ sich kein signifikanter Zusammenhang mit dem angegebenen Geschlecht des Kindes feststellen, die Erwachsenen urteilten also nicht durchgängig stereotypengemäß. In einer Studie von Burnham und Harris wurden Jungen sogar eindeutig als stärker und weniger sensibel eingeschätzt, auch wenn sie den Beurteilern als Mädchen vorgestellt worden waren[20]. In der Interaktion und in der Spielzeugwahl richteten sich die Erwachsenen dagegen tatsächlich überwiegend nach dem angegebenen Geschlecht und spielten mit Kindern, die sie für Mädchen hielten, fürsorglicher und zugewandter, während als Jungen bezeichnete Kinder mehr körperliche Stimulation erhielten und mehr zu Aktivität ermuntert wurden. Die Erwachsenen zeigten also genau das Verhalten, das dem Stereotyp entsprach.

Es wäre aber unzulässig, aus diesem Befund – wie es vielfach geschieht – abzuleiten, Eltern verhielten sich nur deshalb anders gegenüber Jungen als gegenüber Mädchen, weil sie das Geschlecht ihres Kindes kennen. Zwar trifft es zu, dass sie schon bei der Geburt einen Jungen als größer und stärker einschätzen, ein Mädchen dagegen als kleiner und zarter, obwohl dies nicht der Realität zu entsprechen braucht; sie gehen also unter Umständen tatsächlich mit Vorurteilen an ihre Kinder heran. Deshalb kann man ihnen aber noch nicht unterstellen, sie setzten in ihrem Verhalten wie seelenlose Roboter lediglich das um, was sie für geschlechtsadäquat halten. Die Baby-x-Studien unterscheiden sich nämlich in einer wesentlichen Hinsicht von der tatsächlichen Eltern-Kind-Interaktion: Es handelt sich bei den vorgestellten Babys um *fremde* Kinder.

Nun wird jeder einigermaßen sensible Erwachsene, der zum ersten Mal mit einem ihm nicht bekannten Kind zu tun hat, unsicher sein, wie er bei diesem „ankommt“ und erst einmal mit einer „Arbeitshypothese“ an es heran gehen. Dabei ist die Kenntnis des Geschlechts natürlich ein wichtiger Hinweis. In den Baby-x-Studien waren die Interaktionen von kurzer Dauer; die Untersucher kamen also nicht auf den Gedanken, dass es interessant sein könnte, wie die Erwachsenen sich nach einer Weile verhielten, nachdem sie erst einmal eine zeitlang Erfahrungen mit dem Kind gemacht hatten. Es ist kaum vorstellbar, dass sie das stereotypengemäße Verhalten beibehalten hätten, wenn sie damit nicht „gelandet“ wären. Wenn man mit einem Kind herumtoben will, weil man es für einen Jungen hält, und es reagiert ängstlich, dann wird man sehr schnell dazu übergehen, sich zurückzunehmen. Diese Möglichkeit wurde aber eben bezeichnenderweise nie untersucht; man war wohl zu sehr davon überzeugt, dass Geschlechtsunterschiede von außen herangetragen würden, um zu erwägen, dass die Kinder selbst die Interaktion mitbestimmen könnten. Konkret sieht es doch wohl so aus, dass Kinder ihrerseits ein Verhaltensangebot machen, auf das der Erwachsene dann einzugehen versucht. Für diese Möglichkeit sensibilisiert, bemerken Susan Golombok und Robyn Fivush:

„In real life situations, where the actual and the labeled gender are the same, differential interactions with male and female babies most likely results from an interaction between adults' gender stereotypes and real differences between female and male babies“[21].

[19] Stern & Karraker, 1989
[20] Burnham & Harris, 1992
[21] Golombok & Fivush, 1994, S. 27; vgl. auch Maccoby, 2000

Die Rolle der Nachahmung

Da sich immer deutlicher herausstellte, dass die Entwicklung geschlechtsrollenadäquaten Verhaltens mit Konditionierungsprozessen allein nicht befriedigend erklärt werden konnte, gewann die *Nachahmung*, auch *Lernen am Modell* genannt, als Mechanismus der Geschlechtsrollenübernahme zunehmend an Bedeutung.

Mischel[22] hat sich mit dieser Möglichkeit eingehender befasst, ohne allerdings eine explizite Theorie zu diesem Thema zu formulieren. Er vertritt vielmehr den Standpunkt, die Geschlechtsrollenübernahme unterscheide sich nicht vom Erwerb anderer Verhaltensweisen. Es handle sich um einen üblichen Lernvorgang, bei dem in Konformität mit kulturellen Rollenvorschriften Verhaltensmuster gelernt würden, und zwar einerseits infolge von Lohn und Strafe, andererseits aber auch durch Beobachtung und Nachahmung.

Nun sind mit der Nachahmung aber einige grundsätzliche Probleme verbunden, die gerade auch besonders ins Gewicht fallen, wenn man versucht, sie zur Erklärung der Geschlechtsrollenübernahme heranzuziehen.

Als erstes ist zu berücksichtigen, dass sich die Fähigkeit zur Nachahmung im ersten Lebensjahr erst entwickeln muss. Dabei sind zwei Formen zu unterscheiden[23].

Nachahmung

prozessorientiert: Es geht darum, die getreue Kopie eines Bewegungsmusters zu produzieren, wie z. B. beim Winke-winke-Spiel oder wenn Kinder Schlittschuhlaufen lernen.
ergebnisorientiert: Hier ist weniger die exakte Kopie von Bewegungsabläufen gefordert als vielmehr die Übernahme von Problemlösungsstrategien. Man muss erkennen, wozu das Verhalten des Modells gut ist. Ein Beispiel wäre etwa, dass Kleinkinder nachahmen, mit dem Löffel statt mit den Fingern zu essen.

Leistungen der *prozessorientierten* Nachahmung treten erstmals um den zehnten Monat auf. *Ergebnisorientierte* Nachahmung setzt Vorstellungstätigkeit voraus und ist daher sogar erst etwa um die Mitte des zweiten Lebensjahres verfügbar. Für die Geschlechtsrollenübernahme ist sie wahrscheinlich weitaus wichtiger als die prozessorientierte Variante. Wenn es um geschlechtstypische Verhaltensbesonderheiten geht, die bereits im ersten Lebensjahr beobachtbar sind, ist Nachahmung somit ein fragliches Erklärungsprinzip.

Kriterien für die Modellwahl

Ein zweites Problem, das sich bei der Nachahmung stellt, ist die Frage, welche Eigenschaften eine Person eigentlich aufweisen muss, um sich als Modell zu qualifizieren.

In diesem Zusammenhang hat das Konzept der *Identifikation* auch in die soziale Lerntheorie Eingang gefunden, wo es mit Imitation gleichgesetzt wird. So spricht Bandura, der Exponent der sozialen Lerntheorie, direkt von „identifikatorischem" Lernen[24] und eine zentrale Frage ist auch hier, warum man sich jemanden bestimmtes aussucht, um sich mit ihm zu identifizieren.

---
22 Mischel, 1966
23 Bischof-Köhler, 1998, 2011
24 Bandura, 1977

In der Theoriebildung zur Modellwahl werden *Fürsorglichkeit, Status* und *Macht* als wichtigste Kriterien für die Identifikation benannt. Bei der Festlegung gerade dieser Eigenschaften haben, wie sich zeigen lässt, wiederum psychoanalytische Überlegungen Pate gestanden.

So klingt beim Stichwort Fürsorglichkeit das Konzept der *anaklitischen Identifikation* an, das von Sears geprägt wurde, einem lerntheoretisch orientierten Forscher, der ursprünglich von der Psychoanalyse herkam[25]. Anaklitisch heißt soviel wie „anlehnend", „Halt suchend"; die so bezeichnete Identifikation wird als Reaktion darauf verstanden, dass die Mutter sich nicht ununterbrochen um das Kind kümmern kann. Das Kind erlebt die daraus resultierende Unterversorgung an Zuwendung als bedrohlich und fühlt sich verlassen. Indem es sich nun mit der Mutter identifiziert, so meint Sears, imitiert es sie, übernimmt also gleichsam stellvertretend die Pflegerolle an sich selbst. Dadurch kann es den drohenden Verlust besser aushalten. Ob diese Theorie zutrifft, muss offen bleiben, es sei nur angemerkt, dass es wenig funktional wäre, wenn die Mutter auf diese Weise überflüssig würde.

Gemäß der „Status-Neid"-Theorie wird derjenige bevorzugt nachgeahmt, der sich in einer kompetitiven Situation als der Sieger erweist. Die Theorie lässt eine Verwandtschaft mit der psychoanalytischen Konzeption einer *„Identifikation mit dem Angreifer"* erkennen, wie sie aus der ödipalen Situation resultieren soll. Wie oben Seite 47 dargestellt, muss das Kind zur Kenntnis nehmen, dass der Vater bei der Konkurrenz um die Mutter als Sieger hervorgeht. Gemäß der psychoanalytischen Theorie übernimmt der Junge die befürchtete Strafe des Vaters in Form eines schlechten Gewissens, und indem er dies tut, identifiziert er sich mit ihm.

Die beobachtete Ausübung von *Macht* als Motiv der Modellwahl unterscheidet sich nur in einer etwas anderen Akzentgebung von der „Status-Neid"-Theorie. Es geht letztlich bei beiden darum, dass eine Person als Modell attraktiv wird, weil sie erfolgreich über begehrte Ressourcen verfügen kann.

Mit diesen Kriterien stellt sich nun aber für die Geschlechtsrollenübernahme das Problem, wie ein Kind dazukommt, sich ganz speziell für den gleichgeschlechtlichen Elternteil zu entscheiden. Fürsorglichkeit, Status und Macht zeichnen *beide* Eltern aus, wenn vielleicht auch in etwas unterschiedlicher Akzentuierung. Sie wären somit zwar ideale Vorbilder für ihre Kinder, aber unabhängig von dessen Geschlecht. Die Frage nach der gleichgeschlechtlichen Orientierung bei der Modellwahl bleibt also offen.

Die Lösung, die Mischel vorschlägt, liegt ganz auf einer Argumentationslinie, der die soziale Lerntheorie gern folgt, wenn sie erklären will, wie es zu einer Modellwahl kommt. Mischel rekurriert nämlich auf *geschlechtstypische Verstärkung:* das Kind werde eben nur belohnt, wenn es geschlechtsadäquates Verhalten nachahme. Gegen den Einwand, dass eine solche Verstärkung tatsächlich nur selten erfolge, wird vorgebracht, das Kind hätte inzwischen gelernt, sich selbst zu belohnen. Selbstverstärkung ist ein beliebter Ausweg, wenn Lerntheoretiker bezüglich der Belohnung in Erklärungsnotstand geraten, wie Merz bereits kritisch angemerkt hat. Man beobachtet, dass nachgeahmt wird, geht ferner davon aus, dass dies nur aufgrund von Belohnung der Fall sein kann, und sofern sich eine solche nicht nachweisen lässt, verlegt man sie ins Innere des Nachahmenden, wo sie sich der Nachweisbarkeit entzieht[26].

Ein anderer, ebenso wenig befriedigender Lösungsvorschlag postuliert, der gleichgeschlechtliche Elternteil sei jeweils in höherem Maße verfügbar. Nun sehen manche Kulturen zwar eine frühe Trennung der Geschlechter vor und leisten da-

[25] Sears et al., 1966
[26] Merz, 1979

mit der gleichgeschlechtlichen Orientierung Vorschub. In unserem Kulturkreis, in dem Kleinkinder vorwiegend der Mutter oder anderen weiblichen Pflegepersonen anvertraut sind, während Väter eine untergeordnete Rolle in der Betreuung spielen, hat diese Hypothese aber kaum Erklärungswert.

Dieses Problem sah man auch im lerntheoretischen Lager und modifizierte deshalb die Annahme dahingehend, die Kinder wären unabhängig vom Geschlecht erst einmal eher weiblich identifiziert, Buben müssten dann um die Schulzeit herum durch verstärkte Wirksamkeit männlicher Vorbilder umgepolt werden. Nun spricht aber nichts dafür, dass männliche Bezugspersonen in diesem Altersabschnitt plötzlich ein erhöhtes Interesse und insbesondere die Zeit für eine ausgiebigere Beschäftigung mit kleinen Jungen aufbringen. Die bisher besprochenen Befunde legen auch keineswegs nahe, dass zuerst einmal eine Feminisierung stattfindet. Es sieht vielmehr im Gegenteil so aus, als wären Jungen sogar früher und stärker am eigenen Geschlecht orientiert als Mädchen und das trotz der Tendenz weiblicher Bezugspersonen sowie des Kindergartenpersonals, bei ihnen vorwiegend neutrales und mädchenhaftes Verhalten zu verstärken.

Als letzte Erklärungsmöglichkeit für die adäquate Modellwahl wird die vom Beobachter wahrgenommene *Ähnlichkeit* mit dem Modell diskutiert. Das Kind würde bevorzugt diejenigen nachahmen, denen es sich am ähnlichsten fühle, innerhalb der Familie somit den gleichgeschlechtlichen Elternteil. Eine solche Erklärung steht und fällt mit der Frage, ab wann ein Kind überhaupt in der Lage ist, eine solche Ähnlichkeit festzustellen und aufgrund welcher Merkmale. Das Verhalten von Erwachsenen unterscheidet sich ohnehin erheblich von dem der Kinder, ganz unabhängig, ob sie dem gleichen oder dem Gegengeschlecht angehören. Ohne Zweifel handelt es sich bei der Feststellung von Ähnlichkeit also um eine anspruchsvolle kognitive Leistung, bei der man als Minimalforderung erwarten würde, dass ein Kind das Geschlecht bei anderen und bei sich selbst richtig zuordnet. Diese Fähigkeit wird uns im nächsten Kapitel eingehend beschäftigen, es sei aber vorweggenommen, dass sie später einsetzt als die zu beobachtenden Verhaltensunterschiede.

Befunde zur Nachahmung von geschlechtstypischem Verhalten

Obwohl es keinem einigermaßen aufmerksamen Beobachter entgeht, dass Kinder bereits im Alter von zwei Jahren so gut wie jede Verhaltensweise von Erwachsenen nachzuahmen suchen, haben Untersuchungen zur Frage, ob und wann gleichgeschlechtliche Modelle bevorzugt werden, im Vorschulalter selten brauchbare Ergebnisse erbracht. Nun ist neben der Frage, *wer* nachgeahmt wird, ebenso interessant, *was* nachgeahmt wird. Es wäre ja denkbar, dass gewisse Aktivitäten so attraktiv sind, dass sie imitiert werden, ganz unabhängig davon, wer sie vormacht. Fein und Mitarbeiter stellten fest, dass 20-monatige Mädchen in erster Linie das Spiel mit Mädchenspielsachen imitierten, während Buben eher typische Bubenspiele nachahmten[27]. Kein einziger Junge, aber immerhin einige Mädchen waren bereit, sich nach entsprechender Modellvorführung auch auf gegengeschlechtliches Spielzeug einzulassen. Bei der Bewertung dieses Ergebnisses ist zu berücksichtigen, dass die Modelle ausschließlich weiblich waren. Das hat einerseits die Jungen nicht davon abgehalten, nachzuahmen, könnte aber andererseits der Grund dafür sein, dass sie sich, anders als die Mädchen, nicht auf gegengeschlechtliches Spiel einließen.

[27] Fein et al., 1975

Ein Nachahmungsexperiment von Patricia Bauer bestätigt den gerade geschilderten Befund weitgehend. Zwanzig zweijährige Jungen und Mädchen bekamen je zwei geschlechtskonforme, zwei abweichende und zwei neutrale Handlungen vorgeführt und wurden aufgefordert, diese nachzuahmen. Bei den typisch weiblichen Handlungen sollte ein Teddybär mit einer Windel gewickelt sowie Frühstück vorbereitet werden. Die „männlichen" Handlungen bestanden im Rasieren eines Teddys und im Bauen eines Hauses. Als geschlechtsneutral galten eine Geburtstagsparty mit Kuchenanschneiden und eine Schatzsuche in einer Truhe mithilfe einer Taschenlampe[28]. Die Handlungen mussten zunächst einmal unmittelbar nach der Modellsituation nachgeahmt werden. Zwei Wochen später erhielten die Kinder noch einmal dasselbe Material. Die Mädchen führten *alle* Handlungen aus, die in der Modellsituation vorgekommen waren, die Jungen nur die „männlichen" und die neutralen. Das verwundert insofern nicht, als – wie bei dem Experiment von Fein – auch hier das Modell weiblich war. Würde das Geschlecht des Modells allerdings allein den Ausschlag geben, dann hätten die Jungen keine der Handlungen ausführen dürfen. Umso interessanter ist es, dass sie sich auf die jungentypischen und neutralen Handlungen beschränkten und nur die mädchentypischen wegließen. Das Geschlecht des Modells spielte für sie also wohl eine untergeordnete Rolle während die geschlechtstypischen Präferenzen für bestimmte Aktivitäten eindeutig stärker durchschlugen. In dieses Bild passt, dass Jungen auch schon eher als Mädchen geschlechtstypisches Spielzeug bevorzugen[29].

Bei Schulkindern scheint das Geschlecht des Modells dann aber doch einen stärkeren Einfluss zu haben. So konnte Wolf bei Elfjährigen nachweisen, dass sie gleichgeschlechtliche Kinder nachahmten, auch wenn diese sich mit für ihr Geschlecht unüblichen Spielaktivitäten beschäftigten, Buben also beispielsweise mit einem Kochherd, Mädchen mit einem Lastwagen spielten. Ließ man die gleichen Aktivitäten dagegen von Erwachsenen vorführen, dann hatten sie keine Modellwirkung[30]. Wie Merz zutreffend bemerkt, verwundert dies nicht: Die Kinder waren in diesem Alter schlau genug, um ein derart kindisches Verhalten bei Erwachsenen nicht ernst zu nehmen und zogen sie deshalb als Vorbild auch gar nicht in Betracht. Erwachsene werden vielmehr von beiden Geschlechtern dann bevorzugt nachgeahmt, wenn ihr Verhalten nicht nur als geschlechts-, sondern auch als altersadäquat erlebt wird[31].

Die geschilderten Experimente haben alle den Schönheitsfehler, dass sie Geschlecht des Modells und geschlechtstypisch präferierte Aktivitäten vermengen, man also nicht klar entscheiden kann, gibt nun das Geschlecht des Modells oder die Art des Modellverhaltens den Ausschlag für die Nachahmung. Folgende Experimentalsituation suchte diesen Fehler zu vermeiden. Ein männliches oder weibliches Modell (Kind oder Erwachsener) demonstrierte ein Verhalten, das man als geschlechtsneutral ansehen kann: Es setzte einen roten oder einen schwarzen Hut auf. Vorschulkinder neigten eher dazu, das gleichgeschlechtliche Modellverhalten nachzuahmen, gleich ob es von einem Erwachsenen oder einem Kind durchgeführt wurde[32]. Dieses Wahlkriterium ließ sich allerdings außer Kraft setzen, wenn man das Alter ins Spiel brachte, indem man gleichgeschlechtliche Erwachsenenmodelle mit gegengeschlechtlichen gleichaltrigen Modellen, also Kindern, kontrastierte. Unter diesen Bedingungen hing es davon ab, ob die Probanden zuvor darauf eingestellt

---

28 Bauer, 1993
29 O'Brien & Huston, 1985
30 Wolf, 1973, 1976
31 Merz, 1979
32 Grace et al., 2008

wurden, entweder mehr auf das Geschlecht oder mehr auf das Alter zu achten. Im ersteren Fall fiel ihre Wahl im Nachahmungsversuch dann eher auf den gleichgeschlechtlichen Erwachsenen als auf das gegengeschlechtliche Kind, im zweiten Fall zogen sie das Kind als Modell vor, ganz gleich welchem Geschlecht es angehörte – Jungen wählten in diesem Fall sogar das Mädchenmodell! Die Untersucher gehen davon aus, dass im einen Fall die Kategorie „Geschlecht" in den Vordergrund des Wahlverhaltens gerückt war, während im anderen Fall die Kategorisierung in „Kinder" und „Erwachsene" dominierte. Daraus schließen sie optimistisch, man müsste nur sozialisatorisch dafür sorgen, dass die Kategorie „Geschlecht" in den Hintergrund geriete, dann würde man die Kinder schon dazu bringen, sich bei ihrer Nachahmung eher nach anderen – geschlechtsneutralen – Kriterien zu richten. Immerhin zeigt das Ergebnis, dass die vielfach vorgebrachte einfache Gleichung „imitiert wird, was mir am ähnlichsten ist" nicht ohne Weiteres aufgeht, denn Ähnlichkeit ist offensichtlich kein einsinniges Merkmal.

Prinzipiell ist bei der Interpretation von Ergebnissen zur Nachahmung Vorsicht geboten. Kinder können bestrebt sein, sich in einer Versuchssituation in sozial erwünschter Weise zu verhalten. Wenn sie unter solchen Umständen etwas nachahmen, sagt dies nicht unbedingt etwas darüber aus, wie sie sich spontan verhalten hätten. Insbesondere belegen experimentell evozierte Nachahmungen nicht selbstsprechend, dass die gezeigten Verhaltensweisen ursprünglich überhaupt durch Nachahmung erworben wurden. Das ließe sich nur durch Beobachtung unter natürlichen Bedingungen klären. Hierbei wiederum wäre allerdings methodisch sicherzustellen, dass bei der Kopie tatsächlich Nachahmung im Sinne des Neuerwerbs einer Verhaltensweise vorliegt. Wenn kleine Jungen beispielsweise herumtoben und sich ihnen immer mehr Geschlechtsgenossen anschließen, so sieht dies, oberflächlich betrachtet, wie Nachahmung aus. Genau genommen könnte es sich ebenso gut um *Gefühlsansteckung* handeln, und das ist ein Mechanismus, der Verhaltensweisen aktiviert, die längst zum Repertoire der Ausführenden gehören[33].

Zur Bedeutung der Nachahmung für die Geschlechtsrollenübernahme ist festzuhalten, dass Kinder zwar ohne Zweifel eine Menge durch Beobachtung und Nachahmung lernen, dass sie sich dabei aber nicht auf gleichgeschlechtliche Modelle beschränken, sondern ebenso auch Information über gegengeschlechtliches Rollenverhalten sammeln. Was sie dann bewegt, bevorzugt geschlechtsadäquates Verhalten zu produzieren, bleibt im Rahmen der Theorie des sozialen Lernens eine offene Frage.

[33] Detailliert s. Bischof-Köhler, 2011

6 Kohlbergs Alternative

Invariante Stufen der Entwicklung

Der unbefriedigende Gesamteindruck, den die strikt lerntheoretisch orientierten Positionen zur Entstehung geschlechtstypischen Verhaltens hinterlassen, hat einem dritten Theorieansatz Aufschwung gegeben, der mit dem Namen von Lawrence Kohlberg verbunden ist. Kohlberg wird eigentlich meist in einem anderen Zusammenhang zitiert; er hat sich eingehend mit der Entwicklung des moralischen Urteils beschäftigt und auf diesem Gebiet hohe Beachtung gefunden. Weniger bekannt ist, dass er auch eine Theorie zur Geschlechtsrollenübernahme formuliert hat, in der er explizit die Rolle des Verstärkungslernens und der Nachahmung relativiert[1]. In der konstruktivistischen Tradition von Piaget stehend schlägt Kohlberg einen dritten Weg neben Nativismus und Lerntheorie ein: Er stellt die Eigenaktivität des Kindes beim Entwicklungsprozess in den Vordergrund.

Dementsprechend sieht er die Geschlechtsrollenübernahme in erster Linie als eine *kreative Eigenleistung*, die er folgendermaßen spezifiziert. Das Kind macht ganz zwanglos Erfahrungen mit dem Phänomen der Geschlechtlichkeit und verarbeitet diese, indem es nach Maßgabe seines jeweiligen kognitiven Entwicklungsstandes Gedanken über seine Beobachtungen anstellt. Dabei bildet es zunächst Vorstellungen über die Geschlechtszugehörigkeit von sich selbst und von anderen aus und bekommt sodann allmählich ein Bild von den Rollen, Erwartungen und moralischen Wertungen, die mit dem Geschlecht verbunden sind. Diese werden dann schließlich verhaltensbestimmend.

Ausgehend von dieser grundsätzlichen Annahme postuliert Kohlberg eine Abfolge charakteristischer Entwicklungsstufen im Prozess der Geschlechtsrollenübernahme. Diese Stufen folgen nach seiner Ansicht invariant aufeinander und bestimmen jeweils wie einschlägige Erfahrungen verarbeitet werden.

Als erstes nimmt das Kind gemäß dieser Theorie das eigene Geschlecht richtig wahr, es wird sich seiner *Geschlechtsidentität* bewusst. Ein Junge oder ein Mädchen zu sein, wird als Attribut des eigenen Selbst als etwas *Wertvolles* erfahren. In einem zweiten Entwicklungsschritt stellt das Kind dann fest, dass es Menschen gibt, die zum eigenen, und solche, die zum anderen Geschlecht gehören. Es kann also nun auch *das Geschlecht anderer* richtig bestimmen.

In der Folge beginnt es zu begreifen, dass bestimmte Verhaltensweisen und Dinge etwas mit der Geschlechtszugehörigkeit zu tun haben und somit eher „männlich" oder „weiblich" sind. So entdeckt das Kind, dass Männer bestimmte Tätigkeiten ausüben und Frauen andere und dass einige Spielaktivitäten und Spielsachen eher mit Buben und andere eher mit Mädchen verbunden sind. Daraus entwickeln sich erste *Stereotypen.*

Die positive Bewertung der eigenen Geschlechtszugehörigkeit weitet sich auf die mit dem Geschlecht verbundenen Dinge und Tätigkeiten aus und natürlich auch auf die eigenen Geschlechtsgenossen. Das führt dazu, dass dem eigenen Geschlecht lauter positive Eigenschaften zugeschrieben werden, während das andere Geschlecht eine Abwertung erfährt. Alles, was mit dem eigenen Geschlecht zusammenhängt, wird für das Handeln zunehmend ausschlaggebend. Das Kind wählt also geschlechtsadäquates Spielzeug, bildet eine Präferenz für bestimmte Spiele aus und zieht Kinder seines Geschlechts als Spielpartner vor.

---

[1] Kohlberg, 1966

Stufen der Geschlechtsrollenübernahme nach Kohlberg	
(1) *Bestimmung des eigenen Geschlechts*	→ Ich bin ein Junge/Mädchen, und das ist etwas Wertvolles.
(2) *Bestimmung des Geschlechts bei anderen*	→ Andere Menschen sind entweder Jungen/Männer oder Mädchen/Frauen.
(3) *Stereotypenwissen*	→ Es gibt männliche und weibliche Tätigkeiten und Objekte.
(4) *Bevorzugung des eigenen Geschlechts*	→ Ich will als Junge Dinge tun, die Jungen/Männer tun, weil das wertvoll ist.
(5) *Geschlechtskonstanz*	→ Weder Zeit noch äußere Veränderungen haben Einfluss auf mein Geschlecht. → Ich identifiziere mich mit Gleichgeschlechtlichen, imitiere sie, und ihre Rollenvorschriften sind auch für mich verbindlich. → Das andere Geschlecht ist nichts wert.

Für Kohlberg ist die Entwicklung aber erst dann vollendet, wenn das Kind über *Geschlechtskonstanz* verfügt, also versteht, dass man das Geschlecht nicht nach Belieben wechseln kann. Jetzt erkennt es, mit welchem Elternteil es das Geschlecht teilt. Hierin sieht Kohlberg die Basis für die Identifikation mit dem Vater beziehungsweise der Mutter. Sie hat zur Folge, dass es vorzugsweise nur noch gleichgeschlechtliche Modelle nachahmt, während es vorher auch gegengeschlechtliche imitierte. Letzteres ist insofern sinnvoll, als auf diese Weise Wissen über gegengeschlechtliche Verhaltensweisen erworben wurde. Aber erst unter dem Eindruck der Geschlechtskonstanz erlebt das Kind das Stereotypenwissen als verbindlich. Es wählt jetzt nur noch Verhaltensweisen aus, die zur eigenen Geschlechtsrolle passen, und unterlässt das gegengeschlechtliche Verhalten als minderwertig, obwohl es über die entsprechenden Verhaltensmuster verfügt und sie auch ausüben könnte.

Soweit zunächst zu Kohlbergs Vorstellungen. Sie sind oben tabellarisch zusammengefasst. Die entscheidende Frage, die sich als nächstes stellt, ist nun allerdings, wieweit sich der von ihm postulierte Entwicklungsverlauf empirisch bestätigen lässt. Tatsächlich hat kaum ein anderer Autor soviel empirische Forschungsaktivität angeregt wie Kohlberg. Den diesbezüglichen Befunden wollen wir im Folgenden genauer nachgehen.

Zum Begriff „Identität"

Gemäß den Stufen, die Kohlberg postuliert, lassen sich verschiedene Entwicklungsbereiche unterscheiden. Ein zentrales Thema, aus dem sich letztlich die gesamte weitere Entwicklung hergeleitet, ist bei ihm das Verständnis der Geschlechtszugehörigkeit und der Geschlechtsidentität. Das nachfolgende Beispiel möge zur Einstimmung eine Vorstellung davon vermitteln, wie komplex dieses Verständnis ist und welche Schwierigkeiten in seinem Zusammenhang auftreten können.

Ein Vierjähriger war zu einem Faschingsfest eingeladen worden und hatte unbedingt als Tiger verkleidet gehen wollen. Die Mutter hatte ihm ein herrliches Tiger-Gewand genäht: Stolz zog er ab, klingelte an der Haustür des Freundes, wo das Fest stattfand. Die Haushälterin öffnete und begrüßte ihn mit den Worten: „Ja, da kommt ja der Tiger". Dies hatte den unerwarteten Effekt, dass unser Held laut zu heulen begann, das Kostüm schleunigst auszog und sich lange nicht beruhigen konnte. Der Junge hatte wohl auf einmal geglaubt, tatsächlich ein Tiger zu sein und das wurde ihm dann doch zu viel – diesem Anzug war er buchstäblich „nicht gewachsen".

Der Held der Geschichte hatte offensichtlich ein Problem mit seiner Identität. Um zu verstehen, wie es dazu kommen konnte, müssen wir uns etwas genauer mit diesem Begriff auseinandersetzen. Identität ist eine Wahrnehmungskategorie. Sie lässt Phänomene, die zeitlich aufeinanderfolgen, in einer Weise verbunden erscheinen, dass sie uns als *„dasselbe"* erscheinen, wir beziehen sie auf einen einzigen Träger. Dabei bedeutet „dasselbe" nicht notwendig „von der Erscheinung gleich", wie das Märchen vom Frosch anschaulich bekundet, der sich in einen Prinzen verwandelt. Maßgeblich ist, dass beide demselben *Schicksal* unterworfen sind. Was der eine getan hat, muss der andere verantworten.

Identität hat also eine *zeitüberbrückende* Charakteristik. Der Zustand, in dem man sich augenblicklich befindet, schließt an die Zustände an, die man vorher einnahm und verweist auf zukünftige Zustände. Ferner ist mit der Identität das Bewusstsein der Einmaligkeit und Unverwechselbarkeit verbunden, und die Geschlechtszugehörigkeit gehört – von wenigen Ausnahmen abgesehen – als unveränderbares Merkmal zu diesem Identitätsbewusstsein.

Die Entwicklung der Geschlechtsidentität basiert auf zwei grundsätzlichen Voraussetzungen. Das Kind muss über ein *Ichbewusstsein* verfügen, damit es überhaupt die eigene Identität wahrnehmen kann, und es muss das *Geschlecht richtig zuordnen* können.

Um die Mitte des zweiten Lebensjahres reift die *Vorstellungstätigkeit.* Das Kind vermag nun die Wirklichkeit in der Fantasie nach- und umzubilden und so Probleme zu lösen. Hierzu bedarf es auch einer Repräsentation von sich selbst. Diese realisiert sich in Form eines bewusst reflektierbaren *„Ich"*. Der früheste Hinweis auf das Ich-Bewusstsein ist die Fähigkeit, das eigene Spiegelbild zu erkennen. Man weist dies dadurch nach, dass man dem Kind unbemerkt einen Farbfleck an der Wange anbringt und es dann in einen Spiegel schauen lässt. Reagiert es gar nicht auf den Fleck oder behandelt es sein Spiegelbild wie ein anderes Kind und versucht den Fleck bei dem „anderen" (also auf dem Spiegel) abzuwischen, dann erkennt es sich noch nicht. Berührt es dagegen den Fleck im eigenen Gesicht, bemüht es sich, ihn zu entfernen oder die Mutter dazu zu veranlassen, dann kann dies als Hinweis gewertet werden, dass es sich selbst erkennt. Es identifiziert die Person, die ihm im Spiegel entgegentritt, als die Außenseite, die zu ihm selbst gehört[2]. Dieses bewusst gewordene Ich stellt nun die Basis für das Identitätserlebnis dar. Das Kind versteht, dass es einen Namen hat, es lernt sich selbst mit „Ich" zu bezeichnen, es erlebt das Ich als Zentrum seines Wollens. Es lernt, dass ihm selbst bestimmte Eigenschaften und Leistungen zugehören und es begreift schließlich, dass es ein Geschlecht hat.

2 Lewis & Brooks-Gunn, 1979; Amsterdam, 1972; Bischof-Köhler, 1989, 1994, 2011

Um das eigene Geschlecht richtig zuzuordnen, muss es aber erst einmal verstanden haben, dass da zwei Alternativen zur Auswahl stehen. Diese Einsicht ist genau besehen eine recht anspruchsvolle kognitive Leistung. Das Kind muss nämlich begreifen, dass es zwei Sorten von Menschen gibt, unabhängig davon, dass diese sich auch sonst noch in vielerlei Hinsicht unterscheiden, also beispielsweise Kinder sind oder Erwachsene, Fremde oder Vertraute, Schornsteinfeger oder Busfahrer. Sodann muss es verstehen, dass es selbst notwendigerweise zu der einen oder der anderen Sorte gehört, aber eben nicht zu beiden gleichzeitig oder zu gar keiner.

Zuordnung des Geschlechts

Kleinkinder sprechen bereits im ersten Lebensjahr auf Merkmale des Geschlechts an. So reagieren sie schon mit sieben Monaten unterschiedlich auf eine Männer- und eine Frauenstimme. Neun- bis Zwölfmonatige unterscheiden die Gesichter von Männern und Frauen auf Fotos[3]. Mit zwölf Monaten gelingt es ihnen auch schon, die visuelle Erscheinung mit der Stimme in Zusammenhang zu bringen. Ein rudimentäres Geschlechtskonzept bildet sich also schon früh aus. Die richtige Benennung lässt aber noch auf sich warten.

Eine der ersten eingehenden Untersuchungen zur Entwicklung der Geschlechtsbenennung wurde von Dannhauer in den 70er Jahren in der damaligen DDR vorgenommen[4]. Er legte seinen zwei- bis vierjährigen Versuchspersonen im Einzelversuch eine Jungen- und eine Mädchenpuppe vor, mit der folgenden Aufforderung:

Zeig mir die Puppe,
- die so aussieht wie du,
- die nicht so aussieht wie du,
- die wie ein Junge aussieht,
- die wie ein Mädchen aussieht.
- Bist du ein Junge oder ein Mädchen?

In einer amerikanischen Untersuchung ließen Weinraub und Mitarbeiter die Kinder zunächst Fotos von Mädchen, Jungen, Männern und Frauen in eine „Männer/Jungen"- bzw. eine „Frauen/Mädchen"-Schachtel sortieren[5]. Sodann erfragten sie zu jedem Foto das Geschlecht. In vergleichbarer Weise mussten die Kinder das eigene Foto zuordnen.

Beide Untersuchungen ergaben, dass Kinder durchschnittlich mit zweieinhalb Jahren das Geschlecht bei anderen und mit zweieinhalb bis drei Jahren das eigene Geschlecht bestimmen konnten, wobei zu erwähnen ist, dass Mädchen andere Personen früher richtig benannten als Jungen; sich selbst allerdings nicht. Fagot und Leinbach[6] kommen in einem Übersichtsreferat über die einschlägige Literatur zu dem Schluss, dass Kinder irgendwann zwischen 24 und 40 Monaten sich selbst und andere richtig benennen, wobei Erwachsene an erster Stelle stehen. Die frühere Zuordnung von Erwachsenen hängt wohl damit zusammen, dass geschlechtsunterscheidende Merkmale bei diesen besonders prägnant hervortreten und dass sie zudem in der Welt eines Kindes in diesem Altersabschnitt bedeutsamer sind als Gleichaltrige. Eine neuere Untersuchung setzt die Benennung des Geschlechts bei anderen und zum Teil auch des eigenen schon bei knapp Zweijährigen an. Dabei

3 Leinbach & Fagot, 1993
4 Dannhauer, 1973
5 Weinraub et al., 1984
6 Fagot & Leinbach, 1993

wird mit der Verwendung von Geschlechtsbezeichnungen wie *Junge, Mädchen, Mann, Frau* argumentiert, wobei allerdings nicht berichtet wird, wieweit diese Bezeichnungen auch bereits korrekt zugeordnet werden[7]. Der Befund, dass solche Benennungen häufiger bei Kindern auftraten, die auch eher geschlechtstypische Spielzeugpräferenz (Lastwagen, Puppe) zeigten, wird dahingehend interpretiert, sie wüssten eher, was zu ihrem Geschlecht passt. Indessen sagen Korrelationen ja nichts über Verursachungszusammenhänge aus, die Beziehung kann auch umgekehrt sein: Kinder mit stärker ausgeprägten geschlechtstypischen Vorlieben werden sich in diesem Fall eher der Geschlechtsbezeichnung bewusst und tun sich infolgedessen damit leichter.

Generell ist Vorsicht geboten, aus diesen frühen Benennungen allzu viel abzuleiten. Bereits Weinraub hatte bei Zweijährigen, die sich mit dem richtigen Geschlecht bezeichnen, zur Vorsicht gemahnt. Sie waren in ihrer Untersuchung mehrheitlich nicht in der Lage, sich eindeutig auch der richtigen Klasse zuzuordnen, wenn man sie aufforderte, ihr Foto in die Jungen- oder Mädchen-Schachtel zu legen. Es ist also in Einzelfällen mit der Möglichkeit zu rechnen, dass die Kinder zwar schon darauf konditioniert sind, sich richtig zu benennen, ohne damit aber die Einsicht zu verbinden, einer ganzen Klasse von Menschen aber eben nur dieser anzugehören.

Geschlechtspermanenz

Mit der richtigen Zuordnung des Geschlechts ist zwar ein erster wichtiger Schritt zum Verständnis der Geschlechtsidentität getan, die Entwicklung ist jedoch noch nicht abgeschlossen. Noch versteht das Kind nicht, dass die Geschlechtsidentität ein Merkmal ist, das eine zeitüberdauernde Charakteristik hat, sich also durch Permanenz auszeichnet. In der Literatur wird dieser Aspekt des Identitätsverständnisses unter Bezugnahme auf Slaby und Frye auch als *Geschlechtsstabilität* bezeichnet[8].

Folgendes Beispiel von Kohlberg illustriert anschaulich, was darunter zu verstehen ist. Johnny (4;6) und Jimmy (4;0) führen folgenden Dialog:

Johnny: Wenn ich groß bin, werde ich Flugzeugbauer.
Jimmy: *Wenn ich groß bin, werde ich eine Mama.*
Johnny: Du kannst keine Mama sein, du musst ein Papa werden.
Jimmy: *Doch, ich werde eine Mama.*
Johnny: Nein, du bist kein Mädchen, du kannst keine Mama sein.
Jimmy: *Doch, ich kann!*

Im Gegensatz zu Johnny versteht Jimmy noch nicht, dass er immer seinem Geschlecht angehören wird, auch als Erwachsener. Und er begreift, wie einschlägige Befunde zeigen, auch noch nicht, dass er in der Vergangenheit immer schon ein Junge war. In Untersuchungen wird dieses Verständnis üblicherweise geprüft, indem man den Kindern Fragen der folgenden Art stellt:

Wenn du groß bist, wirst du dann eine Mama oder ein Papa?
Könntest du auch (das Gegenteil) ein Papa/eine Mama werden?
Als Baby, warst du da ein Junge/Mädchen?

[7] Zosuls et al., 2009
[8] Slaby & Frye, 1975

Nun wissen Dreijährige, wie wir gesehen haben, schon ziemlich genau, ob sie ein Bub oder ein Mädchen sind. Sie nehmen aber dennoch an, dies für ihr Erwachsensein ändern zu können, wenn sie nur wollen, und nennen häufig auch das andere Geschlecht in Bezug auf ihre Babyvergangenheit.

Um diese Fehlleistung richtig einzuordnen, muss man berücksichtigen, dass sich die Vorstellung von Zeiträumen und zeitlichen Dauern erst zwischen dreieinhalb und vier Jahren entwickelt[9]. Jüngere Kinder leben ohne Zeitbezug in der Gegenwart. Wie sie die Frage verstehen, was sie „als Babys oder „als Erwachsene" waren oder sein würden, wissen wir nicht; hier und jetzt sind sie eben keines von beiden. Vermutlich spricht die Frage einfach nur jene vage Sphäre der Imagination an, in der auch das kindliche Als-Ob-Spiel zuhause ist. Erst im Laufe des vierten Lebensjahres entsteht die Fähigkeit, sich selbst in Situationen vorzustellen, die in der Zukunft oder in der Vergangenheit liegen, also gleichsam in der Fantasie auf Zeitreise zu gehen und die Verbindlichkeit des aktuellen Ichgefühls auf diese Reise mitzunehmen[10]. Das eben ist es, was wir als Permanenz bezeichnen.

Geschlechtskonsistenz

Nun hat das Verständnis der Geschlechtsidentität bei Kindern dieses Alters aber noch eine weitere Dimension. Auch hierauf hat Kohlberg erstmals aufmerksam gemacht; allerdings ordnet er diese Dimension gemeinsam mit der eben beschriebenen Permanenz unter einem einzigen Begriff ein, er spricht von „Geschlechtskonstanz". Dieser zweite Aspekt hat aber genau genommen mit der Permanenz nichts gemein: Kinder im Vorschulalter gehen von der Annahme aus, das Geschlecht verändern zu können, indem sie die *äußere Erscheinung* ändern. Es fehlt ihnen also nicht nur am Verständnis für die zeitüberbrückende Charakteristik der Identität, sondern sie machen diese irrtümlicherweise auch an der äußeren Erscheinung fest. Da dieser zweite Aspekt zeitlich nicht mit dem ersten korreliert – Kinder können paradoxerweise schon die Geschlechtspermanenz erreicht haben und dennoch eine Veränderung aufgrund äußerer Merkmale noch für möglich halten – wollen wir diesen Aspekt als *Geschlechtskonsistenz* bezeichnen. Der Junge, der plötzlich meinte, ein Tiger zu sein, ist ein drastisches Beispiel für einen Mangel an Konsistenz.

Tatsächlich glauben Kinder bis zum Alter von durchschnittlich fünf Jahren, zum Teil aber auch noch ältere, dass ein Bub, um zu einem Mädchen zu werden, nur einen Rock anzuziehen brauche und sich die Haare lang wachsen lassen müsse. Wenn er dann gar noch mit einer Puppe spielt, also eine gegengeschlechtliche Tätigkeit ausübt, dann erscheint ihnen der Wechsel perfekt, und ganz entsprechend nehmen sie an, dass sich auch ein Mädchen durch geeignete Veränderung der äußeren Attribute in einen Jungen verwandeln könnte. Wir haben das anhand zweier Videofilme bei Kindern dieser Altersgruppe genauer belegen können[11]. Die Filme zeigten einen Jungen, respektive ein Mädchen, die sich allmählich durch Umkleiden in das andere Geschlecht verwandelten und sich dann auch mit einem, jeweils für dieses Geschlecht typischen Spielzeug (Lastwagen, Puppe) beschäftigten. Jüngere Kinder waren regelmäßig überzeugt, dass die Akteure ihr Geschlecht gewandelt hatten.

Für jüngere Kinder genügt sogar der bloße Wunsch; wenn man nur *wollte*, könnte man ein Kind des anderen Geschlechts werden. Manchmal behaupten Kinder in diesem Altersabschnitt fest, dem anderen Geschlecht anzugehören, Im

[9] Bischof-Köhler, 1998, 2000
[10] Bischof-Köhler, 2000
[11] Zmyj & Bischof-Köhler, 2007

Allgemeinen ist dies kein Grund zur Beunruhigung und wird sich nach kurzer Zeit wieder ändern. Die Kinder verstehen in diesem Alter einfach noch nicht, dass die Geschlechtszugehörigkeit ein Merkmal ist, das absolut festliegt und nicht beliebig gewechselt werden kann wie ein Kleidungsstück.

Wenn man nach den Gründen dieses Fehlschlusses sucht, dann stellt sich natürlich zunächst die Frage, an welchen *Kriterien* die Geschlechtszuweisung überhaupt festgemacht wird. Haartracht und Kleidung spielen dabei eine zentrale Rolle[12], aber wahrscheinlich auch die Bewegungsweise, in der sich die Jungen und Mädchen schon im Kleinkindalter deutlich unterscheiden (s. unten S. 94), ferner die Stimme und der Körperbau, wobei der Einfluss der zuletzt genannten Merkmale in Tests aber schwer zu erfassen ist.

Nun stellt sich in diesem Zusammenhang natürlich die Überlegung ein, die Unsicherheit der Kinder könnte daher rühren, dass sie die eigentlich wirklich relevanten Kriterien für die Geschlechtszugehörigkeit nicht kennen, nämlich die *Genitalien*. So meinte etwa Freud, Kinder hätten deshalb Probleme, die Geschlechtlichkeit zu verstehen, weil ihnen die Eltern das entscheidende anatomische Detailwissen vorenthielten. Kohlberg widerspricht dieser Annahme aufgrund eigener Untersuchungen, bei denen er seine Versuchskinder unter anderem gefragt hatte, ob man Jungen und Mädchen unterscheiden könne, wenn sie ausgezogen seien. Bereits in den 60er Jahren, als er die Befragung vornahm, bekundeten die Kinder durchweg, dass sie den Unterschied der Genitalien kannten. Mittlerweile wird man davon ausgehen können, dass dies die Regel ist.

Bem postuliert einen förderlichen Einfluss dieses Wissens auf die Ausbildung der Geschlechtskonsistenz. In ihrer Studie wurde die Genitalienkenntnis anhand von Fotos unbekleideter Kinder geprüft, die dann im Test zur Geschlechtskonsistenz in bekleidetem Zustand abgebildet waren. Dreiviertel der Versuchskinder mit Kenntnis der Genitalien erwiesen sich als geschlechtskonsistent. Bei den Unwissenden waren es nur 11 %[13]. Trautner konnte hingegen einen solchen Zusammenhang *nicht* finden; zu einem ähnlich negativen Ergebnis kamen wir auch in unseren eigenen Studien[14].

Vor allem ändert dieses Wissen allein nicht notwendig etwas daran, dass manche Kinder einen Geschlechtswechsel nach den oben angeführten Kriterien gleichwohl für möglich halten. So meinte eines unserer fünfeinhalbjährigen Versuchskinder, nachdem es alle denkbaren Änderungen bereits vorgeschlagen hatte, um aus einem Mädchen einen Jungen zu machen, dass dieser jetzt allerdings immer noch ein „Schlitzli" (schweizerdeutsch für weibl. Genitale) hätte. Als der Versuchsleiter nachfragte, was man denn da machen könnte, kam der treuherzige Vorschlag: „s'Schlitzli abschniede und es Pipeli annechläbe" (abschneiden und ankleben). Angesichts solcher Nonchalance muss man doch wirklich ernsthaft in Frage stellen, ob die von Freud postulierten Kastrationsängste bei der kognitiven Verfassung in diesem Entwicklungsabschnitt überhaupt eine ernst zu nehmende Basis haben.

Wirklichkeit und Schein

Eine ganz andere Frage ist es, ob die fehlende Geschlechtskonsistenz vielleicht ein Scheinproblem darstellt, das in erster Linie methodisch begründet sein könnte. Wenn ein Junge für möglich hält, durch den Wechsel äußerer Attribute in den Mädchenstatus zu gelangen, woher wissen wir, ob er wirklich glaubt, in das andere Geschlecht

---

12 Golombok & Fivush, 1994
13 Bem, 1989
14 Trautner et al., 2003

übergewechselt zu sein. Es wäre ja auch denkbar, dass er das Ganze so versteht, als sei er nur einmal in die andere Rolle geschlüpft. Erhält der Versuchsleiter auf die Frage „Wenn Otto ein Kleid anzieht und sich die Haare lang wachsen lässt, ist er dann ein Mädchen?" vom Versuchskind eine bejahende Antwort, wie können wir dann eindeutig entscheiden, ob es wirklich annimmt, Otto *sei* ein Mädchen? Könnte es nicht genauso gut denken, Otto sei so *wie* ein Mädchen, *erscheine wie* ein Mädchen, *sehe so aus*, sei aber natürlich nicht wirklich und wahrhaftig ein Mädchen? Ganz ausschließen ließe sich ein solches Missverständnis doch wohl nicht und wenn man versucht, durch entsprechende Nachfragen der Sache auf den Grund zu gehen („Ist es jetzt *wirklich* ein Mädchen?"), erhält man kaum die gewünschte Auskunft, sondern verwirrt allenfalls die Kinder.

Nun wissen wir aus Untersuchungen in ganz anderen Bereichen, dass Kinder bis zum Alter von vier Jahren angesichts bestimmter Wahrnehmungstäuschungen die Unterscheidung von *Wirklichkeit* und *Schein* noch nicht treffen können. Einen als Stein angemalten Schwamm etwa halten sie selbst dann noch für einen Stein, wenn sie ihn in die Hand nehmen und merken, dass er viel zu leicht und weich ist. Für sie fällt Erscheinung und Wesen also untrennbar zusammen; sie begreifen noch nicht, dass etwas *nur so aussehen* kann wie ein Stein, ohne wirklich einer zu sein. Erst wenn sie über eine Theory of Mind verfügen, also über mentale Prozesse nachdenken können, ist ihnen auch diese Unterscheidung möglich[15].

Der Entwicklungspsychologe Martin Trautner ist der Frage, wieweit die Unterscheidung von Wirklichkeit und Schein das Verständnis der Geschlechtskonsistenz beeinflusst, genauer nachgegangen[16]. Das Ergebnis war eindeutig: Nur Kinder, die Wirklichkeit und Schein unterscheiden konnten – es gibt für diese Kompetenz genormte Testbatterien – zeigten auch Geschlechtskonsistenz, hielten also eine Veränderung der Form nicht mehr für ausreichend, um das Geschlecht zu wechseln. In einer eigenen Untersuchung konnten wir dieses Ergebnis bestätigen[17].

Vor dem Hintergrund dieser Befunde scheint es mehr als fraglich, ob Kinder, die Wirklichkeit und Schein noch nicht unterscheiden können, überhaupt in der Lage wären, bei entsprechender Bekleidung nur vorzugeben, sie seien ein Bub oder Mädchen, oder vielleicht auch ein Tiger, sich dabei aber bewusst zu bleiben, dass sie das „nur denken", dass sie nur so tun „als ob".

Invarianz

Tatsächlich hat das Verhaftetsein im Augenscheinlichen bei den Drei- bis Fünfjährigen weiterreichende Implikationen. Es betrifft nämlich die Weise, wie Kinder dieses Alters Identität überhaupt verstehen – oder genauer ausgedrückt – die *Invarianz* der Identität. Die Kinder begreifen generell noch nicht, dass die Identität eines Dinges erhalten bleiben kann, auch wenn sich seine äußere Erscheinung verändert. Piaget belegte dies experimentell in seinen klassischen Versuchen zur „Konservierung", wie er die Invarianz auch nannte. Wenn man vor den Augen eines vierjährigen Kindes ein Glas Wasser in eine höheres aber schmaleres Gefäß umfüllt und fragt, ob es immer noch gleichviel Wasser sei, dann wird man die Antwort erhalten, es sei mehr geworden, denn es sei ja jetzt höher. Das Kind wird sogar noch weiter gehen und behaupten, das sei gar nicht mehr dasselbe Wasser, weil es jetzt ja anders aussähe.

[15] Bischof-Köhler, 2011
[16] Trautner et al., 2003
[17] Bischof-Köhler & Bischof, 1996

Entsprechendes gilt auch für Personen. Ändern sie ihre äußere Erscheinung, so verlieren sie, wie im Beispiel des kleinen Möchtegern-Tigers, unter Umständen ihre Identität. Dieser Fehlschluss kann bis ins Schulalter andauern. So berichtete einer meiner Studenten, der neben dem Studium eine Schulklasse von Siebenjährigen unterrichtete, folgendes Erlebnis: Er hatte am sechsten Dezember einen Freund mitgebracht, der für die Klasse den Nikolaus spielen sollte. Der Freund verkleidete sich *vor den Augen* der Kinder zum Nikolaus, ging dann kurz aus dem Raum und kehrte mit dem für Nikoläuse üblichen Gepolter zurück. Die Kinder waren gebührend beeindruckt, obwohl sie eigentlich wussten, wer unter der Verkleidung steckte. Als der Freund schließlich nach seinem Abgang als Nikolaus wieder in normalem Anzug in die Klasse zurückkam, berichtete ihm ein kleines Mädchen mit strahlenden Augen, aber Bedauern in der Stimme, es sei so schade, dass er nicht da gewesen sei, der Nikolaus hätte sie gerade besucht, es wäre toll gewesen und das hätte er jetzt versäumt.

Wenn Kinder annehmen, durch Änderung der Erscheinung ihr Geschlecht ändern zu können, dann ist dies also nur einer generellen Entwicklungsbesonderheit zuzuschreiben. Kohlberg hat diese Zusammenhänge als erster experimentell überprüft und bestätigen können. Er stellte den Kindern Fragen von der Art: „Kann ein Hund eine Katze sein, wenn er will?"– „Ist eine Katze, der man die Schnurrhaare abschneidet, ein Hund?" Die jüngeren Kinder der Stichprobe hielten die entsprechenden Identitätswechsel für möglich. Den gleichen Versuchskindern wurden sodann einige der klassischen Piagetschen Aufgaben zur „Erhaltung der Identität" vorgelegt. So bog Kohlberg etwa vor den Augen der Kinder ein Stück Draht und fragte sie, ob es noch der gleiche Draht sei. Auch dies verneinten die jüngeren Kinder; die Identität war für sie durch die Formänderung verloren gegangen. Die Leistungen in diesen Bereichen korrelierten nun ziemlich eindeutig mit der Konstanz der Geschlechtsidentität (Permanenz und Konsistenz) bei Sechs- bis Siebenjährigen.

Neuere Untersuchungen präzisierten den Zusammenhang dahingehend, dass die Erhaltung der Identität in den übrigen kognitiven Bereichen etwas früher aufzutreten scheint als die Geschlechtskonsistenz, dieser also vorausgeht[18].

Wenn die Geschlechtsidentität in den ersten Lebensjahren also noch labil ist, so handelt es sich nicht um eine Abnormität oder um einen Erziehungsfehler der Eltern. Wir haben es vielmehr mit einer Besonderheit der kognitiven Entwicklung zu tun, die darauf beruht, dass die Kinder das eigentliche Kriterium für die Invarianz der Identität noch nicht richtig erfassen. Prinzipiell gibt es zwei Möglichkeiten, woran man die Identität eines Objektes festmachen kann, nämlich die *Form* und die *Substanz*. Wenn ich aus einem Klumpen Ton einen Teller forme und diesen, bevor er getrocknet ist, in eine Tasse umwandle, dann habe ich die Identität des Tellers durch Veränderung der Form in die einer Tasse übergeführt. Beachte ich dagegen die Stoffgrundlage, dann ist es natürlich derselbe Ton geblieben, an seiner Identität hat sich nichts geändert. Erst Fünfjährige beginnen zu begreifen, dass die *Substanz* (der *Stoff)* der eigentliche Träger der Identität ist. Es ist dasselbe Wasser geblieben, auch wenn es in dem neuen Glas anders ausschaut, ebenso wie unser kleiner Tiger immer noch ein kleiner Bub ist, und dies auch bliebe, wenn er sich Mädchenkleider anziehen würde.

[18] Marcus & Overton, 1978

Entwicklungsfolge

Auf der Basis von Kohlbergs Überlegungen sind inzwischen eine Reihe von Untersuchungen durchgeführt worden, die es ermöglichen, die Entwicklungsabfolge der einzelnen Stadien bis zur vollkommenen Geschlechtskonstanz genau zu bestimmen[19].

Die folgende Tabelle fasst die Entwicklungsabfolge zusammen, so wie sie von Slaby und Frye eruiert wurde. Gemäß einem Übersichtsreferat von Fagot und Leinbach ist der Altersspielraum, in dem das Geschlecht erstmals richtig benannt werden kann, etwas früher anzusetzen und beginnt schon mit zwei Jahren[20]. Zu den abweichenden Altersangaben in einzelnen Untersuchungen kommt es wahrscheinlich wegen methodischen Besonderheiten und den Maßstäben, die man anlegt, um einem Kind Konstanz zuzuschreiben[21].

Entwicklungsfolge der Geschlechtskonstanz

Stadium der Geschlechtskonstanz	Leistung	Alters-Spielraum	Durchschnittsalter
nichts		2;2–3;3	2;10
Geschlechtsidentität	Bestimmung des eigenen und fremden Geschlechts	2;4–5;2	3;11
Geschlechtspermanenz/-stabilität	zeitliche Unveränderbarkeit	3,0–5,8	4;5
Geschlechtskonsistenz	Unabhängigkeit von der Form	3;5–5,7	4;7

Slaby und Frye behaupten, dass die in der Tabelle angegebenen Stufen von allen Kindern in der gleichen Reihenfolge durchlaufen werden. Sie berichten zwar erhebliche Altersvariationen, die nächstfolgende Leistung wird aber immer nur erbracht, wenn die vorhergehende auch tatsächlich gemeistert wurde. In unserer eigenen Untersuchung zeigten einige wenige Kinder die Konsistenz vor der Permanenz, meist traten beide Fähigkeiten gemeinsam auf[22]. Dabei ergab sich ein interessanter Zusammenhang zur Ausbildung des Zeitverständnisses, das im vierten Lebensjahr mit dem Einsetzen der Theory of Mind korreliert und für die Kinder überhaupt erst den Zeitraum eröffnet, in dem sie sich selbst zu anderen Zeitpunkten, also insbesondere auch als Erwachsene, vorstellen können. In jedem Fall kann man davon ausgehen, dass die Geschlechtskonstanz in erster Linie eine Leistung der generellen kognitiven Entwicklung ist und nicht ein Ergebnis ständigen Verbesserns und Belehrens der Eltern. Wäre nämlich letzteres der Fall, würden wir – entsprechend der je individuellen Lerngeschichte der Kinder – eine viel lockerere Aufeinanderfolge der Stadien beobachten. Der invariante Entwicklungsverlauf bestätigt

19 Slaby & Frye, 1975
20 Fagot & Leinbach, 1993
21 Szrybalo & Ruble, 1999
22 Zmyj & Bischof-Köhler, 2007; Bischof-Köhler, 2011

also eher die Kohlbergsche Annahme, dass kognitive Verarbeitungsprozesse kraft einer sachimmanenten Entfaltungslogik aufeinander aufbauen.

Kohlberg und andere Vertreter einer kognitivistischen Entwicklungspsychologie betonen, dass wir es hier nicht etwa mit *Reifungsvorgängen* im „biologischen" Sinn dieses Wortes zu tun haben. Es handle sich vielmehr um einen „aktiven und selbstregulierten Austauschprozess zwischen Organismus und Umwelt"[23]. Diese Abgrenzung beruht jedoch auf einem Unverständnis des biologischen Reifungsbegriffs. Kein Biologe würde Reifung anders definieren als mit genau diesen Worten. Wenn der Organismus schon als Interaktionspartner der Umwelt *gegenübergestellt* wird, dann kann ja nur sein genetisches Programm gemeint sein. Dass sich dieses nur in regulativer Interaktion mit der Umwelt entfalten kann und dabei Schritte, die strukturell auf anderen aufbauen, nicht vor diesen erfolgen können, ist eine schlichte Trivialität, die für alle Reifungsvorgänge gilt (siehe hierzu unten, S. 177).

Die Befunde sprechen also letztlich dafür, dass bei der Entwicklung der Geschlechtsidentität erzieherische Maßnahmen nur insofern erforderlich sind, als sowohl die Familie als auch das übrige soziale Umfeld eine eindeutige Stellung beziehen müssen, um dem Kind dadurch immer wieder zu vermitteln, zu welchem Geschlecht es gehört. So antwortete eines unserer Versuchskinder auf die mehrmals wiederholte und wohl etwas penetrante Frage, warum denn ein Mädchen, das die Kleider gewechselt hatte, nun ein Bub sei, mit der lapidaren Erklärung: „Die anderen wissen es". Dadurch, dass die anderen das Kind für einen Bub halten, wird die Verwandlung zur sozialen Realität, und damit hoffte das durch die Fragen bedrängte Kind, den neugierigen Versuchsleiter endlich zufrieden zu stellen.

Im Übrigen genügt die normale Alltagserfahrung, um im Kind das Verständnis dafür entstehen zu lassen, dass es zwei verschiedene Geschlechter gibt. Dies drückt sich ja nicht nur in der äußeren Erscheinung und im Verhalten aus sondern in unserem Sprachraum auch in der Art der Benennung, durch die die Menschen eingeteilt werden in „sie" und „er", in Onkel und Tante, Vater und Mutter, den Otto, die Lisa. So schwierig es erscheinen mag, von diesen unterschiedlichen Benennungen das Konzept der Zweigeschlechtlichkeit abzuleiten, so wäre es doch falsch, in dieser Komplikation den Grund für das zunächst labile Bewusstsein der Geschlechtsidentität zu sehen. Die Ursache liegt nicht darin, dass relevante Lernvorgänge noch nicht zu einem verlässlichen Abschluss gekommen sind, sondern im generellen Verlauf der kognitiven Entwicklung.

[23] Trautner, 1991, S. 196

7 Stereotypen und Geschlechtsrollenverhalten

Die ersten Geschlechtsstereotypen

Mit der richtigen Benennung des Geschlechts bei sich selbst und anderen ist nach Kohlberg der Grund gelegt, auf dem sich Wissen über Geschlechtlichkeit weiterentwickeln kann. Dieses Wissen kumuliert schließlich in der Ausbildung von Stereotypen, die dann nach seiner Ansicht wiederum die Ursache dafür abgeben, dass Kinder sich die entsprechenden Verhaltensstile aneignen[1].

Geschlechtsbezogene Eindrücke sammelt das kleine Kind schon, bevor es Buben und Mädchen, Männer und Frauen richtig zu benennen vermag. Diese sehen verschieden aus, verhalten sich verschieden, haben unterschiedliche Aufgaben und Vorlieben. Babys sind bereits im ersten Lebensjahr differenziert genug, um solche Unterschiede zu spüren. Wie bereits ausgeführt, reagieren sie schon mit sieben Monaten anders auf Männer- als auf Frauenstimmen und können mit einem Jahr die visuelle Erscheinung der richtigen Stimmlage zuordnen. Es erscheint durchaus plausibel, dass solche Feststellungen nicht nur dazu verhelfen, die Geschlechter richtig zu bezeichnen, sondern auch die Grundlage für die Stereotypenbildung abgeben. Hierfür spricht auch, dass nicht, wie Kohlberg annahm, als erstes das eigene Geschlecht benannt wird, sondern das der anderen, und zwar bei Erwachsenen, wo ja in der Tat die Rollenunterschiede am prägnantesten hervortreten und daher auch die beste Anschauungsgrundlage für die Stereotypisierung abgeben.

Wie eine Untersuchung in den USA zeigte, nahmen bereits Kinder, die nicht viel älter als zwei Jahre waren, erste Rollenzuweisungen vor[2]. Die Autoren legten ihrer Befragung Stereotypen zugrunde, wie sie sich bei Erwachsenen über Erwachsene und Kinder ausgebildet haben. Den Kindern wurden Bilder von bestimmten Situationen sowie eine dazu passende Aussage präsentiert. Zur Abbildung einer Küchenszene wurde beispielsweise gefragt, welche Puppe wohl sage „Ich helfe gern der Mutter kochen". Das Kind konnte zwischen einer männlichen und einer weiblichen Puppe wählen und diejenige, die zu der Aussage passt, auf das Bild legen. In Bezug auf Erwachsenentätigkeiten lautete eine Aufgabe etwa: Welche Puppe sagt eher „Ich würde gern ein Flugzeug steuern"?

Die nachfolgende Abbildung zeigt, was für Ansichten über Mädchen (links) und Jungen (rechts) dabei geäußert wurden, jeweils von Seiten der Mädchen (oben), der Jungen (unten) oder von beiden gemeinsam (Mitte).

Etwas weniger reichhaltig waren die Meinungen der Kinder über die zukünftigen Rollen als Erwachsene. Beide Geschlechter finden, dass man als Mann ein Boss wird und den Rasen mäht. Die Jungen allein meinen, man werde Gouverneur, Doktor oder Pilot. Den Frauen schreiben Jungen und Mädchen gleichermaßen zu, dass sie das Haus sauber machen und dass der Beruf der Krankenschwester und der Lehrerin zu ihnen passt. Mädchen erwähnen hier noch, dass es den Frauen zukommt, die Babys zu versorgen, während Jungen dies in Bezug auf das Kochen erwarten.

Ein interessantes Teilergebnis betraf schließlich die *nicht* geschlechtsstereotyp bewerteten Merkmale. Hierzu zählten Ball spielen, sich dreckig machen, Angst haben, der Anführer oder der Erste sein sowie die Eigenschaften stark, höflich, ordentlich, ruhig, schlau. Auch die Bereitschaft, leicht aufzugeben, schrieben die Kinder keinem der Geschlechter zu.

---

1 Kohlberg, 1966
2 Kuhn et al., 1978

Stereotype Ansichten von Kindern über Kinder

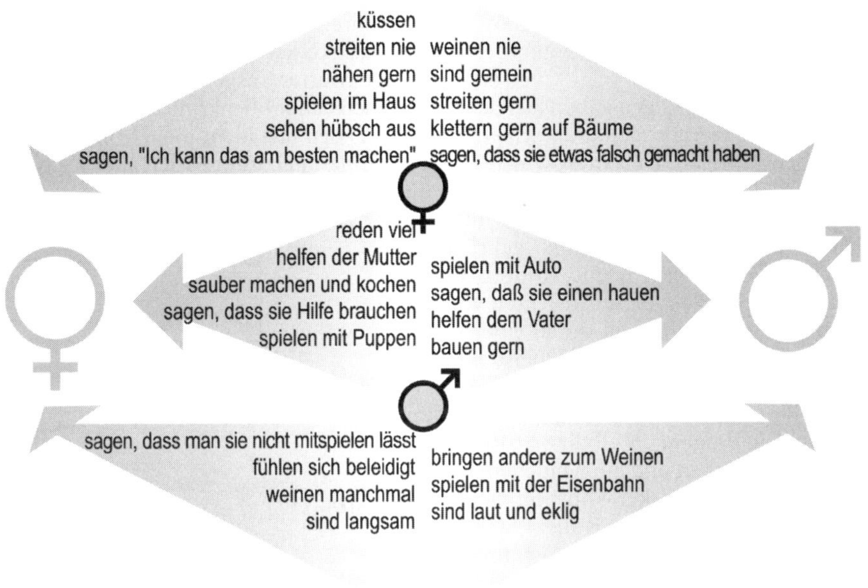

küssen
streiten nie
nähen gern
spielen im Haus
sehen hübsch aus
sagen, "Ich kann das am besten machen"

weinen nie
sind gemein
streiten gern
klettern gern auf Bäume
sagen, dass sie etwas falsch gemacht haben

reden viel
helfen der Mutter
sauber machen und kochen
sagen, dass sie Hilfe brauchen
spielen mit Puppen

spielen mit Auto
sagen, daß sie einen hauen
helfen dem Vater
bauen gern

sagen, dass man sie nicht mitspielen lässt
fühlen sich beleidigt
weinen manchmal
sind langsam

bringen andere zum Weinen
spielen mit der Eisenbahn
sind laut und eklig

Interessanterweise gaben die jüngeren Kinder, also die erst Zweijährigen, ausschließlich Stereotype zu Erwachsenentätigkeiten an; Gleichaltrige wurden dagegen erst ab etwa dreieinhalb Jahren durch die Brille des Vorurteils gesehen. Eine Untersuchung von Weinraub und Mitarbeitern bestätigt diesen Befund[3]. Dabei wurden Bilder von geschlechtstypischen Erwachsenenhandlungen (z. B. Briefträger, Automonteur) und Objekten (Kleider, Waschmaschine, Staubsauger, Kochherd etc.) gezeigt sowie von typischen Spielsachen (z. B. Zementmischer, Rennauto, Babypuppe, Puppenwagen, Babyutensilien), die jeweils in entsprechend gekennzeichnete Schachteln geordnet werden mussten. Erwachsenentätigkeiten wurden hier bereits von 26-Monatigen entsprechend den gängigen Stereotypen zugeordnet. Dagegen zeigte sich in Bezug auf Spielsachen erst ab dem Alter von zweieinhalb Jahren – und dort zunächst nur bei einigen wenigen Kindern – eine geschlechtstypische Zuordnung. Erst die Dreijährigen verfügten in der Mehrzahl über die entsprechenden Kenntnisse. Das Ergebnis korrespondiert gut mit dem Befund, dass Kinder das Geschlecht bei Erwachsenen früher richtig bestimmen als bei Gleichaltrigen.

Abwertung und Aufwertung

Wenn wir nun die Stereotypisierung unter dem Wertaspekt betrachten, so fällt auf, dass Urteile, die nur von einem Geschlecht geäußert werden, eher negative Attribute des anderen und positive des eigenen Geschlechts betreffen. Dagegen beziehen sich Ansichten, die geteilt werden, auf eher wertneutrale Eigenschaften. Es lässt sich

[3] Weinraub et al., 1984

also bereits im Alter von drei bis vier Jahren die deutliche Tendenz ausmachen, das eigene Geschlecht auf- und das andere abzuwerten.

Diese Tendenz trat auch in einer wiederum von Dannhauer in der DDR durchgeführten Studie an 450 Kindern im Alter von dreieinhalb bis fünfeinhalb Jahren deutlich zutage[4]. Der Autor gab bestimmte Tätigkeiten vor und ließ die Kinder urteilen, ob diese eher vom Vater oder von der Mutter ausgeübt würden. Bereits die Dreieinhalbjährigen gaben hier sehr viele geschlechtsrollenkonforme Urteile ab, und bei den Vierjährigen unterschied sich das Wissen fast nicht mehr von dem der fast Sechsjährigen. Der Vater wurde dabei als jemand charakterisiert, der Zeitung liest, vor dem Fernseher sitzt, Bier trinkt und Zigaretten raucht, während die Mutter die Hausarbeit erledigt, einkaufen geht, sauber macht, Wäsche wäscht und Knöpfe annäht. Man bedenke, dass diese Ansichten von Kindern abgegeben wurden, die in einer Gesellschaft aufwuchsen, in der die meisten Frauen berufstätig waren!

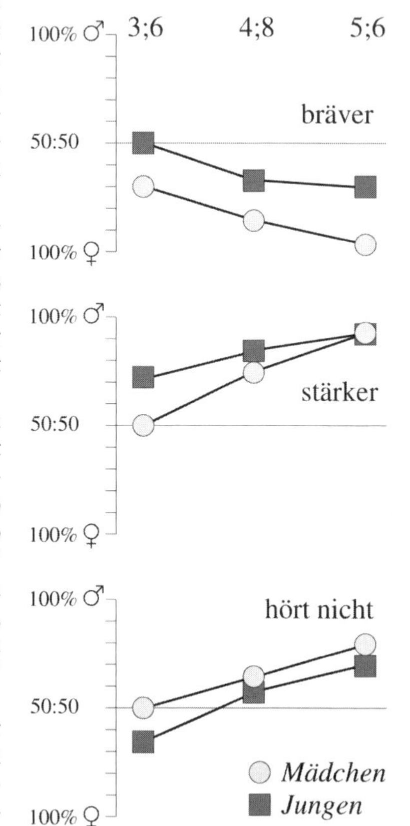

Entwicklung von Geschlechtsstereo typen bei Kindern

In Bezug auf Gleichaltrige stellte Dannhauer folgende Fragen: „Stell dir vor, die Mutter hätte einen Buben und ein Mädchen, welches Kind ist braver – stärker – hört oft nicht – hilft fleißiger – fährt schneller Roller?“ Die Kinder urteilten wiederum in Übereinstimmung mit den üblichen Geschlechtsstereotypen.

In diesem Zusammenhang zeigte sich ein interessanter Entwicklungstrend, der recht gut zu den Befunden von Kuhn passt[5]. Die jüngeren Kinder betonen dort die Unterschiede, wo das eigene Geschlecht günstig abschneidet. So finden sich die dreijährigen Mädchen „braver“ als die Jungen, während letztere bezüglich dieses Merkmals noch nicht erkennen lassen, wohin das Pendel ausschlägt. Sie wiederum beziehen aber, was das Merkmal „stärker“ betrifft, bereits eine eindeutige Position.

Diese Verteilung verschob sich im Alter dann aber dahingehend, dass die Fünfjährigen ihr Fremd-Stereotyp an das positive Selbst-Stereotyp des anderen Geschlechts etwas anglichen, während sie das negative Fremd-Stereotyp der anderen bis zu einem gewissen Grad übernahmen. So finden fünfjährige Jungen auch, dass Mädchen braver als Jungen sind, wenn natürlich auch nicht in dem Ausmaß, wie Mädchen das von sich selbst behaupten. Und entsprechend akzeptieren die fünfjährigen Mädchen die Stärke der Jungen. Diese wiederum gestehen zu, dass sie weniger gut gehorchen und nicht so fleißig helfen.

Die Entwicklung verläuft also nicht so, dass das eigene Geschlecht stetig höher bewertet und korrespondierend dazu das andere Geschlecht zunehmend abgewertet wird, sodass man sich selbst schließlich nur noch in den rosigsten Farben, das andere

4 Dannhauer, 1973
5 Kuhn et al., 1978

Geschlecht aber ausschließlich negativ sieht. Zwar besteht eine Tendenz zu einer sich verschärfenden Polarisierung, aber gleichzeitig gibt es Anzeichen einer realistischeren Einschätzung, die dem Gegengeschlecht auch positive Seiten zugesteht und für sich selbst negative Aspekte akzeptieren kann.

Gemäß Kohlberg müsste das Ausmaß der Stereotypisierung mit der Entwicklung der Geschlechtsidentität zusammenhängen; je weiter die letztere fortgeschritten ist, umso detaillierter sollte das Wissen sein. In einigen Arbeiten, wie z. B. der Untersuchung von Kuhn und Mitarbeitern, wurde dies überprüft. Hier nahm die Stereotypisierung nicht nur mit dem Alter zu, sondern war bei jenen Kindern besonders weit fortgeschritten, die auch schon zur Geschlechtskonstanz zutreffende Angaben machten. Ein solcher Zusammenhang konnte aber nicht in allen einschlägigen Studien festgestellt werden. Stereotypen kommen nämlich auch schon bei Kindern vor, die in der Geschlechtskategorisierung noch unsicher sind. Es lässt sich also nicht eindeutig belegen, dass sich das Stereotypenwissen in Abhängigkeit von der Entwicklung der Geschlechtsidentität verbessert. Vor allem ist zu bedenken, dass eine Korrelation durchaus auch auf einen umgekehrten Verursachungszusammenhang hinweisen könnte. Es wäre ja denkbar, dass manche Kinder erst Stereotypen ausbilden und gestützt auf dieses Wissen dann auch beginnen, die Geschlechtsbestimmung zu meistern. Generell ist zu Untersuchungen der geschilderten Art kritisch anzumerken, dass sie allesamt die als Geschlechtsstereotypen geltenden Tätigkeiten und Eigenschaften vorgeben, so dass den Kindern dann nur noch die Möglichkeit bleibt, diese zuzuordnen. Dadurch könnte das Bild eingeschränkt werden, das sich ein Kind tatsächlich über das eigene und das Gegengeschlecht macht.

Kohlberg selbst hatte versucht, auch das *spontane* Wissen von Kindern über Geschlechterrollen zu erfassen, indem er Interviews mit ihnen durchführte[6]. Ab dem Alter von 5 Jahren charakterisierten die Kinder Männer als aktiver, stärker, aggressiver und furchtloser, Gefahren ausgesetzt, eher geneigt, zu strafen, weniger zärtlich und weniger fürsorglich. Die Rolle der Frauen schilderten sie im häuslichen Bereich und in der Kinderbetreuung, sie galten als zärtlicher und fürsorglicher. Da Kinder in diesem Alter physische Eigenschaften als Indikator für psychische nehmen, halten sie den stärkeren und größeren auch für gescheiter und mächtiger. Die eher als klein, zart und schwächer wahrgenommenen Frauen dagegen erscheinen ihnen als hilfloser und dümmer.

Stereotypen sind hartnäckig

Die Evidenz des relativ frühen Stereotypenwissens von Kindern ist recht beeindruckend. Nun könnte man natürlich den Standpunkt vertreten, die Kinder würden in ihren Angaben nur das widerspiegeln, was sie vom Augenschein ihrer realen Erziehungssituation her kennen. Wäre diese anders, so würde auch ihr Bild vom gängigen Klischee abweichen. Diese Erwartung hat sich bisher allerdings nicht erfüllt: Eine den traditionellen Rollenvorstellungen verhaftete Stereotypisierung stellt sich interessanterweise ziemlich unabhängig von der eigenen Familienerfahrung ein. Sie zeigt sich nämlich auch bei Kindern, deren Mutter berufstätig ist, deren Vater im Rahmen eines elterlichen Rollentausches als Hausmann wirkt, und ebenso bei Kindern, die vom Vater nie gestraft werden, oder die gar keinen Vater haben. Auch die Schichtzugehörigkeit hat sich als eine Variable ohne nennenswerten Einfluss

[6] Kohlberg, 1966

erwiesen[7]. Wie Renate Valtin berichtet, stellen 10-jährige Jungen, wenn befragt, warum sie gerne Jungen sind, auch heute noch ihre körperliche Überlegenheit heraus und sind froh, keine Mädchen zu sein, weil die Heulsusen sind, zu blöd zum Autofahren und viel reden und rumzicken. Hingegen geben Mädchen an, gern Mädchen zu sein, weil sie lange Haare haben, sich schminken können und später Kinder kriegen und Babys füttern[8].

Die Hartnäckigkeit der traditionellen Vorstellungen wird übrigens gerade auch von Eltern beklagt, die ihre Kinder bewusst nicht geschlechtsrollenkonform erziehen wollen. Kinder benutzen offensichtlich neben der eigenen Familie zusätzliche Informationsquellen, etwa den Kindergarten, die Straße, Läden und natürlich das Fernsehen, wobei der Einfluss des letzteren zwar sicher beträchtlich ist, dies aber erst seit wenigen Jahrzehnten. Besonders interessant ist in dieser Hinsicht eine Studie, bei der Familien mit traditioneller Einstellung mit solchen verglichen wurden, die Gegenkultur und Avantgarde verkörperten[9]. Die Kinder der letzteren kannten sich in den Geschlechtsstereotypen genauso gut aus wie die Kinder der traditionellen Familien. Immerhin hatten sie darüber hinaus weitere Kenntnisse über Objekte und Beschäftigungen, die nicht mit der Geschlechtstypisierung zusammenhingen, waren also in ihrer Einstellung nicht ganz so rigide wie ihre traditionell erzogenen Altersgenossen[10].

Trautner, der in einer Längsschnittuntersuchung die Entwicklung der Stereotypisierung bei deutschen Kindern zwischen dem vierten und zehnten Lebensjahr untersuchte, kommt Anfang der 90er Jahre zu dem Ergebnis, dass sich an den Inhalten nichts Wesentliches geändert habe[11]. Besonders rigide seien die jüngsten Kinder auf die üblichen Vorstellungen fixiert, was wohl damit zusammenhängt, dass sie moralische Regeln für absolut gültig halten. Im Schulalter würden sie dann flexibler. Trautner bringt diesen Befund mit generellen kognitiven Engpässen im Vorschulalter in Verbindung, die sich erst im Schulalter verbessern. Er meint deshalb, bei Vorschulkindern hätte es wenig Sinn, an den Inhalten der Stereotypen etwas ändern zu wollen. Man solle sich besser auf das Schulalter konzentrieren, wenn das Denken generell beweglicher geworden sei. Interessanterweise zeigten Kinder mit besonders rigider Stereotypisierung in jüngerem Alter diese keineswegs auch später, sondern waren zum Teil sogar besonders flexibel in ihren Ansichten. Im Übrigen stellte Trautner fest, dass seine Versuchspersonen Erwachsene ausgeprägter stereotypisierten, und zwar insbesondere das männliche Geschlecht. Letzteres passt gut zu der Beobachtung, dass der Druck, sich geschlechtsrollenkonform zu verhalten, auf Jungen stärker zu lasten scheint. Entsprechend waren die Jungen in Trautners Stichprobe auch eindeutiger geschlechtsrollenorientiert als die Mädchen.

Die Geschlechtsschema-Theorie

Wenn schon kleine Kinder so rasch Geschlechtsstereotypen ausbilden, dann stellt sich für den Entwicklungspsychologen natürlich die Frage wie sie entsprechendes Wissen so schnell erwerben und insbesondere auch wie es zu den Vergröberungen

[7] Baruch & Barnett, 1986
[8] Zit. nach B. Kerber in Psychologie heute, Juni 2011
[9] Weisner & Wilson-Mitchell, 1990
[10] Blakemore et al., 2009
[11] Trautner, 1992; Trautner et al., 2004

kommt. Die Geschlechtsschema-Theorie *(gender schema theory)* versucht dies genauer zu erklären. Unter Geschlechtsschema versteht man eine organisierte Gesamtheit von Wissen, die sich aus vier Komponenten zusammensetzt: Kenntnisse über Verhaltensweisen, Rollen, Beschäftigungen und Merkmale[12]. Da diese Komponenten eng miteinander verknüpft sind, genügt schon eine relativ geringfügige Information, um das Geschlecht eines Handelnden beziehungsweise weitere Merkmale, die er besitzt, voraussagen zu können.

Nun organisieren Geschlechtsschemata nicht nur Wissen, sondern geben auch vor, wie neue Informationen, die man über das Geschlecht erhält, einzuordnen sind. Dabei besteht die Tendenz, das Wahrgenommene über einen Kamm zu scheren. Was dem bestehenden Wissen widerspricht, wird schlicht ausgeblendet oder umgedeutet. Wenn jüngere Kinder beispielsweise erfahren, eine Junge spiele gern mit Puppen, und gefragt werden, was er sonst noch gern macht, dann berücksichtigen sie nicht, dass sein Verhalten eigentlich dem Geschlechtsschema widerspricht, sondern rufen alles ab, was zum Stichwort „Junge" passt, und geben an, dass er auch gern mit Eisenbahnen spielt. Auch die stereotype Verknüpfung bestimmter Berufstätigkeiten mit dem Geschlecht macht sich schon frühzeitig bemerkbar. So ist z. B. die Erwartung, eine Krankenschwester sei weiblich, so dominierend, dass ein männlicher Pfleger, dem man gerade begegnete, gar nicht als zu diesem Berufsstand gehörend wahrgenommen wird. Die abweichende Situation wird einfach schlechter erinnert als die der Erwartung entsprechende mit einer weiblichen Schwester. Generell hat das zur Folge, dass Kinder mehr auf geschlechtskonsistente Information achten als auf widersprüchliche und hierin mag ein zentraler Grund für die Tendenz liegen, zu vergröbern, wie es gerade für die Stereotypisierung jüngerer Kinder kennzeichnend ist.

Kritisch ist gegen die Geschlechtsschema-Theorie einzuwenden, dass sie offen lässt, wie aus geschlechtsbezogenem Wissen geschlechtsadäquates Verhalten hervorgehen soll, wenn letzteres doch bereits auftritt, bevor entsprechendes Wissen überhaupt existiert. Ann Campbell ist diesem Zusammenhang gezielt nachgegangen[13]. Dabei ergab sich, wie auch schon in früheren Untersuchungen, dass geschlechtstypisches Spielverhalten unabhängig von den einschlägigen Kenntnissen bereits bei jüngeren Kindern auftritt. Wir werden darauf im nächsten Abschnitt genauer eingehen. Anhänger der Geschlechtsschema-Theorie bemühen sich deshalb, ein möglichst frühes Wissen geschlechtsbezogener Inhalte, wie z. B. die Benennung des Geschlechts, nachzuweisen[14] und in Zusammenhang mit geschlechtstypischen Präferenzen zu bringen. Auf die Uneindeutigkeit solcher Beziehungsstiftungen wurde bereits oben S. 71 hingewiesen.

Zusammenfassend lässt sich festhalten, dass Kinder sehr früh Rollenvorstellungen ausbilden, und zwar zuerst in Bezug auf Erwachsenen und dann auf Gleichaltrige. Dieses Wissen bezieht sich allerdings in erster Linie auf äußerliche Attribute, also die körperliche Erscheinung und Kleidung, sowie auf Tätigkeiten. Für psychische Unterschiede, also Begabungen, Interessen, Motive, Emotionen, beginnen Kinder erst ab etwa dem neunten Jahr ein Verständnis zu entwickeln. Entsprechend der Tendenz, Informationen auszublenden, die nicht zum bereits ausgebildeten Geschlechtsschema passen, sind die Stereotypen im Vorschulalter sehr rigide und erfahren erst beim Schulkind allmählich eine Differenzierung.

---

12 Martin, 1993; Martin & Halverson, 1981

13 Campbell et al., 2002

14 Zosuls et al., 2009

Was und womit Kinder am liebsten spielen

Anfang der 90er Jahre erschien ein Buch über Geschlechtsunterschiede, verfasst von einer Biologin, die ausdrücklich betont, feministisch engagiert zu sein[15]. Sie berichtet, dass sie als alleinerziehende Mutter einer Tochter alles daran gesetzt habe, diese nicht nach den traditionellen Rollenvorschriften zu sozialisieren. Ihr Lebensstil als berufstätige und in der Wissenschaft engagierte Frau war auch keineswegs dazu angetan, dem Kind gängige Rollenklischees vorzuführen. Zum großen Erstaunen der Mutter fing das Mädchen aber bereits im dritten Jahr an, sich hingebungsvoll damit zu beschäftigten, ihre Puppe zu bemuttern. Wenn sie mit dem Dreirad herumsauste, dann fuhr das Puppenkind wohlverpackt im Anhänger mit. Die Krönung dieser Verhaltensvorliebe bestand schließlich darin, dass sie sich ein Kissen an den Bauch stopfte und „werdende Mutter“ spielte. Die Tochter verhielt sich ohne Zweifel geschlechtsrollenkonform. Wo aber hatte sie bei ihrer Erziehungssituation derart traditionelle Leitbilder hergenommen und wer belohnte sie für ihr Verhalten?

Generell würde man sagen, ein Kind verhalte sich geschlechtsrollenkonform, wenn es sich bevorzugt mit den für Jungen oder Mädchen als geschlechtsadäquat geltenden Spielsachen und Spielaktivitäten beschäftigt, im Spiel die dem eigenen Geschlecht entsprechende Erwachsenenrolle übernimmt und sich überwiegend mit gleichgeschlechtlichen Spielgefährten abgibt. Wenn Kohlbergs Annahmen zuträfen, dann dürfte all dies erst bei Kindern der Fall sein, die über Stereotypenwissen verfügen und in der Entwicklung der Geschlechtskonstanz so weit fortgeschritten sind, dass sie die Rollenvorschriften für verbindlich halten[16]. Zudem müssten sie Eltern haben, die sich selbst rollenkonform verhalten und dementsprechend als Vorbild wirken können.

Wie bereits im Zusammenhang mit der Geschlechtsschema-Theorie erwähnt, treten jedoch im Gegensatz zu Kohlbergs Erwartungen geschlechtstypische Spielzeugpräferenzen und die Bevorzugung bestimmter Aktivitäten bereits bei Einjährigen, also lange vor dem einschlägigen Wissen auf. Diese Entwicklung ist unabhängig vom Familientyp, sie zeigt sich ebenso bei Kindern aus Avantgarde- wie aus traditionellen Familien[17].

In einer der ersten Untersuchungen zur frühen Spielzeugwahl boten Jacklin und Mitarbeiter Kindern im Alter von 13 bis 14 Monaten einen Spielzeug-Roboter, Plüschtiere, ein Spielzeugriesenrad und ein Kinderwerkbrett zur Auswahl an[18]. Die Buben wählten signifikant häufiger den Roboter, die Mädchen tendenziell eher die Plüschtiere. Goldberg und Lewis kamen bei einer Inventarisierung bevorzugter Spielaktivitäten zu dem auch in anderen Untersuchungen immer wieder bestätigten Ergebnis: Jungen betätigen sich schon als Einjährige lieber grobmotorisch, benutzen Spielsachen auch einmal zum Herumwerfen oder dazu, andere zu verhauen[19]. Sie bekunden eine ausgeprägte Vorliebe für Transportmittel sowie für Nichtspielsachen, wie etwa Türklinken, Steckdosen und Videogeräte, die sie hingebungsvoll manipulieren. Mädchen dagegen spielen lieber mit Plüschtieren und Puppen sowie Puppengeschirr und zeigen mehr feinmotorisches Geschick. Die männliche Vorliebe für Transportmittel mit vier Rädern und die weibliche Attrahiertheit durch Puppen und Plüschtiere zeigt sich übrigens auch bei Rhesusaffen, bei denen eine entspre-

[15] Reimers, 1992
[16] Kohlberg,1966
[17] Weisner & Wilson-Mitchell, 1993; Servin et al., 1999
[18] Jacklin et al., 1973
[19] Goldberg & Lewis, 1975

chende Sozialisation sicher auszuschließen ist[20]; wir werden auf die Ursachenfrage im 21. Kapitel genauer eingehen.

Snow und Mitarbeiter haben diese Präferenzen in ihrem Untersuchungsdesign berücksichtigt und Einjährige unter anderem mit „katastrophenträchtigen“ Objekten, wie z. B. einer mit Wasser gefüllten Blumenvase und einem vollen Aschenbecher, konfrontiert. Außerdem boten sie einen Staubsauger, Puppen und Lastwagen an[21]. Die Jungen machten sich im Gegensatz zu den Mädchen mit Vorliebe an den Nicht-Spielsachen zu schaffen und das, obwohl die anwesenden Väter es ihnen verboten. Dagegen bevorzugten die Mädchen auch in dieser Untersuchung die Puppen. Fagot berichtet von Kindern im zweiten Lebensjahr, dass die Jungen besonders gern mit größeren Lastwagen spielten, auf denen sich Materialien transportieren ließen. Außerdem zeigten sie eine Vorliebe für spielerisches Raufen, aber das ist ein Kapitel für sich, auf das wir erst später genauer eingehen werden (s. u. S. 262). Auch in dieser Untersuchung beschäftigten sich die Mädchen bevorzugt mit Puppen. Außerdem verkleideten sie sich gern und fanden Gefallen an Spielaktivitäten mit künstlerischem Einschlag wie Kneten, Malen und Ausschneiden. Als geschlechtsneutral erwiesen sich Wagen, Rutschbahn, Puzzle, kleine Bausteine, Marionetten, das Anschauen von Büchern und Ballspielen[22].

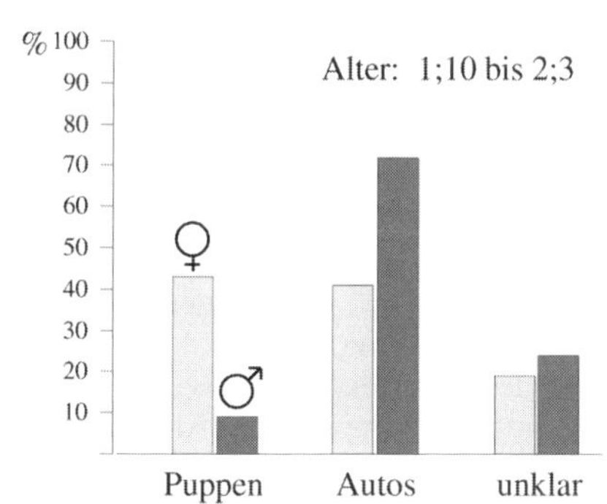

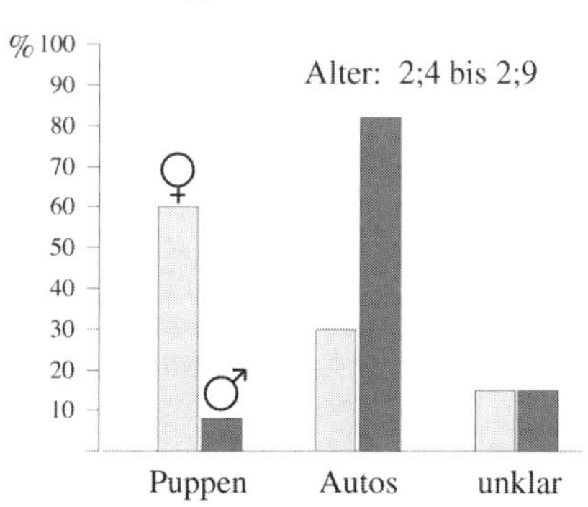

Spielzeugpräferenz bei Kindern nach Dannhauer

Auch in der Untersuchung von Dannhauer in der ehemaligen DDR trat eine geschlechtsabhängige Präferenz bestimmter Spielsachen bereits bei Ein- bis Zweijährigen auf. Die Kinder hatten die Möglichkeit, zwischen einer Puppe mit den dazugehörigen Utensilien (Bettchen, Zudecke) und einem Traktor mit Bausteinen zu wählen. Geprüft wurde, wonach sie als erstes griffen. Wie die Abbildung auf der folgenden Seite erkennen lässt, wählten Jungen häufiger den Lastwagen, Mädchen die Puppen. Diese Bevorzugung nahm im dritten Lebensjahr noch zu, wobei auffiel, dass die Jungen ihre Vorlieben schon früher ausgebildet hatten, was ja, wie wir bereits feststellten, auch in amerikanischen Untersuchungen zu diesem Thema herauskam.

Wenn wir Bilanz ziehen, dann trifft Kohlbergs Annahme, die Präferenz bestimmter Spielsachen und Spielaktivitäten hinge ursächlich mit der Geschlechtsstereotypisierung zusammen, nicht zu. Kinder zeigen entsprechende Vorlieben lange bevor sie stereotypisieren[23]. Ebenso wenig ist die richtige Benennung des Geschlechts von Bedeutung, denn Zwölfmonatige

20 Alexander & Hines, 2002; Hassett et al., 2008
21 Snow et al., 1983
22 Fagot, 1985
23 Lytton & Romney, 1991; Perry et al., 1984; Caldera et al., 1989; Snow et al., 1983

kennen weder das eigene Geschlecht noch das der anderen. Im Übrigen konnte auch bei älteren Kindern kein diesbezüglicher Zusammenhang nachgewiesen werden. So fand Fagot bei 26-monatigen Kindern bereits eine deutliche Vorliebe für geschlechtstypische Aktivitäten, auch hier übrigens besonders ausgeprägt bei Jungen[24]. Mit der Fähigkeit, das Geschlecht bei anderen oder bei sich selbst richtig zu bestimmen, korrelierte diese Präferenz jedoch nicht, einmal abgesehen davon, dass eine solche Korrelation, wie schon erwähnt, ohnehin nichts über die Verursachungszusammenhänge aussagen würde. Auch sei daran erinnert, dass das Wissen, welche Spielsachen geschlechtsadäquat sind, erstmals bei Drei- bis Dreieinhalbjährigen dokumentiert ist[25].

Angebot von Spielsachen

Nun wird man natürlich die Frage stellen müssen, wieweit geschlechtstypische Vorlieben einfach nur eine entsprechende Spielzeugauswahl der Eltern widerspiegeln, also eigentlich vom Angebot abhängen.

Wie einschlägige Untersuchungen zeigen, ist das Spielzeugangebot bei den meisten Familien jedoch nicht so ausschließlich dem Geschlecht des Kindes entsprechend, wie immer angenommen wird[26]. Auch ist es nicht durchgängig so, dass Eltern konsistent geschlechtsdifferenzierend verstärken, je nachdem, welche Spielsachen ihre Kinder wählen. So stellte man in einer Studie zwar fest, dass die Väter bei drei- und fünfjährigen Jungen und Mädchen in erster Linie den Umgang mit geschlechtsadäquatem Spielzeug bekräftigten. Mütter verhielten sich aber zumindest bei den Jungen genau umgekehrt, sie lobten diese vor allem, wenn sie mit geschlechtsneutralen oder Mädchen-Spielsachen spielten[27]. Die Jungen erhielten von beiden Eltern also eine widersprüchliche Rückmeldung.

Aufschlussreich ist auch die Überprüfung des Spielzeugbestands. Wenn die Eltern diesen nicht von vorn herein auf ein geschlechtstypisches Angebot beschränken, darf man wohl davon ausgehen, dass es sie auch nicht stört, wenn ihre Kinder mit gegengeschlechtlichen Spielsachen spielen. In amerikanischen Studien zeigten in der Untersuchungssituation der betreffenden Institute aber sogar solche Kinder geschlechtstypische Präferenzen, bei denen man zuhause einen neutralen Spielzeugbestand vorgefunden hatte. Dannhauer berichtet aus der DDR, dass die meisten Kinder in beträchtlichem Ausmaß über Spielsachen des anderen Geschlechts verfügten und zwar nicht nur, wenn entsprechende Geschwister zur Familie gehörten. So hatten alle Jungen Stofftiere, insbesondere auch immer einen Teddy, die Hälfte sogar eine Puppe, mit der dann allerdings nur zehn Prozent der Buben auch wirklich spielten. Für die Mädchen gab es auch Bausteine und Spielzeugautos. Der Unterschied im Angebot wurde erst bei Spielsachen signifikant, die größere finanzielle Investitionen erforderten, also beispielsweise bei Puppenwagen und Puppenhaus, großen Fahrzeugen und der Spielzeugeisenbahn[28].

[24] Fagot et al., 1986; siehe auch Campbell, 2002
[25] Weinraub et al., 1984; Lytton & Romney, 1991; Perry et al., 1984; Kuhn et al., 1978
[26] Merz, 1979
[27] Langlois & Downs, 1980; siehe auch Fagot & Hagan, 1991; Oerter, 1995
[28] Dannhauer, 1973

Spielsachen im Kulturvergleich

Interessante Aufschlüsse über die Bedeutung des Spielzeugangebotes vermittelt auch der Kulturvergleich. Er macht nämlich deutlich, wie sehr wir die Bedeutung von Spielsachen für die Ausbildung geschlechtstypischer Vorlieben überschätzen und wie ethnozentrisch wir dabei eigentlich denken. Die meisten Kinder der Welt wachsen unter Bedingungen auf, die eine Anschaffung von Spielsachen gar nicht vorsehen, sei es, weil die materiellen Lebensumstände dies nicht erlauben, sei es, weil es nicht zum Lebensstil der betreffenden Kultur gehört. So gibt es bei vielen Naturvölkern kein vorgefertigtes Spielzeug. Die Kinder erschaffen sich mit selbst gesuchten Mitteln das geeignete Material und dabei treten dann wiederum die auch bei uns bekannten geschlechtstypischen Präferenzen hervor. So benutzen die Mädchen bei den Buschleuten leere Kürbishülsen als Puppen. Im Filmmaterial von Eibl-Eibesfeldt gibt es ein Beispiel eines kleinen Yanomami-Mädchens, das liebevoll einen Maiskolben als Baby im Arm wiegt und diesem ein Liedchen singt[29].

Die Frage der Spielzeugpräferenz bei einem Naturvolk wurde eingehend von Heidi Sbrzesny bei den !Ko-Buschleuten untersucht[30]. Mädchen bevorzugten Tanz- und Ballspiele, Jungen beschäftigten sich am liebsten experimentierend mit Gegenständen, rauften und maßen sich im Wettkampf.

Sbrzesny hatte bei den Kindern auch Zugang zu Spontanzeichnungen. Die Mädchen stellten in erster Linie Blumen und Hütten dar, die Jungen Tiere sowie Autos und Flugzeuge, die sie erst seit kurzem durch die Besuche von Forschern kannten. Die Autorin betont, dass die Erwachsenen die Kinder nicht in ein bestimmtes Rollenstereotyp drängten, dass sie als Kleinkinder sogar ausgesprochen egalitär behandelt würden und dennoch die geschlechtstypischen Präferenzen ausbildeten.

Der Einfluss, den manche Sozialwissenschaftler dem Spielzeugangebot bei der Geschlechtsrollenübernahme zusprechen, muss also sicher relativiert werden. Kaufen die Eltern beispielsweise ihrem Sohn eine Puppe, dann werden sie erst einmal abwarten, ob er damit auch wirklich spielt oder ob er sie uninteressiert auf die Seite legt, ganz zu schweigen von Erfahrungen nach Art der im nebenstehenden Kasten berichteten. Bei Desinteresse wird ihr Enthusiasmus, ihm weitere Puppen zu schenken, wohl doch eine Dämpfung erfahren, was dann aber den eifrigen Forscher auf den Gedanken bringen könnte, der Junge würde nicht mit Puppen spielen, weil sie in seinem Spielzeugbestand unterrepräsentiert sind. Im

> *Anekdoten beweisen nichts. Aber sie können systematische Erhebungen illustrieren und zum Nachdenken anregen.*
>
> Einer meiner Mitarbeiter, der in einer modernen Partnerschaft mit der Mutter seines Sohnes zusammenlebt, erzählte mir die folgende Geschichte. Gemäß den Erziehungsmaximen des Paares sollte der Junge durch das Spielzeugangebot nicht auf die männliche Rolle festgelegt werden, also erhielt er auch eine Puppe. Und siehe da, er spielte mit ihr. Da sie aus Plastik war, konnte er sie in die Badewanne mitnehmen. Was er allerdings dort mit ihr anstellte, entsprach nicht so recht der elterlichen Erwartung: Sie hatte am Rücken ein Luftloch; durch dieses ließ er sie mit Wasser vollaufen und benutzte sie anschließend als Spritzpistole.

29 Eibl-Eibesfeldt, 1984
30 Sbrzesny, 1976

Übrigen betont Maccoby ausdrücklich, dass sich bei einer Studie mit 45-monatigen Kindern kein Zusammenhang zeigte zwischen der Häufigkeit, mit der die Eltern geschlechtstypische Spielsachen anboten und der Stärke der Präferenz der Kinder für diese[31].

Nehmen wir alle diese Faktoren zusammen, dann spricht vieles dafür, dass die Spielzeugpräferenz in erster Linie ein Ergebnis einer *spontanen* Wahl der Kinder selbst ist und nur bedingt die Anleitung der Eltern widerspiegelt. Insbesondere aber kann man ausschließen, dass bei den Vorlieben, die sich schon in den ersten beiden Lebensjahren manifestieren, die Kenntnis der eigenen Geschlechtszugehörigkeit und das Wissen um geschlechtsadäquates Verhalten als Ursache in Betracht kommen.

Nun ließe sich einwenden, dass gewisse Einflussnahmen der Eltern doch stattgefunden haben könnten, denn die Analyse von Lytton und Romney (s.o.S. 53) scheint, auch wenn die Befundlage nicht ganz eindeutig ist, doch darauf hinzuweisen, dass sie in der Tat geschlechtstypische Aktivitäten verstärken. In diesem Zusammenhang gibt nun freilich eine Untersuchung von Spiro zu denken[32]. Er sah sich eingehend in einem Kibbuz um, dessen Mitglieder sich das dezidierte Ziel gesetzt hatten, Geschlechtsunterschiede zum Verschwinden zu bringen, und die deshalb alles Denkbare unternahmen, ihre Kinder neutral zu sozialisieren. Jungen und Mädchen wurden, abgesehen von täglichen Besuchen, von ihren Eltern getrennt gemeinsam im Kinderhaus betreut und erhielten Spielsachen jedweden Typs in ausreichender Menge, sodass für beide genügend gegengeschlechtliches Material zur Verfügung stand. Obwohl die Kinder – wie Spiro ausdrücklich betont – weder gelenkt noch entsprechend verstärkt wurden, entwickelten sie gleichwohl die üblichen geschlechtstypischen Präferenzen; die Jungen spielten vorzugsweise mit großen Lastwagen und Baumaterialien, die Mädchen mit Puppen. Da diese Untersuchung auch in anderer Hinsicht für unser Thema von besonderem Interesse ist, werde ich im 13. Kapitel noch einmal auf sie zu sprechen kommen.

[31] Maccoby, 2000
[32] Spiro, 1979

8 Präferenzen

Welcher Elternteil wird bevorzugt?

Die bisher besprochenen Theorien betonen alle die Wichtigkeit der Identifikation des Kindes mit dem gleichgeschlechtlichen Elternteil. Sie wird als Voraussetzung gesehen, dass die Kinder sich darauf beschränken, von allen Angeboten nur geschlechtstypisches Verhalten nachzuahmen. Allerdings verlegt Kohlberg diesen Schritt, wie übrigens auch Freud, auf den Abschluss der Geschlechtsrollenübernahme. Zwar sammle das Kind alle einschlägigen Kenntnisse schon vorher, aber erst wenn es Geschlechtskonstanz erreicht hat, halte es das Verhalten von Geschlechtsgenossen für verbindlich und richte sich nur noch nach ihnen. Nun haben wir inzwischen festgestellt, dass geschlechtstypisches Verhalten schon viel eher präferiert wird. Es erheben sich somit Zweifel, ob die Orientierung an gleichgeschlechtlichen Personen wirklich erst so spät einsetzt. Wir wollen dies zunächst in Bezug auf die Eltern und dann bei Spielpartnern überprüfen.

Wenn wir bei unseren Untersuchungen zur Kleinkindentwicklung in Interviews mit den Müttern die Frage stellen, welcher Elternteil ihrem Kind wohl der liebere sei, dann wissen wir schon im Voraus, dass dies eine eher heikle Frage ist. Selbstüberzeugte Mütter behaupten ohne nachzudenken, dass sie die Wichtigeren sind. Eher unsichere Frauen geben bisweilen mit einem gewissen Selbstzweifel und Bedauern auch zu, dass dies der Vater sei. Will man also seriös untersuchen, ob und wann eine Bevorzugung des gleichgeschlechtlichen Elternteils auftritt, dann wird man mit Elterninterviews wohl kaum verlässliche Informationen bekommen. Im Übrigen gehört es zu den Stereotypen unserer Gesellschaft, dass Mütter zumindest im Kleinkindalter die wichtigere Bezugsperson seien. Das geht leider sogar so weit, dass sich manche Väter zumindest bei ihren kleinen Kindern für überflüssig halten.

Die empirische Forschungsevidenz, die zu diesem Thema derzeit vorliegt, spricht eindeutig dafür, dass eine Orientierung auf den gleichgeschlechtlichen Elternteil schon zu einem sehr frühen Zeitpunkt stattfindet. Bereits Einjährige vokalisieren häufiger dem gleichgeschlechtlichen Elternteil gegenüber und schauen diesen auch öfter an[1]. Buben zeigen etwa ab dem ersten Geburtstag eine im Laufe des zweiten Lebensjahres stetig deutlichere Präferenz für den Vater als Spielpartner[2]. Bei Mädchen sind die Altersangaben etwas variabler. Manche Untersuchungen sprechen dafür, dass die Mutter erst etwas später, nämlich im dritten Lebensjahr dem Vater vorgezogen wird, andere haben dies bereits bei Zwölfmonatigen festgestellt[3].

Fragt man nach den Ursachen solcher Präferenz, dann werden sie dem gängigen Klischee zufolge in erster Linie bei den Eltern gesehen. Väter würden ihrerseits eben lieber mit Jungen umgehen, während Mütter die Töchter vorzögen. Tatsächlich sind die Zusammenhänge wohl komplizierter. In einer Reihe von Kulturen, etwa in China oder Indien, sind Söhne erwünschter als Töchter, und dies bei beiden Eltern. Die westliche Gesellschaft ist zwar auch nicht frei von Präferenzen, aber deren Geflecht ist sehr subtil. Manchen Untersuchungen zufolge geben sich Väter intensiver mit ihrem kleinen Sohn ab als mit ihrer Tochter, dies aber nur bei Erstgeborenen[4]. Auch schauen Väter Babysöhne länger an und stimulieren sie mehr,

---

1 Spelke et al., 1973; Ban & Lewis, 1974
2 Lamb, 1976, 1977a,b
3 Lynn & Cross, 1974; Gunnar & Donahue, 1980
4 Kotelchuk, 1976

dafür halten sie Babytöchter aber ausgiebiger und liebkosen sie mehr[5]. Mütter wiederum verhalten sich genau umgekehrt, sie regen die Söhne zwar weniger an, halten sie dafür aber länger. Pedersen und Robson konnten bei acht bis neun Monate alten Buben und Mädchen nicht finden, dass Väter die ersteren bevorzugten[6]. Zu vergleichbaren Ergebnissen kam Lamb, der besonders eingehend den Präferenzbeziehungen zwischen Eltern und Kindern nachgegangen ist. Er beobachtete deren Interaktion zu Hause zu mehreren Zeitpunkten während der ersten zwei Lebensjahre in einer Längsschnittstudie und fand weder im Alter von sieben noch von 13 Monaten, dass die Eltern das gleichgeschlechtliche Kind mehr beachtet hätten[7]. Das änderte sich erst ab dem 15. Monat. Nun nahm die Interaktion der Väter mit ihren Söhnen prozentual höhere Werte an als die mit den Töchtern. Bei den Kung-Buschleuten schränkten die Väter die Interaktion mit den Mädchen sogar erst ein, als diese 27 Monate alt waren. Vorher hatten sie sich mit ihnen genauso ausgiebig beschäftigt wie mit Söhnen[8]. Auch andere Untersuchungen deuten darauf hin, dass sich eine bevorzugte Beschäftigung mit dem gleichgeschlechtlichen Kind bei beiden Eltern erst allmählich ausbildet, was sich dann auch in diesbezüglichen Äußerungen bekundet. So finden Eltern von Zweijährigen, dass der Vater für die Entwicklung des Sohnes wichtig sei. In Bezug auf die Töchter wird allerdings eine entsprechende Bedeutsamkeit der Mutter nicht ausdrücklich betont, wohl weil sie auf jeden Fall eine hervorragende Rolle spielt. Die Befunde sprechen also nicht eindeutig dafür, dass Babysöhne – Erstgeborene immer ausgenommen – in den ersten Lebensmonaten selektiv mehr Beachtung durch den Vater erfahren. Wenn überhaupt eine Bevorzugung schon relativ früh feststellbar ist, dann noch eher die von Töchtern durch ihre Mütter[9]. So hatten Mütter in einer schwedischen Studie mit ihren 9-monatigen Mädchen häufiger Körperkontakt als Mütter von Jungen, obwohl das Gleichheitsideal in der Erziehung in diesem Land schon seit einiger Zeit ausgesprochen propagiert wird[10].

Väterlicher und mütterlicher Spielstil

Wenn wir also nur in Betracht ziehen, wie lange sich Eltern mit Jungen oder Mädchen beschäftigten, dann lässt sich im ersten Lebensjahr noch kein Unterschied ausmachen. Das heißt natürlich nicht, dass Buben und Mädchen nicht qualitativ verschieden behandelt würden.

Einige Untersuchungen, die das elterlichen Verhalten einer genaueren Analyse unterzogen, sind übereinstimmend zu einer interessanten Feststellung gekommen. Eltern gehen mit Jungen und Mädchen nicht nur unterschiedlich um, ihr Verhalten differiert auch in Abhängigkeit vom eigenen Geschlecht. Es lässt sich also so etwas wie ein *mütterlicher* und ein *väterlicher Verhaltensstil* ausmachen, der zwar durch das Geschlecht des Kindes dann noch weiter modifiziert wird, in dem sich die Eltern selbst aber bereits recht deutlich voneinander abheben.

Bei der Interaktion von Eltern mit ihren Säuglingen beobachtete Yogman schon im Alter zwischen zwei Wochen und sechs Monaten, dass die Mütter häufiger imitative Interaktionsspiele initiierten, wobei sie in der so genannten Ammensprache

[5] Parke & Sawin, 1980
[6] Pedersen & Robson, 1969
[7] Lamb, 1976, 1977a,b
[8] West & Konner, 1976
[9] Parke & Sawin, 1980
[10] Lindahl & Heimann, 2002

(Singsang in höherer Stimmlage) vokalisierten und die Lautäußerungen des Kindes nachahmten[11]. Väter dagegen regten die Säuglinge vor allem körperlich an, indem sie sie rhythmisch berührten, schaukelten und tätschelten. Bei der bereits erwähnten Längsschnittstudie von Lamb, die bis zum Alter von 24 Monaten reichte, wird das Bild unterschiedlicher Verhaltensstile noch deutlicher[12]. Die Mütter lächelten häufiger mit ihren Kindern, berührten sie zärtlich, küssten sie und schmusten mit ihnen. Dies verbanden sie häufig mit Pflegeleistungen, indem sie sich z. B. beim Füttern mehr Zeit nahmen. Viele ihrer Handlungen hatten zudem einen eher einschränkenden Charakter, sie hielten das Kind schnell einmal auf ihrem Schoß fest, wodurch sie natürlich unter anderem verhinderten, dass es etwas anstellte und sich selber Schaden zufügte. Generell hatte die Art und Weise wie die Mütter ihre Kinder zum Spielen aufforderten einen eher *konventionellen* Charakter. So führten sie beispielsweise Spiele durch, deren Ablauf sich für eine Wiederholung eignete und die dem Kind gut vertraut waren, wie Hoppe-Hoppe-Reiter oder Guckguck-Da. Häufig animierten sie die Kinder auch dadurch, dass sie ihnen Spielzeug anboten. Ferner lasen die Mütter gern vor, redeten viel mit dem Kind, ahmten es nach oder regten es durch Vormachen zur Nachahmung an.

Väter gingen dagegen eher *unkonventionell* vor. Konkret äußerte sich dies darin, dass ihr Spielangebot Überraschungscharakter hatte, dass etwas für das Kind Ungewohntes oder Unerwartetes eintrat. Auch ermunterten sie es bevorzugt zur Exploration neuer Objekte. Ferner spielte körperliche Betätigung eine große Rolle, etwa indem die Väter mit dem Kind herumtobten, es in die Luft warfen und auffingen, es am Bauch knufften oder mit ihm Turnübungen machten. Auf interessante hormonelle Begleiterscheinungen dieser Verhaltensmuster werden wir im 24. Kapitel eingehen.

Untersuchungen von Clarke-Stewart[13] und Russell[14] bestätigen diese Verhaltensmuster für die Altersgruppe der Zwei- bis Dreijährigen. Auch hier überwogen bei den Vätern körperliche Aktivitäten, robuste Bewegungsspiele und generell aufregende Tätigkeiten, während die Mütter die Kinder belehrten, viel mit ihnen sprachen und Spielzeug einsetzten, um sie anzuregen. Modifikationen des Verhaltens in Abhängigkeit vom Geschlecht des Kindes kommen hauptsächlich vor, wenn Väter mit Töchtern interagieren. Sie dämpfen dann ihre Aktivitäten ein wenig, gehen also weniger robust vor, setzen etwas häufiger Spielsachen ein und machen mit Babytöchtern eher Imitationsspiele. Im fortschreitenden Alter unterhalten sie sich mit ihnen auch mehr[15].

Aus den vorliegenden Befunden kann man das Fazit ziehen, dass eine Orientierung auf den gleichgeschlechtlichen Elternteil schon sehr früh, nämlich im zweiten Lebensjahr manifest wird, wobei dies bei Jungen ausgeprägter und schon etwas früher der Fall zu sein scheint als bei Mädchen. Wenn man nach den Ursachen fragt, so gibt es zumindest im ersten Lebensjahr keine eindeutigen Belege dafür, dass die Eltern ihrerseits das gleichgeschlechtliche Kind bevorzugen und dadurch eine entsprechende Orientierung der Kinder anbahnen würden. Da sich die Eltern in ihren Spielstilen unterscheiden, liegt näher, dass die Bevorzugung vom Kind selbst ausgeht und dadurch bewirkt wird, dass das Verhalten des Vaters für die Söhne attraktiver ist und das der Mutter für die Töchter. Die Frage, warum dies so sein könnte, müssen wir auf ein späteres Kapitel verschieben.

---

[11] Yogman, 1982
[12] Lamb, 1977a,b, 1996
[13] Clarke-Stewart, 1977
[14] Russell, 1982; siehe auch Maccoby, 2000
[15] Lamb, 1977a,b, 1996; Parke, 1979, 1996

Im zweiten Lebensjahr beginnen Eltern dann auch ihrerseits, in zunehmendem Maße den Umgang mit dem gleichgeschlechtlichen Kind befriedigender zu finden. Väter stellen fest, dass man mit Buben mehr anfangen kann, während Mütter sie zuweilen als etwas zu wild erleben. Die kindliche Orientierung zum gleichgeschlechtlichen Elternteil wird dadurch bestätigt und verstärkt. Bei Müttern macht sich dies, wie eine Untersuchung von Maccoby und Jacklin zeigt, bereits bemerkbar, wenn ihre Kinder zwischen zwölf und 18 Monate alt sind.[16] Erwies sich ein Junge mit zwölf Monaten als „schwierig", so hatte die Mutter im nächsten halben Jahr ihre Bemühungen, ihm etwas beizubringen, reduziert. Handelte es sich dagegen bei dem schwierigen Zwölfmonatigen um ein Mädchen, so erhöhte die Mutter in der Folge ihre Anstrengungen und intensivierte zudem ihre zärtliche Zuwendung. Dennoch erscheint es mir vorschnell, hieraus abzuleiten, Jungen würden von der Mutter zurückgestoßen und wendeten sich nur deshalb dem Vater zu. Dagegen spricht, dass ja die Mehrzahl der Buben – und nicht nur die schwierigen – den Vater als Spielpartner bevorzugen.

Mädchen und Buben wollen nichts voneinander wissen

Auch in Bezug auf andere Kinder ist eine gleichgeschlechtliche Bevorzugung bereits bei Zweijährigen beobachtbar. Die Neigung von Jungen und Mädchen, sich zu trennen und eigene Wege zu gehen, ist so ausgeprägt, dass Maccoby in ihrem neuen Buch direkt von „zwei Kulturen der Kindheit" spricht und dem Phänomen einen zentralen Stellenwert für die Geschlechterdifferenzierung zuweist[17].

Interessanterweise tritt die Tendenz, sich abzusondern, zuerst bei den Mädchen deutlich in Erscheinung. In einer kanadischen Beobachtungsstudie in einem Kinderhort, die drei Jahre dauerte und an der in Kohorten mit wechselnder Zusammensetzung insgesamt 142 Kinder im Alter zwischen einem und sechs Jahren beteiligt waren, zog es die Mädchen bereits mit 27 Monaten deutlich zu anderen Mädchen hin, wenn sie positive Kontakte anknüpfen wollten[18]. Die Buben dagegen initiierten bis zum Alter von drei Jahren gleich oft Kontakte mit Mädchen, um danach allerdings immer eindeutiger Buben zu bevorzugen, und zwar mit einer Ausschließlichkeit, in der sie die Mädchen dann schließlich übertrafen. Immerhin spricht diese Asymmetrie dafür, dass sich die Mädchen zumindest zunächst nicht nur in Ermangelung von Besserem auf das eigene Geschlecht zurückziehen. Auch stellte sich die Präferenz für Gleichgeschlechtliche bei Kindern ein, die vorher keine Erfahrung mit dem Gegengeschlecht gemacht, also nicht etwa schon eine Reihe unangenehmer Begegnungen erlebt hatten.

Wie auch andere Studien bestätigen, nimmt die Segregationsneigung im Vorschulalter zu und hält sich bis in die Pubertät, wo sie ins Gegenteil umschlägt. Bei Viereinhalbjährigen fand nach Fabes und Mitarbeitern nur 25 % der Spielaktivität in gemischtgeschlechtlichen Gruppen statt, und das in erster Linie, wenn Erwachsene in der Nähe waren[19]. Erzieher machen immer wieder die Erfahrung, dass eine Mischung der Geschlechter nur mit nachdrücklichem Erziehungsaufwand erreichbar

[16] Maccoby et al., 1984
[17] Maccoby, 2000; Hoffman & Powlistha, 2001; Martin & Fabes, 2001; weitere Literatur s. Blakemore et al., 2009
[18] La Freniere et al., 1984
[19] Fabes et al., 2003

ist und nur so lange andauert, bis man die Kinder sich selbst überlässt. Dann stellt sich die Trennung alsbald wieder ein[20].

Die Trennung ist nicht nur ein Phänomen in unserer Gesellschaft, sondern lässt sich kulturübergreifend belegen. So berichten Whiting und Edwards, die verschiedene Kulturen auf ihre Erziehungsstile hin untersuchten, dass die Kinder, so oft es nur möglich war, gleichgeschlechtliche Spielgruppen bildeten[21]. Vergleichbares äußerte Sbrzesny über die Kinder der !Ko-Buschleute[22].

Für die Erklärung der spontanen Segregation müssen wir mehrere Ursachen erwägen. Zieht man die Sozialisationshypothese heran, dann würde das andere Geschlecht entweder deshalb gemieden, weil den Kindern beigebracht worden ist, es gehöre sich nicht, mit Andersgeschlechtlichen zu spielen, oder weil sie schlechte Erfahrungen mit diesen gemacht haben. Eine solche Erklärung brauchen wir aber in dem Alter, in dem die Segregation beginnt, nicht ernsthaft in Betracht zu ziehen, denn sie würde voraussetzen, dass man über das eigene und das andere Geschlecht Bescheid weiß und es richtig zuordnen kann. Die noch fehlende Geschlechtsbestimmung macht auch unwahrscheinlich, dass Erfahrungen mit dem eigenen und mit dem Gegengeschlecht unterschiedlich verstärkend wirken, denn um solche Erfahrung mit Einzelfällen richtig zu generalisieren, müsste man wiederum erst einmal die Geschlechter richtig kategorisieren können. Dieses Argument steht natürlich auch gegen die kognitivistische Erklärung im Sinne Kohlbergs, der zufolge man das andere Geschlecht meidet, weil man es als minderwertig einstuft. Alle drei Gesichtspunkte spielen mit fortschreitendem Alter sicher eine Rolle, sie können aber bei Zwei- bis Dreijährigen ausgeschlossen werden, wobei noch zu berücksichtigen ist, dass die Erziehungsagenten ohnehin eher eine Gruppenmischung anstreben.

Kompatibilität der Verhaltensstile

Erfolgversprechender ist die Annahme, dass auch hier, wie schon bei den Eltern, so etwas wie eine *Kompatibilität des Verhaltensstils* in Rechnung zu stellen ist. Jungen spielen lieber draußen in großen Gruppen, Mädchen lieber drinnen zu Paaren. In einer systematischen Untersuchung von Jacklin und Maccoby sind weitere Unterschiede zutage getreten[23]. 33-monatige Jungen und Mädchen, die sich nicht kannten, wurden geschlechtsgetrennt in Dreiergruppen in einer Versuchssituation mit einem Trampolin, einem Wasserball und nach der Hälfte der Versuchszeit zusätzlich mit einer aufblasbaren Puppe konfrontiert. Die Geschlechter unterschieden sich deutlich in den Spielstilen. Mädchen beschäftigten sich mehr mit dem Trampolin und zeigten dabei keineswegs, wie Jacklin und Maccoby betonen, weniger Temperament als die Jungen. Der Unterschied war vielmehr qualitativer Art. Bei den Jungen ging nämlich die Beschäftigung mit dem Trampolin wie auch mit der Puppe fast immer in spielerisches Raufen über; sie fingen nach einer Weile an, sich in entspannter und fröhlicher Weise zu balgen. Spielerisches Raufen zählt nun aber generell zu den hervorstechendsten Unterschieden zwischen Buben und Mädchen. Es tritt weltweit fast ausschließlich bei Jungen auf[24].

20 Maccoby & Jacklin, 1987
21 Whiting & Edwards, 1988
22 Sbrzesny, 1976
23 Jacklin & Maccoby, 1978; siehe auch Maccoby, 2000
24 DePietro, 1988

Vergleichbare Ergebnisse geschlechtstypisch unterschiedlicher Verhaltensmuster und vor allem die aufs männliche Geschlecht beschränkte Vorliebe für Raufen lassen den Schluss zu, dass der Spielstil gleichgeschlechtlicher Partner mehr Spaß macht, attraktiver ist und deshalb eine entsprechende Orientierung begünstigt. Das andere Geschlecht wird offensichtlich gemieden, weil man sich mit „diesen Kindern" langweilen würde, bzw. weil sie etwas machen, das einem unangenehm ist. Hinzukommen mag mit fortschreitendem Alter, dass die anderen einen dann auch nicht mitspielen lassen. Dabei ist aber nicht zu vergessen, dass die Toleranz von kleinen Buben für Mädchen größer ist als umgekehrt, die Mädchen werden also nicht ausgeschlossen, sondern absentieren sich aus eigener Entscheidung.

Wie wir festgestellt haben, präferieren Jungen und Mädchen ihresgleichen schon in einem Alter, in dem sie die Geschlechtszugehörigkeit weder bei sich selbst noch bei anderen richtig angeben können. Somit stellt sich die Frage, ob das an der Verwertung von Kriterien liegen könnte, die in den bisherigen Erhebungen nicht erfasst wurden. Die üblichen Untersuchungsmethoden beziehen sich in erster Linie auf Merkmale der statischen Erscheinung und auf Handlungsthemen. Einer wesentlichen Komponente des Verhaltensstils wurde bei diesem Versuchsmaterial keine Beachtung geschenkt, nämlich der *Bewegungsweise*.

Kompatibilität der Bewegungsweisen

Der englische Entwicklungspsychologe Tom Bower hat meines Wissens als Erster die Reaktion von Kleinkindern auf den Bewegungsstil beim eigenen und beim Gegengeschlecht überprüft[25]. Zunächst war ihm aufgefallen, dass Kinder im zweiten Lebensjahr gleichaltrige Modelle dann bereitwilliger imitierten und von ihnen auch rascher lernten, wenn diese dem gleichen Geschlecht angehörten. In einem eigens dazu entworfenen Experiment ging er dieser Präferenz genauer auf den Grund. Er brachte am Körper eines Jungen und eines Mädchens an exponierten Stellen Glühbirnchen an. Wenn die Kinder sich im Dunkeln bewegten, entstand dabei eine Bewegungsgestalt tanzender Lichtpunkte, und diese Effekte filmte er. Sodann bot er 10- bis 14-Monatigen im Film nebeneinander die beiden Bewegungsmuster dar. Das Ergebnis war eindeutig, die Probanden schauten länger auf den Film mit dem Kind ihres Geschlechts. Ich selbst konnte mich durch Augenschein davon überzeugen, dass sich das Mädchen anders – z. B. „abgerundeter" – bewegte als der Junge; das Geschlecht war ohne Weiteres richtig zuordenbar.

Fragt man nun genauer, welcher Mechanismus als Erklärung für die behauptete Attraktion in Betracht kommen könnte, dann liegt es nahe, dass die gesehene Bewegung das entsprechende Bewegungsmuster im betrachtenden Kind aktiviert, sobald es zu prozessorientierter Nachahmung fähig ist (vgl. oben S. 62)[26]. Wenn sich die Geschlechter in ihren Bewegungsweisen systematisch unterscheiden, dann entspricht das Muster des gleichen Geschlechts eher den eigenen motorischen Leitbildern, diese werden also stärker aktiviert und das fesselt nicht nur eher die Aufmerksamkeit, sondern lässt sich auch leichter nachahmen. Diese Tendenz dürfte sich etwa um die Mitte des zweiten Lebensjahres noch steigern, wenn Kinder beginnen, sich empathisch in andere Personen einzufühlen, also deren Situation identifikatorisch mitzuvollziehen[27]. Die Reaktion tritt erstmals auf, wenn sie in der Lage sind, sich selbst im Spiegel zu erkennen. In engem Zusammenhang hiermit

[25] Kujawski & Bower, 1993
[26] Detailliert siehe Bischof-Köhler, 2011
[27] Bischof-Köhler, 1989, 1994

setzt auch eine ausgeprägte Neigung ein, gleichaltrige Kinder nachzuahmen. Lässt man zwei Kinder dieses Alters miteinander spielen und stellt die Spielsachen im Doppel bereit, dann beobachtet man, dass eins der beiden alsbald anfängt, das andere über mehrere Handlungssequenzen hinweg richtiggehend zu kopieren. Asendorpf, der dieses Phänomen genauer untersucht hat, spricht von einer „synchronen Imitation“[28]. In dieser Untersuchung wurde freilich nicht überprüft, ob der Effekt bei Gleichgeschlechtlichen ausgeprägter auftritt.

Das relevante Unterscheidungskriterium, an dem Kinder schon sehr früh Mitglieder des eigenen Geschlechts erkennen, bevor sie Benennung und Geschlechtskategorisierung kognitiv überhaupt meistern, wäre somit die bessere *Kompatibilität der Bewegung*.

Konfliktlösungsstrategien

Als weiteren wesentlichen Grund für die selbstgewählte Segregation nennen Maccoby und Jacklin Verschiedenheiten in den Konfliktlösungsstrategien[29]. Diese werden vor allem ab dem Alter von drei Jahren deutlich. Mädchen versuchen Konflikte durch Kompromisse zu lösen, unter Umständen auch im Rollenspiel auszutragen und Missverständnisse aufzuklären[30]. Jungen drohen und attackieren; sie lassen Konflikte eskalieren[31]. Eine Untersuchung von Charlesworth und Dzur an Kindergartenkindern, auf die wir unten S. 285 noch genauer eingehen werden, veranschaulichte den Unterschied in der Konfliktbewältigung deutlich: Um sich Vorrechte zu sichern, gingen die Jungen überwiegend mit brachialer Gewalt vor oder drohten eine solche an, während die Mädchen versuchten, die anderen zu überreden, oder durch Bitten ihr Ziel zu erreichen[32].

Hinzukommt, dass Buben sich von Mädchen nichts sagen lassen. Nimmt man alle diese Faktoren zusammen, bedarf es keiner großen Fantasie mehr, um sich vorzustellen, welches der Geschlechter das Nachsehen hat, wenn beide in einen Interessenkonflikt geraten: Regelmäßig kommt es zur Dominanz von Jungen über Mädchen. Der Wunsch, unangenehme Auseinandersetzungen zu vermeiden, dürfte daher bei Letzteren mit zunehmendem Alter eine immer größere Rolle spielen und dazu beitragen, dass man sich lieber ans eigene Geschlecht hält. Die Weiterungen, die sich aus Erfahrungen dieser Art ganz generell für die Selbstdurchsetzung und das Selbstvertrauen von Mädchen und Frauen ergeben, sind gravierend, wir werden uns damit noch zu beschäftigen haben.

Kohlbergs Theorie überprüft

Wir haben nun die gesamte empirische Evidenz zusammengetragen, die zu Kohlbergs Theorie einer stufenweisen Entwicklung der Geschlechtsrollenübernahme erhoben wurde[33]. Vergegenwärtigen wir uns zunächst noch einmal Kohlbergs Vorstellungen anhand der nachfolgenden Tabelle.

---

[28] Asendorpf & Beaudonniere, 1993
[29] Maccoby & Jacklin, 1987; siehe auch Maccoby, 2000
[30] Siehe auch Eisenberg et al., 1994
[31] Sheldon, 1990
[32] Charlesworth & Dzur, 1987
[33] Kohlberg, 1966

Stufen der Geschlechtsentwicklung nach Kohlberg

1. Zuordnung des eigenen Geschlechts
2. Geschlechtszuordnung bei Anderen
3. Wissen um Attribute/Tätigkeiten, die mit dem Geschlecht zusammenhängen = Stereotype
4. Hochbewertung des eigenen Geschlechts, Abwertung des Gegengeschlechts, Präferenzen für geschlechtsadäquate Tätigkeiten und gleichgeschlechtliche Personen
5. Geschlechtskonstanz = Verbindlichkeit, Identifikation mit gleichgeschlechtlichen Modellen

Sehen wir uns nun aber den Entwicklungsverlauf an, wie er sich aufgrund empirischer Befunde tatsächlich darstellt, so wird schnell deutlich, dass die Reihenfolge, in der die von Kohlberg angeführten Phänomene auftreten, eine ganz andere ist.

Eine Zusammenstellung des diesbezüglichen Materials zeigt die nachfolgende Tabelle.

Stufen der Geschlechtsentwicklung aufgrund empirischer Evidenz

1. *Präferenzen für das gleiche Geschlecht*
   - Präferenz für bestimmte Spielsachen und Tätigkeiten (1;0)
   - Präferenz für gleichgeschlechtlichen Elternteil (~ 1;3, ~ 2;0) = wahrscheinlich Basis für Identifikation
   - Präferenz für gleichgeschlechtliche Spielpartner, spontane Geschlechtssegregation (~ 2;2, ~ 2;9) = Basis für Modellierung und Verstärkung geschlechtstypischen Verhaltens

2. *Geschlechtsrollen-Stereotyp*
   - in Bezug auf Erwachsene (ab 2;2; fast alle um 3;0)
   - in Bezug auf Kinder (einige ab 2;7, viele erst um 3;8)

3. *Geschlechtsbestimmung*
   - Erwachsene (ab 2;2 – 2;7)
   - Eigene (2;2 – 3;4)

4. *Geschlechtspermanenz*
   - Identität über Zeit (4;6)

5. *Geschlechtskonstanz*
   - Erhaltung der Identität trotz Veränderung der äußeren Erscheinung (4;6 – 5;6)

Die Gegenüberstellung lässt erkennen, dass Kohlbergs Annahmen in wesentlichen Punkten revidiert werden müssen. Die geschlechtstypischen Präferenzen kommen bei ihm erst an vierter Stelle und setzen richtige Geschlechtszuordnung und Stereotypenwissen voraus. Tatsächlich treten die Präferenzen aber an allererster Stelle auf; gehen also sowohl der Stereotypenbildung als auch der richtigen Geschlechtszuordnung eindeutig voraus. Allerdings sind die Angaben über das Alter, in dem Kinder richtig das Geschlecht bei sich und bei Anderen zuordnen, etwas divergierend. Wie oben S. 71 bereits ausgeführt, kann richtige Nennung des eigenen Geschlechts bereits bei Zweijährigen auftreten, ist aber mit Vorsicht zu bewerten. Sie kann andressiert sein, ohne dass damit schon notwendig das Verständnis verbunden sein muss, zu den Buben bzw. zu den Mädchen als Klasse zu gehören. Diese Zuordnung können Kinder frühestens mit zweieinhalb Jahren treffen. So ist es ziemlich unwahrscheinlich, dass sich die Präferenz für gleichgeschlechtliche Spielpartner daraus ableiten lässt.

Richtige Geschlechtskategorisierung und Stereotypisierung treten einigermaßen alterssynchron auf. Die kausale Basis dieser Korrelationen ist unklar. Denkbar ist, dass die richtige Benennung des Geschlechts die Stereotypenbildung erleichtert, aber auch umgekehrt, dass Stereotypenwissen die richtige Identifikation des Geschlechts begünstigt, weil die Kinder es dann am unterschiedlichen Verhalten erkennen. Und natürlich lässt sich auch nicht ausschließen, dass beide überhaupt nichts miteinander zu tun haben, sondern zufällig etwa im gleichen Lebensalter auftreten.

Auch Geschlechtspermanenz und -konsistenz scheinen nicht die ausschlaggebende Bedeutung für das Verhalten zu haben, die Kohlberg unterstellt. In dem Alter, in dem sie auftreten, sind Kinder längst eindeutig auf das eigene Geschlecht hin orientiert, sowohl was ihre Vorlieben für bestimmte Aktivitäten betrifft als auch in der Wahl ihrer Spielpartner. Es wäre allerdings denkbar, dass die erreichte Geschlechtskonstanz eine gewisse Ausschließlichkeit im Auftreten geschlechtsrollenkonformer Verhaltensweisen begünstigt.

Bei Berücksichtigung aller empirischen Befunde bleibt zu folgern, dass die Faktoren, die Kohlberg für die Geschlechtsrollenübernahme voraussetzt, nicht wirklich für diese relevant sein können. Da auch das Lernen durch Beobachtung erst im zweiten Lebensjahr möglich wird, stellt sich die eigentlich zentrale Frage, wie sich die frühe Orientierung auf das eigene Geschlecht und die Präferenz für geschlechtsadäquate Tätigkeiten und Objekte denn nun wirklich erklären lassen. Sozialwissenschaftler neigen bei einer solchen Bilanz dazu, doch wieder auf Verstärkungslernen als „sparsamste" Erklärung zu rekurrieren und zu behaupten, die Eltern hätten eben doch in stärkerem Maße erzieherisch Einfluss genommen. So schreiben Weinraub und Mitarbeiter: „Perhaps early sex-typed toy preference can be accounted for most parsimonously by processes of reinforcement for sex-appropriate play" – obwohl ihnen eigentlich bekannt sein sollte, wie uneinheitlich die diesbezügliche Evidenz ist[34].

Bei dem Erklärungsnotstand, den nicht nur die Lerntheorien, sondern auch Kohlbergs Theorie hinterlassen, ist es an der Zeit, sich nach einer Erklärungsalternative umzusehen.

[34] Weinraub et al., 1984

Kinder provozieren Verhalten

Wenn Eltern ihre Kinder auch nicht im strikten Sinn geschlechtsrollenkonform sozialisieren, so bleibt doch andererseits unbestreitbares Faktum, dass sie Jungen und Mädchen von Geburt an *unterschiedlich behandeln* – und das ist es, was dann letztlich unausgesprochen als Legitimation angesehen wird, doch an der Sozialisationshypothese festzuhalten. Maccoby und Jacklin haben nun aber noch auf eine weitere Möglichkeit hingewiesen, wie es dazu kommen könnte, dass Eltern sich geschlechtsdifferenzierend verhalten[35]:

> Eltern und Erzieher behandeln Buben und Mädchen unterschiedlich, weil die Kinder dies durch ein unterschiedliches Verhaltensangebot provozieren.

Was heißt nun aber „ein unterschiedliches Verhaltensangebot“? Es kann sich dabei um nichts anderes handeln als um Unterschiede in der *Veranlagung*, die sich schon sehr früh in der Ontogenese in geschlechtstypischen Verhaltensweisen manifestieren. Sofern sich solche Unterschiede nachweisen lassen, bedeutet das aber, dass Eltern und weitere Bezugspersonen nicht in erster Linie durch Geschlechtsrollenvorstellungen, sondern durch die Eigenheiten der Kinder selbst zu unterschiedlichem Verhalten veranlasst werden, ohne darüber weiter zu reflektieren. Diese Möglichkeit gehört in der gesellschaftswissenschaftlich orientierten Diskussion zu den Tabus, unter Entwicklungspsychologen setzt sie sich als ernst zu nehmende Annahme aber mehr und mehr durch[36].

Damit stellt sich die zentrale Frage, wie denn das genuin geschlechtstypische Verhaltensangebot der Kinder aussehen könnte und ab wann es beobachtbar ist. Empirische Untersuchungen zu dieser Frage sind nicht gerade zahlreich, wohl unter anderem deshalb, weil hier eigentlich nur mit Längsschnittstudien etwas herauszufinden ist. Diese sind aber aufwendig und vertragen sich schlecht mit dem vor allem in den USA herrschenden Publikationsdruck. Umso aufschlussreicher sind die Befunde, die es zu berichten gibt.

Frühe Geschlechtsunterschiede

Ein Klassiker zum Thema „Frühe Geschlechtsunterschiede“ ist eine Längsschnittstudie von Moss aus dem Jahr 1967, bei der die Interaktionen von 30 erstgeborenen Jungen und Mädchen mit ihrer Mutter zuhause im Alter von drei Wochen beobachtet und protokolliert wurden. Das Verfahren wurde wiederholt, als die Kinder drei Monate alt waren[37].

Zum ersten Untersuchungszeitpunkt, also bei den Dreiwöchigen, haben sich die Mütter signifikant häufiger mit den Jungen beschäftigt: Sie nahmen sie öfter hoch, hielten sie länger, führten mehr Pflegeleistungen an ihnen durch und trainierten ihre Muskeltätigkeit. Bei oberflächlicher Hinsicht sah es ganz so aus, als würden Jungen mehr beachtet und bevorzugt – gemäß dem Stereotyp, dass Jungen mehr wert sind. Mit drei Monaten war davon aber nichts mehr übriggeblieben; das Verhältnis hatte sich faktisch ausgeglichen. Die Buben wurden nun nicht mehr häufiger hochgenom-

[35] Maccoby & Jacklin, 1974
[36] Z. B. Lytton & Romney, 1991; Golombok & Fivush, 1993; Maccoby, 2000; Campbell, 2002
[37] Moss, 1974

men als die Mädchen, vor allem nicht, wenn sie Unzufriedenheit ausdrückten und quengelten. Dafür führten die Mütter der dreimonatigen Mädchen jetzt häufiger die für diesen Altersabschnitt typischen Imitationsspiele mit ihren Töchtern aus.

Woran lag nun diese Verhaltensänderung? Moss selbst interpretiert seine Befunde folgendermaßen. Die Jungen waren in den ersten Wochen unausgeglichener und schwieriger zu beruhigen als Mädchen, sie schliefen auch weniger. Dadurch forderten sie generell mehr Aufmerksamkeit, ohne den Müttern aber immer zurückzumelden, dass sich ihre Anstrengung gelohnt und ihre Interventionen das Richtige getroffen hätten. Die Mädchen dagegen verhielten sich „belohnender", sie schliefen mehr, ließen sich leichter beruhigen, waren „lieb" und lächelten die Mütter öfter an. Durch sie erhielten die Mütter also öfter ein positives Feedback und wurden in ihren Bemühungen bekräftigt.

Diese Schlussfolgerungen sind inzwischen durch eine Reihe weiterer Befunde bestätigt worden. Eine von Haviland und Malatesta[38] vorgenommene Literaturübersicht unter dem Titel: „Die Entwicklung von Geschlechtsunterschieden im nonverbalen Ausdruck: Trugschlüsse, Fakten und Fantasien" ergab folgende Befundlage für die ersten Lebenstage und die folgenden Wochen: Jungen haben die Tendenz, rascher und länger zu schreien als Mädchen, sie sind reizbarer und schlechter zu beruhigen. Sie erschrecken leichter, sind labiler in ihrer emotionalen Verfassung und geraten schneller in einen Zustand der Übererregtheit und Überdrehtheit. Wie eine Studie von Eaton und Enns zeigt, sind sie schon im Mutterleib motorisch etwas aktiver als Mädchen[39]. Diese wiederum lassen sich leichter trösten und besänftigen und zeigen stabilere emotionale Zustände. Das dürfte in erster Linie damit zusammenhängen, dass sie bei Geburt neuronal reifer sind.

Im Laufe des ersten Lebensjahres zeichnen sich weitere Unterschiede ab. Bereits als Sechsmonatige greifen Jungen eher als Mädchen nach einem Spielzeug, das ein anderes Kind hält[40]. Man könnte dieses Verhalten als erhöhte Impulsivität deuten, aber auch als erstes Anzeichen für die Durchsetzungsorientiertheit, die später für das männliche Geschlecht kennzeichnend ist. Dass es in diesem Fall noch nicht zu einem Konflikt kommt, liegt daran, dass die Attackierten sich in diesem Alter noch nicht zur Wehr setzen. Darüber hinaus fanden Maccoby und Mitarbeiter, dass sechsmonatige Jungen weniger ängstlich sind als Mädchen und eher bereit zu explorieren, ein Merkmal, das sich dann bei Einjährigen noch deutlicher zeigt[41].

Haviland und Malatesta waren insbesondere an der Frage interessiert, ob sich bereits in den ersten Lebenswochen Unterschiede im Interaktionsstil abzeichneten. In Bezug auf die Bereitschaft, *Blickkontakt* aufzunehmen, wurden sie fündig. Blickzuwendung ist eine der wichtigsten Indikatoren für Kontaktbereitschaft. Blickabwendung dagegen erweckt beim Adressaten den Eindruck psychischer Distanz, selbst wenn man sich räumlich nahe bleibt. In Bezug auf die Blickzuwendung lässt sich nun ein entscheidender dispositioneller Unterschied feststellen. Bereits von den ersten Lebenstagen an lassen Mädchen sich leichter vom Anblick eines Gesichts gefangen nehmen und drehen häufiger den Kopf in die Richtung einer menschlichen Stimme. Sie suchen öfter als Jungen Blickkontakt und halten diesen länger aufrecht; eine Eigenart, die über alle Altersklassen bis ins Erwachsenenalter konstant bleibt. Jungen dagegen wenden den Blick häufiger ab.

In einer englischen Studie konnte dieser Unterschied bei Babys bestätigt werden, die erst einen Tag alt waren. Sie bekamen zwei verschiedene Dinge anzuschauen. Im

[38] Haviland & Malatesta, 1981; siehe auch Weinberg et al., 1999
[39] Eaton & Enns, 1986
[40] Hay et al., 1983
[41] Jacklin et al., 1983

einen Fall handelte es sich um das Gesicht einer Studentin, die sich lächelnd über das Bettchen beugte, im anderen Fall um ein kreisförmiges Gebilde, das Gesichtselemente erhielt und von dem außerdem nach Art eines Mobiles bewegliche Teile herunterhingen. Die Blickdauer der Babys wurde jeweils auf Video dokumentiert, und die Auswerter waren über das Geschlecht der Kinder nicht informiert. Es stellte sich heraus, dass die Mädchen länger auf das Gesicht, die Jungen länger auf das Mobile schauten. Bei einem ähnlichen Experiment mit Zwölfmonatigen hatten diese die Möglichkeit, wahlweise einen Film mit einem Gesicht oder einem Auto anzuschauen, und wieder bevorzugten die Mädchen das Gesicht. Die Präferenz der Jungen konnte zudem mit der vorgeburtlichen Wirkung von Testosteron in Zusammenhang gebracht werden, auf die wir im 14. Kapitel noch genauer eingehen werden[42]. Zum offenkundig stärkeren sozialen Interesse der Mädchen findet sich eine Parallele im Ausdruck von Emotionen. An sich unterscheiden sich die Geschlechter in dieser Hinsicht in den ersten Lebensmonaten nicht: Beide äußern gleichermaßen die gesamte Palette von Gefühlen. Die einzige Ausnahme bildet wiederum ein für die soziale Interaktion zentrales Signal, der Ausdruck des *Interesses*, der sich im Hochziehen der Augenbrauen bekundet. Es ist häufiger bei Mädchen zu beobachten. Hinzu kommt, dass sie ebenfalls vom ersten Lebenstag an sensibler auf Emotionsäußerungen von anderen reagieren, sie lassen sich nämlich durch Schreien anderer Babys leichter anstecken als Jungen[43]. Diese Reaktion beruht nicht einfach nur auf erhöhter Lärmempfindlichkeit, sondern wird spezifisch nur durch menschliche Stimmen hervorgerufen; man mag darin frühe Vorläufer für Einfühlungsvermögen sehen, von dem ebenfalls belegt ist, dass es zu den Stärken des weiblichen Geschlechts zählt[44]. Nach dem bisher Gesagten überrascht es nicht, dass Mädchen bereits als Kleinkinder Emotionen aus dem Gesichtsausdruck besser erkennen als Jungen[45]. Sie signalisieren also vom ersten Lebenstag an höhere Kontaktbereitschaft und größere Nähe und damit stärkere *Personbezogenheit* und erwecken dadurch den Eindruck, in diesem Bereich besonders kompetent zu sein, genau, wie es sich im Stereotyp niederschlägt. Jungen dagegen scheinen für eine vergleichbare Rolle weniger prädestiniert, sie bekunden geringeres soziales Interesse. Durch ihre emotionale Labilität rufen sie zwar Aufmerksamkeit hervor, aber Interaktionen mit ihnen nehmen nicht selten auch einmal einen kritischen Verlauf und stellen damit wahrscheinlich die höheren Anforderungen an die Bezugspersonen.

Interaktive Erziehungshaltung

Malatesta und Haviland[46] sind sodann der Frage genauer nachgegangen, wie Mütter auf die unterschiedlichen Vorgaben ihrer kleinen Buben bzw. Mädchen reagieren. In eine Längsschnittstudie wurden Mutter-Kind-Interaktionen genau analysiert, als die Babys drei bzw. sechs Monate alt waren. Dabei machten sich die Autorinnen zunutze, dass es ein sehr typisches und universell in allen Kulturen anzutreffendes Interaktionsmuster gibt, mit dem Mütter – und übrigens auch andere Erwachsene – die Aufmerksamkeit von Babys in diesem Altersabschnitt erregen und aufrechterhalten. Sie bringen den Kopf recht nah vor das Gesicht des Kindes, heben das

42 Connellan et al., 2001; Lutchmaya & Baron-Cohen, 2002
43 Hoffman, 1987
44 Eisenberg & Lennon, 1983; Eisenberg & Fabes, 1998
45 McClure, 2000
46 Malatesta & Haviland, 1985

Kinn ein wenig an, ziehen die Brauen hoch und neigen dann den Kopf nach vorne, wobei sie gleichzeitig das Kind ansprechen.

Typisch ist ferner die Tendenz, den kindlichen Emotionsausdruck durch eigene Ausdrucksmimik zu „spiegeln“, also zu imitieren und damit beim Kinde auf dem Wege der Gefühlsansteckung zu verstärken. Diese positive Rückkoppelung kann gegebenenfalls auch durch eine negative ersetzt werden, indem etwa Kummer oder Missbehagen des Kindes durch Demonstration einer neutral-gelassenen Stimmung gedämpft werden. Die Mutter kann auf diese Weise die spontane Emotionalität des Kindes bis zu einem gewissen Grad regulieren.

In der Untersuchung von Malatesta und Haviland zeigte sich nun, dass bei drei Monate alten Kindern Mütter das Lächeln der Mädchen häufiger erwiderten als das der Jungen. Bei den Sechsmonatigen hatte sich das Verhältnis umgekehrt, jetzt trat kontingentes Lächeln häufiger bei Müttern von Jungen auf. Das heißt nun allerdings nicht, dass mit sechsmonatigen Mädchen weniger oft gelächelt wurde, es geschah nur seltener in Form einer Spiegelung. Auch fiel jetzt auf, dass Emotionsausdrücke bei Jungen von den Müttern immer noch direkt gespiegelt wurden, während die Reaktionen auf Mädchen variabler geworden waren. Bei ihnen beantworteten die Mütter einen positiven Gesichtsausdruck zwar ebenfalls mit einer positiven Emotion, aber eben nicht in Form einer Spiegelung. Negative Emotionen wurden generell seltener gespiegelt, die Mütter taten dies allenfalls bei Mädchen. Bei Jungen reagierten sie mit dem Ausdruck des Interesses oder der gespielten Überraschung. Die Autorinnen nehmen an, dass sich Mütter bei Jungen deshalb darauf beschränken, nur positive Emotionen zu spiegeln, weil sie auf deren emotionale Labilität Rücksicht nehmen. Sie versuchen so, die positive Stimmung zu erhalten und zu verstärken und riskieren nicht, die Jungen durch ein anderes Ausdrucksverhalten in den Zustand der Übererregtheit zu bringen. Bei Mädchen können sie sich dagegen eine höhere Variabilität des Ausdrucks erlauben, weil diese von sich aus emotional stabiler sind und sich in eine Emotion weniger rasch bis zu einem Ausmaß hineinsteigern, das dann zum Umkippen der positiven Stimmungslage oder zu Überdrehtheit führt.

Aus dem Gesagten wird schon deutlich, dass Jungen und Mädchen die Eltern nicht nur zu unterschiedlichem Verhalten provozieren, sie antworten auch unterschiedlich auf dasselbe Verhalten. So fördert eine einengende Erziehung bei Jungen aggressives Verhalten, bei Mädchen dagegen führt sie zu Überangepasstheit[47]. Unterstützend-helfende bzw. zur Selbstständigkeit herausfordernde Erziehungsmaßnahmen wirken sich ebenfalls geschlechtsabhängig unterschiedlich aus. Für Jungen ist es nachteiliger, wenn sie von der Mutter nicht unterstützt werden, bei Mädchen wirkt es sich dagegen gravierender aus, wenn man sie nicht genügend zur Selbstständigkeit anhält. So kann man schon bei zehnmonatigen Buben mit unterstützenden Müttern voraussagen, dass sie ein halbes Jahr später eigenständig explorieren und freundlich auf Fremde zugehen. Bei Mädchen hat die gleiche Erziehungshaltung tendenziell einen gegenteiligen Effekt, sie werden weniger explorativ und eher scheu[48].

Malatesta und Haviland ziehen den Schluss, dass man wohl mit geschlechtstypischen Prädispositionen im nonverbalen Kontaktverhalten rechnen müsse. Diese würden nach Maßgabe des jeweiligen kulturellen Ideals über männliche bzw. weibliche Gefühlsäußerung von der Sozialisation aufgegriffen und bearbeitet. Dabei werde in der Regel dem weiblichen Geschlecht stereotypengemäß die höhere Expressivität zugestanden, während Männer sich im Emotionsausdruck und auch

[47] Maccoby et al., 1984
[48] Martin, 1981

in der Unmittelbarkeit des emotionalen Erlebens zurückhalten müssten. Zu Beginn des Lebens seien die Verhältnisse interessanterweise aber eher umgekehrt, Mädchen verfügten über die bessere Emotionskontrolle, und der Erziehungsaufwand, aus der vergleichsweise höheren emotionalen Labilität der kleinen Jungen die emotionale Zurückhaltung der Männer zu sozialisieren, dürfte umso erheblicher sein.

Gesamthaft betrachtet belegen die Befunde recht eindeutig, dass man es sich zu einfach macht, wenn man in der unterschiedlichen Behandlung weiblicher und männlicher Babys allein die Bekundung des elterlichen Verlangens sieht, aus ihren Kindern eine „typische Frau" oder einen „richtigen Mann" zu machen. Elterliches Verhalten wird in erster Linie durch den Wunsch gesteuert, *die Interaktion mit dem Kind zu optimieren.* Und da eben alles dafür spricht, dass Jungen und Mädchen von vorn herein unterschiedliche Verhaltensangebote machen und in je eigener Weise auf soziale Einflüsse reagieren, ist die nach Geschlechtern differenzierende Sozialisation von Anfang an nicht nur Ausdruck elterlichen Gestaltungswillens, sondern auch Reaktion auf den Eigencharakter des zu gestaltenden Materials. Eine optimale Interaktion erfordert bei Jungen offensichtlich einen erhöhten Aufwand, jedenfalls aber sicher ein qualitativ anderes Verhalten als bei Mädchen. Geschlechtsdifferenzierendes Vorgehen ist also geradezu gefordert, um bei beiden Geschlechtern ein annähernd gleiches Ergebnis herbeizuführen.

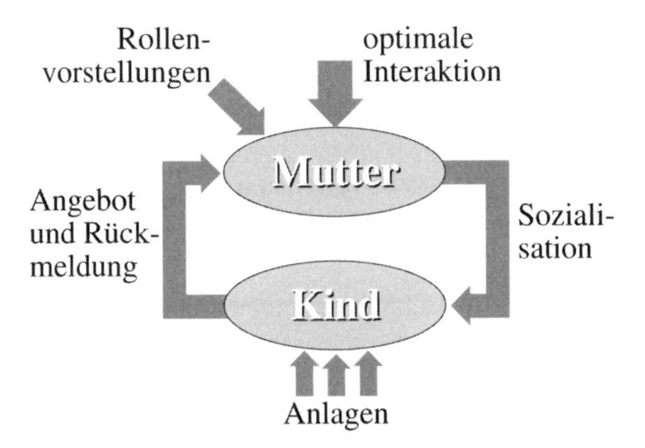

Sozialisation als Feedback, wobei unter dem mütterlichen Leitbild optimaler Interaktion eine Balance zwischen gesellschaftlichen Rollenerwartungen und kindlicher Disposition angestrebt wird

Generell ist als Fazit zum Zusammenspiel von Sozialisation und Disposition Folgendes festzuhalten: Wo immer man auf geschlechtsdifferenzierende Sozialisation trifft, kann man nicht ohne Weiteres schließen, diese entstamme dem Bestreben, von Natur aus gleich veranlagten Jungen und Mädchen Geschlechtsrollenverhalten anzuerziehen. Die Erziehungsagenten können genauso gut von Vorstellungen über die „Natur" der Geschlechter geleitet sein. Diese Vorstellungen mögen zwar ebenfalls nur Rollenklischees spiegeln, es ist aber ein wesentlicher Unterschied, ob man von der Erwartung ausgeht, man müsste dem Kind etwas anerziehen oder ob man es bewusst oder unbewusst bereits in bestimmter Weise für vorgeprägt hält. Schließlich ist zu klären, wieweit erzieherisches Verhalten ganz unreflektiert durch ein geschlechtstypisches Verhaltensangebot der Kinder selbst mitbestimmt wird.

Dieses kann natürlich immer schon die Folge einer vorhergehenden unterschiedlichen Behandlung sein. Wie die Befundlage zu frühen Geschlechtsunterschieden indessen deutlich werden lässt, stößt man, wenn man die Entwicklung weit genug zurückverfolgt, auf unterschiedliche Dispositionen, in denen sich die Geschlechter von Geburt an unterscheiden, und diese „Vorgaben“ sind es letztlich, die einen *interaktiven Prozess* anstoßen und in eine bestimmte Richtung lenken. Es ist an der Zeit, sich von der Vorstellung einsinnig kausaler Verursachung zu verabschieden und sich mit einer systemorientierten Betrachtung vertraut zu machen, bei der eine Reihe von Faktoren in einem Prozesszusammenhang stehen und aufeinander rückwirken. Auf ihn werden die Sozialisationstheoretiker in Zukunft vermehrt ihr Augenmerk richten müssen, wenn sie die Entstehung von geschlechtstypischem Verhalten wirklich verstehen wollen.

2. Teil
Biologische Begründungen und ihre Evidenz

9 Die Evolution der Geschlechtsunterschiede

Was heißt „biologisch"?

Alles bisher zusammengetragene Material konvergiert auf die Schlussfolgerung, dass wir in der Frage der Geschlechterunterschiede nicht weiterkommen, wenn wir den Anlagefaktor einfach ignorieren. Wir müssen zur Kenntnis nehmen, dass das Geschlecht nicht erst durch einen Akt sozialer Konstruktion erschaffen wird, sondern vom Beginn unseres Lebens an schon Weichen stellt, die uns in eine naturgegebene Polarisation gleiten lassen. Es ist jetzt an der Zeit, diesen Aspekt unseres Themas genauer zu beleuchten.

Da anzunehmen ist, dass den meisten Leserinnen und Lesern dieses Buches sozialwissenschaftliche Argumentationsmuster vertrauter sind als evolutionsbiologische, empfiehlt es sich, einige allgemeinere Erläuterungen vorauszuschicken, bevor wir uns dem eigentlichen Thema zuwenden.

Der Ausdruck „biologisch" wird in psychologischen und soziologischen Auseinandersetzungen gern verwendet, um bestimmte Bedeutungsgehalte zu transportieren, die durch einseitige Akzentsetzung den Sinn dieses Wortes subtil, aber folgenreich verzerren.

Zum einen meint man, wenn man von der „Biologie" des Menschen redet, seine *Leiblichkeit,* seine bloße Anatomie, und zwar in betonter Abgrenzung von einem Gegenprinzip, das so gesehen wird, als sei es auf wunderliche Weise jeder Leibgebundenheit enthoben: früher die Seele, heutzutage die Gesellschaft, die Kultur.

Zum anderen bezeichnet „biologisch" eine bestimmte Verhaltensthematik, nämlich eine Orientierung ausschließlich an den Belangen der individuellen *Selbsterhaltung,* der Sicherung des nackten Überlebens. Als kontrastierende Bedeutungsgehalte klingen hier alle Intentionen an, die das Individuum *transzendieren:* Das Verlangen nach höherer Sinngebung, moralische Gefühle, Sorge für andere, soziale Einbindung und Liebe, ja zuweilen sogar auch die Sexualität erscheinen in dieser Sicht als Gegenpol zu einer „bloß biologischen" Verhaltenssteuerung.

Beide Akzentsetzungen hängen zusammen; sie entstammen einer dualistischen und insofern eigentlich längst überwundenen Geisteshaltung. Auf jeden Fall verbauen sie den Zugang zum Verständnis dessen, was Biologie in moderner Sicht wirklich bedeutet.

Der Schlüsselbegriff, ohne den die Tür zum Verständnis biologischer Argumentation versperrt bleibt, heißt *Adaptation,* zu deutsch Anpassung. Er steht für den Tatbestand, dass alle Organismen in Umwelten leben und überleben müssen, für deren Meisterung sie besser oder schlechter gerüstet sein können. Adaptivität ist ein Maß für die Effizienz, mit denen ihnen das gelingt. Der Richter, der über ihre Adaptivität das Urteil spricht, ist die *Selektion,* die dem jeweils besser Angepassten den Sprung in die nächsten Generationen vorbehält oder jedenfalls erleichtert. Adaptation ist kein statischer Zustand, sondern ein Prozess: Da das Bessere der Feind des Guten ist, kann jeder Neuerwerb, d. h. jede genetische Veränderung und jedes neu erschlossene Territorium, einen neuen Wettlauf starten. Das Resultat dieser nie zur Ruhe kommenden Anpassungsdynamik ist die *Evolution.*

Falls man nicht daran zweifeln möchte, dass die gesamte Organismenwelt einschließlich des Menschen ihre Existenz und ihr Sosein einem über Jahrmilliarden erstreckten Evolutionsprozess verdankt und dass die Formen, die aus diesem Prozess hervorgegangen sind, sich allesamt vor der Selektion behaupten mussten, dann kommt man nicht umhin, unter einer „biologischen" Perspektive etwas ganz anderes zu verstehen – nämlich die Betrachtung der Organismen, unter Einschluss *aller* ihrer Lebensäußerungen, auf ihre Eignung hin, über den Zeitpunkt des eigenen Todes hinaus in künftigen Generationen Kopien ihres Bauplanes zu hinterlassen. Evolutionsbiologisch ist die *ultima ratio* jedes Lebewesens, gleich welcher Art und welchen Geschlechts, in *möglichst vielen und möglichst überlebenstauglichen Nachkommen* weiter zu existieren. Denn diese sind die Träger des eigenen genetischen Codes und verbreiten ihn. Und je effizienter sie das tun, desto mehr wird dieser Code letzten Endes im Erscheinungsbild der Population durchschlagen.

Dieses Argument gewinnt seine Überzeugungskraft erst, wenn man es nicht mit Blickrichtung auf die Zukunft, sondern auf die Vergangenheit liest. Der Bauplan also, der das Erscheinungsbild der heute existierenden Arten bestimmt, muss seinerseits von Vorfahren stammen, die ihr Erbgut effizienter als ihre Konkurrenz verbreiten konnten. Und das muss in diesem Bauplan Spuren hinterlassen haben: Um seine spezifischen Eigentümlichkeiten zu verstehen, haben wir zu fragen, inwiefern diese – egal über welche verwickelten Umwege – dazu beigetragen haben, dass ihre Träger sich effizienter als andere vermehren konnten. In allen Anlagen, die einem Erscheinungsbild zugrunde liegen, muss die direkte oder mittelbare Tauglichkeit für die Produktion ebenso erfolgreicher Nachkommen angereichert sein wie in einem hochprozentigen Destillat. Richard Dawkins hat die Logik dieses Arguments wie folgt in Worte gekleidet[1]:

> „Jedes heute lebende Individuum kann folgendes aussagen: Nicht ein einziger meiner Vorfahren fiel einem Räuber oder einem Virus zum Opfer oder starb wegen eines fehlkalkulierten Tritts an einen Abgrund oder eines zeitlich falsch eingeschätzten Griffs auf einem hohen Baumast, bevor er oder sie nicht wenigstens einen Nachkommen gezeugt oder geboren hatte. Nicht ein einziger meiner Ahnen war zu unattraktiv, um nicht wenigstens einen Paarungspartner zu finden; noch war er als Elternteil zu egoistisch, um nicht wenigstens ein Kind zu ernähren, bis es selbstständig war. Tausende von Zeitgenossen meiner Vorfahren versagten in allen diesen Hinsichten, aber nicht ein einziger meiner Vorfahren versagte. Da alle lebenden Organismen ihre Gene von ihren Vorfahren geerbt haben und nicht von deren erfolglosen Zeitgenossen, besitzen alle lebenden Organismen überwiegend *erfolgreiche* Gene" (kursiv von D.B.-K.).

Nicht das individuelle Überleben also, sondern die *Fortpflanzung* ist die Zielvorgabe aller organischen Formen, und das gilt für *alle* Merkmalsfacetten, nicht allein für die Anatomie des Leibes, sondern ebenso für das Verhalten einschließlich aller seiner sozialen Dimensionen.

[1] Dawkins, 1984

Ultimate und proximate Ursachen

Was folgt nun aus dem eben entwickelten Grundgedanken für die Strategie biologischer Erklärungen? Wenn es darum geht zu verstehen, warum ein Organismus mit einem für ihn charakteristischen Merkmal ausgestattet ist, warum sich also etwa ein Organ auf bestimmte Weise spezialisiert hat, wie es zur arttypischen Bewegungsgestalt einer Verhaltensweise kommt oder warum bestimmte Wahrnehmungseindrücke bestimmte Reaktionsbereitschaften auslösen, so wird man die Antwort auf solche Fragen immer auf zwei unterschiedlichen Erklärungsebenen zu suchen haben, die heute unter den Bezeichnungen *ultimate* und *proximate* Ursachenanalyse firmieren. Im einen Fall fragt man nach der *Funktion*, im anderen nach dem *Mechanismus* (siehe Kasten).

Ultimate Fragestellung
Wozu ist ein Merkmal gut, welchen Vorteil bietet es seinem Träger, welche Leistung erbringt es, welcher Funktion, welchem „Zweck“ dient es? Wie kann man verstehen, dass es sich evolutionsgeschichtlich durchsetzen konnte? Auf welchem Wege verhilft es seiner eigenen genetischen Grundlage dazu, sich in jeder neuen Generation erfolgreich zu behaupten?

Proximate Fragestellung
Mit welchen Mitteln erreicht es der Organismus, dass das Merkmal überhaupt ausgebildet wird und seine Leistung erbringen kann? Welchem Konstruktionsprinzip verdankt das Merkmal seine Funktionstüchtigkeit? Welche Mechanismen müssen ablaufen, damit die Leistung zustande kommen kann?

Auf unser Thema angewandt, lautet die Frage nach den *ultimaten* Ursachen: Welchen Anpassungswert hat es, dass es überhaupt zwei Geschlechter gibt, und wozu ist es gut, dass sie sich auch im Verhalten unterscheiden? Welche Denkmodelle erlauben uns zu verstehen, dass eine solche Spaltung unter dem Druck der natürlichen Selektion evoluieren konnte oder musste? Die *proximate* Fragestellung würde hingegen lauten: Welche physischen und psychologischen Mechanismen sind erforderlich, damit sich jener Unterschied überhaupt manifestieren kann? Wie entstehen ein männlicher und ein weiblicher Organismus in der individuellen Ontogenese? Wie bilden sich geschlechtsspezifische innere und äußere morphologische Strukturen, wie haben wir uns die gehirnanatomische Fundierung unterschiedlicher Verhaltensdispositionen vorzustellen? Welche inneren und äußeren Faktoren sind für die Entwicklung der konkret beobachtbaren geschlechtstypischen Verhaltensbesonderheiten maßgeblich?

Die beiden Fragestellungen ergänzen sich und können häufig nur im Zusammenhang angegangen werden. Bei unserem Thema besteht aber die Möglichkeit, die Ebenen getrennt zu behandeln. Da die ultimate Frage die logisch vorgeordnete ist, werden wir mit ihr beginnen. Wir werden in diesem und dem folgenden Kapitel also zunächst nur fragen, welchen Sinn gewisse geschlechtstypische Merkmale haben, und noch nicht, wie sie zustande kommen.

Dabei sei vor einem Missverständnis gewarnt. Die ultimate Argumentation macht häufig Gebrauch von der Redefigur, ein Organismus „sollte“ irgendetwas tun oder lassen. Nach dem Vorangegangenen dürfte klar sein, dass es sich hier weder um einen Appell an vernünftige Überlegung noch gar um eine quasimoralische Forderung handelt. Die Formulierung bedeutet nichts anderes als: Wenn der Organismus sich in der angegebenen Weise verhält, dann optimiert sich seine Fortpflanzungschance und damit die Wahrscheinlichkeit seiner Antreffbarkeit.

Warum zwei Eltern?

Was wissen wir also über die Funktion, den Selektionsvorteil, die Adaptivität der Geschlechterpolarisierung? Weniger als der biologische Laie meint. Es gibt hier eine Reihe von bedenkenswerten und teilweise noch sehr im Dunkeln liegenden Phänomenen.

Das beginnt bereits bei dem Rätsel, warum es überhaupt Sexualität gibt. Man würde meinen, das sei klar. Eben hatte es geheißen, in der Biologie drehe sich alles um Fortpflanzung. Das Problem ist nur, dass Sexualität und Fortpflanzung sachlich wenig miteinander zu tun haben.

Fortpflanzung bedeutet *Vermehrung*. Einzellige Lebewesen vermehren sich ungeschlechtlich, indem sie sich teilen; selbst beim Menschen kommt das noch bei Gelegenheit vor, wenn aus einer befruchteten Eizelle zwei eineiige Zwillinge werden. Das bedeutet nun aber nicht, dass Sexualität bei Einzellern unbekannt wäre. Von Zeit zu Zeit schwimmen zwei Pantoffeltierchen aufeinander zu, eines legt sich an das andere und sie beginnen, ihr Genmaterial auszutauschen. Man nennt den Vorgang *Konjugation*. Ist er abgeschlossen, lösen sich die Partner voneinander und geben sich wieder der Aufgabe der Vermehrung hin, indem sie fortfahren, sich von Zeit zu Zeit zu teilen.

Man erkennt hier deutlich, dass wir es mit zwei selbstständigen Vorgängen zu tun haben. Bei der Konjugation vermehrt sich gar nichts: Vorher waren es zwei Individuen und nachher auch wieder. Und doch muss es da einen Zusammenhang geben: Hindert man die Tiere nämlich konsequent an der Paarung, hören sie nach einer Weile auch auf, sich zu teilen und sterben schließlich sogar ab. Ihre im Zellkern gespeicherte Erbsubstanz degeneriert offenbar mit der Zeit, und die Konjugation ist eine Art Jungbrunnen, der diesen Prozess immer wieder reparieren muss.

Damit sind wir bei einer ersten Frage und einer allerdings noch zu einfachen Antwort. Die Frage lautet: Wozu ist es erforderlich, dass zwei Individuen von Zeit zu Zeit Erbmaterial austauschen? Und die Antwort: Um an diesem Material gewisse Reparaturen durchzuführen.

Die Antwort, wie gesagt, ist zu einfach. Pantoffeltierchen und andere Einzeller haben die Möglichkeit, die Reparatur notfalls „eigenhändig" vorzunehmen: Sie leiten einen Teilungsprozess ein, ihre Zellkerne verdoppeln sich, kurzfristig sieht es so aus, als entstünden zwei Individuen in einer Zelle; dann aber verschmelzen die Teilungsprodukte wieder miteinander. Diesen Prozess nennt man *Autogamie*, und seine Details, die hier nicht interessieren, sind denen der Konjugation funktionell so ähnlich, dass es auch hierbei gelingt, schädliche Mutanten aus der Fortpflanzungskette zu eliminieren. Erst wenn man die Tiere auch an der Autogamie hindert, erleiden sie die oben erwähnten irreparablen Schäden.

Damit bleibt die Frage also offen: Wie ist es dazu gekommen, dass zwei fremde Individuen dem Impuls unterliegen, ihr Erbgut zu vermischen? Warum stammen die weitaus meisten Lebewesen von *zwei* Eltern ab?

Die Frage ist insofern kritisch, als Biparentalität ein ausgesprochen umständliches und störungsanfälliges Verfahren darstellt. Zuerst einmal muss ein Partner gefunden werden. Dieser hat der gleichen Art, aber dem anderen Geschlecht anzugehören. Er muss gerade paarungswillig und auch sonst gut in Form sein, und er muss dazu gebracht werden, seine Motivation mit der des Werbenden zu synchronisieren, damit ein kompatibles Fortpflanzungsverhalten resultiert. Gemessen an all diesen Desiderata ist die geschlechtliche Paarung, wie Norbert Bischof es einmal ausgedrückt hat, der Kompliziertheit eines Rendezvous-Manövers im Weltall vergleichbar[2].

Tatsächlich hätten nicht nur Einzeller, sondern auch vielzellige Lebewesen die Möglichkeit, sich diesen Aufwand zu sparen, und von Zeit zu Zeit machen einige auch Gebrauch davon. Tunikaten, Lebewesen immerhin an der Schwelle der Wirbeltierreihe, können noch Knospen bilden, die sich, wenn sie groß genug sind, vom Mutterorganismus lösen. Parthenogenese oder „Jungfernzeugung", also Ausreifung unbefruchteter Eizellen, findet sich auf nahezu allen Evolutionsniveaus.

Was also war der Selektionsvorteil, der ein so kompliziertes Verfahren wie die paarungsgebundene Fortpflanzung so auffällig begünstigt hat? Eine wirklich rundum befriedigende Antwort auf diese Frage steht noch aus. Konsens besteht aber dahingehend, dass es um die Erhöhung der *Variabilität* des Erbguts geht. Organismen, die sich uniparental vermehren, produzieren immer nur erbgleiche Nachkommen. Sie können sich genetisch nicht mehr an wechselnde Umweltbedingungen anpassen.

Bei primitiven Lebensformen, die sich in rascher Folge und großer Zahl vermehren, Viren zum Beispiel, sorgen *Mutationen* für die erforderliche Varianz. Bei komplizierteren Organismen mit einer trägeren Vermehrungsfrequenz reicht dieses Verfahren allein aber nicht mehr aus, zumal Mutationen mehrheitlich eher schädlich oder sogar letal sind. Wenn man aus einem sprachlichen Text einen anderen machen will, der ebenfalls sinnvoll ist, dann empfiehlt es sich, nicht einzelne Buchstaben, sondern wenigstens ganze Worte oder Satzbruchstücke zu permutieren. Und Ähnliches geschieht eben bei der *Rekombination* der elterlichen Chromosomen. Nun kann man sich natürlich fragen, ob sich die Umwelt wirklich in einem derartigen Ausmaß ändert, dass ein solcher Aufwand einen Sinn ergibt. Und das tut sie tatsächlich und zwar in Bezug auf einen ganz bestimmten Bereich. Gemäß der derzeit am meisten favorisierten Annahme ist die Rekombination die einzige geeignete Strategie, den Wettlauf des Immunsystems mit der ungeheueren Wandlungsfähigkeit von krankheitsverursachenden Mikroben zu bestehen. Und um hier eine möglichst große Bandbreite von Immunantworten bereitzustellen, hat sich ein eigener Mechanismus entwickelt, der die Partnerwahl sowohl bei Tieren als auch beim Menschen steuert. Dabei spielt der Geruch eine zentrale Rolle. Wenn man sich – wie schon der Volksmund sagt – gut riechen kann, „wenn die Chemie stimmt", dann ist das Immuninventar des solcherart ausgezeichneten potentiellen Partners von anderer Zusammensetzung als das eigene und damit besonders geeignet, die Variabilität der Immunantworten beim gemeinsamen Nachwuchs zu erhöhen[3].

Mit diesen Andeutungen ist noch längst nicht alles gesagt. Wir brauchen aber nicht tiefer in die Details zu gehen; es kam hier zunächst nur darauf an, die Unterscheidung von Paarung und Vermehrung zu verstehen und an Hand der Problematik ihrer Koppelung einen Einstieg in die ultimate Fragestellung vorzunehmen.

Warum zwei Geschlechter?

Wenn sich zwei Pantoffeltierchen konjugieren, spielt keines von ihnen die „männliche" oder „weibliche" Rolle. Sexualität impliziert also nicht automatisch auch schon den Geschlechtergegensatz.

[2] Bischof, 1985
[3] Milinsky & Wedekind, 2001

Tatsächlich gibt es den allerdings auch schon bei gewissen Einzellern, ja uns begegnen hier einigermaßen verrückte Varianten, bei denen nicht etwa nur zwei, sondern acht und mehr „Geschlechter", so genannte *Paarungstypen*, existieren, die sich nur nach komplizierten Kombinationsregeln konjugieren können. Ich erwähne solche Exotik einfach deshalb, weil sie unseren Blick für die Nichttrivialität des scheinbar Selbstverständlichen schärft.

Das Übliche ist natürlich, dass die meisten Spezies in zwei „Morphen", zwei Erscheinungsformen, realisiert sind, einer weiblichen und einer männlichen. Man bezeichnet dieses Phänomen als *Sexualdimorphismus*. Der Sexualdimorphismus zerfällt in mehrere Teilphänomene, und auch von diesen ist wieder keines selbstverständlich.

Warum beispielsweise sind, wenn wir nun bei vielzelligen Lebewesen bleiben, die *Keimzellen* voneinander verschieden, warum gibt es also *Spermien* und *Eizellen?* Die Antwort ist von grundsätzlichem Interesse und sei daher kurz skizziert. Es handelt sich hier um einen Fall von so genannter *disruptiver Evolution*. Dieses Phänomen beobachtet man, wenn eine organische Struktur zwei unvereinbare Funktionen zu erfüllen hat. Keimzellen sollen einerseits zahlreich und mobil sein, da sie sich ja suchen und finden müssen; andererseits sollen sie genügend Nährstoffreserven enthalten, um die ersten Teilungsschritte zu bewältigen. Beides zugleich kann man aber nicht haben: Je größer das Speichervolumen, umso größer die Zellmasse auf Kosten von Stückzahl und Beweglichkeit. Unter solchen Umständen gibt es zwei Optionen: Entweder es pendelt sich ein Kompromiss bei Keimzellen mittlerer Anzahl, Größe und Mobilität ein. Oder aber – und dafür gibt es berechenbare Bedingungen – es entstehen zwei Varianten: eine extrem mobile von kurzer Vitalität und eine energiereiche, die ihre Beweglichkeit geopfert hat. Die zuletzt beschriebene Option eben nennt man disruptiv, und die Spaltung des Keimmaterials in Samen- und Eizellen ist ein Beispiel dafür.

Von der angesprochenen Frage unabhängig ist eine weitere: Wenn es schon zwei verschiedene Sorten Keimzellen gibt, warum zerfallen dann die *Individuen* in sogenannte „Weibchen", die nur Eizellen, und „Männchen", die nur Samenzellen produzieren? Es existieren doch immerhin Zwitter, die uns vormachen, dass es auch anders geht – warum also sind wir nicht alle Hermaphroditen? Auch das ist ein Beispiel für disruptive Evolution, und auch hier sind die Bedingungen recht gut erforscht, die die eine oder die andere Option, also Geschlechtertrennung oder Hermaphroditismus, begünstigen. Ich gehe darauf hier lediglich deshalb nicht ein, weil die Behandlung dieser und ähnlicher Fragestellungen uns allzu weit vom Hauptthema dieses Buches wegführen würde. Wer sich dafür interessiert, sei immerhin auf die Fachliteratur aufmerksam gemacht[4].

Was wir nicht mehr übergehen dürfen, ist nun aber die folgende Frage: Konzediert, es gibt Ei- und Samenzellen, konzediert ferner, dass sich die Individuen einer Art darauf beschränken, nur je eine Sorte dieser Keimzellen zu produzieren. Warum müssen sich diese beiden Morphen dann aber außerdem auch noch in anderen anatomischen Merkmalen, ja sogar in ihren Verhaltensbereitschaften unterscheiden?

[4] Bischof & Preuschoft, 1980; Daly & Wilson, 1983

Parentale Investition

Die Hintergründe dieses Phänomens reichen etwa eine halbe Milliarde Jahre weit in die Stammesgeschichte zurück, in die Zeit, als unsere Vorfahren von der *äußeren* zur *inneren Befruchtung* übergingen[5]. Bei den meisten Fischen vertrauen beide Geschlechter ihre Keimsubstanz noch dem äußeren Medium, dem Wasser, an. Das Weibchen laicht ab, das Männchen schwimmt hinterher und besamt das Gelege, und dann wird die Brut sich selbst überlassen. Falls doch jemand dabei bleiben muss, zum Beispiel um dem Laich sauerstoffhaltiges Wasser zuzufächeln oder ihn vor Fressfeinden zu schützen, dann ist das gar nicht so selten das Männchen, das ja als letztes am Gelege zu tun hatte.

Beim Übergang zum Landleben aber wurde es erforderlich, dass einer der beiden Organismen – und das ist natürlich der Produzent der unbeweglichen Eizellen – zum Empfänger und Träger des keimenden Lebens wurde. Seitdem das so ist, also bei allen landlebenden Wirbeltieren, sind beide Geschlechter einer immer bestehenden, wenn auch unterschiedlich großen Ungleichheit in dem unterworfen, was die Evolutionsbiologen die *parentale Investition* nennen.

Wie in den letzten Paragraphen deutlich wurde, ist die geschlechtliche Erzeugung eines Nachkommen mit einem gewissen Aufwand an Energie, Zeit und Risiko verbunden, der je nach Art unterschiedlich hoch ist. Im Mindestfall muss ein paarungsbereiter Partner gesucht oder angelockt werden, die Vorbereitung und Durchführung der Paarung erfordert meist zusätzliches Engagement, und wenn die befruchtete Eizelle nicht ohne Hilfe lebensfähig ist, muss man sich noch so lange um sie kümmern, bis sie zu ausreichender Selbstständigkeit herangereift ist.

Je länger und intensiver man mit alldem beschäftigt ist, desto weniger Kapazität bleibt frei, weitere Nachkommen in die Welt zu setzen. Dieser Tatbestand ist in der folgenden Definition angesprochen[6]:

Parentale Investition ist der Aufwand, den ein Elternteil für die Produktion eines *einzelnen* Nachkommen auf Kosten potentieller *weiterer* Nachkommen erbringen muss.

Der springende Punkt ist nun der, dass die innere Befruchtung eine asymmetrische Verteilung der parentalen Investition auf die Geschlechter erzwingt. Weibchen müssen, selbst wenn sie nur Eier legen, und erst recht, wenn sie lebende Jungen gebären, einen vergleichsweise großen Investitionsaufwand *pro Einzelnachkomme* leisten, die Kapazität reicht daher nur für wenige Nachkommen. Das männliche Geschlecht hat zumindest theoretisch die Möglichkeit, seine Investition in kleineren Dosen auf entsprechend mehr Nachkommen zu verteilen.

Die genaue Definition der parentalen Investition ist ziemlich verwickelt. Damit brauchen wir uns hier aber nicht zu belasten, denn letztlich läuft alles auf einen höchst trivialen Tatbestand hinaus: Organismen, die vor jeder Geburt eine Phase der Trächtigkeit zu durchlaufen haben, können weniger Kinder produzieren als solche, die schon nach dem Zeugungsakt für die nächste Paarung frei sind. Auch uns Menschen dispensiert nichts von diesem Gesetz: Eine Frau kann kaum 20-mal gebären; wenn ein Mann sich brüstet, 1 000 Kinder in die Welt gesetzt zu haben, hat er zwar wahrscheinlich aufgeschnitten; aber physiologisch wäre es eben doch möglich.

5 Bischof, 1979
6 Trivers, 1979

Qualitative und quantitative Fortpflanzungsstrategie

Wir sagten soeben, dass sich unter dem Druck der Selektion jene Lebewesen durchsetzen, die sich effizienter als andere vermehren konnten. Effizienter heißt aber zweierlei: Sie mussten entweder mehr Nachkommen haben als die Konkurrenz, oder aber ihre Nachkommen mussten besser auf den Wettbewerb vorbereitet sein als ihre Rivalen. Evolutionsbiologen, die sich aus wissenschaftshistorischen Gründen gern einer spieltheoretischen Ausdrucksweise bedienen, unterscheiden in diesem Sinn eine *quantitative* von einer *qualitativen „Strategie"*, wenngleich deren Auswahl, zumindest auf tierischem Niveau, natürlich nicht durch bewusste Überlegungen und freie Entscheidungen geleitet wird. Die beiden Strategien schließen sich nicht direkt aus, aber sie sind praktisch doch nicht ganz so leicht zu kombinieren; man beobachtet also nicht selten Spezialisierungen auf eine der beiden.

Bei den Arten mit innerer Befruchtung ist nun eben dem *weiblichen* Geschlecht die quantitative Strategie verwehrt, so dass hier ein starker Selektionsdruck auf die Entwicklung und den Ausbau qualitativer Strategien hinwirkt. Das heißt, die Weibchen sind, weil sie nur vergleichsweise wenige Junge haben können, darauf spezialisiert, diesen eine möglichst günstige Startbasis zu vermitteln.

Daraus ergibt sich eine erste, höchst konsequenzenreiche Weichenstellung. Wenn Mütter schon nicht mehr als eine gewisse Zahl von Kindern bekommen können, dann sind jedenfalls diejenigen unter ihnen selektiv begünstigt, die ihre allenfalls noch freien Reserven zusätzlich in die Brutpflege stecken. Besonders einsichtig wird diese Entwicklung bei Säugetieren, bei denen diese Fürsorge in der Ausbildung von Milchdrüsen auch anatomisch ihren Niederschlag gefunden hat. Wir gelangen so zu einer ersten Faustregel:

> Weibchen erweitern den durch Schwangerschaft gebotenen Minimalaufwand durch zusätzliche Leistungen der *nachgeburtlichen Brutpflege,* wofür sie morphologische Strukturen und dazu passende Motivationen entwickeln.

Die Disposition, *fürsorglich* zu sein, also die Nachkommen zu füttern, zu wärmen, zu transportieren und zu schützen, ist hier mit einer erheblichen Selektionsprämie versehen. Je besser eine genetische Anlage ein Weibchen zur Brutpflege motiviert, umso mehr erhöht sich die Chance seiner Jungen, durchzukommen. Umso wahrscheinlicher findet sich dann aber auch die diesbezügliche Disposition in nachfolgenden Töchter-Generationen wieder.

Beim *männlichen* Geschlecht liegen die Verhältnisse, wie wir sehen werden, etwas komplizierter. Der Regelfall ist hier eine *quantitative* Strategie mit entsprechend *niedriger* parentaler Investition. Es genügt, eine paarungsbereite Partnerin zu finden und mit dieser zur Zeugung zu kommen. Am erfolgreichsten ist, wer sich danach möglichst schnell auf die Suche nach der nächsten macht und es dem trächtigen Weibchen allein überlässt, für sich und die Nachkommenschaft zu sorgen.

Es sind nicht etwa nur die allerprimitivsten Lebewesen, die eine so extrem disruptive Evolution durchlaufen haben. Wir finden dieses Paarungsmuster beispielsweise auch bei so hochentwickelten Tieren wie den Elefanten. Das Kriterium ist überhaupt nicht die Entwicklungshöhe, sondern eher die Wehrhaftigkeit: Eine Elefantenkuh ist selber „Manns genug", ihr Kind zu nähren und zu verteidigen.

Damit haben wir aber auch schon den Schlüssel zum Verständnis jener Fälle in der Hand, bei denen auch das männliche Geschlecht seine parentale Investition, teilweise weit über die physiologischen Limiten hinaus, erhöht. Das ist überall dort der Fall, wo die Weibchen allein mit der Brutpflege überfordert wären. Männchen, die darauf programmiert sind, solche Weibchen nach der Paarung zu verlassen, würden eine todgeweihte Brut produzieren und hätten keine Söhne, auf die sich ihre Anlage vererben könnte. In solchen Fällen können das Rennen nur jene machen, die bei ihrem Weibchen bleiben und sich an der Ernährung, vor allem aber an der Verteidigung der Jungtiere beteiligen.

Fisher's rule

Bleiben wir zunächst aber beim Regelfall, bei dem die parentale Investition auf die Geschlechter asymmetrisch verteilt ist. Dieser Umstand hat eine Reihe von teilweise gravierenden Konsequenzen für die sonstige Verhaltensorganisation. Das basale Faktum, von dem man bei der Abschätzung dieser Konsequenzen ausgehen muss, ist die *unterschiedliche Ausnutzung des Fortpflanzungspotentials* bei den beiden Geschlechtern. Dieser Effekt setzt derart gewaltige Selektionskräfte frei, dass wir ihn in seiner ganzen Tragweite voll verstanden haben müssen, bevor wir die weitere Argumentation würdigen können.

Zuvor ist aber ein naheliegender Einwand auszuräumen. Man könnte sich fragen, warum die Natur das Problem, dass Weibchen viel weniger Kinder gebären können als Männchen zu zeugen fähig wären, nicht einfach dadurch löst, dass sie überwiegend weibliche Individuen und nur ganz wenige Männchen in die Welt setzt. Diese Frage sei hier besprochen, weil sie recht gut geeignet ist, die ultimate Denkweise zu verdeutlichen.

Evolutionsbiologisch wäre auf diesen Vorschlag zu antworten, dass es „die Natur", die hier einem Schöpfer gleich irgendwelche Zahlenverhältnisse festlegen könnte, gar nicht gibt. Wir müssten schon zusehen, ob sich eine solche Lösung auch im Prozess der *Selektion* behaupten kann. Unter proximatem Aspekt betrachtet, wäre es für mütterliche Organismen keine unüberwindbare Schwierigkeit, das Geschlecht der Kinder zu bestimmen; wir kennen dafür genügend Beispiele. Angenommen also, eine Mutter könnte entscheiden, welcher Anteil unter ihren – sagen wir zehn – Kindern männlich oder weiblich werden soll. Welchen Vorteil hätte sie dann, wenn sie neun Töchter und einen Sohn in die Welt setzt? Von jeder Tochter wären wieder höchstens zehn Nachkommen zu erwarten, von dem Sohn aber ein Vielfaches davon. Wären nicht umgekehrt Mütter selektiv begünstigt, die genetisch so programmiert sind, dass sie überhaupt nur Söhne in die Welt setzen, weil sich ihr Genom auf diese Weise viel besser verbreiten könnte?

Dem steht nun allerdings wieder im Wege, dass diese Söhne ja Weibchen finden müssten, um etwas mit ihrem Fortpflanzungspotential anfangen zu können. Würden also alle Mütter nur noch Söhne bekommen, wären diese zum Zölibat verurteilt, und dann wiederum hätten solche Weibchen Konjunktur, die sich auf die Produktion der Mangelware „Töchter" spezialisieren. Rechnet man dieses Zahlenspiel durch, kommt man zu dem lapidaren Resultat, dass es für die Mütter am besten ist, genau das zu tun, was in natura eben auch beobachtet wird, nämlich das Geschlecht der Kinder gleichmäßig auf Männchen und Weibchen zu verteilen – ganz unabhängig davon, ob und wie krass sich diese in ihrer parentalen Investition unterscheiden. Dieses evolutionsbiologische Prinzip wurde Anfang des 20. Jahrhunderts von dem Genetiker R.A. Fisher gefunden[7] und heißt ihm zu Ehren die *Fishersche Regel.*

7 Fisher, 1957

Werbung und Wahl

Das unterschiedliche Fortpflanzungspotential der Geschlechter mit innerer Befruchtung erzeugt, wie sich leicht einsehen lässt, asymmetrische Selektionswirkungen, die nicht ohne Einfluss auf die geschlechtstypischen Verhaltensdispositionen bleiben. Wie stark Männchen und Weibchen hier differieren, hängt von der Diskrepanz der parentalen Investition ab. Je krasser diese ausfällt, umso eindeutiger sind auch die Verhaltensunterschiede. Wir wollen hier bei diesen eindeutigen Fällen beginnen und dann erst gegen Ende dieses Kapitels auf die Veränderungen zu sprechen kommen, die sich ergeben, wenn die Männchen ihre Investition an die der Weibchen angleichen[8].

Für die weitere Argumentation gehen wir von einer imaginären Modellsituation aus, die uns gleichwohl erlaubt, die Konsequenzen eines Ungleichgewichts der parentalen Investition abzuschätzen.

Angenommen, 10 Männchen und ebenso viele Weibchen irgendeiner hypothetischen Tierart besiedeln eine bis dahin unbewohnte Insel. Der einzige Unterschied zwischen den beiden Geschlechtern bestehe zunächst nur darin, dass die parentale Investition der Weibchen durch eine längere Trächtigkeit mit nachfolgender Laktation auf einem deutlich höheren Niveau gehalten wird als die der Männchen.
Nach einer Generation seien 100 Jungtiere zur Welt gekommen; jedes Weibchen habe also 10 Kinder geboren – womit, wie wir annehmen wollen, die Grenze seiner physischen Möglichkeiten erreicht ist. Irgendwie verteilen sich diese 100 Kinder auf die 10 anwesenden Männchen. Aber *deren* Fortpflanzungspotential ist damit noch nicht einmal annähernd ausgeschöpft. Hier läge die physiologische Grenze bei, sagen wir, 1 000 Nachkommen pro Individuum. Das ergäbe das wahrhaft gewaltige Potential von 10000 Kindern, zu deren Zeugung die Männchen wenigstens *theoretisch* in der Lage gewesen wären.
De facto begrenzen natürlich die Weibchen dieses Potential. Von dieser Ressourcenverknappung werden die anwesenden Männchen aber nicht zu gleichen Teilen betroffen. Einigen von ihnen wird es gelingen, aus welchen Gründen immer, sich die Gunst mehrerer Weibchen zu sichern; andere gehen leer aus. Die genetische Ausstattung derer, die bei diesem Spiel am meisten Erfolg haben, wird sich überproportional vererben und nach hinreichend vielen Generationen überhaupt das Erscheinungsbild der Männchen auf dieser Insel bestimmen. Eine dazu parallele Entwicklung wird auch im weiblichen Geschlecht ablaufen. Aber der Geschlechtsunterschied im Fortpflanzungspotential wird eben zur Folge haben, dass sich bei Weibchen und Männchen *andere* Verhaltensbereitschaften genetisch fixieren.

Welche sind das nun?

Der offenkundigste Unterschied in der Situation der Geschlechter liegt zweifellos darin, dass die Männchen, und nur sie, unter chronischer *Partnerknappheit* zu leiden haben. Von den anwesenden Weibchen ist ja, selbst bei uneingeschränkter Paarungswilligkeit, immer nur ein Bruchteil verfügbar; die meisten fallen aus, weil sie trächtig sind oder Junge säugen. Unter diesen Umständen sind unter den Männchen jedenfalls diejenigen im Vorteil, denen es gelingt, möglichst viele paarungsbereite Partnerinnen zu finden und mit diesen zur Zeugung zu gelangen.

Es gibt vielerlei Hindernisse, die sie in diesem Bemühen beeinträchtigen können: *äußere* wie beispielsweise das Desinteresse der Partnerin oder die Behinderung durch einen Rivalen, und *innere* wie etwa das instinktive Misstrauen, die Partnerin könne nicht gut genug oder die Situation zu riskant sein.

Hier ist nun als erstes festzustellen, dass Männchen sich unter den genannten Bedingungen solche *inneren* Hemmungen nicht leisten können. Eine Paarung ist schnell erledigt und kostet keine hohe Investition; ehe man überhaupt darauf verzichtet, ist es immer noch besser, sich mit einem weniger qualifizierten, also etwa nicht

[8] Bischof & Bischof-Köhler, 2000

mehr so jugendlichen und daher möglicherweise weniger fruchtbaren Weibchen einzulassen. Und ebenso zahlt es sich aus, auch noch unter ungünstigen, eventuell lebensbedrohenden Umständen eine Paarung zu riskieren: Wenn man schon selbst draufgeht, überlebt immerhin vielleicht das Genom, und die Nachkommen machen es dann später genauso.

Ein erster, lapidarer Unterschied der Geschlechter bei asymmetrischer parentaler Investition betrifft somit die *Paarungsbereitschaft.* Auch schon im Tierreich ist daher das, was man heute „Sexismus" nennt, die Präokkupation des Mannes mit dem Paarungsgeschäft, eine verbreitete Erscheinung.

Die damit verbundene relative *Wahllosigkeit* bedeutet nicht etwa, dass Männchen keine Präferenzen hätten – selbstverständlich bevorzugen sie, wenn sie wählen *können,* günstige ökologische Bedingungen und Partnerinnen mit artspezifischem „sex appeal", also mit Attributen, die optimale Fruchtbarkeit signalisieren. Der springende Punkt ist nur, dass sie eben nicht häufig die Chance haben, zwischen mehreren Gelegenheiten zu wählen, und dann eben nehmen sie, was kommt.

Bei Weibchen liegen die Verhältnisse aber anders. Wenn man sowieso Monate oder gar Jahre in einen einzigen Nachkommen investieren muss, lässt es sich viel leichter verschmerzen, mit einer Paarung einige Tage zu warten, anstatt sich das Erbgut, in das man soviel zu investieren gezwungen sein wird, von einem minderwertigen Partner verderben zu lassen. Und dasselbe gilt für die Qualität der Situation: Weibchen, die sich unter Stressbedingungen auch noch mit einer Schwangerschaft belasten, statt die Paarung auf bessere Zeiten zu verschieben, sind zurückhaltenderen Varianten gegenüber eindeutig im Nachteil. Die obengenannten inneren Hemmungen spielen hier also eine viel wichtigere Rolle.

Männchen bauen sexuelle Hemmungen im Interesse größtmöglicher Paarungsbereitschaft weitgehend ab. Weibchen hingegen lassen sich nur auf das Fortpflanzungsgeschäft ein, wenn *optimale Voraussetzungen* herrschen, das heißt, wenn die Umweltbedingungen günstig sind und wenn der Partner seine Qualifikation unter Beweis gestellt hat.

Tierverhaltensforscher haben schon zu Beginn des 20. Jahrhunderts in diesem Sinne von einem weiblichen „Sprödigkeitsverhalten" gesprochen, eine Formulierung, die teilweise die Empörung politisch korrekter, aber in Bezug auf Tierkenntnis eher ahnungsloser Sozialwissenschaftler herausgefordert hat. Man argwöhnte zu Unrecht, hier würden patriarchalisch konstruierte Stereotypen auch noch anthropomorphisierend auf Tiere übertragen.

Immerhin lässt sich dasselbe Prinzip auch etwas neutraler wie folgt formulieren:

Männchen müssen um Weibchen *werben.* Weibchen sind darauf eingerichtet, unter mehreren Bewerbern eine *Auswahl* zu treffen.

Konkurrenz

Eine weitere, nahezu triviale Konsequenz der Partnerknappheit liegt darin, dass sie die Männchen unter einen ständigen *Konkurrenzdruck* setzt, der in dieser Form im weiblichen Geschlecht keine Parallele findet.

Eine der am wenigsten umstrittenen Aussagen über Geschlechterunterschiede bezieht sich auf die *Aggressivität.* Von ihr ist man am ehesten geneigt, sie dem männlichen Geschlecht in erhöhtem Ausmaß zuzuschreiben[9]. Die Beziehung zu evolutionsbiologischen Argumenten liegt hier auf der Hand, im Anschluss an Darwin spricht man in diesem Zusammenhang von *sexueller Selektion*[10]. Die Notwendigkeit, um Weibchen zu konkurrieren, führte ohne Zweifel zur selektiven Begünstigung von Verhaltensdispositionen, die bei oberflächlicher Betrachtung als erhöhte Aggressionsbereitschaft erscheinen können. Man muss aber sehen, dass „Aggression" eine ziemlich äußerliche Sammelbezeichnung für sehr verschieden motivierte Verhaltensmuster ist, denen die in der Literatur vorherrschenden Einteilungen nur unzureichend gerecht werden, da sie sich in erster Linie von den Äußerungsformen der Aggression herleiten. Die übliche Unterscheidung von physischer, verbaler, offener und indirekter Aggression etwa trägt wenig zu einer Klärung des Phänomens bei – gerade auch mit Hinblick auf seine Geschlechtsspezifität. Hier besteht ein offensichtlicher Bedarf nach tiefer gehender Differenzierung.

Landläufig versteht man unter Aggression Verhaltensweisen, die darauf abzielen, einer anderen Person einen *Schaden zuzufügen.* Diese Definition ist aber in vielen Fällen irreführend. Häufig wird Aggression nämlich dadurch ausgelöst, dass man bei der Verfolgung eines Ziels behindert wird. Der psychologische Fachausdruck für eine solche Behinderung ist in die Umgangssprache eingegangen, man spricht von *Frustration.* Primäres Ziel der frustrationsbedingten Aggression ist nicht die Schädigung des Störenfriedes, sondern einfach das Aufhören der Behinderung. Man versucht, den Widersacher zu vertreiben, man möchte ihn einfach aus dem Weg haben; ob er dabei zu Schaden kommt, interessiert nicht weiter.

In Erkenntnis dieses Umstandes hat sich in der Psychologie eingebürgert, *instrumentelle* und *hostile* Aggression zu unterscheiden, wobei die erstere mit der Frustrationsaggression gleichgesetzt wird, während bei der hostilen Variante, wie die Bezeichnung schon sagt, der Schädigungsaspekt im Vordergrund steht[11].

In Bezug auf die hostile Spielart ist nun aber sogleich ein weiterer Gesichtspunkt geltend zu machen, der nur selten reflektiert wird. *Absichtsvolle* Schädigung ist an kognitive Voraussetzungen gebunden, die überhaupt nur beim Menschen und allenfalls noch bei Menschenaffen gegeben sind. Man muss hierfür eine Ahnung vom subjektiven Erleben des anderen haben, man muss sich vorstellen können, dass und wie der zugefügte Schaden bei ihm affektiv „ankommt". Hostile Aggression ist eine phylogenetisch rezente Variante, zu der Tiere unterhalb des Menschenaffenniveaus gar nicht fähig sind[12].

Auch instrumentelle Aggression ist nun aber noch nicht die phylogenetisch älteste Form. Am frühesten, nämlich schon bei Insekten, stoßen wir auf eine Variante des Kampfverhaltens, die mit der Unterscheidung von instrumenteller und hostiler Aggression noch gar nicht angesprochen ist und deren Eigenständigkeit von psychologischen Autoren oft nicht bemerkt wird. Diese betrifft eben gerade Verhaltensweisen, die in Konkurrenzsituationen im Zusammenhang mit Wettbewerb auftreten. Diese Variante soll im Folgenden als *assertive* Aggression bezeichnet werden[13].

Auslöser ist dabei nicht eine erfahrene Vereitelung, sondern der bloße *Anblick eines Rivalen.* Man könnte nun natürlich fragen, inwiefern hier nicht einfach ein

---

[9] Maccoby & Jacklin, 1974, 1980; Hyde, 2005
[10] Darwin, 1871/1901; Archer, 2009
[11] Feshbach, 1970; siehe auch Kornadt, 1982
[12] Bischof-Köhler, 1989, 2011
[13] Bischof, 1993

Spezialfall von Frustration vorliegt. Vielfach ist es ja üblich, den Frustrationsbegriff so zu überdehnen, dass kaum mehr etwas übrig bleibt, was er nicht abdeckt. Tatsächlich lässt sich hier aber ein wesentlicher Unterschied aufweisen. Frustrationsaggression wird herkömmlicherweise als *reaktiv* interpretiert. Erst einmal muss man in irgendeiner Intention akut behindert werden, bevor man wütend wird. Beim potentiellen Rivalen genügt aber, auch vorab aller Lernerfahrung, dessen bloße Anwesenheit, und gegebenenfalls ruft man diese durch herausforderndes Verhalten überhaupt erst selbst, gleichsam „mutwillig", auf den Plan. Assertive Aggression ist *spontan*. Sie hat es darauf abgesehen, mit einem anderen die Kräfte zu messen und ihn zu besiegen. Es ist somit gerechtfertigt, dieses Verhalten auf eine eigenständige Motivation zurückzuführen, die wir als *Wettkampfmotivation* spezifizieren wollen.

Nun ist auch die hostile Aggression auf ihre Weise „spontan". Das ist aber auch das einzige, was sie mit der Wettkampfmotivation gemeinsam hat. Ihr Ziel ist es, die Schädigung, eventuell sogar Vernichtung des Opfers zu *genießen*. Dazu genügt als Auslöser unter Umständen, dass der andere sich eine Blöße gibt, Schwachstellen zeigt, an denen er sich fassen lässt. Schimpansen unternehmen gelegentlich regelrechte Kriegszüge in Nachbarterritorien und töten dort alles, was ihnen keinen Widerstand leisten kann, auch kleine Schimpansenjunge. Im Gegensatz dazu ist es für die assertive Aggression geradezu charakteristisch, dass sie echte Beschädigungen nach Möglichkeit vermeidet. Ihr Ziel ist nicht in erster Linie die Verletzung des Gegners, häufig auch noch nicht einmal seine Vertreibung, sondern allein seine *Unterwerfung*.

Varianten „aggressiver" Verhaltensmuster

	Auslösung	**Ziel**	**Motivation**
hostil	–	Beschädigung	spontan
instrumentell	Frustration	Verschwinden	reaktiv
assertiv	Rivale	Unterwerfung	spontan

Wenn nun also von der erhöhten „Aggressivität" des männlichen Geschlechts die Rede ist, so ist dies dahingehend zu spezifizieren, dass von den drei genannten Formen allein die assertive Aggressivität eine solche Geschlechtsgebundenheit aufweist.

Ritualisierung

Kämpfen ist immer mit Kosten verbunden. Man verbraucht Kräfte, man kann sich verletzen und schlimmstenfalls kommt man um. Bei der instrumentellen Aggression, wenn sie als einziger Ausweg aus einer unerträglichen Beschneidung lebensnotwendiger Interessen offen steht, ist das nicht zu vermeiden. Bei der Wettkampfmotivation aber, bei der es ohnehin nur um den Erwerb oder die Wahrung eines Vorranges geht, gibt es keinen Grund, ernste Schädigungen zu riskieren. Hier hat die Selektion daher Dispositionen begünstigt, die dazu beitragen, dieses Risiko zu minimieren. An erster Stelle ist hier ein Mechanismus zu nennen, den die Ethologen als *Ritualisierung* bezeichnen.

Darunter versteht man vorprogrammierte Verhaltensmuster, in denen der Kämpfende demonstrativ seine Stärke und Kampfbereitschaft bekundet, das sogenannte *Imponiergehabe*. Hierzu gehören alle Formen einschüchternden Verhaltens wie

Drohen, Lärmen, Brüllen, Sich-Großmachen, Muskeln zeigen und dergleichen, also alles, was dazu geeignet ist, den Rivalen vorzeitig zum Aufgeben zu veranlassen und damit den physischen Ernstkampf zu vermeiden.

Morphologisch wird Imponieren häufig durch einen Geschlechtsdimorphismus der äußeren Erscheinung unterstützt, der beim männlichen Geschlecht luxurierende, imposante Formen hervorgetrieben hat. Zur Brauchbarkeit der betreffenden Organe tragen sie nichts bei; ihre einzige Funktion besteht vielmehr darin, Größe, Stärke und Präsenz zu demonstrieren. Zu nennen wären hier etwa die Mähnen der Löwen und Paviane, die Hauer bei Wildschweinen, die Geweihe bei Hirschen und Elchen oder auch die Prachtfarbigkeit männlicher Hühnervögel, etwa der Pfauen. Arten mit asymmetrisch verteilter parentaler Investition sind deshalb unter anderem allein schon daran zu erkennen, dass die Männchen größer und auffallender gebaut sind, während die Weibchen praktischer, häufig tarnfarbig, aber damit eben auch unscheinbarer daherkommen.

Imponierverhalten hat den Zweck, Kampfhandlungen nach Möglichkeit ganz zu vermeiden. Nicht immer lässt sich das erreichen, und wenn es dann doch zu Tätlichkeiten kommt, sorgen eigens evoluierte Hemm-Mechanismen dafür, dass diese nicht über Gebühr eskalieren. Klapperschlangen beispielsweise sind nicht immun gegen ihr eigenes, tödliches Gift. Wenn hier zwei männliche Rivalen um die Gunst eines Weibchens kämpfen, dann führen sie eine eigentümliche Kombination von Ring- und Boxkampf aus, indem sie sich umschlingen, die Köpfe aneinander schlagen und den Rivalen zu Boden zu drücken suchen. Keiner der beiden aber beißt zu, auch der Unterlegene nicht, der dann eben aufgibt und sich trollt.

Der Sieger wiederum ist darauf vorbereitet, den Kampf einzustellen, wenn der Kontrahent „die Waffen streckt“. Im einfachsten Fall läuft der Verlierer einfach weg; er braucht sich dabei nicht zu beeilen, denn er wird nicht verfolgt. Bei Arten, für die es sich in der Evolution als zweckvoll erwiesen hat, in Gruppen zu leben, wäre die Flucht aber wenig sinnvoll, denn der positive Nutzen des Zusammenbleibens wäre hinfällig, wenn alle vor dem Stärksten davonliefen. In diesen Fällen kommt es zur Ausbildung von *Rangstrukturen*. Sie werden in eigens diesem Zweck dienenden Kämpfen festgelegt und haben eine *konfliktreduzierende* Wirkung. Der Sieger erhält Vorrechte zugestanden, zugleich bleibt der Zusammenhalt der Gruppe gewährleistet.

Damit wird ein Umstand deutlich, der in den seltensten Fällen gewürdigt wird, wenn von tierischen und übrigens auch menschlichen Rangordnungen die Rede ist. Voraussetzung dafür, dass sich funktionierende Rangordnungen ausbilden können, ist nicht allein die Kampfmotivation der Kontrahenten. Viel wesentlicher ist, dass die Besiegten auch bereit sind, sich einigermaßen stressfrei *unterzuordnen.*

Damit ist die Basis für friedliche Koexistenz gesichert und *Kooperation* unter ehemaligen Konkurrenten wird möglich. Unterordnung setzt nun aber eine weitere Disposition voraus. Man muss sich, wenn die eigenen Chancen gerade schlecht stehen, mit der niedrigeren Position zufrieden geben und mit der Verbesserung des eigenen Ranges warten können, bis die Gelegenheit dazu günstiger ist.

Wenn nun das männliche Geschlecht bei Arten mit asymmetrisch verteilter parentaler Investition zwar nicht auf „Aggressivität“ schlechthin, wohl aber auf assertive Kampfbereitschaft hin selektioniert ist, sollte man erwarten, dass hier sowohl die Neigung, Beschädigungskämpfe durch demonstrative Einschüchterung und unblutiges Kräftemessen zu ersetzen als auch die Bereitschaft, sich nach absolviertem Kommentkampf dem Überlegenen unterzuordnen, in besonderem Maße ausgebildet sind.

Wie es in dieser Hinsicht beim Menschen bestellt ist, werden wir später genauer zu prüfen haben; im tierischen Sozialverhalten jedenfalls wird diese Voraussage eindrucksvoll bestätigt. Dazu passt schließlich auch ein weiteres Phänomen, das zuweilen noch immer irreführenderweise unter die Sammelkategorie Aggression subsumiert wird: die Vorliebe für *Raufspiele.* Wir beobachten sie bei Tieren wie übrigens auch beim Menschen nahezu ausschließlich bei den juvenilen Männchen. Raufspiele haben zunächst freundschaftlichen Charakter, sind also eben nicht feindselig motiviert, stellen aber natürlich ein erstes Kräftemessen dar und dienen somit der Einübung der entsprechenden Fertigkeiten.

Risikobereitschaft

Bevor wir die weiteren Implikationen des männlichen Konkurrenzdrucks besprechen, ist ein Exkurs unvermeidbar. Wir müssen eines der bedeutsamsten Theoreme der modernen Evolutionsbiologie besprechen, das unter der Bezeichnung *Verwandtenselektion (kin selection)* bekannt geworden ist. Es geht dabei um die auf den ersten Blick jenseits unseres Themas liegende Frage, wie die Selektionstheorie die Entstehung *altruistischen* Verhaltens erklären kann. Hilfeleistung für andere geht ja auf Kosten des eigenen Fortpflanzungspotentials und sollte also zum Aussterben verurteilt sein.

Die Lösung, die schon von Haldane gesehen und später von Hamilton präzisiert wurde[14], lautet: Fremddienliches Verhalten ist dann evolutionsstabil, wenn es bevorzugt *nahen Verwandten* zugute kommt. Denn die Anlage, die zu solchem Verhalten geneigt macht, liegt dann ja wahrscheinlich auch im Genom des Empfängers. Selbst wenn der Spender seine eigenen Fortpflanzungs-Chancen im Zuge der Hilfeleistung reduziert, stirbt doch die Anlage selbst in der Population nicht aus, da sie in den Nachkommen des Empfängers weiterlebt. Ohne diese prinzipielle Zentrierung auf Verwandte allerdings wäre eine genetisch angelegte Selbstlosigkeit, wie sich in entsprechenden Modellrechnungen erhärten lässt, zum Aussterben verurteilt.

Wenn verwandtschaftliche Nähe ein so wichtiger Faktor bei der Gestaltung sozialer Beziehungen ist, stellt sich freilich die Frage, woran ein Tier diese Qualifikation erkennen soll. Die chemischen Sinne, vor allem der Geruch, können hier bei manchen Spezies Erstaunliches leisten. Weitaus häufiger aber ist ein anderes Prinzip: Die meisten Tiere nehmen *Vertrautheit,* sofern sie schon lange besteht und möglichst in die frühe Kindheit zurückreicht, als Indikator für verwandtschaftliche Nähe. Das heißt also: Eng vertraute Artgenossen sind sowohl die bevorzugten Empfänger für Hilfeleistung als auch umgekehrt diejenigen, bei denen man für sich selbst am ehesten Unterstützung und Sicherheit erhoffen kann.

Der fremde Artgenosse aber ist allemal ein Risiko. Auch er behält seine Prosozialität ja seinen Vertrauten vor. Und da Vertrautheit eine reziproke Relation ist, bin ich selbst ihm so fremd wie er mir; er wird mir also nicht helfen, sondern mit mir konkurrieren. Ich sollte ihn deshalb nach Möglichkeit meiden.

Das ist nun aber erst die eine Hälfte der Geschichte. Die andere führt uns noch einmal zu der Frage des evolutionären Nutzens der biparentalen Sexualität zurück. Wir hatten zu Beginn des Kapitels festgestellt, dass der Schlüssel zu ihrem Verständnis die Aufrechterhaltung genetischer Variabilität ist. Dies hat nun aber eine bisher noch nicht angesprochene Implikation: Nahe Verwandte sind *ungeeignete Geschlechtspartner.* Je ähnlicher ihr Erbgut dem eigenen ist, desto nutzloser wird es, sich mit ihnen zu paaren. Derselbe Selektionsdruck, der die Fortpflanzung an den Austausch von Erbmaterial koppelte, musste jedenfalls auch dafür sorgen, dass dieser Austausch nicht regelmäßig unter nahen Verwandten stattfindet. Genau dies

14 Hamilton, 1978

läge aber nur zu nahe, wenn wir Fremden gegenüber nichts als Vermeidungsreaktionen zeigen würden. Die Notwendigkeit, Inzucht zu verhindern, muss also dem Verlangen, sich an Vertraute zu binden, zumindest im Kontext der Paarung eine Gegenkraft entgegenstellen, die umgekehrt dazu motiviert, Vertrauten aus dem Wege zu gehen und den Kontakt zu Fremden zu suchen[15].

Dass Sexualpartner dann unter Umständen eine länger dauernde Bindung eingehen, die bislang Fremden also sekundär zu Vertrauten werden, widerspricht nicht dem Prinzip, dass Vertrautheit prosoziales Verhalten fördert. Denn in diesem Falle sorgen beide für dieselbe Brut, und jede Hilfeleistung für den Partner kommt auch der eigenen Nachkommenschaft zugute. Zunächst brauchen wir diese Erweiterung aber nicht zu berücksichtigen, da wir hier die Verhältnisse bei klar asymmetrischer Verteilung der parentalen Investition besprechen.

Was hat die Vertrautheitsdimension nun für eine Bedeutung für unser Thema? Wir müssen hierzu bedenken, dass die männlichen Konkurrenzkämpfe trotz aller Sicherheitsvorkehrungen, mit denen sie die Selektion ausgepolstert hat, doch ein riskantes Unternehmen bleiben. Wer hier mithalten will, muss zuvorderst einmal so geartet sein, dass er nicht das Risiko scheut, sich einer gefährlichen Situation auszusetzen.

Das größte Risiko, das einem Lebewesen abgesehen von Raubtieren drohen kann, ist aber, wie wir eben sahen, der *fremde Artgenosse*. Wenn nun also die Bereitschaft zum Konkurrenzkampf eine erhöhte Risikofreudigkeit nahe legt, lässt sich vermuten, dass das hierfür prädestinierte Geschlecht auch eine geringere Abhängigkeit von der Familienbindung und eine größere Explorativität gegenüber fremden Artgenossen zu erkennen gibt.

Tatsächlich beobachtet man nun bei der großen Mehrzahl der sozialen Säugetiere, dass die heranreifenden Männchen noch vor Eintritt der Geschlechtsreife den Familienverband verlassen und sich draußen den Unbilden der Fremde aussetzen, während die Weibchen, von wenigen noch zu besprechenden Ausnahmen abgesehen, in der Familie bleiben und warten, bis ein Männchen kommt und sie abwirbt. Die emigrierten Jungmännchen bleiben dann, bis sie ins paarungsfähige Alter kommen, entweder solitär oder, und das ist die Regel, sie schließen sich lockeren Rudeln von zunächst fremden Männchen an, so genannten „Junggesellengruppen“ oder *Kohorten*[16]. Solche Verbände sind längst nicht so eng und geschlossen wie Familiengruppen; aber die Mitglieder kommen doch auf pragmatische Weise miteinander aus. Wechselseitige Hilfeleistung wird weder erwartet noch gespendet, aber die Individuen tolerieren einander und kooperieren auch, wenn es sich für alle lohnt.

Als Begleitsymptom einer für Konkurrenzkämpfe gerüsteten Konstitution ist also eine gewisse Nivellierung des Verhaltens gegenüber vertrauten und fremden Artgenossen zu verzeichnen.

Misserfolgstoleranz

Der wohl folgenreichste geschlechtsspezifische Selektionsdruck im Zusammenhang mit der männlichen Konkurrenz besteht in einer charakteristischen Haltung gegenüber *Widerständen*. Wer ständig gegen eine Phalanx von Rivalen anzukämpfen hat, der schafft das nur, wenn es längst seine Natur geworden ist, keine noch so geringe Chance auszulassen und ständig „am Ball“ zu bleiben. Da bei einigermaßen realistischer Einschätzung der Lage die Situation oft die Mühe nicht lohnt,

[15] Dazu ausführlicher Bischof, 1979, 2001
[16] Detailliert s. Bischof, 2001

darf die Einschätzung eben auch nicht übertrieben realistisch sein. Die Neigung zu verhaltener Umsicht wird deshalb seltener im Genom von Männchen vertreten sein als unbedenkliches Draufgängertum. Eine gewisse Tendenz, die Dinge rosiger wahrzunehmen, als sie wirklich sind, ist eben hilfreich, um auch noch in aussichtslosen Situationen jenen entscheidenden Versuch zu wagen, der dann wider Erwarten doch zum Erfolg führt.

Solche Glücksfälle bleiben freilich dünn gesät und so gehört es zur alltäglichen Erfahrung der meisten um die wenigen freien Weibchen konkurrierenden Männchen, dass sie trotz heftigen Bemühens wieder einmal den Kürzeren gezogen haben. An sich pflegen Misserfolge nun aber auf die Dauer zu entmutigen, und wenn es arg kommt, können sie in die Sackgasse depressiver Handlungsunfähigkeit führen.

Männchen, die dafür anfällig sind, haben wenig Aussicht, überhaupt je zur Fortpflanzung zu gelangen. Sie müssen einfach darauf eingerichtet sein, dass es nicht gleich beim ersten Mal klappt, und beim zweiten und fünften Mal auch noch nicht. Ein Männchen, das nach einigen vergeblichen Versuchen mit Stresssymptomen reagiert und aufgibt, hat eine sehr geringe Chance, diese Dünnhäutigkeit an Söhne der nächsten Generation zu vererben. Was die Selektion hier machtvoll fördern muss, ist die Bereitschaft zur *Verleugnung* bzw. zum einigermaßen *unverdrossenen Hinnehmen von Misserfolgen.*

Dieser Selektionsdruck wirkt offenkundig *nicht* auf das weibliche Geschlecht, da dieses die Fortpflanzungsressourcen selbst kontrolliert. Zwar bleibt ja auch das eine oder andere Weibchen nicht von der deprimierenden Erfahrung verschont, dass der eigentlich bevorzugte „Märchenprinz" – auch den gibt es schon bei Tieren! – unerreichbar ist. Wenn das ihre Initiative lähmt, resultiert daraus aber eben nicht ein endgültiger Fortpflanzungsverzicht, denn irgendwer findet sich schließlich immer noch, der ihr zur Nachkommenschaft verhilft.

Diese scheinbar „mildere" Behandlung des weiblichen Geschlechts durch die Selektion hat sich jedoch für den Menschen als ein Danaergeschenk erwiesen. Wir werden später sehen, dass hier wahrscheinlich eine der wichtigsten und bislang in ihrer Bedeutung noch am wenigsten gewürdigten Problemquellen liegt, die unter den modernen Berufsbedingungen die Chancengleichheit der Geschlechter beeinträchtigen.

Männliche Fürsorgebereitschaft

Bisher ist vom Regelfall einer deutlich asymmetrisch verteilten parentalen Investition die Rede gewesen. Nun wurde aber schon darauf hingewiesen, dass es im Tierreich genügend viele Fälle gibt, in denen sich diese Divergenz reduziert, weil morphologische und ökologische Bedingungen dem Männchen eine Beteiligung am Reproduktionsgeschäft abverlangen, die über das Minimum der Partnersuche und Zeugung hinausgeht. Wo immer die Weibchen allein die Aufzucht der Jungen nicht bewältigen könnten, liegt bei den Männchen eine Selektionsprämie auf der Bereitschaft, eine gewisse Zeit bei der Mutter zu bleiben und diese bei der Brutpflege zu unterstützen.

Was auf diese Weise entsteht, wird als „Tierehe" bezeichnet; und auch wenn natürlich viele soziologische und psychologische Aspekte der menschlichen Ehe keine tierische Entsprechung haben, ist diese anspruchsvolle Ausdrucksweise nicht unberechtigt. Das entscheidende Charakteristikum ist hier nämlich, dass Männchen und Weibchen, die einander zunächst fremd waren, sich nicht allein zum Paarungsvollzug, sondern zu einer länger dauernden Fortpflanzungsgemeinschaft zusammenfinden, deren motivationale Grundlage nicht allein die Sexualität, sondern eine auf erworbener Vertrautheit basierende Bindung ist. Die Notwendigkeit, diese beiden Motivsysteme zu unterscheiden, wird dort besonders offensichtlich, wo die Brunftsaison auf wenige Wochen im Jahr beschränkt bleibt, ohne dass dies den ganzjährigen Zusammenhalt der Partner tangiert.

Es gibt viele Varianten der Tierehe[17]; im vorliegenden Zusammenhang genügt es, grob drei Formen zu unterscheiden: Die Gruppenehe, die Haremsgemeinschaft und die Einehe.

Bei der *polygamen* oder *Gruppenehe,* etwa der Rhesusaffen, Savannenpaviane und Schimpansen, bilden mehrere Männchen und Weibchen gemeinsam eine Lebensgemeinschaft. Im Prinzip haben hier alle Männchen sexuellen Zugang zu allen Weibchen; praktisch können sich aber einzelne Männchen Paarungsprivilegien und damit einen erhöhten Anteil am Fortpflanzungsgeschäft sichern.

Bei der *polygynen* oder *Haremsgemeinschaft,* wie sie beispielsweise von Pferden, Mantelpavianen und Gorillas praktiziert wird, monopolisiert ein Männchen den Zugang zu mehreren Weibchen; andere Männchen werden entweder vertrieben oder nur unter der Bedingung des Paarungsverzichts geduldet.

Bei beiden Eheformen ist die Asymmetrie der parentalen Investition reduziert, aber immer noch deutlich. Der eigentlich interessante Grenzfall einer nahezu vollständigen Angleichung der väterlichen an die mütterliche Investition ist erst bei der *Monogamie* gegeben.

Diese exklusive Partnerbindung findet sich am ehesten bei kleinen und relativ schwachen Wirbeltieren, so etwa bei vielen Vögeln, bei denen der Aufwand an Fütteraktivität gar nicht von einem Elternteil allein geleistet werden könnte. Bei Säugetieren ist diese Eheform vergleichsweise selten. Wölfe etwa sind monogam und Biber, unter den Primaten beispielsweise die Weißbüscheläffchen. Von unseren nächsten Verwandten, den Menschenaffen, lebt nur der Gibbon in Einehe.

Wenn eine Tierart für Monogamie optiert hat, erkennt man das meist rein äußerlich schon an einem deutlich reduzierten Sexualdimorphismus. Männchen und Weibchen sind hier oft kaum oder überhaupt nicht zu unterscheiden, was daran liegt, dass die Männchen, metaphorisch ausgedrückt, auf eine Fantasieuniform verzichten und sich genauso praktisch kleiden wie ihre Partnerin. Dieser Nivellierung im Erscheinungsbild entspricht aber auch eine Annäherung im Verhaltensinventar.

Am deutlichsten wird das am männlichen *Fürsorgeverhalten.* Sein Schwerpunkt kann, wie etwa beim Gibbon, darin liegen, dass die Familie vor Angriffen geschützt wird. Bei Weißbüscheläffchen hilft der Vater, übrigens auch die älteren Brüder, die Babys herumzutragen, bis sie sich allein fortbewegen können[18]. Schließlich kann es sich auch um einen Beitrag zur Fütterung handeln, nicht etwa nur bei Vögeln, sondern auch bei Säugetieren wie etwa Wölfen und Hyänen, bei denen beide Geschlechter die Jungen mit Jagdbeute versorgen. Die Milchproduktion bleibt freilich auch hier den Bedingungen disruptiver Evolution unterworfen, d. h. ausschließlich den Weibchen vorbehalten, vermutlich deshalb, weil die Laktationsorgane so empfindlich sind, dass sie die männliche Wehrhaftigkeit allzu sehr beeinträchtigen würden. Das ist sicher der Hauptgrund, warum so wenige Säugetierarten monogam sind; denn bei dem Aufwand, den die Weibchen leisten müssen, bietet sich eine niedrigere parentale Investition für die Männchen geradezu an.

Wie sieht es nun aber in Bezug auf das Konkurrenzverhalten aus? Da sich bei der Monogamie ein Männchen nur an ein einziges Weibchen bindet, reduziert sich jedenfalls der männliche Konkurrenzdruck. Zudem leben die Paare monogamer

[17] Bischof, 1972
[18] Bischof, 1985

Arten meistens nicht in einer Gruppe, sondern in einem eigenen Territorium; in diesen Fällen besteht keine Notwendigkeit zu Rangauseinandersetzungen. Der Disposition zu assertiver Aggression kommt somit beim männlichen Geschlecht kein sonderliches Gewicht zu. Dagegen gilt es, das Territorium gegen Eindringlinge von außen, seien sie Artgenossen oder Artfremde, zu verteidigen und dies tun Männchen wie Weibchen nahezu gleichermaßen aggressiv.

Wir konstatieren also eine Angleichung im Fürsorgeverhalten und zum Teil auch in der Aggressionsform. Das wirkt sich unter anderem auf die Stellung der Geschlechtspartner zueinander aus, die durchaus die Bezeichnung „Gleichberechtigung" verdient, sofern das Weibchen nicht sogar privilegiert ist: Bei den monogamen Weißbüscheläffchen, die wir in unserem Institut über viele Jahre beobachten konnten, beansprucht das Weibchen den Vortritt beim Zugang zu besonderen Leckerbissen. Bei den Männchen etlicher monogamer Arten bleiben aber polygyne Merkmale erhalten, so dass hier bei gegebenen Umständen auch eine Wechsel stattfinden kann[19].

Werbungsstrategien

Die Teilnahme der Männchen an der Brutpflege zieht noch eine weitere wichtige Veränderung in ihrem Verhaltensrepertoire nach sich. In diesem Fall hat die Angleichung der parentalen Investition nicht den Effekt, Geschlechtsunterschiede abzubauen; vielmehr wird hier ein weiterhin spezifisch männliches Verhaltensmuster auf charakteristische Weise umgeformt.

Es geht um das Ritual der *Partnerwerbung*. Diese bleibt auch bei monogamen Arten die alleinige Aufgabe der Männchen, aber sie wandelt eben ihre Erscheinungsform. Auf diesen Stilwechsel hat meines Wissens erstmals Eibl-Eibesfeldt aufmerksam gemacht[20]. Er führt als Beispiel für Männchen mit extrem *niedriger* parentaler Investition die Galapagos-Echsen an. Bei dieser Tierart bedienen sich die werbenden Männchen einer phylogenetisch primitiven Strategie: Sie demonstrieren dem umworbenen Weibchen ihre Stärke und Vitalität, indem sie es wie einen Konkurrenten behandeln. Das Werbungsritual entstammt dem Inventar des *Drohverhaltens*. Es wäre aber falsch zu meinen, das Weibchen würde dabei durch Einschüchterung zur Paarung gezwungen. Denn wenn sie die Werbung nicht akzeptiert, geht sie auf das Spiel einfach nicht ein und bleibt unbeteiligt, wogegen das Männchen nichts weiter zu unternehmen weiß.

Willigt die Umworbene aber ein, so bekundet sie dies durch eine Gebärde der *Unterwerfung*, die dann den Paarungsakt einleitet. Der biologische Sinn dieses Ritu-

> Der kleinste unter den Hühnervögeln, die Chinesische Zwergwachtel, lebt monogam. Wirft man einem bindungsbereiten Pärchen dieser Tierart einen Mehlwurm ins Gehege, so rennen beide hin, um den Leckerbissen zu ergattern. War das Weibchen früher da, entreißt ihr der Partner jedoch die Beute, verschluckt sie aber nicht etwa, sondern hält sie ihr mit schräggestelltem Kopf entgegen, wobei er den Futterlockruf ertönen lässt. Kommt sie dann herbei und frisst ihm den Mehlwurm aus dem Schnabel, so hat sie seine Werbung akzeptiert. Anderenfalls dauert es eine vom menschlichen Zuschauer als quälend lange empfundene Weile, bis er die Beute schließlich, sozusagen lustlos und resigniert, selbst verschluckt.

[19] Andersson, 1994; Trivers, 1978
[20] Eibl-Eibesfeldt, 1970

als ist offensichtlich: Das Männchen muss dem Weibchen deutlich machen, dass er eine Paarung wert ist, und das kann er am besten, indem er ihr am eigenen Leibe vorführt, dass er kein Schwächling ist.

Je höher dann aber die parentale Investition des Männchens ist, besonders also bei den monogamen Arten, desto eindeutiger schiebt sich ein anderes Werbungsmuster in den Vordergrund. Das Weibchen hat hier ja allen Grund, zusätzlich auf Indizien zu achten, die darauf hinweisen, dass der Bewerber auch nach der Zeugung bei ihr bleiben und bereit sein wird, sich an der Aufzucht zu beteiligen. Männchen dieser Arten werben daher auf die Weise, dass sie symbolisch ihre *Bindungs-* und *Fürsorgebereitschaft* demonstrieren. Sie bieten der Umworbenen Futter an oder überreichen ihr Nestmaterial, womit sie gleichsam zum Ausdruck bringen, wie gut sie für die Familie sorgen können (siehe Kasten).

Nicht alle monogamen Arten bedienen sich solcher Rituale; es kann auch hier vorkommen, dass der Freier in erster Linie zu zeigen hat, wie kräftig und furchtlos er ist. In diesem Fall, der zum Beispiel bei Wildgänsen gegeben ist, droht er nun aber nicht mehr die Partnerin an, sondern er unternimmt eindrucksvolle Schau-Attacken gegen Außenstehende. Dabei kommt es kaum zum Ernstkampf; das Ganze dient vielmehr in erster Linie der Inszenierung der siegreichen Rückkehr zur Umworbenen, die ihn im Falle akzeptierter Werbung mit lautstarkem Begrüßungsgeschrei empfängt.

10 Weibliche Strategien

Schluss vom Tier auf den Menschen?

Im letzten Kapitel haben wir begonnen, uns mit evolutionsbiologischen Erklärungsmustern auseinander zu setzen. Bevor wir das Bild im vorliegenden Kapitel abrunden, besteht Anlass, noch einmal auf die Logik dieser Argumentation zu reflektieren.

Die biologische Betrachtungsperspektive geht manchen gegen den Strich, die sich schon in der Gewissheit wiegten, als Sozialwissenschaftler ein für allemal dispensiert zu sein, sich mit Argumenten der ungeliebten Nachbarwissenschaft auseinandersetzen zu müssen. Es ist daher wohl verständlich, dass sie, zumal wenn ideologisch unterfütterte Wertungen auf dem Spiel stehen, nach Auswegen suchen, um sich der Auseinandersetzung zu entziehen. Solange das auf der Basis sachlicher Argumente erfolgt, ist dagegen nichts einzuwenden. Lästig wird es indessen, wenn Kritiker die Undifferenziertheit ihres eigenen Denkstils der kritisierten Materie anlasten oder gar mangels seriöser Einwände auf illegitime Unterstellungen zurückgreifen. Zwei Typen solcher Einwände seien hier wenigstens kurz angesprochen[1].

Ein Evergreen unter den Totschlag-Argumenten behauptet, Erwägungen der im letzten Kapitel vorgetragenen Art basierten auf einem fahrlässigen, weil ohne Problembewusstsein vollzogenen „Schluss vom Tier auf den Menschen“. Biologisch argumentierende Autoren werden in diesem Zusammenhang gern als humanwissenschaftliche Dilettanten vorgeführt, die allenfalls etwas von irgendwelchen exotischen Tierarten verstünden.

Demgegenüber ist Folgendes klarzustellen. Zu den eindrücklichsten Erfahrungen, die jeder Biologe im täglichen Umgang mit seinem Gegenstandsgebiet macht, gehört die Einsicht, dass keine Spezies der anderen gleicht. Selbst bei nahe verwandten Tierarten stößt man immer wieder auf erstaunliche Sprünge in der Merkmalsausstattung. Savannen- und Mantelpaviane, Antilopen und Zwergantilopen, von Nagern ganz zu schweigen – sie alle können sich, gerade was das Sozialverhalten betrifft, in einem Ausmaß voneinander unterscheiden, das bei keinem, der etwas von der Materie versteht, die Erwartung aufkommen lässt, Kenntnis einer Art könne das Studium anderer Arten ersparen.

Die Evolutionsbiologie denkt daher überhaupt nicht daran, irgendwelche bei Fruchtfliegen, Graugänsen oder Schimpansen aufgefundenen Phänomene pauschal auf den Menschen zu generalisieren. Sie ist vielmehr, ähnlich der theoretischen Physik, eine in hohem Maße *deduktive* Wissenschaft. Ihr wichtigstes Argument lautet: Wenn organismische Formbildung sich überhaupt unter dem Druck der Selektion vollzieht, welche vererbungsstatistischen Effekte müssen dann unter welchen Bedingungen zwangsläufig eintreten? Welche Dynamik muss also beispielsweise einsetzen, wenn Männchen, gleich welcher Tierart, ein deutlich höheres Fortpflanzungspotential haben als Weibchen?

Die solcherart hergeleiteten Theoreme werden heutzutage durch Modellrechnungen und Computersimulation auf ihre Stichhaltigkeit geprüft. Oft genug treten dabei Schwierigkeiten zutage, die zu einer Revision der Aussagen zwingen. Selbstverständlich werden die Thesen auch empirisch geprüft, aber nicht so, dass man sich bei der unerschöpflichen Formenvielfalt tierischer Verhaltensmuster bedient wie in einem Supermarkt, um Beweise für etwas zu finden, was man a priori gern

[1] Siehe auch Bischof-Köhler, 1990b

glauben möchte. Das Prinzip ist wesentlich strenger. Die Thesen, um die es geht, fordern ja üblicherweise einen kausalen Zusammenhang zwischen Bedingungen und Konsequenzen. Man hat dann also Modell-Tierarten zu wählen, bei denen die Bedingungen erfüllt sind, und zu prüfen, ob die Konsequenzen auftreten oder eben nicht. Wenn dieselben Bedingungen allerdings auch beim Menschen gegeben sind, und wenn bei ihm Erscheinungen beobachtet werden, die gerade den erwarteten Konsequenzen entsprechen, dann besteht kein logischer Grund, ausgerechnet ihn aus der Argumentationsfigur auszuklammern.

Scheinbar widersprüchliche Befunde

Eine zweite Klasse von Einwänden bedient sich des Stilmittels, unter Berufung auf irgendwo aufgelesene Detailbefunde den Evolutionsbiologen einen allzu beschränkten Horizont sogar in ihrem eigenen Fachgebiet vorzuhalten. Genauere Prüfung ergibt dann freilich in der Regel, dass die kritisierten Schlussfiguren nicht auf einem angemessenen Niveau gedanklicher Subtilität rezipiert und daher missverstanden worden sind.

Auch hierfür ein Beispiel. Bei Arten mit Ranghierarchien kann man erwarten, dass die ranghöchsten Männchen den größten Reproduktionserfolg haben. Für viele Arten ist auch empirisch belegt, dass Ranghöchste am meisten kopulieren. Ob sie deshalb auch die meisten Nachkommen haben, ist damit allein noch nicht bewiesen. Seit einiger Zeit ist es nun möglich, in Tiergesellschaften mit Hilfe des so genannten „genetic fingerprinting“ zuverlässige Vaterschaftsprüfungen vorzunehmen. Dabei hat sich bei einer Gruppe von gefangenen Rhesusaffen herausgestellt, dass die ranghöchsten Männchen in der Tat die meisten Nachkommen gezeugt hatten. Bei einer zweiten Gruppe war dies dagegen nicht der Fall[2]. Auch direkte Beobachtung zeigt, dass Weibchen neu in die Gruppe eingewanderten Männchen oft den Vorzug geben, obwohl diese noch eine relativ niedrige Rangposition innehaben[3]. Solche und ähnliche Befunde werden dann in einer Weise kolportiert, als würden sie das gesamte evolutionsbiologische Argumentationsgebäude zum Einsturz bringen.

Was ist von solchen Einwänden zu halten? Die These, dass männliche Ranghöhe mit Fortpflanzungsvorteilen verbunden ist, stützt sich auf das Faktum, dass Männchen ganz offenkundig *motiviert* sind, sich auf Rangkämpfe einzulassen. Bei aller Ritualisation und Beißhemmung sind solche Auseinandersetzungen immer noch so riskant, dass sie ohne einen Selektionsvorteil längst abgezüchtet wären. Spricht dagegen nun wirklich die unklare Befundlage beim *genetic fingerprinting?*

Man muss dazu die Frage stellen, wie denn der Zusammenhang zwischen Ranghöhe und Fortpflanzungserfolg proximat vermittelt wird. Es gibt keine Hinweise darauf, dass das Alpha-Männchen die Weibchen unter Einsatz seiner Machtmittel einfach zur Treue zwingen könnte. Dagegen spricht auch schon das Faktum der weiblichen Partnerwahl, was sich insbesondere auch darin bekundet, dass bei Primaten, mit Ausnahme der Orang-Utans, keine Vergewaltigungen vorkommen.

Wen aber wählen die Weibchen eigentlich? Die Männchen tragen ja keine Uniformen, bei denen sich aus der Zahl der Sterne auf der Schulterklappe direkt der Dienstgrad ablesen ließe. Es kommt, streng genommen, auch gar nicht wirklich auf die faktische Rangposition an; die Theorie fordert doch nur, dass die Weibchen bei ihren Geschlechtspartnern auf Anzeichen exzellenten physischen In-Form-Seins achten. Dazu brauchen sie nicht den Ranghöchsten zu wählen, es genügt, wenn

2 Smuts, 1987a
3 Smuts, 1987b

sie Männchen den Vorzug geben, die die Kraft und das Selbstvertrauen erkennen lassen, eine ranghohe Position zu *beanspruchen.*

Natürlich wird die reale Ranghöhe statistisch mit diesem Anspruchsniveau korrelieren, aber doch nur moderat. Gerade die – übrigens auch aus Gründen der Inzuchtvermeidung attraktiven – neu eingewanderten Männchen sind zwar noch niederrangig, haben aber dadurch, dass sie sich von ihrer Herkunftsgruppe emanzipiert und auf das Abenteuer der Einwanderung eingelassen haben, unter Beweis gestellt, dass noch eine Menge aus ihnen werden kann. Primatologen vermuten daher, dass die Weibchen weniger nach der *faktischen* als nach der *prospektiven* Ranghöhe wählen[4].

Das Argument müsste also jedenfalls lauten: Die Selektionsprämie liegt gar nicht auf der wirklich eingenommenen Rangposition, sondern auf die Stärke der *Motivation, sich eine solche zu erkämpfen.* Es mag sein, dass manche evolutionsbiologischen Autoren diesen Umstand verkürzt darstellen oder die Zusammenhänge gar nicht so differenziert durchdacht haben. Kritik, die aus solchen Schwachstellen Kapital schlägt, hat dann freilich keinen Bestand.

Thesen zur weiblichen Ausstattung

Gleichwohl kommen wir nicht umhin, die wichtigsten der gegenwärtig diskutierten Einwände dieser Art zu besprechen. Sie betreffen interessanterweise vor allem die Verhältnisse beim *weiblichen* Geschlecht. Über dessen Ausstattung haben wir im letzten Kapitel schon einige Thesen herausgearbeitet, die hier noch einmal zusammengestellt seien. Wir konzentrieren uns dabei im Wesentlichen auf die Verhältnisse bei *Säugetieren,* wobei wir vom Regelfall einer asymmetrischen Verteilung der parentalen Investition ausgehen.

1. Weibchen sind morphologisch und motivational darauf eingerichtet, die ausgetragenen Jungen nach der Geburt zu *ernähren* und zu *pflegen.* Eine entsprechende Sekundäranpassung mit kürzerer Evolutionsgeschichte kann jedoch, in abgestufter Intensität, auch im männlichen Geschlecht auftreten.

2. Im Paarungsverhalten übernehmen die Weibchen die *Qualitätskontrolle,* sie lassen sich umwerben, prüfen den *Partner* auf seine Tauglichkeit und stellen auch höhere Anforderungen an die *situativen* Bedingungen; anderenfalls verweigern sie die Paarung.

3. Weibchen brauchen miteinander nicht um paarungsbereite Männchen zu *konkurrieren.* Entsprechend *schwach* entwickelt sind bei ihnen die männlichen Spezialanpassungen an Konkurrenzdruck, nämlich:
   - *Assertive* Kampfmotivation, die nicht auf Vertreibung, sondern *Unterwerfung* des Gegners zielt und eine hohe Rangposition sichern soll,
   - Unempfindlichkeit für *Rückschläge* und *Misserfolge,*
   - *Risikofreude* und entsprechend größere Toleranz gegen *fremde* Artgenossen.

[4] Martin, 1992

Von diesen drei Themenblöcken dürfte der erstgenannte, soweit es jedenfalls Tiere betrifft, am unstrittigsten sein. Die beiden übrigen werden hingegen gelegentlich in Zweifel gezogen. Die wichtigste Rolle spielt dabei der an dritter Stelle genannte, mit dem wir die kritische Analyse beginnen wollen.

Weibliche Aggressivität

Feministisch orientierte Ethologinnen bemühen sich gegenwärtig angelegentlich, das weibliche Geschlecht von dem Stigma eines Defizits in der „Aggressivität" zu reinigen. So argumentiert etwa Barbara Smuts, bei manchen Primaten seien die Weibchen aggressiver als die Männchen, bei anderen sei es umgekehrt, und aufs Ganze gesehen ließen sich die Geschlechter in der Aggression überhaupt nicht unterscheiden[5].

Nun ist es schon einmal irreführend, von *den* Primaten zu sprechen, so als rechtfertige die Zugehörigkeit zur selben taxonomischen Ordnung bereits eine Zusammenfassung. Man muss schon ein funktionales Kriterium angeben, das den Vergleich sinnvoll erscheinen lässt. Im Bezugsrahmen einer evolutionsbiologischen Analyse wäre am ehesten das Ausmaß, in dem sich die Geschlechter in der parentalen Investition unterscheiden, ein solches Kriterium. Klassifiziert man die Befunde unter diesem Gesichtspunkt, wird die scheinbar wahllose Beliebigkeit, bei der alles möglich erscheint, schon sehr reduziert, und es beginnen sich interpretierbare Ordnungsmuster abzuzeichnen.

Wenn Forscher zu der Annahme kommen, dass bei Arten mit asymmetrischer parentaler Investition Geschlechtsunterschiede in der „Aggression" nicht ins Gewicht fielen, dann stellt sich bei genauer Hinsicht regelmäßig heraus, dass sie nur das *quantitative* Potential in Betracht gezogen, also etwa die Häufigkeit des Beißens gezählt, die *Anlässe* und die *Form* der Aggressionsäußerung aber außer Acht gelassen haben. In Bezug auf diese zeigt sich nämlich durchgehend, dass ein Unterschied zu den Männchen sehr wohl existiert.

Vor allem fehlen bei den Weibchen weitgehend Äußerungsformen *assertiver* Aggression, also insbesondere die ritualisierten Formen des Drohens und des Imponierens[6]. Aggression tritt bei Weibchen *reaktiv* auf, etwa bei Konflikten im Zusammenhang mit der Nahrungsaufnahme, gegenüber fremden Gruppen oder bei der Verteidigung eigener Jungtiere, wobei unter Umständen sogar Männchen angegriffen werden. Hierbei bekunden die Weibchen zum Teil ein erhebliches aggressives Potential. Dieses ist in seiner Äußerung viel weniger durch Beißhemmungen gebremst als bei Männchen, und Angriffe werden, wie gesagt, seltener durch Drohen angekündigt. Wirklich heftige Kämpfe zwischen Weibchen sind zwar selten, wenn sie vorkommen, führen sie aber meist zu ebenso ernsthaften Verletzungen wie bei Männchen[7].

Geschlechtsunterschiede bestehen bei Arten mit asymmetrischer Investition also wohl in erster Linie darin, dass das Schwergewicht bei den Weibchen eher auf dem Sektor der *instrumentellen* Aggression liegt.

---

[5] Smuts, 1987a

[6] Hrdy, 1981

[7] Smuts, 1987a

Weibliche Rangordnung

Entgegen der evolutionsbiologischen Argumentation wird ferner geltend gemacht, dass auch bei reinen Weibchengruppen *Rangordnungen* vorkommen, sehr ausgeprägt beispielsweise bei Rhesusaffen und bei Savannenpavianen[8]. Das widerspricht aber nur scheinbar der Feststellung, dass Weibchen miteinander keine Rangkämpfe ausfechten. Wenn weibliche Hierarchien auftreten, dann sind diese in der Regel nämlich auf andere Weise zustande gekommen.

Bei vielen Primatenweibchen bestimmt sich der Rang einfach nach dem *Alter.* Dabei können die jeweils älteren Tiere automatisch in die höhere Position hineinwachsen. Es kommt jedoch auch das Umgekehrte vor. So nimmt etwa bei Rhesusaffen die jeweils jüngste Tochter den höchsten Rang ein, sinkt aber mit jeder nachgeborenen Schwester im Status ab[9]. Leben mehrere Muttertiere mit ihren Nachkommen in einer Gruppe zusammen, so kann auch die *Clanzugehörigkeit* der Mutter rangbestimmend sein: Je einflussreicher ihr Familienclan ist, desto mehr kann sich auch eine Tochter herausnehmen; man könnte hier geradezu von einer Analogie zum Erbadel reden. Schließlich ist noch die Möglichkeit zu erwähnen, dass sich der Status eines Weibchens auch nach dem des *männlichen Geschlechtspartner*s richten kann, wie z. B. bei den Schimpansen. Da diese allerdings keine dauerhafte Bindung zwischen den Geschlechtern kennen, sondern nur vorübergehend so genannte *consort pairs* bilden, bei denen ein Männchen ein Weibchen begleitet, solange es im Östrus ist, sind weibliche Rangkonstellationen hier instabiler als die Männchenhierarchien und infolgedessen für den Beobachter auch weniger leicht zu durchschauen[10].

Entscheidend für die Frage, ob beim weiblichen Geschlecht eine Disposition zum Rivalenkampf selektiv begünstigt war, ist die Feststellung, dass für Weibchen, die in sozialen Verbänden leben, im Regelfall keine Notwendigkeit besteht, sich einen Rangplatz zu *erkämpfen.* Die abgewanderten Jungmännchen müssen sich draußen mit Fremden arrangieren; die zurückgelassenen Weibchen aber sind einander von Geburt an vertraut, sie bleiben sozusagen immer unter sich. Sie sind, fachsprachlich ausgedrückt, *philopatrisch*[11]. Wenn das einzelne Tier hier in eine Rangkonstellation hineingeboren wird, lernt es im ständigen Umgang mit längst bekannten Gruppenmitgliedern, wem man in welcher Situation den Vortritt lassen sollte, wenn man nicht attackiert werden will. Es regt sich aber, von äußerst seltenen Einzelfällen abgesehen, in einem heranwachsenden Weibchen offensichtlich nicht spontan das Bedürfnis wie bei Jungmännchen, eines Tages ranghohe Gruppenmitglieder zu *provozieren* und zu einer Auseinandersetzung herauszufordern.

Weibliche Abwanderung

Es gibt nun allerdings Konstellationen, in denen auch Weibchen mit einer *fremden Artgenossin* konfrontiert werden. Das kann zum Beispiel der Fall sein, wenn der Mensch Tiere unter ökologisch nicht artgerechten Bedingungen in Gefangenschaft hält. Geraten fremde Weibchen hier aneinander, dann wird die Schwächere erbarmungslos attackiert, vertrieben und, sofern sie nicht fliehen kann, erheblich verletzt. Dem Tierkenner fällt dabei auf, dass die Bisswunden sich auf die Rückseite konzen-

8 Walters & Seyfarth, 1987; Silk, 1987
9 Sade, 1967
10 Hrdy, 1981; Goodall, 1986
11 Pusey & Parker, 1987

trieren[12]. Auch wenn das unterlegene Weibchen also eindeutig Fluchtbereitschaft signalisiert, vermag dies offensichtlich nicht, die Aggression der Siegerin zu dämpfen. Daran zeigt sich deutlich, dass aggressive Hemmungen bei Weibchen in geringerem Maße ansprechen und dass diese nicht wie die Männchen auf die Unterwerfung, sondern auf Vertreibung der fremden Rivalin aus sind.

Nun gibt es allerdings auch natürlich vorgesehene Bedingungen, unter denen fremde Weibchen miteinander auskommen müssen. Das Problem stellt sich beispielsweise zumeist bei der polygynen Eheform. Bei Gorillas, Pferden und Zebras werden junge Weibchen, sobald sie geschlechtsreif sind, von fremden Männchen aus ihrer Familiengruppe abgeworben oder entführt. Die Männchen sammeln auf dieses Weise nach und nach mehrere Weibchen in einem Harem, und diese Weibchen kennen sich zunächst natürlich nicht.

Eine zweite Möglichkeit der Konfrontation mit fremden Weibchen ergibt sich in den bei Säugern seltenen Fällen, in denen aus bislang ungeklärten Gründen die *Männchen* philopatrisch leben, also in der Herkunftsgruppe bleiben, während es die geschlechtsreif gewordenen Weibchen sind, die aktiv aus ihrer Familie wegwandern und sich einer fremden Gruppe anschließen. Das trifft z. B. für Schimpansen und Bonobos zu.

In allen solchen Fällen ergibt sich auch für Weibchen die Notwendigkeit, mit fremden Geschlechtsgenossinnen zurande zu kommen. Und auch hier bilden sich dann Sekundäranpassungen heraus, die das Problem irgendwie in den Griff kriegen. In der Regel beobachtet man, dass die Angestammten auf „die Neue“ erst einmal mit aggressiven Attacken reagieren; unter Pferdehaltern kursiert hier das Wort von der „Stutenbissigkeit“. Dieses Stadium geht aber vorüber, und nach einer Weile hat man sich aneinander gewöhnt und toleriert sich.

Dabei mag eine Rolle spielen, dass die neu hinzukommenden Weibchen für die Männchen in der ersten Zeit sexuell besonders attraktiv sind und dadurch einen gewissen Schutz genießen; die anderen Weibchen trauen sich nicht, sie anzugreifen, weil sie damit ja zugleich die Männchen herausfordern würden. So wechseln junge Schimpansinnen vorzugsweise dann in eine fremde Gruppe über, wenn sie gerade östrisch sind.

Weibliche Promiskuität

Wir haben bisher nur von geschlechtsgebundenen Rangordnungen gesprochen. Nun entstehen Konflikte natürlich auch zwischen den Geschlechtern. Und es verwundert nicht, wenn die Männchen, vor allem bei Arten mit asymmetrischer parentaler Investition, auf das alte Reptilieninventar zurückgreifen und ihre Partnerinnen mehr oder weniger ausgeprägt dominieren. Die einzige Chance, sich dagegen zur Wehr zu setzen, besteht darin, dass Weibchen miteinander koalieren.

Koalitionen zwischen Weibchen beobachtet man aber wiederum nur bei weiblicher Philopatrie, also zwischen Verwandten. Fremde Weibchen koalieren so gut wie nie. Eine interessante Ausnahme von dieser Regel bilden die *Bonobos,* auf die ich deshalb etwas genauer eingehen möchte.

Bonobos *(pan paniscus)* heißen auch Zwergschimpansen; sie sind mit den gewöhnlichen Schimpansen *(pan troglodytes)* nahe verwandt und teilen mit ihnen viele Gemeinsamkeiten, die beide von einfacheren Primaten abheben. Bestimmte kognitive Fähigkeiten, die die Gattung *pan* – gemeinsam mit Orang-Utans und bis zu einem gewissen Grade auch Gorillas – in einer Art Übergangsstellung in

[12] Anzenberger, pers. Mitteilung

die Nähe des Menschen rücken lassen, treten bei Bonobos zum Teil sogar in noch ausgeprägterer Form auf. So verfügen sie über ein rudimentäres Vorstellungsvermögen, das ihnen erlaubt, einfache Probleme in der Fantasie zu lösen. Man kann ihnen eine Symbolsprache antrainieren, und sie erkennen sich wie die Schimpansen und Orang-Utans im Spiegel, verfügen also über eine Vorstellung vom eigenen Selbst. Im sozialen Zusammenleben können sie sich in die Lage des Artgenossen versetzen und empathisch dessen Intention verstehen. Insofern geben sie ein recht gutes Modell für gewisse Vorstufen der *kognitiven* Entwicklung des Menschen ab[13].

Ob diese Modellfunktion auch in Bezug auf die menschliche *Sozialstruktur* angenommen werden kann, ist dagegen eher zu bezweifeln. Die beiden Schimpansenarten unterscheiden sich nämlich gerade im Sozialverhalten erheblich voneinander, und es bleibt daher der Beliebigkeit der einzelnen Autoren anheim gestellt, zu welcher von ihnen sie eine Ähnlichkeit mit dem Menschen konstruieren wollen. Allgemein sind gerade Sozialstrukturen am wenigsten geeignet, um Schlüsse über Artgrenzen hinweg zu rechtfertigen. Oft genügt schon eine geringfügige Veränderung des einen oder anderen Motivparameters, um die Dynamik des Gruppenlebens nachhaltig zu verändern.

Bonobos sind vor einiger Zeit zu erheblicher Popularität gelangt – allerdings weniger ihrer kognitiven Fähigkeiten wegen, sondern vor allem auf Grund ihrer *Sexualpraktiken.* Diese sind nicht nur für Tiere ungewöhnlich vielfältig – unter anderem gehört dazu die Paarung von Gesicht zu Gesicht – sondern hier stimmt auch auf den ersten Blick eine Menge nicht, was soeben als scheinbar geradlinige Konsequenz der ja auch für Bonobos zutreffenden erhöhten mütterlichen Investition entwickelt wurde.

Zunächst einmal ist bei Bonoboweibchen wenig vom vielberufenen weiblichen *Sprödigkeitsverhalten* zu merken. Sie sind sexuell leicht erregbar, faktisch jederzeit zur Paarung bereit, auch wenn sie sich nicht im Östrus befinden[14]. Als besonders spektakulär wird die Tatsache wahrgenommen, dass sich sexuelles Verhalten bei dieser Art nicht auf Gegengeschlechtliche beschränkt, sondern auch in *homoerotischen* Beziehungen praktiziert wird. Besonders aktiv sind dabei die Weibchen, die sich gern damit beschäftigen, ihre Genitalregionen aneinander zu reiben. Aber auch den Männchen scheint es zu gefallen, ihre Penisse aneinander zu schlagen. Interessanterweise kommt es bei Männchen dabei allerdings nie zu einer Ejakulation, und übrigens auch nicht, wenn es sich um Petting mit einem noch nicht geschlechtsreifen Bonobomädchen handelt.

Und damit sind wir auch schon bei dem Schlüssel zu den scheinbar aus dem Rahmen fallenden Befunden: Die Bonobos haben, darin den Menschen gleich, die Sexualität von ihrer Koppelung an das Reproduktionsgeschäft gelöst und zum Instrument *sozialer Kommunikation* ausgebaut. Es ist allerdings darauf hinzuweisen, dass sich eine solche Doppelfunktion auch bei anderen Primaten schon andeutet. So präsentieren Mantelpavianweibchen etwa ihre Genitalregion, um den erzürnten Pascha zu beschwichtigen, der sie dann auch besteigt und einige Friktionsbewegungen ausführt, ohne zu ejakulieren. Bei Schimpansen kommt dergleichen zwar nicht vor, immerhin küssen sie sich aber, um sich zu versöhnen.

Bonobos treiben solchen sozialen Einsatz sexueller Signale jedoch ungewöhnlich weit. Man schätzt, dass geschlechtliche Aktivitäten hier nur etwa in einem Drittel der Fälle mit Reproduktion zusammenhängen. In den übrigen Fällen dienen sie, wie Frans de Waal und andere gute Bonobokenner übereinstimmend annehmen, vor allem als Mittel zum Spannungsabbau bei potentiellen Konfliktsituationen. So

[13] Bischof-Köhler, 1989, 1991
[14] de Waal, 1987; Blaffer-Hrdy, 2000

treten Sexualhandlungen bevorzugt bei der Nahrungsaufnahme auf, aber generell auch dann, wenn aus sonstigen Gründen Feindseligkeiten in der Luft liegen.

Bisweilen wird behauptet, die sexuellen Gunstbeweise würden von Bonoboweibchen eingesetzt, um von Männchen Nahrung zu erhalten, etwa wenn diese, was bei dieser Art gelegentlich vorkommt, Jagdbeute gemacht haben. Die Weibchen würden mit ihrer Promiskuität also gleichsam eine erhöhte männliche Investition erkaufen. Die Evidenz hierfür ist derzeit allerdings eher dürftig.

Entsprechendes liest man übrigens immer einmal wieder auch in Bezug auf den Menschen. Die dauerhafte Bindung zwischen Mann und Frau wird dabei als ein Ergebnis der ständigen sexuellen Bereitschaft der Frau dargestellt. Nun trifft es zwar zu, dass die sexuelle Attraktivität die Bindung unterstützt; dass sie sie aber ersetzen könnte oder gar mit ihr identisch wäre, widerspricht nicht nur allem, was wir über Tierehen wissen, sondern auch der menschlichen Lebenserfahrung.

Weibchen verführen Weibchen

Bei Bonobos scheinen denn auch die weiblichen Verführungskünste in einem ganz anderen Kontext Bedeutung erlangt zu haben. Wie bei den Schimpansen verlassen auch hier junge geschlechtsreife Weibchen die Herkunftsfamilie und wechseln in eine fremde Gruppe, setzen sich also der potentiellen Feindseligkeit der dort residierenden Rivalinnen aus. Um dies zu unterlaufen, machen sie sich an ein oder zwei alteingesessene Weibchen heran und versuchen, sie durch Genitalreiben für sich wohlgesinnt zu stimmen. Führt dies zum Erfolg, so gewinnen sie auf diese Weise Koalitionspartnerinnen, die sie dann gegen Attacken anderer Gruppenmitglieder verteidigen. Hat ein neu hinzu gekommenes Weibchen erst einmal ein Junges geboren, verbessert sich unter anderem aufgrund dieser Allianzen seine Chance, die eigene Position innerhalb der Gruppe zu stabilisieren und mit zunehmendem Alter schließlich einen höheren Status zu erlangen.

Allerdings reicht die weibliche Toleranz nicht sehr weit. Ablehnung kann sich sogar gegen Verwandte richten. So wurde unter Gefangenschaftsbedingungen beobachtet, dass ältere Weibchen die Tendenz haben, gegen ein vertrautes Jungweibchen intolerant zu werden, sobald dieses geschlechtsreif wird. Sie ignorieren es, spielen nicht mehr mit ihm und lausen es nicht mehr. Damit leisten sie wohl seiner bevorstehenden Abwanderung Vorschub.

Das eigentlich Interessante bei den Bonoboweibchen ist aber ihre Fähigkeit, mit *fremden* Weibchen zu koalieren, und zwar eben in erster Linie mittels sexueller Beschwichtigung. Das hat dann auch Auswirkungen auf die Beziehung zu den Männchen. Während diese bei den Schimpansen eindeutig eine Vormachtstellung behaupten, gegen die die weiblichen Gruppenmitglieder kaum eine Chance haben, vermögen Bonoboweibchen, sofern sie sich zusammentun, jedes Männchen einzuschüchtern, also letztlich zu dominieren[15].

Diese Eigentümlichkeit hat Frans de Waal sogar zu der enthusiastischen Aussage inspiriert, bei den Bonobos herrsche das Matriarchat[16], was dann wiederum bei feministisch gesonnenen Sozialwissenschaftlern, die sonst keine Gelegenheit auslassen, vor dem „Schluss vom Tier auf den Menschen" zu warnen, zu allerlei Spekulationen Anlass gegeben hat.

Nun hat aber schon de Waal in derselben Arbeit betont, dass uns die Bonobos nicht näher stehen als die Schimpansen, die wiederum gerade das Paradebeispiel

---

[15] Parish, 1994
[16] de Waal, 1987

einer Machogesellschaft verkörpern. Auch ist zu bedenken, dass die weibliche Übermacht im Falle der Bonobos mit der Kooperation steht und fällt. Will man sie also als Modell für eine ursprüngliche menschliche Sozialstruktur in Betracht ziehen, dann müsste man nachweisen, dass bei unserer Spezies Frauen mit fremden Frauen bereitwillig Koalitionen eingehen. Diese Frage wird uns im 22. Kapitel noch genauer beschäftigen.

Ranghöhe und Reproduktionserfolg bei Weibchen

Wir haben eingangs festgestellt, dass Männchen bei Tierarten, die keine eheliche Bindung aufweisen, ziemlich wahllos in Bezug auf ihre Sexualpartnerinnen sind. Diese Strategie ist aber wirklich nur optimal, wenn die parentale Investition auf ein Minimum beschränkt bleibt. Sobald sie sich erhöht, vor allem aber bei Monogamie, zahlt es sich auch für die Männchen aus, eine gewisse Selektivität walten zu lassen und bestimmte Kriterien bei der Wahl zu berücksichtigen. Sie beschränken schließlich ihr Fortpflanzungspotential über längere Zeit oder gar lebenslang zugunsten eines ganz bestimmten Weibchens; und da lohnt es sich schon, den potentiellen Bindungspartner genauer unter die Lupe zu nehmen.

Wenn Männchen aber wählerisch werden, dann entsteht auch ein Konkurrenzdruck auf die *Weibchen.* Diese müssen sich jetzt ihrerseits etwas einfallen lassen, um die Aufmerksamkeit attraktiver Partner auf sich zu ziehen. Und es wäre zumindest theoretisch denkbar, dass sie anfangen, um ein bestimmtes Männchen mit Konkurrentinnen zu rivalisieren. Tatsächlich kommt es jedoch in der Natur fast nie vor, dass Weibchen um Männchen *kämpfen,* und schon gar nicht bei monogamen Arten, bei denen man dies am ehesten erwarten könnte.

Eher als Kuriosum wären allenfalls ein paar Vogelarten zu nennen, darunter der Jesusvogel, das Teichhuhn und die Kampfwachtel. Die letztgenannte Spezies kenne ich aus eigener Anschauung, da wir einige Exemplare eine Zeit lang in unserem Institut zu Beobachtungszwecken gezüchtet haben (siehe Kasten).

> Bei der Kampfwachtel (Turnix tanki) hält sich das Weibchen einen „Harem“ von mehreren Männchen, lebt also in der im Tierreich – wie übrigens auch im menschlichen Kulturvergleich – äußerst seltenen Eheform der Polyandrie, der „Vielmännerei“. Es legt Eier in mehrere Nester, die seine Männchen dann ausbrüten. Kampfwachtelweibchen sind größer und prachtfarbiger als ihre männlichen Partner, kämpfen miteinander um diese, sind initiativ bei der Paarung und bewachen die brütenden Männchen.

Kampfwachtelweibchen sind in einer Weise „emanzipiert“, von der nicht einmal radikale Feministinnen zu träumen wagen. Allerdings basiert diese Rollenumkehr, wie Hormonbestimmungen zeigen, wohl auf der Wirkung von *Testosteron,* das sie in den Ovarien in größerer Menge produzieren als die Männchen in den Hoden. Gerade dieses Hormon aber kommt sonst im Tierreich in höheren Konzentrationen nur bei Männchen vor. Wie noch zu zeigen sein wird, dürfte es eine Schlüsselrolle bei der Genese assertiver Dispositionen spielen.

Von solchen exotischen Varianten abgesehen, kämpfen Weibchen bei Arten mit erhöhter männlicher Investitionsbereitschaft aber nicht mit Rivalinnen um Partner. Und das hängt offensichtlich damit zusammen, dass Kampfeslust aus der Perspektive des Männchens nicht das ist, was optimalen Reproduktionserfolg signalisiert und damit die Attraktivität einer potentiellen Partnerin steigert. Zwar wird man kaum bezweifeln, dass es auch für Weibchen Vorteile bringt, wenn sie für sich und ihre Kinder einen guten Futterplatz sichern können, indem sie andere wegscheuchen. Aber jede Aggression hat ihren Preis. Und diese Kosten-Nutzen-Balance ist es wohl, die die Bereitschaft zur Kompetition im weiblichen Geschlecht in Grenzen hält.

Dies konnte eindrücklich in einer Studie von Packer und Mitarbeitern an Anubispavianen nachgewiesen werden[17]. Die Autoren haben im Zeitraum von 1967 bis 1992 bei 138 Weibchen in fünf Verbänden 584 Schwangerschaften und deren Resultat genau registriert. *Einige* unter den ranghohen Weibchen erwiesen sich insofern als bevorteilt, als sie früher als Niedrigrangige ihr erstes Junges gebaren. Auch folgten ihre Nachkommen dichter aufeinander, und ihre Jungen hatten eine höhere Überlebenschance. Die Autoren bringen diese Effekte mit der besseren Ernährung in Zusammenhang, da Hochrangige leichter Zugang zu guten Futterplätzen erhalten.

Bei anderen hochrangigen Weibchen war es aber eher umgekehrt; sie schienen deutlich in ihrer Fruchtbarkeit beeinträchtigt zu sein: Sie wurden seltener oder überhaupt nie trächtig und überhaupt erst relativ spät geschlechtsreif, vor allem kamen bei ihnen häufiger Fehlgeburten vor. Die Beziehung zwischen Ranghöhe und Fortpflanzungserfolg ist also zweigipfelig, und wenn man beide Gruppen zusammenwirft, gleicht sich ihr Reproduktionserfolg weitgehend dem der Niederrangigen an.

Nachdem sie andere Einflussfaktoren ausgeschlossen hatten, kamen die Autoren zu dem Schluss, dass die Einbuße im Reproduktionserfolg etwas mit dem *Stress* zu tun haben müsse, der mit einer hohen Rangposition allemal verbunden ist, selbst wenn diese bei Weibchen nicht erkämpft werden muss. Die Kosten der Rivalität, so lautet ihr Fazit, sind für das weibliche Geschlecht offensichtlich so hoch, dass daraus eine unmittelbare und erhebliche selektive Gegenwirkung gegen stärker ausgeprägte kompetitive Dispositionen erwächst.

Eifersucht und Treue

Wenn nun nicht Kampfeslust, was sonst lässt dann aber ein Weibchen für ein Männchen so attraktiv erscheinen, dass es sich auf die Paarungsfolgen bereitwillig einlässt? Diese Frage ist schwieriger zu beantworten als die nach den Auswahlkriterien der Weibchen. Diese „fliegen" offenkundig in erster Linie auf Größe, Kraft und imponierendes Verhalten im weitesten Sinn. Wodurch sich aber Männchen bei der Wahl ihrer Partnerinnen tatsächlich leiten lassen, ist zurzeit noch weitgehend Gegenstand von Vermutungen.

Selektionistisch günstig wäre es wohl, Weibchen den Vorzug zu geben, deren Erscheinungsbild erwarten lässt, dass sie möglichst lange und erfolgreich für das Geschäft der Reproduktion tauglich bleiben. Sie sollten also gesund und jung sein. Andererseits sollten sie aber auch artspezifische Anzeichen der Fruchtbarkeit vorweisen. Die Männchen mancher Primatenarten ziehen daher ein etwas reiferes Weibchen, das schon ein Kind geboren hat, einem juvenilen vor, das häufig noch nicht die volle Fruchtbarkeit erreicht hat und überdies als Mutter unerfahren ist[18].

Außerdem bringt der Tatbestand der inneren Befruchtung noch ein Problem anderer Art mit sich. Wenn eine Mutter ein Junges geboren hat, kann sie ihm ohne weitere Prüfung ihre Pflege angedeihen lassen. Soll sich das Männchen aber an dieser Pflege beteiligen und auf anderweitige Reproduktionsakte verzichten, dann sollte

[17] Packer et al., 1995
[18] Smuts, 1987b

es vermeiden, die Brut eines anderen aufzuziehen. Unter diesen Umständen haben genetische Dispositionen eine hohe Verbreitungs-Chance, die Väter zur Vorsorge veranlassen, dass die Partnerin sich nicht mit Nebenbuhlern einlässt.

Damit sind wir bei einer interessanten Grundsatzfrage, die allerdings bereits in die proximate Thematik hereinragt: Welche Mechanismen garantieren eigentlich im Tierreich, wo ja weder der Klatsch der Nachbarn noch das Standesamt über die Unverbrüchlichkeit der Ehe wachen, dass die Partner ihre Bindung ernst nehmen? Die Antwort verweist auf zwei basale Mechanismen, die auch noch beim Menschen das Liebesleben flankieren: *Eifersucht* und *Treue*.

Gewiss sind beide Begriffe beim Menschen noch mit Bedeutungen beladen, zu denen sich im Tierreich keine Entsprechungen finden; manche Ethologen ziehen es daher vor, von „treue-" und „eifersuchts*analogen*" Mechanismen zu reden. Andererseits – im Kern bedeutet Treue eben nur, dass eine eingegangene Bindung uninteressiert an weiteren Bindungen macht, und Eifersucht, dass man Untreue beim Partner erkennen kann und zu verhindern sucht. Und in diesem Sinne dürfen wir beide Termini getrost bei der Beschreibung tierischen Bindungsverhaltens verwenden, und zwar bereits bei Vögeln, wo in der Tat auffällige Belege für beide Mechanismen zu beobachten sind.

Zu den Kriterien, nach denen sich Männchen ihre Bindungspartnerinnen wählen, zählen dementsprechend Anzeichen, die auf spätere *Treue* der Partnerin schließen lassen. Hier wird immer wieder vermutet, dass dem bereits erwähnten, bei vielen Tierarten beobachtbaren Sprödigkeitsverhalten der Weibchen eine Signalwirkung zukommt. Je länger sich ein Weibchen ziert, umso deutlicher bekundet sie, dass sie sich nicht allzu bereitwillig mit jedem zufrieden gibt. Das übt nun wiederum einen Selektionsdruck auf Sprödigkeit gerade bei hoher männlicher Investition aus: Weibchen, die wählerisch sind, werden für Männchen attraktiv. Damit ist ein Selektionsvorteil für treueanaloges Verhalten nahegelegt.

Bei Arten, bei denen mehrere Männchen und Weibchen in polygamer Gruppenehe zusammenleben, bei denen die Vaterschaft also völlig ungewiss ist, beobachten wir allerdings eher eine gegenläufige Dynamik. Hier paaren sich die Weibchen mehr oder weniger bereitwillig mit jedem Gruppenmitglied. Auf diese Weise, so wird argumentiert, suchten sie das Wohlwollen möglichst vieler Männchen für sich und ihre Nachkommen zu sichern, denn die Männchen können ja nicht wissen, ob es sich nicht um ihr eigenes Junges handelt. Diese Konstellation führt dazu, dass die Männchen den Wettbewerb auf die Ebene der „Spermienkonkurrenz" verlegen, was wiederum die Weibchen nicht daran hindert, gleichwohl eine Wahl zu treffen: mit mannigfachen Methoden der „cryptic female choice", die hier zu behandeln zu weit führen würde, können sie dafür sorgen, dass die Spermien ihres Favoriten zum Zuge kommen[19].

Was nun das *eifersuchts*analoge Verhalten betrifft, so beobachten wir dies ebenfalls bereits bei Vögeln und zwar bei beiden Geschlechtern. Auch hierbei zeichnet sich ein eindrucksvoller Geschlechtsunterschied ab. Ich wähle wiederum die Chinesische Zwergwachtel als Beispiel, da ich diese Tierart aus langjährigen Untersuchungen gut kenne und kein Grund zu der Annahme besteht, dass die hier auftretenden Phänomene besonderen Seltenheitswert hätten.

Zwergwachtelmännchen, die sich auf dem Wege über das oben geschilderte Balzritual an ein Weibchen gebunden haben, sind äußerst aggressiv gegen fremde Männchen, die sich ihrer Partnerin nähern. Und dies aus gutem Grund, denn auch sie selbst fühlen sich durch ihre Bindung durchaus nicht gehemmt, weitere Weibchen zu begatten, sofern diese das zulassen und niemand in der Nähe ist, der sie

[19] Für Einzelheiten siehe Dixson, 1998

verteidigt. Allerdings versuchen die betreffenden Weibchen solchen Attacken zu entfliehen; sie koppeln ihre Bereitschaft zu Sexualkontakten also an vorausgehende Werbung des Männchens.

Wird ein Weibchen Zeuge, wie ihr Bindungspartner ein anderes Weibchen ohne Umschweife sexuell attackiert, so zeigt sie keinerlei Eifersuchtsreaktion.

Ganz anders ist es aber, wenn ihr Partner Anstalten macht, einem anderen Weibchen einen Leckerbissen zu überreichen. Sie jagt ihn dann im Gehege umher, dass die Federn stieben. Dasselbe Verhalten zeigen übrigens auch Männchen in den seltenen Fällen, in denen ihr Weibchen einem Fremdmännchen zu verstehen gibt, dass sie an seiner Balz interessiert wäre.

Bei Primatenweibchen sind Berichte über Verhalten, das die Charakterisierung „Eifersucht" nahe legt, eher selten. Am eindeutigsten zu beobachten ist es bei monogamen Arten wie z. B. den Weißbüschelaffen. Bei diesen hindert das ranghohe Weibchen andere Weibchen nicht nur an der Kopulation mit dem Alphamännchen, sondern setzt potentielle Rivalinnen sogar bis in die Physiologie hinein unter Hemmung, sie sind nämlich in ihrer Anwesenheit unfruchtbar, „psychologisch kastriert", wie der Fachausdruck lautet[20]. Bei den harembildenden Patas-Affen, Languren und Geladas wurde bisweilen beobachtet, dass dominante Weibchen die Kopulation des Paschas mit rangtieferen Weibchen zu verhindern suchten. Entsprechende gelegentliche Bemühungen hochrangiger Weibchen werden auch von Arten mit Gruppenehe berichtet. Wieweit sie dabei erfolgreich sind, ist eine andere Frage. So liegt nur in Bezug auf Rhesusaffen ein Befund vor, dass es Weibchen durch Belästigung eines sexuell aktiven Paares auch gelang, das Männchen von der Rivalin abzubringen und für eine eigene Kopulation zu gewinnen[21].

Smuts, bezeichnet solche Verhaltensweisen wohl aus einer Art Symmetriebedürfnis heraus, als „weibliche Kompetition um Männchen". Dabei denkt man als erstes natürlich an ein den Männchen analoges Kampfverhalten. Tatsächlich ging es bei den aufgezählten Beispielen aber nicht darum, dass Weibchen miteinander um ein Männchen kämpften, sie wurden vielmehr erst reaktiv tätig, wenn das Männchen sich bereits mit einer anderen eingelassen hatte. Insofern wäre die Kennzeichnung „Eifersucht" doch wohl angemessener. Im Anschluss an die Aufzählung der gerade berichteten Befunde gibt Smuts denn auch einen bedenkenswerten Hinweis, der zeigt, dass beim Verhalten der Weibchen noch etwas anderes eine Rolle spielen könnte als die Sicherung sexueller Privilegien:

> „Bei Savannenpavianen steht die weibliche Kompetition um Männchen nicht selten eher in Zusammenhang mit der Entwicklung einer überdauernden Beziehung als mit sexuellem Vortritt".

Das weist in die gleiche Richtung wie das oben zu dem Wachtelweibchen Ausgeführte: Die Eifersucht ist bei ihnen nicht in erster Linie sexuell motiviert, es geht vielmehr um die Dauerbindung.

Ich berichte diese Effekte hier nicht, um daraus irgendetwas „auf den Menschen zu schließen", sondern weil sich darin ein Prinzip realisiert, von dem wir Grund zu der Annahme haben, dass es überall auftritt, wo Partner sich aneinander binden: Das Weibchen sollte in seinem eifersuchtsanalogen Verhalten sensibler darauf reagieren, wenn ihr Partner einer Rivalin eine Bindung anträgt, als wenn er lediglich eine Begattung vornimmt. Balzt der Partner das andere Weibchen an, dann steht für die Partnerin nämlich auf dem Spiel, dass er seine Fürsorge nicht mehr den

[20] Bischof, 2001
[21] Smuts, 1987b

eigenen Nachkommen, sondern fremden Jungen zugute kommen lässt; ein bloßer „Seitensprung“ als solcher stellt in dieser Hinsicht noch keine Gefahr dar.

Das Männchen wiederum hat allen Grund zu verhindern, dass es zwischen seiner Partnerin und fremden Männchen überhaupt zu sexuellen Kontakten kommt, Bindung hin oder her. Dass sich seine Aggression zur Abwehr bloß sexueller Kontaktnahmen vor allem gegen das fremde Männchen, im Falle einer sich anbahnenden Bindung aber vorwiegend gegen die Partnerin richtet, ist demgegenüber ein Effekt von ungewisser Generalisierbarkeit.

Nun sollte man bei der gerade angesprochenen Tendenz zu weiblichem Sprödigkeitsverhalten vermuten, dass Männchen eigentlich gar keinen Grund zur Eifersucht hätten, weil dauergebundene Weibchen sowieso treu sind. Tatsächlich kommen, wie genetische Untersuchungen zeigen, Seitensprünge aber auch bei Weibchen vor; ein gewisser, nicht allzu hoher Prozentsatz der Nachkommen stammt auch bei Arten, die in Dauerbindung leben, nicht vom Familienvater. Es ist indessen quantitativ weit übertrieben, wenn einige Autoren daraus ableiten wollen, Weibchen seien genauso wenig selektiv wie Männchen. Aber es ist ja keineswegs gesagt, dass sie den Allerbesten bekommen haben, vielleicht mussten sie sich mit der zweiten Wahl begnügen. Warum sollten sie dann nicht die Gelegenheit nützen, sobald sich die Chance mit einem Besseren bietet?

11 Geschlechtstypische Verhaltensdispositionen beim Menschen

Menschliches Verhalten unter ultimater Perspektive

In den beiden letzten Kapiteln haben wir auf zwei verschiedenen Ebenen argumentiert. Zum einen waren gewisse allgemeine Theoreme der Evolutionsbiologie herzuleiten, zum anderen wurden Beispiele aus der Tierverhaltensforschung besprochen, die diese Theoreme illustrieren oder auch vor ihrem Hintergrund besonderen Erklärungsbedarf aufwerfen.

Wenn wir uns nun der Frage zuwenden, was das alles für den Menschen bedeutet, müssen wir die beiden Ebenen deutlich trennen. Von den ultimaten Theoremen der Evolutionsbiologie gibt es auch für den Menschen kein Dispens. Wie aber die besprochenen Tierbeispiele zeigen, können die proximaten Zusammenhänge recht verwickelt sein und Phänomene hervorbringen, die auf den ersten Blick der geradlinigen Erklärung zu widersprechen scheinen. Um abschätzen zu können, wieweit dies vielleicht auch und gerade beim Menschen der Fall ist, nützen keine Seitenblicke auf die Verhältnisse im Tierreich; hierfür muss man vielmehr die Situation bei uns selbst untersuchen. Das soll im Folgenden geschehen.

In diesem und den beiden folgenden Kapiteln werden wir uns mit der *ultimaten* Perspektive des Problembereichs beschäftigen. Das bedeutet, wir werden menschliches Verhalten und Erleben unter der Perspektive betrachten, wieweit die festgestellten Erscheinungen aus der evolutionsbiologischen Situation des Menschen heraus erklärbar sind. Diese Erklärung wird funktionell argumentieren, also nach dem Muster: Menschen verhalten sich auf die und die Weise, um den und den Selektionsvorteil zu sichern, also in der Regel, um besser und effizienter zur Fortpflanzung zu gelangen.

Das könnte missverstanden werden. Wir sind gewohnt, die Rede „um zu" in ganz anderer Weise zu verstehen, nämlich motivational oder intentional: Menschen verhalten sich so und so, um die und die Ziele zu erreichen. Genau dies ist hier *nicht* gemeint. Wenn ein reicher Fabrikant sich von der Mutter seiner Kinder scheiden lässt, um sich mit eine blutjungen Blondine mit Wespentaille zu liieren, so ist es gerechtfertigt, die von beiden getroffene Partnerwahl als evolutionsbiologisch funktionell zu identifizieren: Wenn sie beide aneinander Gefallen finden, so liegt das daran, dass jeder von ihnen Signale sendet, die optimalen Fortpflanzungserfolg prognostizieren. Die beiden denken zwar überhaupt nicht daran, Kinder in die Welt zu setzen, aber die Triebkräfte, die sie füreinander attraktiv machen, kümmern sich nicht um rationale Erwägungen, sondern entstammen einer evolutiven Statistik, in der eben tüchtige, reifere Männer und junge, von Vitalität strotzende Frauen die größte Aussicht hatten, miteinander Nachkommen zu zeugen.

Generell empfiehlt es sich, bei der nachfolgenden Lektüre immer die beiden folgenden Interpretationsprinzipien im Auge zu behalten:

1. Ausdrücke wie „damit" oder „um zu" verweisen nur auf die Adaptivität einer Verhaltensbereitschaft. Sie begründen, warum sie sich überhaupt entwickeln konnte, sagen aber nichts über die persönlichen *Motive* und *Intentionen* der Beteiligten, deren sich die Natur möglicherweise bedient, um diesen Zustand optimaler Adaptivität zu erreichen.

2. Ausdrücke wie „ist geneigt“ oder „sollte“ beziehen sich darauf, dass eine Verhaltenstendenz in der Evolution Fortpflanzungsvorteile brachte und daher selektiv begünstigt war. Sie präjudizieren nichts über die *moralische Werthaftigkeit* oder *politische Wünschbarkeit* des betreffenden Verhaltens.

Kontinuität und Universalität

Außer dem eben angesprochenen gibt es noch einige weitere Missverständnisse, mit denen man sich im Umgang mit unserem Thema auseinander zu setzen hat. Eines davon möchte ich an einem Zitat von Christa Rohde-Dachser, einer namhaften Repräsentantin der akademischen Psychoanalyse, illustrieren[1].

„Preuschoft (1980) nennt zwei Bedingungen, die gleichzeitig erfüllt sein müssen, damit eine psychische Disposition (und damit auch der Unterschied zwischen geschlechtsspezifischen Dispositionen) als angeboren betrachtet werden darf: Der Unterschied muss universal d. h. in allen Kulturen zu finden sein. Er muss darüber hinaus phylogenetische Kontinuität besitzen d. h. auch bei den Primaten nachweisbar sein.“

Preuschoft ist Biologe. Die zitierte Arbeit hat er als Einleitung zu einem Buch über die Entstehung von Geschlechtsunterschieden verfasst. Die Aussage, die die Autorin ihm unterstellt, sucht man in seinem Originaltext vergebens. Als Biologe hätte er sie auch gar nicht in dieser Form machen können, denn sie laufen allem Fachwissen zuwider. Die Zuweisung des Zitats ist sicher versehentlich erfolgt, lässt aber deutlich werden, wie naiv die Vorstellungen sein können, die sich sozialwissenschaftlich orientierte Autoren über biologische Zusammenhänge machen.

Mit der Frage der *Universalität* werden wir uns im nächsten Kapitel beschäftigen. In diesem möchte ich mich mit dem Kriterium der *phylogenetischen Kontinuität* auseinandersetzen.

Richtig und wesentlich daran ist, dass man die Phylogenese des Menschen sorgfältig in die Betrachtung einbeziehen muss, denn das, was in seinem Verhaltensinventar genetisch fundiert sein soll, ist spätestens in den Zeiträumen entstanden, in denen wir als Art evoluierten. Wenn man indessen für den Menschen die gleichen Dispositionen wie bei *den* Primaten fordert, stellt sich sofort die Frage: Bei welchen Primaten? Wie aus dem letzten Kapitel hervorgeht, hängt es ganz von den Relationen der parentalen Investition ab, wie stark sich Geschlechtsunterschiede bei einer Art ausprägen. Und in dieser Beziehung ist bei Primaten in Abstufung so ziemlich alles vertreten, was man sich vorstellen kann. Das Spektrum reicht vom monogamen Gibbon über Arten mit Haremstruktur, z. B. die Mantelpaviane, bis hin zu Promiskuität und fehlender ehelicher Bindung bei den Schimpansen und Bonobos.

Eigentlich beruht das Argument, zur Natur des Menschen könne nur gehören, was er mit „den“ Primaten gemeinsam habe, aber überhaupt auf einem Denkfehler. Bei jeder Art sind neben Gemeinsamkeiten mit verwandten Gruppen immer auch artspezifische Besonderheiten evoluiert, die eben gerade das Kriterium dafür bieten, sie als „Spezies“ abzugrenzen. Kein Forscher würde auf den Gedanken kommen, die einseitige Blütenernährung der Langzungen-Fledermäuse nicht als angeboren und zur Natur der Art gehörend zu bezeichnen, nur weil die meisten anderen

[1] Rohde-Dachser, 1991; vgl. auch Preuschoft, 1980

Fledermäuse Insekten fressen. Und die Kompetenz und Motivation, sprachlich zu kommunizieren, gehört gewiss zur menschlichen Natur, auch wenn entsprechende Phänomene bei den Tierprimaten einschließlich der Schimpansen nicht auftreten.

Eheformen beim Menschen

Wenn wir nun auf der Grundlage evolutionsbiologischer Überlegungen die Möglichkeit geschlechtstypischer Dispositionen beim Menschen eruieren wollen, dann stellen sich zwei Fragen. Bei der ersten geht es darum, ob und wieweit sich Frauen und Männer anlagebedingt in der Bereitschaft unterscheiden, parentale Investition zu leisten; denn davon hängen, wie wir in den letzten beiden Kapiteln gesehen haben, die weiteren Unterschiede ab. Sofern sich zeigen lässt, dass eine Divergenz in der parentalen Investition besteht, erhebt sich zweitens die Frage, ob die Lebensbedingungen, denen der Mensch während der längsten Zeiträume seiner Existenz ausgesetzt war, Anlass gegeben haben, die geschlechtstypischen Dispositionen abzuzüchten, die bei asymmetrischer Investition zu erwarten sind, oder ob diese umgekehrt vielleicht gerade eine Bestätigung erfuhren.

Eine erste wichtige Quelle, um Aufschluss über die Frage der parentalen Investition beim Menschen zu gewinnen, sind *Heiratsregeln* und die *Verteilung der Eheformen* bei allen uns bekannten menschlichen Kulturen; denn sie geben Aufschluss, wieweit Männer bereit sind, sich an eine Partnerin zu binden und an der Sorge für ihre Nachkommen zu beteiligen. Natürlich sind Heiratsregeln kreative Akte kultureller Selbstinterpretation des Menschen, und als solche von entsprechender Variationsbreite. Sollte sich aber zeigen, dass dabei ein bestimmtes Muster auffallend häufig wiederkehrt, dann bedarf das einer Erklärung, und es liegt nahe, darin die Form der Partnerbindung zu vermuten, die der Natur des Menschen am ehesten entspricht.

Lässt man die Partnerschaftsverhältnisse kulturübergreifend Revue passieren, dann gibt als erstes zu denken, dass viele Frauen auf der Welt den Status *alleinerziehender Mütter* haben. Von daher gesehen könnte man annehmen, mit der Bereitschaft des Mannes, parentale Investition zu leisten, sei es nicht weit her. Diese Mütter demonstrieren ja recht augenscheinlich, dass sie in der Lage sind, die Kinder allein großzuziehen. Zwar ist dies mit erheblichen Anstrengungen verbunden, und es geht meist auch nicht ganz ohne fremde Hilfe, nur kommt diese eben häufig nicht vom Vater. Falls sich in diesem Phänomen tatsächlich eine natürliche Disposition des Mannes bekundet, dann würde es bedeuten, dass alle Formen der ehelichen Bindung an die Partnerin und der Fürsorge für die Kinder in der Tat kulturellen Einflüssen zuzuschreiben sind. Nun beobachten wir aber andererseits, dass alleinerziehende Mütter vor allem in den so genannten zivilisierten Großgesellschaften vorkommen, viel seltener aber bei Naturvölkern. Dieser Umstand spricht doch dafür, dass das Phänomen nicht eine dem Menschen biologisch affine Familienkonstellation widerspiegelt, sondern eher ein Zivilisationseffekt ist.

Sehen wir uns freilich das andere Extrem, die lebenslange *Monogamie* an, dann können wir auch in ihr kaum die Eheform erkennen, die uns von der Natur in die Wiege gelegt wurde[2]. Vergleicht man nämlich alles, was wir über Ehevorschriften in vergangenen und gegenwärtig noch existierenden Kulturen wissen, so erweisen sich unter diesen gerade knapp 17 % als monogam[3]. Dieses Zahlenverhältnis wird nur dadurch verschleiert, dass zu den letzteren auch die volkreichen „zivilisierten"

2 Fuentes, 1999

3 Daly & Wilson, 1983: Archer, 2009

Gesellschaften rechnen. Wenn wir außerdem in Betracht ziehen, wie störanfällig menschliche Monogamien im Vergleich zu den tierischen Beispielen sind, dann liegt der Schluss nahe, dass die strikte Einehe bei uns wohl primär eine kulturelle Errungenschaft darstellt.

Gegen eine natürliche Monogamie spricht auch der unverkennbare *Geschlechtsdimorphismus* des Menschen, also Unterschiede in der leiblichen Erscheinung, von denen im letzten Kapitel schon festgestellt wurde, dass sie bei Tieren in der Regel ein Hinweis auf asymmetrische parentale Investition sind. Männer sind durchschnittlich größer, haben ein kräftigeres Muskelprofil, einen stärkeren Knochenbau, nur bei ihnen tritt während der reproduktiven Phase nennenswerter Bartwuchs auf, sie verfügen über einen Stoffwechsel, der besser an länger anhaltende körperliche Belastungen angepasst ist (siehe auch 16. Kapitel).

Allerdings ist in diesem Zusammenhang einzuräumen, dass der Geschlechtsdimorphismus bei unseren Ahnen, den Hominiden, wahrscheinlich sehr viel ausgeprägter war. So hat beispielsweise ein gerade in jüngster Zeit aufgefundener männlicher Repräsentant der Art *Australopithecus afarensis,* einer möglichen Vorform des Menschen, sogar die Forscher verblüfft, weil er sich weit stärker als erwartet von einer etwas früher ausgegrabenen weiblichen Variante im Körperbau unterschied. Sofern diese Hominiden tatsächlich zu unseren Vorfahren zählen, verzeichnen wir in der menschlichen Phylogenese einen Rückgang des Geschlechtsdimorphismus, der zur Erwartung Anlass gibt, wir könnten uns, evolutionär gesehen, auf dem Weg zu einer naturgegebenen Monogamie und damit zu einer Angleichung der Geschlechter befinden[4]. Nur erreicht haben wir sie offenbar noch nicht und müssen uns deshalb wohl weiter mit ihr abmühen und sie durch kulturelle Stützen absichern.

Biologisch affiner als die Monogamie dürfte dem Menschen die *Polygynie* sein, sie findet sich bei fast 83 % der Kulturen. Dem Mann ist es gestattet, mit mehreren Frauen zusammenzuleben; in der Praxis sind es dann wenige, weshalb man von *gemäßigter Polygynie* spricht, oder gar doch nur eine einzige. Nicht selten handelt es sich um eine Art Monogamie auf Zeit; mehrere Ehefrauen folgen aufeinander. Entscheidend ist, dass die Anzahl der Frauen dadurch begrenzt wird, wie viele ein Mann sich leisten, und das heißt, auch versorgen kann. Harems mit Dutzenden von Frauen, wie sie bei orientalischen Potentaten vorkommen, stellen eine Ausnahme dar; die gemäßigte Form ist die Regel.

Der umgekehrte Fall, die *Polyandrie,* bei der eine Frau mehrere Männer hat, kommt nur bei 0,4 % der Kulturen vor. Es gibt sie in Afrika und im tibetanischen Hochland als Anpassung an ökologische und ökonomische Sonderbedingungen. In allen diesen Gesellschaften wird auch Polygynie erlaubt und praktiziert. Die Kombination beider Formen, die *Polygynandrie,* entspricht einer *Gruppenehe.* Als offizielle Eheform ist sie nur bei einer einzigen Gesellschaft bekannt, den Pahari in Nordindien[5]. Gruppenehe wurde im Rahmen der Achtundsechziger-Bewegung propagiert und konkret auch ausprobiert, funktioniert hat sie dort nicht. Ihre bindungsfeindliche Ideologie widerspricht offenbar einem unter Menschen durchaus vorhandenen romantischen Bedürfnis.

Alles in allem dürfte die gemäßigte Polygynie die Eheform sein, die den Männern am leichtesten fällt. Man kann also wohl davon ausgehen, dass sie darauf angelegt sind, für die Familie zu sorgen, wenn auch nicht in dem Ausmaß, wie dies bei einer natürlichen Disposition zur Monogamie der Fall wäre.

4 Wilson & Daly, 1992
5 Daly & Wilson, 1983

Kriterien für die Partnerwahl

Vor einigen Jahren hat eine Untersuchung des amerikanischen Psychologen David Buss nicht nur bei Kollegen sondern auch in fachfremden Kreisen einige Wellen geschlagen[6]. Es ging um eine großangelegte Recherche zur Frage, was Männer und Frauen eigentlich dazu veranlasst, einen potentiellen Geschlechtspartner attraktiv zu finden. An der Studie, die weltweit in 37 Kulturen auf allen Kontinenten und fünf Inseln durchgeführt wurde, nahmen über 10 000 Personen aus allen gesellschaftlichen Schichten im Alter zwischen 14 und 70 Jahren teil. Sie gaben in einem Fragebogen Auskunft darüber, welche Kriterien sie für „unabdinglich“, „wünschenswert“, „nicht so wichtig“ und „unwichtig“ bei der Partnerwahl hielten. Die Merkmale wurden vorgegeben; die untenstehende Tabelle zählt die wichtigsten davon auf.

- Angenehmes Äußeres
- gleiche Bildung
- gleiche politische Überzeugung
- gleiche religiöse Überzeugung
- gut im Kochen und Haushalten
- gute finanzielle Aussichten
- Jungfräulichkeit (bei Männern und Frauen)
- Alter

Durchgängig über alle Kulturen hinweg zeichnete sich folgendes Ergebnis ab: Männer schätzen *jüngere* Frauen und legen Wert auf *gutes Aussehen,* wobei das, was unter Schönheit verstanden wird, kulturell weit weniger variiert als man landläufig angenommen hatte. Dabei scheinen breit ausladende Hüften und eine verhältnismäßig schmale Taille von besonderer Bedeutung für die erotische Attraktivität zu sein[7].

Für Frauen ist das Aussehen des Partners von geringerer Bedeutung. Dagegen wünschen sie durchgängig, dass er etwas *älter* ist und eine *gute materielle Sicherheit und Versorgung* gewährleisten kann.

Die Einstellung zur *Jungfräulichkeit* des Partners variiert zwischen den Kulturen stärker und spielt bei vielen nicht ganz die Rolle, die man erwartet hatte. Immerhin ist sie in 62 % der untersuchten Kulturen den Männern wichtiger als den Frauen. In den restlichen Kulturen legen beide Geschlechter gleich großen Wert darauf, in keiner stellen Frauen diesbezüglich die rigoroseren Forderungen.

Bezüglich der *sexuellen Treue* liegen Daten aus einer anderen Untersuchung vor, die allerdings nur in den USA an Collegestudenten durchgeführt wurde.

Dabei ergab sich, dass für Männer die Treue der Partnerin das wichtigste Kriterium überhaupt zu sein scheint, allerdings nur, sofern es sich um eine Langzeitbeziehung handelt. Bei weiteren Studien kam überdies heraus, dass Männer eher an flüchtigen Abenteuern interessiert sind und sich für die gesamte Lebensdauer eine höhere Anzahl von sexuellen Begegnungen wünschen als Frauen. In einer Untersuchung an einigen tausend Amerikanern gab nur jeder fünfte Mann, aber fast jede dritte Frau an, ab ihrem 18. Lebensjahr nur einen Partner gehabt zu ha-

[6] Buss, 1989, 1994, 2004
[7] Sütterlin, 1994

ben. Dagegen berichtete jeder dritte Mann von über zehn Sexualpartnern, unter den Frauen trifft dies dagegen nur für jede zehnte zu[8]. Vergleichbare Befunde an noch größeren Stichproben werden aus kulturübergreifenden Studien berichtet. Hinzukommt, dass nur etwa 30 % der untreuen Frauen ihre Ehe als glücklich bezeichneten, gegenüber immerhin 56 % der untreuen Männer.

Buss hatte solche Ergebnisse erwartet und als Hypothesen seinen Untersuchungen vorangestellt. Auf den ersten Blick erscheint es trivial, dass er recht bekommen hat, erinnern die Befunde doch sehr an die mediengängigen Klischees. Man darf nur nicht vergessen, dass der Verweis auf Stereotypen keine Antwort ist, sondern selbst eine Frage aufwirft: Wie kommen sie zustande, und warum herrscht diesbezüglich so hohe, sogar transkulturelle Übereinstimmung, unabhängig auch davon, ob die Befragten gebildet oder ungebildet, jung oder alt waren, aus städtischen oder ländlichen Gebieten stammten?

Tatsächlich lassen sich die Ergebnisse recht gut erklären, wenn man evolutionsbiologische Gesichtspunkte berücksichtigt, und in einem solchen Bezugsrahmen konzipierte Buss seine Studie, ebenso wie die anderen Autoren, die zu vergleichbaren Ergebnissen kamen[9].

Folgende Überlegungen sind dabei von Belang. Wenn Männer anlagebedingt zu einer niedrigeren parentalen Investition tendieren, dann würden sie aus evolutionsbiologischen Gründen einer eher quantitativen Reproduktionsstrategie zuneigen, also möglichst viele Nachkommen zeugen, ohne für alle aber auch sorgen zu wollen. Demzufolge wäre damit zu rechnen, dass neben dem Wunsch nach einer länger dauernden Bindung auch die Tendenz besteht, *viele* eher *flüchtige* Beziehungen einzugehen, bei deren Wahl die Männer nicht so selektiv vorgehen wie bei der Langzeitpartnerin. Die Wunschvorstellungen amerikanischer Männer bestätigen diese Erwartung bis hin zu der Tatsache, dass bei Kurzzeitpartnerinnen die Auswahlkriterien vergröbert zu sein scheinen; die Männer legen bei ihnen z. B. weniger Wert auf Intelligenz als bei einer potentiellen Dauerpartnerin[10]. Und in einer Studie von Gladue und Delaney manifestierte sich bei den männlichen Besuchern einer Bar zu nächtlicher Stunde eine Art „Torschlusspanik“. Je näher die Sperrstunde rückte, umso attraktiver fanden die Männer die anwesenden Frauen, und zwar unabhängig davon, wie viel Alkohol sie getrunken hatten[11]. Dagegen nimmt für Männer, die an möglichst vielen Sexualkontakten interessiert sind, die Attraktivität der Partnerin nach dem Geschlechtsverkehr rapide ab, und sie unternehmen alles, um ja nicht den Eindruck entstehen zu lassen, sie seien an einer fortdauernden Beziehung interessiert[12].

Allerdings achten Männer, wie Buss postuliert hatte, in jedem Fall auf Merkmale physischer Ästhetik, die auf *Jugendlichkeit* und *Gesundheit* hinweisen.

Evolutionsbiologisch ist das sinnvoll, denn diese beiden Merkmale sind wesentliche Voraussetzungen für gesunden und zahlreichen Nachwuchs. Nach Ansicht von Singh und Luis wird das Taille-Hüftverhältnis von 0.7 von Männern deshalb kulturübergreifend präferiert, weil sich in ihm Gesundheit und erhöhte Fruchtbarkeit ausdrücken[13]. Außerdem indiziert eine schmale Taille, dass eine Frau wahrscheinlich noch nicht geboren hat.

---

8 Buss, 1994, 2004; Liesen, 1995. Für weitere Einzelheiten s. Chasiotis & Voland, 1998
9 Feingold, 1992; Grammer, 1995; Hejj, 1996
10 Kenrick et al., 1990
11 Gladue & Delaney, 1990
12 Haselton & Buss, 2001
13 Singh & Luis, 1995

Der zuletzt genannte Aspekt tangiert neben der Jugendlichkeit auch den Faktor der *Treue*, die ebenfalls ein wichtiges Desiderat für die Wahl des Mannes sein sollte, sofern es sich um eine längere Bindung handelt und er bereit ist, für etwaige Nachkommen zu sorgen. Der sicherste Garant gegen die Investition in das Kind eines anderen ist natürlich die *Jungfräulichkeit* der Partnerin. Die in vielen Kulturen den Frauen auferlegten Restriktionen bis hin zur Beschneidung und Verstümmelung kommen, so grausam und verabscheuungswürdig sie vielfach sind, evolutionsbiologisch betrachtet nicht von ungefähr; sie haben ihre Wurzel in dem Bemühen, die eheliche Treue der Partnerin zu erzwingen[14].

Weibliche Präferenzen

Für Frauen spielt die Treue des Mannes eine nicht ganz so gewichtige Rolle, wenngleich sie Promiskuität ablehnen. Ebenso ist „Jungfräulichkeit" des Partners evolutionsbiologisch von sekundärer Bedeutung, denn die Mutter weiß ja auf jeden Fall, dass es sich um ihr eigenes Kind handelt. Aufschlussreich sind die Ergebnisse von Untersuchungen zum Thema „Untreue", die Buss und seine Mitarbeiter in einem halben Dutzend Kulturen wie z. B. außer in den USA auch in Deutschland, Japan und Korea vorgenommen haben. Die Versuchspersonen sollten entscheiden, was schlimmer für sie sei, ein sexueller Seitensprung oder wenn sich der Partner bzw. die Partnerin in eine andere Person verliebt und eine emotionale Bindung zu dieser aufbaut. Für Frauen war letzteres eindeutig das größere Übel, während sie eher geneigt waren, eine flüchtige Affäre hinzunehmen. Männer reagierten genau umgekehrt. Für sie bedeutete es eine Katastrophe, wenn sich die Partnerin mit einem anderen Mann sexuell einließ, dagegen nahmen sie die Möglichkeit, sie könnte sich in einen anderen verlieben, relativ gelassen. Buss hat die Aussagen seiner Versuchspersonen durch physiologische Daten untermauern können. Die Teilnehmer bekamen Herzklopfen und Schweißausbrüche und runzelten die Stirn, sobald sie die nach ihren Angaben jeweils unangenehmere Untreue-Variante erwogen[15].

Für die Frauen ist es also wesentlich, dass es sich bei dem Seitensprung des Mannes wirklich nur um eine vorübergehende Begegnung handelt und er sich nicht an die andere bindet, weil dann weniger die Gefahr droht, dass er die Versorgung der Familie zugunsten der anderen Partnerin einstellt. Männer dagegen fürchten die sexuelle Untreue, weil damit die Möglichkeit besteht, von der Partnerin ein „falsches Kind" untergeschoben zu bekommen.

Wenn bei der internationalen Erhebung von Buss Frauen in allen Kulturen angaben, ältere Männer zu bevorzugen, so lässt sich das gut mit der höheren parentalen Investition der Frau in Einklang bringen. Sie sucht beim Partner Unterstützung für die Versorgung der Familie. Die für ihre Präferenz zuständigen affektiven Mechanismen sind wahrscheinlich zu archaisch, um direkt auf die Zahl der absolvierten Lebensjahre anzusprechen; sie registrieren wohl einfach Anzeichen höherer Reife des Verhaltensstils; aber auf die kommt es ja auch in erster Linie an, wenn es darum gehen soll, die Erfolgsaussichten des Partners abzuschätzen. Derselbe Gesichtspunkt konkretisierte sich auch in dem ebenfalls in nahezu allen untersuchten Kulturen geäußerten Wunsch, der Mann solle finanziell abgesichert sein.

[14] Wilson & Daly, 1992
[15] Buss, 1994a, 2004

Hierzu passt eine weitere Studie aus den USA, bei der Versuchspersonen beiderlei Geschlechts Videos gezeigt wurden, in denen Männer und Frauen in ihrer Körpersprache Dominanz oder Submission zum Ausdruck brachten. Submissive lächelten z. B. mehr, vermieden Blickkontakt und zeigten eine gebeugtere Körperhaltung, Dominante verhielten sich gegenteilig. Die Untersuchung erbrachte folgende Ergebnisse[16]. Den Männern war der Grad, in dem Frauen Dominanz ausdrückten, ziemlich gleichgültig. Für die Frauen waren die dominant auftretenden Männer dagegen eindeutig erotisch attraktiver. Das hieß allerdings nicht, dass sie von diesen dominiert sein wollten, sie bevorzugten nur einfach Männer, die etwas darstellten.

Nun könnte man sagen, die hier zum Ausdruck kommende Präferenz der Frauen liege daran, dass sie in vielen Kulturen von der Versorgung des Mannes abhängen, sie wissen das und es bestimmt ihre Wahl. Eine solche Begründung greift aber zu kurz. Sie erklärt nicht die *affektive* Aufladung erotischer Attraktion. Wir haben es hier nicht in erster Linie mit rationaler Einsicht, sondern mit prärationalen Bewertungen zu tun, die man schon verspürt, bevor man nachdenkt.

Der Mann, der eine gut aussehende jugendliche Frau einer älteren vorzieht, tut dies nicht, weil er sich überlegt hat, erstere sei wahrscheinlich fruchtbarer. Wie eingangs schon angesprochen, zeigt er diese Präferenz vielfach sogar, obwohl er gar keinen Wert auf Nachwuchs legt. Die bewusste Ablehnung des Kindes setzt die unbewusst wirkende Neigung also nicht außer Kraft, denn letztere ist den Männern einprogrammiert, ohne dass sie durchschauen, woher sie rührt. Manche sozialwissenschaftlich orientierten Autoren wie z. B. die Ethnologinnen Collier und Rosaldo, haben einen blinden Fleck für solche Zusammenhänge, wenn sie annehmen, für Völker wie z. B. die !Kung-Buschleute spiele Mutterschaft und Fruchtbarkeit eine geringere Rolle, nur weil dort die Männer Schönheit, Gesundheit und sexuelle Attraktivität als wichtigste Kriterien für die Partnerwahl nennen und eben den Aspekt der Mutterschaft nicht artikulieren[17]. Treffsicherer als durch ihre Wahl könnten !Kung-Männer ihren Reproduktionserfolg gar nicht verbessern, auch wenn sie davon keine Ahnung haben. Genauso wenig ist sich die Frau, der ein dominanter Mann imponiert, darüber im Klaren, dass er ihrem Unbewussten die Nachricht vermittelt, ein potentiell guter Versorger zu sein. Solche Überlegungen mögen hinzukommen oder auch nicht, sie sind jedenfalls nicht primär die Ursache der Faszination.

In diesem Zusammenhang ist von Interesse, dass sich an der Präferenz der Frauen kaum etwas ändert, wenn sie infolge eigener Berufstätigkeit selbst ein höheres Einkommen haben, also gar nicht auf den Unterhalt durch den Partner angewiesen sind. Tatsächlich spielt für gutverdienende Frauen der materielle Erfolg des Auserwählten die gleiche, wenn nicht sogar noch eine größere Rolle wie für Frauen, die tatsächlich von seiner Versorgung abhängen[18]. Damit verliert die als Gegenposition zur evolutionsbiologischen Erklärung formulierte „Theorie der strukturellen Machtlosigkeit" weitgehend ihre Überzeugungskraft, die annimmt, die weibliche Präferenz resultiere lediglich aus der finanziellen Abhängigkeit der Frauen.

Zusammenfassend lassen sich die von Buss und anderen erhobenen Befunde zu geschlechtstypischen Vorlieben bei der Partnerwahl am besten mit den folgenden Thesen vereinbaren:

---

16 Sadalla et al., 1987
17 Collier & Rosaldo, 1981
18 Buss, 1989, 2004; Eagly & al., 2004

- Auch beim Menschen sind die Geschlechter auf eine unterschiedlich ausgedehnte parentale Investition pro Einzelnachkommen angelegt.
- Männer sind darauf vorbereitet, intensiver in eine längerfristige Verbindung zu investieren, viele verfolgen daneben jedoch auch noch die kostengünstigere quantitative Strategie, sich auf möglichst viele sexuelle Begegnungen einzulassen, ohne die Folgelasten auf sich zu nehmen.
- Frauen zeigen keine Präferenz für die quantitative Strategie. Wenn sie mehrere Beziehungen haben, dann in erster Linie, weil sie hoffen, auf diese Weise den „Richtigen" zu finden[19]. „Richtig" heißt, dass er zu einer längerfristigen Bindung bereit und in der Lage ist, für die gemeinsamen Kinder zu sorgen.

Menschliche Phylogenese

Wie wir uns erinnern, zieht eine ungleiche Verteilung der parentalen Investition üblicherweise weitere anlagebedingte Verhaltensunterschiede nach sich. Konkret handelt es sich um Differenzen insbesondere im Wettbewerbsverhalten und in der Fürsorglichkeit. Damit kommen wir zu unserer nächsten Frage: Könnten die spezifischen Lebensbedingungen der Menschwerdung solche Dispositionen überflüssig oder gar dysfunktional gemacht und damit eine Gegenselektion ausgelöst haben, die sie schließlich abgezüchtet hat? Wenn dies nämlich *nicht* der Fall ist, gäbe es keinen Grund, daran zu zweifeln, dass diese Dispositionen weiterbestehen.

Einen wesentlichen Zugang zu dieser Frage erschließt die Betrachtung der *Anthropogenese,* also der Entstehungsgeschichte von *Homo sapiens* während der letzten Millionen Jahre. Mit welchen Problemen hatten die ersten Menschen fertig zu werden und welches physische und psychische Rüstzeug war dabei für sie von Vorteil?

Wenn wir versuchen, eine Vorstellung von der Lebensform unserer Vorfahren zu gewinnen, dann bieten paläanthropologische und archäologische Befunde zugegebenermaßen eine eher dünne Induktionsbasis für detaillierte Aussagen. Im Zusammenhang mit unserer Fragestellung kommt es aber vor allem darauf an, sich ein möglichst plastisches Bild von den generellen Lebensbedingungen zu machen, denen der Mensch während seiner Entstehungsgeschichte ausgesetzt war[20].

Als gesichert kann gelten, dass die Hominiden, also die Vor- und Frühmenschen, schon vor etwa vier Millionen Jahren für den aufrechten Gang optiert haben. Die Paläanthropologin Mary Leakey entdeckte vor einigen Jahren im afrikanischen Laetoli unter einer festgebackenen Ascheschicht Fußspuren, die eindeutig belegen, dass die Lebewesen, von denen sie stammen, aufrecht gingen[21]. Zu etwa der gleichen Zeit fanden Donald Johanson und seine Mitarbeiter[22] in einer benachbarten

[19] Buss, 2004
[20] Z.B. Wood, 1976
[21] Leakey & Lewin, 1977
[22] Johanson & Edey, 1982

Region Skelettreste eines weiblichen Wesens, die ungefähr genauso alt sind wie die erwähnten Fußspuren. Der Fund belegt ebenfalls eindeutig den aufrechten Gang. Von der Schädelkapazität mit 400 ccm her unterschieden sich diese Hominiden allerdings noch nicht vom zeitgenössischen Schimpansen; sie wurden deshalb auch noch nicht der Gattung Homo zugerechnet, sondern erhielten die Bezeichnung *Australopithecus afarensis*. Einen eindeutig größeren Schädel mit 700 ccm weist erst *Homo habilis* auf. Er trat vor rund zwei Millionen Jahren in Erscheinung und gilt zurzeit als der älteste sichere Repräsentant der Gattung Homo.

Aus der gleichen Zeit datieren Verhaltensfossilien, die mit *Homo habilis* in Verbindung gebracht werden und die für unsere Fragestellung von Interesse sind, da sie vorsichtige Mutmaßungen über die Lebensform dieses Vorfahren zulassen. Hier sind zum ersten die so genannten *Geröllwerkzeuge* zu nennen, die als älteste nachweisbare Artefakte gelten. Sie wurden bereits an den Kanten bearbeitet, um sie für ihre Verwendungszwecke tauglicher zu machen.

Solche Werkzeuge fanden sich nun in größerer Zahl zusammen mit Anhäufungen von Tierskeletten, wie z. B. von Giraffe und Rhinozeros, vorzugsweise an Seeufern und in ausgetrockneten Flussbetten. Nach sorgfältiger Würdigung aller Details kommt G. Isaac zu dem Schluss, dass es sich um Lagerplätze handelte, zu denen die Frühmenschen tierische Beute schleppten, um sie dort aufzubereiten und zu verzehren[23].

Auf Grund dieser Konstellation lässt sich die Hypothese aufstellen, dass die Menschen schon relativ früh, nämlich bereits vor zwei Millionen Jahren, dazu übergegangen waren, einen Teil ihrer Ernährung aus der Jagd auf Großwild zu bestreiten[24]. Wie im nächsten Abschnitt noch genauer begründet wird, dürfte die Jagd wegen des damit verbundenen Kraftaufwands und vor allem wegen des Risikos in erster Linie ein Geschäft der Männer gewesen sein. Aus dem Vergleich mit anderen jagenden Arten wird deutlich, dass eine solche Existenzform nur erfolgreich beibehalten werden kann, wenn die jagenden Männchen auch bereit sind, die Beute mit der Familie zu teilen. Die Anhäufung von Tierskeletten an Stellen, bei denen es sich wahrscheinlich um Lagerplätze handelte, legt den Schluss nahe, dass der Transport der Jagdbeute zum Zwecke des Teilens mit Mitgliedern der Gruppe geschah, die nicht an der Jagd teilnahmen, also mit Frauen und Kindern. Heute noch vermitteln z. B. die Buschleute in der Kalahari, ein altsteinzeitliches Kulturvolk, ein recht gutes Bild von dieser Praxis[25].

Wie das Beispiel zeitgenössischer Wildbeuter belegt, erfordert die Großwildjagd, die sich manchmal über Tage erstreckt, ein erhebliches Maß an Muskelkraft und körperlicher Ausdauer. Die Frühmenschen mussten ihre Beute, die zum Teil von erheblicher Größe war, wohl mit einfachen Holzspeeren erlegen, Pfeil und Bogen gibt es nach allem, was wir wissen, erst seit etwa 12 000 Jahren[26]. Insgesamt verlangt die Großwildjagd Eigenschaften, für welche die im Umfeld der Konkurrenz beim männlichen Geschlecht selektiv begünstigten Dispositionen zu *Risikobereitschaft, Unternehmungslust* und *Beharrungsvermögen bei Misserfolg* ideale Voraussetzungen abgaben. Hinzukommen physische Merkmale wie stärkeres Muskelprofil und größere Ausdauer beim Laufen, die bei Männern ebenfalls eindeutig belegbar sind.

[23] Isaac, 1978
[24] Isaac, 1978; Bischof-Köhler, 1985
[25] Lee, 1968; Eibl-Eibesfeldt, 1984
[26] Braidwood, 1975

Sammlerinnen

Nun wissen wir von Raubtieren wie Wölfen, Löwen und Hyänen, dass sich dort auch die Weibchen an der Jagd beteiligen. Wir kennen auch ein Naturvolk, die philippinischen Agta, bei dem die Frauen allein oder mit einer weiteren Frau auf die Jagd nach großen Tieren gehen. Aber es ist doch bedenkenswert, dass dies eben überhaupt nur von einer einzigen Ethnie bekannt ist[27]. Eine Teilnahme der ganzen Familie an der Jagd kommt bei Treibjagden vor. Diese waren aber nur unter ganz bestimmten ökologischen Bedingungen möglich, und keineswegs über längere Zeiträume die Regel.

Dass die Frauen sich während der Hominisation regelmäßig an der Großwildjagd beteiligten, wie immer wieder einmal behauptet wird, ist aus mehreren Gründen unwahrscheinlich. Erstens ist das Menschenkind sehr viel länger pflegebedürftig und auf die unmittelbare Fürsorge der Mutter angewiesen als die Jungen der erwähnten Raubtiere. Beim Jagen müsste sie es mit sich tragen, was ihre Bewegungsfreiheit wesentlich einschränken würde.

Des Weiteren ist zu bedenken, dass der Mensch kein Raubtier im strikten Sinne ist, denn neben Fleisch spielte Pflanzennahrung wohl immer eine wesentliche Rolle bei unserer Ernährung. So sprechen Kotsteine und die Gebissform dafür, dass wir zu jedem Zeitpunkt unserer Evolution Omnivoren („Allesesser") geblieben sind. Und in diesem Zusammenhang lag es nahe, dass sich schon sehr früh in der Hominisation eine *Arbeitsteilung* zwischen den Geschlechtern eingespielt hat, wie wir sie von den meisten rezenten Jäger-Sammler-Kulturen kennen. Die Frauen bestreiten durch Sammeln von Nahrung in Form von Wurzeln, Beeren, Pflanzen und Kleingetier einen Bestandteil des Unterhaltes, übrigens einen recht wesentlichen[28]. Sammeltätigkeit ist weniger risikobelastet als die Jagd, kann aber Nutzen aus der *Vorsicht* und *Umsicht* ziehen, die bei der primären Fürsorge für die Kinder unabdinglich ist. Säuglinge und Kleinkinder können auf die Exkursionen mitgenommen und die Sammelaktivität kann nach Bedarf unterbrochen werden, wenn die Belange des Kindes Vorrang erhalten.

Mütterliche Fürsorglichkeit

Die mit der erhöhten weiblichen Investition verbundene selektive Prämie auf *Fürsorglichkeit* dürfte auch während der Phylogenese des Menschen ihre volle Höhe behalten haben. Mütter waren primär für das Wohl der Kleinkinder verantwortlich und sind dies bei Naturvölkern immer noch. „Fürsorglichkeit" stellt derzeit ja in gewissen Kreisen ein Reizwort dar. Für manche Frauen scheint dieses Attribut fast schon so etwas wie ein Makel zu sein. Dem entspricht in der öffentlichen Meinung der Trend, es als unmodern und verfehlt abzustempeln, für Kinder und die eigene Familie zu sorgen, „nur" Hausfrau zu sein, so dass sich manche Frauen nicht trauen, einzugestehen, wie viel Spaß ihnen eigentlich genau diese Tätigkeit macht.

Einige psychohistorische Familientheoretiker gehen soweit, die „Mutterliebe" als eine erst in jüngster Zeit erfundene Mode zu deklarieren, während Kinder vergangener Jahrhunderte ausgesetzt, Ammen übergeben oder einfach umgebracht worden sein sollen[29]. Solche Einlassungen kann man, was das Problembewusstsein

[27] Estioko-Griffin, 1981
[28] McGrew, 1979
[29] Badinter, 1981; DeMause, 1974

in Bezug auf die Lebensbedingungen der Naturvölker und vor allem die Wirkungsweise der natürlichen Selektion betrifft, nur als ahnungslos bezeichnen. Mütter, die ihre Kinder umkommen lassen, haben ja wohl schlechte Chancen, die Anlagen, die solchem Verhalten zugrunde liegen, an Nachkommen weiterzugeben. Jede neue Generation würde ihr Erbgut in der Hauptsache von Müttern erhalten, die in *Abweichung* von der behaupteten Sitte ihre Kinder hinreichend gut betreuen. Und wenn solche Abweichungen zu selten vorgekommen wären, dann wäre die Menschheit schlicht ausgestorben.

Die Zeitperspektive, in der solche Autoren denken können, reicht offenbar nur ein paar hundert Jahre zurück. Die Menschheit hat aber nicht erst im Mittelalter begonnen, sondern etliche Jahrmillionen früher. Falls wirklich zutreffen sollte, dass in unserer Kultur im Zuge der Anpassung an die Urbanisation krisenhafte Einbrüche in der Kinderpflege vorgekommen sind, so betrafen diese erstens nur einen vergleichsweise kleinen Anteil der Menschheit und zweitens eine verschwindend kurze Übergangsepoche, aber gewiss nicht den Urzustand.

Man kann sich als Angehöriger der Zivilisation offensichtlich nur schwer vorstellen, was es bedeutet, unter altsteinzeitlichen Bedingungen ein Kleinkind großzuziehen. Die Kinder der Buschleute und vergleichbarer Kulturen werden in der Regel drei Jahre lang gestillt, sind also in der Ernährung weitgehend von der mütterlichen Nahrungsquelle abhängig. Gehen die Mütter ihren Beschäftigungen nach, dann haben sie die Kinder bei sich. Zwar sind Naturvölker im Allgemeinen sehr kinderlieb und alle Mitglieder der Gruppe, einschließlich der Männer, reißen sich darum, ein Baby zu liebkosen und mit ihm zu spielen. Das dauert aber nur solange, bis das Kind weint, oder sein „Geschäftchen" verrichtet.

Für Pflegeleistungen ist unter vorzivilisatorischen Bedingungen weitgehend die Mutter zuständig. Sie wäre in dieser Funktion auch nur sehr begrenzt ersetzbar. Ist sie nicht bereit oder in der Lage, sich in ausreichendem Maß um ihr Baby zu kümmern, dann hat es kaum Überlebenschancen, denn noch so hilfsbereite Angehörige können hier in den seltensten Fällen einspringen, allein schon wegen der Unfähigkeit, Milch für den Säugling bereitzustellen. Nestlé-Milch und Flaschenfütterung gibt es ja nicht, Sozialfürsorgeeinrichtungen sind nicht vorgesehen. Und wo sollten bei einer Steinzeitkultur Ammen hergenommen werden? Stillende Mütter müssen sehen, dass sie für ihre eigenen Kinder genug Milch haben, selbst wenn sie noch so motiviert wären, für das Kind einer anderen Frau einzuspringen.

Das schließt nicht aus, dass Mütter in allen Kulturen dankbar auf das Angebot von „Allomüttern" zurückgreifen, wie Sarah Blaffer Hrdy in ihrem äußerst lesenswerten Buch „Mutter Natur" weibliche und bisweilen auch männliche Ersatzpflegepersonen nennt, die bei der Betreuung gelegentlich einzuspringen bereit sind und eine wertvolle Entlastung für die Mutter darstellen[30]. Hrdy möchte mit der Bedeutung, die sie solchen Allomüttern zuschreibt, vor allem einem übertriebenen Mutterkult entgegentreten, der im Kontext von Bowlbys Bindungstheorie (s. o. S. 260) einige Blüten getrieben und Mütter vor allem dann mit einem schlechten Gewissen versehen hat, wenn sie in der Kinderbetreuung nicht die allein selig machende Beschäftigung sahen. Das ändert aber nichts an der Tatsache, dass auch bei den Ersatzpflegepersonen eben doch kulturübergreifend das weibliche Geschlecht überwiegt; nicht nur zahlenmäßig, sondern auch im Ausmaß des Aufwands. Und es ändert insbesondere nichts an der Feststellung, wie auch Hrdy betont, dass die Kinder ihrerseits in ihrer Veranlagung auf eine mehrjährige Abhängigkeit von der eigenen Mutter eingestellt sind, was sich darin manifestiert, dass sie eine emotionale Bindung an sie entwickeln, die eine wesentliche Voraussetzung für ihr leibliches und

[30] Blaffer Hrdy, 2000

seelisches Gedeihen darstellt. Vor diesem Hintergrund ist es schlicht undenkbar, dass die Fürsorgemotivation den Frauen in irgendeiner Phase der Menschheitsentwicklung abhanden gekommen sein könnte, um von der Kultur erst in jüngster Zeit wieder neu erfunden zu werden.

Wie es um die Fürsorglichkeit der Männer bestellt ist, werden wir in unserer Betrachtung noch etwas zurückstellen und uns zunächst den Merkmalen zuwenden, die sich bei ihnen aus der eher niedrigen männlichen Investition ableiten.

Jäger und Krieger

Was nun die Großwildjagd als männliche Domäne betrifft, so ist als deren notwendiges Erfordernis ein weiteres Merkmal zu nennen, das auch großwildjagende Tierarten kennzeichnet und das ebenfalls im Umfeld der Wettkampfmotivation evoluiert ist: die Bereitschaft zur *Kooperation*. Die Jäger dürften bei ihren begrenzten technischen Mitteln kaum Erfolg gehabt haben, wenn sie einander nicht zugearbeitet hätten, wie dies auch heute z.B. bei den Buschleuten üblich ist.

Wie bereits oben S. 118 ausgeführt, verträgt sich die Disposition zu Konkurrenzkämpfen erstaunlicherweise mit Kooperation, sofern die Betroffenen in einer Gruppe leben und eine Rangordnung ausgebildet haben. Hier wirkt eben die Unterordnungsbereitschaft der Unterlegenen stabilisierend. Bei den für Jäger- und Sammlerkulturen typischen relativ kleinen Gruppen wird das Dominanzstreben durch das Wissen gebremst, aufeinander angewiesen zu sein. Die Sozialstruktur ist also eher *egalitär.* Wie der Kulturvergleich aber zeigt, handelt es sich dabei um ein äußerst fragiles Gleichgewicht, das nur erhalten bleibt, solange alle wirklich voneinander abhängig sind. Wo immer die Menschen zur Sesshaftigkeit übergehen und Besitz ansammeln konnten, bildeten sich alsbald die alten typisch männlichen Dominanzhierarchien[31]. Die entsprechenden Dispositionen sind also leicht aktivierbar.

Hinzu kommt, dass der Mensch schon sehr früh in seiner Entstehungsgeschichte ein neues und spezifisch menschliches Betätigungsfeld für das phylogenetisch alte Verhaltenssyndrom des Imponierens, Drohens und kämpferischen Kräftemessens erfunden hat: das *Kriegführen.* Es ist eine nahezu ausschließlich männliche Angelegenheit und spielt gerade auch im Leben von Naturvölkern eine zentrale Rolle[32].

Risikobereitschaft, Unternehmenslust, die Freude, sich in Gefahr zu begeben, sich im Kampf zu messen einerseits und Kooperationsbereitschaft andererseits sind also für die spezifischen Funktionen des Mannes bei der Daseinsbewältigung sicher von Vorteil gewesen: Wem dies von der genetischen Disposition her leichter fiel, der war nicht nur als Jäger erfolgreich und ein tapferer Krieger, sondern sicher auch als Ehepartner begehrt.

Wenn also aufgrund der Erhöhung der väterlichen Investition eine Annäherung des männlichen Verhaltensrepertoires an das der Frau stattgefunden hat, dann in erster Linie in Form einer fürsorglichen Disposition und der Bindungsbereitschaft an die Partnerin und an die Kinder, nicht aber auch eines Abbaus der Dispositionen zum Konkurrenzverhalten, denn diese blieben als Präadaptation für Jagd und Krieg zu bedeutsam.

Die eben umrissene anthropogenetische Argumentation ist, einfach wegen der Länge der seither verstrichenen Zeit, notgedrungen hypothetisch. Es ist daher noch

[31] Bischof-Köhler, 1985
[32] Rudolph, 1980; Thayer, 2004; Johnson & VanVugt, 2009

einmal daran zu erinnern, dass hier nicht etwa aus irgendwelchen spekulativen Unterstellungen über die Lebensform der Frühmenschen weitgehende Folgerungen für die heutigen Menschen zu ziehen waren. Es ging lediglich um die Frage, ob irgendwelche Hinweise darauf bestehen, dass die anderweitig, nämlich evolutionsbiologisch begründete Merkmalsausstattung der Geschlechter beim Menschen auf Grund historischer Besonderheiten *abgezüchtet* worden sein könnte. Und die verfügbare Evidenz reicht durchaus hin, um dies als unwahrscheinlich erkennen zu lassen. Der phylogenetische Rückblick legt ganz im Gegenteil nahe, dass geschlechtstypische Verhaltensdispositionen, die sich aus asymmetrischer parentaler Investition ergaben, sogar eine ideale Voraussetzung für die wahrscheinlich über Millionen Jahre vorherrschende Existenzform des Jagens und Sammelns waren und von Generation zu Generation bestätigt wurden.

Vorgabe für Geschlechtsrollen

Nach derzeitigem Wissensstand dürfte die Anpassung an die Lebensform von halbnomadischen Jägern und Sammlerinnen für die Entstehungsgeschichte des Menschen in den letzten zwei Millionen Jahren charakteristisch gewesen sein[33].

Die Verhältnisse haben sich erst vor vergleichsweise kurzer Zeit mit dem Übergang zur Sesshaftigkeit vor etwa 12 000 Jahren für einen – zunächst kleinen – Teil der Menschheit geändert. Die in Frage stehenden Dispositionen sind dadurch aber nicht überflüssig geworden. Wie schon oben angedeutet, hat das männliche Wettbewerbsverhalten sich unter den Bedingungen der Sesshaftigkeit eher noch verstärkt und die Aufzuchtsbedingungen für Kinder waren bis vor wenigen Generationen nicht derart durch Ersatzinstitutionen abgesichert, dass auf die Fürsorglichkeit von Müttern verzichtet werden konnte.

Die sparsamste Hypothese zur Erklärung der in den meisten Kulturen auffindbaren Arbeitsteilung zwischen den Geschlechtern ist somit die, dass die Gesellschaft die anlagebedingten geschlechtstypischen Neigungen aufgreift und zur Partitur ihrer Geschlechtsrolleninszenierung macht. Wie sich das im Einzelnen gestaltet, wird uns in den folgenden Kapiteln beschäftigen. Wenn Anhänger einer ausschließlichen Sozialisationshypothese behaupten, es gäbe keine solchen Prädispositionen, die Kulturen hätten vielmehr die Geschlechtsrollenaufteilung mit erstaunlicher Übereïnstimmung – sowohl untereinander als auch mit den tierischen Vorformen – *neu* erfunden, dann müssten sie erst einmal den Nachweis erbringen, worin der Vorteil bestanden hätte, diese Dispositionen überhaupt abzuzüchten, obwohl sie die menschliche Existenzform über Jahrmillionen hinweg begünstigt haben.

Für einen solchen Nachweis wird man sich allerdings kaum von einer Argumentation zufrieden stellen lassen, wie sie beispielsweise Hagemann-White vorbringt[34]. Unter Bezugnahme auf den Tiervergleich, „der gern herangezogen wird, um anlagebedingte Geschlechtsunterschiede zu belegen“, meint sie, hier kämen als relevante Vergleichspartner allenfalls unsere nächsten Verwandten, die Schimpansen in Betracht. Bei ihnen seien die Geschlechtsunterschiede aber praktisch schon aufgehoben, außer, dass die Mutter-Kindbeziehungen etwas stabiler und in Bezug auf Kleinkinder etwas intensiver seien als andere Beziehungen. Wörtlich argumentiert die Autorin:

33 Für einen Überblick s. Bischof-Köhler, 1985, 1991
34 Hagemann-White, 1984, S. 40

„Keine Geschlechtsunterschiede werden beobachtet bei der sonstigen Aufgabenteilung, den Fähigkeiten, der Aggressivität, der Reichweite ihrer Aktionsfelder oder der Dominanz. Die überzeugendste Schlussfolgerung wäre, dass mit zunehmender Nähe der Affenarten zu den Menschen eine deutliche Despezialisierung der Geschlechter stattfindet. Wahrscheinlich kann nicht einmal mit Sicherheit davon ausgegangen werden, dass bei den frühesten Menschen *die Pflege der Kleintiere*" – die Autorin meint wohl Kinder – *„nach Geschlecht biologisch vorbestimmt war* (kursiv von D.B.-K.). Von diesen Voraussetzungen hat Cucchiari (1981) ein sehr interessantes Modell entworfen, wie aus der biologisch nicht mehr differenzierten „Urhorde" der ersten Menschen die Trennung von Aufgabenbereichen nach Geschlecht und die relative Dominanz des männlichen Geschlechts entstanden sein kann".

Um die Sozialisationshypothese also, wie es scheint, auch noch „biologisch" abzusichern, geht HagemannWhite so weit, nicht nur den Menschen, sondern gleich auch noch den Schimpansen Geschlechtsunterschiede abzusprechen. Nun sind, abgesehen von den Gibbons, gerade die höheren Primaten alles andere als monogam und somit geschlechts*dimorph* sowohl in der Erscheinung als auch im Verhalten. Es kann also überhaupt nicht pauschal die Rede davon sein, dass die Geschlechtsunterschiede mit zunehmender Nähe der Affen zu den Menschen abnähmen. Insbesondere trifft dies nicht für Schimpansen zu. Es ist schlicht unnachvollziehbar, wie jemand, zwölf Jahre nach Jane Goodalls erstem umfassenden Bericht über die wochenlange Präokkupation von Schimpansenmännchen mit der Verbesserung ihrer Rangposition[35], behaupten kann, es gäbe bei dieser Tierart keine Geschlechtsunterschiede im Dominanzverhalten. Vollends abenteuerlich ist dann die Annahme einer „biologisch nicht mehr differenzierten Urhorde", in der die Pflege der Kleinkinder nicht biologisch vorbestimmt gewesen sein soll. Hat man sich das so vorzustellen, dass die Männer auch säugen konnten?

Eine weitergehende Begründung, warum es zunächst zu einer biologischen Entdifferenzierung hätte kommen sollen, wenn dann doch wieder eine Aufgabentrennung eingeführt wurde, die im Wesentlichen der Funktionenteilung im Tierreich entspricht, sucht man vergeblich. Fragen solcher Art werden bei dieser Art Literatur nicht gestellt, und wohl auch gar nicht wahrgenommen. Vielleicht ruft es Verwunderung hervor, dass ich einen solchen Text hier überhaupt zitiere. Die Antwort lautet aber eben leider, dass er durchaus auf der Höhe des Argumentationsniveaus liegt, mit dem man sich üblicherweise auseinander zu setzen hat, wenn man bei der Einstellung, die heute in den „gender studies" vorherrscht, den Blick über den engen Zaun der Sozialisationshypothese hinaus auch auf das biologische Umfeld zu richten wagt.

[35] Goodall, 1971

12 Geschlechtsrollen im Kulturvergleich

Die Universalität und ihre Ausnahmen

Zu Beginn des letzten Kapitels war, anlässlich eines fehlerhaften Zitats, von zwei Bedingungen die Rede, die angeblich erfüllt sein müssten, damit Geschlechtsrollen als anlagebedingt gelten können. Die eine davon haben wir behandelt. Wie steht es nun um das zweite Postulat, demzufolge Geschlechtsrollen nur dann eine natürliche Basis haben können, wenn sie universell bei allen Kulturen auftreten?

Ich habe bereits in der Einleitung darauf hingewiesen, dass diese Forderung unhaltbar ist, denn Verhalten ist immer noch veränderbar, auch wenn es durch Anlagefaktoren mitbestimmt wird. Wenn sich Universalität also nicht belegen lässt, ist dies noch kein Gegenbeweis gegen natürliche Dispositionen. Andererseits kann es aber natürlich recht aufschlussreich sein, einmal genauer zu prüfen, worin Kulturen übereinstimmen bzw. ob es Ausnahmen gibt und unter welchen Bedingungen diese entstanden sind. Falls sich eine weitgehende Universalität einzelner Züge allerdings belegen ließe, dann wäre dies ein ernst zu nehmender Hinweis darauf, dass sich manche Aspekte der Geschlechtsrollen wohl doch nicht ohne erheblichen Aufwand verändern lassen.

In den folgenden Abschnitten wollen wir also der Frage nachgehen, wie sich das Geschlechterverhältnis in einzelnen Kulturen darstellt, worin diese übereinstimmen, und worin sie voneinander abweichen. Der Psychologe Ferdinand Merz unterscheidet in dem Buch „Geschlechterunterschiede und ihre Entwicklung“ zwei Vorgehensweisen, wie kulturanthropologische Studien in die Betrachtung einbezogen werden können: ein *kasuistisches* und ein *statistisches* Vorgehen[1]. Ersteres ist dadurch charakterisiert, dass man versucht, bestimmte Kulturen möglichst detailliert zu beschreiben. Hierbei sind natürlich insbesondere solche Gesellschaften von Interesse, die von der statistischen Norm abweichen. Diese wiederum lässt sich bestimmen, indem man möglichst vollständig alle, nicht nur derzeit existierenden, sondern auch vergangenen Kulturen erfasst, über die Informationen vorliegen.

In beiden Fällen hat man es mit erheblichen methodischen Problemen zu tun. Das Material ist bei manchen Kulturen so lückenhaft, dass man sich die Frage stellen muss, ob es überhaupt statthaft ist, es in eine Gesamtübersicht einzubeziehen. Hinzukommt, dass die Seriosität des Beschreibers vielfach nicht mehr überprüft werden kann, denn jeder Forscher hat bestimmte Hypothesen, er sieht die andere Kultur durch die Brille seiner eigenen, und zuweilen geht er „Einheimischen“ auf den Leim, die sich einen Spaß daraus machen, ihm das Blaue vom Himmel herunter vorzuschwindeln. Zum Glück gibt es mittlerweile auch bei den noch existierenden so genannten primitiven Kulturen genügend im westlichzivilisatorischen Sinn „gebildete“ Mitglieder, die sich von Fall zu Fall auch einmal zur Wehr setzen, wenn allzu Phantastisches über ihr Volk erzählt wird.

Beim statistischen Vorgehen bezieht man sich heute üblicherweise auf eine Sammlung aller verfügbaren Daten, die zuerst von George Peter Murdock für 565 Kulturen angelegt und in den so genannten „Human Relations Area Files“ dokumentiert wurde[2]. Diese lassen sich auf bestimmte Merkmale hin abfragen, wobei die Geschlechtsrollenvorstellungen als solche nicht immer direkt im Ausgangsmaterial thematisiert sind, aber mittelbar aus anderen Daten erschlossen werden können. Dabei stehen neben Verhaltensbeschreibungen Daten über Heiratsregeln, Erbrechte,

---

[1] Merz, 1979
[2] Murdock, 1957

Verwandtschaftsbezeichnungen und Wohnsitzregelungen zur Verfügung und natürlich Angaben über die vorherrschende Form der Unterhaltsbeschaffung. Diese wiederum zeigt, wie die Aufgabenbereiche zwischen den Geschlechtern aufgeteilt waren oder sind, womit bereits ein wesentlicher Bestandteil der Geschlechtsrollen thematisiert ist.

Geschlechtsrollen

Geschlechtsbezogene Normvorstellungen, die über die unmittelbar mit der Fortpflanzung zusammenhängenden Funktionen hinausgehen, finden sich faktisch in jeder Kultur. Einige Aufgaben erweisen sich universell als ganz oder überwiegend geschlechtsspezifisch festgelegt (siehe Kasten[3]), andere variieren von Kultur zu Kultur.

Überwiegend männliche Tätigkeiten

Jagd auf größere Tiere (100%)
Kriegeführen (100%)
Metallbearbeitung (100%)
Herstellung von Waffen (100%)
Fertigung von Musikinstrumenten (98%)
Umgang mit Viehherden (82%)
Fischerei (90%)
Vorbereitungsarbeiten für Ackerbau (80%)

Überwiegend weibliche Tätigkeiten

Kinderbetreuung (100%)
Kochen (95%)
Wasserholen (93%)
Herstellen/Reparieren von Kleidern (84%)
Töpferei (83%)
Getreidemahlen von Hand (94%)
Lastentragen (72%)
Sammeln von Nahrung (75%)
Pflanzen und Ernten von Früchten (70%)
Feuermachen und -unterhalten (73%)

Nach D'Andrade, der 1967 unter dem Titel „Sex differences and cultural institutions" eine der ersten Aufarbeitungen des Materials der Human Relations Area Files vorgenommen hat, ist es für typisch männliche Tätigkeiten kennzeichnend, dass sie *körperlich anstrengender* sind, häufiger *organisierte Kooperation* erfordern und einen *größeren Bewegungsradius* beanspruchen[4]. Weibliche Tätigkeiten dagegen sind *körperlich weniger anstrengend,* können eher *individuell* ausgeführt werden und erfordern *keine oder nur geringe Mobilität.* Wie Rudolph allerdings betont, lässt sich die Aufteilung der Aufgaben durch die somatischen Unterschiede allein nicht erklären, denn zum Teil haben Frauen Funktionen, die – wie etwa Wasserholen und Lastentragen – mehr Kraft erfordern als typisch männliche Tätigkeiten[5]. Auch die Annahme, bestimmte Objekte würden deshalb von einem Geschlecht hergestellt, weil sie zu dessen Gebrauchsgegenständen zählen, vermag nur zum Teil die Aufgabenteilung zu erklären. Insbesondere bleibt offen, warum Männer eher Tätigkeiten ausüben, bei denen man kooperieren muss, während Frauen eher individuell arbeiten. Hier liegt es nahe, sich an die tierischen Parallelen zu erinnern, bei denen Kooperation eine Besonderheit des männlichen Geschlechts darstellt. Auf die Frage, wie es mit der Kooperation zwischen Frauen aussieht, werde ich in einem späteren Kapitel noch zu sprechen kommen.

[3] Rudolph, 1980; Daten aus 224 Kulturen nach Murdock, 1957; Whyte, 1978; Daly & Wilson, 1983
[4] D'Andrade, 1966
[5] Rudolph, 1980

Barry und Mitarbeiter sind bei 110 Kulturen den *Erziehungsgrundsätzen* nachgegangen, von denen man sich einleuchtenderweise einen Aufschluss über die geltenden Geschlechtsrollenvorstellungen erwarten kann[6]. Die Autoren geben fünf Merkmale an, die sich mit unterschiedlicher Gewichtung auf die Geschlechter verteilen, wie die untenstehende Graphik zeigt. Dabei lassen die unteren, eingeklammerten Zahlen erkennen, für wie viele Kulturen aus dem Material überhaupt Angaben zu dem betreffenden Erziehungsziel vorliegen; die Zahlen oben an den Säulen zeigen, bei wie viel Prozent dieser Kulturen das betreffende Ideal überwiegend bei einem Geschlecht angestrebt wird.

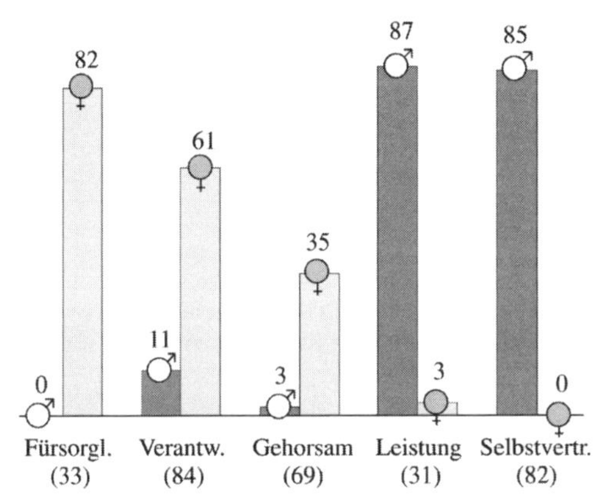

Geschlechtstypische Erziehungsziele im Kulturvergleich

Wie man sieht, liegt bei Mädchen das Gewicht auf Fürsorglichkeit und Verantwortlichkeit, bei Jungen auf Leistung und Selbstvertrauen.

Besonders nachdrücklich werden diese Erziehungsideale dort betont, wo die Unterhaltsbeschaffung eine Arbeitsteilung nahe legt. Dies ist eher bei Kulturen der Fall, zu deren Unterhalt die Großwildjagd gehört, ferner eher bei Landwirtschaft mit Getreidebau als mit Hackfrüchten, eher bei Groß- und Milchviehhaltung als bei Kleintierhaltung, eher bei nomadischen als bei sesshaften und schließlich eher bei polygynen als bei monogamen Gesellschaften. Eine Ausnahme bilden Kulturen mit Fischfang. Obwohl es sich dabei um eine fast ausschließlich männliche Tätigkeit handelt und man bei den Jungen die gleichen Eigenschaften erwarten würde wie bei Großwildjägern, spielen die genannten Ideale hier eine geringere Rolle. Deshalb wäre es, wie Rudolph ausführt, wohl voreilig, die Rollenteilung allein von den Erziehungsidealen abzuleiten.

Zutreffender erscheint die Erklärung, dass die Erziehungsideale sehr gut mit den im letzten Kapitel aus der parentalen Investition hergeleiteten geschlechtstypischen Dispositionen korrespondieren. Sie bestätigen die Hypothese, dass die meisten Kulturen in ihren Geschlechtsrollenzuweisungen das aufgreifen, was sich von der Veranlagung her anbietet. Zugleich zeigen Ausnahmen wie das Beispiel der Fischerkulturen, dass der Wert, den eine Kultur auf solche Eigenschaften legt, zwar häufig, aber eben nicht notwendigerweise mit den ökonomischen Bedingungen korrespondiert.

[6] Barry et al., 1957

In einer moderneren Studie konnte Low aufgrund eines Vergleichs von 93 Kulturen eine ähnliche Akzentuierung der Erziehungsideale belegen. Auch bei dieser Untersuchung stellte sich heraus, dass Jungen aggressiver, tapferer und selbständiger sein sollten, während man bei Mädchen Wert auf Verantwortlichkeit, Gehorsam, Fleiß und Keuschheit legte[7]. Die Betonung dieser Ideale reduzierte sich in Kulturen, in denen Frauen ein größerer ökonomischer oder politischer Einfluss zugestanden wurde.

Margaret Mead und der Kulturrelativismus

Soweit zur Frage der Universalität. Wie sieht es nun aber mit den Ausnahmen aus? Was die kasuistische Beschreibung der Geschlechterrollen in bestimmten Kulturen betrifft, so ist als Pionierin insbesondere Margaret Mead zu nennen. Sie kam in einer 1935 veröffentlichten Studie „Geschlecht und Temperament in drei primitiven Gesellschaften" zu dem Schluss, Geschlechtsrollen seien ausschließlich kulturabhängig und infolgedessen beliebig veränderbar[8].

> „Wir können sagen, dass viele wenn nicht sogar alle Persönlichkeitsmerkmale, die wir männlich oder weiblich nennen, so locker mit dem Geschlecht verbunden sind wie Kleidung, Sitten und die Art des Kopfputzes, die eine Kultur zu einem bestimmten Zeitpunkt jedem Geschlecht zuweist."

Als Anschauungsgrundlage und Beleg dienten ihr drei Naturvölker in Neu-Guinea, die *Arapesh*, die *Mundugumor* und die *Tschambuli*, die sie aufgesucht und ausgiebig beobachtet hatte. Mead wird heute immer noch gern von Diskutanten ins Feld geführt, die meinen, dass bereits eine einzige von der traditionellen Aufteilung abweichende Kultur genüge, um einer biologischen Argumentation den Boden zu entziehen. Auch wenn davon keine Rede sein kann, ist es doch interessant, dem Wahrheitsgehalt von Meads Aussage etwas genauer auf den Grund zu gehen.

Die *Arapesh* leben im Bergland an der Nordwestküste Neu-Guineas. Sowohl Männer als auch Frauen werden von Mead als gütig, sanft und friedfertig geschildert. Ihrer aller Hauptanliegen sei es, „irgend etwas aufzuziehen – Kinder – Schweine – Kokospalmen"[9]. Beide Geschlechter entsprechen also eher dem weiblichen Stereotyp. Dort wo Männer Führungsrollen übernehmen müssten, täten sie dies eher unwillig und ganz gewiss nicht, um eine Herrschaft über die Frauen auszuüben.

Die *Mundugumor* stellen nach Mead genau das Gegenteil dar. Sie werden als streitsüchtig und starrköpfig charakterisiert. Jeder stehe gegen jeden und sei darauf aus, den anderen auszubeuten. Die Frauen werden als ebenso selbstsicher und kraftvoll wie die Männer dargestellt. Besonders betont wird, dass die Frauen faktisch allein für die Ernährung zuständig seien und dass sie das Austragen und Aufziehen der Kinder verabscheuten, so dass keine tiefergehende Bindung zwischen Mutter und Kind entstünde. In dieser Einstellung sieht Mead die unmittelbare Ursache für die lieblosen und aggressiven Charakterzüge der Erwachsenen.

Bei den *Tschambuli* schließlich sind die Frauen aktiv und zielstrebig, ebenfalls für die Ernährung zuständig und gehen dem Fischfang an einem See in ihrem Wohngebiet nach. Während sie als schmucklos geschildert werden, sind es die Männer, die sich schmücken, Tänze einüben und künstlerischen Tätigkeiten nachgehen. Sie

7 Low, 1989
8 Mead, 1935, S. 280
9 Mead, 1958, S. 45

seien „scheu, vorsichtig gegeneinander und an Kunst und Theater interessiert und für tausenderlei nichtige Beleidigungen und Klatsch zugänglich". Der Mann „ist zu einem Künstler geworden und steht einem streng praktischen Weib gegenüber, das ihn ausbeutet und beherrscht"[10].

Während die Arapesh als Beispiel einer Annäherung der Rollen an das eher weibliche Stereotyp gedacht sind, sieht Mead bei den Mundugumor eine Angleichung in die männliche Richtung. In ihrem Abscheu gegen alles, was mit Kindern zu tun hat, verkörpern die Mundugumor-Frauen wohl das Ideal mancher radikalen Feministin. An den Tschambuli mit den weichen und schwachen Männern und den energischen und dominierenden Frauen schließlich möchte die Autorin einen Rollentausch zwischen den Geschlechtern demonstrieren.

Kritik und Revision

Margaret Mead wird, wie schon gesagt, auch heute noch gern zitiert, wenn es darum geht, die uneingeschränkte Veränderbarkeit der Geschlechterrollen zu belegen. Tatsächlich lassen sich ihre Schlussfolgerungen jedoch im Lichte neuerer Forschungen nicht aufrecht erhalten. Als andere Anthropologen – wie z.B. Derek Freeman – die drei Kulturen genauer unter die Lupe nahmen, stellte sich heraus, dass die Arapesh keineswegs so friedfertig waren, wie sie bei Mead erschienen; wenn sie Kriege führen, dann ist dies Männersache. Entsprechendes gilt auch für die Tschambuli, die als junge Männer noch Kopfjäger gewesen waren[11].

Außerdem weist Meads Bericht, insbesondere was die Tschambuli betrifft, einige auffällige Unstimmigkeiten auf. Die Männer haben nämlich wichtige Funktionen bei rituellen Festen, und der Tauschhandel, der Kontakt mit der Außenwelt also, ist eindeutig ihr Privileg. Und wenn die Frauen durch Fischfang für den Lebensunterhalt aufkommen, während Männer sich dieser Beschäftigung nur manchmal mehr aus Liebhaberei hingeben, dann fragt man sich natürlich, ob das wirklich ein zureichendes Indiz für weibliche Dominanz darstellt oder ob sich die Männer nicht einfach von den Frauen bedienen lassen.

Zu denken gibt auch, dass Mead ein ganzes Kapitel ihres Buches *Außenseitern* widmet, die sich nicht in das von ihr gezeichnete Rollenbild fügen. Es ist da sowohl bei den Arapesh als auch bei den Tschambuli von Männern die Rede, die sich tyrannisch, sexuell besitzgierig und gewalttätig gebärden, weshalb die Frauen ihre liebe Mühe hätten, die Dominanz über sie aufrecht zu erhalten[12].

Tatsächlich waren die Tschambuli einige Jahre vor Meads Besuch aus ihrem angestammten Gebiet vertrieben worden und erst vor kurzem wieder dorthin zurückgekehrt. In solchen Umbruchphasen kann die soziale Organisation fluktuieren. Merz verweist in diesem Zusammenhang auf deutsche Nachkriegsverhältnisse, als Frauen Steine klopften, Trümmer wegschafften und Trambahnen führten, während die Männer erschöpft und gebrochen aus der Gefangenschaft kamen. Hätte ein Anthropologe aus einem anderen kulturellen Umfeld nur diese Beobachtungen gemacht, wäre er wohl auch zu völlig falschen Schlussfolgerungen über die Machtverhältnisse zwischen den Geschlechtern in Deutschland gekommen[13].

Auch die Mundugumur erscheinen in den Berichten anderer Forscher in einem etwas anderen Licht. Eibl-Eibesfeldt, der dieses Volk gemeinsam mit dem Anthro-

[10] Mead, 1958, S. 79f
[11] Freeman, 1983; Fortune, 1939
[12] Mead, 1935
[13] Merz, 1979

pologen Derek Freeman besuchte, wurde von diesem auf eine Mutter aufmerksam gemacht, die gerade zum Fischen wegging, – hinter ihr ein jämmerlich weinendes Kleinkind, das ihr folgen wollte und von seinen Geschwistern zurückgehalten werden musste[14]. Die Anekdote demonstriert recht anschaulich, dass zumindest in diesem Fall kindliche Bindungsbedürfnisse gegenüber der Mutter nicht, wie Mead meinte, auf spezifische Sozialisationsbedingungen angewiesen waren.

Die Anthropologin Jessie Bernard kam ebenfalls zu einer nüchterneren Einschätzung der Phänomene bei den drei von Mead beschriebenen Gesellschaften. Wie für alle anderen gelte auch für diese, dass die Männer dazu tendierten, in der wirtschaftlichen und politischen Sphäre den Ton anzugeben, während die Frauen ihren Dominanzbereich eher im häuslichen Umfeld hätten[15].

Nun hat auch Mead selbst die Verhältnisse nicht ganz so undifferenziert gesehen, wie die angeführten Zitate denken lassen, und im Vorwort zu einer Neuauflage des Berichts beklagt sie sich, es sei ihr am meisten missverstandenes Buch. Bereits in den 30er Jahren sei sie zu dem Schluss gekommen, dass ein Rollentausch für Leute nicht ganz einfach sein dürfte, die vom *Temperament* her dafür nicht geeignet wären. Biologisch bedingte Unterschiede im individuellen Temperament zumindest hätte sie nie angezweifelt, nur hätte sie damals Wert auf die Feststellung gelegt, dass diese nicht mit dem Geschlecht korrespondierten.

In einer Veröffentlichung von 1949 mit dem Titel „Male and Female" („Mann und Weib") hat sie ihre früheren Aussagen dann vollends korrigiert und präzisiert. Sie vertritt nun die Auffassung, dass man mit „biologisch bedingten Geschlechterunterschieden im Temperament" rechnen müsse und betont, dass eine Rollenzuteilung, die diese Unterschiede nicht berücksichtige, zu psychischen Schwierigkeiten führe[116].

„Gegenwärtig haben wir die Tendenz, all diese Unterschiede im Lernen, im Rhythmus, in Art und Zeitpunkt der jeweiligen Vorteile zu verkleinern oder wenigstens zu versuchen, jene besonderen Differenzen zu verschleiern, die wir als handicaps für eines der Geschlechter ansehen. Doch jede Anpassung, die einen Unterschied, eine besondere Anfälligkeit beim einen Geschlecht verschleiert, vermindert auch ihre Fähigkeit, sich gegenseitig zu ergänzen, indem beide zu einer farblosen Abart menschlichen Lebens herabgemindert werden und beiden die Ganzheit des Menschseins abgesprochen wird, die sie der Möglichkeit nach in sich haben".

Ausführlich äußert sie sich auch zum Problem, was es bedeutet, als Frau die Rolle der Mutterschaft abzulehnen oder von der Gesellschaft dazu genötigt zu werden.

„Von den Frauen dagegen kann man sagen, sie seien Mütter, falls man ihnen nicht beibringt, ihre kindergebärenden Qualitäten zu verleugnen. Die Gesellschaft muss ihr Gefühl für sich verzerren, ihre ererbten Wachstumsschemata verdrehen, eine Reihe von Erziehungsgewalttaten an ihnen begehen, bevor sie aufhören, wenigstens für einige Jahre für das Kind sorgen zu wollen, das sie schon neun Monate in dem sicheren Kreislauf ihres eigenen Körpers genährt haben".

Bei Margaret Mead hat sich also ganz ähnlich wie bei Eleonor Maccoby im Laufe der Jahre die Überzeugung durchgesetzt, dass man nicht nonchalant mit der Natur des Menschen umspringen kann und, wenn man die Verhältnisse bessern will, dabei den unterschiedlichen Veranlagungen der Geschlechter Rechnung tragen muss. Das ist nicht nur meine Vermutung, sondern Wissen aus erster Hand. Ich

---

[14] Eibl-Eibesfeldt, 1984
[15] Bernard, 1945
[16] Mead, 1949, S. 238

habe Margaret Mead noch persönlich kennen gelernt. Damals war sie schon eine alte, überaus imponierende Dame. Ehrfurchteinflößend war allein schon der lange, oben gegabelte Stab mit irgendeiner rituellen Bedeutung, den sie von einer ihrer Expeditionen mitgebracht hatte und immer mit sich führte. Sie hat Konrad Lorenz, mit dem sie befreundet war, mehrfach in Seewiesen besucht; dabei ergaben sich auch für uns Mitarbeiter Gelegenheiten, mit ihr zu diskutieren. Die Freundschaft mit Lorenz mag viel dazu beigetragen haben, dass sie ihre frühere kulturrelativistische Sicht schließlich revidiert hat.

Es kennzeichnet den Zeitgeist, dass viele, die Mead zitieren, weder die gegenteilige Evidenz anderer Anthropologen noch auch ihren eigenen Sinneswandel zur Kenntnis nehmen und Meads militante Thesen von 1935 bis heute hartnäckig weiter als Beweis für die unbegrenzten Möglichkeiten vorbringen, über die die Gesellschaft bei der Bestimmung der Geschlechterrollen angeblich verfügen soll.

Das Grundgeschlecht des Menschen

Bei der feministischen Argumentation lassen sich zwei Stoßrichtungen unterscheiden. Die eine leugnet Geschlechterunterschiede und will die Polarität von männlich und weiblich zugunsten einer asexuellen Humanitätsvision am liebsten ganz aus der Welt schaffen. Die andere stellt biologisch bedingte Geschlechterunterschiede nicht in Frage, sondern benutzt sie im Gegenteil als Argumentationshilfe zur Diskrimination der *Männer.*

Ein Ausschnitt aus der Zeitschrift „Emma" ist für die erstgenannte Lesart bezeichnend[17]:

> „Wir Frauen werden genau unter dem Vorwand, wir seien ‚Frauen', seien ‚anders', daran gehindert, ein Leben als ganzheitliche Individuen zu führen. Das patriarchalische System definiert uns als ‚anders', um so unsere Ausbeutung rechtfertigen zu können. Es ist das Patriarchat, das uns den Stempel der ‚Weiblichkeit' aufdrückt. Im Gegensatz dazu bleibt der radikale Feminismus auf dem Terrain, das die ersten Feministinnen im Kampf gegen die biologische Ideologie bereits erobert haben. Seine wesentlichen Merkmale sind: die absolute Weigerung, sich eine Idee von ‚der Frau' außerhalb des gesellschaftlichen Kontexts zu machen, und das Wissen, dass die soziale Existenz von Frauen und Männern nicht abhängig ist von ihrer weiblichen oder männlichen Natur, von der Form ihres anatomischen Geschlechts".

Die Biologie ist, wenn man diesem Zitat folgt, also keine empirische (d. h. innerhalb der Spielräume menschlicher Unzulänglichkeit um objektive Erkenntnis bemühte) Wissenschaft, sondern eine „Ideologie", erfunden zu dem Zweck, einen Teil der Menschheit als „Frauen" auszugrenzen und dann ungestraft ausbeuten zu können. Dass sie vielleicht auch Sachargumente beizusteuern hat, braucht man gar nicht in Erwägung zu ziehen.

Christa Mulack, die das obige Zitat referiert, meint dazu, die Leugnung der biologischen Dimension sei für die Geschlechterrollendiskussion genauso kontraproduktiv wie das „Köpfen als Heilmittel gegen Kopfschmerzen". Das klingt vernünftig; aber man soll sich nicht zu früh freuen: Mulack vertritt die zweite Spielart von Feminismus und verfällt nicht weniger unsachlich ins andere Extrem. Ganz nach Art einiger chauvinistischer, inzwischen aber doch wohl ausgestorbener

[17] Zit. nach Mulack, 1990, S. 35

männlicher Autoren, die immer einmal wieder die Minderwertigkeit des Weibes von der Biologie herzuleiten versuchten, wird in einer Art Retourkutsche nun genau das Gegenteil behauptet. Die Biologie muss jetzt herhalten, die Minderwertigkeit des männlichen Geschlechts zu belegen.

Nun ist das Bemühen, etwas gegen die faktisch zu konstatierende Unterbewertung der Weiblichkeit zu tun, an sich löblich. Ob man den Frauen aber einen Dienst erweist, wenn man den Spieß einfach umdreht, scheint mir doch mehr als fraglich; denn ein solches Vorgehen ist kaum geeignet, die Diskussion zu versachlichen.

Vollends kontraproduktiv wird es, wenn dann oberflächlich angelesenes und falsch verstandenes biologisches Fachwissen ins Feld geführt wird. Der weibliche Bauplan, liest man etwa bei Mulack, sei bereits auf genetischer Basis konstitutiv für *den* Menschen überhaupt. Begründung: Die Frau habe zwei vollwertige X-Chromosomen; beim Manne aber sei eines der beiden zu einem Y-Chromosom degeneriert. Wenn dieses gänzlich ausfällt, dann entwickelt sich ein weibliches Individuum (übrigens kein gesundes, fortpflanzungsfähiges, was die Autorin immerhin zugesteht).

Was folgt daraus? Hier einige wörtliche Zitate[18]:

„Weiblichkeit ist das Grundgeschlecht des Menschen" – „Die Entwicklung eines männlichen Wesens bedeutet immer eine *Unterdrückung* des primären Hangs zur Weiblichkeit" – „Damit erweist sich die These vom Mann als Urbild des Menschen als männlicher Wunschtraum, als eine der vielen Verkehrungen der Wirklichkeit, um männliche Priorität im Weltbild zu verankern".

Nun hatte freilich auch schon Sigmund Freud, der Macho, im umgekehrten Sinne ähnlich argumentiert, als er die Klitoris einen verkümmerten Penis nannte. Dagegen setzt Mulack ebenso kühn die These, der Penis stelle eine Wucherung des weiblichen Organs dar, also auch wieder eine abgeleitete und irgendwie der rechten Proportion ermangelnde Form.

Aber ob man das Große vom Kleinen oder das Kleine vom Großen herleitet, ist gar nicht wesentlich. Peinlich ist etwas ganz anderes: Der Autorin ist entgangen, dass die Kombination eines stattlichen mit einem reduzierten Geschlechtschromosom biologisch keineswegs so unverbrüchlich mit dem männlichen Geschlecht verbunden ist, wie sie glaubt. Bei den Vögeln ist es beispielsweise genau umgekehrt: Hier haben die Männchen, einschließlich der radschlagenden Pfauenhähne, zwei X und die Weibchen neben dem X *nur* das kleinere Y. Die Natur kann also auch ausschließlich mit X-Chromosomen maskulinen Sexismus produzieren, dazu muss nicht erst etwas primär Weibliches „unterdrückt" werden.

Das Matriarchat

Die seltsame Meinung, man könne eine Keimzelle allein wegen der Größe ihrer Geschlechtschromosomen als die ursprünglichere deuten, inspiriert Christa Mulack schließlich zu folgendem enthusiastischen Brückenschlag[19]:

„Der Kreis zwischen matriarchalen Mythen und Ritualen und neuesten wissenschaftlichen Erkenntnissen schließt sich, wenn selbst bei Humangenetikern mit der Erforschung der menschlichen Entwicklung Erinnerungen an die alte Urmutter aufsteigen".

---

[18] Mulack, 1990, S. 9
[19] Mulack, 1990, S. 102

Damit sind wir dann endlich beim matriarchalen Mythos von der *Urmutter*. Der alte Traum, den Bachofen im 19. Jahrhundert in die Welt gesetzt hat, wird weitergeträumt[20]. Am Anfang war das Mutterrecht als ursprüngliche menschliche Organisationsform, und alles war gut, es gab keine Kriege, keine Gewalt, keine Herrschaftsansprüche,

„weil Frauen im großen und ganzen anders mit der Macht umgehen, sie nicht um ihrer selbst willen anstreben und lebensfreundlichere Ziele verfolgen"[21].

Dann haben die Männer das Partriarchat eingeführt und alles ist entgleist. Mit der Überbewertung des Männlichen kam das Böse in die Welt, es wurde zum „vielseitigen und umfassenden Zerstörer des Lebens".

Als Beweis für ein ursprüngliches Matriarchat führen dessen Verfechterinnen, wie etwa Heide Göttner-Abendroth, einige Kulturen an, die früher „mutterrechtlich" organisiert waren, bzw. es heute noch sind, ferner Belege für die Verehrung von Muttergottheiten in grauen Vorzeiten, Gräberfunde von Frauen mit reichem Schmuck sowie mehr oder weniger vertrauenswürdige Berichte über weibliche Entscheidungsgremien bei verflossenen Völkern[22]. Ganz aus der Luft gegriffen sind solche Argumente keineswegs. Mein Schwiegersohn, der sich in Kanada um die Verteidigung der Rechte eines Indianerstammes verdient gemacht hat, dafür als Mitglied aufgenommen worden ist und dementsprechend zu den Interna auch benachbarter Stämme Zugang hat, hat mir aus eigener Kenntnis die folgende Geschichte erzählt.

Ein junger Mann hatte ein Mädchen vergewaltigt und musste sich nun vor dem Rat seines Stammes verantworten. Er wurde vor die Wahl gestellt, das Gebiet zu verlassen oder, sofern er bleiben wollte, kastriert zu werden. Der Mann entschied sich für das letztere. Der springende Punkt ist, dass die Ratsversammlung, die ihn verurteilte, ausschließlich aus älteren Frauen bestand. Und deren Kompetenz erschöpft sich keineswegs in solchen Schiedssprüchen; sie haben auch noch in anderen wichtigen Belangen das Sagen.

Angesichts solcher Begebenheiten ist man geneigt, den bereits von Engels[23] angeführten und seither immer wieder zitierten Berichten aus dem 19. Jahrhundert über die Frauenkomitees bei den *Irokesen* Glauben zu schenken, die sich in der Matriarchats-Diskussion besonderer Beliebtheit erfreuen.

Allerdings ergeben diese Berichte kein einheitliches Bild, und man muss den Einfluss dieser Frauenkomitees wohl differenziert beurteilen. Es handelte sich um ein Gremium von Matronen, die zwar nicht am Ältestenrat der Männer teilnehmen konnten, gleichwohl aber die Macht hatten, Entscheidungen des Männerrats zu beeinflussen. Vor allem wurden sie hinzugezogen, wenn ein Ältester starb; sie hatten in diesem Fall ein Vorschlagsrecht für seinen Nachfolger. Legten die Ältesten gegen diesen Kandidaten allerdings ein Veto ein, dann mussten die Matronen einen neuen Vorschlag machen[24]. Insgesamt bezogen sich ihre Entscheidungsbefugnisse in erster Linie auf Belange der Haus- und Wohngemeinschaften, die sich aus Verwandten zusammensetzten. In Angelegenheiten des Bundes und der Stämme lag

[20] Bachofen, 1861
[21] Mulack, 1990, S. 114
[22] Göttner-Abendroth, 1988
[23] Engels, 1891
[24] Brown, 1995

die Entscheidungsgewalt dagegen bei den Männern, sie machten auch hier, wenn man so will, die „große Politik“[25].

Es kann also wohl nicht die Rede davon sein, dass die Frauen in allen Bereichen alleiniges Entscheidungsrecht gehabt hätten. Dass sie erheblichen Einfluss ausübten, ist aber unbestritten. Die Frage ist freilich, was diese Sozialstruktur als Modellfall einer urmenschlichen Lebensform qualifizieren soll. Hier ist doch zu bedenken, dass die nordamerikanischen Indianer seit der weißen Landnahme ein erbarmungswürdiges Dasein fristen. Ihre Kultur ist zerstört, ihre Selbstachtung weitgehend auch. Letzteres trifft gerade die Männer an ihrem Lebensnerv; und daraus können leicht allerlei soziale Verschiebungen resultieren, die dann aber eher als Degenerationsform denn als Urzustand zu interpretieren wären.

Gerade in dem angeführten rezenten Beispiel ist dies besonders augenfällig. Es handelte sich um einen Stamm in einem Reservat, der, wie so viele Indianerstämme, durch die kanadische Regierung faktisch völlig entrechtet worden ist. Die ursprüngliche Sozialstruktur war in Auflösung begriffen, die Männer hatten keine wirklichen Funktionen mehr, sondern lebten von Sozialunterstützung, viele waren dem Alkohol verfallen. In dieser perspektivlosen Situation hatten die Frauen das Ruder übernommen und sorgten für das Notwendigste zur Aufrechterhaltung der Ordnung. Das Schicksal des Missetäters ist paradigmatisch für die Verfassung der Männer überhaupt. Man könnte sie als, wenn auch nicht physisch, so doch zumindest „psychisch kastriert“ bezeichnen; sie befanden sich gleichsam im Zustand der Infantilisierung, und die „Mütter“ mussten sich dieser wieder zu Jungen gewordenen Männer annehmen.

Es wäre also sicher verfehlt, dieses Beispiel als Beleg für eine gut funktionierende Gesellschaftsstruktur auf mutterrechtlicher Basis zu werten. Es ist eher eine Notfall-Reaktion auf die durch die Invasoren verhängte totale Entrechtung und sicher alles andere als ein erstrebenswerter Zustand. Im Übrigen ist die Parallele zu den Tschambuli offenkundig, auch diese hatten ja eine ähnliche, wenn auch nicht ganz so gravierende Entwurzelung erfahren.

„Herrschaft“ oder „Anfang“?

Das zentrale Missverständnis der Matriarchats-Theorie liegt in den generalisierenden Folgerungen, die mit dem Begriff *Mutterrecht* verbunden werden. Dieses wird nämlich mit der Vorstellung einer Sozialstruktur assoziiert, in der die Frauen alle wichtigen Entscheidungen fällen, während die Männer diese nur ausführen. Wenn man diese Annahme nun allerdings in Diskussionen mit Anhängerinnen des Matriarchats auf den Punkt bringt, Matriarchat bedeute also, dass die Frauen die Männer dominiert hätten, dann wird dies empört zurückgewiesen. Göttner-Abendroth legt da Wert auf sehr feine Differenzierungen:

> „Matriarchate sind Gesellschaftsordnungen, die in allen ihren Zügen von Frauen geschaffen, geprägt und getragen werden. Sie können in keinem Fall mit Patriarchaten – nur mit umgekehrtem Vorzeichen – parallel gesetzt werden. Denn sie kannten die allgemein verbreiteten Herrschaftsstrukturen wie soziale Hierarchie, Befehlsgewalt einer Minderheit, die sich auf einen Erzwingungsstab stützt (...) nicht. Denn ‚arché‘ heißt im griechischen sowohl ‚Herrschaft‘ wie ‚Anfang‘, wobei die zweite Bedeutung die ältere ist. (...), so heißt Patriarchat (arché = Herrschaft) klarerweise ‚Herrschaft des Vaters‘, aber Matriarchat (arché = Beginn) heißt ‚am Anfang die Mutter‘. Und das trifft die Sache“.

[25] Rudolph, 1980

Diese Argumentationskette[26] ist von solch stilistischer Eleganz, dass es eine Zeit dauert, bis man bemerkt, dass sie eigentlich nur aus einer Serie von Behauptungen besteht, deren Inhalt darauf hinausläuft, dass nicht sein kann, was nicht sein darf, und die sich daher in unauflösbare Widersprüche verstricken. Da steht auf der einen Seite die These: Da Dominanz etwas böses ist, kann sie auch nur von Männern ausgeübt werden, und deshalb dürfen die Herrschaftsstrukturen erst mit dem Patriarchat in die Welt gekommen sein. Auf der anderen Seite redet die Autorin aber davon, dass „die Männer den Sippenmüttern Rechenschaft schuldig sind", dass die Frauen, etwa bei den Dajak, „unumschränkte Herrscherinnen im Haus und oft auch im Stamm" sind, dass die matriarchalen Frauen in den alten Frauenreichen in Tibet in einem Staatsrat zusammen mit einer Königin Entschlüsse fassten, die die Männer als ihre Abgesandten auszuführen hatten. Sie merkt also gar nicht, dass sie von *Macht* redet, wenn sie immer wieder die Männer als Ausführungsorgane, als Delegierte darstellt. Selbstverständlich müssen diejenigen, die Entscheidungen treffen, auch Sorge tragen, dass diese realisiert werden. Wie anders hätte das aber funktionieren können, als dass die Männer sich dem Willen der Frauen beugten und worauf sonst sollte das hinauslaufen als auf weibliche Dominanz?

Oder sollten die Frauen vielleicht doch den Männern ganz gern das Geschäft der Entscheidungen und ihrer Durchsetzung überlassen haben? Ein Zitat von Mulack lässt diesen Verdacht aufkommen. Sie stellt nämlich in Frage, ob es für Frauen überhaupt eine interessante Perspektive sei, auf dieser Erde die Herrschaft der Männer abzulösen, und zitiert hierzu Thürmer-Rohr, die dies dezidiert ablehnt, weil sie es als demütigend empfindet, die Hinterlassenschaft der männlichen Verwüstungen aufzuarbeiten[27].

> „Die Drecksarbeit übernehmen und über die materiellen und psychischen Trümmer bestimmen zu wollen, entlarvt nichts als eine Variante der Vorstellung weiblicher Selbstaufopferung; eine Variante weiblicher Hausarbeit: Trümmerfrauen des Patriarchats".

Matrilinearität

Wieweit haben nun die Vorstellungen eines mutterrechtlichen Urzustandes, in dem die Frauen alle wichtigen Entscheidungen trafen, tatsächlich eine konkrete Basis?

Das entscheidende Missverständnis, das sich hinter diesen Vorstellungen verbirgt, besteht darin, dass „Mutterrecht" und „Macht der Mütter" aus einem ganz anderen ethnologischen Grundphänomen herausgelesen werden, der so genannten *Matrilinearität.* Dieser Begriff kennzeichnet ein System von Verwandtschaftsregeln, bei dem sich die Zugehörigkeit zu einer Familie ebenso wie das Erbrecht über die weiblichen Mitglieder bestimmen. Bei der *Patrilinearität* trifft entsprechendes für die männlichen Familienmitglieder zu. Matrilinearität ist nicht selten, aber auch nicht notwendigerweise, mit *Matrilokalität* verbunden. Letztere bedeutet, dass die weiblichen Mitglieder in ihrer Ursprungsfamilie bleiben, auch wenn sie verheiratet sind, wobei der Ehemann entweder zu seiner Frau zieht oder seinerseits ebenfalls bei seiner Herkunftsfamilie wohnt, so dass das Paar getrennt lebt[28].

Ohne Zweifel gibt es auch heute noch matrilinear organisierte Kulturen, und es trifft auch zu, dass Frauen in diesen, verglichen mit den Verhältnissen unter patrilinearer Organisation, eine recht einflussreiche Stellung innehaben. Jedoch

[26] Göttner-Abendroth, 1988, S. 7
[27] Thürmer-Rohr, 1987, S. 4
[28] Murdock, 1949

lässt sich bei allen uns bekannten vergangenen oder gegenwärtigen matrilinearen Kulturen keine durchgängige Vorrangstellung von Frauen über Männer nachweisen – ganz im Unterschied zu den so genannten *partriarchalen* Kulturen, bei denen die Männer eindeutig ein Übergewicht an Entscheidungsmöglichkeiten haben und über die Frauen dominieren.

Selbst feministisch orientierte Ethnologinnen, wie z. B. Ilse Lenz, lehnen die Annahme eines ursprünglichen Matriarchats ab und ziehen in Zweifel, dass es je eine Gesellschaft gegeben hat, in der die Frauen in allen Lebensbereichen die Entscheidungsbefugnis hatten. Ich kann nicht im Einzelnen auf die Matriarchatsdiskussion eingehen und verweise deshalb auf den eingehenden Artikel der genannten Autorin. Nach ihren Worten konzipieren führende Exponenten der Matriarchatsbewegung „matriarchale Kulturen ... als ganzheitliche Verbindungen von matrilinearer Abstammung und matrilokaler Wohnform, wirtschaftlichem Gemeinbesitz entlang der weiblichen Erbfolge, freier Sexualität und religiöser Macht und Kreativität der Frauen“[29].

Martin Whyte, der in einer systematischen Vergleichsstudie den Status der Frau in 92 Kulturen eruierte, kam zu dem Ergebnis, dass in keiner von diesen von einer Vorherrschaft der Frauen die Rede sein kann. Allerdings zeigte sich umgekehrt, dass die immer wieder favorisierte Behauptung, Männer würden universell in allen Bereichen der Daseinsbewältigung dominieren, in dieser Pauschalität ebenso unzutreffend ist[30]. Gemäß Whyte entsteht häufig ein schiefes Bild von den Machtverhältnissen in einer Gesellschaft, weil man nicht zwischen einzelnen Einflussbereichen unterscheidet. Trifft man dagegen eine solche Unterscheidung, dann findet man eine Reihe von Kulturen, bei denen sich die Einflussmöglichkeiten annähernd gleich auf beide Geschlechter verteilen. „Die häufigsten Muster sind Gleichheit oder Bevorzugung der Männer“.

Als generelles Muster im Kulturvergleich ist, fallweise mehr oder weniger ausgeprägt, die folgende Polarisierung zu konstatieren:

Einflussbereich der Männer: Belange, die die gesamte Gruppe betreffen, Außenpolitik, Kriegsführung.
Einflussbereich der Frauen: Kindererziehung, familiäre und häusliche Domäne, Bestimmung über die Produkte ihrer Arbeitstätigkeit.

Ein schiefes Bild vermitteln einige Anhängerinnen des Matriarchats auch bei der Darstellung der Machtverhältnisse in der Familie. Die Tatsache, dass der *Vater* in manchen matrilinearen Gesellschaften nicht bei seiner Frau und seinen Kindern wohnt, wird dahingehend fehlgedeutet, der *Mann* hätte überhaupt keinen Einfluss in der Familie. Dabei wird übersehen, dass in solchen Fällen der *Bruder* der Frau die Rolle des Familienoberhaupts übernimmt und damit auch die Funktionen des Vaters ausübt, so wie der wirkliche Vater dies in seiner Herkunftsfamilie für die Kinder seiner Schwestern tut.

Was schließlich die sexuelle Freizügigkeit der Frauen betrifft, so dachte man sich diese in der Matriarchatskonzeption des vorigen Jahrhunderts in einer Gruppenehe realisiert[31]. Aus Unkenntnis der eheähnlichen Strukturen bei Tieren war

[29] Lenz, 1995, S. 30 unter Bezugnahme auf Göttner-Abendroth, 1988, und Rentenmeister, 1985
[30] Whyte, 1978
[31] Bachofen, 1861; Engels, 1891

man offensichtlich der Meinung, die frühen Menschen seien noch nicht zu einer anspruchsvolleren Form der Partnerbeziehung fähig gewesen. Vorstellungen dieser Art wirken bei Göttner-Abendroth nach, wenn sie polyandrische Verbindungen oder die Heirat einer Gruppe von Brüdern mit einer Gruppe von Schwestern ohne Zwang zur Treue als typisch für das Matriarchat bezeichnet[32]. Die Evidenz, dass solche Beziehungen in früheren Zeiten weite Verbreitung fanden, ist indessen mehr als dürftig, und ob sie funktioniert haben, lässt sich nicht mehr seriös überprüfen. Wirklich nachweisbar läuft das, was sich als „freizügig" charakterisieren lässt, darauf hinaus, dass Frauen in nichtpatriarchalen Gesellschaften Mitsprache bei der Wahl des Ehemanns haben, keinen spezifischen Keuschheitsgeboten nachkommen müssen und selbst darüber entscheiden können, wie viel Kinder sie wollen, wobei das kulturabhängig eine geringe oder auch eine große Zahl sein kann.

Auch die Vorstellung von rein weiblichen Heeren, die immer wieder einmal kolportiert wird, lässt sich nicht aufrechterhalten. So waren die sagenhaften *Amazonen* nicht etwa kriegerische Weiber, vor denen die Männer zitterten, sondern die Konkubinen eines besonders despotischen Königs der afrikanischen Dahomey, der sie einem Keuschheitsgebot und Mobilitätsbeschränkungen unterwarf, um sie so besser zu kontrollieren[33].

Wir stellen also fest, dass es Kulturen gibt, in denen Verwandtschaft und Erbschaft über die weibliche Linie bestimmt wird. Diese Matrilinearität wird von Exponenten des Matriarchatsgedankens im Sinne umfassender Entscheidungsgewalt der Frauen fehlinterpretiert. Auch wenn die Frauen in matrilinearen Kulturen, allein schon weil sie die Besitzenden sind, relativ hohes Ansehen und erweiterte Einflussmöglichkeiten haben können, heißt dies nicht, dass die Männer in die Bedeutungslosigkeit gedrängt sind, sie haben vielmehr durchaus ihre Befugnisse, wenn auch in anderen Bereichen als die Frauen.

„Geschlechtsegalitäre" Kulturen

Was nun die Behauptung betrifft, das Matriarchat sei zwar heute nirgends mehr in Reinform erhalten, gleichwohl aber ursprünglich einmal die allgemein verbreitete gesellschaftliche Organisation gewesen, die dann eben später vom Patriarchat abgelöst wurde, so lässt sich auch diese Annahme ganz eindeutig widerlegen. Ihre Verfechter machen es sich nämlich, was die Geschichte der Menschheit betrifft, allzu einfach; sie gehen in ihrer Betrachtung nur bis zum Anfang der Sesshaftigkeit zurück und haben für die Verhältnisse vorher einen blinden Fleck. Wie ich weiter oben ausgeführt habe, spricht alles dafür, dass die ursprünglichste menschliche Kulturform in der halbnomadischen Lebensweise des Jagens und Sammelns bestand. Diese dürfte nach allem, was wir wissen, von einigen kurzfristigen, regional begrenzten Ausnahmen abgesehen bis zum Übergang zur Sesshaftigkeit etwa 10 000 v. Chr. für etliche Millionen Jahre die vorherrschende Sozialstruktur des Menschen gewesen sein.

Nun sind fast alle uns bekannten, insbesondere auch die heute noch existierenden steinzeitlichen Jäger und Sammler, etwa die Buschleute, *bilinear,* bestimmen die Verwandtschaft also über beide Elternteile, so wie wir dies auch tun; nur einige wenige sind partrilinear. Der Wohnsitz ist variabel, ein junges Paar kann bei den

[32] Göttner-Abendroth, 1988
[33] Rudolph, 1980; Johnson & Vugt, 2009

Eltern der Braut oder auch des Bräutigams bleiben. Dagegen kommt Matrilinearität bei dieser Sozialstruktur so gut wie überhaupt nicht vor[34].

Die Jäger und Sammler entsprechen genau einem Modell, das von der modernen Ethnologie als brauchbare Alternative zur Matriarchatsannahme propagiert wird[35]. Man spricht einem Vorschlag von Eleonor Leacock zufolge von *geschlechtsegalitären Gesellschaften*[36]. Darunter sind Kulturen zu verstehen, bei denen sich die Einflussmöglichkeiten einigermaßen gleichgewichtig auf Männer und Frauen verteilen. Allerdings ist es nur in Ausnahmefällen so, dass beide in allen Lebensbereichen gleiche Befugnisse haben, wie der Begriff „egalitär" nahe legt. Es handelt sich vielmehr um eine *Balance* der Einflussmöglichkeiten, die dadurch entsteht, dass Männer und Frauen jeweils in getrennten Bereichen das Sagen haben.

Whyte kommt zu dem Schluss, der Status der Frauen sei bei Jägern und Sammlern vergleichsweise am höchsten; je komplexer die Gesellschaftsform dagegen werde, umso mehr verringere sich der weibliche Einfluss[37]. Wenn man also schon zu den Anfängen zurückgehen möchte und nach der ursprünglichen Familien- und Gesellschaftsstruktur sucht, dann würden sich Jäger und Sammler viel besser eignen als matrilineare Sozietäten. Natürlich besteht erst recht auch kein Grund, eine ursprüngliche Männerherrschaft anzunehmen.

Matrilineare Gesellschaften gibt es, nach allem was wir wissen, frühestens seit dem Übergang zur Sesshaftigkeit vor etwa 12 000 Jahren, als sich die Sozialstrukturen diversifizierten. Aufgrund der Domestikation von Pflanzen und Tieren als neuer Existenzgrundlage formierten sich neben den ursprünglichen Jäger-Sammlern die Ackerbauern und die Hirtennomaden. Letztere sind meistens patrilinear oder es fehlt eine geschlechtsgebundene Regelung der Verwandtschaft. Matrilinearität dürfte dagegen erst im Zusammenhang mit bestimmten Formen des Ackerbaus aufgetreten sein und zwar bei relativ einfachem Pflanz- und Grabstockbau ohne Viehhaltung. Diese Form der Pflanzenkultivierung wurde wahrscheinlich von der Frau erfunden und auch in erster Linie von ihr betrieben, da sie als kompetente Sammlerin von Pflanzennahrung einschlägige Erfahrung auf diesem Gebiet unmittelbar umsetzen konnte. Der eigentliche Zweck der Matrilinearität dürfte im Zusammenhalt von Ländereien zu sehen sein, der sich natürlich am einfachsten bewerkstelligen lässt, wenn

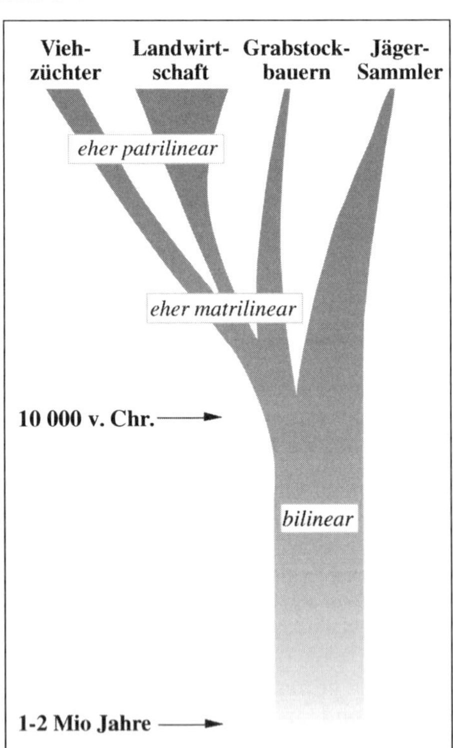

Historische Entfaltung sozialer Strukturen

[34] Rudolph, 1980
[35] Lenz, 1995
[36] Leacock, 1978
[37] Whyte, 1978

Töchter und Söhne in der Familie bleiben. Mit der Erfindung des Pflugs, die nicht lange auf sich warten ließ, gingen dann aber auch die meisten Ackerbaukulturen zur Patrilinearität über[38].

Die wirklichen „Macho"-Kulturen mit deutlicher Abwertung der Frau haben zeitgeschichtlich etwa das gleiche Entstehungsdatum wie die matrilinearen Ackerbaukulturen. Sie finden sich vor allem bei den Hirtennomaden, die sich von den ersten Ackerbauern abzweigten, also nicht mit Jägern und Sammlern verwechselt werden dürfen. Bei dieser Existenzform müssen die Männer wegen der schwierigen Handhabung der Viehherden als beweglichem Besitz sehr agil, unternehmungslustig und kämpferisch sein, was erklären dürfte, wieso die männliche Rolle so unverhältnismäßig aufgewertet wurde.

Abschließend ist noch ein Wort zur Vorsicht angebracht, die Mitteilung über die geschlechtsegalitären Gesellschaften allzu euphorisch aufzunehmen. Das Konzept könnte möglicherweise doch etwas stark vom Wunschdenken bestimmt sein. Ob nämlich die Männer in solchen Gesellschaften nicht letztlich doch auch eine – und sei es auch noch so leichte – Vorrangstellung im Vergleich zu den Frauen haben, bleibt eine Frage, die man nicht ohne Weiteres verneinen kann. In diesem Zusammenhang ist vor allem noch einmal darauf hinzuweisen, dass Egalität nicht in dem Sinn verstanden werden darf, beide Geschlechter hätten gleiche Befugnisse in *allen* Bereichen der Daseinsbewältigung. Nun sind verschiedene Tätigkeits- und Einflussbereiche aber mit unterschiedlichem *Prestige* behaftet. So trägt beispielsweise die Großwildjagd mit dem begehrten Fleisch bei den !Kung-Buschleuten den Männern ein höheres Ansehen ein als die Nahrung, die durch die Sammelaktivität der Frauen bereitgestellt wird, obwohl letztere wahrscheinlich die verlässlichere Unterhaltsquelle ist. Damit ist aber bereits ein Dominanzgefälle programmiert. Ein kleiner Hinweis von Luig in ihrer detailreichen Schilderung der geschlechtsegalitären San, ebenfalls einem Buschmann-Volk, gibt in dieser Hinsicht zu denken[39].

> „Alle Entscheidungen werden von den Mitgliedern der Lokalgruppe getroffen und solange diskutiert, bis ein Konsens gefunden ist. Frauen haben in diesen Diskussionen theoretisch die gleichen Rechte wie Männer, doch stecken sie in der Praxis öfter zurück".

Es fragt sich, warum. Vielleicht finden auch sie, wie ihre amerikanischen Geschlechtsgenossinnen, von denen im letzten Kapitel die Rede war, dominante Männer attraktiver.

[38] Murdock, 1949
[39] Luig, 1995, S. 121 (kursiv von D.B.-K.)

13 Frauen im Kibbuz

Die Frauen vom Joch der Kinderaufzucht befreien

Die bisher angestellten kulturvergleichenden Überlegungen betrafen überwiegend vergangene Kulturen oder so genannte Naturvölker, die erst wenig von der Zivilisation beeinflusst sind. Man kann also die Frage stellen, was die Rollenteilung, die bei ihnen galt oder noch gilt, uns modernen zivilisierten Menschen zu sagen hat. Bevor man abschließend über die Konstanten der Geschlechtsrollen und ihre Bestimmung urteilt, müsste man doch einfach einmal das Experiment machen, sie konsequent anders zu gestalten, als sie sich bei aller kulturellen Vielfalt unter traditionellen Bedingungen darstellen.

So schwierig das Unterfangen erscheinen mag, wir sind in der glücklichen Lage, dass ein solches Experiment tatsächlich in einer modernen zivilisierten Gesellschaft durchgeführt und auch sorgfältig dokumentiert wurde.

In den ersten Jahrzehnten des Jahrhunderts begann mit der Kibbuzbewegung in Israel der umfassende Versuch, die traditionelle Gesellschaftsordnung umzustülpen. Im Bestreben, sozialistische Ideale zu verwirklichen, wollte eine Gruppe von Einwanderern die absolute Egalität in allen Bereichen des Daseins durchsetzen. Es sollte kein persönliches Eigentum mehr geben, jede Beschäftigung sollte gleichermaßen für alle zugänglich sein, also auch für die Frauen. Ein weiteres Hauptanliegen sah die Bewegung in deren totaler Emanzipation, die man durch eine Gleichverteilung der geschlechtsspezifischen Aufgaben zu erreichen hoffte. Die Frauen sollten „vom Joch der Kinderaufzucht befreit“ werden und wie die Männer beruflichen Tätigkeiten nachgehen können, um so von der Versorgung durch den Ehemann unabhängig zu sein.

Die Familie, persönliche Bindungen und Individualismus galten als dem Gleichheitsideal abträglich, die Bestrebungen gingen dahin, familiäre Strukturen aufzulösen und durch die Bindung an die Gemeinschaft zu ersetzen. Lediglich die Institution der Ehe wurde beibehalten, die Ehepartner erhielten einen Wohnraum für sich, dies wurde aber eher als ein lästiges Übel angesehen und nicht sonderlich unterstützt. Die Wohnungen hatten keine eigenen Küchen, die Verpflegung erfolgte gemeinschaftlich. Die Kinder ihrerseits sollten nicht mehr der autoritären Erziehungssituation ausgesetzt sein, für deren Hort man die Familie hielt. Sie wurden deshalb gleich nach der Geburt in ein Kinderhaus gegeben und dort in Alterskohorten von Pflegepersonal betreut. Allerdings kamen die Mütter regelmäßig, um sie zu stillen. Ferner hatten sie mit beiden Eltern täglich für ein bis zwei Stunden Kontakt, mussten aber, sofern sie diese in ihrer Wohnung besuchten, zum Schlafen ins Kinderhaus zurückkehren.

In den 50er Jahren, also etwa vier Jahrzehnte nach der Gründung des ersten Kibbuz, las der Soziologe M. E. Spiro in einer Zeitschrift einen Bericht, in dem enthusiastisch verkündet wurde, das Ziel der Emanzipation der Frau sei erreicht, es herrsche absolute geschlechtliche Gleichheit. Spiro wollte dieser Feststellung genauer auf den Grund gehen und suchte sich zu diesem Zweck eine Siedlung aus, die als besonders radikal bei der Verfolgung der oben angeführten Ideale galt. In diesem Kibbuz, dem er aus Diskretionsgründen den Fantasienamen Kyriat Yedidim gab, stellte er zu zwei verschiedenen Zeitpunkten Beobachtungen an, die er dann ausführlich in einem Buch dokumentiert hat[1]. In einer ersten Untersuchung in den Jahren 1956–58 interessierte er sich besonders auch für die Kindererziehung und

1 Spiro, 1979

ihre Auswirkung auf das Geschlechtsrollenverhalten. 1979 beschäftigte er sich in einer Nachfolgeuntersuchung erneut mit den nun erwachsenen Kindern der ersten Erhebung.

In Kiryat Yedidim mussten sämtliche Unterhaltsmittel im Kibbuz selbst erwirtschaftet werden, was auf der Basis von Obstanbau und Viehhaltung erfolgte. Beiden Geschlechtern stand der Zugang zu sämtlichen erforderlichen Beschäftigungen offen. Es handelte sich dabei um Tätigkeiten in der *Landwirtschaft* unter Einsatz von Maschinen, ferner um Aufgaben in der *genossenschaftlichen Verwaltung* und schließlich um Beschäftigungen auf dem *Dienstleistungssektor* in der Versorgung der Kinder, im Schulunterricht sowie im Kochen und Waschen für die ganze Gemeinschaft.

Die Emanzipation wurde von den Frauen in erster Linie in einer *Angleichung* an die Männer gesehen: Sie kleideten sich wie diese, schminkten sich nicht mehr, übernahmen alle männlichen Tätigkeiten und versuchten auf jeden Fall, „ihren Mann zu stehen". Als einzige wirklich spezifisch weibliche Tätigkeiten blieben das Kindergebären und Stillen. Die Männer zeigten ihrerseits kein Interesse daran, sich auch den Frauen anzugleichen, also feminine Züge zu verwirklichen. Das Unterfangen hatte also von vornherein eine asymmetrische Dynamik, bei der die Frauen den höheren Anpassungsaufwand leisteten.

So verwundert es nicht, dass sich bereits bei den Töchtern der Pioniergeneration Anzeichen bemerkbar machten, sich von den Idealvorstellungen ihrer Eltern abzuwenden. Dabei ist zu beachten, dass es sich bei diesen Frauen um „Sabras" handelte, also um Personen, die in Israel geboren und bereits unter der Leitlinie des Emanzipationsideals erzogen worden waren. Es lässt sich also nicht so einfach argumentieren, dass bei ihrer Reaktion traditionelle Vorstellungen wieder durchschlugen.

Frauen revoltieren

Immerhin hielten diese Sabras noch soweit an den Idealvorstellungen ihrer Eltern fest, dass sie ihre Kinder entsprechend erzogen. Als Spiro 1979 allerdings die inzwischen erwachsenen jungen Frauen der dritten Generation interviewte, zeichnete sich bei ihnen direkt eine Art Gegenrevolution ab. Die Enkelinnen der Gründer forderten nämlich ganz dezidiert das Recht zurück, für die eigene Familie selbst zu sorgen, ihre Kinder immer, vor allem auch nachts, bei sich zu haben und sie selbst aufzuziehen. Diese Frauen betonten ihr weibliches Aussehen, sie zeigten eine Vorliebe für frauliche Tätigkeiten wie Kochen, Backen und Sticken, wollten einen eigenen Haushalt und fanden Kinderbetreuung ausgesprochen befriedigend. Sie waren also eindeutig zu traditionell geschlechtsrollenkonformem Verhalten zurückgekehrt und hatten die Ideale der Pioniere über Bord geworfen.

Spiro stellte sich nun die Frage, woran das Experiment mit der weiblichen Emanzipation gescheitert sein konnte. Dabei ging er sehr sorgfältig vor und erwog viele mögliche Einflussfaktoren.

Von vorne herein gab es ein paar Haken, die verhinderten, dass das Ganze so ideal verlief, wie man es sich gewünscht hätte. Im Gegensatz zu dem, was der Zeitschriftenartikel behauptet hatte, der Spiro zu seiner Untersuchung veranlasste, war bereits in den 50er Jahren keineswegs Gleichheit eingetreten, sondern die geschlechtstypische Rollenteilung nahezu vollständig wiederhergestellt. 88 % der Frauen arbeiteten schon damals wieder in den Dienstleistungsbetrieben als Kindergärtnerin, Lehrerin, Köchin oder Bibliothekarin und nur 12 % waren noch in der Landwirtschaft. Eine ähnliche Entwicklung stellte Spiro übrigens auch in einem anderen Kibbuz fest, in welchem es neben der Farmarbeit auch Tätigkeiten in der Industrie und auf dem Bau gab. Auch in diesen Bereichen waren die Frauen extrem unterrepräsentiert, fanden sich aber zu einem hohen Prozentsatz in der Erziehung und auf dem Dienstleistungsbereich.

Was war passiert? Zunächst einmal wird man davon ausgehen können, dass sich die Männer wahrscheinlich nicht um die Jobs auf dem Dienstleistungssektor gerissen hatten. In erster Linie war der Rückfall in die alte Ordnung aber die Folge gewisser Notwendigkeiten, die sich nun doch wieder aus der Biologie ergaben, nämlich einfach daraus, dass die Frauen die Kinder zur Welt brachten und dann auch stillten. Nach einer Reihe von Fehlgeburten sah man ein, dass schwere Landarbeit mit Maschinen während der Schwangerschaft nicht ratsam ist. Hinzukam, dass sich die Mütter, um regelmäßig stillen zu können, auch eher in der Nähe des Kinderhauses aufhalten mussten. Die Dienstleistungen boten sich also als der Beschäftigungstyp an, mit dem sich dies am besten vereinbaren ließ. Dass hieraus dem Gleichheitsideal ein Problem erwuchs, wurde von allen gesehen. Frauen und Männer beschlossen schließlich gemeinsam, sich auf diesen Kompromiss einzulassen, denn der Prosperität des Kibbuz musste auf jeden Fall höchste Priorität eingeräumt werden, und Männer waren nun einmal in der Landwirtschaft die geeigneteren Arbeitskräfte.

Es läge somit nahe, dass den Frauen auf Grund objektiver Sachzwänge gar nichts anderes übrig blieb, als zu den alten Rollen zurückzukehren. Spiro kommt nach Abwägung aller Gesichtspunkte aber zu dem Schluss, dass der Gesinnungswandel noch tiefer liegende Gründe hatte. Gleichzeitig mit dem Rückzug aus der Landwirtschaft zeichnete sich nämlich eine Tendenz ab, die eigentlich nicht von der Fortpflanzungsbiologie der Frauen her gefordert gewesen wäre. Die Frauen bekundeten auch wenig Interesse an der Verwaltungsarbeit, also einer im traditionellen Sinne ebenfalls eher als männlich geltenden Tätigkeit. Insbesondere hielten sie sich zurück, wenn es darum ging, in diesem Bereich führende Positionen zu übernehmen und Verantwortung zu tragen, obwohl die Männer sie dazu ermutigten. An sich hätten die mit der Verwaltung verbundenen Aufgaben durchaus den Fähigkeiten der Frauen entsprochen, ja sie wären auf diesem Sektor in mancher Hinsicht den Männern sogar überlegen gewesen. Eine vergleichbare Abneigung gegenüber der Verwaltungsarbeit trat übrigens auch in anderen Untersuchungen an Frauen im Kibbuz zu Tage[2].

Die Männer waren somit nicht nur in der Landwirtschaft, sondern auch in der Verwaltung überrepräsentiert. Dass sie die Frauen nicht an diese Jobs herangelassen hätten, weil sie ihnen die Kompetenz nicht zutrauten, kann man ausschließen, nicht allein wegen der herrschenden Gruppenphilosophie, sondern auch, weil es sich um Tätigkeiten handelte, die in der Freizeit erledigt werden mussten, nicht extra bezahlt wurden und infolgedessen auch bei den Männern nicht besonders beliebt waren. Im Übrigen blieben auch die landwirtschaftlichen Tätigkeiten den Frauen nach wie vor voll zugänglich. Spiro stellte nun aber fest, dass viele auch kinderlose Frauen keine Motivation für die Landarbeit in der industrialisierten Form zeigten, obwohl dies die Beschäftigung war, die am meisten Prestige eintrug; sie machte ihnen offensichtlich keinen besonderen Spaß. So wendeten sich auch ältere Frauen, die für ein paar Jahre in der Landwirtschaft gearbeitet hatten, häufig von dieser ab und zogen es beispielsweise vor, „Leute in der Gemeinschaftsküche zu bekochen", das sei genauso kreativ „wie Kühe und Hühner füttern".

1979 äußerte sich eine junge Frau zu den veränderten Einstellungen folgendermaßen:

[2] Tiger & Shepher, 1975

„Ich denke, eine Frau sollte die Arbeit tun, die für sie geeignet ist, nicht mit dem Traktor oder auf dem Feld. Frauen sind von Natur aus nicht für landwirtschaftliche Arbeit geeignet, vor allem, wenn das mit dem Familienleben vereinbart werden soll. Natürlich tun es manche, sie tun's in Russland. Aber ich denke, es ist nicht natürlich."[3]

Unter Abwägung aller Gründe meint Spiro ausschließen zu können, dass die Frauen sich nach dem „Prinzip der sauren Trauben" resignativ auf Familie und Eigenheim zurückgezogen hätten. Seiner Überzeugung nach strebten sie vielmehr die Familienarbeit als das an, was ihnen den höheren Befriedigungswert bereitete. Eine Frau, die als Buchhalterin arbeitete, antwortete auf die Frage, ob ihr der Beruf oder die Familie wichtiger sei:

„Was für eine Frage. Die Familie ist mir viel wichtiger als alles andere. Sehen Sie, meine Arbeit ist äußerst wichtig für mich. Ich mag meine Arbeit sehr, aber ich würde unter keinen Umständen auch nur ein Viertel der Gedanken, die ich in meine Familie investiere, für meine Arbeit aufbringen."[4]

Die Antwort war kein Einzelfall, sondern darf durchaus als repräsentativ gelten. Die Männer entschieden sich bei der gleichen Frage dagegen eindeutig für die Priorität der Berufstätigkeit.

„Präkulturelle Determinanten"

Was dem Umschwung der Frauen eigentlich zugrunde lag, ist natürlich schwer nachzuweisen; wahrscheinlich handelte es sich auch um ein ganzes Bündel von Motiven. Man könnte mutmaßen, die Enkelinnen hätten ihren Müttern die Ambivalenz gegenüber der neuen Rolle angemerkt und wären deshalb ins alte Muster zurückgefallen. Genauso gut hätten sie aber auch konsequent besorgt sein können, die Mängel, die mit der emanzipierten Rolle verbunden waren, zu beseitigen.

Fest steht jedenfalls, dass die Enkelinnen bestimmt nicht aus Resignation handelten, denn diese Frauengeneration erwies sich als ausgesprochen kämpferisch in der Durchsetzung ihrer Forderung, den traditionellen Familienstatus wiederherzustellen. Die jungen Frauen widersetzten sich damit offen dem immer noch gültigen Ideal, womit sie bei den Männern allein schon deshalb auf erheblichen Widerstand stießen, weil die notwendigen Umstellungen eine Menge Geld kosteten. Wenn jeder Frau ein eigener Haushalt eingerichtet werden sollte, dann bedurfte es teurer Haushaltsgeräte, die vom gemeinsam verwalteten Geld angeschafft werden mussten. Von solcherart renitenten Frauen hätte man genauso gut erwarten können, dass sie verlangten, endlich mit der Gleichberechtigung wirklich ernst zu machen, oder dass sie ihre Kinderzahl reduzierten. Auch hätten sie beispielsweise darauf verzichten können, die Kinder zu stillen, wodurch sich ihre Bewegungsfreiheit vergrößert hätte. Tatsächlich nahm die Kinderzahl pro Ehepaar aber zu, was einen alten Pionier der ersten Tage zu der resignativen Äußerung veranlasste: „Sie wollen nichts als Babys machen, sonst haben sie kein Interesse". Für die Enkelinnen stand fest, dass Emanzipation nicht darin bestehen konnte, so zu sein wie die Männer; sie hielten die geschlechtliche Spezialisierung vielmehr für das Natürliche und forderten, dass Gleichberechtigung damit vereinbar sein müsste.

3 Spiro, 1979, S.18
4 Spiro, 1979, S. 31

Nun muss man natürlich berücksichtigen, dass das Experiment aus vielen Gründen schiefgegangen sein kann. So war der ökonomische Aufstieg eine Frage von Sein oder Nichtsein für den Kibbuz. Es wäre vielleicht anders gekommen, wenn man sich nicht gerade auf Ackerbau spezialisiert, sondern eine ökonomische Grundlage gewählt hätte, die besser mit der Mutterschaft vereinbar gewesen wäre. Schließlich bot der Kibbuz insgesamt keine besonders attraktiven Beschäftigungen und wenig Auswahl, was für die Männer allerdings ebenso ein Problem darstellte wie für die Frauen.

Oder lastete am Ende der patriarchalische Geist der Bibel noch immer auf allem, was auf dem Boden des Heiligen Landes Menschen dachten und fühlten? Auch wenn sie mit einer betont anti-konservativen, laizistischen Ideologie an ihre Pläne gingen? Wer die Milieutheorie um jeden Preis verteidigen will, wird wohl bei solchen Konstruktionen Zuflucht suchen müssen. Spiro jedenfalls kam auf Grund des Gesamteindrucks seiner Studien zu einem ganz anderen Fazit.

Ursprünglich sei er davon ausgegangen, der Mensch habe keine Natur, auf die man Rücksicht nehmen müsste, sondern sei ausschließlich von der Gesellschaft bestimmt. Nach Abwägung aller Einflussgrößen komme er aber zum Schluss, dass es „präkulturelle Determinanten" geben müsse, die den Entschluss der jungen Frauengeneration, sich zurück zur Familie zu wenden, wesentlich mitbestimmt hätten.

Er postuliert also, wenn man das Kind beim Namen nennt, angeborene Neigungen.

Nicht-sexistische Erziehung im Kinderhaus

Spiro hatte bei seinen Schlussfolgerungen nicht nur das Verhalten der jungen Mütter im Sinn, zu denken gaben ihm vielmehr insbesondere auch die Beobachtungen, die er 20 Jahre vorher in den Kinderhäusern gemacht hatte, als dieselben Mütter noch kleine Mädchen waren. Rufen wir uns noch einmal den Ablauf der Untersuchung in Erinnerung. Bei seiner ersten Erhebung hatte Spiro die später militante Generation von Enkelinnen noch als Kinder im Kinderhaus beobachtet. Sie wurden von Sabras erzogen, also von Erwachsenen, die ihrerseits bereits im Kibbuz aufgewachsen waren und eine nicht-sexistische Erziehung erfahren hatten, eine Sozialisation gemäß dem dezidierten Ideal der Pioniere, die Geschlechter einander anzugleichen.

Die Betreuungspersonen, vorwiegend weiblichen Geschlechts, waren bestrebt, den Kindern keine geschlechtsdifferenzierende Verstärkung zu geben und eine diesbezügliche Präferenz auch nicht durch das Angebot von Spielsachen zu fördern. Buben und Mädchen bekamen das gleiche Spielzeug, machten alles gemeinsam, einschließlich der „Sitzungen" auf dem Topf. Sie duschten zusammen und schliefen im gleichen Schlafraum, denn auch sexuelle Tabus sollten vermieden werden.

Es entwickelten sich aber trotz dieser Vorkehrungen recht ausgeprägte geschlechtstypische Unterschiede, die sich bei den Vorschulkindern in folgenden Bereichen zeigten: Die Jungen bevorzugten signifikant grobmotorische Aktivitäten und größere Spielsachen, die sich zum Herumfahren eigneten, also etwa Spielzeuglaster, in die man auch hineinsteigen oder mit denen man große Bauklötze transportieren konnte. Die Mädchen zeigten signifikante Vorlieben für künstlerische Betätigungen mit feinmotorischer Komponente und Fantasiespiel. Ferner waren die Buben die aggressiveren, sie übernahmen die Rolle der Initiatoren und Führer und dominierten die gehorsameren und nachgiebigeren Mädchen. Das Bild unterschied sich in nichts von dem der geschlechtstypischen Spielaktivitäten unter traditionellen Erziehungsbedingungen; in der Interaktion ähnelte es den Verhältnissen in den Kinderläden, von denen auf Seite 26 ff. die Rede war.

Auch hier ist wieder die Frage zu stellen, wieweit die Erzieherinnen durch Vorstellungen beeinflusst waren, die von außerhalb des Kibbuz an sie herangetragen wurden; sie lebten schließlich nicht auf einer Insel, auf der es nichts anderes gab als die Ideale der Pioniergeneration. Nach einem Referat, bei dem ich über Spiros Befunde berichtete, meinte ein Soziologe, wie ich denn so naiv sein könnte, zu glauben, dass die traditionellen Leitbilder nicht doch Einfluss genommen hätten; das Kibbuzexperiment sei ja wie ein kleines Feld voll edler Blumen rings umgeben von einer stinkenden Kloake (damit meinte er die traditionelle Gesellschaft). Auf meine Rückfrage, warum die Kloake, von der die Kinder im Übrigen ja kaum etwas wissen konnten, offensichtlich doch so attraktiv ist, dass man sich nach ihr zurücksehnt, wusste er dann aber keine Antwort. Spiro hatte natürlich zunächst auch den Verdacht, die Kinder seien doch auf eine besonders sublime Weise unterschiedlich verstärkt worden. Er verstieg sich nun aber nicht dazu, auf irgendwelche obskuren soziokulturellen Einflüsse zu rekurrieren, die auf verschlungenen Wegen doch geschlechtsdifferenzierend wirksam geworden sein sollen; er betont vielmehr ausdrücklich, er habe dergleichen nicht finden können.

Nun könnte die entscheidende Einflussnahme ja auch durch Vorbildwirkung erfolgt sein. Aber auch in dieser Richtung ist Spiro nicht fündig geworden. Tatsächlich war die Situation recht einseitig durch weibliche Modelle geprägt. Die Mädchen ahmten denn auch in 46 % ihres Fantasiespiels Frauen nach. Interessant ist nun aber, welche Tätigkeiten der Modelle sie bevorzugten. Hier hatten „Mutter-Kind-Spiele“ nämlich eindeutig den Vorrang. Die geschlechtstypische Präferenz für das Puppenspiel, wie sie auch für Mädchen anderer Kulturkreise kennzeichnend ist, schlug also voll durch. Dabei muss man bedenken, dass pflegerische Aktivitäten unter den Modellsituationen keineswegs vorherrschten. Die Mädchen sahen Frauen ja nicht nur Kinder betreuen, sondern auch kochen, nähen, waschen, im Garten arbeiten, Vieh versorgen und aufs Feld gehen. Gleichwohl ahmten sie bevorzugt die Aktivität nach, in der sich eine pflegerische Komponente am unmittelbarsten ausdrückte.

Was das Nachahmungsverhalten der Jungen betraf, so hätte das Übergewicht der weiblichen Modelle eigentlich eine Feminisierung fördern müssen. Die Spiele der Jungen waren immerhin auch zu 26 % auf weibliche Vorbilder zurückzuführen. Männliche Modelle spielten fast so wenig eine Rolle wie bei den Mädchen (16 % gegen 13 %). Der Grund hierfür dürfte, wie schon erwähnt, darin liegen, dass die Kinder tatsächlich wenig Kontakt mit Männern hatten und infolgedessen auch wenig einschlägiges Anschauungsmaterial. Wirklich aufschlussreich ist aber, was den Hauptanteil ihres Fantasiespiels ausmachte. Zu 48 % bestand es nämlich darin, *wilde Tiere* zu imitieren. Vermutlich ließen sich mit diesen Vorbildern am besten Aktivitäten verbinden, die das Odium des Gefährlichen hatten und die es erlaubten, die eigenen Kräfte mit anderen zu messen, so wie dies in anderen Kulturen in Form von Kampfspielen nach Art von „Räuber und Gendarm“ geschieht, für die es im Kibbuz aber offensichtlich kein Anschauungsgrundlage gab.

Die Jungen beschränkten sich also eben nicht auf weibliche Modelle, sondern kreierten von sich aus eine Aktivitätsform, die von der Qualität her den bei uns typischen Jungenspielen äquivalent war, auch wenn sie sich in der Art von diesen unterschied. Die Verhaltensbesonderheit stimmt nachdenklich, weil sie die Fremdbestimmtheit des Nachahmungslernens relativiert. Natürliche Dispositionen wissen sich offensichtlich ihre Vorbilder zu besorgen, auch wenn die traditionellen Modelle nicht zur Verfügung stehen.

Spiro, der das Verhalten der Jungen nicht weiter kommentiert, war vor allem von den Vorlieben der Mädchen beeindruckt und schlussfolgert: Wenn Mädchen sich im Gegensatz zu Buben schon als kleine Kinder unter einer Reihe von möglichen Tätigkeiten gerade die heraussuchen, die eine betreuerische Komponente aufweisen, ohne dafür verstärkt zu werden, dann bekunden sich darin präkulturelle Dispositionen, die dann wohl auch dafür verantwortlich sind, dass sie später in erster Linie in der Familientätigkeit ihre Befriedigung finden möchten.

Das Buch Spiros hat Staub aufgewirbelt. Es schmeckte manchen gar nicht und man brachte allerlei Einwände vor, die ich im Wesentlichen schon erwähnt habe und die Spiro im Übrigen selbst bereits reflektiert hatte. So wird die Vorliebe für das Puppenspiel beispielsweise damit zu erklären gesucht, die Mädchen hätten als Kinder unter der Trennung von ihren Müttern so sehr gelitten, dass sie dies ihren Kindern nicht antun wollten. Was man bei diesem Argument stillschweigend voraussetzt, ist ein Inventar von Bedürfnissen, die das Kleinkind mitbringt und dem die Erziehungssituation Rechnung tragen muss. Damit hat man aber bereits die uneingeschränkte Prägbarkeit des Menschen in Frage gestellt. Gäbe es solche Bedürfnisse nämlich nicht, dann hätte den Mädchen die Trennung auch nichts ausgemacht, da sie ja nichts anderes erfahren hatten.

Unbestritten bleibt, dass das Kibbuzexperiment den Vorzug hat, von einer relativ geschlossenen Gruppe durchgeführt worden zu sein. Zumindest innerhalb der Organisation der Gemeinschaft hatten alle Beteiligten versucht, das gleiche Ideal zu verwirklichen. Natürlich sahen sie, dass es in der Welt um sie herum anders lief. Aber sie brauchten ihr Verhalten nicht vor anderen zu rechtfertigen. Anders verhält es sich mit Ehepaaren, die neue Formen des Zusammenlebens innerhalb traditioneller Gesellschaften versuchen. Sie haben das Handicap, letztlich als Außenseiter dazustehen und unter Umständen auch als solche behandelt zu werden. Auf die Versuche, die in dieser Hinsicht in unserer Gesellschaft unternommen werden, die Probleme, die dabei auftauchen sowie die Vorschläge zu deren Lösung werde ich im abschließenden Teil dieses Buches zu sprechen kommen.

14 Die Entstehung von Mann und Frau

Von der Phylogenese zur Ontogenese

Die biologische Betrachtung der Geschlechtsunterschiede in den vorausgegangenen Kapiteln erfolgte ausschließlich unter *ultimater* Perspektive, es ging, wie wir uns erinnern, um die Frage, warum Geschlechtsunterschiede in der Evolution entstanden und wozu sie „gut“ sind. In den folgenden Kapiteln wollen wir die Perspektive ändern und uns der *proximaten* Frage nach den leiblichen Grundlagen der Geschlechtlichkeit zuwenden. Dabei werden vor allem die Neurophysiologie und die Hormone eine Rolle spielen. Konkret geht es darum, wie eigentlich ein Mann und eine Frau entstehen.

Die ultimate Argumentation formuliert einen *Idealzustand*. Sie befasst sich mit der Frage, welche Verhaltensstrategien am besten geeignet wären, unter den jeweiligen ökologischen Bedingungen den Fortpflanzungserfolg zu optimieren. Die Frage, ob dieses Optimum tatsächlich erreicht wird und wie entsprechende Strategien organismisch realisiert sind, ist nicht Gegenstand der ultimaten Betrachtung. Auch bleibt offen, wie es dazu kommt, dass sich die Individuen des gleichen Geschlechts in der Ausprägung von Veranlagungen unterscheiden können.

Wenn man die tatsächliche Verteilung einer Eigenschaft über die gesamte Population hinweg berücksichtigt, dann ergibt sich meist eine Kurve von glockenförmiger Charakteristik; einige Individuen besitzen das Merkmal in geringem, andere in hohem Maß, die meisten liegen in der Mitte. Wie kommt eine solche Varianz zustande? Man sollte doch erwarten, dass Individuen, die sich bezüglich eines nützlichen Merkmals hervortun, die weniger gut ausgestatteten verdrängen: Die Varianz müsste also nach einigen Generationen zurückgegangen sein. Häufig erreichen die geschlechtstypischen Eigenschaften aber nur eine Annäherung an die idealtypische Ausprägung, obwohl die Selektion eigentlich ständig einen Druck zur Höchstform hin ausüben sollte. Alle männlichen Individuen müssten schließlich hoch kompetitiv und alle weiblichen perfekt fürsorglich sein. Tatsächlich gibt es in beiderlei Hinsicht aber erhebliche individuelle Unterschiede. Um das Ganze noch zu komplizieren, muss man darüber hinaus dann noch dem Faktum Rechnung tragen, dass fast alle geschlechtstypischen Merkmale auch beim Gegengeschlecht auftreten.

Bei der Erklärung dieser Sachverhalte müssen wir zwei Tendenzen auseinanderhalten. In Bezug auf die Ausbildung der *Fortpflanzungsorgane* hat der Selektionsdruck deutlich disruptiv gewirkt und zu einer zweigipfeligen Merkmalsverteilung geführt. Nahezu jedes Individuum ist eindeutig männlich oder weiblich, Mischformen treten vernachlässigbar selten auf. Das hängt sicherlich damit zusammen, dass diese sich meist nicht fortpflanzen können, die selektive Gegenwirkung ist also hoch.

Nun sollte man meinen, dass die Natur die Entwicklung geschlechtstypischer *Verhaltensdispositionen* an die Ausbildung der Geschlechtsorgane angekoppelt hat, so dass auch sie ausschließlich beim einen oder beim anderen Geschlecht auftreten. Bei Arten mit großer Diskrepanz in der parentalen Investition ist dies auch weitgehend der Fall. Aber auch schon bei ihnen stellt man fest, dass geschlechtstypisches Verhalten bei einzelnen Individuen stärker, bei anderen schwächer ausgeprägt ist. Es besteht also offensichtlich eine zur Dichotomisierung gegenläufige Tendenz, die eher in Richtung Variabilität zielt. Wir müssen somit zweierlei erklären: einmal, wie sich im Normalfall eine klare *morphologische* Trennung *zwischen* den Geschlechtern einstellt, und zweitens, wie die Variabilität von *Verhaltensdispositionen innerhalb* eines Geschlechts, ja sogar die geschlechtsübergreifende *Überlappung* von Merkmalen zustande kommt.

Damit rückt nun die Frage nach den physiologischen Ursachen der Geschlechterdifferenzierung ins Blickfeld. Wir haben zu klären wie ein morphologisch und verhaltenstypisch weiblicher bzw. männlicher Organismus aus einer befruchteten Eizelle hervorgeht, die sich zunächst nur durch eine bestimmte Kombination von Geschlechtschromosomen auszeichnet.

Drei Umweltwirkungen

Wie weiter oben ausgeführt, hält sich, was die Beziehung von Anlage und Umwelt betrifft, hartnäckig eine falsche Vorstellung. Man nimmt an, dass es Merkmale, gibt, die *ausschließlich* genetisch bedingt sind, bei deren Ausbildung die Umwelt also keinerlei Einfluss ausübt. Sie gelten, wie im 3. Kapitel schon ausgeführt, als bei Geburt schon vorhanden, also „angeboren", und als lebenslang unveränderlich. Dieses Missverständnis wird dann nicht selten zur Begründung herangezogen, biologische Erklärungsansätze mehr oder weniger beiläufig beiseite zu wischen, wie etwa in folgendem Zitat, in dem es darum geht, Erziehern den ausschlaggebenden Einfluss von Stereotypen bewusst zu machen: „Dazu gehört zu allererst Aufklärung darüber, dass biologische Theorien nicht geeignet sind, die differenzielle Entwicklung von Leistungen und Interessen bei Jungen und Mädchen zu erklären. Die Tatsache, dass Kinder aktiv von sich aus geschlechtstypische Aktivitäten bevorzugen und sich manchmal sogar gegen Vorschläge oder Anregungen der Eltern oder Erziehungspersonen wehren, die in eine andere Richtung gehen, wird von vielen Eltern dahingehend fehlgedeutet, dass Geschlechtsunterschiede angeboren, also biologisch bedingt und somit ‚natürlich' und unabänderlich seien"[1]. Ganz davon abgesehen, dass nicht ersichtlich wird, was die angebliche „Fehldeutung" von Eltern mit der Frage zu tun haben soll, ob biologische Theorien geeignet sind, differenzielle Entwicklung zu erklären, zeigt die Argumentation eben die typischen Fehlannahmen über die Wirkweise biologischer Faktoren. Sozialwissenschaftler könnten sich die Mühe sparen, dieses Denkmodell zu bekämpfen, denn kein Biologe würde es ernsthaft vertreten.

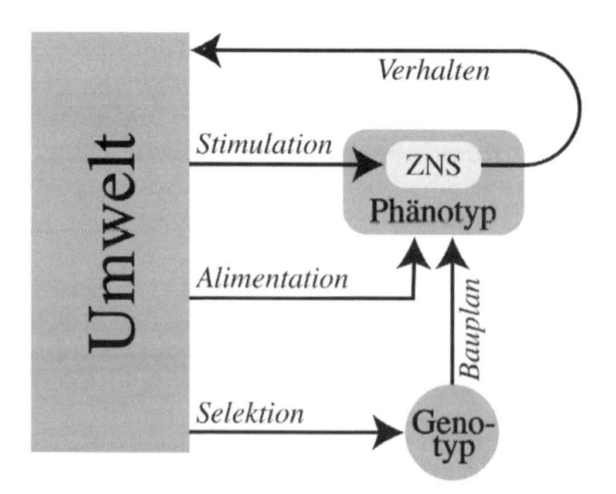

Differenzierung der Umweltwirkung

[1] Hannover, 2010, S. 103

Um eine korrekte Vorstellung zu erhalten, wie Anlage und Umwelt bei den Prozessen der physischen und psychischen Entwicklung eines Individuums zusammenwirken, ist es an dieser Stelle angebracht, sich etwas präziser über die beteiligten Faktoren zu informieren (vgl. dazu die Abbildung auf der vorigen Seite)[2].

In der Biologie unterscheidet man den *Genotyp* als die Gesamtheit der in der DNS gespeicherten Erbanlagen und den *Phänotyp* als das ausgeformte Erscheinungsbild des Organismus. Ein Gen ist nichts anderes als ein Molekül. Wenn aus ihm eine makroskopische Struktur werden soll, dann bleibt ihm gar nichts anderes übrig, als sich das Material dazu in Interaktion mit der Umwelt zu beschaffen, vom Moment der Befruchtung an das ganze Leben hindurch. Oft ist schon die Schwerkraft zu einer ersten Polarisierung der Eizelle nötig, chemischer Austausch mit dem Nachbargewebe wirkt im Embryonalstadium differenzierend auf die Morphogenese, Hormone spielen, wie wir noch sehen werden, gerade bei der Fötalentwicklung der Geschlechter eine entscheidende Rolle, und natürlich ist das keimende Leben auf Atmung und Ernährung angewiesen.

Die Gesamtheit solcher Umwelteinflüsse wollen wir *Alimentation* nennen und darunter alle intra- und extrauterinen Faktoren verstehen, die sich bei der Umsetzung des genetischen Codes in einen Organismus auswirken und für dessen Erhaltung maßgeblich sind. Dabei ist zu berücksichtigen, dass die Alimentation nicht nur, wie die Bezeichnung nahe legt, förderliche Einflüsse umfasst, sondern dass auch schädigende darunter fallen können. Dazu zählen etwa Krankheiten der Mutter während der Schwangerschaft wie etwa Röteln, die zur Erblindung des Kindes führen können, sodann Unterernährung, Infektionen, Verletzungen, Vergiftungen, und nicht zu vergessen die Auswirkungen von Vernachlässigung. Besonders in Erinnerung dürfte die verheerende Wirkung des Contergans sein, das in den 60er Jahren Schwangeren gern als Schlafmittel verschrieben wurde und bei den Föten zu einer Verkümmerung von Gliedmaßen führte. Das Beispiel zeigt besonders eindrücklich, dass sich eine Erbanlage nicht einfach in einen der Norm entsprechenden Phänotyp umsetzen muss, wenn die Umwelt nicht eine spezifische, vom Genom gleichsam „erwartete" alimentative Einbettung bereitstellt.

Alimentation setzt grundsätzlich den Austausch von Material oder Energie voraus. Nun gibt es aber auch Umweltwirkungen, bei denen die transportierten Stoffquantitäten so geringfügig und das energetische Niveau so niedrig ist, dass alimentative Effekte vernachlässigbar sind. Sie würden von sich aus keinerlei Einfluss auf den Organismus nehmen, hätte dieser nicht seinerseits besondere Strukturen ausgebildet, die es ihm ermöglichen, sie zu detektieren und aus eigener Kraft zu verstärken. Solche Umwelteinflüsse bezeichnen wir als *Stimulation*. Stimulationen bauen nicht an der Morphologie des Phänotyps mit, sondern sie kontrollieren sein *Verhalten*. Sie steuern weder materielle noch energetische Ressourcen bei, aber sie übertragen *Information*, sie „bedeuten" oder „weisen hin" auf etwas, und zwar auf selektiv oder alimentativ relevante Umwelteffekte. So künden angenehme Erlebnisse etwa davon, dass ein Ereignis dem Organismus zuträglich ist, wie z. B. gut schmeckende Nahrung im Unterschied zu etwas Ekelerregendem.

Ob ein Effekt durch Alimentation oder durch Stimulation entstanden ist, lässt sich in der Regel danach entscheiden, ob dem Organismus neue Information vermittelt wurde. Hierzu ist nur die Stimulation in der Lage. Dass also etwa Angst „Gefahr" bedeutet und Flucht auslöst, entsteht in der Morphogenese des Gehirns im Zusammenspiel von Genom und Alimentation. Wovor man sich aber konkret ängstigen sollte, muss in den meisten Fällen gelernt werden, setzt also Stimulation durch Erfahrung oder Vorbilder voraus.

[2] Genau siehe Bischof, 2009; Bischof-Köhler, 2011

Der Unterschied zwischen Alimentation und Stimulation erlaubt auch, die beiden fundamentalen Entwicklungskomponenten *Reifung* und *Lernen* zu unterscheiden: Reifung ist bauplangemäße Veränderung des Phänotyps unter alimentativem Einfluss, Lernen setzt eine Informationsübertragung, also Stimulation voraus. Durch Reifung entsteht nicht nur der Körper mit seinen Organen und Gliedmaßen, sondern auch das ZNS mit seinen Verhaltensdispositionen, seiner motorischen, kognitiven und emotionalen Grundausstattung, den Kategorien des Denkens und der Kompetenz zu lernen und eine Sprache zu erwerben.

Schließlich ist als dritte Umweltwirkung die *Selektion* zu nennen. Sie beeinflusst die Fortpflanzungsrate des Organismus und damit die Verteilung von Erbanlagen in der Population, also den Genotyp.

Für die *ultimate* Analyse ist die Selektion die einzige interessierende Umweltwirkung, sie hat uns im letzten Kapitel ausführlich beschäftigt. Die *proximate* Analyse dagegen fragt nach den alimentativen und den stimulativen Umwelteinflüssen. Erstere sind für die Morphogenese von vorrangiger Bedeutung, letztere für die Verhaltensgenese. Da zur Morphogenese auch die Ausbildung der Gehirnstrukturen gehört, die als Fundierung von Verhaltensdispositionen dienen, erlauben interindividuelle Unterschiede noch nicht zwingend den Schluss auf Lernerfahrungen, sie können auch alimentativ bedingt sein.

Trotz der genannten Unterschiede überlagern sich die drei Umweltbereiche teilweise. Das könnte angesichts der eben angeführten Unterscheidungskriterien überraschen, ist aber in Wirklichkeit eine logische Implikation. Insbesondere ist die Überschneidung von Alimentation und Selektion nahezu trivial: Was alimentativ nützlich ist, kommt in der Regel, wenngleich nicht immer, auch der Fortpflanzungsfähigkeit zugute.

Interessanter ist der Umstand, dass auch *Stimulation* und *Alimentation* eine gemeinsame Schnittmenge aufweisen. Eben wurde ja konstatiert, Stimuli seien materiell und energetisch zu schwach, um *selbst* alimentative Wirkungen hervorzubringen. Andererseits gilt aber auch, dass der Organismus ihnen durch geeignete Strukturen Ventilwirkung zugesteht, wodurch sie die Kontrolle über teilweise erhebliche Stoff- und Energieumsätze erlangen. Und auf diesem Umweg können auch alimentative Effekte eintreten. Wir sprechen hier von *stimulativer Alimentation*. Ein gut untersuchtes Beispiel stammt zwar von Ratten, es gibt aber Hinweise, dass solche Effekte auch beim Menschen auftreten. Ein wichtiger Bestandteil des fürsorglichen Verhaltens von Rattenmüttern besteht darin, dass sie ihre Jungen lecken. Gestresste Rattenmütter tun dies seltener als ausgeglichene. Man konnte nun nachweisen, dass Gelecktwerden Zellen im Gehirn der Jungen aktiviert, die ihrerseits für die Stressregulation maßgeblich sind. Da gestresste Mütter weniger lecken, werden ihre Jungen auch stressanfälliger und lecken später ihre Jungen ebenfalls weniger. Gab man diese Jungen nun aber ausgeglichenen viel-leckenden Müttern zur Pflege, konnte man den Teufelskreis durchbrechen. Diese Jungen behandelten später ihrerseits ihren Nachwuchs fürsorglicher. Das Lecken hatte sich also positiv auf die Ausbildung der stressregulierenden Zellen ausgewirkt[3]. Beispiele für stimulative Alimentation beim Menschen wären etwa die somatischen Effekte von Psychostress oder der Umstand, dass die verlässliche emotionale Präsenz der Mutter sich als gedeihlich für die psychosomatische Entwicklung des Kindes erweist: Frühgeborene nehmen besser zu, wenn sie regelmäßig Streicheleinheiten erhalten. Solche Effekte werden auch als „epigenetisch“ bezeichnet.

3 Meaney, 2001

Genetisches Geschlecht

Wenn wir uns jetzt der Morphogenese der Geschlechter zuwenden, dann haben wir es zunächst ausschließlich mit alimentativ gesteuerten Reifungsvorgängen zu tun.

Für die Bestimmung des morphologischen Geschlechts ist nicht die Zeugung allein schon ausschlaggebend, es bedarf vielmehr einer Reihe von Ereignissen ganz bestimmter Art während und nach der Schwangerschaft, bis das biologische und dann auch das psychologische Geschlecht schließlich eindeutig festliegen. Diese einzelnen kritischen Ereignisse bieten jeweils die Möglichkeit einer Umprogrammierung, und wenn dieser Fall eintritt, kommt es zur Ausbildung sexueller Zwischenformen.

Nach Maßgabe solcher kritischen Ereignisse lassen sich fünf Etappen der Geschlechtszuordnung unterscheiden. Sie werden in der Reihenfolge ihres Auftretens behandelt. Einige häufig wiederkehrende Fachausdrücke sind der nachfolgenden Definitionstabelle zu entnehmen.

Alle Körperzellen tragen bekanntlich einen doppelten („diploiden") Chromosomensatz, mit Ausnahme der Geschlechtschromosomen, die bei männlichen Säugetieren die Kombination XY anstelle des weiblichen XX aufweisen. Bei der Bildung von Gameten halbiert sich der Chromosomensatz; Eizellen sind also immer vom Typ X, während Spermazellen X oder Y sein können. Das hat zur Konsequenz, dass das Keimmaterial des Vaters darüber entscheidet, ob ein Sohn oder eine Tochter entsteht. Da es bereits bei diesem Vorgang zu Fehlentwicklungen kommen kann, gibt es nicht nur die obengenannten beiden „genetischen Geschlechter", sondern auch Individuen, die nur ein X-Chromosom haben (Turner-Syndrom), eine XXY-Kombination oder drei und mehr X-Chromosomen. Sofern wenigstens ein Y vorhanden ist, verläuft die Entwicklung in die männliche Richtung[4].

Gamet =	Keimzelle (Ei- bzw. Samenzelle)
Zygote =	befruchtete Eizelle
Embryo =	Frühstadium des Keimes
Fötus =	Keim ab der neunten Woche

Einige Geschlechtsunterschiede lassen sich bereits unmittelbar von der unterschiedlichen Zusammensetzung des Geschlechtschromosomenpaars bei Mann und Frau ableiten. Das liegt im Wesentlichen am X-Chromosom. Auf diesem sitzen ja die genetischen Grundlagen für eine Reihe von Merkmalen, für die es natürlich einen Unterschied ausmacht, ob sie, wie im weiblichen Geschlecht, in diploider Zahl oder, wie im männlichen, nur einfach („haploid") vorhanden sind. Die Wahrscheinlichkeit, dass die rezessive Variante eines solchen Merkmals den Phänotyp bestimmt, ist beim Manne wesentlich höher als bei der Frau. Das führt z. B. zur Häufung der Bluterkrankheit und der Farbenblindheit im männlichen Geschlecht. Auch die Tatsache, dass Jungen anfälliger für Kinderkrankheiten sind, wird mit diesem Umstand in Verbindung gebracht.

Unabhängig davon, ob rezessive Erbanlagen schädlich sind oder nicht, erhöht ihre vermehrte Manifestation bei Männern auf jeden Fall die *Variabilität* der Ausprägung von X-gebundenen Merkmalen. Derselbe Effekt ist bei nicht rezessivem, sondern *intermediärem* Erbgang zu erwarten: Hier stellt sich bei Frauen ein Kompromiss zwischen den beiden X-Anlagen ein, womit auch wieder Extreme seltener werden als bei den Männern.

[4] Weitere Details siehe Blakemore et al., 2009

Effekte dieser Art werden u.a. in Zusammenhang damit diskutiert, dass Männer in der Intelligenzleistung eine größere Streubreite aufweisen. Bei ihnen finden sich einerseits die extremen Minderbegabungen, andererseits aber auch Höchstbegabungen etwas häufiger als bei Frauen. Die gerade genannte Ursache wird als Erklärung für extreme Minderbegabungen für ziemlich wahrscheinlich gehalten; ob sie auch für Höchstbegabungen zutrifft, ist ungeklärt.

Gonadales Geschlecht

Geschlechterunterschiede aus Gründen größerer X-Varianz im männlichen Geschlecht kommen also vor; sie sind allerdings, aufs Ganze gesehen, eher als marginal anzusprechen. Wirklich durchschlagend ist hingegen der differenzierende Effekt des Y-Chromosoms, obwohl dieses eigentlich nur eine einzige, dafür aber äußerst konsequenzenreiche phänotypische Auswirkung hat. In der ersten Zeit nach der Befruchtung ereignet sich zunächst nichts in Bezug auf die geschlechtliche Differenzierung; männliche und weibliche Zygoten enthalten alle Informationen, die für die Ausbildung sowohl eines männlichen als auch eines weiblichen Phänotyps erforderlich sind, und entwickeln sich anfangs gleichsinnig.

Das ändert sich erst ab der Differenzierung der *inneren morphologischen* Geschlechtsorgane. Beim männlichen Embryo induziert ein bestimmtes Gen auf dem Y-Chromosom etwa um die siebte Woche der Schwangerschaft die Entwicklung der *Hoden* (Keimdrüsen). Diese entfalten alsbald eine folgenreiche Aktivität insofern, als sie in erheblicher Menge männliche Geschlechtshormone, die so genannten *Androgene,* produzieren, deren wichtigstes das *Testosteron* ist. Daneben entsteht auch ein kleines Quantum weiblicher Sexualhormone. Bei genetisch weiblichen Embryonen erfolgt etwa um die achte Woche die Ausbildung von *Ovarien* (Eierstöcken), in denen die weiblichen Hormone *Östrogen* und *Progesteron* gebildet werden und in kleinen Mengen auch *Testosteron.*

Die nachfolgende Differenzierung der inneren Genitalien wird dann ausschließlich durch die *unterschiedliche Konzentration von Androgenen* bei beiden Geschlechtern gesteuert. Die morphologischen Strukturen, an denen diese Entwicklung ansetzt, leiten sich von der Urniere her und sind als so genannte *Müllersche* und *Wolffsche Gänge* zunächst bei beiden Geschlechtern gleichermaßen angelegt. Beim männlichen Embryo veranlasst das Testosteron die Wolffschen Gänge, sich in *Samenleiter* und *Samenblase* umzubilden. Gleichzeitig produzieren die Hoden das so genannte Anti-Müller-Hormon, das die Müllerschen Gänge atrophieren lässt. Beim weiblichen Embryo entwickeln sich aus den Müllerschen Gängen *Eileiter* und *Uterus* und die Wolffschen Gänge verkümmern (siehe folgende Abbildung[5]).

Die Geschlechtsdifferenzierung verläuft also nur bis zur Bildung der Gonaden unter dem unmittelbaren Einfluss der Gene. Sobald die Gonaden ausgebildet sind, erfolgt die weitere Differenzierung allein aufgrund von Hormonwirkung, und diese beruht in erster Linie auf der hohen bzw. niedrigen Konzentration von Androgenen. Kastriert man die Hoden nämlich in diesem Stadium, so verläuft die Weiterentwicklung in die weibliche Richtung. Setzt man dagegen einen Embryo, dessen Gonadengeschlecht bereits als weiblich festgelegt ist, der Wirkung von Androgenen aus, so kommt es zu einer Vermännlichung und es entsteht eine sexuelle Zwischenform.

[5] Modifiziert aus Wehner & Gehring, 1995, S. 749

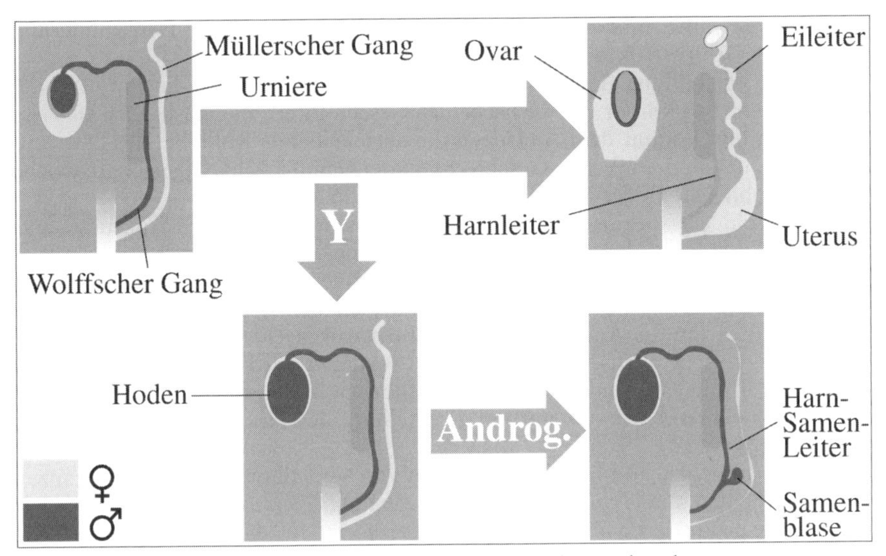

Ontogenese der primären Geschlechtsmerkmale

Östrogen, das ebenfalls produziert wird, sobald die Ovarien ausgebildet sind, scheint nach derzeitigem Wissensstand keinen Einfluss auf die weibliche Entwicklung auszuüben. Jedenfalls bleibt die Kastration der Ovarien ohne Wirkung; die Entwicklung eines weiblichen Individuums ist nicht beeinträchtigt. Nach neuesten Erkenntnissen spielt das Östrogen allerdings eine nicht unwichtige Rolle bei der *männlichen* Entwicklung, so bringt man beispielsweise, wie wir später noch genauer sehen werden, die sexuelle Orientierung, also die Präferenz für das Geschlecht des Partners, damit in Zusammenhang.

Die Androgene haben bei der geschlechtlichen Differenzierung also eindeutig einen *steuernden* Effekt, und spielen somit die Rolle einer alimentativen Umweltwirkung. Von ihrer Aktivität hängt nicht nur ab, ob sich das genetische Programm in die männliche oder weibliche Richtung entfaltet, sie können vielmehr sogar konträr zum genetischen Geschlecht eine Umpolung herbeiführen, was die eigene Bezeichnung eines „gonadalen“ Geschlechts rechtfertigt. Das Beispiel zeigt besonders eindrücklich, dass es in den seltensten Fällen einen Sinn ergibt, von einem Merkmal anzunehmen, es sei ausschließlich genetisch bestimmt, wie aufgrund mangelnden Verständnisses den Biologen häufig unterstellt wird. Im Falle der geschlechtlichen Differenzierung entstehen nur die Hoden unter unmittelbarem genetischen Einfluss, für alles Übrige ist das hormonelle Milieu ausschlaggebend, in dem sich die morphologische Struktur entwickelt, und dieses Milieu vermag nun seinerseits die Entwicklung in bestimmte Richtungen zu kanalisieren und dabei unter Umständen sogar dem genetischen Programm zuwiderlaufen.

Äußeres morphologisches Geschlecht und Hormonsteuerung

Bei der weiteren Differenzierung geschlechtsspezifischer Merkmale im Zuge der Fötalentwicklung müssen zwei Bereiche unterschieden werden: zum einen die Herausbildung der äußeren Geschlechtsmerkmale, auch als *morphologisches Ge-*

schlecht bezeichnet, und zum anderen die geschlechtsspezifische Determinierung bestimmter Gehirnstrukturen *(zerebrales Geschlecht)*.

Bei der Ausbildung des morphologischen Geschlechts geht die Entwicklung wiederum von Strukturen aus, die bei beiden Geschlechtern zunächst gleich angelegt sind. Auch hier kommt dem Androgen die entscheidende Rolle bei der Differenzierung zu, die im männlichen Geschlecht ab der zehnten Schwangerschaftswoche und im weiblichen ab der zwölften Woche erkennbar ist.

Die geschlechtsspezifische Determination bestimmter Gehirnstrukturen, das zerebrale Geschlecht also, erfüllt verschiedene Funktionen. Als erstes ist die Programmierung hypothalamischer Zentren zu nennen, die für die Steuerung der Hormonproduktion zuständig sind. Sodann geht es bei diesem Entwicklungsabschnitt auch um die Ausbildung von Gehirnstrukturen, in denen die Basis für geschlechtstypische Verhaltensdispositionen vermutet wird. Da diese für uns von eigentlichem Interesse sind, werden sie ausführlich in den folgenden Abschnitten behandelt, während wir uns mit der Darstellung des Hormonsteuerprogramms kurz fassen können.

Im Wesentlichen sind für die Produktion von Sexualhormonen zwei Instanzen zu unterscheiden: die *Hypophyse* und die *Gonaden* (Eierstöcke bzw. Hoden). Die Hypophyse produziert das *luteinisierende Hormon (LH)*, das *follikelstimulierende Hormon* (FSH) und das *Prolaktin*, wobei wir das letztere hier übergehen können. Die drei Substanzen werden als *Gonadotropine* zusammengefasst, weil sie ihrerseits die Keimdrüsen (Gonaden) beeinflussen. Die angegebenen Namen beziehen sich auf die Effekte, die die Stoffe im *weiblichen* Organismus hervorrufen; beim Mann werden sie zuweilen mit anderen Bezeichnungen belegt (z. B. „interstitielle Zellen stimulierendes“ statt „luteinisierendes“ Hormon); ihrer chemischen Natur nach sind sie aber geschlechtsunspezifisch. Sie entfalten unterschiedliche Wirkungen erst in Abhängigkeit davon, ob sie auf Hoden oder Ovarien wirken.

Diese schütten ihrerseits die so genannten *Keimdrüsenhormone* aus, wobei wiederum drei Gruppen zu unterscheiden sind: die *Androgene* (im wesentlichen *Testosteron)*, die *Östrogene* (vornehmlich *Östradiol)* und die *Gestagene* (vornehmlich *Progesteron)*. Auch diese Substanzen werden sämtlich von beiden Geschlechtern produziert, allerdings in unterschiedlichem Verhältnis: die Hoden geben hauptsächlich Androgene ab, die Ovarien hauptsächlich Östrogene und Gestagene. Von gelegentlichen Ausnahmen wie etwa der auf Seite 140 angesprochenen Kampfwachtel abgesehen, können wir also die Androgene als „männliche“, die beiden anderen als „weibliche“ Hormone ansprechen. Die solcherart dem Gegengeschlecht zugerechneten Substanzen sind allerdings weder beim Mann noch bei der Frau funktionslos, doch können wir hier auf solche Detailfragen nicht in voller Breite eingehen.

Die Ausschüttung der Gonadotropine durch die Hypophyse steht ihrerseits unter Kontrolle des Stammhirns, genauer des *Hypothalamus*. Dessen Aktivität folgt bei beiden Geschlechtern einem unterschiedlichen Verlaufsmuster. Auch das ist ein Effekt fötaler Androgene, die beim Mann einen azyklischen Steuermechanismus entstehen lassen, aber nur, wenn sie in einer kritischen Phase wirksam werden, die beim Menschen wahrscheinlich im dritten Monat der Fötalentwicklung liegt. Fällt in diesem Zeitraum die Androgenwirkung aus, so entsteht ein weiblicher Steuermechanismus, dessen hervorstechendes Merkmal die monatliche Periodizität ist.

Betrachten wir nunmehr das hormonale Wirkungsgefüge etwas genauer. In den *männlichen* Gonaden, den Hoden, bewirkt FSH die Produktion von Samen-

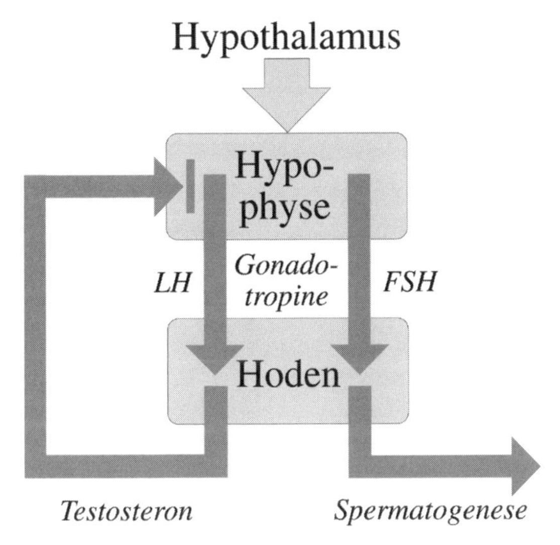

Hormonsteuerung beim Mann.
→ Förderung, → | Hemmung

zellen *(Spermatogenese)*. LH veranlasst die Ausschüttung von Androgenen, in der Hauptsache also von *Testosteron*. Dessen Konzentration wirkt über den Hypothalamus hemmend, also im Sinne einer negativen Rückkoppelung, auf die Hypophyse zurück. Der Testosteronpegel im Blut wird auf diese Weise durch einen Regelkreis kontrolliert, dessen Sollwert über den Hypothalamus vermittelt wird. Er kann durch verschiedene Variablen beeinflusst werden: Zunächst einmal hängt er vom Alter ab, sodann von der An- oder Abwesenheit eines gegengeschlechtlichen Individuums, anderweitiger sexueller Stimuli, aber auch von Erfolg bzw. Misserfolg, insbesondere beim Wettkampf mit gleichgeschlechtlichen Kontrahenten, wie unten S. 304 f. noch genauer erörtert wird.

Beim *weiblichen* Geschlecht ist die Situation insofern komplizierter, als hier zwei dominante Keimdrüsenhormone zu berücksichtigen sind, die sich funktionell voneinander unterscheiden: die *Östrogene*, bei Tieren auch als „Brunfthormone" bezeichnet, hängen eher mit der Paarungsthematik zusammen, während die *Gestagene* für die Schwangerschaft zuständig sind. Das Wirkungsgefüge der weiblichen Hormonsteuerung ist daher erheblich verwickelter; ich umreiße lediglich die Grundidee.

Die Prozessdynamik ist im Unterschied zu den Verhältnissen beim männlichen Geschlecht oszillierend. Die Periodizität wird, wie schon gesagt, bereits durch den Hypothalamus induziert, folgt aber auch aus der Dynamik zweier miteinander vernetzter Regelkreise. Wiederum spielen dabei LH und FSH eine Schlüsselrolle. Zunächst schüttet die Hypophyse vor allem FSH aus, das in den Eierstöcken (Ovarien) einen so genannten *Follikel* reifen lässt, eine sackartige Hülle, die eine Eizelle einschließt. Der Follikel produziert dann in steigendem Ausmaß *Östradiol*. Dieses wirkt seinerseits drosselnd auf die FSH-Produktion zurück, wodurch das Wachstum weiterer Follikel unterbunden wird. Auf die Produktion von LH wirkt Östradiol hingegen stimulierend, und wenn die Relation von LH zu FSH einen bestimmten Wert überschreitet, wird dadurch der *Eisprung* ausgelöst: Das Ei verlässt den Follikel, der sich anschließend in den so genannten *Gelbkörper (Corpus Luteum)* umbildet. Dieser wiederum beginnt nun, *Progesteron* zu produzieren.

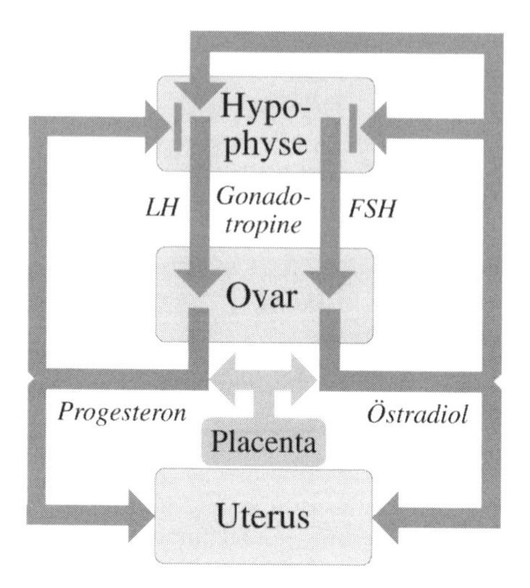

Hormonsteuerung bei der Frau.
→ Förderung, → | Hemmung

Beide Keimdrüsenhormone haben Auswirkungen auf die Uterusschleimhaut: Östradiol baut sie auf und Progesteron macht sie für die Einpflanzung des Eies bereit. Der weitere Verlauf hängt davon ab, ob das Ei befruchtet wurde oder nicht. Sofern keine Befruchtung eintritt, veranlasst das inzwischen reichlich gebildete Progesteron die Hypophyse, die LH-Produktion zu hemmen. Das aber lässt den Gelbkörper irreversibel schrumpfen, womit auch die Progesteronbildung erlischt. Die Uterusschleimhaut kann unter diesen Umständen nicht erhalten bleiben und muss im Prozess der Menstruation abgestoßen werden.

Hat sich aber ein befruchtetes Ei eingenistet, entsteht eine Plazenta. Diese entwickelt alsbald ihrerseits innersekretorische Aktivität. Zunächst produziert sie eine dem LH verwandte Substanz, die den Gelbkörper aktiv hält und zur vermehrten Ausschüttung von Progesteron veranlasst. Später übernimmt sie die Produktion von Gestagenen und Östrogenen in eigener Regie und sorgt dadurch selbst dafür, dass die Uterusschleimhaut bis zum Ende der Schwangerschaft funktionstüchtig bleibt und die Hypophyse auch keine weiteren Zyklen einleitet.

Die Steuermechanismen der Hormonproduktion sind bei beiden Geschlechtern zum Zeitpunkt der Geburt bereits funktionsfähig. Durch Herabsetzung des Sollwertes auf ein Minimum wird die Hormonproduktion aber während der gesamten Kindheit faktisch blockiert, Keimdrüsenhormone sind im kindlichen Organismus fast nicht vorhanden. Eine allmähliche Aktivierung der Hormonproduktion setzt erst mit Beginn der Pubertät etwa im Alter von acht Jahren ein. Interessanterweise erfolgt die Drosselung des Testosterons bei Jungen allerdings erst etwa ein halbes Jahr nach der Geburt. Vor diesem Zeitpunkt erreicht es faktisch 30 % der Konzentration des erwachsenen Mannes. Warum das so ist, weiß man heute noch nicht.

Geschlechtsspezifische Determinierung von Verhaltensdispositionen

Wie zunächst Tierversuche, dann aber auch zunehmend Befunde am Menschen in den letzten Jahrzehnten gezeigt haben, kommt der Wirkung von Androgenen während der Entwicklung des Fötus auch bei der Ausbildung weiterer Gehirnstrukturen eine zentrale alimentative Bedeutung zu. Wir haben guten Grund zu der Annahme, dass hierin die Fundierung geschlechtstypischer Verhaltensdispositionen zu suchen ist. Anatomische Unterschiede in der Gehirnstruktur geben inzwischen auch handfeste Hinweise darauf, welche Bereiche bei bestimmten Verhaltensbereitschaften eine wichtige Rolle spielen. Es sind dies insbesondere der *Hypothalamus*, das *limbische System* und das *Corpus Callosum*. Neuste Befunde mit modernen Methoden der bildgebenden Verfahren lassen ferner deutlich werden, dass die Geschlechter sich auch dadurch unterscheiden, dass sie bei der Lösung der gleichen Aufgaben verschiedene Bereiche des Gehirns aktivieren[6]. In diesem Zusammenhang sind interessante Einzelheiten zu berichten, die wir aber dem 18. und 19. Kapitel vorbehalten, wo geschlechtstypische Unterschiede im kognitiven Stil zu besprechen sein werden. An dieser Stelle soll zunächst die *motivationale* Entwicklung im Vordergrund stehen.

Versuche an verschiedenen Tierarten haben bereits in den 60er Jahren gezeigt, dass durch die Verabreichung von Androgenen bei genetisch weiblichen Individuen nicht nur die Morphologie der inneren und äußeren Genitalien sondern auch bestimmte Verhaltensweisen vermännlicht werden[7]. Je nach Bereich und Tierart lassen sich kritische Perioden in der Fötalentwicklung bzw. auch Zeitspannen nach der Geburt ausmachen, in denen das Hormon wirksam werden muss, während für andere Bereiche andere Zeiträume relevant sind. So bewirken Androgengaben bei genetisch weiblichen Ratten zu bestimmten Zeiten der Fötalentwicklung beispielsweise eine Vermännlichung der äußeren Genitalien, das Verhalten bleibt davon aber unbetroffen. Erfolgt die Hormongabe dagegen während der ersten zehn Tage nach der Geburt, resultiert eine Maskulinisierung des Verhaltens und der Steuermechanismus für den weiblichen Zyklus wird ausgeschaltet, ohne dass sich aber an der Anatomie der Genitalien etwas ändert.

Auch bei Rhesusaffen führten Androgen-Gaben während der Fötalentwicklung zu einer Vermännlichung weiblicher Nachkommen. Diese äußerte sich insbesondere im Bereich des Dominanzverhaltens. Die Affenmädchen zeigten eine Vorliebe für wilde Spiele, sie rauften gern, drohten häufiger und versuchten, andere zu dominieren. Ferner nahmen sie während der Sexualspiele, die bei dieser Tierart schon in der Kindheit auftreten, die typisch männliche Haltung ein. Die Hormonproduktion folgte bei diesen Weibchen aber weiterhin dem für den weiblichen Zyklus zuständigen Mechanismus.

Beim Menschen verbieten sich aus nahe liegenden Gründen vergleichbare Versuche. Es gibt aber klinische Erscheinungsbilder von sexuellen Fehlentwicklungen aufgrund hormoneller Besonderheiten während der Schwangerschaft, die Rückschlüsse auf die Wirkweise der Androgene zulassen bzw. Aufschluss darüber geben, zu welchen Konsequenzen es führt, wenn sie ausfallen. Daraus wiederum kann man Hypothesen ableiten, wie eine geschlechtstypische Differenzierung von Verhaltensdispositionen im Normalfall abläuft.

Angesichts der im 1. Kapitel diskutierten teilweisen Unabhängigkeit der Maskulinitäts- und Femininitätsskala ist es angebracht, bei solchen Wirkungen nicht einfach von einer Verschiebung des Verhaltens vom weiblichen zum männlichen Pol und umgekehrt zu reden, sondern einen „defeminisierenden“ von einem

[6] Kimura, 1992; weitere Details siehe Strüber, 2008
[7] Neumann, 1970; Überblick siehe Collaer & Hines, 1995; Blakemore et al., 2009

„maskulinisierenden“ Effekt zu unterscheiden, je nachdem, ob die Probandinnen im Fragebogen weniger weibliche Eigenschaften als für sich zutreffend empfinden oder direkt männliche Merkmale bevorzugen. Bei Männern wären entsprechend „demaskulinisierende“ und „femininisierende“ Effekte zu trennen. Das Problem ist nur, dass in vielen einschlägigen Untersuchungen eine solche Differenzierung nicht vorgesehen war und daher auch nachträglich nicht ohne Weiteres zu vollziehen ist. Wir werden also im Folgenden nicht durchgängig davon Gebrauch machen können.

Die ersten hierfür relevanten Fallstudien wurden von Money und Ehrhardt zusammengefasst und veröffentlicht[8]. Es handelte sich dabei um Personen, die bei der Geburt in der Ausbildung ihrer äußeren Geschlechtsorgane kein eindeutiges Bild aufwiesen, so dass ihr Geschlecht nicht bestimmt werden konnte. Man spricht in diesem Fall von *Pseudohermaphroditismus.* Wie sich nämlich bei genauerer Überprüfung zeigte, ließen sich diese Patienten sowohl genetisch als auch gonadal eindeutig einem Geschlecht zuordnen, sie waren somit nur in Bezug auf ihre äußeren Genitalien Hermaphroditen.

Weiblicher Pseudohermaphroditismus

Besonders aufschlussreich bezüglich der Wirkung fötaler Androgenisierung ist der weibliche Pseudohermaphroditismus. Die Betroffenen sind genetisch und gonadal eindeutig weiblich, ihre äußeren Genitalien aber mehr oder weniger vermännlicht. Auf Grund der Ätiologie der Störung lassen sich zwei Formen unterscheiden, die in der Literatur unter den Bezeichnungen „adrenogenitales Syndrom“ und „gestageninduzierter Pseudohermaphroditismus“ geführt werden[9].

Beim *adrenogenitalen Syndrom*[10] (AGS) liegt die Ursache in einem genetischen Defekt der Nebennierenrinde des Fötus. Normalerweise ist diese für die Erzeugung von Cortisol zuständig, sie produziert aber auch in geringen Mengen Androgene (Androstendion). Die Störung beim AGS beruht nun darauf, dass die Cortisolproduktion blockiert ist. Die Cortisolkonzentration im Blut ist somit reduziert, wodurch die Hypophyse fortgesetzt veranlasst wird, das *Adrenocorticotrope Hormon* (ACTH) auszuschütten, welches eigentlich den Zweck hat, die Cortisolproduktion anzuregen. Die Nebennierenrinde reagiert darauf aber ausschließlich mit der Erzeugung von Androgenen und kommt damit zu keinem Abschluss, weil die Cortisolsättigung im Blut, die allein den Vorgang stoppen könnte, ja nicht eintritt.

Sind männliche Individuen von der Störung betroffen, so hat dies im Wesentlichen nur zur Folge, dass ihre Geschlechtsentwicklung früher abgeschlossen ist. Bei weiblichen Betroffenen sind Ovarien und Uterus ausgebildet, die äußeren Genitalien aber ziemlich vermännlicht, so dass diese Mädchen früher häufig ein falsches Geschlecht zugeschrieben bekamen. Durch Operation und ständige Medikation mit Cortison kann die Fehlfunktion kompensiert werden; unbehandelte Patientinnen unterliegen dagegen einer fortschreitenden Vermännlichung der äußeren Erscheinung.

Eine zweite Gruppe fötal androgenisierter weiblicher Individuen ist durch *gestageninduzierten Pseudohermaphroditismus* gekennzeichnet. Nachdem die Geschlechtshormone erstmals künstlich synthetisiert werden konnten, verabreichte man eine zeitlang werdenden Müttern, bei denen ein Schwangerschaftsabbruch

[8] Money & Ehrhardt, 1975

[9] Überblick siehe Collaer & Hines, 1995; Cohen-Bendahan et al., 2005; Blakemore et al., 2009

[10] In der Sekundärliteratur und den Medien wird zunehmend von *androgenitalem* Syndrom gesprochen, diese Bezeichnung ist unkorrekt.

drohte, künstliche Gestagene, die ähnlich wie Progesteron wirkten, also die Frucht im Uterus hielten. Tausende von Schwangeren erhielten diese Art Behandlung, bis man schließlich merkte, dass künstliche Gestagene als Nebeneffekt androgenisierend wirken können. Das hormonelle Klima gestaltete sich für die weiblichen Föten aufgrund der Behandlung so ähnlich wie beim AGS.

Inzwischen hat sich herausgestellt, dass künstliche Gestagene nicht nur maskulinisieren, sondern je nach ihrer Feinstruktur auch das Gegenteil bewirken können. Werden sie auf der Basis von Androgenen synthetisiert, dann wirken sie maskulinisierend. Sind sie dagegen auf einer Progesteronbasis hergestellt, dann ist der Effekt eher gegenläufig, also demaskulinisierend oder feminisierend; wir werden auf solche Fälle noch zu sprechen kommen.

Morphologisch führten die Gestagene auf Androgenbasis bei den betroffenen Mädchen manchmal zu einer Vermännlichung der äußeren Genitalien von unterschiedlich starker Ausprägung. Sonst traten keine Störungen in der geschlechtlichen Entwicklung auf, die Ovarien arbeiteten in der Pubertät normal.

Die eigentlich interessanten Auswirkungen fanden sich bei beiden Formen aber auf dem Verhaltenssektor. Hier war nämlich eine Verschiebung von Vorlieben, Fähigkeiten und Betätigungen in die männliche Richtung zu verzeichnen, die recht treffend durch das Stichwort „Wildfangverhalten" (englisch *tomboy behavior)* zu charakterisieren ist. Die beiden ersten eingehenderen Untersuchungen über diese Auswirkungen stammen von Ehrhardt an einer Stichprobe von 15 AGS-Patientinnen und zehn Probandinnen mit gestagenbedingter Androgenisierung sowie von Ehrhardt und Baker bei 17 Frauen mit dem adrenogenitalen Syndrom. Inzwischen sind weit über ein Dutzend weitere Untersuchungen zum AGS und über Effekte von Hormonbehandlungen während der Schwangerschaft hinzugekommen[11]. Bei der zuerst genannten Untersuchung verglich man die Stichprobe mit einer sorgfältig zugeordneten Kontrollgruppe. Bei der zweiten Studie setzte sich die Vergleichsgruppe aus Schwestern der Patientinnen zusammen, bei denen die Störung nicht vorlag.

Ehrhardt hat in den erwähnten Untersuchungen sowohl die Mütter als auch die betroffenen Töchter interviewt, die letzteren machten ferner mehrere Tests zur Geschlechtsrollenbevorzugung. In beiden pseudohermaphroditischen Gruppen waren sowohl defeminisierende als auch maskulinisierende Effekte festzustellen. Die Betroffenen unterschieden sich signifikant von den Kontrollgruppen, wobei die Verhaltensbesonderheiten bei den Mädchen mit dem adrenogenitalen Syndrom etwas ausgeprägter in Erscheinung traten.

Für die fötal androgenisierten Mädchen war die berufliche Karriere wichtiger als eine Eheschließung. Auch zeigten sie weniger Interesse an Säuglingen und Kleinkindern. Als Kinder hatten sie eine Vorliebe für Jungenspielzeug und machten sich nichts aus Puppen. Sie zogen sich eher wie Jungen oder Männer an, weil sie diese Kleidung „praktischer" fanden. Besonders ausgeprägt war bei ihnen das Interesse an körperlicher Aktivität und Sport. Sie bevorzugten männliche Spielpartner. Dem Verhalten nach waren sie am besten als „Wildfänge" zu charakterisieren.

Die Mädchen mit dem AGS äußerten zum Teil auch Unzufriedenheit mit ihrer weiblichen Rolle. In Bezug auf ihr sexuelles *Verhalten* und die sexuelle *Orientierung* – also die Präferenz für das Geschlecht des Partners – bestanden jedoch keine Unterschiede zu der Kontrollgruppe, abgesehen davon, dass die Mädchen in dieser Hinsicht eher als „Spätzünder" charakterisiert wurden. Insbesondere trat auch keine Homosexualität auf.

[11] Ehrhardt, 1980; Ehrhardt & Baker, 1974; Collaer & Hines, 1995; Berenbaum, 1999; Überblick s. Hines, 2010

Ehrhardt zieht aus ihren Befunden das folgende Resümee:

„Die wahrscheinlichste Hypothese zur Erklärung unserer Ergebnisse ist die Annahme, dass das Wildfangverhalten die Folge eines maskulinisierenden Effekts der Androgene auf das fötale Gehirn ist. ... Diese Vermännlichung manifestiert sich in der Zunahme kompetitiver physischer Aktivität.“[12]

Bezüglich der Hirnlokalisation der angesprochenen Vermännlichung denkt sie speziell an diejenigen Regionen (wahrscheinlich des limbischen Systems oder des Paläokortex), die etwas mit *Dominanzverhalten* zu tun haben Es geht ihr also nicht um eine generelle Steigerung der Aggressivität, sondern um Vorlieben, die sich insbesondere auf physische *Wettbewerbssituationen* beziehen, wie sie bei Sport und Spiel typischerweise auftreten. In der oben S. 117 eingeführten Terminologie würden wir von einer Betonung assertiven Verhaltens sprechen.

Inzwischen durchgeführte weitere Erhebungen an AGS-Patientinnen haben die Ehrhardtschen Befunde im Wesentlichen bestätigt. In einer Untersuchung von Dittmann, bei der leibliche Schwestern als Kontrollgruppe dienten, bekundeten die AGS-Probandinnen signifikant ausgeprägter männliche Interessen, sie bevorzugten bei der Durchsetzung in Konfliktsituationen eher männliche Strategien, waren weniger interessiert daran, Kinder zu haben, und legten dafür mehr Gewicht auf eine berufliche Karriere und entscheiden sich vorzugsweise für typisch männliche Berufe wie Pilotin, Ingenieurin und Architektin[13]. In Bezug auf die sexuelle Orientierung hat sich herausgestellt, dass etwa ein Drittel der AGS-Betroffenen bisexuelle oder homosexuelle Neigungen aufweist, der Rest beschreibt sich als eindeutig heterosexuell[14].

Androgene versus Sozialisation

Milieutheoretisch orientierte Autoren suchen, wie nicht weiter verwunderlich, auch die Verhaltensbesonderheiten der fötal androgenisierten Mädchen als reine Sozialisationseffekte zu interpretieren. Die Eltern hätten die Tatsache, dass es sich um „halbe Jungen“ handelte, unbewusst im Sinne einer Verstärkung männlichen Verhaltens umgesetzt. In einem 1983 erschienenen Handbuch der Kinderpsychologie nehmen solche Argumente bezeichnenderweise eineinhalb Spalten ein, während der Darstellung der eigentlichen Effekte der Androgenisierung gerade eine Spalte eingeräumt wird[15]. Viel Substanzielles ist da nicht zu verzeichnen, aber schauen wir uns das Argument dennoch etwas genauer an, denn es ist typisch dafür, wie solche offensichtlich biologischen Effekte, die eigentlich zum Nachdenken Anlass geben sollten, heruntergespielt werden. Wäre es tatsächlich denkbar, dass die Eltern ihre Mädchen wie Buben erzogen haben?

Ohne Zweifel trifft es zu, dass vor allem die Mädchen mit dem AGS zumindest bei Geburt nahezu männliche Genitalien aufweisen, die Eltern haben dies zur Kenntnis genommen und machen sich ihre Gedanken. Wieweit mag die unbewusste Vorstellung, dass es sich da doch um einen halben Jungen handelt, das erzieherische Verhalten beeinflussen? Dazu ist zweierlei zu sagen. Ausschließen lässt sich nicht, dass Eltern ihre Zweifel haben. Nur leuchtet aber nicht ein, wieso das allein schon

[12] Ehrhardt, 1980, S. 113
[13] Dittmann et al., 1990; Berenbaum & Resnick, 1997, 2007; Pasterski et al., 2007
[14] Hines et al., 2004; Cohen-Bendahan et al., 2005
[15] Huston, 1983

bedingen sollte, dass sie dann auch nachdrücklich in die männliche Richtung sozialisieren. Liegt es nicht vielmehr näher, dass sie genau das Gegenteil anstreben? Man hat ihnen schließlich versichert, dass es sich um Mädchen handelt, und man hat sie aufgefordert, dies den Kindern auch strikt zu bedeuten[16]. Das Argument, dass unbewusste Vorstellungen die Erziehung leiten, wird gern vorgebracht, wenn man in einen Erklärungsnotstand gerät, weil sich konkret am Erziehungsverhalten nichts Einschlägiges nachweisen lässt. Die Vertreter einer solchen Hypothese sollten sich einmal realistisch klar machen, welche enorme Durchschlagkraft unbewusste Vorstellungen der Eltern haben müssten, um – womöglich noch entgegen ihrem bewussten Erziehungsziel – eine Vermännlichung von Interessen bei ihrer Tochter entstehen zu lassen. Hinzu kommt, dass Eltern ja nicht jedes geschlechtstypische Verhalten positiv verstärken, sondern durchaus auch gegensteuern. Zwar trifft es zu, dass Wildfangverhalten bei Mädchen eher toleriert wird als mädchenhaftes Verhalten bei Jungen. Das bedeutet aber allenfalls, dass die Eltern es nicht sonderlich unterdrücken, was aber eben noch nicht heißt, dass sie es ausdrücklich fördern. Natürlich werden sie auf ein Baby, das ein eher männliches Verhaltensangebot macht, anders reagieren als auf ein eher feminin wirkendes. Man muss bei solchen Erwägungen aber immer klar auseinanderhalten, ob ein Verhalten dadurch entsteht, dass es eine ausdrückliche Förderung erhält, oder ob es spontan entstanden ist und dann nicht unterbunden wurde.

Wie einschlägige Beobachtungsstudien inzwischen deutlich belegen, versuchen Eltern AGS-Mädchen von geschlechtsatypischem Spiel abzuhalten, während sie geschlechtstypisches Spiel ausdrücklich ermuntern und zwar nachdrücklicher als sie das bei nicht-betroffenen Schwestern tun[17].

Kompensatorische Aktivierung?

Wenn man sich auch nicht der Sozialisationshypothese anschließt, könnte man gegen eine biologisch orientierte Interpretation der Befunde von AGS-Patientinnen doch einwenden, dass es sich um abnorme Entwicklungsverläufe und infolgedessen um belastete Lebensschicksale handelt, die man nicht als Modell für eine Normalentwicklung heranziehen kann. Schließlich sind sich die Patientinnen ihrer Störung bewusst, sie haben vielleicht Zweifel an ihrer Identität, sind ständig unter Stress – vielleicht ist ihr „männliches" Verhalten überhaupt nur ein reaktantes Bewältigungsverhalten. So zumindest ist der Tenor einer Argumentation von Slijper, die sogar so weit geht, die Aktivitätssteigerung der Frauen mit dem AGS als Ausdruck des Krankseins selbst zu interpretieren[18].

Ihre Argumentation geht dahin, dass die Auseinandersetzung mit dem Defekt, mit dem Anderssein, mit den vielen Krankenhausaufenthalten und Behandlungen von den Patientinnen durch eine besonders auftrumpfende und selbstsichere Haltung kompensiert würden. Um dies zu belegen, verglich die Autorin eine Gruppe männlicher und weiblicher AGS-Patienten mit Diabetikern und einer normalen Kontrollgruppe, jeweils beiderlei Geschlechts. Sie benutzte einen Fragebogen zur Geschlechtsrollenbevorzugung, in dem sich die Normalgruppe von Männern und Frauen deutlich auf typisch männliche bzw. weibliche Vorlieben aufteilte. Sowohl die AGS-Mädchen als auch die Diabetikerinnen zeigten dagegen eine Verschiebung in Richtung einer Bevorzugung männlicher Aktivitäten, wobei dieser Effekt

16 Hines et al., 2004; Cohen-Bendahan et al., 2005
17 Nordernström et al., 2002, Servin et al., 2003; Pasterski et al., 2005
18 Slijper, 1984

allerdings besonders ausgeprägt bei den AGS-Mädchen auftrat. Da es aber auch bei den Diabetikern so war, hält die Autorin für erwiesen, dass Kranksein allein schon vermännliche.

Die Untersuchung enthält nun freilich einige Ungereimtheiten. Zunächst muss man hervorheben, dass es sich um *Selbst*beurteilungen handelte. Obwohl die Diabetikerinnen im Mittel in ihren Weiblichkeitswerten weniger weit von der Normal-Gruppe entfernt waren als die AGS-Probandinnen, behauptet die Autorin, erstere allein hätten angegeben, gern zu raufen und wild zu spielen, während von den AGS-Mädchen keine diesbezüglichen Aussagen kamen. In Wirklichkeit waren letztere, wie die Autorin dann nebenbei an anderer Stelle erwähnt, tatsächlich aber besonders rauffreudig, spielten lieber mit Jungenspielsachen und wurden von ihren Müttern auch entsprechend eingeschätzt. Aussagen der Mütter und tatsächliches Verhalten stimmten also nicht mit Aussagen der Betroffenen überein, was die Fragwürdigkeit von Selbsteinschätzungen beleuchtet. Der angeblich aktivierende Effekt des Krankseins dürfte bei den Diabetikerinnen wahrscheinlich viel weniger verhaltensbestimmend gewesen sein als die Autorin uns glauben machen möchte. Vollends fragwürdig wird die Slijperschen Hypothese angesichts der Tatsache, dass die AGS- und Diabetes-Jungen in ihren Geschlechtsrollenbevorzugungen eher eine weibliche Tendenz zeigten. Wieso Kranksein nur bei Mädchen eine vermännlichende, bei Jungen dagegen aber eine verweiblichende Wirkung haben soll, vermag kaum einzuleuchten.

Ein anderer Einwand, der gegen die AGS-Befunde vorgebracht wurde, bezieht sich auf die Cortisonbehandlung, der sich die Mädchen ständig unterziehen müssen. Diese allein genüge angeblich schon, um den aktivierenden Effekt hervorzubringen. Nun trifft es zu, dass Cortison bei Normalpatienten in dieser Weise wirkt. Bei den AGS-Mädchen dagegen erfolgt die Medikation ja nur, um einen primären Mangel an Cortisol auszugleichen; der Effekt sollte also eher unauffällig sein. Vor allem dürfte, wenn das Argument zuträfe, bei *nicht* behandelten AGS-Mädchen keine Vermännlichung des Verhaltens auftreten; sie ist bei diesen jedoch gerade im Gegenteil besonders ausgeprägt.

Konfliktbewältigung bei fötaler Androgenisierung

Das wichtigste Gegenargument gegen die These, die Vermännlichung sei nur auf eine durch Krankheit oder Cortison bedingte Aktivierung zurückzuführen, bieten nun freilich die Befunde von Mädchen, bei denen die Androgenisierung nicht durch das AGS, sondern durch eine Gestagenbehandlung während der Fötalzeit erfolgte. Hierzu ist eine Untersuchung von Reinisch[19] besonders aufschlussreich, bei der es um die Frage ging, ob Personen mit pränatalen abnormen Hormoneinflüssen auf Konfliktsituationen eher in einer Weise reagierten, die einem männlichen Stil entsprach, wie das von AGS- Mädchen berichtet wird[20]. Es handelte sich um acht Jungen und 17 Mädchen, deren Mütter wegen Schwangerschaftsproblemen synthetisches Progestin auf Androgenbasis eingenommen hatten. Als Kontrollgruppe dienten männliche und weibliche Geschwister. Weder die Probanden noch ihre Eltern wussten, welche Zusammenhänge die Untersucher im Visier hatten.

Die Probanden wurden in Form eines Fragebogens mit Konfliktsituationen unterschiedlichster Art konfrontiert und sollten angeben wie sie sich in Realität verhalten hätten. Als Reaktionsmöglichkeiten kamen körperliche und verbale

19 Reinisch, 1981
20 Berenbaum & Resnick, 1997; Paterski et al., 2007

Aggression in Betracht, ferner Rückzugsverhalten und weitere nichtaggressive Bewältigungsstrategien. Der verwendete Test wies bei der normalen Kontrollgruppe einen deutlichen Geschlechtsunterschied auf, die männlichen Probanden gaben signifikant häufiger als die weiblichen an, mit physischer Aggression zu reagieren. Das Ergebnis bei den Jugendlichen, die pränatal den synthetischen Hormonen ausgesetzt waren, bestätigte voll die Hypothese der Untersucher. Die Mädchen kamen in ihrer Bereitschaft, mit physischer Aggression zu reagieren, den Jungen der Kontrollgruppe gleich, die hormonbehandelten Jungen übertrafen diese sogar noch deutlich. Im Bereich verbaler Aggression unterschieden sich die Gruppen hingegen nicht.

Der Befund ist insofern besonders beachtenswert, als absolut ausgeschlossen werden kann, dass die Probanden oder ihre Eltern etwas von den möglichen Hormoneinflüssen wissen konnten. Die Untersucher waren über den Status der Versuchspersonen ebenfalls nicht informiert. Die Mädchen zeigten bei der Geburt keine Vermännlichung der Geschlechtsorgane, sie waren also völlig unauffällig. Somit entfällt das Argument, ihr Verhalten wäre dadurch bestimmt, dass sie oder auch ihre Eltern eine geschlechtliche Anomalie interpretiert oder dass deshalb Unsicherheiten in der Geschlechtsidentität bestanden hätten, ebenso wie auszuschließen ist, dass unbewusste Erwartungen das Erziehungsverhalten bestimmt haben könnten. Dem möglichen Einwand, das Ergebnis beträfe nur das Selbstbild, da es auf einer Fragebogenerhebung beruhe, und sage deshalb nicht notwendig etwas über das tatsächliche Verhalten aus, kann man entgegenhalten, dass erhöhte physische Aggressivität bei Mädchen nicht ins Rollenstereotyp passt, womit die Antwort also wohl kaum auf soziale Erwünschtheit zurückzuführen ist.

Spielzeugpräferenz und pränatale Hormone

Der zuletzt vorgetragene Einwand kann mehr oder weniger bei allen bisher dargestellten Untersuchungen erhoben werden. Sie haben den Schönheitsfehler, auf Befragungen durch Interviews und Geschlechtsrolleninventaren zu beruhen, die zudem häufig erst retrospektiv vorgenommen wurden. Bei aller methodischen Vorsicht lässt sich meist nicht ganz sicher ausschließen, dass auf irgendwelchen Umwegen eben doch unbewusste Erwartungen, Interpretationen, soziale Erwünschtheiten etc. das Bild verfälscht haben könnten. Dass man dabei auf Widersprüchlichkeiten stoßen kann, wurde insbesondere an der Slijperschen Untersuchung deutlich, bei der die AGS-Patientinnen zwar angaben, nicht gern zu raufen, es tatsächlich aber taten.

Eine Untersuchung von Berenbaum und Hines[21] hat solche Probleme ausgeschlossen, indem die Autorinnen das Verhalten der Betroffenen direkt beobachteten, und zwar in einem Bereich, der hinsichtlich der Auswirkungen fötaler Androgenisierung besonders aufschlussreich zu sein versprach, nämlich der *Spielzeugpräferenz.* Wie im 7. Kapitel dargestellt, kann es inzwischen als gut belegtes Faktum gelten, dass die Geschlechter bereits im Alter von einem Jahr unterschiedliche Spielsachen bevorzugen. Wie erinnerlich sind dies bei Jungen Autos, Lastwagen und Bauklötze, bei Mädchen Puppen und alles was damit zusammenhängt. Einige Spielsachen sind geschlechtsneutral, sie werden von Jungen und Mädchen gleich gern beansprucht.

In ihrer Untersuchung beobachteten Berenbaum und Hines drei- bis achtjährige AGS-Patienten beiderlei Geschlechts beim Spielen, wobei typisch männliche, typisch weibliche und geschlechtsneutrale Spielsachen zur Auswahl angeboten wurden. Die Probanden wurden mit gesunden Brüdern und Schwestern verglichen. Die AGS-

[21] Berenbaum & Hines, 1992

Mädchen spielten signifikant bevorzugt und länger mit Jungenspielsachen und zwar im etwa gleichen Ausmaß wie die männlichen Kontrollen. Die AGS-Jungen dagegen unterschieden sich nicht von diesen. Dieser Befund hat sich inzwischen in weiteren Studien bestätigt[22].

Feminisierende und demaskulinisierende Effekte

Indirekt bestätigt werden die Auswirkungen fötaler Androgenisierung auf die Ausbildung männlicher Interessen durch Befunde von Kindern, deren Mütter gegen leichtere Schwangerschaftsbeschwerden mit Östrogen und/oder Gestagen auf Progesteronbasis behandelt worden waren. Die Hormone übten in diesem Fall eine demaskulinisierende oder gar feminisierende Wirkung aus.

Dies zeigte sich beispielsweise in einer Untersuchung von Meyer-Bahlburg und Ehrhardt an 74 Jungen und Mädchen im Alter von acht bis 14 Jahren[23]. Die Mädchen waren alles andere als Wildfänge, sie hatten vielmehr stark ausgeprägte typisch weibliche Interessen. Aber auch die Jungen betätigten sich weniger aktiv in Spiel und Sport als die Kontrollgruppe und erschienen überhaupt weniger typisch männlich. Die Effekte waren allerdings insgesamt geringer ausgeprägt als bei fötaler Androgenisierung und sind eher im Sinne von Temperamentsabstufungen zu sehen.

Drastische Effekte in Richtung Feminisierung finden sich dagegen beim *männlichen Pseudohermaphroditismus* infolge des sogenannten *„complete androgen insensitivity syndroms" (CAIS)*. Die Betroffenen sind genetisch und gonadal maskulin, ihre äußeren Genitalen aber so stark verweiblicht, dass sie als Mädchen eingestuft und entsprechend erzogen werden. Die Ursache hierfür liegt in einem genetischen Defekt, demzufolge bestimmte Körperzellen nicht auf Androgen ansprechen, weshalb eine Entwicklung der äußeren männlichen Geschlechtsorgane unterbleibt. Uterus und Eileiter sind wegen der Wirkung des Y-Chromosoms nicht vorhanden. So ist das Ausbleiben der Menstruation meist das erste Anzeichen des Defekts. Die Betroffenen haben keine Probleme in Bezug auf ihre weibliche Identität, denn vom äußeren Aussehen, ihren Vorlieben und der Geschlechtszuweisung sind sie stimmig, wenn auch nicht fähig, Kinder zu bekommen. Da die determinierende Wirkung der fötalen Androgenisierung wegfällt, entsprechen Interessen und Vorlieben der äußeren Erscheinung und der Erziehung und sind weiblich. Natürlich muss man bei diesem Befund berücksichtigen, dass die Betroffenen auch als Mädchen erzogen wurden[24].

Generell ist die Befundlage eher asymmetrisch. Feminisierende Effekte bei fehlender Androgenwirkung fallen klinisch kaum ins Gewicht. Dagegen ist die Beweislage in die andere Richtung doch recht beeindruckend und spricht gesamthaft deutlich dafür, dass fötale Androgenisierung bei weiblichen Betroffenen eine Verschiebung von Interessen und Aktivitäten in die männliche Richtung bewirkt. Der Schluss liegt somit nahe, dass die pränatale Androgenwirkung unter normalen Schwangerschaftsbedingungen der entscheidende Faktor ist, der bei Jungen für die Anlage geschlechtstypischer Verhaltensbereitschaften verantwortlich ist.

[22] Berenbaum & Snyder, 1995; siehe auch Servin et al., 2003; Meyer-Bahlburg et al., 2004; Hines et al., 2004; Pasterski et al., 2005

[23] Meyer-Bahlburg & Ehrhardt, 1979

[24] Cohen-Bendahan et al., 2005

Pränatale Hormonwirkung bei normaler Fötalentwicklung

Was wissen wir nun in Bezug auf die Wirkung pränataler Hormone bei normaler Fötalentwicklung? Beim Fötus selbst lässt sich das natürlich nicht bestimmen, man ist also auf indirekte Aufschlüsse angewiesen. Als eine der Möglichkeiten bietet sich die Amniozentese an, also die Fruchtwasseruntersuchung, die zur Diagnose von Fehlentwicklungen vor allem in den ersten Schwangerschaftsmonaten vorgenommen wird. Zum zweiten kann man die Hormone aus dem mütterlichen Blut bestimmen, und schließlich auch aus der Nabelschnur bei der Geburt. Das letztgenannte Verfahren wurde von Maccoby und ihrer Arbeitgruppe eingesetzt. Unter ihren Ergebnissen ist vor allem der Befund von Interesse, dass die Tendenz, ängstlich auf furchteinflößende Spielsachen zu reagieren, bei 6- bis 18-monatigen Jungen nicht nur niedriger war als bei gleichaltrigen Mädchen, sondern zudem mit der Konzentration des Nabelschnur-Testosterons negativ korrelierte[25]. Allerdings stellt sich die Frage, was die Hormonkonzentration bei der Geburt über diejenige zu dem Zeitpunkt aussagt, an dem sich eine Verhaltensbereitschaft tatsächlich ausbildete[26].

In dieser Hinsicht ist die Amniozentese aussagekräftiger. Sie wurde vor allem in der Arbeitsgruppe um Baron-Cohen eingesetzt, die in mehreren Studien belegen konnte, dass die höhere pränatale Testosteronkonzentration im Fruchtwasser, wie sie für männliche Föten typisch ist, später mit geringerem sozialen Interesse korreliert. Auf den Befund, dass neugeborene Jungen sich eher für ein Mobile, Mädchen hingegen eher für ein Gesicht interessierten, wurde oben S. 99 f bereits hingewiesen. Eine weitere Stichprobe ergab bei Mädchen im Alter von zwölf Monaten eine höhere Bereitschaft, Blickkontakt aufzunehmen, als bei den Jungen und bei diesen korrelierte der Blickkontakt negativ mit der pränatalen Testosteronkonzentration[27]. In einer Nachfolgeuntersuchung im Alter von vier Jahren erwiesen sich die Mädchen als sozial kompetenter; auch hier ergab sich bei den Jungen ein Zusammenhang mit dem pränatalen Testosteron. Auf diese Befunde werden wir im Folgenden noch einmal zurückkommen. Die gleiche Arbeitsgruppe stellte auch einen Zusammenhang zwischen pränatalem Testosteron und jungentypischen Präferenzen im Grundschulalter fest. Dies traf für beide Geschlechter zu, wozu anzumerken ist, dass auch Mädchenfoeten unter normalen Schwangerschaftsbedingungen einer gewissen, wenn auch vergleichsweise sehr niedrigen Androgenwirkung ausgesetzt sind. Je höher nun die Testosteronkonzentration im Fruchtwasser der Mutter gewesen war, umso höher zeigte sich später die Neigung von Jungen *und* Mädchen für jungentypische Aktivitäten[28].

In die gleiche Richtung, wenn auch nicht ganz so deutlich, weist eine Studie von Hines und Mitarbeitern, bei der das Testosteronniveau zwischen der fünften und 36. Schwangerschaftswoche aus dem mütterlichen Blut bestimmt worden war. Die Kinder wurden dann mit dreieinhalb Jahren einem Test unterzogen, der sich auf eine Reihe von geschlechtstypischen Aktivitäten bezog. Dabei ergab sich eine – wenn auch bescheidene – Korrelation bei den Mädchen zwischen der Höhe des mütterlichen Testosterons und der Vorliebe für jungentypisches Spiel. Bei Jungen war allerdings ein entsprechender Effekt nicht feststellbar, ihre Neigung zu rollenkonformem Spiel war unabhängig vom mütterlichen Testosteronpegel. Dabei ist zu berücksichtigen, dass die Testosteronkonzentration bei männlichen Föten in

[25] Jacklin et al., 1983
[26] Cohen-Bendahan et al., 2005
[27] Lutchmaya & Baron-Cohen, 2002; Lutchmaya et al., 2002; Baron-Cohen et al., 2004
[28] Auyeung et al., 2009

jedem Fall erheblich höher liegt als bei Mädchen, da die Jungen das Hormon ja in den Hoden selbst produzieren (s. auch nächste Seite)[29].

Zu einem ähnlichen Ergebnis war auch Udry bei erwachsenen Frauen gekommen, bei deren Müttern ebenfalls das Schwangerschaftstestosteron bestimmt worden war. Auch hier zeigten die Frauen mit höherem Testosteronpegel der Mütter eine deutliche Neigung zu männlichem Rollenverhalten. Diese Zusammenhänge sind allerdings nicht ganz eindeutig zu interpretieren. Als alternative Erklärung wäre denkbar, dass Mütter mit höherer Testosteronkonzentration ihre Babys stärker zu jungentypischem Spiel anregen, oder dass ihr hoher Testosteronspiegel ein genetischer Effekt ist, den sie an die Tochter vererbt haben und der dann direkt deren Verhalten beeinflusst[30].

Von Interesse sind in diesem Zusammenhang auch Vergleiche von gleichgeschlechtlichen bzw. gegengeschlechtlichen Zwillingen, die an 14-Jährigen durchgeführt wurden. Im Unterschied zu den Probandinnen mit einer Zwillingsschwester zeigten diejenigen mit einem Zwillingsbruder eine jungentypische Bereitschaft zu aggressivem Verhalten. Da eine diesbezügliche Sozialisation unwahrscheinlich ist, vermutet man, dass die fötalen Testosterone des Zwillingsbruders eine organisierende Wirkung auch auf die zerebrale Entwicklung der entsprechenden Disposition bei der Schwester ausgeübt haben dürften[31].

Digit Ratio

Eine in letzter Zeit sehr in Mode gekommene Methode zur Feststellung pränataler Hormonwirkung ist die Bestimmung des Fingerverhältnisses (*digit ratio*). Dabei wird die Länge des Zeigefingers (2D) mit der des Ringfingers (4D) verglichen. Das Verhältnis 2D:4D ergibt bei Männern in der Regel niedrigere Werte als bei Frauen, was konkret bedeutet, dass der Ringfinger länger ist als der Zeigefinger, während beide bei Frauen annähernd gleiche Länge haben. Dieser Geschlechtsunterschied ist kulturübergreifend feststellbar und macht sich bereits bei Zweijährigen bemerkbar; er wird in direkter Verbindung zu pränataler Hormonwirkung gesehen[32]. Pränatales Testosteron soll das Wachstum des Ringfingers, Östrogen das des Zeigefingers fördern. Einige Befunde bringen nun geschlechtstypische Verhaltensmerkmale in Beziehung zu dieser anatomischen Eigentümlichkeit. So haben Frauen mit einem eher männlichen Fingerverhältnis auch ein eher männliches Profil im Geschlechtsrolleninventar, sind durchsetzungs- und wettbewerbsorientierter und neigen dazu, auf Provokationen mit Aggression zu reagieren[33]. Dem letztgenannten Befund widerspricht allerdings ein Ergebnis von Bailey & Hurd, die einen Zusammenhang zwischen Aggressivität und Fingerverhältnis nur bei Männern fanden. Hier könnte sich die Tatsache ausgewirkt haben, dass es sich bei der ersten Untersuchung um *reaktive,* bei der zweiten um *physische* Aggressivität handelte[34], ein Unterschied, der uns weiter unten noch ausführlich beschäftigen wird.

Eine Untersuchung aus jüngster Zeit erlaubt in dieser Hinsicht eine präzisere Differenzierung[35]. Zunächst wurden Persönlichkeitsmerkmale erhoben, von denen

[29] Hines et al., 2002
[30] Udry & Talbert, 1995; Cohen-Bendahan et al., 2005
[31] Cohen-Bendahan et al., 2005a
[32] Manning, 2002; Putz et al., 2004
[33] Csathó et al., 2003; Wilson, 1983; Benderlioglu & Nelson, 2004
[34] Bailey & Hurd, 2005
[35] Hampson et al., 2008

erwartet wurde, dass sich die Geschlechter in ihnen unterscheiden. Diese Annahme ließ sich bestätigen: Männer zeigten in den einschlägigen Tests höhere Werte in *Sensationssuche*, vor allem was *Abenteuerlust* und *Risikobereitschaft* betraf, und in *physischer Aggression*, Frauen schnitten deutlich höher in *Empathie* und *Fürsorglichkeit* ab. Was nun die Beziehung zum Fingerverhältnis betraf, so korrelierten eher männliche Werte bei Frauen mit physischer Aggression, Feindseligkeit und Ärger, bei Männern mit verbaler Aggression und bei beiden Geschlechtern mit erhöhter Sensationssuche. Dagegen ergab sich keine Beziehung zur Durchsetzungsorientiertheit. Höhere Empathiewerte und Fürsorglichkeit korrelierten mit einem eher weiblichen Fingerverhältnis, allerdings nur, wenn man beide Geschlechter kombinierte. Prinzipiell sprechen die Ergebnisse für einen Zusammenhang zwischen pränatalen Androgenen und den fraglichen Eigenschaften, wobei nicht ganz auszuschließen ist, dass bei Risikobereitschaft und Aggression auch die aktivierende Wirkung von Testosteron ins Spiel kommen könnte, auf die wir unten auf S. 304 genauer eingehen werden. Kurioserweise korrelierte das Fingerverhältnis, wie auch bei anderen Untersuchungen, bei Frauen stärker mit den als eher männlich anzusehenden Persönlichkeitsmerkmalen als bei Männern[36]. Man vermutet hier einen Deckeneffekt beim männliche Geschlecht, da dieses während der Fötalzeit sowieso einer wesentlich höheren Androgenisierung ausgesetzt ist, wodurch Konzentrationsunterschiede nicht mehr ins Gewicht fallen, wie das wohl auch für die Ergebnisse von Hines zutrifft.

Insgesamt sprechen die vorgebrachten Befunde zur Auswirkung pränataler, also alimentativer Hormonwirkungen auf die gehirnanatomische Ausbildung von Verhaltensdispositionen dafür, dass „biologische Theorien" durchaus geeignet sind, zur Erklärung differenzieller Entwicklung von Leistungen und Interessen bei Mädchen und Jungen beizutragen, wenn man erst einmal bereit ist, sich auf diesen Ansatz einzulassen. Und keineswegs heißt das natürlich, dass soziokulturelle Einflüsse bei dieser Entwicklung nicht genauso ins Gewicht fallen.

[36] Literatur hierzu s. Hampson et al., 2008

15 Geschlechtsidentität und sexuelle Orientierung

Geschlechtsidentität bei Anomalien

Eine Frage, die beim männlichen Pseudohermaphroditismus angeklungen ist, betrifft das subjektive Identitätserlebnis von Personen, die aufgrund hormoneller Anomalien eine abweichende Fötalentwicklung durchgemacht haben. Eine Zeitlang vertrat man in dieser Hinsicht rigoros die Meinung beliebiger Formbarkeit. Das nachfolgende Beispiel veranschaulicht, zu welchen Maßnahmen man sich auf Grund dieser Voranname berechtigt glaubte.

Bei einem eineiigen Zwillingspaar männlichen Geschlechts wurde dem einen Buben im Alter von sieben Monaten bei der Beschneidung der Penis in einer Weise zerstört, die eine Wiederherstellung durch Operation ausschloss. Man hat dem Kind deshalb mit Einverständnis der Eltern im Alter von 17 Monaten durch eine Operation die äußeren Genitalien verweiblicht. Das Kind wurde als Mädchen erzogen und akzeptierte seine weibliche Identität trotz seiner genetisch, gonadal und zerebral männlichen Konstitution. Die Mutter berichtet von Wildfangverhalten, dem sie mehr oder weniger erfolgreich gegenzusteuern suchte. Das Kind sei nur mit Mühe zu ruhigem und „damenhaftem" Verhalten zu veranlassen gewesen, habe durchaus aber auch weibliche Verhaltensweisen gezeigt. In der Pubertät wurde die körperliche Erscheinung, die unter dem Einfluss der Androgene maskulin zu werden drohte, durch Östrogene verweiblicht. Mit 20 Jahren wurde eine Kastration vorgenommen, um so den Einfluss der männlichen Hormone zu reduzieren.

Ganz so willkürlich, wie man hier angenommen hatte, lässt sich nach allem, was wir inzwischen wissen, wohl doch nicht verfahren. Später hat sich das mit solchen Mitteln produzierte „Mädchen" nach einer, wie inzwischen bekannt wurde, erheblichen Leidenszeit einer Geschlechtsumwandlung unterzogen und bekannte sich zu seiner männlichen Identität[1]. Inzwischen ist dieses bedauernswerte Geschöpf freiwillig aus dem Leben geschieden.

Im Regelfall gehört ein Kind bei seiner Geburt morphologisch hinreichend eindeutig dem einen oder dem anderen Geschlecht an. Das muss aber erst einmal fachmännisch festgestellt und dem Kind offiziell zugewiesen werden, weshalb man auch von *Zuweisungsgeschlecht* spricht. Maßgeblich ist dabei der subjektive Eindruck, den sich Arzt oder Hebamme nach Inspektion der äußeren Genitalien bilden, und zwar auch in den Fällen, in denen letztere nicht ganz eindeutig sind. Zumindest war dies bis vor einigen Jahrzehnten so; denn erst neuerdings hat man Methoden entwickelt, die es in Zweifelsfällen erlauben, eine exakte Bestimmung des genetischen und gonadalen Geschlechts unabhängig vom morphologischen Eindruck vorzunehmen.

Das Zuweisungsgeschlecht hat einschneidende Konsequenzen für die weitere Entwicklung. Das Kind ist damit für seine Mitwelt festgelegt, es wird hinfort als Junge oder Mädchen angesprochen, man wird ihm dementsprechend unterschiedlich begegnen, Unterschiedliches von ihm erwarten und es auch unterschiedlich behandeln. Wie im 6. Kapitel bereits angesprochen, ist das Zuweisungsgeschlecht von besonderer Bedeutung für die Ausbildung der Geschlechtsidentität, konkret also, ob man sich auch selbst als Mädchen oder Junge, als Mann oder als Frau versteht.

Nachdem wir im letzten Kapitel die wichtigsten Faktoren kennen gelernt haben, die die Ausbildung der anatomischen und physiologischen Geschlechtsmerkmale steuern, können wir nun reflektieren wie sich diese Faktoren zur erlebten Ge-

---

[1] Pool, 1995; Diamond & Sigmundson, 1997; Colapinto, 2000

schlechtsidentität verhalten. Dass sie jedenfalls nicht ohne Einfluss bleiben, wird durch das eingangs dargestellte Beispiel nahe gelegt. Insbesondere interessiert in diesem Zusammenhang wie es verarbeitet wird, wenn zwischen den verschiedenen Faktoren Diskrepanzen auftreten.

Von Extremfällen wie dem oben geschilderten abgesehen, wird die Geschlechtsidentität im Allgemeinen so erlebt, dass sie mit dem Zuweisungsgeschlecht übereinstimmt. Sie wird, jedenfalls ab dem Schulalter, als unwiderrufliches Festgelegtsein erfahren; man ist entweder ein Mann oder eine Frau, aber nichts dazwischen. Das ist auch bei den im 1. Kapitel erwähnten „Androgynen" und „Undifferenzierten" nicht anders; unabhängig davon also, ob man sich in Bezug auf einzelne Eigenschaften als mehr oder weniger männlich oder weiblich fühlt, bleibt doch die Identität selbst unberührt und wird als eindeutig erlebt. Diese Erkenntnis beruht vor allem auf den Befunden von Money, Ehrhardt und anderen Forschern, die mit „Zwischengeschlechtlichen" gearbeitet haben, also mit Individuen, bei denen gonadales, zerebrales und äußeres morphologisches Geschlecht nicht zusammenpassen[2].

So fühlen sich beispielsweise die weiblichen Pseudohermaphroditen, also etwa AGS-Betroffene, eindeutig als Mädchen, sogar in den Fällen sehr starker Vermännlichung, wenn das AGS unbehandelt blieb. Entscheidend hierfür ist allerdings, dass sie bei der Geburt als Mädchen eingestuft und von den Eltern entsprechend behandelt wurden[3]. Mehrheitlich trifft es also tatsächlich zu, dass das Zuweisungsgeschlecht ausschlaggebend für die erlebte Geschlechtsidentität ist, was nicht bedeuten muss, dass man mit dieser Identität auch glücklich wird. So äußern z. B. AGS-Frauen öfter den Wunsch, ein Mann zu sein, aber sie fühlen sich eben nicht als ein solcher[4].

Das eingangs erwähnte Beispiel ist besonders krass und wurde angeführt, um vor dem Glauben an beliebige Machbarkeit zu warnen. Das Identitätserlebnis ist vor allem belastet, wenn es in Widerspruch zu äußeren Erscheinung steht, wenn also ein als Mädchen erzogener Junge in der Pubertät unter dem Einfluss des nun produzierten Testosterons wie im geschilderten Fall männliche Genitalien und weitere männliche Merkmale entwickelt.

Es kann aber auch anders kommen: In einem ähnlichen Fall eines genetisch und gonadal männlichen Mädchens wollte die Betroffene ihre Identität behalten und bestand auf einer Operation, die ihr gestattete, Mädchen zu bleiben – und das, obwohl er/sie infolge der zerebralen Androgenisierung ausgesprochen maskuline Neigungen besaß[5]. Offensichtlich ist die zerebrale Konstitution für die erlebte Geschlechtsidentität also ohne Belang. Insbesondere können männliche Interessen gut mit einer weiblichen Identität vereinbart werden. Anders verhält es sich mit den körperlichen Merkmalen. Stehen diese im Widerspruch zur erlebten Identität, dann wird das als Deformation empfunden.

Eine drittes Geschlecht?

Im Gegensatz zu geschlechtstypischen Präferenzen, bei denen nicht nur individuelle Abstufungen innerhalb eines Geschlechts vorkommen, sondern auch Überlappungen zwischen Männern und Frauen, grenzt die Geschlechtsidentität eindeutig ab, man erlebt sich dem einen oder dem anderen Geschlecht zugehörig und dazwischen

2 Money & Ehrhardt, 1975
3 Meyer-Bahlburg et al., 2004
4 Hines et al., 2004; Hines, 2010
5 Bradley et al., 1998

gibt es nichts. Unser Bewusstsein ist darauf angelegt, hier einen deutlichen Schnitt vorzunehmen.

Nun behaupten manche feministisch orientierten Ethnologinnen, die gesamte Geschlechtlichkeit einschließlich der anatomischen Unterschiede sei gesellschaftlich konstruiert. Als Beleg hierfür bringen sie vor, es gäbe in bestimmten Kulturen so etwas wie ein *drittes Geschlecht,* also Personen, die sich nicht etwa nur weibliche und männliche Merkmale zuschreiben, sondern darüber hinaus auch eine genuin androgyne *Identität* ausbilden[6]. Dass so etwas möglich sein könnte, ist natürlich für alle, die sich von der Abschaffung des Geschlechtsbewusstseins das Heilmittel gegen die Diskriminierung erwarten, eine bestechende Vorstellung.

Schauen wir uns ein in diesem Zusammenhang gern zitiertes Beispiel genauer an. Es handelt sich um einen Identitätswechsel, der erst in der Pubertät stattfindet, wobei das Phänomen bei einer Reihe von Personen auftritt und kulturell auch in gewisser Weise aufgefangen wird, so etwa durch eine eigene Bezeichnung („Guevedoce" – „Penis mit zwölf"). In bestimmten Dörfern der dominikanischen Republik gibt es Personen, die infolge eines genetischen Defekts als scheinbare Mädchen geboren werden, dann aber mit der Pubertät doch noch männliche Genitalien entwickeln[7]. Der Defekt vererbt sich rezessiv und tritt in den betreffenden Dörfern häufig auf, weil hier viel Inzucht praktiziert wird.

Die Störung hat folgende Ursache: Normalerweise wirkt Testosteron in bestimmten Körperregionen, nämlich dort, wo die äußeren Genitalien ausgebildet werden, nur als Prähormon. Eigentlich wirksam ist das 5-alpha-Dihydrotestosteron, ein Folgeprodukt des Testosterons. Diese entscheidende Umwandlung unterbleibt bei den betroffenen Personen, so dass sie weibliche Genitalien entwickeln. In der Pubertät bewirkt der Testosteronanstieg dann aber doch noch die Ausbildung männlicher Genitalien. Die Betroffenen wurden zwar als Mädchen erzogen, wechseln in der Pubertät jedoch offensichtlich ohne große Probleme zur männlichen Identität, mit sexuell auf weibliche Partner gerichteter Orientierung.

Ein Untersuchung dieses Phänomens führten Imperato-McGinley und Mitarbeiter an 19 Fällen durch, von denen zwei allerdings gestorben sind und zwei weitere den Wechsel nicht vorgenommen haben. Leider ist die Studie methodisch nicht einwandfrei. So berichten die Autoren z. B. nichts Genaueres über die psychischen Umstände des Identitätswechsels, so dass man auf Mutmaßungen angewiesen ist. Die Genitalien der Betroffenen waren schon bei Geburt nicht ganz eindeutig weiblich, so dass die Eltern meist gleich wussten, dass es sich bei dem Kind um einen „Guevedoce" handelte. Entsprechend reagierte sicher auch die übrige Dorfgemeinschaft.

Die soziale Struktur der Gemeinden zeigt eine traditionelle Geschlechterrollenaufteilung: Die Männer arbeiten als Bauern, Holzfäller oder Minenarbeiter, die Frauen beschäftigen sich im Haushalt und Garten. Ab dem Alter von sechs Jahren wird eine strikte Trennung gefordert: Die Mädchen müssen bei der Mutter bleiben und im Haushalt helfen, bis sie heiraten, während die Jungen Beschäftigungen im Freien nachgehen dürfen. Nun können wir vermuten, dass die Zwitter zerebral eher eine männliche Konstitution haben, sie sind also als Kinder wahrscheinlich nie so ganz glücklich mit der Mädchenrolle. Das könnte den Übergang zur männlichen Identität in der Pubertät erleichtern. Hinzukommt, dass das Phänomen gehäuft auftritt und insofern der Bevölkerung nicht in dem Ausmaß als Abnormität erscheint wie das anderen Orts der Fall sein würde. Auch dies könnte sich positiv auf den Identitätswechsel auswirken.

[6] Herdt & Davidson, 1988
[7] Imperato-McGinley et al., 1979

Andererseits werden die jungen Männer dann allerdings nie ganz vollständig zu Männern und gelten auch in der Gesellschaft nicht als solche. Über die Frage, wie glücklich sie mit ihrem Los sind, hätte man deshalb gern Genaueres erfahren.

Welche Schlussfolgerungen lassen sich aus dem Phänomen ziehen? Imperato-McGinley und Mitarbeiter sehen darin einen Beleg dafür, dass die Geschlechtsidentität nicht kulturell, sondern von der Natur bestimmt werde, die sich mit dem Einsetzen der aktiven Testosteronproduktion in der Pubertät ihr Recht verschaffe. Dabei ist wohl an einen Prozess gedacht, der sich gemäß der oben S. 176 getroffenen Unterscheidung als alimentativer Effekt beschreiben ließe. Dagegen lässt sich aber einwenden, dass die Perspektive, mit halbwegs männlichen Genitalien als Frau leben zu müssen, genügend unattraktiv sein dürfte, um auch allein schon den Wunsch nach einem Identitätswechsel verständlich zu machen.

Das gleiche Phänomen tritt auch in Papua-Neuguinea auf und wurde dort von Herdt und Davidson[8] bei 14 Betroffenen untersucht. Auch hier erhalten die Kinder bereits bei Geburt, wenn ihre Abnormität erkannt wird, eine besondere Bezeichnung „Kwoluaatmwol“ d.h. „weibliches Ding, welches zu einem männlichen Ding wird“. Von den 14 Betroffenen waren neun als ein solches „Zwischengeschlecht“ erzogen, fünf dagegen als Mädchen „verkannt“ worden. Die Einstellung zu den Kwoluaatmwol ist ambivalent. Sie dürfen nicht bei allen Initiationsriten anwesend sein, werden als Jungen verspottet und gehänselt, können aber als Männer dann zu Schamanen bzw. respektierten Kriegsführern avancieren und dürfen auch heiraten.

In diesem Fall vertreten die Untersucher den umgekehrten Standpunkt, sie meinen geradezu, dass ihre Befunde die Hypothese einer primär hormonell bestimmten Geschlechtsidentität widerlegen. Die Betroffenen würden ihre Geschlechtsidentität als „hermaphroditisch“, als „weder Mann noch Frau“ empfinden. Ob das wirklich stimmt oder ob die Identität nicht doch eher auf einen „komischen Mann“ hinausläuft, haben die Autoren dann aber doch nicht so genau eruiert, wie man sich das gewünscht hätte.

Interessant in Bezug auf die Frage, wieweit es möglich ist, das Geschlechtsbewusstsein zu wechseln, wären natürlich insbesondere die irrtümlich als Mädchen erzogenen Betroffenen. Ihr Los scheint wenig erfreulich zu sein. Sie haben ja zunächst eine weibliche Identität ausgebildet und werden erst, wenn die anatomischen Veränderungen eintreten, als Hermaphroditen erkannt, worauf man sie im Allgemeinen nötigt, in den Kwoluaatmwol-Status zu wechseln. Leider berichten die Autoren nicht, wie sich das auf die erlebte Geschlechtsidentität der Betroffenen auswirkt. Insbesondere treffen sie keine genaue Unterscheidung zwischen Geschlechtsidentität und Geschlechtsrolle, obwohl diese sehr wohl voneinander abweichen können, wie z.B. bei den AGS-Mädchen, die bei durchaus eindeutig weiblicher Identität eine eher männliche Rolle verkörpern.

Man muss deshalb mit generellen Folgerungen aus diesen Befunden vorsichtig sein. Das oben S. 197 dargestellte Beispiel eines Mädchens, das sich in der Pubertät gegen die Vermännlichung wehrte, um ein Mädchen bleiben zu können, spricht dagegen, dass ein Wechsel so ohne Weiteres möglich ist. Nach allem, was wir über die normale Identitätsentwicklung wissen, könnte das Alter von fünf Jahren eine kritische Grenze darstellen, jenseits derer ein Wechsel in der Regel mit Schwierigkeiten verbunden ist.

[8] Herdt & Davidson, 1988

Transsexualismus

Im Unterschied zu den gerade diskutierten, wohl eher kuriosen Formen des Geschlechtswechsels gibt es ein Phänomen, das eine eindeutige Ausnahme von der oben getroffenen Feststellung darstellt, man erlebe die geschlechtliche Identität ein für alle Mal als festgelegt; es handelt sich um den *Transsexualismus.*

Transsexuelle sind Personen, die ihre Geschlechtsidentität ändern wollen. Sie verspüren und äußern während oder nach der Pubertät das starke Bedürfnis nach einer Umwandlung, weil sie das unabweisbare Gefühl haben, eigentlich dem anderen Geschlecht anzugehören. Das Phänomen ist nicht mit *Transvestitentum* zu verwechseln. Transvestiten tragen ebenfalls gelegentlich Bekleidung und Perücken des Gegengeschlechts (Crossdressing), identifizieren sich aber mit ihrem eigenen biologischen Geschlecht[9]. Bei männlichen Transvestiten lassen sich zwei Formen unterscheiden: heterosexuelle Transvestiten, die beim „Crossdressing" sexuell erregt werden, in ihrer geschlechtlichen Orientierung aber eindeutig auf das Gegengeschlecht orientiert sind und die sogenannten „Drag Queens". Das sind homosexuelle Transvestiten, die das Crossdressing nicht erregt, die durch ihre Kleidung aber wohl Freier attrahieren wollen. Transvestiten verspüren keinen Wunsch, ihre Geschlechtsidentität zu wechseln.

Bei den Transsexuellen unterscheidet man je nach Ausgangsgeschlecht Männer, die zu Frauen werden wollen, Mann zu Frau Transsexuelle (MFT), und Frau zu Mann Transsexuelle (FMT). Bei MFT gibt es zwei Erscheinungsformen[10]: Bei der ersten Gruppe handelt es sich um *homosexuelle (androphile) Transsexuelle*, die bereits als Kleinkinder eine ausgeprägte Neigung zu gegengeschlechtlichen Aktivitäten und Objekten zeigen. Sie stöckeln schon als Zweijährige in den Schuhen der Mutter daher und bestehen darauf, zum Kindergeburtstag im Balletträckchen zu gehen. Nach Bailey handelt es sich eigentlich um Homosexuelle von eher femininer Charakteristik, die eine besondere Neigung zu virilen Männern haben und glauben, diesen am ehesten als Frauen zu gefallen. Wie wir im folgenden Abschnitt sehen werden, wächst sich ihre Neigung zur gegengeschlechtlichen Erscheinung meistens aus und sie stehen zu ihrer Homosexualität. Manche glauben aber Eindeutigkeit dadurch schaffen zu müssen, dass sie die Morphologie des anderen Geschlechts annehmen.

Die zweite Form von Transsexualismus ist komplizierter. Sie wird als *Autogynäphilie* bezeichnet. Der Wunsch, zum Gegengeschlecht zu wechseln entsteht erst im Erwachsenenalter. Nicht selten sind Autogynäphile verheiratet, ihre Orientierung ist also eigentlich heterosexuell. Sie richtet sich aber in erster Linie auf die eigene Person und zwar in der Vorstellung, eine Frau zu sein. Autogynäphile fantasieren Geschlechtsverkehr mit sich selbst und stellen sich dabei vor, dass sie Brüste und eine Vagina haben. Sie betonen zwar, dass sie Frauen in einem männlichen Körper seien, das aber wohl in erster Linie, um ihrem Wunsch nach Geschlechtsumwandlung Nachdruck zu verleihen; in Wirklichkeit sind sie eher sowohl Mann als auch Frau in einem Körper.

Frauen, die zu Männern werden wollen (FMT), treten ebenfalls in zwei Formen auf. Die Mehrheit ist dadurch charakterisiert, dass die Mädchen schon im Kindesalter Tomboyverhalten aufweisen mit allen Merkmalen, die wir bereits beim Adrenogenitalen Syndrom kennengelernt haben. Die Pubertät mit der Menarche wird als traumatisch erlebt, da jetzt keine Zweifel mehr möglich ist, dass man nicht doch ein Junge ist. Die sexuelle Orientierung ist gynäphil, also auf andere Frauen

9 Bosinski, 2006
10 Bailey, 2003

gerichtet. Da Berührung von Brust- und Genitalbereich vehement abgelehnt wird, bleibt der lesbische Kontakt unbefriedigend und so entsteht letztlich das Drängen nach anatomischer Korrektur. Die zweite androphile, sehr viel kleinere Gruppe wird erst in letzter Zeit zunehmend beschrieben. Nach einer Phase meist heterosexueller Orientierung setzt im Erwachsenenalter das Begehren nach geschlechtlicher Umwandlung ein. Diese Patientinnen haben meist eine Biographie von Alkoholismus oder Selbstschädigung oder sexueller Traumatisierung.

Als man die Wirkung fötaler Hormone erstmals erkannt hatte, hoffte man, auch eine Erklärung für den Transsexualismus gefunden zu haben und wahrscheinlich trifft es auch zu, dass pränatale Hormonwirkungen ursächlich damit zusammenhängen, aber eine wirklich bewiesene Theorie hierzu liegt bisher nicht vor. Transsexuelle verfügen über normale Geschlechtsorgane, sie produzieren normal Hormone, es finden sich keine hormonellen Besonderheiten während der Schwangerschaft bei der Mutter und es bestehen auch keine Hinweise auf eine sonst wie verursachte fötale Androgenisierung bei einer genetisch weiblichen bzw. auf das Ausbleiben der Androgenwirkung bei einer genetisch männlichen Person. Auch lässt sich keine eindeutig von der Norm abweichende Erziehungssituation zuordnen, außer evt. bei den androphilen FMT[11].

Das Problem der sexuellen Orientierung

Der Transsexualismus berührt ein zentrales Problem, das mit der Geschlechtszugehörigkeit zusammenhängt. Es betrifft die Frage, wie man eigentlich dazu kommt, ein bestimmtes Geschlecht – in der Regel das andere – für sexuell begehrenswert zu halten, also eine sexuelle Orientierung auszubilden und wie eigentlich *Homosexualität* entsteht. Ferner ist als dritte Möglichkeit Bisexualität zu berücksichtigen, bei der eine Orientierung auf beide Geschlechter möglich ist.

Über 90 % der Erwachsenen sind in westlichen Kulturen heterosexuell. Knapp 8 % der deutschen Männer sind zu etwa gleichen Anteilen homosexuell bzw. bisexuell. 1,6 % der deutschen Frauen haben eine rein homosexuelle Orientierung, 4,5 % hingegen sind bisexuell[12].

Sexuelle Orientierung ist ein Thema von besonderer Brisanz, ähnlich anfällig für Ideologisierung wie die Frage nach den Geschlechtsunterschieden. Theorien hierzu erfreuen sich einer raschen und nicht selten spektakulären Publizität, was ihren Erklärungswert nicht unbedingt steigert. Tatsächlich sind die Akten über diesen Fragenkomplex noch nicht geschlossen, und gerade wegen der politischen Implikationen sollte man sich vor vorschnellen Schlussfolgerungen hüten.

Das Thema hat insbesondere auch in den Arbeiten von Money und Ehrhardt eine wichtige Rolle gespielt[13]. Ursprünglich hatten sie es mit der Ausbildung der Geschlechtsidentität in Verbindung gebracht, die wegen ihres direkten Praxisbezugs von besonderem Interesse war; denn bei geschlechtlich uneindeutigen Personen, die durch Operation und Medikation eindeutig gemacht werden sollten, trat in Einzelfällen natürlich das Problem auf, dass sie zum anderen Geschlecht überwechseln mussten. Die Frage war dann, wie lange ein solcher Identitätswechsel überhaupt möglich sei. Die Autoren stellten nun zur Ausbildung der Geschlechtsidentität eine

[11] Für Einzelheiten zu geschlechtlichen Identitätsstörungen und zur Identitätsproblematik bei Personen mit uneindeutigem genetischen Geschlecht wird auf die profunde Darstellung von Bosinkski, 2006 verwiesen

[12] Asendorpf, 1999

[13] Money & Ehrhardt, 1975

Vermutung auf, die eine Brücke zur sexuellen Orientierung schlägt. Sie ist, wie gleich vorausgeschickt sei, ohne Erklärungswert, sei hier aber doch besprochen, da sie den bestehenden Theorienotstand beleuchtet.

Money und Ehrhardt gingen davon aus, dass sich die Geschlechtsidentität relativ rasch im Alter zwischen eineinhalb und drei Jahren ausbilde, wonach sie ein für alle mal festliege, sodass eine Umbildung nur noch mit großen Schwierigkeiten zu bewerkstelligen sei. Dieser Verlauf erinnere an den Vorgang der *Prägung,* wie er aus der Ethologie bekannt ist.

Vergegenwärtigt man sich indessen, was der Begriff Prägung besagt, so wird hier keinerlei Beziehung zur Identitätsbildung erkennbar. Wenn überhaupt, dann hätte er allenfalls etwas mit der sexuellen Orientierung zu tun. Das mit Prägung bezeichnete Phänomen wurde erstmals von Lorenz beschrieben[14]. Es handelt sich um eine Art Lernprozess, der sich aber von dem, was man üblicherweise unter einem solchen versteht, in mehrerlei Hinsicht unterscheidet. Er ist nicht auf Belohnung angewiesen und nicht einmal Strafreize können ihm etwas anhaben. Er bedarf keiner Auffrischung; Prägungsobjekte werden nicht mehr vergessen. Und schließlich muss die Begegnung mit dem Objekt in einer ganz bestimmten, der so genannten *sensiblen Phase* der Entwicklung stattfinden[15].

Es gibt mehrere Varianten dieses Phänomens; die in unserem Zusammenhang relevante wird als *sexuelle Prägung* bezeichnet. Bei manchen Tierarten, wie beispielsweise den Stockenten, fehlt den Männchen ein angeborenes Wissen um die Typusmerkmale potentieller Sexualpartner. Weibchen dieser Spezies unterscheiden sich in ihrer unauffälligen Erscheinung kaum von den Weibchen verwandter Arten. Um unfruchtbare Bastardierung zu vermeiden, müssen die Männchen ein sehr präzises Bild davon haben, wie eine weibliche Stockente aussieht. Dieses Bild – als Typus, nicht als individuelle Physiognomie – erwerben sie als Jungtiere am Modell der Mutter. Bei ihren Schwestern ist es anders; hier ist die sexuelle Orientierung angeboren. Ihren Vater bekommen sie nie zu sehen, daher steht ihnen auch kein „Urbild" eines Erpels zur Verfügung, auf das sie geprägt werden könnten. Das ist aber auch nicht nötig, da die Erpel sich durch ihre prachtfarbige Gefiederzeichnung ausreichend von verwandten Arten unterscheiden.

In Bezug auf die sexuelle Orientierung spielt Prägung also tatsächlich bei manchen Tierarten eine zentrale Rolle. Für den Menschen ist das aber insofern kein geeignetes Modell, als der Mechanismus ja offensichtlich nur funktionieren kann, wenn ein Elternteil allein die Brutpflege übernimmt – und hier kann auch nur das gegengeschlechtliche Junge (üblicherweise also das Jungmännchen auf die Mutter) sexuell geprägt werden.

Schon gar nicht kann einleuchten, was Prägung mit der Ausbildung der Geschlechtsidentität beim Menschen zu tun haben soll. Auf wen oder was sollte man dabei geprägt worden sein? Dass Money und Ehrhardt auf diese rätselhafte Assoziation gekommen sind, kann man sich wohl nur durch die *Änderungsresistenz* erklären, die allerdings tatsächlich der Prägung, der Geschlechtsidentität und der sexuellen Orientierung gemeinsam sind. Da endet dann aber auch die Analogie.

Im Übrigen entwickelt sich die geschlechtliche Identität in einem langwierigen Prozess, der keineswegs so schnell zum Abschluss kommt, wie man das bei einem Prägungsvorgang erwarten würde. Er erstreckt sich, wie auf Seite 72 ff. schon ausgeführt, in Abhängigkeit von der kognitiven Entwicklung über das gesamte Vorschulalter.

14 Lorenz, 1935

15 Detailliert siehe Bischof, 2001

Money und Erhardt sind bei ihren Überlegungen wohl von einer ursprünglichen Definition Moneys ausgegangen, die verschiedene Phänomene noch ungeschieden enthält, deren Differenzierung sich inzwischen aber als notwendig erwiesen hat[16]. Er ging von einem Konzept „Gender role" (Geschlechtsrolle) aus, das er wie folgt bestimmte:

> „Alle jene Dinge, die eine Person sagt oder tut, um sich selbst als Junge bzw. Mann oder Mädchen bzw. Frau zu erkennen zu geben. Die Geschlechtsrolle schließt Sexualität im Sinne von Erotik ein, ist aber darauf nicht beschränkt"[17].

In dieser Aussage steckt sowohl die Geschlechtsidentität als auch geschlechtstypisches Verhalten (häufig auch als Geschlechtsrollenverhalten bezeichnet) und schließlich auch die sexuelle Orientierung, und es wird implizit angenommen, dass alle drei untrennbar zusammenhängen.

Die Frage, wieweit dies tatsächlich zutrifft, ist in der Folge zum Gegenstand einer lebhaften und immer noch andauernden Diskussion geworden. Green[18] und Mayer-Bahlburg[19] vermuteten, die Entwicklung nähme ihren Anfang in der Geschlechtsidentität, diese bewirke dann das Geschlechtsrollenverhalten und als Letztes folge die sexuelle Orientierung, die ja erst in der Adoleszenz relevant werde. Inzwischen herrscht aber eher Konsens dahingehend, dass die Geschlechtsidentität wohl nicht die Ursache der sexuellen Orientierung sein kann; wie nämlich eben die Homosexualität zeigt, spielt das Wissen um das eigene Geschlecht sowie die Einsicht, dass der Partner oder die Partnerin dem Gegengeschlecht angehören müssen, offensichtlich für die verspürte sexuelle Präferenz keine Rolle. Homosexuelle sind in ihrem Identitätsbewusstsein eindeutig auf ihr reales Geschlecht bezogen, selbst wenn sie in Partnerbeziehungen eher die gegengeschlechtliche Rolle einnehmen.

Wie sich die sexuelle Orientierung beim Menschen entwickelt, ist also eine Frage, die unabhängig von der Ausbildung der Geschlechtsidentität für sich betrachtet werden muss. Mit Prägung im ethologischen Sinn hat letzteres nichts zu tun.

Sissy Boy Syndrom

Wir wollen uns nun zunächst der Frage zuwenden wie männliche Homosexualität entsteht. Ein interessanter Befund hierzu stammt aus dem Bereich geschlechtstypischer Präferenzen. Hier sind vor allem die Arbeiten von Green[20] aufschlussreich. Er beschreibt ein Phänomen, das er *sissy boy syndrome* nennt. Bei den Betroffenen handelt es sich um Jungen, die bereits im Vorschulalter eine ausgeprägte Neigung zeigen, sich eher gegengeschlechtlichen Spielen zuzuwenden, ein auffälliges Interesse an weiblichen Kleidern, Schminke und Schmuck an den Tag legen und mit Mädchen spielen. Ursprünglich hatte Green vermutet, das könnte die Wurzel für Transsexualismus sein, was aber nur in Ausnahmefällen zutraf. Vielmehr zeigten 68 % dieser Jungen später eine bisexuelle oder homosexuelle Orientierung, 43 % waren ausschließlich homosexuell. Vergleichbare Zusammenhänge zwischen dem

16 Money, 1955; Money & Ehrhardt, 1975
17 Money, 1994, S. 22
18 Green, 1974, 1987
19 Meyer-Bahlburg, 1980
20 Green, 1987

Sissy Boy Syndrom und Homosexualität wurden auch in anderen Untersuchungen gefunden, wobei neben retrospektiven Studien natürlich insbesondere Längsschnittuntersuchungen bedeutsam sind[21]. Ausgeprägt gegengeschlechtliches Verhalten bei kleinen Jungen hat also einen Vorhersagewert in Bezug auf ihre spätere homosexuelle Orientierung; sie übernehmen dann übrigens bevorzugt den eher passiven Part in einer Beziehung. Dabei ist allerdings zu berücksichtigen, dass gegengeschlechtliches Verhalten bei erwachsenen Homosexuellen weniger deutlich hervortritt.

Die Frage ist natürlich, wieso diese Jungen ihre sexuelle Orientierung als Erwachsene dann vom anderen Geschlecht weg auf das eigene richten. Eine mögliche Antwort hierauf wurde von Daryl Bem unter dem Schlagwort „exotic becomes erotic" formuliert[22]. Er bringt das Verhalten in Zusammenhang mit einem Mechanismus der Inzestvermeidung. Wie Bischof[23] herausgestellt hat, ist Inzuchtvermeidung eine instinktive Verhaltensdisposition nicht nur bei allen in sozialen Verbänden lebenden Tieren, sondern auch beim Menschen. Die Abneigung, Verwandte zu heiraten, ergibt sich als unmittelbare Konsequenz des Vorteils der Sexualität überhaupt, denn bei obligatorischem Inzest wären alle Gewinne, die auf der Rekombination des Erbmaterials beruhen, in Frage gestellt. Nun ist Verwandtschaft aber für die meisten Tiere nicht unmittelbar erkennbar. Wie also kann verhindert werden, dass sie sich mit Verwandten paaren? Die Natur hat hier Vorsorge getroffen, indem sie frühkindlich erworbene *Vertrautheit* als Indiz für Verwandtschaft setzt und eine instinktive Abneigung entstehen ließ, sich mit Personen zu paaren, die man schon seit langem kennt. Dass dieser Mechanismus auch beim Menschen die Basis für Inzestvermeidung ist, lässt sich vor allem anhand von Fallstudien belegen, bei denen zwar frühkindlich erworbene Vertrautheit, aber keine gesellschaftlich deklarierte oder biologisch fundierte Verwandtschaft besteht. Das im 4. Kapitel besprochene Beispiel der Kibbuz-Kindergruppen gehört hierher.

Vertraute sind also sexuell unattraktiv, Fremde dagegen erotisch faszinierend. Bem argumentiert nun, bei normaler Entwicklung würden Kinder bevorzugt mit Gleichgeschlechtlichen spielen. Deren Geschlecht sei damit das vertraute, das andere Geschlecht dagegen das fremde, auf das dann in der Pubertät automatisch wegen seiner erotischen Attraktion die sexuelle Orientierung gerichtet würde. Bei Jungen mit dem Sissy Boy Syndrom sei dagegen das Gegengeschlecht von der Kindheit her das Vertraute und das eigene Geschlecht damit das erotisch attraktive, sobald die Sexualität sich ihr Objekt suche.

Die Hypothese Bems klingt zunächst recht interessant. Ihre Schwachstelle ist indessen, dass sich normalerweise die Vertrautheit auf jeweils ganz bestimmte Personen bezieht. Von hier bis zur Folgerung, ein ganzes Geschlecht – nämlich im Fall heterosexueller Orientierung das eigene – nähme den Charakter der Vertrautheit an, selbst wenn es sich im individuellen Fall um Fremde handelt, ist ein reichlich spekulativer Schritt. Insbesondere würde die eigene Schwester dann zum fremden Geschlecht gehören und damit erotisch attraktiv werden. Dies zu vermeiden ist indessen gerade der Sinn der Inzestscheu. Ferner wäre die Theorie nicht geeignet, Homosexualität in den Fällen zu erklären, in denen die Betroffenen als Kinder unauffällig waren und kein Sissy Boy Syndrom zeigten. Das ist aber eben bei vielen Homosexuellen der Fall.

---

21 Bailey & Zucker, 1995; Bell et al., 1981; für Details siehe Golombok & Fivush, 1994

22 Bem, 1996

23 Bischof, 1972; 2001

Erziehung oder pränatale Hormone?

Bems Theorie lässt auch die zentrale Frage offen wie die Präferenz für gegengeschlechtliches Verhalten bei den Jungen entstanden ist und ob sie wirklich ursächlich mit der sexuellen Orientierung zusammenhängt.

Betrachten wir als Erstes die Möglichkeit der *Familiensozialisation.* Von psychoanalytischer Seite wurde die Theorie vorgebracht, dass es sich bei männlichen Homosexuellen um Personen handle, die vom Vater abgelehnt worden seien, weshalb sie sich übermäßig mit der Mutter identifiziert und infolgedessen einen weiblichen Verhaltensstil angenommen hätten[24].

Tatsächlich charakterisierten homosexuelle Männer in einschlägigen Erhebungen die Beziehung zum Vater als „distanziert". Das Problem ist nur, dass in wenigstens einer dieser Untersuchungen auch die heterosexuellen Brüder der Probanden befragt wurden, und diese beurteilten den Vater genauso. Damit lässt sich zwar der sonst nahe liegende Verdacht entkräften, die Ablehnung des Vaters sei bereits eine Reaktion auf ihr effeminiertes Verhalten. Dafür stellt sich dann aber die Frage, warum die Brüder nicht ebenfalls homosexuell geworden sind. Insgesamt ist festzuhalten, dass sich bisher keine überzeugenden Beziehungen zwischen Homosexualität und bestimmten Sozialisationsbedingungen ergeben haben[25].

Gegenwärtig sieht es vielmehr so aus, als würde der organisierenden Wirkung pränataler Hormone auf das Gehirn auch bei dieser Entwicklung eine Schlüsselrolle zukommen[26]. Homosexualität wäre demgemäß ein alimentativ vermittelter Effekt.

Der Hormonforscher Dörner postulierte als erster eine Beziehung zwischen Homosexualität und pränataler Hormonwirkung. Er ging davon aus, dass das Steuerprogramm für die Hormonproduktion bei männlichen Homosexuellen eigentlich dem von Frauen entspricht, denn seine Versuchspersonen reagierten auf Östrogengaben in vergleichbarer Weise wie normale Frauen mit der Ausschüttung von LH (vgl. o. S. 183 f.) und unterschieden sich darin signifikant von einer männlichen nichthomosexuellen Kontrollgruppe. Er schloss daraus auf eine Verweiblichung der entsprechenden Steuerprogramme während der Fötalentwicklung. Nach seiner Überzeugung war zu einem bestimmten kritischen Zeitpunkt eine Androgenwirkung unterblieben, was er mit kriegsbedingten Stressreaktionen der Mütter in Beziehung setzte[27].

Die Theorie hat lebhafte Kritik hervorgerufen, auf die ich im Einzelnen nicht eingehen möchte. Dörner hat beispielsweise nicht reflektiert, ob der Stress der Mütter ihr Erziehungsverhalten beeinflusst und dadurch die Homosexualität hervorgerufen haben könnte. Inzwischen wurden allerdings gehirnanatomische Besonderheiten bei männlichen Homosexuellen entdeckt, die Dörners Überlegungen in einem positiveren Licht erscheinen lassen, auch wenn sie vielleicht nicht ganz in der Form zutreffen, wie er sich das vorstellte. Es handelt sich um vier Zellgruppen im Hypothalamus, die so genannten *interstitiellen Kerne,* von denen normalerweise zwei bei Frauen um die Hälfte kleiner sind als bei Männern. In dieser anatomischen Differenz vermutet man eine Beziehung zum typisch männlichen Sexualverhalten und nimmt an, dass sie auch etwas mit der sexuellen Orientierung zu tun haben könnte. Bei homosexuellen Männern fand Simon LeVay nämlich heraus, dass einer dieser Kerne ebenfalls um die Hälfte kleiner war als bei der heterosexuellen männlichen Kontrollgruppe, in der Größe also eher der weiblichen Ausprägung

[24] Bieber et al., 1962
[25] Siegelman, 1974; Bell et al., 1981
[26] Übersicht bei Meyer-Bahlburg, 1993
[27] Dörner, 1988

entsprach. LeVay sieht hierin eine anatomische Basis für die homosexuelle Orientierung. Kritisch wurde gegen seine Theorie vorgebracht, dass er nur die Gehirne von solchen homosexuellen Männern untersucht hatte, die an Aids verstorben waren. Inzwischen wurde der Befund bei nicht erkrankten Homosexuellen bestätigt. Von Interesse ist in diesem Zusammenhang auch, dass Homosexuelle auf den Geruch männlichen Schweißes hypothalamisch so reagieren wie heterosexuelle Frauen[28].

Auch wenn sich LeVays Annahme bestätigt hat, gilt doch, dass die morphologische Lokalisierung eines Merkmals noch nicht erklärt, wie es entstanden ist und wie es das Verhalten beeinflusst. Letztlich haben alle psychischen Vorgänge ein hirnphysiologisches Korrelat. Wie es also dazu kommt, dass ein solcher Kern die sexuelle Orientierung steuert und welche Faktoren bei seiner Programmierung den Ausschlag geben, sind offene Fragen. Nahe liegt der Gedanke, dass eine unter normalen Entwicklungsbedingungen in dieser Region stattfindende Wirkung von Testosteron während der Fötalzeit, aus welchen Gründen auch immer, bei männlichen Homosexuellen unterblieben sein könnte. Nach Überzeugung einer Reihe von Forschern wäre also sowohl die Präferenz für gegengeschlechtliche Aktivitäten, die Green und andere beobachteten, als auch die sexuelle Orientierung auf pränatale Hormonwirkung bzw. deren Ausbleiben zurückzuführen.

Allerdings wäre es bei derzeitigem Wissensstand verfrüht, auch einen Verursachungszusammenhang zwischen gegengeschlechtlichem Verhalten und gleichgeschlechtlicher Orientierung zu postulieren, in welcher Richtung auch immer. Es ist gut vorstellbar, dass überhaupt keine unmittelbare Wirkungsbeziehung zwischen den beiden Effekten besteht. Pränatale Hormone könnten zwar das eine wie das andere bedingen, jedoch unabhängig voneinander.

So ließe sich am zwanglosesten erklären, dass Präferenzen für gegengeschlechtliches Verhalten auftreten können, ohne mit Homosexualität gekoppelt zu sein und umgekehrt eine homosexuelle Orientierung durchaus nicht mit gegengeschlechtlichem Verhalten verbunden sein muss.

Zu erwähnen bleibt noch, dass auch bei männlichen Homosexuellen das typisch männliche Muster der parentalen Investition durchschlägt. Sie sind ebenso wie ihre heterosexuellen Geschlechtsgenossen viel stärker an unverbindlichem Sex interessiert als weibliche Homosexuelle und Heterosexuelle, also auch in dieser Hinsicht keineswegs feminisiert[29].

Ein Gen für Homosexualität?

Zurzeit wird auch eine direkte genetische Verursachung als Erklärung für Homosexualität postuliert. Bei einem Vergleich von Homosexuellen, die aus zweieiigen und eineiigen Zwillingspaaren stammten, stellte sich nämlich heraus, dass 52 % der eineiigen auch einen homosexuellen Zwillingsbruder hatten, bei den zweieiigen dagegen waren es nur 22 %[30]. Wenn man berücksichtigt, dass insgesamt nur 4 bis 10 % der Bevölkerung homosexuell ist, dann spräche die hohe Übereinstimmung bei den eineiigen Zwillingen in der Tat für einen direkten genetischen Einfluss.

Allerdings ist da noch ein Befund, der sich so nicht erklären lässt: Bei einfachen Geschwistern liegt die Koinzidenzrate mit 9 % deutlich tiefer. Sie müsste aber bei rein genetischer Ätiologie gleich hoch sein wie bei den zweieiigen Zwillingen. Das spricht dafür, dass doch auch fötale Hormonwirkungen mitspielen; denn zweieiige

[28] LeVay, 1992; weitere Literatur s. Bosinski, 2006
[29] Chasiotis & Voland, 1998
[30] Bailey & Pillard, 1991

Zwillinge sind immerhin den gleichen Schwangerschaftsbedingungen ausgesetzt und ähneln sich bezüglich der Homosexualität eben auch mehr als einfache Geschwister. Andere Zwillingsuntersuchungen mit weniger gezielten Rekrutierungsmethoden an Gesamtpopulationen in Australien, USA und Schweden kamen zu nicht ganz so ausgeprägten Erblichkeitswerten[31].

Prinzipiell ist zu „genetischen Erklärungen“ zu sagen, dass sie besonders stark die Gefahr unzulässiger Vereinfachungen bergen, da wie bereits erwähnt, kaum ein Gen allein direkt das Verhalten verursacht. Bei genauerer Hinsicht sind die Beziehungen komplizierter. So wäre etwa, neben vielen anderen Möglichkeiten, ein Gendefekt denkbar, der verhindert, dass bestimmte Rezeptorzellen in einer sensitiven Phase der Entwicklung Androgene aufnehmen, und dies könnte dann die Ursache sein, dass sich zerebrale Strukturen abweichend ausbilden, die für die sexuelle Orientierung relevant sind.

Ein gelegentlich geäußerter Einwand gegen eine genetische Mitbestimmtheit der Homosexualität greift allerdings sicher zu kurz: Er argumentiert mit der Selektion und macht geltend, dass der mit Homosexualität verbundene Fortpflanzungsverzicht abzüchtend gewirkt haben müsse, sodass die immerhin recht hohe Inzidenz nicht anlagebedingt sein könne. Ohne hier auf Details einzugehen sei nur darauf hingewiesen, dass es durchaus populationsgenetische Modelle gibt, die dieses Argument widerlegen. Interessenten seien auf das Stichwort „balancierter Polymorphismus“ verwiesen[32]. Letzthin ist von italienischen Forschern ein Befund mitgeteilt worden, der in diese Richtung weist. Mütter und Schwestern homosexueller Männer hatten insgesamt mehr Nachkommen als die Frauen einer Vergleichsgruppe mit heterosexuellen männlichen Verwandten. Daraus leiten die Forscher ab, dass Frauen nicht nur die Neigung zur Homosexualität auf ihre Söhne vererben, sondern aufgrund derselben genetischen Anlage auch mehr Kinder bekommen und dadurch den Reproduktionsnachteil der homosexuellen Söhne und Brüder ausgleichen[33].

Eine ganz andere Erklärungsvariante wurde von Blanchard vorgebracht[34]. Er hat festgestellt, dass die Wahrscheinlichkeit für Männer, homosexuell zu werden, damit zusammenhängt, wie viele ältere Brüder sie haben. An über 10 000 Probanden aus mehreren Ländern konnte seine Arbeitsgruppe nachweisen, dass Homosexuelle signifikant mehr ältere Brüder haben als hetereosexuelle Männer. Als Erklärung erwägt Blanchard, dass das mütterliche Immunsystem von Geburt zu Geburt zunehmend gegen männliche Foeten Antikörper bildet, und diese würden die Ausbildung der sexuellen Orientierung beeinflussen. Schwestern in der Geschwisterfolge haben dagegen keine solche Auswirkungen. Und bei weiblichen Homosexuellen ergab sich auch nicht ein solcher Zusammenhang. Wie die Wirkung konkret realisiert ist, bleibt aber eine offene Frage, solange man die Vorgänge nicht kennt, die für die sexuelle Orientierung verantwortlich sind.

Weibliche Homosexualität

Die Frage nach den Ursachen der Homosexualität bei Frauen hat erst in jüngerer Zeit verstärktes Interesse gefunden. Dörner postulierte eine symmetrische Entwicklung und nahm fötale Androgenisierung als Ursache weiblicher Homosexualität

---

31 Bailey et al., 2000; Kendler et al., 2000; Langström et al., 2010
32 Wehner & Gehring, 1995
33 Camperio Ciani et al., 2004
34 Blanchard & Bogaert, 2004

an[35]. Einige Befunde bei AGS-Patientinnen weisen tendenziell in diese Richtung, sie haben öfter bisexuelle und homosexuelle Fantasien als die Kontrollgruppen und ein Drittel von ihnen praktiziert dies immerhin auch[36]. Entsprechendes zeigte sich bei Frauen mit fötaler Androgenisierung aufgrund pränataler Hormone infolge Schwangerschaftsbehandlung ihrer Mütter. Auch sie haben eine Tendenz zu bisexuellen und homosexuellen Fantasien[37]. Die pränatalen Hormone scheinen also auch beim weiblichen Geschlecht nicht ganz ohne Einfluss auf die sexuelle Orientierung zu sein, wobei gerade bei der zuletzt genannten Gruppe Erziehungseinflüsse wiederum sicher nicht in Betracht kommen, wie wir bereits o. S. 203 festgestellt haben.

Eine bedenkenswerte Hypothese und dazu passende Befunde wurden von Meyer-Bahlburg und Mitarbeitern vorgebracht[38]. Die Autoren gehen von einer Zwei-Faktoren-Theorie aus, bei der pränatal nicht nur Androgene sondern auch Östrogene eine zentrale Rolle für die geschlechtliche Orientierung spielen sollen. Im männlichen Fötus produzieren die Hoden nicht nur Testosteron sondern auch ein Östrogen, das in bestimmten Empfängerzellen des Gehirns zu Östradiol aromatisiert wird. Eine solche Quelle fehlt im weiblichen Organismus, weil die Ovarien zum entscheidenden Zeitpunkt keine Östrogene ausschütten, und weil Östrogene, die aus anderen Quellen kommen, inaktiviert werden. Aus Tierversuchen weiß man, dass sowohl das Testosteron als auch das Östradiol wesentlich an der Ausbildung bestimmter Kerne im Gehirn beteiligt ist, die männliches Sexualverhalten steuern.

Die Autoren haben nun die Hypothese aufgestellt, dass beim Menschen sowohl Androgen als auch Östradiol für die sexuelle Orientierung des Mannes verantwortlich sind und dass eine entsprechende Wirkung beim weiblichen Geschlecht zu Homosexualität führt. Um dies zu belegen, zogen sie Patientinnen heran, deren Mütter während der Schwangerschaft mit Diethylstilbestrol (DES) behandelt worden waren, um einen Schwangerschaftsabbruch zu verhindern. Das Hormon, ein synthetisches Östrogen, wurde gern verordnet, bis man merkte, dass es Vaginalkarzinome begünstigte. Nun weiß man von DES, dass es auf das fötale Gehirn wie Östradiol wirkt. Bei den weiblichen Föten, die ihm ausgesetzt sind, kann man also mit vergleichbaren Effekten rechnen, wie sie unter natürlichen Bedingungen bei männlichen Föten eintreten. Falls es zuträfe, dass diese Hormonwirkung etwas mit der sexuellen Orientierung zu tun hat, dann müssten die betroffenen weiblichen Patientinnen eine Präferenz ausbilden, die der männlichen ähnelt, und somit bisexuell oder homosexuell ausgerichtet sein.

Meyer-Bahlburg und Mitarbeiter sind dieser Hypothese in einer methodisch außerordentlich sorgfältigen Studie an Siebzehnjährigen nachgegangen. In einem speziellen Test zur Bestimmung sexueller Präferenzen lagen die DESVpn signifikant näher am Homosexualitätspol als die Kontrollgruppe. Hochsignifikant war dieser Unterschied insbesondere in Bezug auf Tagträume, Träume und sexuelle Erregbarkeit. Allerdings war die Vorliebe für das gleiche Geschlecht bei den meisten DES-Frauen recht moderat und qualifizierte sie eher als bisexuell. Nur einige wenige praktizierten tatsächlich auch Homosexualität. Interessanterweise zeigte der Teil der DES-Patientinnen, der auch in Bezug auf geschlechtstypische Verhaltenspräferenzen untersucht worden war, nicht die für die androgenisierten Frauen typischen männlichen Vorlieben. Das spricht dafür, dass die sexuelle Orientierung nicht einfach auf pränatalen Androgenen beruht, wie Dörner angenommen hatte, sondern dass die Östrogene tatsächlich eine Schlüsselrolle spielen könnten. Kon-

[35] Dörner, 1988
[36] Dittmann et al., 1990; Cohen-Bendahan et al., 2005
[37] Ehrhardt et al., 1985
[38] Meyer-Bahlburg et al., 1995

sequenterweise wäre nun bei männlichen Homosexuellen zu prüfen, ob bei ihnen während der Fötalzeit die Östrogenwirkung ausgeblieben war.

Generell muss man derzeit trotz einer Vielzahl interessanter und richtungsweisender Befunde und der recht handfesten gehirnanatomischen Evidenz die Bilanz ziehen, dass die Frage der sexuellen Orientierung nach wie vor offen ist und weitere Forschungsergebnisse abgewartet werden müssen, bevor man definitive Aussagen machen kann. Ziemlich sicher lässt sich aber jetzt schon sagen, dass soziokulturelle Einflüsse bei der Genese eine vernachlässigbare Rolle spielen und dass weiterführende Einsichten in erster Linie von der Hormonforschung und der Verhaltensgenetik zu erwarten sind.

16 Pubertätsentwicklung

Postnatale Hormonwirkungen

Hormone, auch die Geschlechtshormone, können auf zweierlei Weise alimentativ wirksam werden. Zum einen steuern sie die *Morphogenese* des Organismus; sie veranlassen also etwa die Ausbildung der primären und sekundären Geschlechtsmerkmale und organisieren bestimmte Gehirnstrukturen des Fötus. Diese Wirkung nennt man *determinierend* oder auch *organisierend.* Von ihr zu unterscheiden ist die *aktivierende* Wirkung, worunter man alle hormonalen Effekte auf Stimmung, Motivation, Emotion und Kognition versteht. In den beiden letzten Kapiteln, die im Wesentlichen vom pränatalen Lebensabschnitt handelten, war naturgemäß nur von der determinierenden Wirkung die Rede.

Nun gibt es aber noch eine zweite Phase, in der hormonelle Faktoren eine herausragende Rolle spielen, und das ist die Pubertät. Die Hormonwirkung ist hier wiederum determinierend, daneben aber nunmehr auch aktivierend. Das vorliegende Kapitel handelt zunächst von den wichtigsten determinierenden Effekten der Geschlechtshormone in diesem Lebensabschnitt; auf die aktivierenden Effekte werden wir in späteren Kapiteln von Fall zu Fall zu sprechen kommen.

Bei der Geburt unterscheiden sich Jungen und Mädchen in den primären und sekundären Geschlechtsmerkmalen, soweit diese schon ausgebildet sind, sowie in bestimmten Gehirnstrukturen. Davon abgesehen sind grobanatomische Unterschiede vernachlässigbar und daran ändert sich während der gesamten Kindheit nichts. Sofern Differenzen auftreten, wie z. B. im Gewicht und in der Wachstumsgeschwindigkeit, hängen sie meist mit Abweichungen im Reifungsverlauf zusammen, die sich aber immer wieder ausgleichen. Auf die fortgeschrittenere neuronale Reife bei neugeborenen Mädchen wurde bereits auf S. 99 hingewiesen. Die damit verbundene relative „Ausgeglichenheit" wurde von manchen Autoren dahingehend gedeutet, Mädchen seien schon bei der Geburt passiver, Jungen dagegen aktiver. Dabei wurde übersehen, dass sich Unterschiede in diesen Altersabschnitten nur wirklich präzise feststellen lassen, wenn man den Faktor „Reifegrad" genügend berücksichtigt[1]. Unter dieser Voraussetzung bleibt als konsistenter physischer Unterschied in der Kindheit lediglich die *Feinmotorik* übrig, die bei Mädchen durchgängig besser ausgebildet ist[2].

Im Einflussbereich der Psychoanalyse ist immer wieder geltend gemacht worden, dass bei Kindern beiderlei Geschlechts im vierten und fünften Lebensjahr eine auffallende Attraktion durch den Genitalbereich zu beobachten sei. Man spricht hier bekanntlich von der „phallischen" oder auch „ödipalen" Phase der Kindesentwicklung. Verhaltensbeobachtungen bestätigen diese Behauptung im Wesentlichen, ohne damit allerdings die sehr viel speziellere theoretische Deutung Freuds zu stützen. Auch über die ebenfalls von diesem postulierte Unterdrückung der sexuellen Thematik in der nachfolgenden „Latenzphase" sind die Meinungen geteilt. Ein Anstieg der Genitalinteressen im Vorschulalter lässt sich aber wohl in der Tat feststellen; und im vorliegenden Zusammenhang ist wichtig, dass diese Motivation jedenfalls *nicht* auf irgendwelche determinierenden oder aktivierenden Effekte von Sexualhormonen zurückgeht.

---

1 Degenhardt, 1982
2 Merz, 1979

Die postnatale Hormonproduktion setzt tatsächlich erst kurz vor der Pubertät ein. Unter ihrem Einfluss erfolgt nicht nur eine beachtliche Weiterdifferenzierung morphologischer Geschlechtsmerkmale, sondern es gibt gute Gründe anzunehmen, dass auch die zur gleichen Zeit verstärkt in Erscheinung tretenden psychologischen Unterschiede auf eine aktivierende Hormonwirkung zurückzuführen sind.

Pubertät

Der Begriff Pubertät kann sich auf einen Zeitpunkt oder einen Zeitraum beziehen. Im ersteren Fall versteht man darunter bei Mädchen die *Menarche,* also die erste Menstruation, bei Jungen die erste *Ejakulation.* Im letzteren und gebräuchlicheren Sinn kommt der Begriff für einen Zeitraum von durchschnittlich drei Jahren zur Anwendung, in denen der eigentliche Geschlechtsdimorphismus manifest wird, was bedeutet, dass sich die Kindheitsmerkmale in die Merkmale des Erwachsenen umwandeln[3].

Die ersten sichtbaren Veränderungen zeigen sich bei Mädchen durchschnittlich im Alter von neun Jahren und die Entwicklung ist bei ihnen mit 17 Jahren abgeschlossen. Bei Jungen beginnt sie mit etwa zehn und endet mit 18 Jahren. Generell gilt für beide Geschlechter, dass die Pubertät seit Beginn der Industrialisierung vor 150 Jahren etwa alle 25 Jahre um ein Jahr früher einsetzt. Der Effekt wird gern mit den sich ständig verbessernden Ernährungsbedingungen der Neuzeit in Verbindung gebracht[4]. Die Altersangaben sind jedenfalls mit Vorbehalt aufzunehmen und unter Umständen bereits revisionsbedürftig.

Generell sind Jungen in ihrer Entwicklung gegenüber Mädchen durchschnittlich um zwei Jahre verzögert. Das erscheint evolutionsbiologisch sinnvoll; das männliche Geschlecht kann sich wegen der niedrigeren parentalen Investition leisten, den Körper noch etwas länger für den Lebenskampf vorzubereiten, ohne nennenswert Fortpflanzungschancen zu verpassen. Für Mädchen dagegen ist es unter ultimater Perspektive wichtig, so früh wie möglich mit der Reproduktion zu beginnen[5].

Jedenfalls gilt die Zwei-Jahres-Differenz *kulturübergreifend,* auch unter naturvölkischen Lebensbedingungen, selbst wenn dort die Pubertät noch immer so spät einsetzt wie bei uns im 19. Jahrhundert. Die Eipo von West-Neuguinea haben dafür eine Redewendung, sie sagen, „die Mädchen fliegen den Jungen voraus".

In diesem Zusammenhang ist eine Gelegenheitsbeobachtung von Interesse[6]. Zwei Ethnologen-Ehepaare adoptierten in den 80er Jahren je ein Eipo-Mädchen und brachten sie nach Europa mit, wo sie unter den Lebensbedingungen der westlichen Zivilisation aufwuchsen. Die Kinder erreichten eine Körpergröße, die ca. 5 cm über der Norm ihres Volkes lag, blieben damit aber zu ihrem Leidwesen für hiesige Verhältnisse noch ausgesprochen kleinwüchsig. Ihre Menarche trat jedoch bereits mit zwölf Jahren ein, vier Jahre früher als in ihrer Heimat üblich.

Falls die Beobachtung generalisierbar ist, würde sie für einen Mechanismus sprechen, der den Zeitpunkt der Pubertät opportunistisch an die Gunst der Verhältnisse anpasst. Die Lebensbedingungen der Eipo in ihrem Heimatland sind karg und durch erheblichen Parasitenbefall belastet. Der Organismus bekommt zu spüren, dass er zunächst einmal vollauf zu tun hat, überhaupt eine Form zu erlangen, die es

[3] Einzelheiten siehe Blakemore et al., 2009
[4] Silbereisen & Schmid-Rodermund, 1998
[5] Merz, 1979
[6] Schiefenhövel, mdl. Mittlg.

aussichtsreich erscheinen lässt, Kinder in die Welt zu setzen und für sie zu sorgen. Unter modernen europäischen Lebensbedingungen empfängt er ganz andere Signale und kann entsprechend früher die reproduktive Periode einleiten. Die Körpergröße korreliert hingegen kaum mit dem Fortpflanzungserfolg; hier schlägt demgemäß der Anlagefaktor auch bei reichhaltiger Ernährung durch.

Natürlich hat das alles kaum etwas mit der *bewussten* Einschätzung der Verhältnisse zu tun; man muss sich vor der kognitivistischen Denkgewohnheit freimachen, derzufolge Funktionalität der Ratio bedarf und erst mit ihr in die Welt gekommen ist. Die alte Cannonsche Metapher von der „Weisheit der Organismen" ist hier eher angemessen.

In diesem Zusammenhang ist allerdings auch ein eher bedenklicher Befund erwähnenswert, der in den letzten Jahren zunehmend das Forscherinteresse beschäftigt hat. Es handelt sich um die empirisch gut belegte Tendenz von Mädchen, die ohne Vater aufgewachsen sind, früher geschlechtsreif und sexuell aktiv zu werden als ihre Altersgenossinnen, und eher instabile Beziehungen einzugehen. Die Palette der Erklärungsangebote reicht von der evolutionspsychologisch begründeten Hypothese Belskys[7], dass Vaterabwesenheit vor allem in den ersten sieben Jahren zu emotionaler Unsicherheit und Stress führt, die dann Übergewichtigkeit und damit die verfrühte Menarche zur Folge haben, bis hin zu einer genetischen Hypothese, derzufolge ein Androgen-Rezeptor-Gen auf dem X-Chromosom für die Unzuverlässigkeit des Vaters einerseits und die verfrühte Pubertät der Töchter andererseits verantwortlich sein soll[8].

Zum jetzigen Zeitpunkt ist noch unzureichend bekannt, welche Faktoren es im Einzelnen sind, die den Hypothalamus schließlich anregen, die Pubertät zu starten. Jedenfalls steigt kurz vor den ersten sichtbaren Anzeichen der Reifezeit der Sollwert im Regelsystem für die Produktion der Geschlechtshormone an. Wie erinnerlich, war dieser Sollwert bereits während der Fötalzeit erhöht gewesen, bis zur Geburt (bei Jungen bis einige Monate nach der Geburt) praktisch auf Null zurückgegangen.

Bei Mädchen wird durch diese hypothalamische Aktivität etwa im Alter von sieben, bei Jungen mit acht Jahren allmählich die Ausschüttung von Gonadotropinen in Gang gesetzt, was dann wiederum die Gonaden zur Hormonproduktion anregt. Mit ihr setzt ein *Wachstumsschub* ein, der mit einer Zunahme des Gewichts gekoppelt ist. Er wird ursprünglich wahrscheinlich durch Androgene der Nebennierenrinde eingeleitet, weiter dann aber von den gonadalen Hormonen gesteuert.

Der Wachstumsschub verläuft bei den Geschlechtern unterschiedlich. Er setzt bei Mädchen früher ein, nämlich durchschnittlich zwischen neuneinhalb und 13 Jahren, dann kommt es zu einer allmählichen Verlangsamung, bis das Wachstum mit 18 abgeschlossen ist. Bei Jungen erfolgt der stärkste Schub zwischen zwölf und 15 Jahren, sie wachsen dann weiter bis zum Alter von 20 Jahren. Zuerst sind Kopf, Hände und Füße betroffen, dann Arme und Beine und schließlich der Rumpf. Dies hat vorübergehend Disproportionen zur Folge. Die Jungen haben unter Umständen schon Schuhgröße 45, sind im Körperbau aber immer noch kindgemäß, und die Arme wachsen aus den Ärmeln des Jacketts, das sonst noch recht gut passt.

[7] Belsky et al., 1991
[8] Comings et al., 2002

Primäre und sekundäre Geschlechtsmerkmale

Die Produktion von Geschlechtshormonen ist dann vor allem die Basis für die *sexuelle Reifung*. Bei dieser lassen sich vier Bereiche unterscheiden[9]:

1. Wachstum der *primären Geschlechtsorgane* (Genitalien)
2. Ausbildung der *sekundären Geschlechtsmerkmale* (Scham- und Achselbehaarung, Bartwuchs, Busen, Stimmbruch).
3. *Geschlechtsdimorphismus* (Körperproportionen, Muskelprofil)
4. *Sexuelles Interesse und sexuelle Aktivität* (Absenken der Schwelle sexueller Erregbarkeit, Ausrichtung des Interesses auf gegengeschlechtliche Partner)

Die primären Geschlechtsorgane sind bei Mädchen ausgereift, wenn der Höhepunkt der Wachstumsbeschleunigung erreicht ist. Die Menarche setzt bei 90 % im Alter zwischen zwölf und 15 Jahren ein, wobei die Mädchen im ersten Jahr vielfach noch unfruchtbar sind und die Monatsblutung häufig zwei Jahre lang unregelmäßig verläuft. Vor der Menarche beginnen meist schon die Schamhaare zu wachsen und es zeigt sich ein Ansatz zur Brustentwicklung, es gibt aber keine feste Beziehung, in der diese Merkmale aufeinander folgen.

Bei Jungen erfolgt die erste Ejakulation zwischen zwölf und 15 Jahren. Mit dem Wachstumsschub fangen auch die Geschlechtsteile an, sich zu vergrößern. Es folgt die allmähliche Schambehaarung, dann setzt der Bartwuchs ein und als Letztes kommt der Stimmbruch, den es übrigens auch bei Mädchen gibt.

Tanner unterscheidet in Bezug auf *Peniswachstum* und *Schambehaarung* bei Jungen sowie *Brustentwicklung* und *Schambehaarung* bei Mädchen jeweils mehrere Stadien, die nach seiner Aussage für jedes der genannten Merkmale invariant aufeinanderfolgen, ohne dass allerdings regelhafte Beziehungen *zwischen* den Merkmalen erkennbar wären[10]. Diese Stadien sind insofern bedeutsam, als sie eine genaue Bestimmung des Standes der Pubertätsentwicklung ermöglichen. Das ist vor allem von Interesse, wenn man feststellen will, ob das Auftreten psychologischer Leistungen mit der geschlechtlichen Reife korreliert ist. Dabei hat es sich als unumgänglich erwiesen, bei Vergleichen nicht nur einfach Versuchspersonen des gleichen Alters heranzuziehen, sondern darauf zu achten, dass sie sich im gleichen Stadium der Pubertätsreifung befinden.

Geschlechtsdimorphismus

Mit der Pubertät fangen Jungen und Mädchen an, sich in der äußeren Erscheinung deutlich zu unterscheiden. Viele Merkmale dieses Geschlechtsdimorphismus lassen sich unmittelbar auf die Wirkung gonadaler Hormone zurückführen; andererseits legen die von Bower (vgl. o. S. 94 f.) mitgeteilten Beobachtungen nahe, dass auch schon bei Säuglingen Unterschiede in der Bewegungsweise und damit vermutlich auch im Knochenbau auftreten.

---

[9] Tanner, 1970
[10] Tanner, 1970

Jedenfalls bewirkt Östrogen bei Mädchen, dass die Hüften breiter als die Schultern ausgebildet werden. Das typisch weibliche Hüftgelenk ist Ursache für eine bestimmte Weise zu gehen, wobei Frauen das Abwärtsgehen schwerer fällt als Männern. Östrogen führt ferner zu einer stärkeren Ausbildung des Fettgewebes[11].

Testosteron wiederum fördert das Wachstum der Knochen, was der Grund dafür ist, dass Männer größer sind als Frauen – in Europa um durchschnittlich sieben bis acht Prozent – und vor allem längere Extremitäten haben. Die kräftigere Ausbildung der Knochen insbesondere in der Region der Schultern begünstigte nach der Hominisation sicher Fertigkeiten wie Werfen und Pfeilschießen, die bei der Jagd eingesetzt werden konnten; die Länge der Beine kam dabei noch der raschen Fortbewegung zugute.

Ebenfalls mit dem Einfluss der Androgene hängt eine Erhöhung der Muskelmasse zusammen, die durchschnittlich 35 kg gegenüber 23 kg beim weiblichen Geschlecht beträgt. Schließlich verbessert Testosteron die Disposition für ausdauernde Muskelleistung, indem es den Metabolismus besser geeignet macht, Kräfte zu entfalten. Dazu gehört die bessere Resorption der Milchsäure, was konkret bedeutet, dass Männer ihren Muskelkater rascher überwinden. Für Krafteinsatz und schnelle Bewegungsweise sind auch Herz und Lunge besser disponiert, sie weisen beide ein höheres Volumen und eine höhere Kapazität auf. Hierzu passt, dass der männliche Blutdruck höher ist und der Stoffwechsel intensiver.

Alle genannten Effekte passen gut zu der aus evolutionsbiologischen Überlegungen abzuleitenden Erwartung, dass Männer besser für ausdauernde Muskeltätigkeiten mit Kraftaufwand geeignet sein sollten. Das hält die Männer allerdings in vielen Kulturen keineswegs davon ab, die Frauen harte körperliche Arbeit leisten und Lasten tragen zu lassen!

Im Leistungssport hat der Unterschied aber immerhin zur Folge, dass man die Geschlechter getrennt konkurrieren lässt. Auch die permanente Versuchung, die Leistungen von Sportlerinnen (und Sportlern) durch Androgengaben anzuheben, passt in das Bild.

Was schließlich das Sexualinteresse betrifft, so setzt dieses zwar, wie oben S. 210 schon angedeutet, nicht erst mit der Pubertät ein; es steigt dann aber unter dem Einfluss der gonadalen Hormone vor allem beim männlichen Geschlecht erheblich an. Damit kommt nun erstmals auch die aktivierende Wirkung der Hormone auf das Verhalten ins Spiel. Dieser Einfluss bleibt nicht auf die Sexualität beschränkt, sondern dehnt sich auf andere Verhaltensbereiche aus, worunter vor allem kognitive Leistungen, aggressives und assertives Verhalten und Stimmungslagen zu zählen sind. Die diesbezüglichen Befunde werde ich am gegebenen Ort im Einzelnen besprechen.

[11] Tanner, 1970

3. Teil
Interaktion biologischer und soziokultureller Faktoren

17 Männer und Frauen denken anders

Intelligenztests

Nachdem wir in den beiden ersten Teilen des Buches die soziokulturellen und die biologischen Faktoren zusammengetragen haben, die als Erklärung für die Ausbildung geschlechtstypischen Verhaltens in Betracht kommen, wollen wir uns im dritten Teil einzelne Entwicklungsbereiche vornehmen, die einschlägigen Befunde darstellen und herausarbeiten, wie die genannten Faktoren zusammenspielen, um die beobachteten Unterschiede hervorzubringen.

Wir beginnen mit dem Denken oder den *kognitiven* Leistungen, wie man es in der Fachsprache auszudrücken vorzieht. Kognitive Geschlechtsunterschiede finden in der Psychologie eine vergleichsweise breite Beachtung, weil sie empirisch leichter nachzuweisen sind als emotionale und motivationale Besonderheiten[1]. Man kann Tests mit standardisierten Aufgaben einsetzen und bekommt gut quantifizierbare Ergebnisse, die geeignet sind, den Unterschied in Maßzahlen zu verdeutlichen. Das klingt eher trocken, und man übersieht leicht, dass solche Punktwertdifferenzen auch von qualitativ verschiedenen Perspektiven künden können, unter denen die Alltagserfahrung verarbeitet wird. Das folgende Beispiel mag das verdeutlichen.

Fordert man Jungen und Mädchen auf, einen Ball zu beschreiben, dann erhält man von Mädchen häufig Antworten der folgenden Art: „Er ist rund, er ist mit Luft gefüllt, er sieht bunt aus, er ist aus Gummi". Jungen dagegen sagen eher, der Ball rolle, hüpfe, sei etwas, womit man Fußball spielen oder Fenster einwerfen könne.

Dass Frauen und Männer sich im Denken unterscheiden, ist den Konstrukteuren von Intelligenztests schon ziemlich bald aufgefallen. Es ergab sich nämlich das Problem, wie sie bei der Zusammenstellung der Aufgaben vermeiden konnten, dass eines der Geschlechter im Gesamttest benachteiligt würde. Das Profil der folgenden Abbildung zeigt die Durchschnittsleistungen einer Normalpopulation im Intelligenz-Struktur-Test (IST) von Amthauer, einem im deutschen Sprachraum recht häufig angewendeten Verfahren, das sich aus neun Untertests zusammensetzt.

Die Abbildung zeigt Leistungsprofile in diesen Untertests, gewonnen aus einer Zufallsstichprobe von je 1 000 Männern und Frauen. Ich gehe auf den komplizierten Berechnungsmodus nur kursorisch ein; er diente dazu, die Leistungen in den Teilaufgaben statistisch zu normieren. Zunächst wurde, ohne die Geschlechter zu trennen, die Verteilung der bei jedem Untertest erzielten Leistungen berechnet.

[1] Überblick siehe Hirnstein & Hausmann, 2010

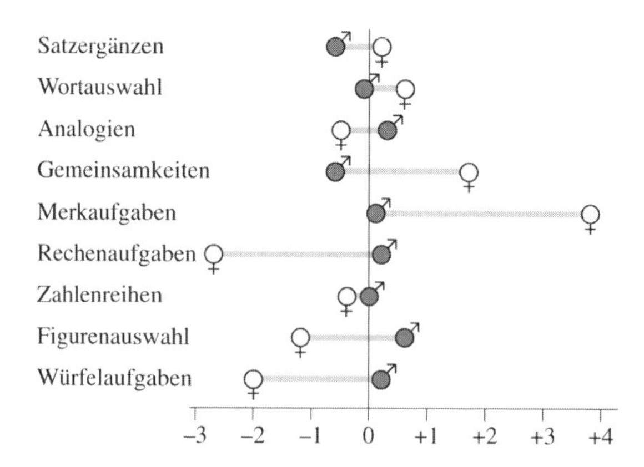

Geschlechtstypische Leistungsprofile im Intelligenz-Struktur-Test

Dabei ergaben sich für jede Teilaufgabe eigene Mittelwerte und Streuungen. Diese konnte man dann aber vergleichbar machen, indem man die Mittelwerte zur Deckung brachte und die Skaleneinheiten auf die jeweilige Standardabweichung bezog. Dadurch erhielt man eine gemeinsame Skala, auf der dann nach Trennung der Geschlechter deren Unterschiede erkennbar werden.

Demnach schnitten die Frauen *schlechter* ab in den Untertests „Rechenaufgaben" (Praktisches rechnerisches Denken in Form von Textaufgaben), „Figurenauswahl" (Rekonstruktion von Figuren aus ihren Bruchstücken) und „Würfelaufgaben" (ein in bestimmter räumlicher Sicht dargestellter Würfel muss unter einer Reihe von Würfeln herausgefunden werden, unter denen er sich in anderer Perspektive abgebildet befindet), hingegen *besser* in „Gemeinsamkeiten" (zu mehreren angegebenen Items muss der geeignete Oberbegriff gefunden werden) und „Merkaufgaben" (Erinnerungsvermögen für Listen konkreter Objekte).

Der Generalbefund, dass Frauen im Durchschnitt über etwas bessere *verbale Fähigkeiten* verfügen, während Männer einen Vorsprung im *räumlich-visuellen Vorstellungsvermögen* sowie im *quantitativ-mathematischen* und im *analytischen* Denken aufweisen, bestätigt sich auch in anderen Intelligenzprüfverfahren. Bei dieser Sachlage wirft die Konstruktion eines fairen, kein Geschlecht benachteiligenden Tests einige Probleme auf. Im IST wurde eigens die Aufgabe „Merkfähigkeit" eingeführt, um Ungleichgewichte auszutarieren. Eine andere Kompensationsmöglichkeit besteht darin, Untertests, die verbale Fähigkeiten ansprechen, stärker zu gewichten. Schließlich kann man auch kurzerhand alle Bereiche ganz weglassen, die ein Geschlecht deutlich vor dem anderen bevorzugen.

Was sind visuell-räumliche Fähigkeiten?

Der Psychologe Thurstone hat als einer der ersten die Annahme vertreten, dass *räumlich-visuelles Vorstellungsvermögen* etwas mit Intelligenz zu tun haben könnte[12]. Unter diesem Stichwort werden Leistungen zusammengefasst, von denen bei genauerer Hinsicht nicht unbedingt einleuchtet, dass sie alle auf der gleichen Fähigkeit beruhen müssen[3]: Im Wesentlichen handelt es sich um die folgenden:

[2] Thurstone, 1938
[3] Halpern, 1992

- Wahrnehmung der Hauptrichtungen
- Raumorientierung
- Transformation räumlicher Zusammenhänge
- Umstrukturierung räumlicher Zusammenhänge
- Verständnis raumgebundener Kausalstrukturen

Unter *Wahrnehmung der Hauptraumrichtungen* versteht man neben der Unterscheidung von rechts und links vor allem die Fähigkeit, auch bei geneigter Körperlage die Richtung der *Vertikalen* angeben zu können. Die letztere Wahrnehmungsleistung wird so untersucht, dass man die Versuchspersonen in einem verdunkelten Raum in unterschiedliche Körperschräglagen bringt und sie auffordert, eine Leuchtlinie so einzustellen, dass sie ihnen senkrecht erscheint. Dabei treten systematische Fehler auf, die indessen noch nicht geschlechtstypisch sind. Bietet man die Vertikale jedoch in einem visuellen Umfeld dar, das seinerseits geneigt ist, beispielsweise vor einem Streifenfeld oder in einem schrägstehenden quadratischen Rahmen, dann besteht bei allen Versuchspersonen die Tendenz, die anschauliche Senkrechte der visuellen Hauptachse dieses Umfeldes anzugleichen. Diese auch als „Feldabhängigkeit" bezeichnete Tendenz ist nun bei Frauen im Allgemeinen stärker ausgeprägt als bei Männern ($d = -0.44$)[4], woraus sich die pragmatische Konsequenz herleitet, dass Forscher, die die optisch-vestibuläre Interaktion bei der Wahrnehmung der Vertikalen analysieren, bevorzugt mit weiblichen Versuchspersonen arbeiten[5].

In einem einfachen Test, der in der nachfolgenden Abbildung wiedergegeben ist, lässt sich dieser Geschlechtsunterschied anschaulich demonstrieren. Die Versuchspersonen haben die Aufgabe, die Wasserstandslinie in das geneigte Glas einzuzeichnen. Hier treten nun bei Frauen erstaunlich viele Fehlleistungen auf, selbst Studentinnen zeichnen die Linie schief anstatt horizontal ein, richten sich also offensichtlich nach dem Neigungseindruck des Glases.

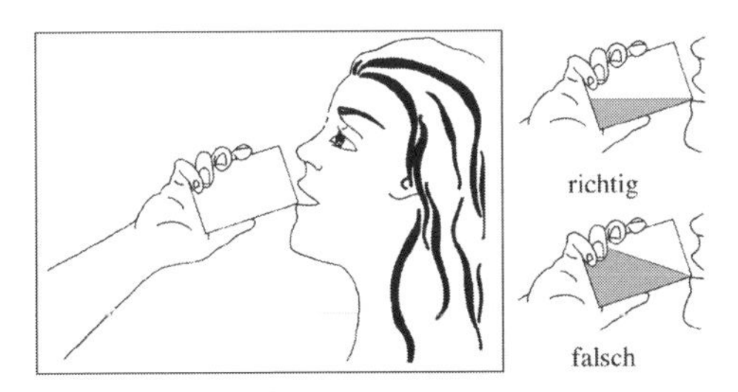

Testbild zur Prüfung der „Feldabhängigkeit"

Zur räumlichen Orientierung zählen zweitens alle Leistungen, die dazu dienen, sich in einem Gebiet zu *orientieren* und zurechtzufinden, z. B. wenn man aus einer anderen Richtung kommt als der bisher gewohnten, oder bei der Suche nach dem Ausgang aus einem Labyrinth. Auf die vom Sprachgefühl empfundene Beziehung dieser Kompetenz zur allgemeinen Intelligenz verweist die meist im übertragenen Sinne verwendete Rede vom „sich auskennen" (im Schweizerdeutschen noch deut-

[4] Linn & Petersen, 1985
[5] Bischof & Scheerer, 1970

licher „drauskommen"). Ferner fällt in diesen Bereich die Fähigkeit, Richtungszeichen adäquat zu interpretieren, und schließlich auch das Zielen und Treffen beim Werfen, in dem Männer deutlich überlegen sind, was sich in einer Effektstärke von d = 1.0–2.0 niederschlägt[6].

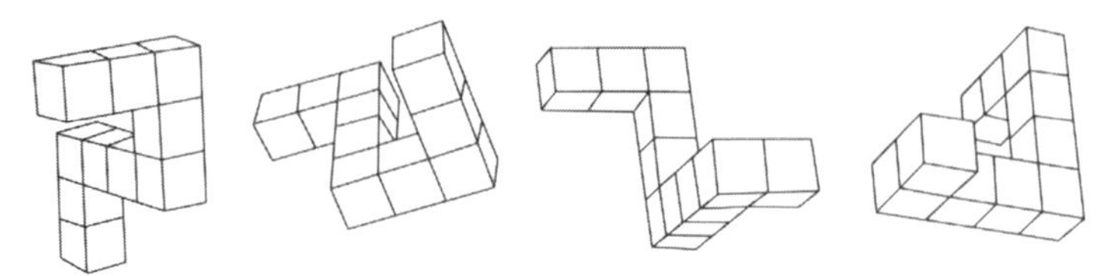

Testbilder zur Prüfung der mentalen Rotation

Männer scheinen sich bei ihrer Orientierung im Raum nach einer Art inneren Landkarte zu richten, mit deren Hilfe sie Winkel und Richtungen integrieren, um auf dieser Basis unreflektiert zu „wissen", wo es hingehen muss. Seit es die Computerspiele gibt, ist Sich-Zurechtfinden in virtuellen Räumen eine weiteres Anwendungsgebiet für die räumliche Orientierung und auch in diesem Bereich übertreffen Jungen und Männer das weibliche Geschlecht erheblich[7]. Selbstverständlich können auch Frauen sich orientieren; sie machen es nur anders als Männer. Sie halten sich in erster Linie an Ortsmarken, merken sich zum Beispiel, an welchem Gebäude man links oder rechts abbiegen muss. Dabei kommt ihnen ihr ausgezeichnetes Gedächtnis für die Anordnung verschiedener Objekte zueinander zugute (d = -.30), wie etwa in einem Test, bei dem auf einer Bildtafel eine Reihe von Objekten abgebildet ist, deren Ort man sich merken soll. Auf einer zweiten Bildtafel mit anderer Anordnung ist sodann herauszufinden, welche von den Objekten ihren Standort geändert haben[8].

Unter der *Transformation räumlicher Bezugssysteme* versteht man insbesondere Leistungen der *mentalen Rotation*. Wir werden ständig mit der Notwendigkeit konfrontiert, Objekte unter veränderten Perspektiven wiederzuerkennen, sei es, weil wir sie vorher unter einem anderen Blickwinkel wahrnahmen oder sei es, weil sich ihre Position mittlerweile geändert hat. Solche Lageveränderungen müssen in der Vorstellung gleichsam rückgängig gemacht werden. Im Test sollen Versuchspersonen also etwa erkennen, dass den oben abgebildeten vier Darstellungen zwei verschiedene Raumfiguren zugrunde liegen, von denen die eine durch die beiden linken, die andere durch die beiden rechten Bilder aus unterschiedlichen Perspektiven dargestellt ist. Bei Aufgaben zur mentalen Rotation ist der Vorsprung der Männer besonders eindeutig und variiert allenfalls in Abhängigkeit von den eingesetzten Tests *(d = 0.94; 0.73)*[9]. Wenn Frauen Aufgaben dieser Art lösen, dann brauchen sie etwas länger. Untersuchungen mit bildgebenden Verfahren, die es erlauben, die jeweils aktivierten Gehirnpartien zu lokalisieren, haben gezeigt, warum das so ist. Während Männer eine erhöhte Aktivität in der Region des Scheitellappens aufweisen, somit also eher ganzheitlich vorgehen und sozusagen „auf Anhieb" sehen, welche Figur äquivalent ist, verfahren Frauen, wie die Aktivierung des rechten

[6] Kimura, 1992
[7] Halpern et al., 2007
[8] Voyer et al., 2007
[9] Linn & Petersen, 1985; Hyde, 2005

Stirnlappens nahelegt, seriell-analytisch, sie zerlegen die Figuren und analysieren, wie die einzelnen Teile zueinander angeordnet sind[10].

Räumliche Bezugssysteme müssen auch transformiert werden, wenn es gilt, Pläne und Landkarten richtig zu lesen. Man muss sich vorstellen, wie der eingezeichnete Weg in Wirklichkeit verläuft, wie die Entfernungsverhältnisse in die Realität umzusetzen sind, aber auch, wie ein Haus dessen Grundriss vorliegt, in die Umgebung eingepasst ist. Vielfach müssen dabei dreidimensionale Gebilde in zweidimensionale Darstellungen umgesetzt werden und umgekehrt muss man sich die zweidimensionale Abbildung als dreidimensionales Gebilde vorstellen können. Eine gewisse Beziehung zur oben erwähnten „Feldabhängigkeit" besteht sodann bei Aufgaben, bei denen es darum geht, *räumliche Zusammenhänge*, insbesondere Figur-Grund-Trennungen, *umzustrukturieren*. Welche Funktion diese Fähigkeit im Alltagsleben hat, ist nicht so deutlich; sie ist aber beispielsweise vorausgesetzt, um ein Puzzle richtig zusammenzusetzen. Eine weitere Testmöglichkeit bieten die so genannten *eingebetteten Figuren* (siehe Abbildung).

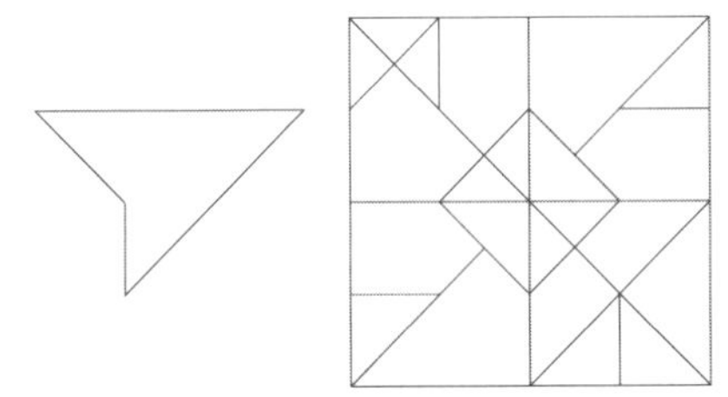

Die links abgebildete Figur ist aus dem komplexen Muster rechts „herauszusehen"

Als Letztes ist schließlich noch das *Verständnis raumgebundener Kausalstrukturen* zu nennen. Es spielt eine wesentliche Rolle bei der Einsicht in technische Vorgänge. Wenn Teile eines Systems interagieren, muss man verstehen, wie ihre Bewegungen zusammenspielen, also beispielsweise, wie bei einer Maschine Zahnräder, Hebel und Transmissionsriemen ineinander greifen.

Analysiert man die einzelnen Aufgaben genauer, die zur Prüfung des räumlich-visuellen Vorstellungsvermögens herangezogen werden, dann stellt sich die Frage, ob dabei nicht zusätzlich auch andere kognitive Fähigkeiten miterfasst werden. Um z. B. die links abgebildete Figur in der letzten Abbildung von der komplexen Konfiguration, in der sie eingebettet ist, zu isolieren, muss man sich vom Gesamteindruck lösen können. Nun könnte in diesem Fall aber auch eine motivationale Komponente ins Spiel kommen, nämlich die Bereitschaft, etwas Bestehendes „aufzubrechen", also eigentlich zu zerstören. Ähnliches ist bei Puzzles gefordert, bei denen die Einzelteile für sich jeweils eine Ganzheit bilden. Diese muss man sich als Elemente in einem größeren Zusammenhang vorstellen, in dem sie nur noch Teile sind. Auch hier muss also die ursprüngliche Gestalt ignoriert werden. Ferner wäre daran zu denken, ob bei Aufgaben dieser Art nicht auch *analytische* Fähigkeiten ins Spiel kommen, auf die wir weiter unten zu sprechen kommen. Bei diesen schneiden Männer zwar ebenfalls besser ab. Das heißt aber nicht, dass analytische und visuell-räumliche Fähigkeiten immer zusammen vorkommen.

[10] Jordan et al., 2002; Jordan, 2010

Die Vielfalt verbaler Fähigkeiten

Ähnlich vielfältig ist auch die Palette der unter das Stichwort „verbale Fähigkeiten" fallenden Leistungen, bei denen Frauen besser abschneiden.

Bereits in der sprachlichen Frühentwicklung sind kleine Mädchen im Vorteil. Sie erwerben rascher gewisse Phoneme, z. B. „ba", „ma", sie bilden früher Wörter und Sätze, artikulieren besser und sind überhaupt verbal gewandter. In der Schule haben sie weniger Schwierigkeiten beim Lesenlernen. Legastheniker, wie übrigens auch Stotterer, finden sich vorzugsweise unter den Jungen. Der Vorsprung der Mädchen manifestiert sich zunächst in den ersten drei bis vier Lebensjahren, geht dann in der mittleren Kindheit zurück, um in der Pubertät ab 10 bis 11 Jahren richtig offenkundig zu werden.

Betroffen sind die folgenden Bereiche. Besonders hervorzuheben sind die Fähigkeiten des Lesens und des Schreibens. Ferner können Frauen besser *buchstabieren* und sind in der Anwendung der *Grammatik* sicherer. Sie bilden *längere Sätze* und zeigen sich generell redegewandter (sofern sie nicht von Männern unterbrochen werden! $d = -0.33$). Frauen verfügen über eine höhere gedankliche Beweglichkeit, die so genannte *Ideen-* oder *Wortflüssigkeit,* bei der es sich darum handelt, Gegenstände derselben Farbe oder Wörter mit demselben Anfangsbuchstaben aufzuzählen ($d = -0.22$; -0.38)[11] oder auch *Anagramme* zu bilden ($d = -0.22$). Ein Vorteil zeigt sich zudem im verbalen Gedächtnis – Frauen können sich Wortlisten besser merken (d = -0.58; 0.97). Auch gelingt es ihnen rascher, *wahrgenommene Objekte* richtig zuzuordnen ($d = -0.25$). Ferner tun sie sich leichter beim Verstehen *komplizierter Texte* und *anspruchsvoller logischer Beziehungen,* wenn diese verbal dargestellt werden. Sie sind gewandter beim Finden von *Oberbegriffen,* wenn es also etwa darum geht, „Hund", „Katze" und „Pferd" dem Begriff „Haustier" zuzuordnen, und überhaupt in Aufgaben der Klasseninklusion und Klassifikation. Die weibliche Überlegenheit auf dem Verbalsektor ist also recht breit gefächert[12].

Allerdings ist dieser Vorteil dann doch wiederum nicht so groß, wie es nach dieser Aufzählung erscheinen mag. In einer Metaanalyse von 165 Studien kommen Hyde und Linn zu dem Ergebnis, dass der Vorteil gegenüber den Männern, wenn man alle Bereiche zusammennimmt, zwar statistisch gesichert, aber nur geringfügig ist ($d = -0.11$ für Erwachsene). Vielfach wurde er wohl deshalb betont, weil man aus Gerechtigkeitsgründen das Bedürfnis hatte, den männlichen Vorsprung auf dem visuell-räumlichen Sektor zu kompensieren[13]. Einen anderen Gesichtspunkt führt Halpern ins Feld. Wenn man wie Hyde und Linn die Effektstärken aus verschiedenen Bereichen der sprachlichen Kompetenz mittelt und dabei auch solche einbezieht, in denen keine Geschlechtsunterschiede bestehen, dann kommt man insgesamt zu einem mageren Ergebnis, das dann aber die tatsächlichen Fähigkeitsschwerpunkte nivelliert[14] und den Geschlechtsunterschied scheinbar zum Verschwinden bringt.

---

[11] Effektstärken gemäß Kimura, 1992; Hyde & Linn, 1988

[12] Überblick bei Allred, 1990; Hyde & Linn, 1988; Hogrebe et al., 1985; Kimura, 1992, 2000

[13] Hyde & Linn, 1988

[14] Halpern, 1992/2000 (3. Aufl.)

Wie lassen sich die Vorteile in den kognitiven Bereichen erklären?

Ebenso vielfältig wie die diskutierten Geschlechtsunterschiede in den kognitiven Leistungen sind auch die dafür angebotenen Erklärungsansätze. Zum Teil haben sie geradezu den Charakter von Moden und werden dann auch weniger widerlegt als einfach durch andere, zeitgemäßere abgelöst. Interessanterweise ist die Frage nach der Ursache *kognitiver* Geschlechtsunterschiede gegenwärtig das Thema, bei dem es noch am ehesten möglich zu sein scheint, neben soziokulturellen auch biologische Ursachen zu diskutieren. Allerdings geschieht dies in der Regel nur mit tausend Einschränkungen und Relativierungen, die deutlich den Charakter von „Beschwichtigungsgesten" aufweisen.

So schickt Diane Halpern, die Autorin eines gut recherchierten und ausgewogenen Buches mit dem Thema „Sex Differences in Cognitive Abilities", dem Kapitel über biologische Ursachen folgenden Hinweis voraus[15].

„Warning: Some of the research and theories described in this chapter may be disturbing to basic belief systems."

Und etwas später lässt sie deutlich werden, warum sie so vorsichtig vorgeht:

„The hostile and politically charged climate surrounding sex differences research has called into question the possibility of ever obtaining biasfree research".

Es scheint mir dann auch bezeichnend für die aus europäischer Perspektive schon übertrieben anmutende Befangenheit in dieser Frage, dass Halpern sich immer wieder genötigt fühlt, zurückzunehmen und zu relativieren, was aufgrund der vorgebrachten Evidenz eigentlich recht plausibel und gut belegt erscheint. Stellenweise übernimmt sie sogar fadenscheinige Argumente zugunsten einer soziokulturellen Verursachung, obwohl Ausführungen an anderen Stellen des Buches eindeutig gegen eine solche sprechen, ohne dass die Autorin diesen Widerspruch kritisch reflektiert.

Insgesamt stellt sich die Theorielage in diesem Bereich als unbefriedigend dar. Man wird mit Widersprüchlichkeiten konfrontiert und gegenwärtig existiert kein übergreifender Ansatz, der diese zu integrieren vermag. Da die kognitiven Geschlechtsunterschiede für die Generallinie meiner Argumentation eher zweitrangig sind, gehe ich auf diese Diskussion nicht im Detail ein; Interessenten seien auf die obengenannte Arbeit von Halpern sowie neuere Veröffentlichungen verwiesen. Für die vorliegenden Zwecke genügt es, den aktuellen Problemstand in den Grundzügen zu skizzieren.

Lateralisierung

Eine zentrale Rolle bei der Erklärung der beschriebenen Geschlechtsunterschiede spielt seit längerem ein neuropsychologischer Effekt, der als *Lateralisierung* bezeichnet wird. Darunter versteht man die ungleiche Verteilung einzelner Funktionen auf die beiden Gehirnhälften. Einschlägigen Untersuchungen zufolge ist die linke Hemisphäre in erster Linie für analytische Fähigkeiten, schlussfolgerndes Denken und für alle sprachgebundenen Leistungen verantwortlich, die rechte Hemisphäre dagegen für eine eher global ganzheitliche Erfassung und für nichtverbale Leistungen wie anschauliches Vorstellen, raumbezogene Fähigkeiten und Musikalität.

[15] Halpern, 1992, S. 99

Die Lateralisierung ist bei beiden Geschlechtern nachweisbar, sie ist aber bei Männern nach dem gegenwärtigen Stand des Wissens deutlicher ausgeprägt – womit der männliche Vorteil in der räumlich-visuellen Vorstellung in Zusammenhang gebracht wird, wohingegen das Gehirn von Frauen, vor allem was die verbalen Fähigkeiten anbelangt, eher bilateral organisiert zu sein scheint[16]. Frauen setzen also bei sprachlichen, möglicherweise auch bei räumlichen Problemen eher beide Hemisphären zur Lösung ein.

Der Lateralisierung entsprechen gehirnanatomische Unterschiede zwischen den Geschlechtern, auf die wir hier indessen nicht weiter eingehen wollen, da die Kenntnisse in diesem Bereich noch bruchstückhaft sind und vorerst wenig zur Erklärung der zur Diskussion stehenden Leistungen beitragen. Für unsere Fragestellung interessant wäre, ob solche hirnanatomischen Fundierungen für *anlagebedingte* Geschlechtsunterschiede sprechen. Alternativ wäre immerhin denkbar, dass unterschiedliche Sozialisationseinflüsse sich zunächst in neurophysiologischen Abläufen und schließlich auch in der Hirnanatomie niederschlagen.

Dass Milieuwirkungen allein als Erklärung in Betracht kommen, erscheint aber aus mehreren Gründen unwahrscheinlich. Ein wichtiges Argument basiert auf vergleichenden Untersuchungen an *Rechts-* und *Linkshändern*. Diese haben deutliche Einflüsse der Händigkeit auf die Gewichtsverteilung zwischen räumlichen und verbalen Kompetenzen ergeben. Die Effekte sind komplex, und sie interagieren auf verwickelte Weise nicht nur mit dem Geschlecht, sondern auch mit dem Intelligenzniveau[17]. Aber egal wie man sie interpretiert: dass Händigkeit ein Sozialisationsprodukt ist, wird wohl niemand ernsthaft behaupten wollen; ihre Korrelation mit den genannten kognitiven Asymmetrien spricht also jedenfalls dafür, dass bei diesen eine Anlagekomponente mit im Spiel ist[18].

Der Einfluss der Androgene

Bedeutsam für die Gewichtung des Milieueinflusses ist sodann auch die Frage, ab wann Lateralisierung in der Ontogenese überhaupt nachweisbar ist. Lange Zeit herrschte die Ansicht vor, beide Gehirnhälften seien bei Geburt gleichwertig und die Asymmetrie träte erst in der Pubertät hervor; allerdings schrieb man den Effekt der dann einsetzenden Produktion von Sexualhormonen zu.

Entsprechend wurden Untersuchungen, die den Zusammenhang mit verbalen und visuell-räumlichen Fähigkeiten prüfen sollten, zunächst vorwiegend an Versuchspersonen ab der Pubertät durchgeführt. Witelson war die erste, die im Jahre 1978 auch Kinder einbezog[19]. An 200 Jungen und Mädchen im Alter von sechs bis 13 Jahren konnte sie nachweisen, dass Jungen auf getastete Figuren, die sie gesehenen zuordnen mussten, besser mit der linken Hand ansprachen als mit der rechten, während Mädchen einen solchen Unterschied nicht zeigten. Die Jungen waren also im Schulalter tatsächlich bereits stärker lateralisiert als die Mädchen. Inzwischen hat sich bereits bei 16 Monate alten Kindern ein Geschlechtsunterschied in der Gehirnaktivität gezeigt, als man das Wortverständnis prüfte; ja sogar schon bei Neugeborenen spricht die linke Hemisphäre schneller auf verbale Reize an[20]. Eine stärkere morphologische Ausbildung der rechten Hemisphäre ist inzwi-

16 Hines, 1990; Collaer & Hines, 1995
17 O'Boyle & Benbow, 1990
18 Halpern, 1992; Halpern et al., 2007
19 Witelson, 1979
20 Molfese, 1990

schen schon bei männlichen Föten nachgewiesen worden[21]. Eine Untersuchung aus dem Jahre 2008 belegt nun auch, dass sich der Geschlechtsunterschied auf dem räumlichen Sektor bereits in der Wahrnehmung von Fünfmonatigen auswirkt. Die Babys wurden zunächst auf die rotierende Ansicht einer Figur zur Testung der mentalen Rotation nach Art der oben S. 218 dargestellten habituiert, d. h. man zeigte sie ihnen solange, bis sie das Interesse verloren. In der eigentlichen Testphase sahen sie das Habituierungsobjekt bzw. sein Spiegelbild um 120 Grad gedreht rotieren. Nur die Jungen verloren rasch das Interesse, schienen das Objekt also in seiner gespiegelten Darbietung wiederzuerkennen, womit sie gemäß der Interpretation der Autoren die Fähigkeit zur mentalen Rotation bekundeten[22].

Das alles spricht für einen pränatalen Androgeneinfluss, also eine alimentative Verursachung wie von Geschwind und Galaburda bereits in den 80er Jahren postuliert[23]. Ihrer Hypothese zufolge wirken die Androgene verlangsamend auf das Wachstum der linken Hemisphäre, wodurch sich die rechte schneller entwickeln kann und infolgedessen beim männlichen Geschlecht die dominierende Rolle übernimmt. Diese Hypothese hat inzwischen also zumindest eine anatomische Bestätigung erhalten.

Dass das Testosteron, auf welchem Wege auch immer, eine Rolle spielt, zeigt sich insbesondere bei Personen mit einer von der Norm abweichenden pränatalen Hormonsituation. In einer diesbezüglichen Studie wurde das visuell-räumliche Vorstellungsvermögen bei 17 weiblichen und acht männlichen AGS-Patienten untersucht und mit je einer männlichen und weiblichen Kontrollgruppe verglichen[24]. Die Aufgaben waren vom Typus der eingebetteten Figuren und der mentalen Rotation.

Die AGS-Mädchen schnitten in beiden Aufgabentypen deutlich besser ab als die weibliche Vergleichsgruppe und waren genauso effizient wie die männliche. Die AGS-Jungen dagegen waren nicht besser als die männliche Kontrollgruppe[25]. Kontrastierend hierzu lagen die visuell-räumlichen Leistungen einer Gruppe genetisch und gonadal männlicher Hermaphroditen, die aufgrund einer Androgenresistenz der Körperzellen verweiblicht waren, unter dem Durchschnitt der männlichen Population[26]. In anderen Untersuchungen mit AGS-Patientinnen war der Zusammenhang nicht ganz so eindeutig. Hingegen zeigten sie einen deutlichen Vorsprung im Werfen und Zielen[27]. Ferner konnte bei siebenjährigen Mädchen aus normal verlaufenen Schwangerschaften eine Beziehung zwischen Testosteron im Fruchtwasser und Leistungen in mentaler Rotation festgestellt werden[28].

Testosteron beeinflusst die räumlichen Leistungen indessen noch auf eine zweite Weise; ein eindeutiger Zusammenhang zeigt sich mit der *aktivierenden* Wirkung des Hormons, die sich von der Pubertät an bemerkbar macht. Interessanterweise ist es aber nicht so, dass Bestleistungen mit einer besonders hohen Testosteronkonzentration korrelieren, ein mittleres Maß scheint vielmehr – zumindest beim männlichen Geschlecht – die optimalen Bedingungen zu schaffen. Dabei wirken sich auch tageszeitliche und jahreszeitliche Schwankungen aus. Im Herbst und am

21 De Lacoste, zitiert nach Kimura, 1992
22 Moore & Johnson, 2008
23 Geschwind & Galaburda, 1987
24 Resnick et al., 1986; Halpern et al., 2007
25 Für einen Überblick über weitere einschlägige Befunde siehe Collaer & Hines, 1995; Berenbaum & Resnick, 1997; Kimura, 2000; Cohen-Bendahan et al., 2005
26 Collaer & Hines, 1995
27 Hines, 2010
28 Grimshaw et al., 1995

Morgen ist die Testosteronkonzentration erhöht. Entsprechend sind räumliche Leistungen bei Männern am Abend und im Frühjahr besser[29].

Zu erwähnen bleibt noch, dass Frauen während der Menstruation, also wenn das Östradiol am Tiefpunkt ist, bessere Ergebnisse auf dem räumlichen Sektor erzielen. Hat das Hormon dagegen um die Mitte des Zyklus seinen Höchststand erreicht, dann nehmen die räumlichen Leistungen ab. Dafür liegen die sprachlichen Fähigkeiten und die motorische Behändigkeit zu dieser Zeit an ihrem Optimum[30].

Abschließend bleibt festzuhalten, dass unsere Kenntnisse über die angesprochenen hormonellen und hirnanatomischen Zusammenhänge im Augenblick noch allzu bruchstückhaft sind, um die beobachteten kognitiven Leistungsunterschiede durch eine konsistente Theorie zu erklären[31]. Es ist in der Biologie eben nicht wie in der Physik oder in der Technik, wo die Variablen klar und einfach interagieren. Organismische Baupläne werden nicht von einem Ingenieurbüro konstruiert, sondern wuchern auf oft verschlungenen Wegen im unkontrollierbaren Wechselspiel von Mutation und Selektion heran. In dem Fragenkomplex, den wir gerade besprochen haben, wird man sich jedenfalls gedulden und die Ergebnisse weiterer Forschungen abwarten müssen.

Wozu sind Geschlechtsunterschiede in den räumlichen und verbalen Leistungen gut?

Können wir, solange die proximaten Zusammenhänge noch nicht entwirrt sind, gleichwohl schon etwas zur ultimaten Frage sagen, ob es den Geschlechtern Selektionsvorteile bringt, sich auf unterschiedliche kognitive Schwerpunkte zu spezialisieren?

Was die männliche Überlegenheit in der Raumorientierung anbetrifft, so ist es üblich, im Übergang zur Großwildjagd den hierfür verantwortlichen Selektionsvorteil zu sehen, mit dem Argument, Männer müssten sich in weiten Gebieten zurechtfinden und sich beim Zielen richtig orientieren. Zwar dürfen sich auch die Frauen, wenn sie Nahrung sammeln, nicht verirren; wie Kimura aber geltend macht, ist bei ihnen eher eine Nahbereichsorientierung erforderlich, die dadurch geleistet werden kann, dass sie sich Ortsmarken einprägen[32].

Nun werden neuerdings Tierversuche diskutiert, die darauf hinweisen könnten, dass die phylogenetische Wurzel dieser Kompetenz noch viel weiter zurückreicht und sich direkt als Auswirkung der sexuellen Selektion auf das männliche Geschlecht interpretieren lässt[33]. Bei Nagern spielt eine als *Hippocampus* bezeichnete Hirnstruktur eine wichtige Rolle bei der räumlichen Orientierung und bei raumbezogenen Gedächtnisleistungen. Dabei ist man auf einen interessanten Geschlechtsunterschied gestoßen. Bei den Männchen von Wiesenmäusen, einer polygynen Wühlmaus-Art, ist der Hippocampus deutlich stärker ausgebildet als bei Weibchen. Bei einer verwandten monogamen Art, den Präriemäusen, besteht dieser Geschlechtsdimorphismus hingegen nicht. Funktional wird dieser Befund als Folge der divergierenden parentalen Investition bei den beiden Arten interpretiert.

[29] Kimura & Hampson, 1994
[30] Hampson, 1990
[31] Einzelheiten siehe Jordan, 2010
[32] Kimura, 1992, 2000
[33] Halpern et al., 2007

Die polygynen Wühlmausmännchen stehen unter größerem Konkurrenzdruck, was den Zugang zu paarungsbereiten Weibchen betrifft. Um möglichst viele Weibchen begatten zu können, müssen sie größere Strecken zurücklegen. Infolgedessen zahlt es sich für sie aus, über ein gutes räumliches Orientierungsvermögen zu verfügen. Diese Notwendigkeit fällt für die monogamen Präriemäuse weg[34].

Falls das ein Schlüssel ist, so lässt er sich natürlich nicht plump auf unsere Spezies übertragen. Der menschliche Mann musste sicher nie Kilometer weit wandern, um bei verstreut umherstreifenden Frauen nach dem Rechten zu sehen. Aber in seinem tierischen Stammbaum könnte Vergleichbares durchaus eine Rolle gespielt und entsprechende Kompetenzen in der Raumorientierung gefördert haben. Die Spezialisierung auf die Großwildjagd hätte dann nur dafür gesorgt, dass diese Präadaption nicht verloren ging. Immerhin konnte in einer neueren Studie gezeigt werden, dass der Aktionsradius westlicher Männer in der Regel nicht nur weiter ausgedehnt ist als der von Frauen, sondern auch, dass die räumlichen Fähigkeiten der Männer mit der Größe ihres Aktionsradius positiv korrelieren[35]. Am Kern der Sache vorbei geht allerdings folgendes Argument: Die Mehrheit der in Mathematik und Naturwissenschaft geforderten Kompetenzen (gemeint sind die räumlichen-visuellen Fähigkeiten) könnte kein direktes Ergebnis der Evolution sein, „was die Frage aufwirft, wie sich geschlechtsspezifische Unterschiede auf diesen Gebieten mit den evolutionären Annahmen vereinbaren lassen" (gemeint ist die Anpassung an weiträumige Wanderungen). Es sei doch wohl eher die Umgebung, der Kontext, in dem ein Kind aufwächst als die alten evolutionären Annpassungsaspekte, die für die Kompetenzen verantwortlich seien[36]. Offensichtlich bereitet es Schwierigkeiten, sich klar zu machen, was evolvierte Fähigkeiten bedeuten. Auch wenn ihr ursprüngliches Anpassungsziel längst nicht mehr besteht, kann ihre Wirksamkeit erhalten bleiben, solange es nur von Generation zu Generation ein Betätigungsfeld gibt, auf dem sie ihren Trägern einen Vorteil verschaffen. Und das sind eben in der Neuzeit unter anderem Kompetenzen, die auf Mathematik und Naturwissenschaft gründen.

Eine andere Frage ist, wie man sich den – wenn auch geringfügigen – verbalen Vorteil der Frauen aus ultimater Perspektive erklären soll. Hier heißt es immer wieder einmal, das bessere Sprachvermögen hänge mit dem größeren Gewicht zusammen, das die soziale Kommunikation für das weibliche Geschlecht habe.

Plausibel ist das nicht. Sprachliche Kommunikation ist eine zentrale evolutionäre Errungenschaft des Menschen, es leuchtet nicht ein, warum sie für die Männer weniger bedeutsam sein sollte, vor allem wenn man berücksichtigt, wie gern sie reden. Man darf aber nicht vergessen, dass Sprache eben nicht nur ein Vehikel der Kommunikation, sondern auch ein Instrument des Problemlösens ist. Wie wir unten S. 235 ff. sehen werden, bewirkt das eher sprachgebundene Denken der Frauen nicht nur, dass sie verbal eingekleidete Aufgaben besser bewältigen können, sondern es bedeutet, dass Frauen beim Problemlösen überhaupt anders vorgehen als Männer. Und in diesem Zusammenhang werden wir die Frage erneut zu stellen haben, ob sich im Sprachvermögen ein Selektionsvorteil finden lässt, der spezifisch beim weiblichen Geschlecht wirksam wird.

---

34 Gaulin, 1995

35 Ecuyer-Dab & Robert, 2004

36 Haider & Malberg, 2010, S. 117 unter Bezug auf Geary, 1996

Wieweit sind die räumlichen und verbalen Unterschiede sozialisiert?

Jeder Mensch, der einer Person näher steht, die Probleme mit der räumlichen Orientierung hat, weiß, wie hoffnungslos es ist, ihr beizubringen, wo rechts und links ist, und dass er sich darauf einstellen muss, geduldig und ohne Aufregung im Café zu warten, weil der Partner auf dem Weg dorthin mal wieder die Seiten vertauscht und sich hoffnungslos verlaufen hat. Allein schon angesichts solcher Erfahrungen, insbesondere aber auch aufgrund des frühen ontogenetischen Auftretens des Unterschieds wird man an einer biologischen Mitverursachung der betreffenden Kompetenzen nicht zweifeln wollen.

Heißt das nun aber, dass sich überhaupt nichts verändern lässt? Eine Zeit lang hat man immerhin gemeint, das räumliche Vermögen der Männer und die verbale Gewandtheit der Frauen seien auf die Geschlechtsrollenübernahme zurückzuführen, also sozialisiert. Empirisch lässt sich das freilich nicht belegen. Einschlägige Untersuchungen zeigen, dass Männer mit besonders guten Werten auf dem räumlichen Sektor nicht besonders stark maskulin identifiziert sind. Frauen mit gutem Raumvorstellungsvermögen tendieren allerdings tatsächlich zu einer eher männlichen Orientierung im Geschlechtsrolleninventar. Aber es bleibt offen, in welcher kausalen Richtung diese Korrelation zu lesen ist: Gut denkbar, dass Frauen mit eher maskuliner Gehirnstruktur dazu neigen, sich selbst männliche Eigenschaften zuzuschreiben.

Nun gibt es durchaus Befunde, denen zufolge das visuell-räumliche Vorstellungsvermögen zumindest in Teilbereichen verbesserbar ist. Die Geschlechtsunterschiede im Herausfinden von eingebetteten Figuren haben sich beispielsweise seit den 70er Jahren verringert. In der mentalen Rotation zeigt sich allerdings keine Veränderung; Männer schneiden auch heute noch genauso deutlich besser ab als vor Jahrzehnten[37]. Wie eine neuere Metaanalyse zeigt, sind Trainingsprogramme zwar erfolgreich, aber bei beiden Geschlechtern gleichermaßen, so dass sich der Unterschied dadurch nicht verkleinert[38].

Geht man der Frage genauer nach, welche Erziehungseinflüsse denn das räumliche Vermögen und die sprachlichen Fähigkeiten fördern könnten, dann fallen einem als erstes die unterschiedlichen Interaktionsstile der Eltern ein, von denen oben S. 90 f. die Rede war. Mütter reden mehr mit den Kindern, sind also wohl eher für die sprachliche Förderung zuständig. Väter begünstigen eher das explorative Verhalten, und dies könnte sich positiv auf das räumliche Vorstellungsvermögen auswirken. Nimmt man noch hinzu, dass Jungen schon von sich aus eher zur Erkundung neigen, dann könnte die gleichsinnig wirkende väterliche Unterstützung durchaus zu einem besseren Training räumlicher Orientierungsleistungen Anlass geben. Neugier motiviert dazu, weitere Räume zu durchstreifen und erkunden; Jungen könnten daher häufiger genötigt sein, sich zu orientieren als Mädchen, deren Aktionsraum nicht so ausgedehnt ist. Da Jungen auch bereitwilliger unbekannte Objekte untersuchen, insbesondere auch solche technischer Natur, haben sie zudem mehr Gelegenheit, räumliche Zusammenhänge und Wirkbeziehungen zu erleben.

Als alleinige Erklärung für das bessere räumliche Verständnis dürfte die gesteigerte Explorativität aber kaum ausreichen. Bei manchen Testleistungen, wie etwa der mentalen Rotation von Würfeln oder den eingebetteten Figuren, kann man schwer nachvollziehen, von welcher Art explorativer Vorerfahrung sie profitiert haben sollten. Auch ist es kaum vorstellbar wie eine Sozialisation vor sich gehen sollte, die bei Jungen eher Legasthenie fördert als bei Mädchen.

[37] Linn & Petersen, 1986; Linn & Hyde, 1989; Kimura 1999; Halpern, 2000
[38] Marulis et al., 2007, zit in Haider & Malberg, 2010

Hinzu kommt, dass einschlägige Erfahrungen unter Umständen wenig bringen. Es sieht eher so aus, als könnten manche Erfahrungen vom einen Geschlecht besser genutzt werden als vom anderen. Denken wir z. B. an den Glas-Wassertest (siehe oben S. 217). Der Anblick des Wasserstands in einem geneigten Glas ist so alltäglich, dass die Situation von Mädchen sicher genauso oft wahrgenommen wurde wie von Jungen. Dennoch hat diese Erfahrung bei ersteren keine bleibende Erkenntnis hinterlassen. Wenn man also immer beklagt, dass Frauen in technischen Berufen unterrepräsentiert sind und man hier Abhilfe schaffen möchte, dann genügt es wohl nicht, den kleinen Mädchen einen Technikbaukasten hinzustellen. Man wird sie unter Umständen ganz gezielt anregen und motivieren müssen, damit auch zu spielen, während kleine Buben von sich aus darauf „fliegen".

Dabei gibt es Hinweise, dass Förderungen bestimmter Art durchaus erfolgversprechend sind[39]. In einem Fall wurden Kindergartenkinder zum Spielen mit Blöcken, Puzzles und geometrischen Figuren angeregt, wodurch sich ihre räumlich-visuelle Vorstellungsfähigkeit deutlich verbesserte, und zwar auch bei den Mädchen[40]. In einer anderen Studie wurde das Auffinden von eingebetteten Figuren bei Erstklässlern trainiert, indem man die Kinder zunächst mittels einer Abbildung auf Transparentpapier auf die Position der zu suchenden Figuren aufmerksam machte. Durch dieses Vorgehen gelang es, die Kinder für die Aufgabenstellung in einer Weise zu sensibilisieren, die es ihnen erleichterte, eingebettete Figuren danach auch ohne eine solche Hilfe schneller zu identifizieren. Dabei verbesserten sich sowohl die Buben als auch die Mädchen, letztere so viel, dass im Endeffekt kein Geschlechtsunterschied mehr bestand[41]. Bei Studienbewerbern für das Medizinstudium sind die Geschlechtsunterschiede sogar bei Aufgaben mit rotierten Würfeln nicht so ausgeprägt wie bei der übrigen Bevölkerung – ein Nebenbefund, der bei den üblichen Zulassungs-Tests abfiel. Man kann mit Sicherheit davon ausgehen, dass faktisch alle Bewerber vor dem Test kräftig geübt hatten und dies, wie man sieht, mit Erfolg[42]. Ob sich dadurch auch die Fähigkeit als solche verbesserte, ob also auch in anderen Konstellationen, die mentale Rotation fordern, ein Vorteil zu verzeichnen war, ist eine andere Frage.

Solche Ergebnisse sind kein Beweis gegen die Wirksamkeit biologischer Faktoren. Die Tatsache, dass man durch Förderung eine Leistung verbessern kann, spricht allein noch nicht dafür, dass sie auch ausschließlich durch Förderung entsteht. Die Verbesserbarkeit steht für den biologisch Argumentierenden ja nicht in Frage. Worauf es ankommt ist, *wie leicht* sie herbeizuführen ist. Am plausibelsten ist die Annahme, dass Veranlagung und Anregung interaktiv wirken. Es wäre z. B. denkbar, dass der Vater durch seinen die Exploration fördernden Interaktionsstil dem Jungen genau die Anregung bietet, die ausreicht, damit sich die Disposition der räumlich-visuellen Fähigkeiten entfalten kann. Mädchen dagegen müssten eventuell gezielter bereichsspezifisch gefördert werden. Eine ganz andere Frage ist, wieweit sich stereotype Vorstellungen über Begabungsunterschiede zwischen den Geschlechtern beeinträchtigend insbesondere auf die weibliche Leistung auswirken können, so dass diese im Endeffekt schlechter ausfällt, als es durch die tatsächliche Fähigkeit nahegelegt würde. Wir werden darauf im Folgenden zurückkommen.

[39] Baennenger & Newcombe, 1989
[40] Sprafkin et al., 1983; Einzelbefunde siehe Jordan, 2010
[41] Connor et al., 1978; Halpern, 1992
[42] Stumpf & Klieme, 1989

18 Mathematik, eine Domäne der Männer?

Ein aufschlussreiches Experiment

Im Jahre 2005 redete sich der Präsident der Harvard Universität, Lawrence Summers, beinahe um Kopf und Kragen, als er in einer Ansprache auf die Frage zu sprechen kam, warum Frauen in akademischen Positionen in Naturwissenschaften und Mathematik immer noch unterrepräsentiert seien. Als Gründe erwog er Probleme der Vereinbarkeit von Beruf und Familie, Unterschiede in der Ausbildung, Diskriminierung und schließlich – und jetzt kommt der „dicke Hund" – argumentierte er, sie verfügten wohl in geringerem Maß über die angeborenen Fähigkeiten, die für solche Karrieren erforderlich seien, da sie bei mathematischen Leistungstests seltener mit Höchstbewertungen abschnitten als Männer. Man kann sich vorstellen, was daraufhin los war. Um der völlig überhitzten und ideologisierten Debatte eine solide Basis zu geben, machte sich in der Folge ein Team von hoch renommierten Forschern daran, alles zusammenzutragen, was an solidem Wissen zu diesem Thema auf dem Markt war und veröffentlichte es 2007 unter dem Titel „The science of sex differences in science and mathematics"[1]. Die Autoren erwogen bei ihren Erklärungsansätzen alle denkbaren Aspekte, angefangen von evolutionsbiologischen Argumenten, über pränatale Hormonwirkungen, Unterschiede in Neuroanatomie und Neuropsychologie bis hin zu Sozialisation, Einflüssen von Stereotypen, Geschlechtsrollenvorstellungen und weiterem. Als Quintessenz ihrer sehr sorgfältigen Analyse schlossen sie, dass man nur mit einem „biopsychosozialen Modell" der Fragestellung gerecht werde. Ganz so unrecht hatte der Harvardpräsident also vielleicht doch nicht.

Bevor ich darauf eingehe, was unter mathematischer Befähigung genauer zu verstehen ist, möchte ich zunächst auf das Ergebnis einer Untersuchung in den USA zu sprechen kommen, das letztlich auch hinter der Aussage des Harvardprofessors stehen dürfte. 1988 erschien ein Artikel von Camilla Benbow, in dem sie von Befunden berichtete, die im Zusammenhang mit einem Programm zur mathematischen Talentsuche angefallen waren[2]. Die Erhebung erstreckte sich über 15 Jahre, und nach diesem Zeitabschnitt hatten mehrere Hunderttausende Jungen und Mädchen daran teilgenommen. Es handelt sich also um eine geradezu phänomenale Stichprobengröße. Da dieses Testverfahren seither jedes Jahr erneut eingesetzt wurde, sind mittlerweile natürlich noch weitere zigtausend Daten angefallen.

Um mathematische Talente rechtzeitig herauszufinden und zu fördern, wurden Jungen und Mädchen im Alter von 12–13 Jahren, die in Mathematik in den üblichen Schulaufgaben besonders gut abschnitten, einem eigenen Test (Scholastic Aptitude Test for Mathematics, SAT-M) unterzogen. Dieser dient eigentlich dazu, ältere Schüler zu prüfen, die spezielle Kurse in fortgeschrittener Mathematik besucht hatten. Durch die Wahl gerade dieser Aufgaben wollte man vermeiden, dass die Versuchspersonen mit Problemstellungen konfrontiert wurden, die sie bereits kannten. Es ist also mit einiger Sicherheit auszuschließen, dass unterschiedliche Förderung das Ergebnis beeinflusst haben könnte.

Die Aufgaben bestanden im Wesentlichen aus Problemen der folgenden Art: Ein Mann vermachte 2/5 seines Besitzes seiner Tochter und 1/20 jedem seiner drei Söhne. Ein weiteres Zehntel wurde zu gleichen Teilen unter seine 5 Enkel verteilt. Den Rest erhielt seine Frau. Wie viel war das?

---

1 Halpern et al., 2007
2 Benbow, 1988

Nun zeigte sich über die 15 Jahre hinweg, in denen das Programm bereits durchgeführt worden war, dass die Jungen stets durchschnittlich um 30 Punkte höher lagen als die Mädchen, also um immerhin sechs Prozent der 500 Punkte, die männliche siebzehnjährige Collegestudenten im Durchschnitt in diesem Test erreichen. Je höher die erzielte Punktzahl war, umso ausgeprägter wirkte sich der Unterschied aus, er fiel also bei den ausgesprochenen Hochleistungen besonders ins Gewicht. Bei einer Punktzahl von 500 war das Verhältnis zwischen Jungen und Mädchen 2:1, bei 600 bereits 5:1 und bei 700 sogar 13:1. Später, auf dem College, verstärkte sich der Unterschied noch etwas. Die folgende Darstellung gibt einen Eindruck vom Leistungsprofil der Geschlechter. Um dem Phänomen genauer auf den Grund zu gehen, führte man den gleichen Test zusätzlich mit generell hochbegabten Kindern durch. Das Ergebnis bestätigte sich im Wesentlichen, auch hier zeigte sich der Unterschied in Mathematik in derselben Größenordnung, und zwar wiederum zunehmend mit der Punktzahl. Bei einem sprachlichen Begabungstest dagegen erzielten die Mädchen überraschenderweise nicht einen Vorsprung vor den Jungen, wie man eigentlich erwartet hatte.

In der Folge hat sich das gleiche Ergebnis auch in anderen Kulturen gezeigt, z. B. in Deutschland und China, ferner auch bei ethnischen Untergruppierungen in den USA. Besonders nachdenklich stimmt, dass sich über die 15 Jahre hinweg nichts geändert hatte, obwohl in diesem Zeitraum sicher ein Wandel in der Einstellung zum Thema „Frau und Mathematik" zu verzeichnen war. Immerhin unterschied sich die Zahl männlicher und weiblicher Studierender, die in den USA einen Hochschulabschluss in Mathematik anstreben, nicht mehr wesentlich. Nach wie vor finden sich aber auch heute noch immer mehr Männer im Ingenieurfach und in der Physik. Auf die Verhältnisse in deutschsprachigen Ländern werde ich weiter unten zu sprechen kommen, sie sind vergleichbar.

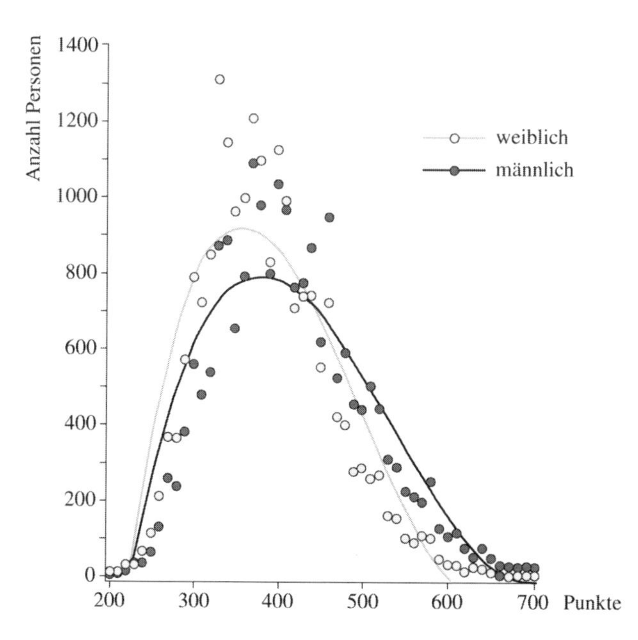

Testergebnisse des Mathematikteils des Scholastic Aptitude Test (SAT-M) aus den Jahren 1980–83

Eine im Jahre 2010 veröffentlichte Studie, die sämtliche Testergebnisse mit dem SAT-M von 1981 bis 2010 einer Sichtung unterzog, dokumentierte indessen eine interessante Veränderung. Im Zeitraum zwischen 1981 und 1991 hatte sich das Verhältnis bei den Höchstwerten zugunsten der Mädchen verbessert: Nun kamen bei der Punktzahl 700 nur noch 4 Jungen auf ein Mädchen, bei 800 waren es 6,58 zu 1. In den folgenden 20 Jahren bis heute hat sich an diesem Verhältnis dann allerdings nichts mehr geändert. Einerseits haben spezifische Programme zur Ermutigung der Mädchen endlich Wirkung gezeigt. Entscheidend ist aber, dass die männliche Verteilungskurve nach wie vor eine höhere Varianz aufweist und der Überhang von Höchstbegabungen, wenn auch weniger ausgeprägt am äußersten rechten Pol weiter besteht[3].

Wenn man die Hochbegabten beiseite lässt und sich unausgelesene Stichproben anschaut, dann verringert sich dieser Effekt. Eine von Hyde und Mitarbeitern durchgeführte Metaanalyse von 259 Studien zu mathematischen Fähigkeiten ergab insgesamt nur eine geringe männliche Überlegenheit ($d = 0.20$)[4]. Das Bild ändert sich allerdings, wenn man das Lebensalter in Betracht zieht. Je älter die getesteten Probanden sind, umso größer wird der Unterschied zugunsten des männlichen Geschlechts (über 25jährige: $d = 0.59$). Vor allem bei Studienplatzbewerbern ist der Vorsprung klar ausgeprägt[5].

In den PISA-Studien von 2006 schnitten die Mädchen in Mathematik nur in drei von 37 Ländern besser (Island, Bulgarien) oder gleich (Liechtenstein) gut ab wie die Jungen, wobei der Unterschied in den übrigen Ländern zwar variierte, allerdings insgesamt relativ geringfügig war[6], so dass die Tendenz besteht, ihn als eigentlich nicht-existent wahrzunehmen. Das ließ indessen eine Forschergruppe aus Berlin nicht auf sich bewenden und bewog sie unter direktem Bezug auf die PISA-Testung zu einer bedenkenswerten Untersuchung. Ausgehend von der Überlegung, die üblichen Standardtests für Mathematik prüften zu einem erheblichen Anteil allgemein-kognitive Fähigkeiten und erfassten infolgedessen nur zum Teil spezifische mathematische Begabung, wurden mehr als 2 000 Neuntklässler auf die standardisierte Weise getestet und ausgewertet. Dabei ergab sich der bekannte, eher geringfügige Geschlechtsunterschied von $d = 0.35$ zugunsten der Jungen. Sodann wurden die Testergebnisse nach allgemein-kognitiven und spezifisch mathematischen Komponenten getrennt ausgewertet. Abgesehen von geringfügigen verbalen Vorteilen bei den Mädchen waren keine Leistungsunterschiede im allgemein-kognitiven Anteil zu verzeichnen. Eindrucksvoll trat nun hingegen der Vorsprung der Jungen in den spezifisch mathematischen Fähigkeiten hervor ($d = 0.94$). Die Autoren möchten mit ihrem Ergebnis darauf hinweisen, dass allgemein-kognitive Anteile in den üblichen Mathematiktests den Geschlechtsunterschied kaschieren können, der eben doch nicht ganz so unerheblich sei[7].

Ursachen

Benbow ist in ihrer ursprünglichen Studie sehr genau der Frage nachgegangen, woran die Leistungsdifferenz bei den mathematisch hochbegabten Jungendlichen liegen könnte. Dabei hat sie alle Faktoren geprüft, die üblicherweise als Erklärung

[3] Wai et al., 2010
[4] Hyde et al., 1990
[5] Asendorpf, 1996; Halpern et al., 2007
[6] Prenzel et al., 2007
[7] Brunner et al., 2008

für mathematische Defizite bei Mädchen genannt werden und die zumindest, was die Population der durchschnittlich Begabten betrifft, auch zum Teil zutreffen.

Eltern nehmen im Allgemeinen an, dass Jungen mathematisch begabter sind als Mädchen und die letzteren sich deshalb in diesem Fach mehr anstrengen müssen[8]. Die Einstellung der Jugendlichen zu ihrer Leistung spiegelt diese Haltung. Wenn Mädchen positive Ergebnisse in Mathematik haben, dann schreiben sie dies eher der Anstrengung oder glücklichen Umständen zu, Jungen dagegen sehen darin eine Bestätigung ihrer Fähigkeiten[9]. Jungen glauben auch, dass Anstrengung auf die Dauer sogar die Begabung steigern kann; Mädchen sind da skeptischer[10]. Jungen äußern Interesse an Mathematik, Mädchen haben Angst davor[11]. Schließlich kam bei einigen Studien auch heraus, dass Jungen in Mathematik von Lehrern mehr gelobt werden als Mädchen, was allerdings in anderen Untersuchungen nicht bestätigt wurde[12].

Was nun die hochbegabten Mädchen betrifft, so hatten sie weder eine *negative Einstellung* zur Mathematik, noch zeigten sie *Angst* vor dem Fach. Nichts wies darauf hin, dass sie durch Eltern oder Lehrer *weniger gefördert oder ermutigt* worden wären. Die Väter, die hier, wie auch sonst allgemein in den Familien, für Mathematik zuständig waren, kümmerten sich unabhängig vom Geschlecht um eine gute Förderung ihrer Kinder. Bei der Testung mit Geschlechtsrolleninventaren zeigte sich bei den Hochbegabten keine positive Beziehung zwischen dem Grad der *Identifizierung mit der männlichen Rolle* und mathematischen Leistungen. Forschte man in der Vergangenheit der Kinder, dann ließ sich auch nicht feststellen, dass die hochbegabten Jungen in stärkerem Maß als die Mädchen durch *bereichsspezifische Spielsachen* angeregt worden wären. Und schließlich waren, wie bereits erwähnt, die Jungen auch nicht durch *spezielle Kurse* besonders gefördert worden, zumindest nicht durch solche, die irgendwie das Ergebnis des Test hätten beeinflussen können.

Der einzige wirkliche Unterschied betraf das *Vertrauen* in die eigenen mathematischen Fähigkeiten. Die hochbegabten Mädchen trauten sich einfach weniger zu, obwohl sie genauso oft wie die Jungen Mathematik belegten und darin auch abschließen wollten. Vermutlich ist die Verringerung des Abstands bei den Höchstleistungen in den letzten 20 Jahren vor allem darauf zurückzuführen, dass Mädchen inzwischen gelernt haben, sich mehr zuzutrauen.

Ein Mangel an Selbstvertrauen zeigt sich aber immer noch bei Mädchen durchschnittlicher Begabung, bei denen dies freilich nicht überrascht. Aber auch bei ihnen beobachtet man eine eigentümliche Diskrepanz. Zumindest in den USA haben Mädchen faktisch während der gesamten Schulzeit etwas bessere Mathematiknoten als Jungen[13]. Dennoch schneiden sie in Tests, die die mathematische Befähigung prüfen, mit zunehmendem Alter schlechter ab. Über die Ursachen ist man sich im Unklaren. Erwogen wird, dass Mädchen sich in der Schule mehr anstrengen, um Begabungsdefizite auszugleichen, die dann im standardisierten Test aber zum Tragen kommen, oder auch dass sie eine größere Testangst aufweisen, die bei den normalen Klassenarbeiten nicht so ausgeprägt ist, da diese sich auf bekannten Stoff beziehen. Der Effekt lässt sich verstärken, wenn man vor dem

[8] Yee & Eccles, 1988
[9] Hyde et al., 1990
[10] Dweck, 1986
[11] Meese et al., 1990
[12] Eccles-Parsons et al., 1982; siehe dagegen Heller & Parsons, 1981
[13] Kimball, 1989

Test verkündet, dass dabei Geschlechtsunterschiede aufträten, also das Stereotyp der mathematisch minderbegabten Mädchen ins Bewusstsein ruft[14].

Neueren Befunden zufolge dürfte allerdings auch die Fähigkeit zu mentaler Rotation mit verantwortlich dafür sein, dass Mädchen im SAT-M-Test beeinträchtigt sind[15]. Casey und Mitautoren kamen aufgrund einer Untersuchung an 13-jährigen mathematisch hochbegabten Jungen und Mädchen sogar zu dem Schluss, dass man die Unterschiede in den SAT-Werten fast doppelt so stark durch die mentalen Rotationsleistung voraussagen könnte (64 %) wie durch das Selbstvertrauen bezüglich Mathematik (36 %). Das lässt darauf schließen, dass die mentale Rotation ein Faktor ist, der die Leistungen in Mathematik vor allem bei Mädchen nicht unerheblich beeinflusst, zumindest in den Aufgabenstellungen, die für den SAT-M typisch sind, was wiederum bedeutet, dass dieser Test zumindest in früheren Versionen Mädchen benachteiligte.

Linkshändig, kurzsichtig und allergisch

Benbow kommt in ihrer Analyse zu dem Schluss, dass die Sozialisation allein nicht den Ausschlag für die Leistungsdivergenz gegeben haben konnte, und diskutiert deshalb auch die Möglichkeit biologischer Ursachen. Die Faktoren, die sie hierzu anführt, decken sich im Wesentlichen mit denen, die bereits beim räumlich-visuellen Vorstellungsvermögen zur Sprache kamen, nämlich unterschiedliche Lateralisierung, pränatale Hormone sowie die aktivierende Wirkung des Testosterons. Es wurden auch Korrelationen zwischen diesen Variablen und der mathematischen Leistung festgestellt, aber Benbow liefert letztlich keine kohärente Theorie, die die einzelnen Faktoren zusammenführt.

Andererseits sind die Argumente, die für eine Beteiligung der Veranlagung sprechen, nicht so leicht auf die Seite zu schieben. Mathematische Begabung korreliert nämlich bei Männern mit Linkshändigkeit, mit Anfälligkeit für Allergien (Heuschnupfen) und Kurzsichtigkeit. Da man weiß, dass diese Merkmale primär auf Veranlagung zurück gehen, liegt es nahe, Entsprechendes auch für die mathematischen Fähigkeiten zu vermuten.

> Wenn Sie einem etwas geistesabwesenden, heftig schniefenden, mit dicken Brillengläsern versehenen, eher unreif wirkenden Jüngling begegnen, der außerdem noch mit der linken Hand schreibt und ein Erstgeborener ist, dann handelt es sich wahrscheinlich um ein mathematisches Talent.

Linkshändigkeit tritt bei mathematisch hochtalentierten Männern etwas ausgeprägter auf als bei Frauen. Immerhin besteht bei beiden Geschlechtern eine gleichsinnige Beziehung zur Händigkeit. Allerdings ist zu beachten, dass Linkshändigkeit auch bei verbal hochbegabten Männern vorkommt, also bei solchen, die gut logisch argumentieren können, wenn es um besonders anspruchsvolle Problemstellungen geht. Diese Koinzidenz macht die Erklärung nicht einfacher, denn man würde eher vermuten, dass verbale und mathematische Hochbegabung negativ korrelieren, und es ist schwer verständlich, warum die rechte Hemisphäre im einen Fall die verbale und im anderen Fall die mathematische hervorragende Leistung begünstigen sollte.

[14] Halpern et al., 2007
[15] Casey et al., 1997

Was ist mathematisches Denken?

Wenn auch die SAT-Mathematikwerte zu .50 mit Tests mentaler Rotation korrelieren, so wird man doch nicht folgern können, dass mathematische Begabung einfach von räumlich-visuellen Fähigkeiten herleitbar ist. Damit kommen wir zur Frage, was man konkret eigentlich unter mathematischem Denken versteht.

Benbow äußert sich zu dieser Frage nicht gerade sehr prägnant, wenn sie formuliert, mathematisches Talent sei die Fähigkeit, *längere Ketten logischen Denkens zu meistern*[16]. Halpern begnügt sich damit, eine Reihe von typischen mathematischen Problemstellungen in einer Tabelle aufzulisten, und überlässt es dem Leser, hieraus die beteiligten kognitiven Fähigkeiten zu abstrahieren[17].

Jedenfalls spielt simple Arithmetik dabei eine untergeordnete Rolle (Kopfrechnen ist bekanntlich nicht die Stärke großer Mathematiker!); es handelt sich vielmehr in erster Linie um Textaufgaben, Algebra, Infinitesimalrechnung, Wahrscheinlichkeitsrechnung – generell um kognitiv anspruchsvollere Problemstellungen, für die im weiteren Sinn eher formale als qualitative Merkmale der Denkgegenstände entscheidend sind.

In der Grundschule wird „Mathematik" weitgehend mit Rechnen gleichgesetzt, und hier schneiden Mädchen besser ab als Jungen. Entmutigungserlebnisse können also in dieser Zeit kaum aufkommen. Sofern die Benachteiligung der Mädchen ein Sozialisationseffekt sein sollte, könnte dieser erst im höheren Schulalter greifen. Der Vorsprung der Jungen beginnt ab etwa zehn Jahren, deutlicher in Erscheinung zu treten. Ungeklärt ist, ob diese Verzögerung damit zusammenhängt, dass das mathematische Talent mit der Pubertät, evt. als Folge der Testosteronausschüttung erst richtig einsetzt, oder ob der Unterschied sich manifestiert, weil jetzt erst die anspruchsvollere Mathematik gelehrt wird.

Der Vorteil der Jungen lässt sich, wie schon erwähnt, kaum allein aus der räumlich-visuellen Überlegenheit herleiten, selbst wenn diese nicht allein der Geometrie zugute käme, sondern im weiteren Sinne ein „Denken in Bildern" fördern sollte, zu dem sich z. B. Einstein bekannt hat. Mädchen geraten vor allem dann ins Hintertreffen, wenn die Problemstellungen irgendwie *numerisch* sind. Was hier ins Spiel kommen mag, ist die Fähigkeit zu abstrahieren, also im Dienste eines von außen herangetragenen Ordnungsprinzips von Merkmalen abzusehen, die unter organischer Betrachtung als wesentlich erkennbar bleiben.

Letztlich sind mathematische Probleme dadurch charakterisiert, dass sie nur den Teilaspekt der Realität erfassen, der quantifizierbar ist, und dass sie die Welt vorzugsweise in Formalismen abbilden. Man muss also von qualitativen Aspekten absehen und dies könnte ganz einfach dem weiblichen Interesse zuwiderlaufen. Die mathematische Sicht der Welt könnte eine Sicht sein, die Frauen unbefriedigend finden, weil sie ihnen zu trocken, dürr und einseitig erscheint. Der Rückstand wäre somit nicht in erster Linie auf mangelnde Befähigung zurückzuführen, sondern auf ein Defizit in der Motivation.

Hierzu passen später (s. u. S. 311) zu besprechende Befunde, die das früher schon angesprochene Stereotyp empirisch bestätigen, demzufolge Mädchen und Frauen generell mehr an sozialen Beziehungen interessiert sind und ihr Selbst von daher definieren, während Jungen und Männer sich eher von der individuellen Leistung her verstehen. Männliche Adoleszenten sehen in mathematischen Kenntnissen eine

[16] Benbow, 1988
[17] Halpern, 2000

wesentliche Basis für ihr Selbstwertgefühl, junge Frauen legen ein größeres Gewicht auf Literatur und prosoziale Belange[18].

Ein wichtiger Faktor bei mathematischen Problemlösungen ist *analytisches Denken*. Dieses ist, wie schon angedeutet, wahrscheinlich auch bei einer Reihe der Aufgaben beteiligt, mit denen man räumlich-visuelle Fähigkeiten zu prüfen glaubt. Analytisches Denken bekundet sich in der Fähigkeit, eine Struktur in ihre Bestandteile zu zerlegen, mag es sich nun um ein Problem, eine Situation, eine Wahrnehmungsgegebenheit oder eine bereits bestehende und bewährte Lösungsstruktur handeln. Es geht darum, Teile aus dem Ganzen herauszulösen, das Umfeld abzublenden, nur auf einen Aspekt zu fokussieren. Der Gegenpol wäre eine globale Erfassung, bei der der Gesamteindruck wesentlich mitbestimmt, zu welchem Urteil man kommt. Analytisches Vorgehen ist unerlässlich, um die Funktion einzelner Teile in einem Ganzen zu verstehen. Infolgedessen ist es auch die Voraussetzung für Umstrukturierung, denn man kann einzelne Elemente nur dann in einen neuen Zusammenhang bringen, wenn man sie vorher aus einer bestehenden Struktur herausgelöst hat. Analytisches Denken hat also eine wichtige Funktion beim Problemlösen.

Was man unter analytischem Denken versteht, lässt sich recht gut an einer Intelligenzaufgabe von Luchins demonstrieren[19]:

Gegeben sind drei Gefäße, die 127, 21 und 3 Liter fassen. Unter ihrer alleinigen Verwendung soll eine Menge von genau 100 Litern abgemessen werden. Die Lösung besteht darin, dass man das größte Gefäß füllt und davon zunächst 21 und dann zwei mal 3 Liter wegschöpft. Hat die Versuchsperson die richtige Lösung gefunden, wird die Aufgabe fünfmal mit jeweils anderen Zahlen wiederholt, wobei aber jeweils die gleiche Lösungsstrategie zum Erfolg führt. Dann folgt eine Aufgabe mit Gefäßen der folgenden Mengen: 49, 23 und 3 Liter. Abgemessen werden müssen 20 Liter. In diesem Fall ist die Lösung denkbar simpel: Man füllt das 23er Gefäß und nimmt 3 Liter weg. Wenn Versuchspersonen aber den alten Lösungsweg einschlagen, haben sie damit auch Erfolg. Schließlich folgt als letzte Aufgabe das Abmessen von 25 Litern, wobei die vorgegebenen Mengen 76, 28 und 3 Liter betragen. Diese Aufgabe lässt sich nur mit der zweiten Methode lösen und genau bei diesem Problem hängen Frauen häufiger fest als Männer.

Abgesehen davon, dass es sich um eine Aufgabe von numerischer Charakteristik handelt, die sicher auch etwas mit anschaulicher Vorstellung zu tun hat, geht es primär darum, vom einmal bewährten Lösungsweg abzugehen, die Sache auch ganz anders sehen zu können. Heißt das womöglich, dass Umstrukturierung Mädchen schwerer fällt und sie Schwierigkeiten haben, vom Bewährten abzuweichen, etwas Bestehendes aufzubrechen oder über Bord zu werfen?

Wie im folgenden Abschnitt gezeigt werden soll, sind wohl vor allem Unterschiede im *Denkstil* dafür verantwortlich, dass Mädchen bei bestimmten Aufgabentypen schlechter – bei anderen übrigens auch besser! – abschneiden als Jungen.

---

[18] Feather, 1988; siehe auch Martignon, 2010
[19] Luchins, 1942

Zwei komplementäre Denkstile

Die Osnabrücker Mathematikdidaktin Inge Schwank stellte ihren Studierenden folgendes Problem:

> „Stellen Sie sich vor, Sie hätten eine Gartengrenze, die zehn Meter lang ist und Sie sollten Sie in einem Abstand von zwei Metern mit Bäumen bepflanzen. Wie viel Bäume brauchen Sie?"

Als die Studierenden die richtige Lösung vorgebracht hatten, sollten sie genauer sagen, wie sie zu der Lösung gekommen seien. „Ganz einfach," erläuterte eine Studentin, „Ich habe mir die gesamte Zehnmeter-Strecke genommen, sie durch Zweimeter-Abstände geteilt und den Anfangsbaum dazugerechnet". Als Schwank fragte, ob alle das so gemacht hätten, meldete sich ein Student und meinte: „Ich habe es eigentlich anders gemacht. Ich habe im Geist an einem Ende der Strecke einen Baum gepflanzt, bin dann zwei Meter weitermarschiert bis zum nächsten und so fort, habe mir jeweils gemerkt, wie viel Bäume ich schon gesetzt habe, bis die Strecke fertig war".

Die beiden Vorgehensweisen sind nun nicht etwa zwei Möglichkeiten von beliebig vielen, sondern sie kennzeichnen Denkstile, in die sich die Gesamtpopulation ziemlich vollständig aufteilen lässt. Inge Schwank schlägt hierfür die Bezeichnungen *prädikatives* und *funktionales* Denken vor. Sie war auf diesen Unterschied gestoßen, als sie sich mit der Frage befasste, wie man Jugendlichen am besten das Programmieren am PC beibringen könnte, das inzwischen an den Schulen gelehrt wird. Programmieren gehört ebenfalls zu den Leistungen, bei denen sich das weibliche Geschlecht deutlich schwerer tut.

Nun hatte Schwank im Umgang mit den Schülern und Schülerinnen bemerkt, dass der didaktische Erfolg in hohem Maß davon abhing, in welcher Form eine Aufgabe gestellt wurde, und dies wiederum verwies auf die gerade bezeichneten Unterschiede im Denkstil. Geht man nämlich von der Unterscheidung von prädikativ und funktional aus, dann erscheint das schlechtere Abschneiden von Mädchen und Frauen beim Programmieren, wie übrigens auch bei der Aufgabe mit den drei Krügen vom vorherigen Abschnitt, in einem völlig neuen Licht. Danach sieht es so aus, als wären Frauen keineswegs weniger gut in der Lage, umzustrukturieren und Probleme zu lösen, sondern als läge ihr Misserfolg in erster Linie an der Weise, *wie* ihnen die Aufgaben gestellt werden[20].

Was ist nun unter den beiden Denkstilen zu verstehen? Erinnern wir uns an das Beispiel am Beginn des 17. Kapitels, in dem ein Junge und ein Mädchen einen Ball so unterschiedlich beschrieben. Das Mädchen stattete ihn mit den Prädikaten „rot" und „rund" aus, der Junge sagte, was man damit machen könne.

Prädikative Denker beschreiben eine Struktur in Form von *Prädikaten* und *Relationen.* Sie stellen begriffliche Beziehungen her, nehmen Abstraktionen vor, achten auf logische Verknüpfungen und ordnen in Klassen. Sie haben das ganze Bild im Blickfeld und versuchen sämtliche Zusammenhänge der einzelnen Teile zu durchschauen. Ihr Denken hat einen eher *statischen* Charakter. Im gerade geschilderten Beispiel des Bäumepflanzens ist die Studentin prädikativ vorgegangen. Konfrontiert man einen prädikativ Denkenden mit der Aufgabe, den Satz „Der Hund" bellt" fortzusetzen, dann wird ihm einfallen, „die Katze miaut, Hähne krähen". Er identifiziert also die Klasse „Tier", bestimmt die mit dieser Klasse verbundenen Lautäußerungen als das Merkmal, auf das es ankommt, verallgemeinert dies nun auf weitere Vertreter dieser Klasse und findet die äquivalenten Charakteristiken.

[20] Schwank, 1990

Ein *funktionaler* Denker wird auf den Satz „Der Hund bellt" etwa so antworten: „Er bewacht das Haus, man kann ihn auch als Blindenhund verwenden". Die Information, die bei ihm abgerufen wird, betrifft also den Zweck, die Funktion, die mit einem bestimmten Stimulus verbunden ist. Funktionale Denker sehen Strukturen in erster Linie unter dem Aspekt von *Wirkungsbeziehungen.* Sie beschreiben sie in Form von Operationen, etwa wie die Teile, aus denen eine Maschine zusammengesetzt ist, miteinander interagieren und dadurch bestimmte Effekte hervorrufen. Ihr Denken ist *prozessorientiert.* Auch der Student, der die Zahl seiner Bäume plante, indem er die Gartengrenze abschritt, war ein funktionaler Denker.

Funktionale Denker und prädikative Denkerinnen

Inge Schwank prüfte nun eingehend die Weise, in der Jungen und Mädchen beim Programmieren vorgehen und entdeckte dabei, dass Mädchen eher prädikativ verfahren, was gut mit ihrem Vorteil im Verbalbereich zusammenpasst. Jungen dagegen denken eher funktional. Die folgende Tabelle zeigt die Verteilungen über beide Geschlechter.

	prädikativ	**funktional**	**unbestimmbar**
Mädchen	80 %	10 %	10 %
Jungen	30 %	65 %	5 %

Einige Bemerkungen von Mädchen zum Umgang mit dem Computer charakterisieren recht anschaulich, worin der Unterschied des Denkens besteht:

„Irgendwie gehen die Jungen mit 'ner anderen Einstellung dran. Ich glaube, die setzen sich eher 'ran, und wenn sie 'ne ganz vage Idee noch haben, tippen die gleich ein. Die Mädchen melden sich erst dann, wenn sie sich das Ganze überlegt haben und wenn sie wissen, es ist hundert Prozent sicher. Und dann überlegen die sich das halt, und ehe die fertig sind, haben die Jungen das vielleicht durch Ausprobieren 'rausgekriegt'".

Oder eine andere:

„Ich kann mich nicht überwinden, ein Programm einzutippen, das anfängt mit DATA, und dann kommen ein paar Zeilen, bleiben immer nur irgendwelche Zahlen und da hätte ich gar nicht die Geduld dazu, so einzutippen, wenn ich das nicht verstehe, was das Ganze soll. Das ist mir sehr unverständlich, wie Leute das einfach machen können".

Aussagen dieser Art hat Schwank der Veröffentlichung einer anderen Autorin[21] entnommen, bei der sie lediglich als Indiz dafür angeführt werden, dass Mädchen eine zögerliche und unsichere Haltung gegenüber dem Computer einnehmen. Schwank hingegen kommentiert sie als Einsicht der Mädchen in unterschiedliche kognitive Strategien[22]. Das „Ausprobieren" der Jungen sei „nicht als Probieren

[21] Faulstich-Wieland, 1991, S. 109
[22] Schwank, 1990, S. 85 (kursiv von D.B.-K.)

ohne Ideen zu verstehen, sondern als interaktives Testen und Erarbeiten von Zwischenlösungen. Das ‚Abwarten' der Mädchen hat eine eigene Qualität, sie *denken* erst einmal". Mädchen müssten erst das ganze Problem mit allen seinen Aspekten verstanden haben, wenn beim Programmieren etwas nicht klappt. Jungen fingen irgendwo an zu „wursteln", probierten aus und kämen so auf Zusammenhänge. Wenn Mädchen an einem Problem stecken bleiben, ist es also wenig angebracht, sie aufzufordern, doch einfach mal zu probieren, denn dieser Rat nützt nur einem funktionalen Denker. Dieser wiederum könnte mit dem Ratschlag: „Denk doch erst einmal nach" genauso wenig anfangen.

Mathematische Probleme können ihrer Struktur nach bald eher dem prädikativen, bald dem funktionalen Denken entgegenkommen. Mengenlehre und Algebra beispielsweise sind eher prädikativ, Infinitesimalrechnung eher funktional zu bewältigen. Grundsätzlich gilt aber, dass sich jedes Problem bei geeigneter Präsentation *beiden* Denktypen nahe bringen lässt.

Bei Durchsicht von Mathematikschulbüchern entdeckt man beide Darstellungsformen. Wird ein Problem in einer nicht dem eigenen Denkstil angemessenen Form gestellt, so versucht man es in die Form zu „übersetzen", die einem gemäß ist, was intelligenteren Schülern auch gelingt, aber natürlich eine gewisse Zeit beansprucht, die dann besonders in Prüfungssituationen negativ zu Buch schlägt.

Diese Transformierung ist allerdings in der Mathematik eher möglich als in der Physik. Dort sind die Probleme größtenteils nur funktional darzustellen. Deshalb ergeben sich die eigentlichen Schwierigkeiten für die Mädchen nicht in Mathematik, sondern in Physik und Technik. Das spiegelt sich unter anderem darin wider, dass Mädchen neuerdings zwar zunehmend Leistungskurse in Mathematik belegen, in der Physik dagegen immer noch stark unterrepräsentiert sind.

Schwank stellt auch Überlegungen an, wozu es gut sein könnte, dass sich die Geschlechter gerade in dieser Form im Denken unterscheiden. Unter naturvölkischen Lebensbedingungen, aber auch noch heutzutage bei eher traditioneller Rollenteilung müssen Frauen, während sie einer bestimmten Beschäftigung nachgehen, gleichzeitig darauf achten, was die Kinder gerade machen, sie müssen den Ablauf des Familienalltages mit den unterschiedlichen Tagesplänen der einzelnen Mitglieder organisieren und die Aufmerksamkeit auf das gesamte soziale Beziehungsgeflecht richten. Da könnte es in der Tat über die Jahrmillionen hinweg wichtiger gewesen sein, vor allem das Ganze im Blickfeld zu behalten, mehrgleisig denken zu können, auch scheinbar Nebensächliches noch mit zu berücksichtigen, einfach alles zu beachten, was vielleicht doch eine Rolle spielen könnte. Alldem kommt der prädikative Denkstil entgegen.

Dasselbe gilt für das funktionale Denken in Bezug auf typisch männliche Beschäftigungen. Sie erlauben eher, ja fordern teilweise geradezu, sich auf ein einziges Problem zu konzentrieren und das Umfeld auszublenden, sie sind häufiger mit der Notwendigkeit verbunden, irgendeine Sache zum Funktionieren zu bringen oder am Laufen zu halten. Und man kann es sich bei ihnen eher leisten, neue Lösungswege auf Verdacht hin einfach einmal auszuprobieren. Das alles erklärt sicher nicht, wie der Unterschied zustande kam, aber es macht plausibel, dass er sich erhalten hat.

Die Befunde von Schwank beziehen sich bisher nur auf den Bereich des Programmierens. Noch stehen Untersuchungen dazu aus, ob sich die Unterscheidung von funktionalem und prädikativem Problemlösen auch in ganz anderen Bereichen aufrechterhalten lässt und dort ebenfalls geschlechtstypisch variiert. Immerhin erscheint der Versuch erfolgversprechend, dies genauer zu eruieren. Der Schwanksche Ansatz lässt Denkbesonderheiten von Frauen, die üblicherweise mit dem Odium des Defizitären belastet werden, in einem bewertungsfreieren Licht erscheinen.

Der weibliche Stil wird schlicht als *anderer* Stil charakterisiert, der in bestimmten Kontexten genauso effizient zur Problembewältigung geeignet ist, wie das eher männliche Vorgehen in den dafür geeigneten Bereichen.

Interessant ist auch, dass der prädikative Stil gut zu der besseren weiblichen Begabung auf dem Verbalsektor passt, deren Funktion wir im vorhergehenden Kapitel noch offen gelassen hatten. Es geht also möglicherweise dabei wirklich nicht nur um die Kommunikation, sondern um den Stil des Denkens ganz generell.

Die Lust, Probleme zu lösen

Die Unterscheidung der beiden erörterten Denkstile lenkt den Blick auf einen weiteren Aspekt, der bei der Diskussion der kognitiven Unterschiede entschieden zu kurz kommt, nämlich die Beteiligung der *Motivation*.

Es wäre ja denkbar, dass es Problemstellungen gibt, die Frauen einfach nicht interessant erscheinen, sodass sie weniger motiviert sind, sie überhaupt zu lösen. Diese Möglichkeit ist schon bei der Besprechung des mathematischen Denkens angeklungen, das eventuell eine Sicht der Welt darstellt, die den Frauen zu abstrahierend, zu formalisierend, zu wenig die qualitativen Aspekte berücksichtigend erscheinen könnte. So ist die Aufgabenstellung vom Typ des Luchinsschen Problems ziemlich wirklichkeitsfern, eher *l'art pour l'art;* die Relevanz ist nicht einsehbar. Es wird kein situativer Kontext angegeben, der die Lösung des Problems notwendig erscheinen lässt, und man kann ganz generell die Frage stellen, wieweit solche Aufgaben überhaupt etwas über das Problemlösevermögen in realen Situationen aussagen. Da man nach Regeln operieren muss, wird dem Denken vorgegeben wie es ablaufen soll, der Spielraum des Vorgehens ist festgelegt und damit auch eingeengt.

Der Bamberger Psychologe Dietrich Dörner meint dazu, in der Realität sei das Ziel, das man erreichen soll, meist nur vage vorgegeben und schon gar nicht seien der Lösungsweg und die Mittel vorher festgelegt[23]. Dörner hat in überzeugender Weise das Vorgehen von Probanden in komplexen Problemlösungssituationen untersucht. Den Versuchspersonen wurde die Aufgabe gestellt, im Umgang mit einem am Computer simulierten Szenario lebensnahe Probleme zu lösen, z.B. Entwicklungshilfemaßnahmen in einem afrikanischen Dorf zu verwirklichen oder einen Waldbrand zu löschen. Sie konnten nach Wunsch eine Reihe von Informationen abrufen und es stand ihnen völlig offen, wie sie bei ihrer Planung vorgehen wollten. Jede ihrer Interventionen führte zu gewissen Konsequenzen, die ihnen rückgemeldet wurden. Ineffiziente Planer zeichneten sich vor allem dadurch aus, dass sie nicht oder nur eingeschränkt in der Lage waren, alle Folgen ihres Handelns über längere Zeiträume hinweg vorauszusehen und wenn erforderlich durch geeignete Gegenmaßnahmen zu neutralisieren.

Das Dörnersche Verfahren liefert wichtige Einblicke in Denkstile und sagt sicher weit mehr über die kognitiven Fähigkeiten einzelner Versuchspersonen aus als die üblichen Intelligenztests, mit denen seine Ergebnisse dann prompt auch nicht korrelierten. In unserem Zusammenhang aber wichtiger ist das Ergebnis, dass sich weibliche Versuchspersonen in der Planung als genauso effizient erwiesen wie männliche. Leider finden sich bei Dörner keine Aussagen darüber, ob sich die Geschlechter in der *Art* des Vorgehens unterschieden[24].

---

[23] Dörner, 1989; Dörner & Kreuzig, 1983

[24] Stäudel, 1991

Es wird immer wieder einmal beklagt, die Aufgabenstellungen bei den üblichen Intelligenztests kümmerten sich nicht darum, was Mädchen und Frauen wirklich relevant erschiene. Bisher ist es nicht gelungen, dieses Desiderat bei der Konstruktion von Tests auch tatsächlich zu berücksichtigen. Die Unterscheidung zwischen prädikativem und funktionalem Denkstil wäre hierbei aber sicher richtungsweisend.

19 Versuche zur Angleichung

Missverhältnis bei der Fächerwahl

Im Jahre 2010 erschien eine empirische Untersuchung mit dem Titel „Sex differences in parking are affected by biological and social factors“[1]. Damit wurde das sattsam bekannte Stereotyp der Frauen, die nicht einparken können, einer wissenschaftlichen Überprüfung unterzogen. Wie im 17. Kapitel ausgeführt, haben Männer einen Vorteil im visuell-räumlichen Vorstellungsvermögen. Die Autoren wollten nun wissen, ob es da einen nachweisbaren Zusammenhang mit dem Einparken gäbe. Untersucht wurden je eine Gruppe von Fahranfängern und von erfahrenen Fahrern beiderlei Geschlechts. Neben verschiedenen Einparkmanövern machten die Probanden einen Test zur mentalen Rotation und wurden aufgefordert, ihre Fahrkünste selbst einzuschätzen. Generell parkten Männer schneller und akkurater ein als Frauen und schnitten auch besser in der mentalen Rotation ab. Ein Zusammenhang zu dieser zeigte sich indes nur bei den Anfängern, und zwar was die Schnelligkeit des Einparkens, nicht aber die Genauigkeit betraf. Unabhängig vom Geschlecht bestand hingegen bei beiden Gruppen ein Zusammenhang mit der Selbsteinschätzung, wobei die Frauen sich allerdings generell etwas schlechter einschätzten. Wichtig an dem Ergebnis ist, dass die Selbsteinschätzung bei den fortgeschrittenen Fahrern für die Qualität des Einparkens stärker den Ausschlag gab als die Fähigkeit in mentaler Rotation.

Wenn man sich vor Augen hält, dass die Geschlechtsunterschiede in den kognitiven Leistungen auf dem räumlich-visuellen, quantitativ-analytischen und verbalen Sektor zwar in vielen Untersuchungen auftreten, meist von der Effektstärke her aber eher geringfügig sind, dann fragt man sich, wieso Frauen in bestimmten Berufen, z. B. Technik und Physik, so massiv unterrepräsentiert sind. Die kognitiven Unterschiede zeigen sich häufig nur bei großen Stichproben und man kann davon ausgehen, dass sich die Verteilungen der Fähigkeiten in den beiden Populationen weitgehend überlappen. Auf jeden Fall entspricht die Besetzung bestimmter Fachbereiche beim Universitätsstudium nur annähernd die Verteilung der Leistungsschwerpunkte zwischen den Geschlechtern. Der Frauenanteil hat sich generell verbessert, Frauen stellen mittlerweile insgesamt die Hälfte der Studierenden. Am stärksten frequentieren sie Sprach- und Kulturwissenschaften, Medizin und Biologie sind mit über 50 % etwa gleichverteilt, das Gleiche gilt für Rechts- und Sozialwissenschaften, wobei die Psychologie mit einem Anteil von 90 % allerdings der absolute Renner ist. Insgesamt handelt es sich um Fächer, die mit der besseren Begabung auf dem Verbalsektor korrespondieren, noch wichtiger ist, dass soziale Kompetenz gefordert ist sowie generell der Umgang mit Lebendigem und das gilt insbesondere auch für die Naturwissenschaften, in denen die Frauen anwendungsorientierte Sparten bevorzugen. In Mathematik stellen Frauen immerhin nahezu die Hälfte der Studierenden, in Physik sind es dann allerdings nur noch 20 %, die zu einem Abschluss kommen. Die Prozentzahlen fallen schließlich bei den technischen Fächern wirklich drastisch ab. Insgesamt sind es gerade einmal 20 %, wobei die Frauen in der Informatik vergleichsweise noch gut vertreten sind, wenn man es mit 14 % in Elektrotechnik und knapp 8 % in Maschinenbau vergleicht.

---

[1] Wolf et al., 2010

Die Studienfachwahl spiegelt also die bestehenden recht schwachen Leistungsunterschiede, wie sie sich etwa in Bezug auf Mathematik und Naturwissenschaften auch für die meisten beteiligten Länder bei den PISA-Studien von 2003 und 2006[2] ergaben, in einer ziemlich krassen Übertreibung. Ein vergleichbares Bild zeigt sich auch in den nicht-akademischen Sparten dieser Fachrichtungen – bei den Ausbildungsberufen erfreuen sich Bürokauffrau, Arzthelferin, Einzelhandelsverkäuferin und Friseurin nach wie vor besonderer Beliebtheit, kaum vertreten sind Frauen hingegen in technischen Berufen[3].

Die Auswirkungen sind vor allem deprimierend, wenn wir die Besetzung von gehobenen Führungspositionen betrachten. Sowohl im universitären Bereich als auch im Industriemanagement sind Frauen erheblich unterrepräsentiert, und in den Naturwissenschaften und der Technik äußert sich dies besonders krass. So belief sich 2008 der Anteil der Professorinnen in Physik auf 5 % und in den Ingenieurwissenschaften auf 8 %, aber auch in der Biologie und Humanmedizin sind es gerade einmal etwas über 10 %. Bezieht man alle Fächer ein, dann lag der durchschnittliche Anteil von Professorinnen 2008 bei 17 %. Es müssen somit massive Kräfte am Werk sein, die zu der beobachtbaren Polarisierung führen.

Wenn wir der Ursachenfrage nähertreten, müssen wir eine ganze Reihe von Möglichkeiten erwägen, die zum Teil schon in den vorherigen Kapiteln angeklungen sind. Liegt es an fehlender Begabung oder setzen gesellschaftliche Bedingungen die Grenzen? Liegt es an der Motivation? Trauen Frauen sich diese Positionen nicht zu? Oder – eine Möglichkeit, die man kaum zu äußern wagt – finden sie sie nicht attraktiv, weil ihre Neigungen in eine andere Richtung gehen? Ein wesentliches Problem besteht in der Dichotomisierungstendenz der Gesellschaft, die Geschlechtsunterschiede so versteht, als gelte für Fähigkeiten ein Alles-oder-Nichts-Gesetz: Mädchen erscheinen dann für Mathematik und Technik nicht nur ein wenig schlechter, sondern überhaupt nicht begabt. Hier dürfte sich in der Tat die Macht der Stereotypen auswirken, die bestimmte Tätigkeiten als männlich und andere als weiblich abstempelt und sicher die Berufswahl zumindest eines Teils der Jugendlichen immer noch mitbestimmt[4]. Eine Frau, die Mathematik oder Physik studierte, galt zumindest bis vor kurzem noch als unweiblich, als „alte Schrulle, die keinen Mann kriegt" und wird immer noch weniger akzeptiert als eine Frau in einem als typisch weiblich geltenden Beruf.

Hinzu kommt, dass es immer noch Männer gibt, die mit Indignation oder Spott reagieren, wenn sich ein weibliches Wesen auf ihr Terrain wagt. So wurde eine meiner Studentinnen, die sich zunächst an einer Technischen Hochschule im Chemiestudium versuchte, von einem Assistenten zynisch gefragt, bei welchem Priester sie denn ihre (schlechte) Mathematik gelernt hätte, und als sie daraufhin Verständnislosigkeit bekundete, meinte er, Mädchen kämen doch immer von Klosterschulen, über die – zumindest in der Schweiz – das Vorurteil besteht, sie hätten geringere Leistungsanforderungen.

Polarisierung

Ich möchte an dieser Stelle nun aber nicht in die häufig bei Frauen zu beobachtende Haltung verfallen, der Gesellschaft im Allgemeinen und den bösen Männern im Besonderen die ganze Schuld an der Benachteiligung zuzuschieben. Studien in

[2] Prenzel et al., 2007
[3] Matzner, 2010
[4] Alfermann, 1996

den USA haben gezeigt, dass es daran allein nicht liegen kann[5]. Denn selbst wenn alle genannten Faktoren keine Rolle spielen würden, entwickeln Geschlechtsunterschiede, so geringfügig sie auch sein mögen, doch eine Eigendynamik, die einer Polarisierung in mehrerlei Hinsicht Vorschub leistet.

Die Polarisierung stellt sich beinahe zwangsläufig ein, wenn der Zugang zu einer bestimmten Tätigkeit eine Auswahl voraussetzt, weil Positionen, Lehrstellen, Studienplätze oder was auch immer nur in beschränkter Zahl vorhanden sind. Selbst wenn kein Vorurteil gegen die Einstellung von Frauen besteht, sondern man sich bei der Auswahl in erster Linie nach der Leistung richtet und als Nachweis der Befähigung Schulzeugnisse oder Berufseignungstests heranzieht, ist in Bezug auf technische oder naturwissenschaftliche Berufe wohl wirklich damit zu rechnen, dass die Zahl der männlichen Bewerber die der gleichqualifizierten Bewerberinnen etwas übertrifft.

Ein fiktives Verhältnis dieser Art wurde in seinen Auswirkungen bereits oben Seite 38 f. diskutiert. Die auf Seite 229 abgebildeten Leistungskurven von Benbow veranschaulichen das reale Geschlechterverhältnis bei den mathematisch besonders Hochbegabten. Nehmen wir einmal an, mathematische Befähigung sei das entscheidende Auswahlkriterium. Bei einer erforderlichen Punktzahl von 500 kommt eine hochbegabte Bewerberin auf zwei männliche Konkurrenten. Wenn keine weiteren Kriterien für die Einstellung bestimmend sind – also z. B. nicht prinzipiell Männer vorgezogen werden –, dann ist bei Arbeitsplatzbeschränkung die Wahrscheinlichkeit von vorn herein größer, dass ein Mann die Stelle bekommt und nicht eine Frau, einfach weil sich zahlenmäßig mehr Männer als Frauen bewerben. Je beschränkter also der Zugang zu der entsprechenden Tätigkeit ist, umso mehr wird dasjenige Geschlecht ins Hintertreffen geraten, das im Durchschnitt der Population etwas schlechtere Leistungen vorweist. Nur bei Mangel an Arbeitskräften lassen sich solche Ungleichgewichte vermeiden, der Zugang wird dann die tatsächliche Interessenlage widerspiegeln. Da aber Vollbeschäftigung eher die Ausnahme darstellt und wir zudem immer noch mit gesellschaftlichen Widerständen gegen die Einstellung von Frauen in den typisch männlichen Betätigungsfeldern rechnen müssen, wird deutlich, warum sich die die Situation für Frauen eben auch aufgrund kleiner Unterschiede in der Befähigung viel ungünstiger gestaltet als von den Leistungsverteilungen her zu erwarten wäre.

Ein Ausweg, der gegenwärtig propagiert und zum Teil auch realisiert wird, ist die *Quotierung* vor allem bei der Vergabe von Führungspositionen. Solange sie dazu führt, solchen Frauen die gleichen Chancen einzuräumen, die auch gleiche Fähigkeiten wie ihre männlichen Konkurrenten aufweisen, ist dagegen nichts einzuwenden. Kritisch wird es, wenn mehr Bewerber als Bewerberinnen antreten. Wenn beispielsweise bei der Besetzung eines Lehrstuhls auf 60 Bewerber sechs Bewerberinnen kommen, und mindestens acht der männlichen Kandidaten besser qualifiziert sind als selbst die Beste unter den Frauen, dann schafft es nachvollziehbare Ressentiments, wenn dennoch eine Frau die Position erhält. Überwiegend aus Männern zusammengesetzte Berufungskommissionen werden sich allerlei Tricks einfallen lassen, damit es gar nicht erst so weit kommt. Die Quotierung, so gut sie gemeint sein mag, wirkt sich dann kontraproduktiv aus.

Um solche Schieflagen auszugleichen, ist natürlich in erster Linie anzustreben, die Frauen so angemessen zu fördern, dass gar keine Leistungsunterschiede auftreten und schließlich gleichviel hochqualifizierte Bewerberinnen wie Bewerber zur Auswahl stehen. Das ist inzwischen in vielen Fachbereichen durchaus der Fall, zum Teil sind gut qualifizierte Frauen bereits in der Überzahl. Eine ganz andere

[5] Hakim, 2006; Halpern et al., 2007; Pinker, 2008

Frage ist die der Motivierung. Es könnte ja sein, dass es nicht Unterschiede in der Qualifikation sind, sondern dass Frauen trotz fachlicher Qualifizierung an bestimmten Stellungen aus anderen Gründen gar kein Interesse haben. Wir wollen diese Möglichkeit noch zurückstellen und zunächst einmal Revue passieren lassen, wie es inzwischen um die fachliche Förderung bestellt ist.

Um den in den 60er Jahren recht gravierenden Leistungsrückstand der Mädchen in Naturwissenschaften und Mathematik auszugleichen, erhoffte man sich, mit der Einführung der Koedukation den Durchbruch in Bezug auf die Gleichstellung zu bewerkstelligen. Wollen wir sehen, wieweit sich diese Erwartungen erfüllt haben.

Das Experiment Koedukation

Unsere vierzehnjährige Tochter kam eines Tages vor Stolz strahlend aus der Schule zurück und verkündete, sie habe gerade in einer Klassenarbeit in Mathematik ein „genügend“ erhalten. Da ihr das Fach keine nennenswerten Probleme bereitete, war ich etwas verwundert über ihren Stolz und gab dies wohl auch zu erkennen. Daraufhin begründete sie ihre Begeisterung damit, sie sei die Beste unter den Mädchen und hätte als Einzige überhaupt eine genügende Note – die Jungen seien alle viel besser. Ihre beiden älteren Schwestern hatten ihre Schulzeit, wie damals an unserem Wohnort in der Schweiz noch üblich, unter geschlechtsgetrennten Bedingungen absolviert, diese nun, die Jüngste, hatte es erwischt: An ihrer Schule war vor kurzem die Koedukation eingeführt worden. So machte das Mädchen jetzt Erfahrungen, die ihren Schwestern erspart geblieben waren.

Historisch gesehen war die höhere Bildung von Frauen bis ins vorige Jahrhundert hinein kaum ein Thema, um das man sich groß kümmerte, vor allem auch mit dem Argument, die Frauen nicht auf die Idee zu bringen, in männliche Domänen vordringen zu wollen. Immerhin gab es schon „höhere Mädchenschulen“ von allerdings eher mäßiger Qualität. Deshalb forderten radikale Kreise bereits am Anfang des 20. Jahrhunderts die Koedukation. Diese wurde aber wegen der Befürchtung „einer Zurückdrängung der Knaben durch die Mädchen“ vehement abgelehnt. Zwar wurden um die Jahrhundertwende auch Frauen an höheren Schulen zum Lehrberuf zugelassen. Dass sie aber Jungen unterrichteten, war ausgeschlossen, da „die Einführung weiblicher Vorgesetzter auf dem Schulgebiet ... zu ähnlichen Ansprüchen und Erfolgen der Frauen in anderen Berufen führen und damit zu einer allgemeinen großen Gefahr für das Staatswohl würde“[6].

Also blieb es beim geschlechtsgetrennten Unterricht, Mädchenschulen galten aber weiterhin als qualitativ nicht so hochstehend wie Jungenschulen. Darin sah man dann unter anderem die Ursache dafür, dass der Leistungsdurchschnitt der Mädchen vor allem in den mathematischen und naturwissenschaftlichen Fächern in der Regel hinter dem der Jungen zurückblieb. Anfang der 60er Jahre wurde in Deutschland schließlich die Koedukation an höheren Schulen eingeführt, von der man sich nun endlich Chancengleichheit auf dem Sektor der schulischen Förderung erhoffte und damit eine Angleichung der Leistung bei beiden Geschlechtern.

Eine 1969 veröffentliche, groß angelegte Studie von Postlethwaite, die einen Vergleich von geschlechtsgetrennten und koedukativen Schulen in den Ländern Belgien, England, Finnland, Frankreich, Israel, Jugoslawien, Polen, Schottland, Schweden, Schweiz, USA und BRD beinhaltete, sprach nicht gerade dafür, dass diese Erwartungen erfüllt wurden[7]. Diese Studie wurde von Merz 1979 ausführlich

[6] Faulstich-Wieland, 1991
[7] Postlethwaite, 1969

referiert, der denn auch zu dem Schluss kam, „dass Koedukation kein geeignetes Mittel zum Ausgleich der Geschlechtsunterschiede sein dürfte“[8]. Verwies man in Vorträgen und Vorlesungen auf diese Befunde, dann wurde man noch Mitte der 80er Jahre ausgebuht; inzwischen machen sich Zweifel an der Tauglichkeit der Koedukation, als geeignetes Mittel, die Diskriminierung zu beseitigen, vor allem in den USA bemerkbar und auch in Deutschland fängt der Lack an abzubröckeln[9].

Postlethwaite hatte mit einem eigens dafür entwickelten Test die Mathematikleistungen bei Schülern und Schülerinnen im Alter von 13 Jahren und beim Abiturjahrgang geprüft. Bei den Dreizehnjährigen bestätigte sich, dass die Mädchen an getrennten Schulen schlechter abschnitten als die Jungen. Nicht der Erwartung entsprach dagegen der Befund, dass beide Geschlechter unter koedukativen Bedingungen schlechtere Leistungen aufwiesen. Die Unterschiede hatten sich zwar etwas ausgeglichen, aber nicht etwa, weil die Mädchen besser geworden wären, sondern vielmehr auf Kosten der Jungen, die sich verschlechtert hatten, und zwar in stärkerem Ausmaß als die Mädchen.

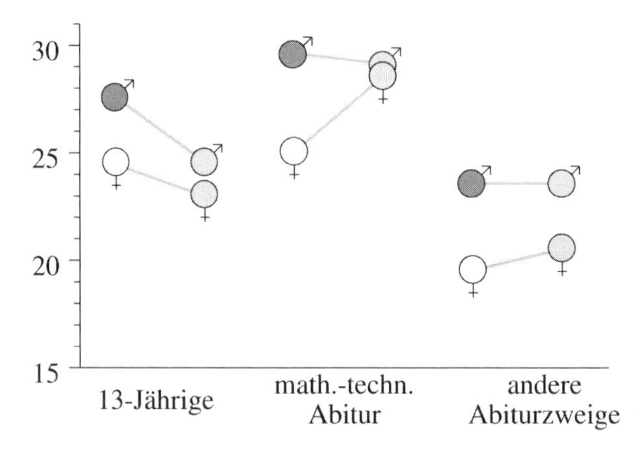

Leistungsvergleich unter geschlechtsgetrennten und koedukativen Bedingungen

Die vorangehende Abbildung veranschaulicht die Resultate der Untersuchung. Dabei beziehen sich die schwarzen bzw. weißen Symbole auf die erreichten Durchschnittswerte unter geschlechtsgetrennten Bedingungen, die grauen auf die in gemischten Klassen.

Positiver gestaltete sich das Bild bei den Abiturienten. Rechts in der Abbildung sind die Verhältnisse bei Abiturienten aller Schultypen mit Ausnahme des mathematisch orientierten Zweigs aufgeführt. Hier hatten sich die Mädchen unter koedukativen Bedingungen leicht verbessert, die Jungen waren nur geringfügig abgefallen. Aber immer noch bestand ein Geschlechtsunterschied. Die Koedukation hatte bei dieser Altersgruppe also kaum etwas genützt, aber wenigstens auch nichts geschadet. Ein wirklich positives Ergebnis lieferten einzig die ausgesprochen mathematisch orientierten Schultypen in der Mitte der Abbildung. Hier haben die

[8] Merz, 1979
[9] Halpern et al., 2007

Mädchen unter koedukativen Bedingungen deutlich zugelegt und unterscheiden sich nicht mehr von den Jungen. Der zuletzt genannte Befund muss aber mit Vorbehalt gesehen werden, denn dieser Schultyp erfasste von vorn herein nur eine bestimmte Auswahl von mathematisch besonders interessierten und wohl auch begabten Mädchen, sodass auf drei Jungen nur ein Mädchen kam.

Eine andere internationale Erhebung über Leistungen in naturwissenschaftlichen Fächern kam zu dem Ergebnis, dass die Geschlechtsunterschiede unter Koedukation sogar noch zugenommen hatten und zwar in Richtung einer noch stärkeren Benachteiligung von Mädchen[10].

Verschärfung der Geschlechtsrollendifferenz

Natürlich fragte man sich, worauf dieser unerwartete Fehlschlag zurückzuführen sein könnte. Eine Reihe von Möglichkeiten wurde diskutiert. Als erstes glaubte man, es läge daran, dass naturwissenschaftliche Fächer und Mathematik vorwiegend von männlichen Lehrkräften unterrichtet würden. Diese, so meinte man, würden Mädchen bewusst oder unbewusst weniger fördern und erwarteten weniger von ihnen, woraufhin diese im Sinne einer *self-fulfilling prophecy* auch weniger leisteten. Den Mädchen wäre also besser gedient, in den kritischen Fächern von Lehrerinnen unterrichtet zu werden.

Ein Vorurteil männlicher Lehrer gegenüber der Leistungskapazität von Mädchen ist zwar eine plausible Erklärung, wieweit sich Lehrer tatsächlich von solchen Erwartungen leiten lassen, variiert aber von Person zu Person, auch spielen dabei Eigenschaften der Schüler eine Rolle, die durch geschlechtstypisches Verhalten eben auch unterschiedliche Reaktionen hervorrufen[11]. Vorurteile würden ferner nicht erklären, warum sich bei Koedukation auch die Jungen verschlechterten – ein Trend, der sich ja in den Jahrzehnten seit der geschilderten Erhebung geradezu stabilisiert hat – und warum Mädchen in mathematisch orientierten Schulen ebenso gut abschnitten wie Jungen. In diesem Zusammenhang sei auch noch einmal an die mathematisch hochbegabten Mädchen in den USA erinnert, von denen auf Seite 230 f. die Rede war, bei denen nachweislich keine Unterschiede in der Förderung bestanden. Wenn wir zudem Inge Schwanks Unterscheidung von funktionalem und prädikativem Denken berücksichtigen, dann läge die Benachteiligung von Mädchen und unter Umständen auch von Jungen vor allem an der nicht geschlechtsadäquaten Präsentation der Aufgaben, und die denkt sich nicht die einzelne Lehrkraft aus, sondern ein Komitee zur Abfassung von Schulbüchern, das gar nicht ahnt, dass da ein didaktischer Differenzierungsbedarf besteht.

Die Probleme der Koedukation ergeben sich aber eigentlich aus ganz anderen Prozessen, auf die sowohl Lehrbücher als auch Lehrkräfte nur indirekt und möglicherweise überhaupt kaum Einfluss nehmen. Interessanterweise verstärkt sich in gemischten Klassen nämlich sowohl bei Jungen als auch bei Mädchen eine geschlechtsbezogene Orientierung, was *Einstellungen* und *Interessen* betrifft. Besonders deutlich tritt dies in einer Polarisierung der Fächerwahl in Erscheinung[12]. Unter koedukativen Bedingungen konzentrieren sich Jungen stärker auf Naturwissenschaften und Mathematik, Mädchen dagegen auf Sprachen, Kunst und Religion. Umgekehrt nehmen Mädchen an getrennten Schulen viel eher Mathematik und Naturwissenschaften als Wahlfach. Zu korrespondierenden Ergebnissen kam von

[10] Schultze, 1974
[11] Brophy, 1985; Alfermann, 1996; Heller et al., 2001
[12] Ormerod, 1975; Baumert, 1992

Martial in Bezug auf den Verbalbereich: Jungen wählen an reinen Jungengymnasien eher Deutsch als Leistungskurs, Mädchen tun dies eher bei Koedukation[13]. Dagegen zeigte sich bei getrennt unterrichteten Mädchen durchweg ein höheres Interesse an mathematisch-naturwissenschaftlichen Fächern und Berufen[14].

Für diese Form der Polarisierung müssen wir mehrere Gründe erwägen. Der Rückzug auf die geschlechtstypischen Fächer könnte damit zusammenhängen, dass man generell lieber mit Gleichgeschlechtlichen zusammen ist, dass Mädchen z.B. fürchten, von Jungen dumm angeredet zu werden, wenn sie in einem Fach auftauchen, das diese als ihre Domäne ansehen. Da das Gegengeschlecht aber zumindest von der Pubertät an durchaus Anziehungskräfte ausübt, dürfte dieses Argument, wenn überhaupt, in erster Linie für jüngere Altersgruppen zutreffen.

Näherliegend ist es, dass man in Konfrontation mit den Leistungen des anderen Geschlechts Erfahrungen macht, die einem die eigenen Schwächen und Stärken zum Teil recht drastisch vor Augen führen. Die Fächerwahl richtet sich dann nach diesen Erfahrungen.

Tatsächlich geht die geschlechtliche Polarisierung bei Koedukation aber noch viel weiter. Sie führt nämlich zu einer stärkeren Identifikation mit der Geschlechtsrolle überhaupt. Mahoney und Nay haben das mittels Fragebögen bei Mädchen untersucht, und zwar zum ersten Mal unmittelbar vor Einführung der Koedukation an den betreffenden Schulen, dann noch einmal zwei Monate danach. Mädchen, die sich bei der ersten Erhebung noch als eher männlich eingeschätzt hatten, entwickelten unter dem Eindruck der Koedukation eine ausgeprägtere weibliche Identifikation, sie erwiesen sich in ihrer neuen Einstellung also als stärker stereotypisiert[15]. Sozialpsychologen erklären solche Effekte als Auswirkung der jeweiligen Referenzgruppe. Wie oben im 2. Kapitel schon angedeutet, ist die Selbstdefinition bei Kulturen mit Geschlechterangleichung, also bei den westlichen Kulturen, überraschenderweise mehr stereotypisiert als bei Kulturen mit traditioneller Einstellung (Asien, Afrika). Im ersten Fall wird das andere Geschlecht zur Bezugsgruppe, mit der man sich vergleicht, dadurch wird man sich der Unterschiede stärker bewusst. Im zweiten Fall dient das eigene Geschlecht als Vergleichsgruppe, man bleibt unter sich und da treten die Unterschiede zum anderen Geschlecht dann nicht so sehr in Erscheinung[16].

Als Fazit kann festgehalten werden, dass die Konfrontation mit dem anderen Geschlecht die Unterschiede geradezu fördert, die sie eigentlich nivellieren sollte. Vor allen Dingen verbessert sie nicht das Interesse an mathematisch-naturwissenschaftlichen Fächern. Hingegen geht geht aus Untersuchungen in den USA eindeutig hervor, dass Mädchen und junge Frauen, die an getrennten Schulen und Colleges erzogen wurden, nicht nur auf dem akademischen Leistungssektor interessierter sind und besser abschneiden als Mädchen unter koedukativen Bedingungen, sondern dass sie auch ein höheres Selbstbewusstsein ausbilden, dass sie später eher geneigt sind, eine Führungsposition anzustreben und dass sie besser gegen die ungünstige Einschätzung von Erfolgen und Misserfolgen gewappnet sind, auf die wir unten noch zu sprechen kommen werden[17]. Zwar mögen neben dem Schultyp auch weitere Einflussfaktoren eine Rolle spielen. Wie einige Untersuchungen zeigen, scheint nämlich die Tendenz zu bestehen, dass vor allem höher begabte Schülerinnen auf reine Mädchenschulen geschickt werden, sofern die Eltern zwischen den beiden

13 Von Martial, 1988; Faulstich-Wieland, 1991; Finn, 1980
14 Baumert, 1992; Holz-Ebeling & Hansel, 1993
15 Mahoney & Nay, 1975; Lee & Bryk, 1986; Boldt, 2008
16 Guimond, 2008
17 Lee & Bryk, 1986; Seeland, 1986; Lawrie & Brown, 1992

Schultypen wählen können; in diesen Fällen könnte der Vorsprung auch an der höheren Intelligenz liegen. Allerdings dürfte diese Erklärung kaum auf Fälle anwendbar sein, bei denen eine solche Wahl gar nicht möglich ist, weil nur der eine Schultyp zur Verfügung steht[18].

Nun haben sich die schulischen Leistungen der Mädchen zwar in den letzten Jahrzehnten auch unter koedukativen Bedingungen verbessert, die der Jungen aber eher verschlechtert. Inzwischen hat sich auch in pädagogischen Kreisen die Einsicht durchgesetzt, dass man es mit der betont engagierten Förderung von Mädchen vielleicht ein wenig einseitig übertrieben haben könnte; Leistungsschwächen und Probleme von Jungen auf dem schulischen Sektor ließen sich allmählich nicht mehr übersehen. Sie sind inzwischen offensichtlich ins Hintertreffen geraten und gelten nun – dramatisch formuliert – als das „benachteiligte Geschlecht". Die Schwachstellen der Koedukation wurden von pädagogischer Seite reflektiert und das Leitbild einer „reflexiven Koedukation" propagiert. Diese soll darauf abzielen, „alle pädagogischen Gestaltungen daraufhin zu untersuchen ..., ob sie die bestehenden Geschlechterverhältnisse eher stabilisieren oder ob sie eine kritische Auseinandersetzung und damit Veränderung fördern"[19]. Ob sich das unter koedukativen Bedingungen überhaupt konkretisieren lässt, bleibt in Frage zu stellen. Immerhin hat man inzwischen auch zunehmend ein offenes Ohr dafür, dass es vielleicht doch nicht so abwegig sein könnte, die Geschlechter für den Unterricht in bestimmten Fächern, wie Physik, Informatik oder auch Sprachen, zeitweilig zu trennen, weil man eingesehen hat, dass eine gezielte geschlechtsadäquate Förderung sich leichter unter solchen Bedingungen verwirklichen lässt, unter anderem weil negative Erfahrungen aufgrund der Konfrontation mit der Leistungsfähigkeit des anderen Geschlechts wegfallen[20].

---

[18] Baumert, 1992; Asendorpf, 1999

[19] Faulstich-Wieland & Horstkemper, 1996, S. 583

[20] Überblick siehe Boldt, 2008

20 Selbstvertrauen

Überschätzung und Unterschätzung

Gelegentlich werde ich zu Fortbildungstagungen für Manager eingeladen, um über das Thema „Frau und Karriere“ zu referieren. Nach einem solchen Vortrag sprach mich einer der Teilnehmer an und erzählte mir von seiner Tochter, die gerade eine hochdotierte Stellung angetreten hatte, nachdem ihr Chemiestudium mit Auszeichnung abgeschlossen war. Schon in der Schule habe sie immer Bestnoten erhalten und zwar eben gerade in den Fächern, die als typisch männlich gelten. Und trotzdem sei sie nie von ihrem Erfolg überzeugt und auch nie gänzlich mit ihrer Leistung zufrieden gewesen. Er habe sich immer wieder gefragt, wie es zu diesem offensichtlichen Missverhältnis zwischen Realität und subjektiver Einschätzung gekommen sei.

Das Beispiel wäre nicht weiter erwähnenswert, wenn es sich um einen Einzelfall handeln würde. Tatsächlich ist es aber typisch, und wir müssen uns daher mit der Frage in den folgenden Kapiteln eingehender beschäftigen. Susan Pinker widmet dem Phänomen – das in der Literatur als „Hochstapler-Syndrom“ bekannt ist – in ihrem Buch „Das Geschlechterparadox“ ein ganzes Kapitel und belegt es mit einer Fülle von vergleichbaren Beispielen. Dabei handelt es sich um die Eigenart von Frauen, die, obwohl sie es beruflich zu etwas gebracht haben, ständig von Zweifeln geplagt werden, ob ihre Leistungen eigentlich echt sind, oder auf Zufall beruhen, dass sie Anerkennung also gar nicht verdient haben und irgendwann einmal herauskommen wird, dass sie in Wirklichkeit nichts taugen[1]. Dieses Phänomen und die Überlegungen des vorigen Kapitels nähren den Verdacht, dass geschlechtstypische Leistungsunterschiede gar nicht so sehr an spezifischen fachlichen Kompetenzen liegen, sondern vielmehr eine Frage des Glaubens an die eigenen Fähigkeiten sind. Und hierin besteht nun eine Asymmetrie zwischen den Geschlechtern, wie auch schon die Befunde von Benbow an den mathematisch Hochbegabten zeigen: Bei Mädchen und Frauen hapert es am Selbstvertrauen.

Eine unterschiedliche Einstellung der Geschlechter zur eigenen Leistungsfähigkeit ist empirisch recht gut belegt. Hierzu ein Beispiel aus den USA. Eine im angelsächsischen Raum beliebte Wettbewerbssituation bei Schulkindern sind die so genannten „Spelling bees“, Buchstabierwettbewerbe, die deshalb einen besonderen Stellenwert im Unterricht genießen, weil die Wörter im Englischen anders geschrieben als ausgesprochen werden. Bei einem solchen Wettbewerb treten zwei Kontrahenten gegeneinander an, ein bestimmtes Wort wird präsentiert, und wer von den beiden glaubt, das Wort zu meistern, kann sich melden und darf als erster sein Glück versuchen. Buchstabiert er richtig, dann hat er gewonnen, macht er Fehler, dann bekommt der Kontrahent eine Chance. Buchstabieren ist eine Leistung, bei der Mädchen in der Regel besser abschneiden, und in gemischten Klassen ist dies allen Beteiligten, also auch den Jungen, bekannt.

In einer systematischen Studie hat Carol Cronin in Chicago anhand dieser Situation das unterschiedliche Wettbewerbsverhalten von zehnjährigen Jungen und Mädchen untersucht. Ließ man Mädchen gegen Mädchen antreten, dann meldeten sich die Betroffenen nur, wenn sie wussten, dass die Kontrahentin nicht besser war als sie selbst. Wetteiferten dagegen die Jungen untereinander, dann war das ganz anders; sie meldeten sich auf jeden Fall, auch wenn sie den anderen als

[1] Pinker, 2008

leistungsstärker einschätzen mussten. Sie hielten an dieser Strategie selbst nach wiederholten Misserfolgen fest und ließen sich auch nicht davon abbringen, wenn sie wegen unmöglicher Buchstabenkombinationen von den anderen ausgelacht wurden. Man kann sich leicht vorstellen, was passierte, als Jungen gegen Mädchen antraten. Letztere meldeten sich auch dann nicht, wenn sie wussten, dass sie besser waren als der Kontrahent. Dass sie überhaupt Punkte zu verzeichnen hatten, lag in erster Linie daran, dass die Buben schlechter buchstabierten, wodurch die Mädchen an zweiter Stelle dann eben doch noch zum Zug kamen[2].

Das Experiment macht deutlich, dass die Selbsteinschätzung bei Jungen offensichtlich auch durch gegenteilige Erfahrungen nicht zu trüben ist und eigentlich schon eher als *Selbstüberschätzung* bezeichnet werden muss. Bei den Mädchen dagegen herrscht vorsichtige Zurückhaltung. Man könnte zunächst einmal annehmen, dass sie ihre Leistungen einfach realistischer bewerten. Tatsächlich zeigen sie aber die Tendenz, ins andere Extrem zu verfallen und sich zu unterschätzen, wie eine Untersuchung von Crandall belegt[3]. Er ließ 380 Studenten und Studentinnen beginnend mit dem 18. Lebensjahr für fünf aufeinanderfolgende Jahre vor jedem Examen angeben, welche Note sie erwarteten. Da amerikanische Studierende in jedem Semester geprüft werden, kam eine stattliche Anzahl von Vorhersagen zusammen. Das Ergebnis ist aufschlussreich: Die männlichen Studenten haben mit zuverlässiger Regelmäßigkeit ihre zu erwartenden Noten *überschätzt*, die weiblichen dagegen *unterschätzten* sie mit der gleichen Konsequenz. Das Verblüffende dabei ist, dass sich an der Erwartung beider Geschlechter nichts änderte, obwohl weder die Voraussagen der Männer noch die der Frauen je durch das reale Ergebnis bestätigt wurden. Studentinnen blieben konstant skeptisch in Bezug auf die eigene Leistungskapazität, während die Studenten unverdrossen die hohe Meinung von sich selbst aufrecht hielten.

Nun kann man einwenden, die Studie von Crandall gebe die Situation in den 70er Jahren wieder, inzwischen hätten sich die Verhältnisse aber geändert. Dies ist aber leider nicht der Fall, wie Erhebungen aus jüngster Zeit, also fast 40 Jahre später, zeigen[4]. Bei an sich gleichem Leistungsniveau, also gleichen Noten, haben Schülerinnen eine schlechtere Erfolgserwartung in Bezug auf Mathematik und unterschätzen ihre Kompetenz, ihre Selbsteinschätzung dieser Fähigkeiten fällt also viel ungünstiger aus als die tatsächlich erbrachte Leistung. Und das trifft sogar in Bezug auf die Sprachkompetenz zu, die man stereotypengemäß den Mädchen ja gerade nicht abspricht. In einer 1998 veröffentlichten Studie, bei der es um die Testung räumlich-visueller Leistungen bei britischen Schülern und Schülerinnen ging, wurde einem Teil der Probanden zutreffenderweise gesagt, es handle sich um einen Test räumlicher Fähigkeiten, den übrigen wurde er als Empathietest vorgestellt. Unter den Mädchen schnitten nur diejenigen gut ab, die glaubten, es handle sich um einen Empathietest, während die zutreffende Charakterisierung des Tests offensichtlich Minderwertigkeitsgefühle hervorrief, weil es sich ja um eine „männliche" Domäne handelte. Interessanterweise hat die fehlleitende Vorinformation, es handle sich um einen Empathietest, die Jungen in ihren Leistungen keineswegs beeinträchtigt, obwohl Empathie nicht als männliche Stärke gilt – aber vielleicht wissen sie das ja auch gar nicht[5]. Auf die negative Auswirkung von Stereotypen auf den Testerfolg bei Mädchen haben wir bereits im 18. Kapitel hingewiesen.

[2] Cronin, 1980
[3] Crandall, 1969
[4] Ludwig, 2010
[5] Brosnan, 1998

In einer Längsschnittstudie an Absolventen der Wirtschaftswissenschaften untersuchte Lutz von Rosenstiel seit 1990, wie sich der Übergang von der Universität zur Berufstätigkeit gestaltete[6]. Hinsichtlich des Erfolgs bei der Bewerbung hatten die Frauen keine schlechteren Chancen als die Männer, waren dann aber in ihrer Stellung deutlich niedriger bezahlt als diese. Deshalb sollte man erwarten, dass sie mit ihrer Arbeit unzufriedener gewesen wären und eher an Kündigung und Arbeitsplatzwechsel gedacht hätten. Genau das Gegenteil war der Fall. Die Frauen waren zufriedener, stärker an das Unternehmen gebunden und kündigten insgesamt seltener. Von Rosenstiel deutet das als Hinweis, dass Frauen eher dazu neigen, sich resignativ an die Gegebenheiten anzupassen, anstatt zu versuchen, ihre berufliche Situation zu verbessern.

Eine Doktorarbeit von Daniela Wawra an der Universität Passau bestätigt leider ebenfalls, dass sich an der zögerlichen weiblichen Einstellung auch in letzter Zeit nichts Wesentliches geändert hat. Die Verfasserin führte Einstellungsgespräche mit männlichen und weiblichen Studierenden durch, die sich um eine Tutorenstelle bewarben. Die Männer verkauften sich selbstsicher und stellten sich als kompetent dar, während die Frauen auf eigene Schwächen hinwiesen bzw. ihre Stärken zwar erwähnten, aber gleich abwerteten[7]. Das unverfrorene Gehabe, mit dem Gerhard Schröder 2005 seine Niederlage am Wahlabend in einen Sieg umdeutete, während Angela Merkel von ihrem schlechten Ergebnis einfach nur betroffen war und es sich deutlich erkennbar zu Herzen nahm, hätte den Geschlechtsunterschied in der Selbsteinschätzung nicht drastischer verdeutlichen können.

Eine niedrige Selbstwerteinschätzung zeigte sich übrigens auch bei den Planungs-Experimenten von Dörner, bei denen wie oben ausgeführt, die Frauen in ihrer Leistung keineswegs hinter den Männern zurückstanden. Das hinderte sie aber nicht daran, nicht allzu viel von den eigenen Fähigkeiten zu halten[8].

Furcht vor Erfolg

Wie kommt das nun, dass die Männer so naiv optimistisch bleiben, während die Frauen offenbar zu Pessimismus neigen?

Eine Möglichkeit läge darin, dass die eigene Selbstunterschätzung aus taktischen Erwägungen erfolgt. Die Mädchen stellen ihr Licht unter den Scheffel, weil sie wissen, dass es nicht erwünscht ist, wenn sie brillieren. Eine solche Erklärung erschien 1969 in der Zeitschrift „Psychology Today“ und löste alsbald rege Diskussionen aus[9]. In der Motivationsforschung unterscheidet man bei hoher Leistungsbereitschaft, ob sie auf „Hoffnung auf Erfolg“ oder auf „Furcht vor Misserfolg“ beruht. Martina Horner, die Autorin des Artikels, ergänzte dieses Spektrum durch eine paradoxe Variante, nämlich eine Leistungshemmung durch „Furcht vor *Erfolg*“ und schrieb diese besonders dem weiblichen Geschlecht zu. Sie untersuchte ihre Hypothese, indem sie ihre weiblichen Versuchspersonen mit Erfolgsgeschichten von Studentinnen in einer für Frauen unüblichen Ausbildung konfrontierte, die von den Probanden weiter ausgemalt werden mussten. Dabei stellte sich heraus, dass die besagte Furcht vor dem Erfolg als dritte motivierende Kraft die Einstellung von Studentinnen nicht unwesentlich beeinflusste.

---

6 Von Rosenstiel, 1997
7 Wawra, 2004
8 Stäudel, 1991
9 Horner, 1972

Da gab es z. B. die Geschichte von Anne, einer Medizinstudentin, die in den Prüfungen ihres ersten Semesters glänzend abgeschnitten hatte. In 65 Prozent der Fortsetzungen erfanden die Versuchspersonen unangenehme Attribute bzw. Ereignisse, mit denen Anne konfrontiert wurde, wie z. B. den Verlust wichtiger Beziehungen, Einsamkeit und Unfähigkeit, einen Partner zu finden. Sie suchten den Erfolg der Studentin herunterzuspielen, ließen sie später schlechte Noten erhalten, das Studium abbrechen, schilderten sie in die traditionell weibliche Rolle einer Heirat hinein oder statteten sie schlicht mit fragwürdigen Charaktereigenschaften aus, wie z. B. dass sie ihrer Freundin den Freund ausgespannt hätte. Wenn es sich dagegen bei dem Helden der Geschichte um einen Mann handelte, wurden nur ganz selten negative Konsequenzen mit seinem Erfolg assoziiert.

Eine mögliche Erklärung des Befunds besteht darin, dass die Gesellschaft Frauen durch Ablehnung und Liebesentzug bestraft, sobald sie Erfolg haben – vor allem, wenn es um prestigeträchtige Tätigkeiten geht, die als männlich gelten. Mädchen wären demgemäß zwar an sich durchaus motiviert, etwas Positives zu leisten, zögerten davor gleichwohl aber zurück, weil sie befürchten müssen, von den Männern oder der Gesellschaft abgewiesen zu werden. Sie erwarten, als Frau nicht attraktiv zu sein und – was noch schlimmer zählt – in die Kategorie eines Konkurrenten zu fallen und entsprechend hart angegriffen zu werden.

Horners Ideen erregten großes Interesse nicht nur bei Kollegen sondern auch in den Massenmedien. In der Folge hat sich ihr Befund allerdings nicht eindeutig bestätigen lassen. Unter anderem erwies es sich als Mangel, dass die Autorin nur Frauen befragt und ihre Protagonistinnen nur in typisch männlichen Karrieren gezeichnet hatte. Dies wurde von Cherry und Deaux korrigiert, die Männer in ihre Untersuchung einbezogen und Frauen auch in typisch weiblichen Berufen darstellten[10]. In dieser Untersuchung zeigte sich nun, dass auch die männlichen Versuchspersonen Unannehmlichkeiten für die erfolgreiche Frau im Sinn hatten, nichts dergleichen aber, wenn es um einen Geschlechtsgenossen ging. Die Tendenz zu bestrafen war besonders ausgeprägt, wenn die geschilderte Frau eine nichttraditionelle Karriere verfolgte, wozu damals z. B. auch noch das Medizinstudium rechnete. Eine Krankenschwester dagegen wurde milder beurteilt.

Auch wenn Frauen nicht in allen Nachfolgeuntersuchungen Furcht vor Erfolg bekundeten, finden sich Hinweise auf eine solche Einstellung doch auch noch in jüngerer Zeit, wie z. B. eine Untersuchung von 1990 belegt. Bei ihr mussten studentische Versuchspersonen eine Reihe von Geschichten lesen, in denen männliche und weibliche Charaktere in traditionellen und nichttraditionellen Beschäftigungen geschildert wurden[11]. Sie sollten dann angeben, wen unter diesen sie als Partner bzw. Freund bevorzugen würden. Dabei stellte sich heraus, dass Frauen mit nichttraditioneller Karriere bei beiden Geschlechtern am wenigsten beliebt waren. In einer vor kurzem durchgeführten Studie bekamen die Probanden vier Videos gezeigt, auf denen jeweils Männer bzw. Frauen bei einem Bewerbungsgespräch Gehaltsforderungen stellten. In einem Fall sagten sie geradeheraus, was sie wollten, im anderen verschwiegen sie das. Während der fordernde Mann positiv bewertet wurde, galt die fordernde Frau als unweiblich und aggressiv[12]. Vergleichbare Erfahrungen haben Frauen zu gewärtigen, die tatkräftig und unternehmend sind und daher besonders gut für Managerposten geeignet wären. Ihnen kann es passieren, dass sie abgelehnt werden, weil man ihnen mangelnde soziale Kompetenz unterstellt, auf die man bei weiblichen Managern besonderen Wert legt. Männer, die vergleichbare Eigenschaften aufweisen, werden dagegen nicht als sozial inkompetent beurteilt.

[10] Cherry & Deaux, 1978
[11] Pfost & Fiore, 1990
[12] Babcock & Laschever, 2003

Ironischerweise werden sozial kompetente, aber weniger tatkräftige Frauen jedoch auch nicht als geeignet angesehen[13].

So ganz ohne Grund ist also die Furcht vor dem Erfolg nicht. Nach wie vor tendieren Männer dazu, kritisch zu reagieren, wenn Frauen in die traditionell männlichen Domänen vordringen, und Frauen spiegeln dies in ihrer Einstellung. Insofern haben die Überlegungen Horners einen wahren Kern, auch wenn sie heute nicht mehr in dem Ausmaß zutreffen mögen, wie zu Zeiten ihrer Untersuchung.

Die Erklärung von Erfolg und Misserfolg

Tatsächlich zeigt sich die vorsichtigere Einschätzung der eigenen Kompetenz und entsprechend eine niedrigere Erfolgserwartung aber nicht erst bei Adoleszenten, sondern bereits im Grundschulalter. So ließ Crandall Versuchspersonen im Alter von sieben bis zwölf Jahren nacheinander sechs Aufgaben von wachsendem Schwierigkeitsgrad lösen. Die Kinder mussten vor jeder Aufgabe voraussagen, ob sie es schaffen würden oder nicht. In der tatsächlichen Leistung waren beide Geschlechter gleich. Aber auch hier hatten die Jungen höhere Erfolge vorausgesagt, als sie dann tatsächlich erreichten, und wieder hatten die Mädchen sich unterschätzt[14]. In einer kulturübergreifenden Studie an 3 000 Kindern im Alter zwischen sieben und 13 Jahren, die im Jahre 2000 erschien, schätzten die Mädchen ihre Möglichkeit, sich anzustrengen oder Glück zu haben, zwar höher ein als die Jungen, dagegen hatten sie die Tendenz, das eigene Talent unterzubewerten, selbst wenn sie in ihren Leistungen die Jungen übertrafen[15]. Deutsche Autoren sind zu vergleichbaren Ergebnissen gekommen[16].

Diese Befunde legen nahe, dass die Grundlagen für die niedrige Selbsteinschätzung schon vor Schulbeginn gelegt worden sein müssen, sodass die durchaus positiven Erfahrungen, die Mädchen in der Grundschule machen, daran nichts mehr zu ändern vermögen. Wir werden dieser geschlechtsdivergenten Entwicklung nun im Einzelnen nachgehen. Dabei wird sich zeigen, dass die Furcht vor dem Erfolg nur die Spitze des Eisbergs betrifft.

Wenn man tiefer lotet, stößt man als erstes auf Unterschiede in der Art, wie Erfolg und Misserfolg bewältigt werden. Wie schon bei der Besprechung von Horner deutlich geworden ist, sind die Vorstellungen, die wir uns, noch bevor wir handeln, von unseren Erfolgsaussichten machen, ein wichtiger Aspekt unserer Motivation. Wie sieht es nun aus, wenn der Erfolg wirklich eingetreten ist, wie stellen wir uns dazu? Und wie reagieren wir bei Misserfolg? Wem geben wir die Schuld, wenn etwas schiefgegangen ist, und wen oder was machen wir verantwortlich, wenn es geklappt hat?

In der Psychologie unterscheidet man zwei Weisen, mit Erfolg bzw. Misserfolg umzugehen. Im Fachjargon heißen sie *externale* und *internale Kausalattribuierung*[17]. „External" bedeutet, dass der Handlungsausgang auf äußere Umstände wie Glück oder den Schwierigkeitsgrad der Aufgabe zurückgeführt wird und man selbst letztlich nichts für das Ergebnis kann. Dagegen sieht man bei einer „internalen" Attribuierung die Ursachen in sich selbst, und zwar entweder, weil man sich für besonders befähigt hält oder auch weil man sich angestrengt hat, wobei vor allem im letzten Fall das Schwergewicht auf der eigenen Verantwortlichkeit liegt.

[13] Rudman & Glick, 1999
[14] Crandall, 1969; Dweck & Elliott, 1983
[15] Stetsenko et al., 2000
[16] Horstkemper, 1987; Rustemeyer, 1982; Vollmer, 1986
[17] Weiner, 1985

Führt man nun den Erfolg auf die eigene Befähigung zurück, und gelingt es einem zugleich, Misserfolg auf äußere Umstände abzuschieben, dann wirkt sich diese Form der Attribution positiv auf das Selbstgefühl aus. Etwas schwieriger wird es schon, wenn man die Anstrengung einbezieht; denn wer sich anstrengen muss, mit dessen Befähigung ist es möglicherweise nicht so weit her. Aber immerhin glaubt man auch bei dieser Attribuierung, den Handlungsausgang durch eigenes Dazutun beeinflussen zu können. Dagegen ist es ziemlich ungünstig für das Selbstgefühl, wenn man bei Erfolg annimmt, man hätte nur Glück gehabt oder die Aufgabe sei eben leicht gewesen, und Misserfolg dann gar noch darauf zurückführt, dass man nun einmal unfähig ist.

Nicholls hat Zehnjährige auf Geschlechtsunterschiede in der Kausalattribuierung hin untersucht und dabei folgendes von anderen Autoren später bestätigte Resultat gefunden[18]: Jungen sahen ihren Erfolg vorzugsweise als unmittelbaren Effekt eigenen Könnens, als Ausdruck der eigenen Potenz, nach dem Muster „was bin ich doch für ein toller Kerl". Sie nahmen die Attribution also internal vor. Hatten sie dagegen Misserfolg, dann leugneten sie dies oder schrieben die Schuld den Umständen bzw. anderen Personen zu; sie sprachen davon, dass sie Pech gehabt hätten oder der Lehrer halt doof sei. Sie attribuierten also external.

Mädchen tendierten dazu, genau umgekehrt zu reagieren. Bei Misserfolg gaben sie sich selbst die Schuld und sahen die Ursache in ihren mangelnden Fähigkeiten. Erfolg dagegen war für sie das Ergebnis des Zufalls – man hat eben mal Glück gehabt oder andere haben geholfen; selbst hat man eigentlich nichts dazu getan.

Jungen bekundeten in der Untersuchung von Nicholls also einerseits die Fähigkeit, das eigene Können hoch zu schätzen, verbunden mit dem Gefühl, den Erfolg zu kontrollieren. Andererseits erlebten sie im Umgang mit Misserfolg keine Beeinträchtigung des Selbstvertrauens. Es resultierte von daher also keine Leistungsminderung, sie würden es wohl das nächste Mal unverdrossen wieder versuchen, und wenn sie dabei Erfolg hätten, so wäre dies umso mehr der Beweis, dass der vorherige Misserfolg auf Pech zurückzuführen war.

Bei Mädchen lässt sich die ungünstige Reaktion auf Erfolg und Misserfolg in eine direkte Beziehung zum niedrigen Niveau des Selbstvertrauens bringen. Selbst wenn sie sich anfangs gar nicht direkt unterschätzen (obwohl sich die Tendenz dazu schon bei Siebenjährigen andeutet), wirkt sich allein schon aus, wie sie Misserfolge verkraften. Viele Untersuchungen stimmen überein, dass Mädchen auf Tadel und Fehlschläge betroffener reagieren als Jungen und dass sie ausgesprochen fürchten, keinen Erfolg zu haben. Das stimmt natürlich nachdenklich in Bezug auf mögliche tiefere Ursachen der „Furcht vor dem Erfolg". Steckt dahinter vielleicht in Wirklichkeit die Furcht vor dem Misserfolg? Als Konsequenz versuchen Mädchen, solche Erfahrungen zu vermeiden, was sich dann aber dahingehend auswirkt, dass sie ihr Anspruchsniveau zurücknehmen[19]. Sie wählen im Schullaboratorium leichtere Aufgaben und tendieren dazu, das Fach zu wechseln, wenn sich ihre Noten verschlechtern. Es besteht also die Neigung, Situationen, in denen die eigene Kompetenz auf die Probe gestellt werden könnte, gar nicht erst aufzusuchen. Dadurch wiederum verringert sich die Möglichkeit, die positive Erfahrung zu machen, dass man Schwierigkeiten selbstständig bewältigen kann. Hat man dann doch einmal Erfolg, dann trifft einen das eigentlich unerwartet, es kann also nur Glück gewesen sein oder jemand anderes, der einem dazu verholfen hat.

---

[18] Nicholls, 1975; Dweck et al., 1978

[19] Bell, 1989; Dweck & Light, 1980; Parsons & Ruble, 1977; Ruble & Martin, 1998; Eccles et al., 1998

Andere Untersuchungen zur Kausalattribuierung kommen zu einem für Mädchen nicht ganz so ungünstigen Ergebnis[20]. Mädchen attribuieren ihnen zufolge zwar Erfolg auf äußere Umstände, das gleiche tun sie aber auch bei Misserfolg. Jungen schreiben auch in diesen Studien ihren Erfolg der eigenen Befähigung zu, Misserfolg dagegen mangelnder Anstrengung. In jedem Fall ist auch diese Form der Attribuierung für das männliche Selbstgefühl zuträglicher, während beim weiblichen Geschlecht der Eindruck überwiegt, eigentlich nicht wirklich etwas ändern zu können. Generell gehen die meisten einschlägigen Studien in die Richtung, dass Jungen in Bezug auf Selbstvertrauen, Erfolgserwartung und Attribution der eigenen Leistung günstiger abschneiden als Mädchen[21].

Ein ähnliches Ergebnis zeigt sich, wenn man Versuchspersonen veranlasst, die Leistung *anderer* zu erklären; in der Fachsprache bezeichnet man dies als „Fremdattribution". Auch hierbei kommen Frauen schlechter weg. In einer einschlägigen Untersuchung wurden Tätigkeiten geschildert, die dem weiblichen oder männlichen Stereotyp entsprachen. Diese konnten nun mit einem männlichen oder weiblichen Handelnden kombiniert werden. Es ergaben sich also vier Möglichkeiten: Ein Mann konnte eine typisch männliche oder eine typisch weibliche Tätigkeit ausüben und Entsprechendes galt für die Frau. Sollten die Probanden nun einen Mann beurteilen, der in einer männlichen Tätigkeit reüssierte, dann bezogen sie dies auf seine Befähigung. Übte dagegen eine Frau die gleiche Tätigkeit erfolgreich aus, dann sagten die Beurteiler, sie hätte Glück gehabt. Handelte es sich um eine als weiblich eingestufte Tätigkeit, dann sprach man der Frau zwar Befähigung zu, das gleiche Urteil erhielt aber auch der Mann. Den Mann hielt man also in jedem Fall für fähig, der Frau dagegen traute man weniger zu, dass sie in Bereichen aus eigener Kraft Erfolg haben könnte, die nicht als typisch weiblich gelten. Es verwundert nicht, dass solche Urteile sich schließlich auch auf die Weise auswirken, wie Frauen die eigene Leistung attribuieren[22]. Verschärfend kommt hinzu, dass Frauen sich durch das Urteil anderer stärker betreffen lassen. Mehrere Untersuchungen haben übereinstimmend ergeben, dass Jungen und Männer dazu neigen, die Bewertung durch andere kaum oder überhaupt nicht zu beachten und Kritik an sich ablaufen zu lassen, während Mädchen und Frauen die Bewertung durch andere ernst nehmen[23].

Golombok und Fivush sehen in einer solchen Einstellung einen der Gründe, warum Frauen vor Mathematik zurückschrecken[24]. Da Mathematik als typisch männliches Betätigungsfeld gilt, kann eine Frau, wenn sie hier erfolgreich ist, dies nur glücklichen Umständen oder allenfalls erhöhter Anstrengung zu verdanken haben. Weil man der Anstrengung aber nicht so recht trauen kann und schon gar nicht dem Glück, macht man lieber einen Bogen um die Mathematik.

Lob und Tadel in der Familie

Wie kommen Mädchen nun zu ihrem problematischen Verhältnis zum Erfolg? Im letzten Abschnitt ist bereits angeklungen, dass die Erwartungen anderer Personen darauf einen nicht unwesentlichen Einfluss ausüben. Sozialwissenschaftler schreiben die Ursache denn auch mehr oder weniger ausschließlich solchen äußeren Faktoren zu. Vor allem feministisch engagierte Autorinnen betonen, wie stark die negative

20 Deaux & Emswiller, 1974; Feather, 1969
21 Ruble et al., 1993; Lirgg, 1991; Roberts, 1991
22 Deaux & Emswiller, 1974; siehe auch Alfermann, 1991
23 Roberts, 1991
24 Golombok & Fivush, 1994

Erfolgserwartung den Frauen durch Geschlechtsrollen und Stereotypen eingeimpft würde. Schon in den Lesebuchtexten der Grundschule würden Männer als ihres *Glückes Schmied,* als der *kluge Hans* dargestellt, wenn sie Erfolg haben, stoße der (allenfalls) *fleißigen Liese* dagegen etwas Gutes zu, dann hätte sie Glück gehabt oder sich eben sehr angestrengt[25]. Wenn den Mädchen aber niemand etwas zutraue, wie sollten sie dann von sich aus auf die Idee kommen, dass sie ihren Erfolg aus eigener Kraft bewerkstelligen könnten?

Ganz aus der Luft gegriffen dürften solche Erklärungen nicht sein; das belegen die im letzten Abschnitt geschilderten Befunde. Ist dabei aber wirklich die Familiensozialisation der entscheidende Faktor? In einer Untersuchung von Pomerantz und Ruble sollte herausgefunden werden wie sich das mütterliche Verhalten auf das kindliche Selbstvertrauen und die Attribution von Misserfolg bei Sechs- bis Elfjährigen auswirkt[26]. Die Mütter mussten mehrere Wochen täglich in einem Fragebogen ankreuzen, wann sie dem Kind geholfen oder es ermuntert hatten, allein mit einem Problem fertig zu werden, wann sie es lobten bzw. tadelten, und ob sie es allein Entscheidungen treffen ließen oder ihm diese abnahmen. Des Weiteren wurde überprüft, ob die Kinder dazu neigten, Versagen eher internal oder external zu attribuieren.

Nun würde man aufgrund des besseren Selbstvertrauens von Jungen erwarten, dass sie von den Müttern mehr ermuntert wurden. Das Ergebnis der gerade angeführten Untersuchung entspricht aber nicht so eindeutig dieser Erwartung. Zwar interagierten Mütter mehr mit Söhnen als mit Töchtern. Die immer wieder aufgestellte Behauptung, Mädchen würden mehr eingeschränkt und kontrolliert, während man Jungen mehr Freiheit und Selbstständigkeit zugestehe, konnte in dieser Pauschalität jedoch nicht bestätigt werden. Mütter neigten zwar signifikant häufiger dazu, Mädchen für hilfsbedürftiger zu halten als Jungen, und Jungen wurden tatsächlich öfter zu Selbstständigkeit angehalten, letztlich halfen ihnen die Mütter dann aber doch ebenso oft wie den Mädchen. Die Jungen hatten, zumindest wenn sie mit ihren Müttern zusammen waren, also nicht öfter die Möglichkeit, selbstständig mit Problemen fertig zu werden. Besonders bemerkenswert an den Ergebnissen ist der Befund, dass Mädchen auch unter diesen Bedingungen die Tendenz zeigten, häufiger die Schuld für eigenes Versagen bei sich selbst zu suchen, und das, obwohl sie nicht öfter getadelt wurden als die Jungen.

In einer Hinsicht erhielten Jungen allerdings doch mehr Ermutigung, nämlich dann, wenn die Mütter sie für gute Leistungen in der Schule lobten. In dieser Situation verbanden die Mütter ihr Lob mit dem Hinweis auf die Kompetenz des Jungen; bei Mädchen fehlte dergleichen. Wieweit diese Differenzierung allein schon genügen könnte, um die stärkeren Versagensängste der Mädchen zu begründen, muss offen bleiben.

Natürlich muss man bei den Ergebnissen dieser Untersuchung immer berücksichtigen, dass die Mütter hier ständig genötigt wurden, über ihr Erziehungsverhalten nachzudenken. Das dürfte ihre Unbefangenheit nicht gerade gefördert haben. Es ist gut möglich, dass sie manche Angaben machten oder nicht machten, weil sie wussten, dass diese anderen zu Gesicht kamen. So könnte sich erklären, dass sie von der Einstellung her bei Jungen mehr Wert auf Selbstständigkeit legten, die sie ihnen dann im Handeln letzten Endes aber doch nicht zugestanden und vielleicht auch nicht zutrauten.

---

[25] Alfermann, 1991
[26] Pomerantz & Ruble, 1998

Alternative Erklärung

Die Sozialisationshypothese pflegt unreflektiert von zwei Voraussetzungen auszugehen, von denen keine der tatsächlichen Kompliziertheit der psychischen Wirklichkeit gerecht wird. Ich möchte diese beiden Annahmen, um sie besser diskutierbar zu machen, durch eigene Bezeichnungen hervorheben.

Annahme der Objektunabhängigkeit der Sozialisation:
- Sozialisation ist eine rückwirkungsfreie Beeinflussung.
- Die Sozialisationsagenten sind frei in der Wahl ihrer Maßnahmen.

Natürlich nimmt man an, dass dabei gesellschaftlich etablierte Idealvorstellungen eine Rolle spielen; dass aber auch das Sozialisationsobjekt selbst die Weise mitbestimmt, in der man es zu beeinflussen sucht, wird kaum je reflektiert. Wie jedoch schon oben S. 98 angesprochen, passen sich die Eltern in ihrem Umgang mit den Kindern, weitgehend unbewusst, an deren Vorgaben an.

Annahme der Kongruenz von Ziel und Effekt:
- Die Wirkungen der Sozialisation entsprechen möglicherweise nicht im Ausmaß, wohl aber in der Richtung, genau dem, was die Umwelt angestrebt hat.

Kinder sind indessen keine Wachstafel, die genau die Formen aufnimmt, die man ihr aufprägt, sondern komplizierte Organismen mit einem Eigenleben, das zwar durchaus auf Außeneinflüsse reagiert, aber oft nicht so, wie man sich das vorgestellt hat, jedenfalls nicht im Sinne einer Abbildung im Verhältnis eins zu eins.

Rekapitulieren wir noch einmal, was oben im 8. Kapitel zusammengestellt wurde: Mädchen sind bei Geburt neuronal reifer und deshalb schon in den ersten Lebenswochen leichter zu handhaben, sie schreien weniger und bescheren den Müttern mehr Gratifikationserlebnisse, sie sind emotional stabiler und bekunden eindeutiger ihr Interesse an der sozialen Kontaktnahme. Im Unterschied dazu sind Buben unruhiger, unkontrollierter, schwerer zu beruhigen. Im Vergleich zu ihnen benehmen sich Mädchen eigentlich angepasster und wirken sozial reifer.

Ich würde daraus die Vermutung ableiten, dass Mädchen bereits als Babys und später als Kleinkinder ihre Erziehungspersonen durch die genannten Eigenschaften dazu veranlassen, von ihnen auch angepasstes Verhalten zu erwarten, ohne dass die Erwachsenen dies aber reflektieren, ja überhaupt bemerken oder gar besonders würdigen. Solange das Kind zufrieden und leicht zu handhaben ist, kann man getrost zur Tagesordnung übergehen; erst wenn es diesen Erwartungen nicht mehr entspricht, wird das zuvor selbstverständlich Hingenommene in Frage gestellt. Diese Entwicklung könnte nun aber dazu führen, dass man von kleinen Mädchen nicht etwa annimmt, sie seien unselbstständig, sondern dass man sie ganz im Gegenteil für selbstständiger hält als Jungen. Entsprechen sie diesen Erwartungen, indem sie beispielsweise helfen, auf kleinere Geschwister aufzupassen, dann wird dies nicht eigens zurückgemeldet. Es wäre sogar denkbar, dass man sie überfordert, weil man ihnen zuviel zutraut und, wenn sie dann versagen, erstaunt und indigniert reagiert.

Wenn die Leistung der kleinen Mädchen aber nicht gelobt wird, weil sie den Eltern gar nicht als etwas Besonderes auffällt, dann kann das Kind die Beziehung zwischen dem positiven Ergebnis und den eigenen Fähigkeiten auch nicht herstellen, und sein Handeln setzt sich nicht in Kompetenzerfahrung um. Umgekehrt wird Versagen sehr wohl von den Erziehungspersonen zur Kenntnis genommen und entsprechend artikuliert, weil sie damit nicht gerechnet haben; das Kind nimmt sich dies zu Herzen. Es entstünde also ein Missverhältnis zwischen ziemlich hoher Erwartung bis hin zur Überforderung einerseits und einer Nichtbeachtung der erbrachten Leistung andererseits, und das könnte nun genau die Bedingung sein, die zu einer ungünstigen Einschätzung eigener Erfolge und Misserfolge führt.

Damit wären die üblichen Erklärungen auf den Kopf gestellt. Es wäre keineswegs so, dass man Mädchen von vorne herein zu wenig zutraut und ihnen bedeutet, sie könnten nichts, sondern dass man von ihnen, weil sie vom Lebensbeginn an angepasster wirken, viel oder sogar zu viel fordert, ohne für die erbrachte Leistung dann aber die entsprechende positive Rückmeldung zu geben. Aus der Leistungsmotivationsforschung ist bekannt, dass verfrühte Anforderungen an Selbstständigkeit die internale Attribution von Misserfolg begünstigen und dass sich auf dieser Basis kein Bewusstsein der eigenen Kompetenz ausbilden kann.

Lob und Tadel in der Schule

Die im letzten Abschnitt aufgestellte Hypothese erhält Unterstützung, wenn wir das Verhalten von Lehrern genauer durchleuchten. Zunächst muss festgehalten werden, dass Untersuchungen zum verstärkenden Verhalten in der Grundschule zu widersprüchlichen Ergebnissen kommen. Die alltagspsychologische Überzeugung, dass Jungen mehr gelobt werden, weil man die bessere Begabung bei ihnen voraussetzt, während die gute Leistung des Mädchens unter den Tisch fällt, weil sie von ihm nicht erwartet wurde, trifft in dieser undifferenzierten Form nicht zu. Jungen erhalten mehr Lob, aber auch mehr Tadel[27]. Und wenn ein Lehrer ein Mädchen für eine gute Leistung nicht lobt, dann nicht, weil er damit nicht gerechnet hat, sondern gerade weil seine Erwartung besonders hoch war und er die Leistung als selbstverständlich hinnimmt, ganz in dem Sinne, wie ich es oben für die Eltern postuliert habe[28].

Durchgängig trifft allerdings zu, dass Jungen schon im Kindergarten und dann auch in der Schule mehr *Aufmerksamkeit* erhalten als Mädchen[29]. Das muss nun aber keineswegs daran liegen, dass Lehrer das männliche Geschlecht für wichtiger und wertvoller halten; die Beachtung wird vielmehr in erster Linie von den Jungen selbst provoziert. Sie melden sich öfter, auch wenn sie nichts Substantielles zu sagen haben. Vielfach reden sie auch einfach nur dazwischen und ziehen ganz generell die Aufmerksamkeit viel häufiger als Mädchen durch unangepasstes Verhalten auf sich[30]. Das führt dann zwar dazu, dass sie öfter getadelt werden, aber eine Art Beachtung ist dies schließlich auch.

Mit fortschreitendem Alter ändert sich die Lob- und Tadelspraxis, denn jetzt müssen die Lehrer weniger Zeit auf das Betragen verwenden und können den Fachunterricht in den Vordergrund rücken lassen. Damit verringern sich auch die geschlechtsbezogenen Unterschiede in der Verstärkungspraxis[31]. Eine Untersuchung von Carol Dweck verdeutlicht allerdings, dass die tatsächlichen Zusammenhänge

[27] Simpson & Erikson, 1983
[28] Eccles-Parsons et al., 1982
[29] Cherry, 1975; Ruble & Martin, 1998; Boldt, 2008
[30] Stake & Katz, 1982; Stockard, 1980; Eccles & Blumenfeld, 1985
[31] Ruble et al., 2006

zwischen Lob, Tadel und Selbstvertrauen auch bei größeren Schulkindern viel komplizierter sind als die Alltagspsychologie sich das so ausmalt[32].

In ihren Untersuchungen an Zehn- bis Elfjährigen fand Dweck zunächst einmal, dass die Lehrer Jungen häufiger tadelten, Mädchen dagegen mehr lobten. Interessant ist nun, *wofür* sie lobten und tadelten. Dabei wurden vier Bereiche unterschieden: intellektuelle Leistungen, ordentliches Betragen, Fleiß und Arbeitshaltung. Entgegen der vielfach geäußerten Meinung, Jungen würden häufiger für intellektuelle Leistungen gelobt, erhielten beide Geschlechter annähernd gleich häufig Lob und Tadel auf diesem Sektor. Dies ist allerdings kein Grund zum Aufatmen, wenn man genauer analysiert, welchen Stellenwert diese Verstärkungen hatten.

Es war nämlich so, dass die Mädchen in allen vier Bereichen viel gelobt wurden, wie nebenstehende Abbildung verdeutlicht, und das ist der Grund, weshalb ihre Lobbilanz insgesamt höher ausfiel als die der Jungen. Ganz anders sah es mit dem Tadel aus. Bei Betragen, Fleiß und Arbeitshaltung gab es hierfür kaum Anlass. Einzig auf dem intellektuellen Sektor machten die Mädchen bisweilen etwas falsch und darauf reagierten die Lehrer negativ. Wenn die Mädchen also überhaupt getadelt wurden, dann in erster Linie für intellektuelles Versagen, und das „fuhr" ihnen natürlich „ein". Wenn man nun berücksichtigt, dass sich Mädchen generell Tadel mehr zu Herzen nehmen, dann ist leicht abzusehen, dass diese Verstärkungspraxis das Vertrauen in das eigene intellektuelle Können kaum fördert; das Lob in diesem Bereich ging ja bei der allgemeinen Lob-„Inflation" unter.

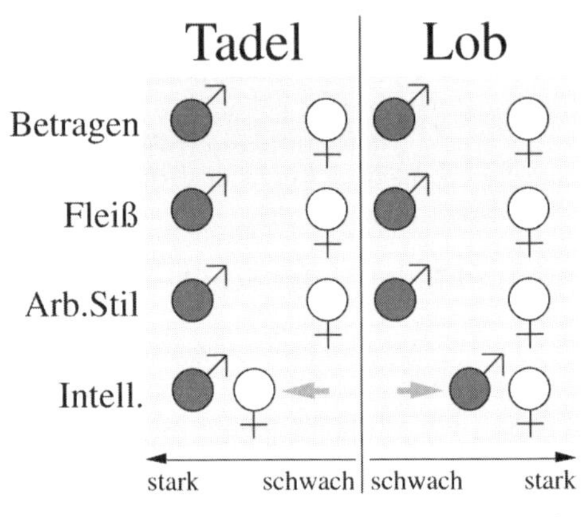

Geschlechtstypische Verteilung von Lob und Tadel nach Dweck

Bei den Jungen lagen die Verhältnisse genau umgekehrt. Sie wurden in allen vier Bereichen getadelt. Wenn sie schon einmal gelobt wurden, dann am ehesten noch für intellektuelle Leistungen. Vor dem Hintergrund der häufigen Tadel sticht dieses Lob natürlich deutlich hervor und kann deshalb positiv für das Selbstgefühl verbucht werden. Wurden die Jungen dagegen für intellektuelle Fehlleistungen gerügt, dann erlebten sie dies angesichts ihrer hohen Tadelsbilanz kaum als gravierend, wobei hinzukommt, dass Jungen sich Tadel generell weniger zu Herzen nehmen.

Lob und Tadel haben, wenn sie inflationär eingesetzt werden, auf die Selbstbewertung wohl wenig Einfluss. Im vorgestellten Beispiel nützte das Lob den Mädchen nichts und der Tadel machte den Jungen nichts aus. So ergeben sich für beide Geschlechter aus den unterschiedlichen Gesamtbilanzen von Lob und Tadel unterschiedliche Auswirkungen auf das Selbstgefühl, mit einem positiven Effekt bei den Jungen und einem negativen bei den Mädchen.

Es wäre denkbar, dass die Lehrer ganz unreflektiert ein Bezugssystem für die Bewertung der Schüler und Schülerinnen ausgebildet hatten, das durch den Kontrast des Verhaltens der beiden Geschlechter bestimmt war. Sie hätten Betragen und Arbeitsstil der Mädchen möglicherweise nicht so positiv empfunden, wenn diese sich nicht so angenehm vom eher unangepassten Verhalten der Jungen abgehoben hätten. Paradoxerweise führt die positivere Bewertung nun aber dazu, dass die Mädchen

[32] Dweck et al., 1978; siehe auch Stockard, 1980

eigentlich schlechter wegkommen. Damit hätten wir es wiederum mit einem für die Mädchen negativen Effekt der Koedukation zu tun. Das Ergebnis zeigt zugleich, wie schwierig es für die Lehrkräfte ist, nicht unbewusst auf Kontrastphänomene hereinzufallen. Auch das würde für eine geschlechtsgetrennte Erziehung sprechen. Wenn Lehrer sich, eingedenk der Diskriminierung von Mädchen, dann gar noch gezielt vornehmen, diese mehr zu loben, ahnen sie wohl nicht, dass sich ihre gute Absicht kontraproduktiv auswirken kann. Eine offene Frage ist indessen, ob Mädchen genauso reagieren würden wie Jungen, wenn die Relation von Lob und Tadel bei ihnen so ausfiele wie bei jenen, oder ob sie sich Tadel nicht auch dann noch mehr zu Herzen nehmen, wenn er inflationär verteilt wird.

Wir haben nun einige Gründe kennen gelernt, warum Mädchen eine ambivalente Einstellung zur eigenen Kompetenz haben könnten. Gleichwohl stellt sich die Frage, wieso es gerade die Mädchen sind, denen Misserfolge mehr ausmachen. Eigentlich sind es doch die Jungen, die im Grundschulalter durchschnittlich schlechtere Noten erhalten, häufiger durchfallen und öfter getadelt werden. Wieso tut das deren Selbstbewusstsein keinen Abbruch? Insbesondere ist ungeklärt, warum die Mädchen sich durch die Konfrontation mit dem männlichen Leistungsverhalten entmutigen lassen. Es wäre ja auch denkbar, dass sie zu höherer Leistung angespornt würden. Um hier tiefer liegende Ursachen auszuloten, müssen wir weitere Überlegungen anstellen, bei denen motivationale Bezüge stärker in den Vordergrund rücken.

21 Geborgenheit und Neugier

Vertrautheit und Sicherheit

In den 70er Jahren führten Goldberg und Lewis eine Studie durch, bei der es darum ging, wie Kinder von 13 Monaten, also in einem Alter, in dem sie eben laufen können, einen für sie unbekannten Raum erkundeten, wie sie mit neuen Spielsachen umgingen und welche Rolle der Mutter dabei zukam[1]. Die Untersuchung fand im Spielzimmer eines psychologischen Instituts statt. Die Ausstattung war so attraktiv, dass sich alle Kinder von der Mutter lösten und im Raum umschauten. Dabei ergab sich nun aber ein Geschlechtsunterschied. Alle Kinder kehrten zwischendurch immer wieder einmal zur Mutter zurück; die Mädchen taten dies aber nach signifikant kürzeren Intervallen. Blieben die Buben durchschnittlich 550 Sekunden weg, so dauerte die Erkundungsspanne die Mädchen nur 280 Sekunden. Es sah also ganz so aus, als bräuchten die Mädchen häufiger die Nähe der Mutter als die Buben. Zum Schluss der Spielsitzung stellten die Versuchsleiter dann noch eine Barriere auf halbem Weg zwischen Mutter und Kind auf. Die Mädchen verharrten überzufällig häufiger an der Barriere und weinten, während die Buben versuchten, sich seitlich an ihr vorbeizudrücken. Die Buben schienen sich also selber helfen zu wollen und wurden dabei auch aggressiv. Die bevorzugte Strategie der Mädchen dagegen war, Hilfe zu suchen.

Das Verhalten der Kinder lässt sich am besten verstehen, wenn man unterstellt, dass es unter der Regie zweier einander widersprechender Motivsysteme steht: des Bedürfnisses nach *Geborgenheit* bei der vertrauten Pflegeperson und dem Verlangen, *neue Erfahrungen* zu machen.

Beide Motivsysteme sind in der Entwicklungspsychologie ausgiebig untersucht worden: das Sicherheitsverlangen in der von John Bowlby[2] in den 50er Jahren konzipierten Bindungsforschung, das Explorationsbedürfnis in einer ebenfalls um die Jahrhundertmitte durch Berlyne begründeten Forschungstradition[3]. Unsere eigene Arbeitsgruppe an der Universität Zürich hat sich vor allem darum bemüht, die Interaktion dieser beiden Motive zu klären. Die daraus hervorgegangene Theorie ist als das „Zürcher Modell der Sozialen Motivation“ bekannt geworden[4]. In Anbetracht der vielfältig vernetzten Wirkungsbeziehungen ist eine konsistente Formulierung nur mit Mitteln der Systemtheorie möglich. Ich kann hier also nur eine sehr allgemein gehaltene, qualitative Umrisslinie zeichnen.

Das Baby kommt mit dem Bedürfnis auf die Welt, sich an Mitmenschen anzuschließen und eine Bindung an eine oder einige Bezugspersonen aufzubauen. Seine ersten Lebensmonate sind ganz wesentlich von einem intensiven Interesse geprägt, sich die Gesichtszüge und Merkmale derjenigen Personen einzuprägen, die sich häufig mit ihm beschäftigen. Es sucht von sich aus den Kontakt mit ihnen, möchte ihre Aufmerksamkeit erhalten, und es zeigt durch sein Lächeln an, dass es diese Interaktionen als befriedigend empfindet. So wird es allmählich mit ihnen vertraut und Vertrautheit ist die Basis, auf der es sich geborgen fühlt. Die so erzeugte Grundstimmung heißt im Zürcher Modell *Sicherheitsgefühl* oder kurz *Sicherheit.*

Das Maß an Sicherheit, das ein Kind benötigt, um sich wohl zu fühlen, wird im Modell als *Abhängigkeit* bezeichnet. In die Sprache der Regelungstechnik übersetzt,

---

1 Goldberg & Lewis, 1969
2 Bowlby, 1975
3 Keller et al., 1994
4 Bischof, 1975, 1985, 1993, 2009; Bischof-Köhler, 2011

wäre die Abhängigkeit einem *Sollwert* vergleichbar, den das System zu erreichen und beizubehalten strebt. Sinkt das Sicherheitsgefühl deutlich unter die durch den Grad der Abhängigkeit gesetzte Marke, etwa deshalb, weil die vertraute Person das Kind allein lässt, dann reagiert es mit Angst und dem Gefühl des Verlassenseins, das sich insbesondere im Weinen Ausdruck verschafft.

Eine ausgeglichene Sicherheitsbilanz ist ein ganz wesentliches Desiderat für das Gedeihen den Kindes, ja sie wirkt sich sogar auf seine körperliche Entwicklung aus[5]. Nun haben Sollwerte aber einen Januskopf, und das gilt auch für die Abhängigkeit. Diese kennzeichnet nicht nur ein *Bedürfnis,* sondern auch eine *Toleranz,* denn es ist auch die umgekehrte Beziehung möglich: der Istwert kann den Sollwert *überschreiten.* Zuviel Nestwärme kann beklemmend sein. Eine solche Situation ist bei Kleinkindern kaum zu erwarten, da ihre Abhängigkeit sehr hoch ist; sie tritt aber insbesondere in der Pubertät vermehrt ein. Die Abhängigkeit geht nämlich im Laufe der Ontogenese zurück, wodurch gewährleistet ist, dass der Jugendliche sich von seiner Herkunftsfamilie ablöst und selbstständig wird. Emotional äußert sich eine solche Sollwertüberschreitung im Gefühl des *Überdrusses* und im Bedürfnis, sich gegen die Familie abzugrenzen.

Unbekanntheit und Erregung

Das zweite für die frühe Ontogenese relevante Motivationssystem reguliert eine Größe, die in der Literatur üblicherweise als *Erregung* bezeichnet wird. Während Sicherheit sich aus Vertrautheit speist, entsteht Erregung in der Begegnung mit dem Unvertrauten, mit Neuheit, Fremdheit, Undurchschaubarkeit. Fremdes, sei es nun belebt oder unbelebt, ist zuallererst einmal gefährlich. Man weiß nicht, ob sich der Kontakt mit ihm positiv oder negativ auswirken wird, und deshalb ist Vorsicht geboten. Kleinkinder reagieren zwar zunächst auf alle Menschen mit freundlichem Lächeln, beginnen jedoch, sobald sie sich etwa im dritten Monat die Züge ihrer Bezugspersonen eingeprägt haben, „fremd“ und „vertraut“ zu unterscheiden. Nun droht ihnen in diesem Altersabschnitt allerdings kaum eine Gefahr von Fremden, weil sie sich ja meist in der unmittelbaren Obhut der Pflegepersonen befinden. Die Situation wird erst im letzten Viertel des ersten Lebensjahres kritisch, sobald die motorische Reife den Kindern zunehmend die Möglichkeit bietet, sich aktiv von der Mutter wegzubewegen. Jetzt muss motivational sichergestellt werden, dass sie sich nicht zu weit in fremde Gebiete vorwagen. Insbesondere dürfen sie nicht einfach von einer fremden Person erwarten, dass sie genauso bereitwillig für sie sorgen würde, wie das die eigenen Eltern tun. Noch bei Schimpansen kommt Infantizid vor, Jungtiere laufen Gefahr, von fremden Artgenossen einfach aufgefressen zu werden. Ein Programm, dies zu vermeiden, ist auch noch beim menschlichen Kleinkind wirksam und reift in Form der *Fremdenfurcht* um den achten Monat herum; man sagt, das Kind „fremdelt“. Es reagiert auf die Annäherung Fremder mit Misstrauen, Zögern, Beunruhigung, Verängstigung, in einzelnen Fällen sogar mit Weinen und zeigt die Tendenz, Unbekanntes, insbesondere fremde Erwachsene, aktiv zu vermeiden.

Misstrauen gegen alles Fremde kennen wir auch noch im Erwachsenenalter; spätestens hier wird aber offenbar, dass dies nicht die einzig adäquate Reaktionsweise sein kann. Wie das Wort „Neu-Gier“ schon ausdrückt, kann das Unbekannte auch faszinieren und zu positiver Kontaktnahme herausfordern.

---

5 Für weitere Details siehe Bischof-Köhler, 2011

Ob dies der Fall ist, hängt wiederum von einem inneren Sollwert ab, der im Zürcher Modell *Unternehmungslust* heißt und von dem angenommen wird, dass er gegensinnig zur Abhängigkeit variiert. Auch die Unternehmungslust kann sich als Bedürfnis und Toleranz bemerkbar machen: Wird sie durch das Ausmaß der Erregung übertroffen, so resultiert Furcht und Meidungsverhalten gegenüber dem Fremden, im umgekehrten Fall entsteht Langeweile und das Bedürfnis nach Abwechslung.

Der hohen Abhängigkeit des Kleinkindes entspricht eine eher niedrige Erregungstoleranz, das Kind ist also durch Fremdheit relativ rasch geängstigt. Da die beiden Systeme interagieren, findet es fremde Objekte nur faszinierend, wenn es sich zugleich geborgen fühlt. Seine Bereitschaft, neue unbekannte Dinge zu explorieren und mit fremden Personen Kontakt aufzunehmen, steht damit in unmittelbarer Beziehung zur Anwesenheit vertrauter Bezugspersonen, die sensibel das Gefühl der Geborgenheit zu vermitteln wissen und dem Kind zugleich Spielraum für die freie Entfaltung lassen.

Unter normalen Entwicklungsbedingungen fühlt sich ein Kind in der häuslichen Situation am geborgensten. Beide Eltern und die vertraute Umgebung, unter Umständen auch Geschwister, spenden ausreichend Sicherheit. Hierfür erweist sich die Mutter im Allgemeinen als die bevorzugte Quelle, zu ihr flüchtet das Kind sich am liebsten, wenn es sich fürchtet oder nicht wohlfühlt. Ist sie nicht anwesend, können unter normalen familiären Bedingungen auch der Vater oder weitere Bezugspersonen an ihre Stelle treten.

Nun haben wir oben im 8. Kapitel den Verhaltensstil der Mutter dahingehend charakterisiert, dass sie in erster Linie zärtlich ist, Pflege leistet, *gewohnte* Spielaktivitäten initiiert und das Kind zu seinem Schutz auch einmal einschränkt. Mit diesem Verhalten unterstützt sie sein Bedürfnis nach Sicherheit, denn alle ihre Aktivitäten tragen den Stempel des Vertrauten. Das bedeutet allerdings, dass ihr Verhaltensstil keinen besonders hohen Erregungswert hat. Beim Kind entsteht nun aber, wenn sein Sicherheitsbedarf gedeckt ist, das Bedürfnis nach Erregung. Die Mutter ist zwar durchaus in der Lage, für Abwechslung zu sorgen. Andererseits kann sie sich bei der Routine des Alltags aber nicht ständig etwas Neues einfallen lassen, sodass es dem Kind auch einmal langweilig wird. Es wird neugierig auf Spiele, die es noch nicht kennt, auf unbekannte Objekte, die es explorieren möchte, auf Formen von Erregung, die vom Gewohnten abweichen.

In diesem Zusammenhang hat nun der väterliche Spielstil eine besondere Funktion. Mit seiner Tendenz, eher unkonventionell zu spielen, kommt der Vater in erster Linie dem kindlichen Bedürfnis nach Abwechslung entgegen und unterstützt die Erkundung von Neuem, ja eventuell sogar Gefährlichem. Einen solchen Beigeschmack hat auch das Raufen, dessen hervorstechendes Kennzeichen das Überraschungsmoment, die Unvoraussagbarkeit ist. Der Vater wird dadurch zur faszinierenden Erregungsquelle. Da er zugleich aber immer vertraut genug bleibt, muss das Kind sich nicht wirklich ängstigen[6].

Die Bedeutung von Bindung und Erkundung bei Kleinkindern

Wenn wir vor diesem Hintergrund die Frage noch einmal stellen, welche Funktion die elterlichen Verhaltensunterschiede für die kindliche Entwicklung haben, so sind Vater und Mutter für beide Motivsysteme von Bedeutung, aber mit unterschiedlichem Gewicht. Das Schwergewicht der Mutter liegt in erster Linie im Bereich des

[6] Bischof-Köhler, 2011

Sicherheitssystems. Sie ist primär die Vermittlerin von Geborgenheit, diejenige, bei der das Kind in wirklichen Stresssituationen Zuflucht sucht. Das väterliche Verhalten dagegen hat seinen Schwerpunkt in der Förderung und Befriedigung des kindlichen Erregungsbedürfnisses. Der Vater ist somit vorzugsweise der Mittler von Exploration und unterstützt die Unternehmungslust des Kindes. Sekundär bleibt er zwar auch Spender von Sicherheit, sein eigentlicher Vorzug besteht aber darin, dass er immer wieder mit Neuem aufwartet.

Um gleich vorzubeugen und nicht die falsche Vorstellung entstehen zu lassen, die Rolle der Mutter solle abgewertet werden, weil ihr Anregungswert als nicht sehr hoch eingestuft wird, sei ausdrücklich betont, dass die Sicherheit, die sie spendet, überhaupt erst die Basis abgibt, ohne die das Kind gar nicht in Lage wäre, ein Interesse an Erkundung zu entwickeln. Allein schon deshalb hat die Mutter – ersatzweise eine andere vertraute Bezugsperson mit vergleichbarem Verhaltensstil, also eben auch der Vater – eine unersetzliche Funktion, die nicht hoch genug eingeschätzt werden kann.

Wie wir oben S. 89f. festgestellt haben, orientieren sich Jungen relativ früh, nämlich im zweiten Lebensjahr, zum Vater hin. Bereits in diesem Alter finden sie auch schon einen besonderen Gefallen daran, herumzutoben und sich an Objekten zu schaffen zu machen, die eigentlich verboten sind oder die durch ihre Charakteristik eher Überraschungen bergen. Diese Verhaltensbesonderheiten im Zusammenhang mit dem väterlichen Spielstil, der eher für Abwechslung sorgt, lassen den Schluss zu, dass Jungen offensichtlich ein ausgeprägteres Erregungsbedürfnis entwickeln und deshalb den Vater und seine Aktivitäten zumindest zeitweilig attraktiver finden, als beispielsweise von der Mutter auf dem Schoß gehalten zu werden und ein Bilderbuch anzuschauen.

Daraus lässt sich die Hypothese ableiten, dass Jungen im Mittel etwas höhere Unternehmungslust, also höheres Erregungsbedürfnis und damit auch höhere Erregungstoleranz haben als Mädchen. Konkret würde sich das dahingehend auswirken, dass sie unbekannte Situationen und Objekte noch faszinierend finden, bei denen Mädchen bereits etwas zögern und sich lieber vorsichtig zurückhalten. In den folgenden Abschnitten soll der Frage im Einzelnen nachgegangen werden, wieweit sich diese Hypothese empirisch bestätigen lässt.

Wie oben festgestellt, sind Kleinkinder dann am ehesten bereit, Neues zu erkunden, wenn sie eine gute Beziehung zum Kreis ihrer Bezugspersonen, in dessen Mitte normalerweise die Mutter steht, aufgebaut haben. Sobald sie sich krabbelnd oder laufend fortbewegen können, pendeln sie zwischen der Mutter und irgendwelchen Objekten im Raum hin und her. Sie halten sich eine zeitlang in einer gewissen Entfernung auf, um zu spielen, und suchen dann für eine kurze Weile wieder die Nähe der Mutter, um – wie Margret Mahler es nennt – Sicherheit zu „tanken“. Diese Sicherheit tragen sie dann gleichsam in einem Reservoir mit sich und können für eine Zeit erneut auf Distanz zur Mutter gehen.

Wenn es nun zutrifft, dass Jungen eine höhere Unternehmungslust haben, dann könnte dies implizieren, dass sie weniger Sicherheit brauchen. In diesem Fall wäre zu erwarten, dass sie sich häufiger oder vielleicht auch länger von der Mutter entfernen als Mädchen und weiter in unbekannte Räume vordringen, so wie dies in der oben geschilderten Untersuchung von Goldberg und Lewis tatsächlich herauskam.

Dieses Ergebnis wurde mit kleinen Abweichungen von Maccoby und Jacklin bei 13 bis 14 Monate alten Kindern bestätigt[7]. Auch in ihrer Untersuchung waren die Jungen aktiver im Erkunden. Sie entfernten sich weiter, kehrten allerdings häufiger zur Mutter zurück, während die Mädchen wohl deshalb seltener zurückmussten,

[7] Maccoby & Jacklin, 1973

weil sie von vorne herein gar nicht so weit weggingen. Nachdem die Kinder eine Weile gespielt hatten, wollte man herausfinden, wie sie auf einen ängstigenden Reiz reagierten. Zu diesem Zweck wurde über einen Lautsprecher eine böse männliche Stimme eingespielt. Die Jungen blieben bei diesem Anlass zunächst dort, wo sie sich gerade befanden und rannten erst zur Mutter zurück, wenn die Stimme länger als 15 Sekunden ertönte, die Mädchen dagegen kamen sofort. Die Jungen waren also offensichtlich etwas toleranter gegenüber der Erregung und ihre Sicherheit brach nicht so schnell zusammen. Allerdings waren sie anschließend nachhaltiger beunruhigt und brauchten länger, um in der Nähe der Mutter ihr Sicherheitsdefizit wieder aufzufüllen. Interessant ist in diesem Zusammenhang auch, wie 12-monatige Babys reagieren, wenn die Mutter angesichts eines unbekannten Objektes Furcht zum Ausdruck bringt. Diese Emotion überträgt sich durch Gefühlsansteckung auf das Kind und beeinflusst sein weiteres Verhalten – man nennt das *social referencing (soziale Rückversicherung)*. In einer diesbezüglichen Studie zeigte sich nun, dass Mädchen ein neues Objekt mieden, wenn die Mutter Furcht davor ausdrückte und ihre Nähe suchten. Bei den Jungen war dies nicht der Fall[8].

Auch bei größeren Kindern sprechen Befunde dafür, dass Mädchen ein ausgeprägteres Bedürfnis nach sozialer Nähe haben. Sie suchen beispielsweise engeren körperlichen Kontakt zu Freundinnen, brauchen mehr Bestätigung und zeigen generell ein größeres Anlehnungsbedürfnis[9]. Ferner beobachtet man in unserem Kulturkreis, aber auch bei Naturvölkern wie beispielsweise den Buschleuten, dass Jungen weiter von zu Hause bzw. vom Standort der Familiengruppe weg spielen als Mädchen[10]. Die vielfach geäußerte Annahme, Mädchen würden näher beim Haus bleiben, weil die Erwachsenen sie zurückhielten, während man Jungen einen weiteren Radius zugestehe, erscheint in einem neuen Licht, wenn man die Möglichkeit einbezieht, dass Geschlechtsunterschiede im Sicherheitsbedürfnis bestehen könnten. Die Mädchen hätten dann gar nicht das Bedürfnis, so weit wegzugehen.

Sicherheits- und Erregungsmanagement bei Zweijährigen

Das Zusammenspiel von Sicherheit und Erregung war auch Gegenstand von zwei Untersuchungen, die wir an unserem Institut durchführten. Die Versuchskinder waren zwischen 13 und 18 Monate alt, auch die jüngsten unter ihnen konnten laufen. Wir wollten herausfinden, wie die Kinder mit neuen Situationen umgingen und wie dies ihr Distanzverhalten zur Bezugsperson beeinflusste. Zu diesem Zweck hielten sich die Kinder mit ihren Müttern in einem langgestreckten, fensterlosen, korridorähnlichen Raum auf, in dem in gleichmäßigen Abständen am Boden Spielsachen verteilt waren. Die Mutter setzte sich zunächst an das eine Ende des Raumes und wir beobachteten, wie sich die Kinder das für sie neue Spielfeld allmählich erschlossen. Nach einer Weile wurde an der der Mutter gegenüberliegenden Seite des Versuchskorridors eine Trennwand zurückgezogen und eine Explorations-„Landschaft" eröffnet. Sie bestand aus einigen attraktiven Spielsachen, die wir neu konstruiert hatten, um sicherzugehen, dass sie allen Kindern gleichermaßen unbekannt waren. So befand sich darunter z. B. eine Art Computer mit Schaltern, Hebeln und Knöpfen, die man manipulieren konnte, woraufhin Lichter aufleuchteten und Töne erklangen. Schließlich sah der Versuch auch eine Trennung von

[8] Rosen et al., 1992
[9] Rose & Rudolph, 2006
[10] Draper, 1976

der Mutter vor, die sich für einen Zeitraum von höchstens drei Minuten aus dem Raum entfernte, allerdings nur, wenn das Kind dies überhaupt zuließ.

Das Ergebnis erbrachte interessante Geschlechtsunterschiede. Zunächst einmal differierten die Geschlechter deutlich in der Art der Manipulation, die bei den Mädchen feiner und differenzierter war, während die Buben, wie auch andere Untersuchungen zeigten, recht grob mit den Spielsachen umgingen und sie zum Teil umherwarfen. In Bezug auf die kleinen Spielsachen, die am Boden verteilt lagen, unterschieden sich die Geschlechter nicht in der Intensität der Beschäftigung. Dagegen waren die Jungen eindeutig stärker an der Explorationslandschaft interessiert, sie verließen eher die Mutter, um sie zu erkunden und beschäftigten sich vertiefter mit den einzelnen Objekten, während die Mädchen länger bei der Mutter verharrten.

Die Aufmerksamkeit der Mädchen war bei der Erkundung der Spielsachen eher fluktuierend und zwar vor allem, weil sie öfter den Blickkontakt mit der Mutter suchten. Außerdem spielten und interagierten sie länger mit dieser und schienen mehr am persönlichen Kontakt mit ihr interessiert. Ein vergleichbarer Unterschied hatte sich auch in einer Untersuchung von Gunnar und Donahue gezeigt, bei der die Mädchen bereitwilliger auf Interaktionsangebote der Mütter reagierten und selbst auch mehr Interaktionen initiierten[11]. In unserer Untersuchung setzten die Jungen die Mutter eher instrumentell ein, sie wollten von ihr unterhalten werden, wenn sie sich langweilten. Soweit sprach bei den Jungen alles für ein stärkeres Explorationsbedürfnis und für eine geringere Abhängigkeit von der Nähe der Mutter.

Das Bild änderte sich allerdings dramatisch, als die Mutter den Raum kurzzeitig verließ. Jetzt ereigneten sich emotionale Zusammenbrüche in erster Linie bei den Jungen, sie waren seltener in der Lage weiterzuspielen, weinten häufiger und heftiger und brachten die Mütter rascher dazu, zurückzukehren und die Trennung abzubrechen. Nach der Wiedervereinigung waren sie länger beunruhigt, bis sie wieder das Spiel aufnehmen konnten. Auf die einfache Formel: „Mehr Erregungstoleranz entspricht weniger Sicherheitsbedürfnis“ lässt sich der Geschlechtsunterschied in der Distanzregulation also nicht bringen. Deutlich wurde dagegen, dass Jungen und Mädchen offensichtlich ein unterschiedliches Sicherheitsmanagement haben. Die Mädchen bewegten sich wie auch in der Untersuchung von Maccoby und Jacklin nur in Ausnahmefällen so weit weg wie die Jungen. Häufig überbrückten sie die Distanz durch Blick zur Mutter oder indem sie diese anlächelten und vokalisierten. Sie wirkten also ganz so, als wären sie stärker auf die Nähe der Mutter angewiesen. Verließ diese dagegen den Raum, dann stellte sich das Bild ganz anders dar. Nun waren die Mädchen weniger beeinträchtigt; sie konnten die Trennung besser verkraften und zum Teil sogar weiterspielen.

Bei systemtheoretischer Behandlung lassen sich diese auf den ersten Blick widersprüchlich erscheinenden Zusammenhänge konsistent erklären. Anschaulich ausgedrückt, läuft es darauf hinaus, dass die Mädchen ein kleineres „Sicherheitsreservoir“ haben, weshalb sie sich auch näher bei der Mutter aufhalten. Die Reserven schwinden dafür aber langsamer, wodurch sie die Trennungssituation länger aushalten. Bei den Jungen fasst das Reservoir zwar mehr und sie können sich deshalb weiter von der Mutter wegbewegen. Allerdings verbraucht sich die Sicherheit mit zunehmender Entfernung rasch, und in diesem Fall müssen die Jungen schleunigst zur Mutter zurück. Ist sie in einem solchen Moment nicht verfügbar, also wie in unserem Experiment z. B. aus dem Raum verschwunden, dann führt dies zu einem massiven Sicherheitsdefizit mit entsprechenden heftigen Trennungsreaktionen. Diese motivationale Dynamik erlaubt also einerseits eine

[11] Gunnar & Donahue, 1980

größere Entfernung, verhindert aber andererseits, dass die Jungen sich, von ihrer hohen Unternehmungslust angestachelt, in Bereiche vorwagen, die gefährlich weit von der schützenden Bezugsperson entfernt sind. Sie können zwar ziemlich weit weggehen, um dann schlagartig aber auch die Grenze zu erreichen, an der die plötzlich einsetzende Unsicherheit sie zurücktreibt[12].

Faszination durch unbekannte Objekte

Im „Versuchskorridor“ wurde auch deutlich, dass unbekannte Objekte offensichtlich auf Jungen eine stärkere Faszination ausüben als auf Mädchen. Auch alle anderen Studien, die sich speziell mit dieser Frage befasst haben, verweisen auf eine höhere Erregungstoleranz bei Jungen. Als erste hat Corinne Hutt das Explorationsverhalten an 200 Kindergartenkindern im Alter von drei Jahren ausführlich untersucht[13]. Hutt hatte eigens eine Spielmaschine konstruieren lassen, die ähnlich wie die von uns eingesetzte mit Hebeln versehen war und Töne und Lichter produzierte, wenn man an ihr manipulierte. Außerdem waren im Spielzimmer auch konventionelle Spielsachen vorhanden, die die Kinder kannten. Die Jungen erkundeten, wie bei unserem Versuch auch, signifikant häufiger die Spielmaschine, während die Mädchen sich eher an die konventionellen Spielsachen hielten, also gar nicht erst die Gelegenheit wahrnahmen, sich mit dem unbekannten Objekt vertraut zu machen und Kompetenz im Umgang mit diesem zu erwerben. Außerdem zogen mehr Jungen als Mädchen die Spielmaschine bei einem späteren Besuch in einer kreativen Weise in ihre Spielaktivitäten ein. Sie benutzten sie beispielsweise als Traktor oder Kanone und versuchten auf diese Weise, ihr immer wieder neue Reize abzugewinnen und damit ihre Faszination andauern zu lassen. Die Mädchen dagegen verwendeten das Objekt lediglich als Sitz oder Ablage.

Nun könnte man gegen dieses Experiment einwenden, die Spielmaschine sei technisch und damit eher männlich. Dann müsste man allerdings weiterfragen, *warum* technisches Spielzeug für Mädchen nicht attraktiv ist. In diesem Zusammenhang ist an die sehr frühe Bevorzugung von Roboterspielzeug zu erinnern, die Maccoby und Jacklin bei ihrer Untersuchung fanden, und an die im 7. Kapitel angesprochene Attraktion, die ein Staubsauger auf 13 Monate alte Jungen ausübte. Alle diese Objekte haben eine gewisse Unvoraussagbarkeit gemeinsam und sind somit erregend. In einem anderen Experiment wurden ebenfalls Dreizehnmonatige 15 Tage lang bei der Eingewöhnung in eine neu zusammengestellte Spielgruppe beobachtet[14]. Die Jungen untersuchten am ersten Tag schon viel mehr Objekte als die Mädchen, die erst in den folgenden Tagen allmählich und in zunehmendem Maße anfingen, auf Erkundung zu gehen. Der Geschlechtsunterschied in der Explorationsbereitschaft zeigt sich übrigens schon früher. Bereits bei Sechsmonatigen hat Rothbart festgestellt, dass Mädchen gegenüber neuen Spielsachen zurückhaltender sind und diese nur zögernd berühren[15].

Angesichts dieser Evidenz erscheint die Vermutung nicht ganz abwegig, dass die Zurückhaltung der Mädchen nicht primär anerzogen ist, sondern dass neues Spielzeug für sie von vorn herein weniger attraktiv ist als für Jungen, da sie den Reiz des Unvorhersehbaren weniger schätzen. Eine überraschende Bestätigung dieser

---

[12] Gubler & Bischof, 1993
[13] Hutt, 1972; Keller et al., 1994
[14] Hock et al., 1984
[15] Rothbart, 1988

These liefern Experimente an Rhesusaffen, bei denen untersucht wurde, ob sich eine geschlechtstypische Präferenz für dieselben Objekte zeigt, die auch bei Jungen und Mädchen unterschiedlich attraktiv sind, nämlich Puppen und Plüschtiere einerseits und Spielzeugautos und Traktoren andererseits. Und man glaubt es kaum, man wurde fündig. Männliche Rhesusaffen zeigen, wenn sie zwischen Plüschtieren und Fahrzeugen wählen können, eine ausgeprägte Neigung für die letzteren und beschäftigten sich auch länger mit ihnen. Bei den weiblichen Tieren war das Ergebnis nicht ganz so eindeutig. In einem Experiment zeigte nur ein Teil der Weibchen eine Vorliebe für Puppen und Plüschtiere, in einem zweiten Experiment gaben sie diesen eindeutig den Vorzug[16]. Der ausgeprägten Vorliebe der männlichen Jungtiere für Fahrzeuge entspricht die gleiche Präferenz bei kleinen Jungen und man wird bei den Affen sicher nicht auf den Gedanken kommen, sie sei anerzogen. In beiden Fallen lässt sie sich aber zwanglos auf ein gesteigertes Erregungsbedürfnis zurückführen, dass Objekte mit Überraschungscharakter besonders attraktiv erscheinen lässt, und dazu eignet sich alles, was auf vier Rädern beweglich ist, natürlich in besonderem Maße. Die Tatsache, dass Mädchen mit fötaler Androgenisierung ebenfalls eine solche Vorliebe ausbilden, verweist direkt darauf, dass den pränatalen Hormonen eine wesentliche Erklärung hierfür zukommt[17]. Im Übrigen gibt die Vorliebe der weiblichen Affen ausgerechnet für Plüschtiere und Puppen auch zu Denken.

Die Raumfähre

Wie wir gesehen haben, lässt sich das Zusammenspiel von Sicherheits- und Erregungsmotivation bei Kleinkindern relativ unaufwendig untersuchen. Erhöhte Erregung erzeugt man dadurch, dass man sie mit neuen Spielsachen konfrontiert, wie in unserer Spiellandschaft, oder man lässt eine fremde Person auftreten. Das Sicherheitsbedürfnis ist deutlich mit dem Distanzverhalten der Bezugsperson korreliert und bekundet sich spätestens dann eindeutig, wenn diese sich entfernt. Versuche dieser Art kann man aber höchstens noch bei Dreijährigen durchführen, später drücken sich die betreffenden Motivationen anders aus und müssen methodisch anders angegangen werden. Hierfür ein adäquates Versuchsdesign zu entwerfen, war Gegenstand einer weiteren Untersuchung an unserem Institut. Wiederum brachten wir die Probanden in eine Spielsituation, die nun freilich höheren Altersklassen angemessen war[18].

Das Versuchsdesign bestand darin, dass die Probanden einen Abenteuerflug in den Weltraum unternahmen. Zu diesem Unterfangen nahmen sie in einem als Ein-Personen-Raumschiff gestylten Flugsimulator Platz, der eine Lenkvorrichtung, Gas- und Bremspedal sowie einige weitere Bedienungsknöpfe enthielt. Ein frontal angeordneter Bildschirm diente als „Fenster" in den Weltraum. Der Simulator war kardanisch schwenkbar und erzeugte so, unterstützt durch passende Soundtracks, ein recht realistisches Fluggefühl. Auf dem Bildschirm kündete das feine Gestöber „kosmischen Staubes" von der Fluggeschwindigkeit, Sternbilder zogen an der Versuchsperson vorbei und von Zeit zu Zeit geriet man in Schwärme von Meteoriten, die das Raumschiff treffen konnten. Man konnte ihnen ausweichen oder sie abschießen, sie bildeten also eine Quelle von unvorhersehbarer Gefahr. Generell war das Szenario so entworfen, dass es dieselben Themen ansprach wie

16 Alexander & Hines, 2002; Hassett et al., 2008; Williams & Pleil, 2008
17 Nordenström et al., 2002; Meyer-Bahlburg et al., 2004; Pasterski et al., 2005
18 Gubler & Bischof, 1993

die Kleinkindversuche zum Erkundungs- und Sicherheitsmanagement, wenngleich nun in eine eher symbolische Form übersetzt. Die Rolle der Sicherheitsbasis, also der Mutter, übernahm beim Raumflug die Erde, die als blaue, teilweise von Wolken bedeckte Kugel auf dem Bildschirm auftauchte. Man konnte sich ihr annähern oder sich von ihr entfernen und sie in gefährlichen Situationen, wie z. B. bei Meteoritenflug, um Hilfe bitten, sie spannte dann ein Schutzschild auf, so dass man nicht getroffen wurde. Als eigentliche Erregungsquelle fungierte ein unerwartet auftauchender, zugleich ominös und faszinierend wirkender Planet, auf dessen Begegnung die Probanden bei der Instruktion in keiner Weise vorbereitet wurden.

Mit dieser Anlage wurden etliche Versuchsserien mit unterschiedlichen Fragestellungen durchgeführt. Im vorliegenden Zusammenhang relevant ist eine Serie, an der 63 weibliche und 87 männliche Personen im Alter von 11 bis 33 Jahren teilnahmen. Die Aufgabenstellung war hier betont vage und leistungsneutral gehalten: Sie sollten mit einem „neu entwickelten Raumschiff" einen „Test- und Erkundungsflug im All" durchführen. Das Raumschiff sei mit einer Ausstattung eingerichtet, die interessante Objekte per Blitzlicht zu fotografieren erlaube. Der Flug sei jedoch nicht ungefährlich, da man im Weltraum Meteoritenschwärme zu gewärtigen habe. Eine Kollision mit diesen sei auf jeden Fall zu vermeiden. Nachdem die Versuchspersonen ausführlich in die Bedienungsweise des Raumschiffs eingeführt worden waren, wurden sie in den Erdorbit gestartet und waren dann frei, zu fliegen, wohin sie wollten, so lange wie der Treibstoff reichte. Sie hatten Funkkontakt mit der Erde, der aber bei zunehmender Entfernung leiser wurde und schließlich abbrach.

Aufschlussreich war bereits die durchschnittliche Distanz, die die Versuchspersonen zur Erde einhielten. Einerseits stieg diese monoton mit dem Lebensalter an, andererseits ergab sich hier aber auch ein deutlicher Geschlechtsunterschied (siehe folgende Abbildung): die männlichen Versuchspersonen flogen in allen Altersklassen weiter ins All hinaus.

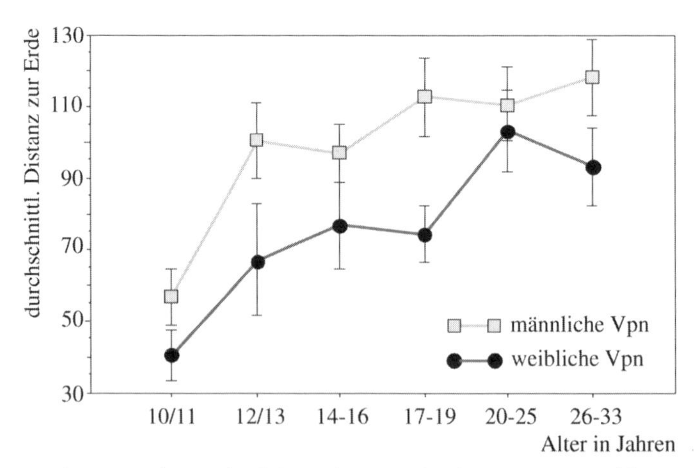

Mittelwerte und Standardabweichungen der bevorzugten Erddistanz (in „Lichtjahren") beim simulierten Flug ins Weltall.

Dieser Befund ließ sich noch differenzieren, wenn man einen weiteren Parameter berücksichtigte, nämlich den Anteil der Flugzeit, in der die Versuchspersonen den

Bug des Raumschiffes auf die Erde hin ausgerichtet hielten, sodass sie sie sehen konnten. Bei Einbeziehung dieses Kriteriums ließen sich vier Flugstile unterscheiden.

Eine erste Gruppe von Versuchspersonen blieb während des gesamten Fluges in der Nähe der Erde, behielt diese zudem noch möglichst lange im Blickfeld und kehrte häufig zu ihr zurück. Dieser Flugstil wurde von uns als *ängstlich* bezeichnet.

Andere Probanden gingen ebenfalls keine Risiken ein, wirkten aber eher *vernünftig* als direkt ängstlich: Sie blieben in der Nähe der Erde, hatten aber nicht nötig, sich ihrer Anwesenheit durch dauernde Rückblicke zu vergewissern.

Wieder andere Probanden machten einen *übermütigen* Eindruck: Sie preschten weit ins All hinaus, merken dann aber, dass sie die Erde vermissten, und waren daher in periodischen Abständen gezwungen, wieder zurückzukehren oder wenigstens Sichtkontakt mit der Erde aufzunehmen.

Auf einen letzten Typus schließlich würde am besten der neudeutsche Ausdruck „cool“ zutreffen; wir übersetzten ihn mit *kaltblütig*. Diese Versuchspersonen flogen ebenfalls überdurchschnittlich weit von der Erde weg, drehten sich kaum nach ihr um und hatten sie dementsprechend selten auf dem Bildschirm.

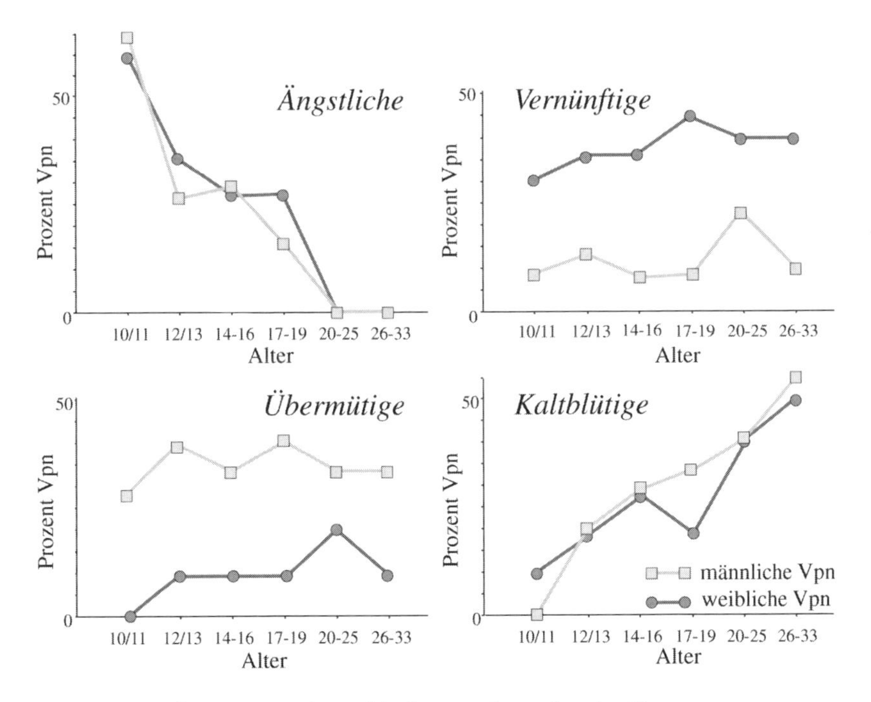

Altersgang und Geschlechtsverteilung der vier Flugtypen

Wie die vorangehende Abbildung zeigt, sind von diesen Flugtypen zwei, nämlich „ängstlich“ und „kaltblütig“, nahezu reine Alterseffekte: Mit zunehmendem Alter flogen Versuchspersonen beiderlei Geschlechts immer weiter von der Erde weg und kümmerten sich gleichzeitig weniger um sie. Die beiden anderen Typen dagegen verteilen sich nahezu altersinvariant, lassen dafür aber einen deutlichen Geschlechtsunterschied erkennen: Unter den männlichen Probanden beobachteten wir in einem signifikant höheren Prozentsatz der Fälle einen „übermütigen" Flugstil, während die „vernünftige" Strategie vor allem weibliche Vertreter hatte. Die Parallelen zum Verhalten der Mädchen und Jungen im Versuchskorridor sind augenfällig. Auch bei ihnen waren die Mädchen weniger weit von der Mutter weggegangen, zugleich aber nicht zu sehr durch ihre Abwesenheit beunruhigt, während die Jungen sich weiter von der Mutter wegwagten, aber viel mehr darauf angewiesen waren, sich immer wieder ihrer Präsenz zu versichern.

Im Versuch mit der Raumfähre ergab sich noch ein weiterer Geschlechtsunterschied, als die Probanden unvorbereitet dem *fremden Planeten* begegneten. Eine solche Begegnung erfolgte zweimal, und die Frage war hier, ob die Versuchspersonen sich spontan entschlossen, auf dem Planeten zu landen. Wie die folgende Abbildung erkennen lässt, erreicht die Neigung zum Besuch des Planeten in der Adoleszenz ihren Höhepunkt.

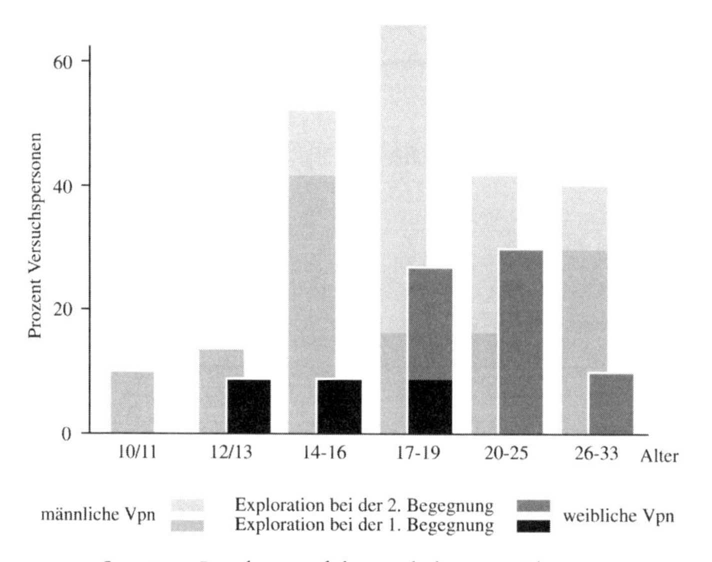

Spontane Landung auf dem unbekannten Planeten

Außerdem aber bestand im männlichen Geschlecht, unabhängig vom Alter, die deutlich größere Bereitschaft, die Landung auf dem unbekannten Planeten zu wagen. Hier ist nicht nur der Anteil der Explorationswilligen insgesamt deutlich größer, sondern der Entschluss zur Landung wird auch viel häufiger bereits bei der ersten Begegnung mit dem Planeten gefasst. Insgesamt haben nur neun unter den weiblichen Versuchspersonen den Planeten exploriert. Von diesen wiederum waren es bloß drei, die dies bereits bei der ersten Begegnung taten, während von den männlichen Probanden immerhin 20 von 33, also ein doppelt so hoher Prozentsatz, zu dieser (in der Abbildung dunkel schraffierten) Gruppe gehörten.

Alle diese Befunde sprechen dafür, dass die im Zürcher Modell als *Unternehmungslust* bezeichnete Motivlage, also das Bedürfnis und die Toleranz, sich auf Unvertrautes einzulassen, beim männlichen Geschlecht in allen untersuchten Altersklassen zu vergleichsweise höheren Werten tendiert.

Risikobereitschaft

Unternehmungslust kann sich auch darin bekunden, dass man den Aspekt der Gefahr selbst als faszinierend empfindet und aufsucht; in diesem Fall sprechen wir von Risikoverhalten. Generell bekunden Männer mehr Risikobereitschaft, vor allem was das Fahrverhalten betrifft, ferner beim Missbrauch von Alkohol und Drogen und beim Wett- und Spielverhalten, aber auch schon als Fußgänger beim Überqueren einer verkehrsreichen Straße. Diese Bereitschaften korrespondieren natürlich direkt mit weniger Angst vor den Konsequenzen riskanten Verhaltens und damit steht sicher auch die ausgeprägtere Freude von Jungen an physischer Aggression in Verbindung[19]. In einer Untersuchung von Hampson und Mitarbeitern an erwachsenen Probanden, die Sensationssuche zum Thema hatte, zeigte sich ein deutlicher Vorsprung der Männer sowohl was Abenteuerlust betraf, z. B. man würde gern mal mit dem Fallschirm abspringen, als auch in der Neigung, eine Situation langweilig zu finden, wenn man etwa zu lange zuhause herumhängen musste[20]. Risikobereitschaft, die auch eigene Schädigung in Kauf nimmt, bekunden bereits kleine Jungen: Sie haben generell eine erhöhte Unfallrate, ertrinken viermal häufiger beim Spiel als Mädchen, sind doppelt so oft in Fahrradunfälle verwickelt und kriegen es sogar hin, sich häufiger auf einer Rutschbahn zu verletzen, obwohl sie diese seltener benutzen als Mädchen[21].

Leider gibt es zum Risikoverhalten bei Kindern nur wenige Untersuchungen, die dafür aber umso eindeutiger in ihren Ergebnissen ausfielen. Auf die Neigung zu riskantem Verhalten bereits bei einjährigen Jungen wurde oben S. 85 schon hingewiesen. Slovic hat im Jahre 1966 ein recht originelles Experiment durchgeführt, an dem nicht weniger als tausend Sechs- bis Sechzehnjährige teilnahmen[22]. Das Ganze spielte sich auf einem Jahrmarkt ab, auf dem es einen Automaten gab, der Bonbons ausspuckte, wenn man einen bestimmten Hebel zog. Insgesamt waren neun Hebel vorhanden und der Clou bestand darin, dass jeweils einer dieser Hebel sozusagen der Katastrophenhebel war. Erwischte man ihn, dann verlor man alles bisher Gewonnene. Natürlich wurde der Hebel von Durchgang zu Durchgang variiert. Je länger man spielte und auf eine Glückssträhne vertraute, umso größer war der Verlust, wenn man Pech hatte. Jungen ab elf Jahren gingen hier deutlich das größere Risiko ein und hielten länger durch, während die Mädchen früher aufhörten. Überdies waren nur halb so viele Mädchen wie Jungen überhaupt bereit, das Spiel zu spielen, und die Jüngeren ließen sich gar nicht erst darauf ein.

Eine moderne Version dieses Experiments wurde von Muriel Niederle und Lise Vesterlund mit Erwachsenen durchgeführt. Die Probanden wurden in Gruppen von zwei Männern und zwei Frauen eingeteilt und sollten in einem bestimmten Zeitraum soviel Zahlen wie möglich addieren. Bei der einen Versuchsbedingung erhielt jedes Gruppenmitglied 50 Cent pro richtiger Antwort. Bei einer zweiten Bedingung war eine Wettbewerbs- und Risikokomponente eingeschlossen. Dasjenige Mitglied einer Gruppe, das die höchste Anzahl richtiger Additionen erzielte, erhielt pro Treffer 2 Dollar – die anderen gingen leer aus. Vor einem dritten Durchgang vor die Wahl gestellt, sich für eines der beiden Vorgehen zu entscheiden, wählten nur 38 % der Frauen die Wettbewerbsvariante, auch wenn sie bei dieser die Erfahrung gemacht hatten, genauso gut abzuschneiden wie die Männer. Diese optierten zu 75 % die

19 Byrnes et al., 1999; Daly & Wilson, 2001; Harris et al. , 2006; Pawlowski et al., 2008
20 Hampson et al., 2008
21 Rosen, 1989
22 Slovic, 1966

riskante Version und nahmen den drohenden Verlust in Kauf, selbst wenn sie nicht so gut addieren konnten[23].

Ginsburg und Miller haben unter den nicht experimentell gestellten – also sozusagen „natürlichen" – Bedingungen eines Zoobesuchs ebenfalls beobachtet, dass Mädchen seltener Situationen aufsuchen, die Momente der Gefahr enthalten[24]. Auch hierbei handelte es sich um eine stattliche Stichprobe von 480 Kindern im Alter zwischen drei und elf Jahren. Zur Wahl stand, auf einem Elefanten zu reiten, einen Esel zu streicheln und zu füttern, der als bissig ausgezeichnet war, überhaupt Tiere zu füttern und auf einer Mauer oberhalb eines Flusses entlang zu laufen. Alle Aktivitäten wurden häufiger von Jungen wahrgenommen, die sich von den Mädchen insbesondere beim Elefantenreiten und Mauerlaufen signifikant unterschieden. Beim Elefantenreiten hatte man nur Kinder berücksichtigt, die dies spontan wollten, die also nicht von den Eltern dazu veranlasst wurden.

Nun könnte man natürlich einwenden, es sei nicht sicher, ob dieser Befund überhaupt die Vorlieben der Kinder wiederspiegele, oder ob nicht vielmehr den Mädchen die entsprechenden Möglichkeiten gar nicht zugestanden würden.

Vielleicht war den Buben das Elefantenreiten längst von früheren Besuchen vertraut, während man es den Mädchen nie angeboten hatte. Einige Untersuchungen scheinen auf den ersten Blick tatsächlich dafür zu sprechen, dass Mütter riskantes Verhalten bei Jungen eher tolerieren, während sie Mädchen auf die möglichen Gefahren aufmerksam machen. Die Frage ist nur, warum sie sich so unterschiedlich verhalten. Es könnte doch sein, dass die Jungen sich nicht deshalb riskanter verhalten, weil die Mütter das tolerieren, sondern dass die Jungen von vornherein zu riskanterem Verhalten neigen und die Mütter längst aufgegeben haben, daran etwas ändern zu wollen. Dies wurde jedenfalls in einer Studie bereits bei Dreijährigen deutlich, in der es den Eltern viel seltener gelang, Jungen von riskantem Verhalten zurückzuhalten als Mädchen. Die Untersucher halten deshalb die Annahme für plausibel, Geschlechtsunterschiede im Risikoverhalten seien sowohl biologisch als auch durch die Sozialisation bedingt, wobei letztere auf geschlechtstypischen Anlageunterschieden aufbaue.[25] Einer neueren Untersuchung an 3 bis 4-Jährigen zufolge schenken Väter zwar dem riskanten Verhalten ihrer Söhne weniger Beachtung als dem von Töchtern, die Mütter dagegen mahnten beide Geschlechter unterschiedslos zu Vorsicht[26].

Auffallen um jeden Preis

Es ist nun an der Zeit, auf die am Schluss des 20. Kapitels aufgeworfene Frage zurückzukommen, warum Mädchen so wenig von den eigenen Fähigkeiten halten. Dies kann in der Tat ursächlich mit ihrer geringeren Risikobereitschaft zusammenhängen. Sie haben auf Grund geringerer Erregungstoleranz weniger Gelegenheit, Kompetenz zu erwerben, und der Effekt wird noch dadurch verstärkt, dass die Sozialisationsagenten von ihnen auch gar keine überbordende Explorativität erwarten, sie ihnen nicht zutrauen und ihnen deshalb auch nicht entsprechende Gelegenheiten einräumen. Nun kennzeichnet die Feststellung, dass eingeschränkte Risikobereitschaft zu Kompetenzeinbußen führen kann, allerdings nur eine Seite der Medaille. Wenn wir einmal genauer bedenken, wozu ungehemmte Unterneh-

[23] Niederle & Vesterlund, 2007
[24] Ginsburg & Miller, 1982
[25] Morrongiello & Dawber, 1998, 2000
[26] Kindelberger & Kuebli, 2007

mungslust eigentlich nützlich ist, dann wird rasch klar, dass Risiko sich nicht in jedem Fall auszahlt. So gewannen die Mädchen z. B. im Experiment von Slovic mit ihrer vorsichtigeren Strategie im Endresultat mehr Süßigkeiten, während die Jungen ihre Chancen zu oft überreizt und alles wieder verloren hatten. Die Bereitschaft, sich ins Abenteuer zu stürzen, generiert also durchaus nicht immer die bessere Strategie. Aber – und darauf kommt es an – was dabei herauskommt, ist *spektakulär,* eventuell *innovativ,* auf jeden Fall aber *auffällig* – sogar der Verlust der Bonbons nach der unmittelbar zuvor noch hohen Gewinnaussicht!

Wir stoßen damit auf eine zentrale Ursache des Ungleichgewichts in der *Wertung* männlicher und weiblicher Tätigkeiten. Vieles von dem, wozu ihre Unternehmungslust und Risikobereitschaft die Jungen und Männer anstachelt, mag im Vergleich mit einer besonneneren Strategie kaum erfolgreicher, vielleicht sogar untauglicher sein. Ein Ergebnis aber tritt fast stets ein: Risikoverhalten *macht etwas von sich her,* zieht *Aufmerksamkeit* auf sich.

Nun wissen wir aus der Ethologie, dass Auffälligkeit etwas mit *Ranghöhe* zu tun hat. Michael Chance hat Rangstrukturen verschiedener Tierprimaten analysiert und dabei ein interessantes Phänomen entdeckt: Tiere, die besonders häufig von vielen anderen Gruppenmitgliedern angeschaut wurden, erwiesen sich als ranghoch[27]. Ihnen wurde bevorzugt Zugang zu begehrten Futter- oder Ruheplätzen eingeräumt, Konkurrenten ließen ihnen widerstandslos den Vortritt bei brünstigen Weibchen oder gingen Auseinandersetzungen mit ihnen einfach aus dem Weg. Mit anderen Worten: die Rangordnung spiegelt sich in der *Aufmerksamkeitsstruktur.*

Der Sinn dieses Effektes liegt darin, dass es für die Rangniederen unerlässlich ist, immer genau informiert zu sein, in welcher Laune das Alphatier gerade ist. Bei den meisten Tierprimaten hat dieses Hinschauen letztlich den Zweck, unangenehmen Begegnungen zuvorzukommen. Chance spricht in solchen Fällen von einer *agonistischen* Aufmerksamkeitsstruktur. Sie dient der Vermeidung von kämpferischen Auseinandersetzungen.

Auf dem Niveau der Menschenaffen zeichnet sich dann aber eine Trendwende ab, die auch den Schlüssel zu einer Verhaltenseigentümlichkeit des Menschen bietet. Bei Schimpansen hat die Aufmerksamkeitsstruktur nämlich eher *hedonischen* Charakter. Die Aufmerksamkeitszuwendung ist hier zum Selbstzweck geworden: Man kann in der hierarchischen Position aufrücken, wenn es gelingt, etwa durch Lärmen und Imponierverhalten, die Blicke der Gruppe auf sich zu ziehen.

Beim Menschen entstand als Konsequenz der hedonischen Aufmerksamkeitsstruktur eine neue Form, sich eine hohe Rangposition zu sichern. Wir können durch Eigenschaften, die von unserer Bezugsgruppe geschätzt werden, zu „Ansehen" kommen, ein Wort, dessen Etymologie ja auch auf kollektives Hinblicken verweist. Das hat nun aber zur Folge, dass wir umgekehrt auch alle Verhaltensweisen, die geeignet sind, Beachtung auf sich zu ziehen, ganz unreflektiert als Indiz für Ranghöhe interpretieren, und dabei sind wir nicht allzu kritisch[28]. Mag sein, dass das, was Aufsehen erregt, auch einen Wert darstellt, etwa wenn jemand Mut zeigt oder bei der Lösung eines schwierigen Problems besondere Kompetenz beweist. Oft tut es aber auch schon die bloße Fassade, wir sprechen dann von einem „Blender". Sogar der Verbrecher kann sich der Aufmerksamkeitszuwendung sicher sein, und in die Abscheu über seine Tat mischt sich zuweilen so etwas wie heimliche Bewunderung. Man denke nur an die Sympathien, die vor einigen Jahren dem Kaufhaus-Erpresser „Dagobert" zugeflogen sind.

27 Chance, 1976
28 Bischof-Köhler, 1992

Da nun die typisch männlichen Tätigkeiten häufig den Charakter haben, Aufsehen zu erregen, werden sie spontan und ohne viel nachzudenken als Hinweis auf „Ranghöhe" gewertet. In diesem Mechanismus ist letztlich die Ursache für die *Höherbewertung alles Männlichen* zu suchen.

Das Licht unter dem Scheffel

Damit sind wir auf den eigentlichen Kern der Diskriminierung von Frauen gestoßen. Er liegt darin, dass unter den aller Wertschätzung würdigen und für das soziale Gedeihen unerlässlichen Kompetenzen auch solche sind, die eben so gar keine spektakuläre Wirkung entfalten, und unter diesen finden sich in erster Linie die typisch weiblichen Tätigkeiten. Ausdauer, Beharrlichkeit, Sorgfalt, Verantwortung, Festhalten am Bewährten sind ihre Kennzeichen. Tätigkeiten mit diesen Eigenschaften setzen keine besondere Unternehmungslust voraus, sind aber natürlich genauso gut geeignet, ein hohes Maß an Kompetenz zu bekunden. Schließlich sagt der Grad der Auffälligkeit einer Leistung nichts über deren Bedeutsamkeit, und nur die Letztere und eben nicht die Auffälligkeit sollte von Rechts wegen die Basis für die Bewertung sein – wäre unser Wertgefühl etwas weniger vom Stammhirn her gesteuert und mehr von der Ratio. Aber das ist eben leider nicht so.

Nehmen wir einmal als Beispiel die geschlechtstypische Arbeitsteilung des Jagens und Sammelns bei den Buschleuten. Die Frauen, die mehr als die Hälfte des Nahrungsbedarfs durch ihre Sammelaktivität decken, sorgen täglich dafür, dass die Gruppe nicht verhungert. Besonders aufregend ist die Kost, die sie da bereitstellen, allerdings nicht. Sie besteht aus Wurzeln, Knollen, Grünzeug, Beeren, Früchten und Kleingetier, Raupen etwa. Nichtsdestoweniger erfordert die Beschaffung dieser Nahrung hohe Kompetenz. Man hat festgestellt, dass Buschfrauen bis zu 183 verschiedene Pflanzensorten kennen, darunter zwölf Giftpflanzen. Das ist übrigens eine Leistung, die dem prädikativen Denken liegt, von dem wir im 18. Kapitel gesehen haben, dass es eine weibliche Domäne ist.

Was nun die Buschmänner betrifft, so gehen diese nicht gerade allzu regelmäßig auf die Jagd; sie zögern sie gern hinaus, bis alle finden, man könnte mal wieder ein ordentliches Stück Fleisch gebrauchen. Die Jäger sind dann oft tagelang abwesend, man erwartet sie mit Spannung, und wenn sie mit einer Beute zurückkommen, dann herrscht große Begeisterung. Alle versammeln sich, die Zubereitung des Bratens steigert den Appetit und die Verteilung unter sämtliche Gruppenmitglieder gehört zu den wichtigsten sozialen Ereignissen überhaupt. Während die Frauen also ohne viel Aufhebens, aber zuverlässig, für die konstante Ernährung sorgen, steuern die Männer sozusagen den Sonntagsbraten bei. Das fällt natürlich aus dem alltäglichen Rahmen heraus und bringt Anerkennung, Bewunderung und Dankbarkeit ein, zumal die Beschaffung der Beute Kraft und Geschicklichkeit erfordert und mit Risiko verbunden ist.

Als Konsequenz kommt auch bei dieser eigentlich egalitären Gesellschaft, bei der die Frau eine dem Mann fast gleichwertige Stellung einnimmt, doch letztlich der männlichen Tätigkeit eine höhere Wertschätzung zu. Führen wir uns im Vergleich zu den Buschleuten die Verhältnisse bei den Hirtennomaden vor Augen, dann sind hier die typisch männlichen Beschäftigungen noch viel auffälliger und infolgedessen prestigeträchtiger. Die Haltung von Viehherden ist mit hohem Risiko verbunden, die Tiere können sich verlaufen und müssen vor allem gegen räuberische Übergriffe anderer Clans verteidigt werden. Die Männer, deren Aufgabe das ist, müssen tapfer und draufgängerisch sein, sie sind ständig unterwegs und in Gefahr, man muss bangen, ob sie zurückkommen. Währenddessen erledigen die Frauen die zwar mühsamen, aber unauffälligen alltäglichen Verrichtungen, sie holen das Wasser, mahlen das Mehl, backen das Brot und säugen die Kinder. Bei den Hirtennomaden ist das Wertgefälle zwischen Männern und Frauen entsprechend groß, hier gedeihen die wirklichen Machos.

Man kann diese Überlegungen noch einen Schritt weitertreiben. Sobald Männer überhaupt eine Tätigkeit in die Hand nehmen, selbst wenn es eine typisch weibliche ist, dann gelingt es ihnen meistens, dieser mehr Auffälligkeit zu verleihen. Man denke nur, was es heißt, wenn ein Mann *kocht*. Selbst in der kleinen Küche zu Hause wird er dann zu einem „Chef de rang". Er muss unbedingt etwas Neues ausprobieren, die Spuren seiner Tätigkeit sind unübersehbar, das Ergebnis variabel, aber auf jeden Fall anders als das übliche, ganz so wie bei den großen Drei-Sterne Köchen, die sich beispielsweise so etwas wie die „Nouvelle Cuisine" ausdenken. Man bekommt entsprechende Kreationen dann jahrelang für teures Geld in Restaurants vorgesetzt, ohne den Mut aufzubringen, endlich zuzugeben, dass eigentlich nichts Besonderes daran ist. Immerhin ist neuerdings Großmutters Küche wieder in Mode gekommen. Vielleicht ist das ein Hinweis, dass die Gleichberechtigung doch auf dem Vormarsch ist.

Der Neigung, Tätigkeiten überzubewerten, nur weil Männer sie ausüben, entspricht auf der Gegenseite, dass typisch weibliche Tätigkeiten als selbstverständlich hingenommen, wenn nicht sogar kontrastierend abgewertet werden. Dies spiegelt sich recht deutlich in der Weise, wie in einschlägigen Artikeln älteren Datums Eigenschaften beschrieben wurden, die als typisch männlich oder weiblich galten.

In der folgenden Tabelle finden sich die wertneutralen bzw. positiven Bezeichnungen auf der linken, solche mit abwertender Konnotation der jeweils gleichen Eigenschaften auf der rechten Seite. Man kann also dasselbe Merkmal in der einen

	(positiv, neutral)	(negativ)
♀	Geduld, Ausdauer	Monotonie
	Konzentration	Passivität
	soziale Aufgeschlossenheit	Abhängigkeit, Unselbstständigkeit
	Nachdenklichkeit	Unsicherheit
	Vorsicht	Ängstlichkeit
♂	Impulsivität	Unruhe, Unkonzentriertheit, Ablenkbarkeit
	Aktivität	Unfähigkeit, störendes Verhalten zu unterlassen
	Energie	Unbeherrschtheit
	Durchsetzungsstärke	Schlagen, treten, statt in Ruhe einen Ausweg zu suchen
	Entschlossenheit	geringe Frustrationstoleranz, kein Verzicht auf unmittelbare Bedürfnisbefriedigung

Bewertende Alternativen zur Bezeichnung geschlechtstypischen Verhaltens

oder anderen Weise charakterisieren[29]. Oben sind typisch weibliche Eigenschaften aufgelistet, unten typisch männliche. Die Attribute in den grauen Feldern wurden bevorzugt verwendet.

Die als weiblich geltenden Merkmale werden also achtlos abgewertet, dagegen fordern die typisch männlichen Eigenschaften positive Anerkennung. Dabei wird außer Acht gelassen, dass das tatsächliche Verhalten, zumindest, solange es sich um Buben im Vorschulalter handelt, eigentlich ein unangepasstes Verhalten ist, das adäquater durch die Begriffe auf der Gegenseite beschrieben würde.

Da aber auch Unangepasstheit letztlich ein Mittel ist um aufzufallen, versteht es sich, dass Jungen in jedem Fall mehr Aufmerksamkeit erhalten, selbst wenn diese, wie in der Untersuchung von Dweck (s. o. S. 257 f.), in einem Übermaß an Tadel besteht. Hierin mag die oft geäußerte Meinung, Jungen würden mehr gefördert als Mädchen, ihren wahren Kern haben. Auf jeden Fall kommt es zu einer positiven Rückwirkung. Jungen machen die Erfahrung, dass sie durch das ihrem Temperament von vorne herein gemäße auffällige Benehmen die Aufmerksamkeit auf sich ziehen, also werden sie auch dafür sorgen, dass dies so bleibt. Damit erhält ihre Selbsteinschätzung ständig die Nahrung, die sie braucht, um hochgehalten zu werden.

Unter dieser Perspektive erscheint das schlechtere Selbstvertrauen bei Mädchen und Frauen in einem neuen Licht. Es liegt gar nicht daran, dass sie nicht ebenso kompetent wären wie die Männer. Nur sind ihre Kompetenzbereiche unauffälliger und bieten sich allein dadurch bereits weniger an, eine positive Wertschätzung auf sich zu ziehen. Dieser Mechanismus wirkt sich besonders in Kulturen aus, in denen Draufgängertum, Unternehmungslust und Innovation über alles gestellt werden. Unter diesem Vorzeichen ist die ständige Erfahrung, in ihren Beschäftigungen gesellschaftlich gering bewertet zu werden, natürlich nicht geeignet, die Selbsteinschätzung von Mädchen und Frauen zu fördern.

Wie ist es nun aber mit Glamour und Sexappeal? Man könnte einwenden, dass Frauen ja auch oft im Mittelpunkt der Aufmerksamkeit stehen, weil man sie wegen ihres guten Aussehens und ihrer Aufmachung bewundert. Zweifelsohne fangen Erfahrungen dieser Art bereits bei kleinen Mädchen an, die man niedlich findet. Und gutaussehende Frauen – wie übrigens auch Männer – haben nachweislich von vorne herein sowohl privat als auch beruflich den Vorteil, besser „anzukommen". Warum schlägt dies aber nicht positiver für das Selbstvertrauen zu Buche? Das dürfte damit zusammenhängen, dass gutes Aussehen nicht eigentlich ein Verdienst ist. Man kann es weder mit der eigenen Kompetenz noch mit irgendwelchen Fähigkeiten in Verbindung bringen, handelt es sich dabei doch um etwas, das einem zufällt und das somit eigentlich in die Rubrik der Eigenschaften gehört, die external zu attribuieren sind. Wir tun also wohl gut daran, zwei Formen von Ansehen zu unterscheiden – das eine, für das man durch das eigene Tun sorgt, und das andere, das einem aufgrund äußerer Merkmale mehr zufällig zugestanden wird. Es ist hier ähnlich wie mit dem Reichtum: Wer ihn durch eigene Anstrengung erworben hat, vermag daraus wohl viel eher seinen Selbstwert abzuleiten als derjenige, dem er durch Erbschaft zugefallen ist. Und wie im letzteren Fall verhält es sich wohl auch mit dem guten Aussehen.

[29] Nach Maccoby & Jacklin, 1974

22 Macht und Geltung

Aggression

Wir haben bisher solche Gründe für das schlechtere Selbstvertrauen von Frauen diskutiert, die sich letztlich auf *äußere* Bedingungen zurückführen lassen: Konfrontation mit den spektakulären Kompetenzäußerungen bei Jungen, damit verbunden gesellschaftliche Höherbewertung alles Männlichen. Demgegenüber selbstverständliche Erwartung und Hinnahme von positiven Leistungen bei Mädchen, ohne diese als verdienstvoll hervorzuheben, damit zusammenhängend eine ungünstige Erfolgs- und Misserfolgsverarbeitung. Im folgenden Abschnitt wollen wir in unserer Analyse einen Schritt weitergehen und die Frage diskutieren, ob auch *Anlageunterschiede* der Einbuße an Selbstvertrauen Vorschub leisten, indem sie das weibliche Geschlecht verletzlicher für bestimmte Erfahrungen machen als das männliche. Der Verhaltensbereich, in dem entsprechende Unterschiede besonders durchschlagen, betrifft die Selbstdurchsetzung bei Konflikten und in Konkurrenzsituationen. Damit rückt das Thema „Aggression" wieder in den Brennpunkt.

Die Frage, was man unter Aggression zu verstehen hat, wurde ausführlich im 9. Kapitel (o. S. 116 f.) diskutiert. Hier seien drei wesentliche Erträge noch einmal in Thesenform rekapituliert.

1. Es sind hauptsächlich zwei Formen zu unterscheiden: *reaktive* (oder Frustrations-) Aggression und *assertive* (oder Wettkampf-)Aggression. Die reaktive Form zielt auf *Beseitigung* von Hindernissen und nimmt ungehemmt *Beschädigungen* in Kauf; die assertive zielt auf *Unterwerfung* von Rivalen und ersetzt physische Verletzung möglichst durch *Imponierverhalten* und ritualisierte Kommentkämpfe.

2. Beim Menschen ist die *assertive* Motivation nicht mehr auf aggressive Mittel angewiesen, er konkurriert zusätzlich durch Leistung und Kompetenz, wie beispielsweise bei Sportkämpfen. Diese Fortentwicklung verrät ihre Herkunft darin, dass man noch immer die Niederlage des Verlierers braucht, um sich als Sieger zu fühlen. Es ist daher mit Recht auch hier von Wett-"Kampf" die Rede, selbst wenn die Kontrahenten nur um die Wette schwimmen oder rennen.

3. Bewusste *Schädigungsabsicht* kommt in Verbindung mit Aggression zwar vor *(hostile* Aggression), ist aber eine Spezialentwicklung, die erst auf dem kognitiven Niveau der Menschenaffen einsetzt. Nun ist die Frage der Geschlechtsspezifität phylogenetisch ungleich älter, so dass die hostile Aggression für unser Thema zunächst von untergeordneter Bedeutung ist. Wir werden ihr allerdings in Form einer geschlechtstypischen Variante von Aggressionsäußerung noch begegnen.

Geschlechtsunterschiede in der Aggression beim Menschen

Beim Menschen zählen Differenzen in der Aggressivität zu den gut belegten Geschlechtsunterschieden mit einer durchschnittlichen Effektstärke von $d = 0{,}54$, wobei allerdings die Werte in Abhängigkeit von der Methode und dem untersuchten Bereich schwanken[1]. Besonders ausgeprägt ist das männliche Übergewicht in physischer Aggression ($d = 0.74$)[2] Schon Jungen äußern eine ausgesprochene Vorliebe für physische Auseinandersetzungen[3]. Ferner fällt eine stärkere Durchsetzungsorientiertheit ins Gewicht, Männer sind assertiver ($d = 0.50$)[4]. Wenn wir das Thema vor dem Hintergrund einer Differenzierung von reaktiver Aggression und Assertion angehen, dann stellt sich freilich die Frage, ob Mädchen und Frauen wirklich so eindeutig weniger aggressiv sind als Jungen und Männer oder ob nicht vielmehr die Fokussierung auf bestimmte aggressionsauslösende Bedingungen bei den Untersuchungen das Bild verfälscht haben könnte. Bei Sichtung der Literatur zeigt sich nämlich, dass eine Reihe möglicher Auslösesituationen gar nicht untersucht wurde, während andere überrepräsentiert sind. Ferner treffen ältere entwicklungspsychologische Studien oft nicht die Unterscheidung zwischen verschiedenen Äußerungsformen wie z. B. zwischen verbaler und physischer Aggression.

Untersuchungen zum geschlechtstypischen Verhalten in realen Frustrationssituationen sind selten. Überrepräsentiert ist dagegen die Modellwirkung von aggressiven Handlungen, mit der sich hauptsächlich die Soziale Lerntheorie beschäftigte. Ihre Vertreter behaupten, dass Jungen eher dazu neigen, aggressive Handlungen zu imitieren und dass sie sich diese auch besser merken[5]. Da in diesen Untersuchungen aber keine Unterscheidung zwischen spielerischem Raufen und ernstgemeinter Aggression getroffen wurde, ist nicht entscheidbar, wie valide die Aussagen sind. Überdies ist es fraglich, ob in den Beispielfällen überhaupt echte *Imitation* auftrat oder ob die Jungen nicht einfach durch die aggressive *Stimmung,* die sie bei anderen spürten, *angesteckt* wurden. Immerhin ist es interessant, dass eine solche Ansteckung eher Jungen als Mädchen erfasst[6].

Auch ältere Übersichtsreferate differenzierten nicht zwischen Ernstkampf und Raufspielen, wobei das Übergewicht bei Jungen aber bis zu einem gewissen Grad auf Letztere zurückzuführen ist. Maccoby und Jacklin hatten diese Unterscheidung in ihrer ursprünglichen Zusammenstellung nicht gemacht und erst in einer Nachuntersuchung von 1980 eingeführt[7]. Dabei kamen sie allerdings immer noch zu dem eindeutigen Ergebnis, dass Jungen aggressiver seien. Diese Untersuchung ist auch insofern aufschlussreich, als nur Kindern unter sechs Jahren berücksichtigt wurden, was insbesondere für die Frage von Belang ist, wie weit die Unterschiede sozialisiert sein könnten.

Mit ihrer Nachuntersuchung begegneten die Autorinnen einer von Tieger aufgestellten Behauptung, der von ihnen 1974 festgestellte Geschlechtsunterschied könne nicht als Hinweis auf eine biologische Mitverursachung gewertet werden, weil er bei jüngeren Kindern noch nicht ins Gewicht fiele. Wenn er sich aber erst bei Erwachsenen manifestiere, dann sei dies der eindeutige Beweis, dass die erhöhte männliche

1 Knight et al., 1996
2 Archer, 2005a, 2009
3 Benenson et al., 2008
4 Feingold, 1994
5 Bandura & Walters, 1963
6 Huesmann & Eron, 1986
7 Maccoby & Jacklin, 1974, 1980

Aggression auf Sozialisation beruhe[8]. Diesem Argument widersprechen nicht nur die eindeutigen Befunde von Maccoby und Jacklin bei Jungen unter sechs Jahren, sondern auch die von Hyde 1984 veröffentlichten Ergebnisse einer Metaanalyse, derzufolge der Geschlechtsunterschied bei Kindern sogar noch stärker ausgeprägt ist als bei Collegestudenten. In einem Übersichtsreferat, das sich auf Beobachtungsstudien unter natürlichen Bedingungen und Einschätzungen durch Gleichaltrige bezieht, kommt Archer zu dem Ergebnis, dass der Geschlechtsunterschied in physischer Aggression faktisch vom zweiten Lebensjahr an schon so deutlich ausgeprägt ist wie dann in der gesamten Kindheit und Pubertät (Beobachtungsstudien, $d = 0.53$, Peer-Beurteilungen: $d = 0.84$)[9]. Es spricht also nichts dafür, dass die betreffenden Differenzen sozialisiert werden müssen. Selbst wenn sich übrigens hätte zeigen lassen, dass der Unterschied erst in späterem Alter Signifikanz erreicht, wäre dies kein Beweis für seine Sozialisationsbedingtheit gewesen. Auch der Bart sprießt, wie Hyde sehr plastisch argumentiert, bei Männern erst in der Pubertät und dennoch würde keiner auf die Idee kommen, ihn für sozialisiert zu halten.

In der Arbeit von 1980 referieren Maccoby und Jacklin auch konkrete Befunde zur Frage der Sozialisation. Smith und Green fanden in 15 Kindergärten in England keine geschlechtsdifferenzierenden Unterschiede in der Weise wie Kindergärtnerinnen auf Aggression reagierten[10]. Hyde und Schuck stellten fest, dass Buben dreimal öfter als Mädchen für aggressives Verhalten bestraft würden, dass sie aber auch dreimal so oft aggressiv seien. Im Übrigen hätten Kindergärtnerinnen eher die Tendenz, Aggression bei Mädchen zu ignorieren[11].

Maccoby und Jacklin kommen deshalb, wie später auch Lytton und Romney in ihrem Übersichtsreferat[12] (s. o. S. 53), zu dem Schluss, dass Sozialisation bei der erhöhten männlichen Aggression kaum eine gewichtige Rolle spiele, und verweisen auf die Ergebnisse der Hormonforschung und den Tiervergleich, die beide für biologisch angelegte Unterschiede sprechen.

Wesentlich bereichert wurde die Kenntnis kindlichen Aggressionsverhaltens unter dem Einfluss der Ethologie. In Absetzung von Methoden, wie sie für die akademische Psychologie kennzeichnend waren, räumten Ethologen der Beobachtung unter natürlichen Bedingungen den Primat ein und waren bestrebt, die menschliche Aggressivität möglichst in ihrem spontanen Auftreten zu untersuchen. Dazu erschien das Verhalten von Kindern in Kindergärten und auf Schulhöfen besonders geeignet, zumal man daran interessiert war, die ontogenetischen Wurzeln der Aggression zu eruieren. Dieser Forschung verdanken wir insbesondere auch aufschlussreiche Studien zum assertiven Verhalten.

Reaktive und assertive Aggression

Der nun folgenden Darstellung der Befunde zum Thema Aggression möchte ich zwei Hypothesen voranstellen. Sie sollen dazu dienen, das empirische Material in einen theoretischen Bezugsrahmen einzuordnen, wie er sich aufgrund der phylogenetischen Betrachtung anbietet[13].

---

[8] Tieger, 1980
[9] Hyde, 1984; Archer, 2005a; Alink et al., 2006; Baillargeon et al., 2007
[10] Smith & Green, 1975
[11] Hyde & Schuck, 1977
[12] Lytton & Romney, 1991; s. auch Campbell, 2002; Archer, 2005b
[13] Detailliert s. Bischof-Köhler, 2011

1. Der beobachtbare Überhang an Aggression bei Jungen und Männern ist weitgehend darauf zurückzuführen, dass bei ihnen die Rangthematik und die damit verbundene Wettkampfmotivation aus phylogenetischen Gründen eine größere Rolle spielt. Diese assertive Thematik wird aber in Untersuchungen nicht klar von anderen Formen aggressiven Verhaltens getrennt und führt, zumal häufig auch noch spielerisches Raufen hinzugezählt wird, vor allem bei Kindern zum undifferenzierten Bild einer generell erhöhten Aggressivität im männlichen Geschlecht.

2. In Bezug auf den Einsatz von reaktiver Aggression (z. B. bei Frustration oder in Verteidigung) unterscheiden sich die Geschlechter nicht im Potential, wohl aber in der *Form* der aggressiven Muster.

Es muss sogleich einschränkend betont werden, dass wir bei dem Versuch, assertives Verhalten experimentell von reaktiver Aggression zu trennen, prinzipiell auf das methodische Dilemma stoßen, wie sich im konkreten Einzelfall entscheiden lässt, ob eine aggressive Handlung auftritt, weil eine Barriere wahrgenommen wurde, oder ob sie provokativ und damit assertiv motiviert ist. Gleichwohl lässt sich von einzelnen Untersuchungen angeben, ob sie schwerpunktmäßig stärker auf die eine oder die andere Form fokussieren.

Zur Frage, ob sich die Geschlechter in der reaktiven Aggression unterscheiden, ist zunächst festzustellen, dass Jungen eine geringere Frustrationstoleranz haben und impulsiver reagieren; sie sind also weniger in der Lage, in Ruhe nachzudenken, wie man auf anderem Weg zu einer Lösung kommen könnte[14]. Andererseits berichten sie aber nicht etwa häufiger von manifestem Ärger. Es sind also Zweifel berechtigt, ob sie wirklich öfter frustriert sind als Mädchen[15]. Sie beantworten Frustrationen nur anders als diese und zwar primär physisch aggressiv, wenn man z. B. an die Studie von Nickel und Schmidt-Denter (s. o. S. 26) denkt, bei der es ja um Konfliktlösungen ging. Generell gilt, dass Jungen schon im Vorschulalter öfter in Konflikte geraten und diese in erster Linie brachial aushandeln. Dies trifft kulturübergreifend zu und ist unabhängig vom soziokulturellen Status[16]. In der Adoleszenz sind viermal mehr Jungen wegen Gewaltakten in Strafverfahren verwickelt als Mädchen[17]. Im Übrigen dürfte der Einsatz von Aggression bei Frustrationen in hohem Maß von der individuellen Lerngeschichte abhängen und es ist eine unbestreitbare Tatsache, dass Jungen schon in den ersten Lebensjahren mit aggressivem Verhalten Erfolg haben[18].

Mädchen entwickeln bereits im Kindergartenalter andere Strategien, um sich in Konfliktsituationen durchzusetzen[19]. Schon mit 21 Monaten brauchen sie länger, bis sie auf einen Konflikt reagieren, offensichtlich, weil sie erst einmal überlegen, bevor sie handeln. Auch ziehen sie sich eher zurück, wenn sie in eine Situation geraten, bei der es darum geht, um ein Objekt zu streiten[20]. Wenn sie aggressiv werden, dann vorzugsweise indem sie die Beziehung zum Konfliktpartner in Frage stellen

[14] Ruble & Martin, 1998; Maccoby, 2000
[15] Archer, 2005a
[16] Coie & Dodge, 1998
[17] Snyder et al., 1987; Blakemore et al., 2009
[18] Schmidt-Denter, 1994
[19] Jacklin & Maccoby, 1978
[20] Coie & Dodge, 1998

und ihn dadurch gleichsam erpressen, nachzugeben; wir werden auf diese Form von *Beziehungsaggression* u. S. 290 eingehend zu sprechen kommen.

In einer der ersten eingehenden Studie zur kindlichen Aggression bemühten sich Omark und Edelman an vier- bis neunjährigen Kindern in den USA, in Äthiopien und in der Schweiz aggressive Verhaltensmuster detaillierter zu analysieren[21]. Als aggressiv bestimmten sie Verhaltensweisen wie *schlagen* und *stoßen, ohne zu lächeln* – sie waren also bestrebt, spielerisches Raufen von ernster Aggression zu trennen. Die solcherart definierte physische Aggression trat häufiger bei Jungen auf. Corinne Hutt untersuchte das Phänomen Aggressivität bei Drei- bis Vierjährigen[22]. Unter Aggression verstand sie „verbales und gestisches Drohen und körperliche Attacken". Auch bei ihr zeigte sich ein deutliches Übergewicht bei den Jungen.

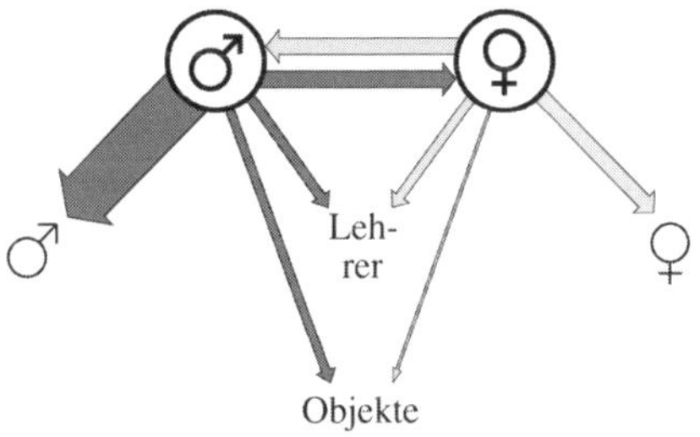

Ihre Resultate sind in nebenstehender Abbildung veranschaulicht[23]. Dabei gibt die Stärke der Pfeile an, wie häufig aggressive Handlungen auftraten, ihre Richtung weist auf die jeweiligen Zielpersonen. Jungen attackieren demnach bevorzugt Jungen, während die Mädchen sich weniger um das Geschlecht des Opfers kümmern. Hutt fand zudem heraus, dass Jungen mehr provozierten, also häufiger Initiator von Aggression waren und auch dafür sorgten, dass aggressive Interaktionen andauerten, indem sie zurück hauten und sich häufiger rächten. Dieser Befund wurde in späteren Untersuchungen bestätigt[24].

Häufigkeit und Richtung aggressiver Handlungen

Toughness rating

Das frühe Auftreten provokativer Handlungen bei Jungen verweist darauf, dass hier die *Rangthematik* und damit assertives Verhalten ins Spiel kommt[25]. Zwei- bis dreijährige Buben beginnen in einer Kindergruppe zunächst die Größeren zu ärgern, indem sie ihnen etwas wegnehmen oder sie bei ihren Aktivitäten stören. Sie wollen herausfinden, wie weit sie gehen können, und wenn ihnen keine Grenzen gesetzt werden, neigen sie dazu, zu eskalieren. Ihre Aggression hat also explorativen Charakter. Diese Provokationen führen bei den älteren Kindern zunächst noch zu keiner Reaktion, schließlich lassen sie sich aber auf die Konkurrenz ein und weisen den kleinen Herausforderer in die Schranken. Das hat dann zur Konsequenz, dass sich jüngere Kinder in der Regel in einer rangniedrigeren Position befinden.

Die Frage ist nun, wie sich Rangbeziehungen eigentlich feststellen lassen. Man kann überprüfen, welches Kind sich besonders häufig und effektvoll bei Konflikten durchsetzt, andere also dominiert. Um auf dieser Basis eine stabile Struktur entstehen zu lassen, müssten die Kinder ein Bewusstsein ausbilden, wie durchsetzungsstark sie sind und für wie stark sie andere halten. Omark und Edelmann versuchten dem

[21] Omark & Edelman, 1976
[22] Hutt, 1971
[23] Nach Merz, 1979
[24] Schmidt-Denter, 1994; Parke & Slaby, 1983; Campbell, 1999
[25] Vgl. auch Maccoby, 2000

Phänomen des Rangbewusstseins mit einem „Toughness rating" näherzukommen[26]. Unter „tough" verstanden sie Eigenschaften wie *zäh, stark, hart im Nehmen wie im Austeilen, die Fäuste ballen, drohen*. In einer Stichprobe von Sechsjährigen musste jedes Kind von den anderen Kinder angeben, wer jeweils von einem genannten Paar der Stärkere im Sinne von toughness sei, und sich schließlich auch selbst in Bezug auf jedes Gruppenmitglied einstufen.

Dabei bekundeten die Jungen ein recht stabiles Rangbewusstsein, wobei die unabhängig abgegebenen Einschätzungen der Rangreihe in der Gruppe weitgehend übereinstimmten. Die einzige Ausnahme bildete die *eigene* Rangposition; diese wurde bei Jungen regelmäßig *überschätzt*. Auch bei den Mädchen ließ sich ein Rangbewusstsein auf der Basis des toughness-Kriteriums feststellen, wobei die Befragten untereinander aber weniger übereinstimmten, wer die jeweils Stärkere sein sollte. Bei gemischtgeschlechtlichen Vergleichen wurde von beiden Geschlechtern der Junge fast immer als stärker eingeschätzt. Das Wissen um den Rang in körperlicher Stärke ist also recht früh ausgebildet, und das entspricht ja auch der Prävalenz des entsprechenden Stereotyps in diesem Alter.

Allerdings hat das toughness rating eine methodische Schwachstelle. Man kann es nur mit Kindern durchführen, die schon über die Fähigkeit der *Seriation* verfügen, die also den Merkmalsvergleich „stärker als"/„schwächer als" kognitiv überhaupt meistern, und das ist erst etwa ab dem Alter von fünf Jahren der Fall. Das heißt nun freilich nicht, dass Kinder nicht schon früher ein implizites Wissen um Rangbeziehungen haben. Wenn man sie nämlich bei der Interaktion beobachtet, dann wird rasch deutlich, dass sie bereits recht genau die Stärke der Gruppenmitglieder kennen. Bestimmten Kindern weichen sie aus, um Konflikte zu vermeiden, während sie sich bei anderen nicht davon abhalten lassen, einen Zusammenstoß zu riskieren.

Nun muss man bei einem solchen Ergebnis der Tatsache eingedenk bleiben, dass die Bestimmung einer Ranghierarchie natürlich wesentlich vom Kriterium abhängt, nach dem der Rangplatz bestimmt wird. Und je nach Wahl des Merkmals kann es zu uneinheitlichen Ergebnissen kommen. So besagt die Tatsache, dass Mädchen in „toughness" den Jungen unterlegen sind, noch nicht, dass dies bezüglich anderer Eigenschaften auch der Fall sein müsste.

Omark und Edelman haben dies berücksichtigt und einen weiteren Test durchgeführt. In diesem mussten die Kinder paarweise ein gemeinsames Bild malen. Man stellte fest, wie viel Raum ein Kind jeweils dem anderen einräumte, ob es das Thema bestimmte oder wie bereitwillig es dies dem anderen überließ. Der Test ergab keine eindeutige Korrelation zu den Ergebnissen im toughness rating; der körperlich Stärkere war in der Mal-Situation nicht unbedingt der Anführer. Auch andere Untersuchungen haben inzwischen gezeigt, dass derjenige, der bei Auseinandersetzungen um Besitzrechte dominiert, nicht unbedingt der Ranghöhere ist.

Aufmerksamkeitsstruktur

Man steht also vor dem Problem, je nach Kriterium verschiedene Rangstrukturen zu erhalten. Barbara Hold hat sich deshalb für ein anderes Vorgehen entschieden. Es schließt an die Überlegungen von Chance an, die oben S. 273 dargestellt wurden[27]. Hold stellte in einer systematischen Erhebung bei Kindern in vier deutschen und

[26] Omark & Edelman, 1976; Omark et al., 1980
[27] Hold, 1977; Chance, 1977

zwei japanischen Kindergärten fest, wie häufig jedes Kind in einem festgelegten Beobachtungszeitraum im *Fokus der Aufmerksamkeit* von mindestens drei anderen Kinder stand, also von diesen angeschaut wurde. Die solcherart operationalisierte Rangordnung ergab ein recht konsistentes Bild. Wiederum erwiesen sich die Jungen als ranghöher; das höchstrangige Mädchen entsprach in der Aufmerksamkeitsattraktion etwa einem mittelrangigen Jungen.

Hold analysierte sodann, welche Eigenschaften mit den verschiedenen Positionen in der Aufmerksamkeitshierarchie korrelierten. Dabei zeigte sich, dass Kinder, die oft angeschaut wurden, durch *Initiative, Talent zum Organisieren, Aggressivität* und *Hilfsbereitschaft* gekennzeichnet waren. Wenn man diese Kriterien zugrunde legte, ergab sich eine eher überlappende Verteilung der relativen Rangplätze zwischen den Geschlechtern, wobei die Mädchen insbesondere im „Organisieren" höher als die Jungen rangierten. Dies weist daraufhin, dass sich die Strategien unterscheiden, wie die Geschlechter den eigenen Ranganspruch durchsetzen – ein Sachverhalt, auf den wir weiter unten noch genauer eingehen werden. Allerdings fand auch Hold, dass die Mädchen in Konfliktsituationen fast immer diejenigen waren, die nachgaben, indem sie es erst gar nicht zu einer physischen Auseinandersetzung kommen ließen, sondern vorher den Rückzug antraten, wobei sie häufig *schmollten.* Schmollen ist eine weltweit beobachtbare Ausdrucksweise, die als „Beleidigtsein mit Drohung des Kontaktabbruchs" interpretiert werden kann. Häufig hat sie eine beschwichtigende Wirkung auf den Angreifer. Allerdings schienen die Jungen den Mädchen gegenüber auch von vorn herein schon eher „beißgehemmt", sie beschränkten sich auf Scheinangriffe oder auf Drohen.

Hold ist auch genauer der Frage nachgegangen, wie Kinder es denn anstellen, eine hohe Rangposition zu erhalten[28]. Um zu „Ansehen" zu kommen, muss man *auffallen.* Dies tut man in erster Linie, indem man körperlich aggressiv ist und andere androht. Man kann aber auch Aufmerksamkeit auf sich lenken, indem man sich groß macht, angibt, Lärm verursacht bzw. sonst irgendetwas Spektakuläres tut. Eingedenk der Tatsache, dass bei tierischen Rangauseinandersetzungen die ritualisierten Formen der Aggression, also *Drohen* und *Imponieren,* eine wichtigere Rolle spielen als physische Attacken, versuchte Hold diese Differenzierung auch bei ihrer Auswertung zu berücksichtigen und unterschied die Kategorien der „Selbstdarstellung" (siehe Kasten) einerseits und der „Aggression" andererseits.

- Lärmen mit Objekten, schreien, lachen, laut singen und grölen.
- Laut jemanden rufen, laut andere Kinder ansprechen, „schau mal her" sagen, große Klappe riskieren.
- *Ich* und *mein* beim Sprechen besonders hervorheben (*ich* kann, *mein* Vater, ...)
- Gestikulieren, sich groß machen, auf den Boden stampfen, Arme schwingen.
- Mit Objekten Aufmerksamkeit hervorrufen, z. B. ein neues Spielzeug mitbringen.
- Aggressives Imponieren in Fom von Drohen.

[28] Hold-Cavell & Borsutzky, 1986

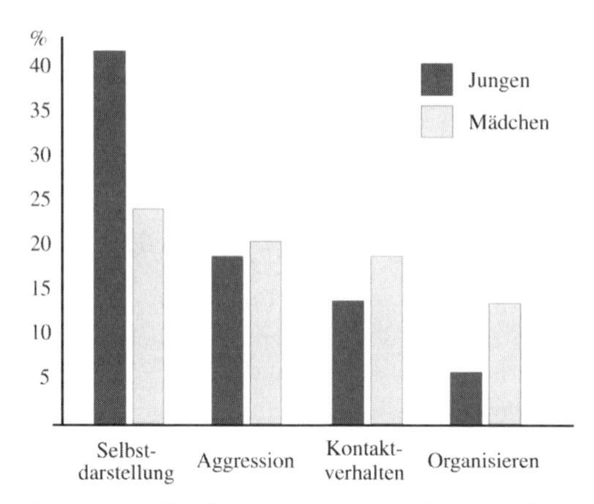

Strategien der Attraktion von Aufmerksamkeit

Wie die Abbildung zeigt, tun sich Buben vor den Mädchen signifikant insbesondere in der Kategorie Selbstdarstellung (v.a. in Form von „Lautstärke“ und „Drohen“) hervor, während bei den aggressiven Handlungen selbst kaum ein Unterschied besteht. Wenn wir einmal davon ausgehen, dass ersteres dem assertiven Verhalten, also der Rangthematik zuzurechnen ist, während es sich bei Letzterem überwiegend um reaktive Aggression handelt, dann würde diese Verteilung die Hypothese stützen, dass sich die Geschlechter in erster Linie im assertiven Bereich unterscheiden.

Sind Mädchen weniger an Rangauseinandersetzungen interessiert?

Eine meiner Studentinnen, Corinna Bacilieri, teilt in ihrer Dissertation Befunde mit, die recht deutlich darauf hinweisen, dass der Rangthematik bei Jungen generell eine größere Bedeutung zukommt[29]. Sie hatte Jungen und Mädchen im Alter von neun bis 16 Jahren die Anweisung gegeben, einen Turm und einen Menschen zu zeichnen und zu diesem Thema auch einen Aufsatz zu schreiben. Wie sie gerade auf dieses Thema kam, tut hier nichts zur Sache. Den in unserem Zusammenhang interessierenden Befund erbrachte eine computergestützte Inhaltsanalyse der Aufsätze.

Die Geschichten der Jungen waren in erster Linie an Exploration und Aktion orientiert, auch kam darin stärker die Überzeugung zum Ausdruck, Einfluss nehmen zu können. Insbesondere aber spielten hier in allen untersuchten Altersklassen Wettbewerb und Dominanz eine herausragende Rolle, ebenso wie das Bestreben nach Selbstdarstellung und Großartigkeit, wobei der Turm sehr gelegen kam. Ängste, sofern sie geäußert wurden, bezogen sich in erster Linie auf die Bedrohung der Rangposition. Die Jungen waren also eindeutig an hierarchischen Strukturen orientiert.

Die Aufsätze der Mädchen waren insgesamt nachdenklicher, die älteren reflektierten gern einmal die Zeitläufe. Vor allem aber spielten Beziehungen, insbesondere auch solche zum anderen Geschlecht, eine ausgezeichnete Rolle, die in der frühen Pubertät romantisch verbrämt wurde, etwa wenn der Partner als Werber oder Retter erschien. Ältere Mädchen äußerten Ängste vor sozialem Ausgeschlossenwerden

[29] Bacilieri, 2000

und vor Zurückweisung wegen unattraktiver Erscheinung. Insgesamt ging es den Mädchen in erster Linie um das Geliebt- und Bewundertwerden.

Nun könnte man argumentieren, Mädchen hätten längst aufgegeben, sich um eine Rangposition zu bemühen, und würden demgemäß das typische Verhalten der Unterlegenen in einer Dominanzhierarchie zeigen. Tatsächlich ziehen Mädchen bei körperlichen Auseinandersetzungen häufig den Kürzeren, sie versuchen bei Konflikten eher zu überreden, wo Jungen draufschlagen und wegschubsen[30]. Letzteres ist sicher effizienter, denn wenn es in Konfliktsituationen hart auf hart geht, entscheidet am Ende doch die physische Schlagfertigkeit.

Eine solche Erklärung hat viel für sich. Sicher trägt die Konfrontation zu einer Verschärfung des Unterschiedes bei. Andererseits zeigte der im 2. Kapitel besprochene Vergleich zwischen antiautoritären Kinderläden und traditionellen Kindergärten, dass die Rückzugsneigung der Mädchen am ausgeprägtesten bei den *Jüngsten* war. Von diesen aber ist anzunehmen, dass sie vergleichsweise weniger negative Erfahrungen mit Jungen gemacht hatten. Die Konfrontation mit dem robusteren Stil hatte sogar eher einen umgekehrten Effekt, die älteren Mädchen schienen allmählich zu lernen, sich brachial zur Wehr zu setzen.

Wenn man genauer berücksichtigt, wer die Empfänger aggressiver Handlungen in der Abbildung auf Seite 281 sind, so wird die Deutung des „Aufgegebenhabens" bei den Mädchen noch weniger wahrscheinlich. Der Hauptanteil der aggressiven Interaktionen fand zwischen Jungen statt, wobei in dieser Abbildung auch Drohen und Raufen eingeschlossen sind. Die Mädchen erscheinen zwar insgesamt weniger aggressiv, richten aber genauso viel Aggression auf Jungen wie auf ihre Geschlechtsgenossinnen. Zu einem ähnlichen Ergebnis kommen Smith und Green sowie McGrew[31].

Es ist also vielleicht doch näher liegend, dass Mädchen prinzipiell weniger an Rangauseinandersetzungen interessiert sind als Jungen, und zwar nicht in erster Linie als Folge schlechter Erfahrungen, sondern wegen einer *anders gelagerten Motivation*. Mädchen würden, diesem Erklärungsansatz zufolge, seltener Auseinandersetzungen provozieren, weil es ihnen nicht so viel Spaß macht, mit anderen die Kräfte zu messen. Dafür spricht, dass Mädchen nicht nur gegenüber Jungen, sondern auch gegenüber Mädchen weniger aggressiv sind, bei denen sie nicht die überlegene Körperkraft fürchten müssten. Schließlich tritt auch spielerisches Raufen sehr selten bei Mädchen auf, das ja im männlichen Geschlecht bei Tieren wie Menschen der Einübung für den Ernstkampf dient.

Die Hypothese, dass Mädchen die Rangthematik auf andere Weise erleben, lässt sich durch einschlägige Untersuchungen schon bei Kleinkindern stützen. 1987 veröffentlichten Charlesworth und Dzur ein Experiment zur Kooperationsfähigkeit bei vier- bis fünfjährigen Kindergartenkindern[32]. Die Versuchspersonen wurden zunächst getrenntgeschlechtlich in Gruppen zu vieren eingeteilt und durften an einem Apparat Filme anschauen, wobei immer nur ein Kind den Film durch eine Linse sehen konnte. Das funktionierte nun aber nur, wenn ein weiteres Kind die Kurbel des Filmapparats drehte und ein drittes das Licht bediente. Das vierte Kind musste abseits stehen und warten, bis es an der Reihe war. Die Situation war somit nicht nur geeignet, die Kooperationsfähigkeit zu testen – man musste miteinander aushandeln, wer bereit war, den Film in Gang zu halten – sondern enthielt auch einen kompetitiven Aspekt insofern, als die einzelnen Kinder um den Zugang zum Apparat wetteiferten und verschieden häufig zum Zug kamen.

[30] Eisenberg et al., 1994; Golombok & Fivush, 1994
[31] Smith & Green, 1974; McGrew, 1969; Maccoby & Jacklin, 1980
[32] Charlesworth & Dzur, 1987

Als man nun die beiden Geschlechter verglich, zeigten sich keine nennenswerten Unterschiede in der Kooperationsbereitschaft. Jedes Kind kam einmal an die Reihe. Außerdem bildeten sich aber auch Rangkonstellationen aus; es gelang jeweils einem Kind pro Gruppe häufiger, den Zugang zur Linse für sich in Anspruch zu nehmen. Die Jungen hatten in erster Linie Erfolg, indem sie die anderen wegschubsten, die Mädchen gingen eher argumentativ vor. Während aber in den Jungengruppen die ganze Zeit eine entspannte, heitere Stimmung vorherrschte, in der alle viel lachten und nicht aufeinander böse wurden, wenn sie zurückstehen mussten, war die Stimmung in den Mädchengruppen angespannter, und es wurde nicht gelacht. Bei den Jungen war auch der jeweils Ranghohe bereit, einmal die Beobachterrolle zu übernehmen und einfach dabei zu stehen. Dagegen fiel in den Mädchengruppen auf, dass die ranghöchsten Mädchen immer involviert waren. Wenn sie schon nicht den Film anschauen konnten, dann bestanden sie darauf, wenigstens den Apparat zu bedienen, sie wussten erfolgreich zu verhindern, auch einmal die passive Rolle der nur Beobachtenden einzunehmen.

In einer Untersuchung aus dem Jahr 2003 mit dem gleichen Versuchsdesign wurde überdies deutlich, dass die Jungen den jeweils dominanten und durchsetzungsstärksten in ihrer Gruppe eine hohe Wertschätzung angedeihen ließen, während die Mädchen die dominante Geschlechtsgenossin nicht leiden konnten, dagegen das kooperativste Mädchen am meisten mochten[33].

Rangverhalten bei Jungen

An dem Ergebnis ist mehrerlei bemerkenswert. Einmal scheinen sich Mädchen in kompetitiven Situationen anders als Jungen zu verhalten, um sich ihre Vorrechte zu sichern. Und dann sieht es so aus, als verliefe die Interaktion in den Jungengruppen reibungsloser.

Detaillierteren Aufschluss über diese Zusammenhänge verdanken wir einer Untersuchung von Ritch Savin-Williams an 40 Jungen und Mädchen im Alter von elf bis 14 Jahren[34]. Die Jugendlichen, die sich mehrheitlich noch nicht von früher kannten, nahmen an einem fünfwöchigen Ferienlager teil. Sie wurden geschlechtsgetrennt zu fünft in Hütten untergebracht. Jeder Gruppe war ein erwachsener Gruppenleiter zugeteilt, der unter anderem die Aufgabe hatte, täglich während drei Stunden alle Vorkommnisse zu protokollieren, die etwas mit Dominanz und Submission zu tun hatten. Wöchentlich wurden die Jugendlichen über die Rangkonstellationen in ihrer Gruppe befragt und die Resultate in Soziogrammen festgehalten.

Bei beiden Geschlechtern bildeten sich Rangbeziehungen. Aber sowohl in Bezug auf die Struktur der Gruppe als auch was die Strategien betraf, mit denen ein Ranganspruch erhoben wurde, zeichneten sich deutliche Geschlechtsunterschiede ab.

Bei den Jungen war bereits nach drei Tagen die Hierarchie etabliert, insbesondere was die ersten drei Ränge betraf[35]. An dieser Konstellation änderte sich dann im Lauf der Wochen nichts mehr. Im Soziogramm stimmten die Jungen bezüglich der Rangpositionen in hohem Maß überein, abgesehen davon, dass auch hier die Tendenz der Selbstüberschätzung bemerkbar wurde. Auch die Beobachter hatten keine Mühe, die Rangverhältnisse zu durchschauen.

[33] Sebanc et al., 2003
[34] Savin-Williams, 1979, 1987
[35] Siehe auch Petit et al., 1990

Die Gruppenstruktur stabilisierte sich alsbald, weil Auseinandersetzungen mit der Zeit stetig zurückgingen und schließlich überhaupt nicht mehr auftraten[36]. Die Rangkonstellationen hatten also, den männlichen Dominanzhierarchien bei Tieren durchaus vergleichbar, eine konfliktreduzierende Wirkung. Es war ganz selbstverständlich, dass dem Ranghöchsten der beste Schlafplatz zustand und dass er sich das größte Stück Kuchen nehmen durfte.

A ist dominant über B oder weist B 's Ranganspruch zurück, wenn

- A Weisungen erteilt, Vorschläge macht oder unaufgefordert Rat und Informationen gibt, die von B akzeptiert und befolgt werden;
- A sich prahlerisch auf B's Kosten in Szene setzt, B heruntermacht, aufzieht, mit Spottnamen belegt, auslacht oder über B zu Dritten schlecht redet, Klatsch und Gehässigkeiten verbreitet, und wenn B sich vor alldem ohne Gegenwehr zurückzieht;
- A körperliche Gewalt (Schubsen, Schlagen, Raufen) gegen B anwendet und B dabei unterliegt, eine unterwürfige Haltung annimmt oder flieht;
- B Verhalten, Erscheinung oder Redeweise von A nachahmt, Übereinstimmung mit A bekundet, bei A Billigung einholt oder sich entschuldigt, A Komplimente macht, um Rat fragt, vertrauliche Information preisgibt, auf A wartet, nach A fragt;
- A einen von B beanspruchten Gegenstand wegnimmt oder B von einem privilegierten Platz verdrängt;
- A verbal (meist unter Androhung leiblicher Gewalt) oder physisch (durch Imponierhaltung oder Drohstarren) Vorrang vor B beansprucht, ohne dass B widerspricht;
- A sich einer Aufforderung oder einem Anspruch von B widersetzt, B ignoriert, meidet oder links liegen lässt und B sich damit abfindet;
- A verbal mit B streitet, dabei (affektfrei) widerspricht und korrigiert, B in die Rede fällt, Inhalt und Verlauf der Auseinandersetzung monopolisiert, das letzte Wort behält.

Die vorangehende Kategorienliste diente dem Autor zur Operationalisierung des Konstrukts Dominanz; sie ist zugleich geeignet, ein anschauliches Bild davon zu vermitteln, wie sich die Auseinandersetzungen konkret abspielten. Nicht alle der angeführten Kriterien waren allerdings für Jungen typisch. Hier hatten vielmehr körperliche Händel einen hohen Stellenwert, auch verbale Dispute, die dreimal häufiger auftraten als bei Mädchen. Insbesondere aber spielte Drohen und Lächerlichmachen eine gewichtige Rolle. Die Mittel, sich durchzusetzen, waren insgesamt eindeutig machtbezogen.

[36] Siehe auch Pellegrini et al., 2007

Rangverhalten bei Mädchen

Die Mädchen hatten ebenfalls Auseinandersetzungen, bei denen es um den Vorrang ging. Dabei fiel nun aber auf, dass sowohl die Mitglieder der Gruppe als auch die Beobachter in Bezug auf die relative Position der Einzelnen nur schlecht übereinstimmten. Vielfach machten sich die Mädchen andere Vorstellungen von den Dominanzverhältnissen als es den tatsächlichen Gegebenheiten entsprach.

Das mag damit zusammenhängen, dass der Status eines Mädchens von den anderen jederzeit aufgrund irgendwelcher Ereignisse, die den Anspruch auf Durchsetzung eigener Vorstellungen aktivierten, wieder in Frage gestellt werden konnte, etwa wenn es darum ging, Arrangements für ein Fest zu treffen. Die Auseinandersetzungen nahmen folglich während der Dauer des Ferienlagers nicht ab, und die Besetzung insbesondere der mittleren Position, aber auch der beiden ersten Rangplätze, veränderte sich bis zum Ende des Aufenthaltes immer wieder. Die Struktur hatte keine konfliktreduzierende Wirkung. Generell waren die Mädchengruppen durch einen schlechteren Zusammenhalt gekennzeichnet.

Auch in den Mitteln, ihren Einfluss durchzusetzen und ihren Status zu bekunden, unterschieden sich die Mädchen von den Jungen deutlich. Charakteristisch war hier vor allem ein Phänomen, über das in einem späteren Kapitel noch Genaueres zu sagen sein wird; es wird als *prosoziale Dominanz* bezeichnet: Man gibt ungefragt Ratschläge, etwa in Bezug auf Kleidung oder Frisur. Wollte ein Mädchen sich auf einen solchen Anspruch nicht einlassen, dann ignorierte sie die Vorschläge, äußerte sich Dritten gegenüber abfällig oder suchte überhaupt, den Kontakt zu meiden.

Auch für die Beobachter war es fast unmöglich, die Machtkonstellationen zu durchschauen. Am ehesten ließ sich der Status eines Mädchens noch am Verhalten der übrigen ablesen. So wurden Ranghohe eher imitiert oder erhielten offen Anerkennung und Komplimente. Beliebte Mädchen kümmerten sich um andere und nahmen Anteil an ihrem seelischen Wohl. Ihrem Verhalten nach, aber auch den Reaktionen der anderen Mädchen zufolge, könnte man sie als „mütterliche Führerinnen“ charakterisieren. Es gab auch Mädchen, die aggressiv zu dominieren suchten. Sie hatten aber eher die Tendenz, sich den anderen aufzudrängen und sie zu unerlaubten Aktionen zu verführen. Zunächst übten sie eine attraktive Wirkung aus, insbesondere weil sie gute Sportlerinnen waren, sie verloren dann aber bald ihre Popularität.

Der Status in den Mädchengruppen beruhte weniger auf aktiver Durchsetzung als auf dem Ansehen aufgrund besonderer Qualitäten. Vorrechte wurden nicht erkämpft, sondern von den anderen zugestanden, und sie konnten jederzeit wieder entzogen werden. Die Instabilität ergab sich also nicht daraus, dass die Mädchen nicht willens gewesen wären, anderen einen Vorrang einzuräumen. Sie waren nur nicht bereit, dieses Zugeständnis ein für allemal aufrechtzuerhalten, sondern fingen bei jedem neuen Anlass wieder an zu rivalisieren.

Nun stellt sich die Rangthematik normalerweise für Mädchen von vorn herein weniger, weil sie bereits im Grundschulalter beginnen, sich auf ziemlich exklusive Zweier- und Dreierkonstellationen zu beschränken. Die spontane Gruppengröße bei Jungen umfasst dagegen im Durchschnitt vier bis sechs Individuen, und nicht selten sind es noch mehr[37].

Insgesamt bestätigen die Befunde von Savin-Williams die oben ausgesprochene Vermutung, dass Mädchen nicht in demselben Ausmaß wie Jungen motivational disponiert sind, eine stabile Rangordnung zu erstreiten und sich an diese an-

[37] Rose & Rudolph, 2006

schließend auch zu halten. Die direkte Parallele zu den Verhältnissen bei vielen Tier-Primaten ist nicht zu übersehen. Da es evolutionär gesehen für das weibliche Geschlecht keinen Anlass gab, eine spezifische Wettkampfmotivation auszubilden, hat die Konfliktbewältigung bei kollidierenden Durchsetzungsansprüchen eher einen Adhoc-Charakter. Insbesondere spielt Ritualisierung in Form von Drohen und Imponieren eine untergeordnete Rolle. Auf die Frage, wie weit die beim Menschen ja durchaus vorhandene Bereitschaft zur Dauerbindung zwischen Geschlechtspartnern nicht doch auch bei Frauen die Notwendigkeit impliziert, um attraktive Partner zu rivalisieren, werden wir unten S. 294 zurückkommen.

Dominanz- und Geltungshierarchie

Wenn wir versuchen, die beobachteten Gruppenstrukturen genauer zu bestimmen, dann lässt sich die typisch männliche Rangstruktur als *Dominanzhierarchie* charakterisieren, während rein weibliche Gruppen eher die Züge einer *Geltungshierarchie* tragen[38].

Die Dominanzhierarchie ist machtorientiert. Man muss sich den eigenen Rang erkämpfen, wobei Imponieren und Einschüchtern die bevorzugten Strategien darstellen. In dieser sozialen Struktur setzt sich das phylogenetisch alte Muster fort, wie es für die männlichen Rangordnungen bei Tieren typisch ist.

Trotz ihrer Wettbewerbsorientiertheit ist die Dominanzhierarchie relativ konfliktfrei. Wenn zwischen zwei Mitgliedern einer Jungengruppe Spannung aufkommt, drängen die übrigen darauf, „die Sache miteinander auszumachen". Die beiden gehen hinaus, dann findet ein handfester Ringkampf statt, bis schließlich einer den anderen im „Schwitzkasten" hat und dieser aufgibt. Damit ist die Sache ein für allemal geklärt. Ein solches Hierarchieverständnis erweist sich als günstig, wenn es darum geht, schnell zu einem Konsens zu kommen und Entscheidungen zu treffen. Das Erfolgsgeheimnis besteht darin, dass der Einzelne mit seiner Meinung zurückstehen kann und bereit ist, sich unterzuordnen. Die Dominanzhierarchie bietet allerdings wenig Raum für Kreativität und persönliche Belange.

Neben dieser typisch männlichen, weit in die Phylogenese zurückreichenden Strategie steht dem Menschen nun aber noch eine zweite zur Verfügung. Wie bereits im vorigen Kapitel ausgeführt, kann er eine hohe Rangposition auch dadurch erhalten, dass er sich aufgrund bestimmter Eigenschaften vor anderen auszeichnet und dadurch zu *Ansehen* und *Geltung* gelangt. Die Geltungshierarchie ist spezifisch menschlich, also evolutionär gesehen relativ jungen Datums. Sie beruht darauf, dass wir ein Ichbewusstsein ausbilden und Anerkennung und Lob als Steigerung unseres Selbstwertes erleben. Damit wird das Streben nach Geltung zu einem zentralen Motiv[39].

Die Geltungshierarchie ist die Basis der Demokratie. Sie ermöglicht eine egalitäre Sozialstruktur, weil ausufernde Dominanzansprüche einzelner Mitglieder dadurch kontrolliert werden können, dass die Gruppe diesen die Anerkennung entzieht. Das hat allerdings zur Folge, dass die Geltungshierarchie viel weniger stabil ist als die Dominanzhierarchie. Da die Anerkennung von anderen abhängt, liegt es weniger in der Macht des Einzelnen, sie zu erhalten, und schon gar nicht, sie zu erkämpfen. Insbesondere aber bedeutet Anerkennung zu spenden keineswegs selbstverständlich, dass man auch bereit ist, sich unter die solchermaßen Ausgezeichneten unterzuordnen.

Die westlichen Demokratien beruhen übrigens auf einer Kombination der beiden Strukturen. Gewählt werden die Politiker aufgrund ihres Ansehens, sie sind also von

[38] Bischof-Köhler, 1990a, 1992
[39] Bischof-Köhler, 1985

der Gunst des Publikums abhängig. Haben sie ihre Wahl aber erst einmal gewonnen, wird ihnen mit ihrer Position auch ein gewisses Machtmonopol zugestanden; sie können also auf hierarchische Dominanz „umschalten“.

Während Männer beide Spielarten des Rangverhaltens einsetzen können, überwiegen im weiblichen Gruppenverhalten die Muster der Geltungshierarchie, weil die Dispositionen für die Ausbildung einer Dominanzhierarchie fehlen oder zu schwach ausgeprägt sind. Aus einem Übersichtsreferat von Eagly und Johnson mit dem Thema „Geschlecht und Führungsstil“ geht hervor, dass Männer hierarchische Strukturen mit Statusunterschieden ausgesprochen schätzen, während Frauen egalitäre Strukturen vorziehen[40]. Frauen sind zwar nicht immun gegen die Verlockungen der Macht, in erster Linie geht es ihnen aber um Anerkennung; und eine Möglichkeit, Macht auszuüben, besteht bei ihnen eben darin, anderen mit dem Entzug der Anerkennung zu drohen.

Beziehungsaggression

In diesem Zusammenhang sind die Befunde von Nicky Crick recht aufschlussreich. Sie untersuchte zwar keine Rangauseinandersetzungen, sondern war generell an aggressiven Äußerungen von Kindern und Jugendlichen interessiert[41]. Dabei kam sie zu der Unterscheidung von *offener Aggression* und *Beziehungs-Aggression.* Bei der Ersteren handelt es sich um alle Formen körperlicher Aggression und die Androhung derselben. Bei Letzterer wird der *Abbruch der Beziehung* in Aussicht gestellt, wenn die andere Person einem nicht zu Willen ist. „Du bist nicht mehr meine Freundin!“ – „Du darfst nicht mehr mitspielen!“ – „Ich lade Dich nicht zum Geburtstag ein!“ sind bereits bei kleinen Mädchen typische Formen der Aggressionsäußerung mit eindeutig erpresserischem Charakter, wenn den Adressaten etwas an der Beziehung liegt. Generell werden bei der Beziehungsaggression alle Spielarten sozialer Ausgrenzung zum Einsatz gebracht, indem man z. B. den Kontakt mit der betroffenen Person angelegentlich vermeidet, sie deutlich übergeht, aus dem Gespräch ausschließt, Negatives über sie zu Dritten äußert. Schmollen gehört ebenfalls zum Verhaltensinventar der Beziehungsaggression, es tritt schon bei Kleinkindern auf, die noch nicht über die kognitiven Voraussetzungen verfügen, auf anspruchsvollere Art den Kontaktabbruch anzudrohen. Die letztgenannte Möglichkeit ist erst ab dem vierten Lebensjahr gegeben, wenn die Fähigkeit zur Perspektivenübernahme beginnt, auf die wir unten S. 320 noch zu sprechen kommen; man muss sich in den anderen hineinversetzen können, um zu wissen, womit man ihn besonders treffen kann. Diese Strategie gewinnt mit fortschreitender Entwicklung natürlich an Effizienz.

In den Untersuchungen von Crick zeigte sich nun bereits bei Drei- bis Fünfjährigen ein deutlicher Geschlechtsunterschied. Jungen demonstrierten signifikant mehr offene Aggression, während bei Mädchen häufiger Beziehungsaggression auftrat[42]. Dieser Unterschied ließ sich bei Zehn- bis Zwölfjährigen ebenfalls nachweisen und ist in der Pubertät am ausgeprägtesten, wie die Beschreibung weiblicher Rangstrategien bei Savin-Williams ja auch anschaulich illustriert, wobei erwachsene Männer natürlich auch Beziehungsaggression einsetzen. Die Effektstärken schwanken zwar

40 Eagly & Johnson, 1990
41 Crick & Cropeter, 1995; Crick et al., 1997, 1999
42 Siehe auch Goodwin, 2002; Underwood, 2003; Ostrov & Keating, 2004; Archer & Coyne, 2005

beträchtlich und sind faktisch unbedeutend, wenn die Betreffenden selbst gefragt oder von Lehrern beurteilt wurden. In Beobachtungsstudien tritt der Unterschied dann aber umso deutlicher zutage (*d* = - 0.74)[43]

Man kann sich leicht ausmalen, wie sich mit der Androhung des Kontaktabbruchs ein Ranganspruch unterlaufen lässt, wenn den Betroffenen vor allem an der Anerkennung gelegen ist. Allerdings birgt die Strategie die Gefahr, sich selbst unbeliebt zu machen, sie setzt also einige soziale Manipulationsfähigkeit voraus, wenn dies vermieden werden soll. Neuere Untersuchungen zeigen immerhin, dass beziehungsaggressive Kinder und Jugendliche zwar nicht unbedingt die beliebtesten sind, aber durchaus zu den einflussreichsten, statushöchsten zählen können[44]. Mädchen sind generell öfter Opfer von Beziehungsaggression, und finden diese auch verletzender als physische Aggression, während letztere eher von Jungen als schmerzlich empfunden wird. Paradoxerweise meinen Mädchen allerdings, dass Beziehungsaggression für den Betroffenen weniger schlimm sei als Verhauen-zu-werden[45].

Beziehungsaggression gehört zweifelsohne zu den hostilen Äußerungsformen von Aggression; zu ihr gibt es im Tierreich nichts Vergleichbares, da Tiere nicht über die notwendigen kognitiven Voraussetzungen verfügen[46]. Bedenkenswert ist, dass mit dem Streben nach Anerkennung und der Beziehungsaggression beim weiblichen Geschlecht vorzugsweise Formen des Rivalisierens eingesetzt werden, die spezifisch für den Menschen sind und die sich deutlich von den phylogenetisch alten Formen des Kampfes um die Macht bei Männern abheben; damit erhebt sich natürlich die Frage, was es mit der weiblichen Rivalität für eine Bewandtnis hat.

Crab basket

Savin-Williams hatte bei seinen Jungengruppen eine beachtliche Stabilität der Rangbeziehungen registrieren können. Nun erstreckten sich seine Beobachtungen aber nur über fünf Wochen. Dagegen haben Omark und Edelman bei ihrer Studie acht Jahre nach der ersten Untersuchung (s. o. S. 281) bei einem Teil ihrer Stichprobe die Rangbeziehungen nochmals überprüft und die erstaunliche Feststellung gemacht, dass die jetzt 14-jährigen Jungen, sofern sie noch der gleichen Gruppe angehörten, *immer noch den gleichen relativen Rang* einnahmen wie als Sechsjährige. Die für die Dominanzhierarchie typische Stabilität hatte also vorgehalten. Bei weiblichen Gruppen sieht dies offensichtlich anders aus.

Geym, der sich in therapeutischen Trainingssituationen mit den Problemen

Krabbenkorb

Fischer werfen gefangene Krabben in einen Korb und lassen diesen stehen, ohne sich die Mühe zu machen, ihn mit einem Deckel zu verschließen. Sie wissen, dass die Tiere nicht entkommen können. Zwar versuchen diese unablässig, an der Korbwand hochzukriechen, und ein Stück weit gelingt ihnen das auch. Aber bald sind andere Krabben zur Stelle, die in ihnen eine willkommene Treppenstufe sehen und sie ihreseits zu besteigen suchen, woaufhin beide gemeinsam unter der Überlast auf den Korbboden zurückfallen und das Spiel von neuem beginnen kann.

43 Archer & Coyne, 2005
44 Cillessen & Mayeux, 2004; Estell et al., 2002; Rose et al., 2004
45 Blakemore et al., 2009
46 Bischof-Köhler, 2000; Archer & Coyne, 2005

befasste, die sich bei der Zusammenarbeit von Männern und Frauen ergeben, vergleicht das weibliche Gruppenverhalten mit einem „Crab basket", einem Krabbenkorb (siehe Kasten vorige Seite)[47].

Im Klartext bedeutet die Parabel, dass die Frauen sich gegenseitig daran hindern aufzusteigen und dass sich infolgedessen auch keine dauerhafte Hierarchie ausbilden kann. Ursache dieser Instabilität dürfte die Abhängigkeit von der Gunst der Gruppe sein. Diese Besonderheit zeigt sich nicht nur bei Kindern und Jugendlichen, sondern auch bei erwachsenen Frauen. Rein weibliche Organisationen erweisen sich als konfliktanfälliger als männliche, weil Frauen offensichtlich weniger bereit sind, sich anderen Frauen unterzuordnen[48]. Diese alles andere als politisch korrekte Erkenntnis hat sich in den 1990er Jahren in den USA allmählich durchgesetzt, es wurden Bücher geschrieben, wie etwa das von Cheryl Delleasegas mit dem bezeichnenden Titel „Mean Girls grown up" und es entstanden Trainingsprogramme für weibliches Führungsverhalten[49]. In Deutschland war das Thema eher tabu und einschlägige Untersuchungen wie die folgende hatten Probleme, veröffentlicht zu werden.

Bei einer Studie an Sachbearbeitern eines mittelständischen Unternehmens wurde anhand von Stellungnahmen zu Fallgeschichten die Frage eruiert, ob Männer eher als Frauen bereit sind, sich unterzuordnen[50]. So wurde beispielsweise berichtet, eine Mitarbeiterin habe wochenlang an einem Konzept für einen Werbefeldzug gearbeitet. Ihre Chefin habe es aber als untauglich abgetan und bei der Unternehmensleitung erfolgreich einen eigenen Plan lanciert. Daraufhin kommt es zum Krach zwischen den beiden und die Mitarbeiterin arbeitet fortan nur noch lustlos und fehlerhaft. Die Befragung erbrachte zwei Befunde, über die es sich nachzudenken lohnt.

1. Ein Teil der weiblichen Befragten fand, man müsse sich bei ungerechter Behandlung bei der nächsthöheren Instanz beschweren. Die Männer der Stichprobe votierten angesichts der gleichen Situation eher dafür, sich zu fügen und die Zurückweisung wegzustecken.

2. Die Beteiligten wurden auch befragt, ob sie eine Chefin akzeptieren würden. Über die Hälfte der Frauen gab an, sie würde einen männlichen einer weiblichen Vorgesetzten vorziehen, während die Männer, vor die Wahl gestellt, fast alle keine Präferenz bekundeten. Ihre Ablehnung begründeten die Frauen damit, dass Chefinnen emotional und unberechenbar seien und dass sie rivalisierten.

Solche Vorbehalte dürften nicht ganz aus der Luft gegriffen sein. Entgegen einer weit verbreiteten, aber ungestützten Erwartung, scheinen sich Chefinnen tatsächlich nicht unbedingt besonders solidarisch gegenüber weiblichen Untergebenen zu verhalten[51]. So finden sich beispielsweise in einer Studie von Wunderer und Dick Hinweise, dass weibliche Führungskräfte zumindest tendenziell eine eher kritische Einstellung zu Mitarbeiterinnen, nicht aber zu Mitarbeitern haben. Die Chefinnen fanden etwa, „dass Frauen von ihnen vergleichsweise mehr Verständnis und per-

[47] Geym, 1987
[48] Von Rosenstiel, 1986
[49] Zitat und weitere Literatur s. Pinker, 2008
[50] Kehr, 1991
[51] Neujahr-Schwachulla & Bauer, 1995

sönliche Unterstützung erwarten, aber auch dass sie weniger offen und schwerer zu motivieren sind"[52]. Auch die Interviewpartnerinnen von Sonja Bischoff, einer anderen Autorin, die das Verhalten von weiblichen Führungskräften untersuchte, äußerten sich recht kritisch über Mitarbeiterinnen. Viele gaben zu, dass sie lieber mit Männern zusammenarbeiten. Frauen werden als konkurrierender, kritischer, ehrgeiziger beschrieben, bzw. einfach als schwieriger[53]. Bernadoni und Werner stellten fest, dass Frauen in Führungspositionen ganz besonders unter der Konkurrenz ihrer Geschlechtsgenossinnen leiden[54]. Eine Studie von Rocio Garcia-Retamero und Esther López-Zafra aus dem Jahr 2006 bestätigt diese Annahmen. Bei einer Befragung hatten weder Männer noch Frauen etwas dagegen, dass Frauen in frauentypischen Berufsbereichen (Textilindustrie) in Führungspositionen aufstiegen. Dagegen teilten sich die Meinungen, wenn es um männertypische Branchen (Autoindustrie) ging. Hier hatten Frauen häufiger Vorurteile gegen Frauen in einer leitenden Position als Männer[55].

Bei der Ablehnung, der Frauen durch ihre Geschlechtsgenossinnen im Berufsleben ausgesetzt sind, könnte es eine Rolle spielen, dass angesichts der von feministischer Seite propagierten „Schwesterlichkeit" falsche Erwartungen geweckt werden. Tatsächlich gestaltet sich die Beziehung aber ganz anders: Aussagen im Stile von „Da ziehe ich mir doch nicht noch eine Mitkonkurrentin heran" sind durchaus nicht untypisch. Bemerkenswert auch ein Bericht in der „Süddeutschen Zeitung", als erstmals Rekrutinnen in die Bundeswehr einrückten. Eine Ausbilderin äußerte hier gerade heraus, sie arbeite lieber mit Männern: „Obwohl ich sie eigentlich besser verstehen müsste, kann ich mit dem Gezicke der Frauen nicht so gut umgehen". Und jetzt werde schon deutlich, dass der Konkurrenzkampf zwischen den Rekrutinnen stärker sei als bei den Männern[56].

Was die weibliche Neigung zur Beziehungsaggression betrifft, so kommt sogar Alice Schwarzer in einem Interview zu einem erstaunlich harschen Urteil über ihre Geschlechtsgenossinnen, als sie darauf angesprochen wird, dass sie von diesen doch immer die härtesten Kritiken bekommen hätte. „Frauen verstehen zum einen natürlich mehr von Frauen und wissen, wo sie sie treffen können. Männer sind da meistens harmloser. Frauen können sehr perfide sein [...] Ein Mann kann frontal angreifen. Bei Frauen geht es immer hintenrum"[57].

Marianne Schmid Mast wählte das Krabbenkorb-Modell als Thema für ihre Dissertation[58]. In der Studie, die Pilotcharakter hatte, ließ sie Männer und Frauen über mehreren Sitzungen hinweg geschlechtsgetrennt in Dreier- bis Fünfergruppierungen Erziehungsfragen diskutieren. Verteilung der Sprechzeit und Zahl der Unterbrechungen dienten zur Bestimmung der Rangverhältnisse. Die Ergebnisse wiesen in die erwartete Richtung. Die Männer zeigten faktisch sofort eine hierarchische Strukturierung, die sich allenfalls über die Zeit hinweg etwas lockerte. Auch bei den Frauen gab es Dominanzansprüche; Rangbeziehungen ließen sich aber erst in einem fortgeschrittenen Stadium der Interaktion ausmachen. Sie waren insbesondere, was die höchste Position betraf, über die Zeit hinweg weniger stabil als in den Männergruppen.

---

[52] Wunderer & Dick, 1997, S. 124
[53] Bischoff, 1986
[54] Bernadoni & Werner, 1987; s. auch Campbell, 1999
[55] Garcia-Retamero & Lopez-Zafra, 2006
[56] Süddeutsche Zeitung, 11. Jan. 2001
[57] Süddeutsche Zeitung, 5./6. März 2005; weitere Beispiele siehe Pinker, 2008
[58] Schmid Mast, 2000

Insgesamt spricht also einiges dafür, dass der Krabbenkorb ein recht zutreffendes Bild für weibliche Rangbeziehungen ist. Nicht, dass er nicht seine Vorzüge hätte. Diese liegen in der egalitären Struktur und in der individuellen Entfaltung jedes Gruppenmitglieds: Das Klima ist persönlicher und offener, die Anliegen der Einzelnen kommen besser zur Geltung, es kann sich eine Meinungsvielfalt entwickeln. Insbesondere fehlt die Möglichkeit, sich vor anderen hervorzutun, weil die Gruppe das nicht zulässt und einzelne auf ihren Platz verweist. Dem steht aber als Nachteil gegenüber, dass Schwierigkeiten auftreten, wenn Entscheidungen angesagt sind, weil niemand nachgeben will.

Nun ließe sich einwenden, dass die fehlende Bereitschaft, sich anderen Frauen unterzuordnen, direkt deren niedrige gesellschaftliche Wertschätzung widerspiegelt. Wenn man immer wieder vermittelt bekommt, dass Frauen nichts wert sind, dann hat das, was sie sagen, wenig Gewicht, selbst wenn sie dies in der Position der Chefin tun.

Träfe diese Begründung zu, müsste sie allerdings im Verhältnis von Männern zu einer weiblichen Vorgesetzten noch viel deutlicher wirksam werden. Tatsächlich zeichnet sich aber der fast schon paradox erscheinende Sachverhalt ab, dass Männer eher als Frauen geneigt zu sein scheinen, sich einer Chefin unterzuordnen. Paradox mutet dies insofern an, als wir über reichlich Evidenz verfügen, dass Männer sich in anderen Konstellationen von Frauen nichts sagen lassen; bereits kleine Buben handeln nach dieser Maxime. Wie kann man dann annehmen, dass sie eine Chefin überhaupt akzeptieren? Hier wird leicht übersehen, dass die *Bereitschaft, sich unterzuordnen,* wo immer einmal eine Rangordnung etabliert ist, ebenfalls zur phylogenetisch begründeten Ausstattung männlichen Konkurrenzverhaltens gehört. Chef ist, wer in der Chefetage residiert. Es wäre somit weniger die Achtung vor der Frau in der Vorgesetzten als die Achtung vor ihrer Position, der man sich als Mann unterordnet. Allerdings liegen bisher kaum Ergebnisse gezielter Untersuchungen zu dieser Frage vor. Sofern sie auf der Beurteilung fiktiver Fallgeschichten basieren, kann man natürlich nur mit Vorbehalten Rückschlüsse auf das tatsächliche Verhalten ziehen.

Der Vergleich der typisch weiblichen mit der typisch männlichen Gruppenstruktur lässt jedenfalls deutlich werden, dass das derzeit beliebte Klischee, Männer seien kompetitiv und Frauen kooperativ, sicher eine verkürzte Sicht wiedergibt. So sehr auch die Wettbewerbsorientiertheit als vorherrschendes männliches Merkmal hervorzuheben ist, so darf darüber nicht die ebenfalls typische Unterordnungsbereitschaft übersehen werden. Sie bietet die Basis für eine sehr effiziente Kooperation, und zwar auch dann, wenn die Beteiligten zuvor miteinander konkurriert haben und dies bei Gelegenheit wieder tun werden: Sie tragen sich nichts nach. Dagegen kann die Kooperation bei Frauen insofern beeinträchtigt werden, als diese dazu neigen, auf der Meinungsvielfalt zu beharren, was die Konsensfindung natürlich erschwert.

Die Hintergründe weiblichen Rivalisierens

Wenn Frauen wenig bereit sind, sich anderen Frauen unterzuordnen, so heißt das jedoch keineswegs, dass sie generell Probleme mit der Unterordnung hätten; ein *männlicher* Chef wird ja akzeptiert. Die motivationale Basis dürfte hier aber doch eine andere sein: Unabhängig von allem, was Ratio und Großhirnrinde zu sagen haben, ist ein Mann für das Stammhirn immer auch ein potentieller Geschlechtspartner, und an diesem weiß eine Frau, wie die oben Seite 145 dargestellten Untersuchungen von Buss belegen, auf Grund einer unausdenklich weit zurückreichenden phylogenetischen Tradition nun einmal zu schätzen, wenn er sich in Auseinandersetzungen zu behaupten versteht und eine dominante Stellung einnimmt.

Natürlich wollen die Mitarbeiterinnen nicht unbedingt den Chef heiraten, aber sein dominantes Auftreten imponiert ihnen eben doch. Hingegen lässt sich, wie schon früher ausgeführt wurde, unter dem Aspekt des Selektionsvorteils kein Argument finden, warum sich eine Frau einer anderen Frau unterordnen sollte. Diese ist ja in erster Linie eine potentielle Rivalin um die Gunst des Versorgers und nur in besonderen Fällen – z. B. bei naher Verwandtschaft oder beim Menschen auch aus professionellen Gründen – bereit, sich um die Kinder einer anderen Frau zu kümmern.

Mit der Rivalität um die Gunst des Versorgers ist ein wichtiges Stichwort angesprochen, das uns zu der Frage führt, welche evolutionären Hintergründe für die spezifisch weibliche Form des Konkurrenzverhaltens in Betracht kommen. Da wir davon ausgehen können, dass bei Menschen die parentale Investition des Mannes erhöht und er im Prinzip bereit ist, einen Beitrag zur Versorgung seiner Kinder zu leisten, sind potentiell gute Väter natürlich als Partner bevorzugt. Da dies aber nicht für alle Männer in gleichem Ausmaß zutrifft, stellen gute Versorger gewissermaßen eine knappe Ressource dar, um die es sich zu rivalisieren lohnt. Damit erhebt sich die Frage, warum Frauen nicht eine den Männern äquivalente Wettkampfdisposition ausgebildet haben.

Nun bedeutet die Notwendigkeit zu rivalisieren aber natürlich nicht, dass dies mit den gleichen Mitteln wie bei Männern geschehen muss. Zwar kommt es durchaus einmal vor, dass Frauen sich um Männer prügeln. Aber heißt das auch, dass die solcherart Umworbenen die Siegerin bevorzugen? Kämpferisches Amazonentum zählt doch wohl nur in Ausnahmefällen zu den Eigenschaften, die ein Mann an einer Frau erotisch attraktiv findet. Wie oben S. 133 bereits ausgeführt, ist physischer Kampf und der damit verbundene Stress für Frauen angesichts der hohen parentalen Investition rasch einmal dem Gedeihen der Nachkommenschaft abträglich und somit einer starken Gegenselektion ausgesetzt. Dies dürfte also der tiefere Grund sein, warum sich Frauen auf eine indirekte, weniger exponierende Strategie des Rivalisierens spezialisiert haben, und mit der Beziehungsaggression ist ihnen ein erfolgversprechendes und zugleich ungefährliches Mittel gegeben, eine Nebenbuhlerin beim Mann ihrer Wahl auszustechen[59].

Wie mehrere Untersuchungen belegen, ist gutes Aussehen für Frauen eine der wichtigsten Ursachen, andere als Konkurrentinnen zu empfinden. Konsequenterweise versuchen sie die Rivalin abzuwerten, indem sie beispielsweise behaupten, die andere habe sich nur zurecht gemacht, sei in Wirklichkeit aber hässlich und sowieso viel älter, als sie aussehe; sie sei auch nicht die Gesündeste, und vor allem sei sie untreu und treibe es mit vielen Männern. Frauen machen die Konkurrentin also schlecht, indem sie ihr ausgerechnet die auf S. 142 f. genannten Qualitäten absprechen, denen Männer weltweit bei der Partnerinnenwahl den Vorzug geben[60]. Das geht so weit, dass Frauen in der Mitte des Menstruationszyklus, wenn die Östrogenkonzentration am höchsten ist und sie besonders empfängnisbereit sind, die Gesichter anderer Frauen hässlicher finden als zu anderen Zeiten des Zyklus[61].

So dürfte die weibliche Spezialisierung auf die Konkurrenzstrategien der Geltungshierarchie letztlich auf das Bedürfnis zurückgehen, sich einen besonders hochkarätigen männlichen Partner und Versorger für die Familie zu sichern, sich dabei aber nicht den Unbilden auszusetzen, die mit den männlichen Dominanzkämpfen verbunden sind.

---

[59] Cashdan, 1998; Campbell, 1999

[60] Buss, 2004

[61] Fisher, 2004

23 Konkurrenz zwischen den Geschlechtern

Das Ende der Arbeitsteilung

Anlässlich einer Gastprofessur meines Mannes verschlug es die ganze Familie nach Südkalifornien, wo unsere drei Töchter gemischtgeschlechtliche Schulen besuchten. Unsere Älteste, gerade zwölf Jahre alt, führte ein Tagebuch, übungshalber auf Englisch, und bewahrte dieses in ihrer Büchertasche auf. Dort entwendete es ein Mitschüler und machte Anstalten, darin zu lesen. Es kam zu einer Verfolgungsjagd, sie war schneller, erwischte ihn und prügelte solange auf ihn ein, bis er verblüfft seine Beute herausgab. Das war der erste Akt des Dramas. Den zweiten bestritt ihre „beste" Freundin, die den Vorgang beobachtet hatte. Diese nahm unsere Tochter beiseite und stellte ihr in vertraulich gedämpftem Ton die Schicksalsfrage: „Did you ever see a *popular* girl – *hit a boy?!*"

Ein weiser Ratschlag fürs Leben, übrigens auch ein Lehrbuchbeispiel für prosoziale Dominanz. Unsere Tochter, daheim offensichtlich doch nicht ganz so geschlechtsrollenkonform erzogen, ließ sich davon allerdings wenig beeinflussen. Es ist freilich leicht vorstellbar, dass sie bei einem längeren Aufenthalt nicht darum herumgekommen wäre, sich den landesüblichen Verhaltensnormen anzupassen. Die Geschichte hatte übrigens insofern noch einen dritten Akt, als sich der solcherart Malträtierte unsterblich in sie verliebte. Interessant ist, dass er nicht auf den Gedanken gekommen war, sich zu wehren, was er vermutlich getan hätte, wenn der Angreifer ein Geschlechtsgenosse gewesen wäre. Er hatte offenbar Hemmungen, sich mit dem Mädchen auf die ihm vertraute Weise anzulegen. Vielleicht lag es aber auch nur am Überraschungseffekt, dass sie ihn überrumpeln konnte.

Die Geschichte ging zugunsten des Mädchens aus. Häufig ist es umgekehrt, vor allem, wenn beide Geschlechter miteinander in Konkurrenz treten. Da erweist sich die männliche Strategie nämlich offensichtlich als der weiblichen überlegen[1].

Sowohl von den phylogenetischen Voraussetzungen her als auch historisch gesehen ist es ein Novum, dass die Geschlechter miteinander beruflich konkurrieren, da ihre Arbeitsbereiche bisher fast immer getrennt waren und sogar, wie Maccoby ausführt, auch gegenwärtig in Betrieben vielfach noch sind[2]. Auch auf dem Bauernhof ist es vielerorts heute noch so; die Frau ist beispielsweise für die Hühner und die Milch verantwortlich und kann über diesbezügliche Einnahmen auch selbst verfügen. Früher war eine solche Arbeitsteilung ganz allgemein die Regel. Frauen stellten die Kleidung her, sie sorgten für die Vorratshaltung, machten Lebensmittel durch entsprechende Konservierung dauerhaft haltbar, wovon sich das Marmeladekochen am längsten gehalten haben dürfte.

Wesentlich ist: Frauen machten Dinge, die für die Familie wichtig waren und die es ohne ihre Tätigkeit nicht gegeben hätte. Da diese Produkte unersetzlich waren, trugen sie auch Prestige ein. Die heute meist abschätzig gemeinte Rede von „Küche und Kinder" verkennt die soziale Bedeutung, die dieser Wirtschaftssektor bis in die Neuzeit hinein hatte. Erst die moderne Industrialisierung und Technisierung, die den Menschen, und nicht zuletzt den Frauen, mit ihren Produkten „das Leben leichter" machen sollten, entlasteten sie zwar in der Tat, nahmen ihnen aber auch viele sinnstiftende Tätigkeiten weg.

Heutzutage kann jeder Single, gleich welchen Geschlechts, neben seinem Beruf mit linker Hand einen Haushalt meistern; es ist keine Kunst mehr, im Supermarkt

---

1 Bischof-Köhler, 1992
2 Maccoby, 2000

Konserven zu kaufen, irgendetwas Tiefgekühltes in den Mikrowellenherd zu schieben, bei Wasch- oder Spülmaschine auf einige Knöpfe zu drücken und gelegentlich mit dem Staubsauger über den Boden zu fahren. Und weil dergleichen sogar das dümmste Mannsbild spielend meistert, ist den Frauen damit ein ehemals Kreativität und Fachkompetenz verlangendes Tätigkeitsfeld weggebrochen und hat sie gezwungen, in andere Aktivitätsbereiche einzuwandern.

Die Vielfalt neu entstandener Berufe bietet ihnen entsprechende Möglichkeiten. In diese Berufe drängen nun aber beide Geschlechter und damit geraten sie unvermeidlich miteinander in Konkurrenz. Darauf sind weder Männer noch Frauen vorbereitet, wie man leicht nachvollziehen kann, wenn man die unterschiedlichen Stile in Betracht zieht, die sie entwickelt haben, um ihre Interessen durchzusetzen.

Verhalten bei Kompetition

Ein Experiment von Peplau vermittelt eine Vorstellung von den verschiedenen Möglichkeiten, auf die Konkurrenz mit dem anderen Geschlecht zu reagieren. Es macht zugleich deutlich, wie wenig solche Reaktionen geeignet sind, das Problem zu lösen[3]. Peplau wählte unter Collegestudenten Pärchen von Freund und Freundin, die gegeneinander und dann auch gemeinsam gegen Dritte in einem Spiel rivalisieren mussten. Es ging darum, Anagramme zu bilden, also durch Umstellung von Buchstaben möglichst viele neue Worte zu generieren. Ferner wurde anhand eines geeigneten Verfahrens festgestellt, welche Einstellung die Beteiligten zu Frauen mit Erfolg im Beruf im Sinne von Horner hatten (vgl. o. S. 250).

Frauen, die selbst Furcht vor Erfolg hatten, wetteiferten mit dem Freund zusammen eifrig gegen Dritte, versuchten aber nicht zu gewinnen, wenn sie gegen ihn spielten. Frauen mit einer emanzipierten Einstellung kämpften sowohl mit dem Freund gegen andere als auch gegen ihn. Auch bei den männlichen Partnern gab es zwei Reaktionsweisen. Studenten mit Furcht vor erfolgreichen Frauen kämpften heftiger gegen die Freundin als gegen Dritte. Studenten, die erfolgreiche Frauen nicht fürchteten, kämpften mit der Freundin zusammen gegen Dritte, nicht aber gegen sie; sie ließen sie einfach gewinnen, nahmen sie als Kontrahentin also nicht ernst.

Die Alternative: „Fertigmachen um jeden Preis“ oder „Gar nicht ernst nehmen“ zeigt, dass nicht nur für Frauen, sondern auch für Männer einiges auf dem Spiel steht, wenn sie mit dem anderen Geschlecht in eine Konkurrenzsituation geraten. Man wird sich aber als Frau tunlichst nicht darauf verlassen, auf die zweite Variante zu hoffen, sondern lieber auf das Schlimmste gefasst sein. In der überwiegenden Zahl der Fälle kommt es nämlich zu einer Dominanz der Männer über die Frauen oder zumindest sind die Männer im Vorteil, und die Frauen geraten ins Abseits.

Diese Entwicklung lässt sich, wie das oben Seite 285 geschilderte Experiment mit dem Filmapparat von Charlesworth und Dzur zeigt, wiederum bereits im Kindergarten beobachten. Sobald man bei dieser Untersuchung nämlich die Geschlechter mischte, waren die Jungen eindeutig dominant. Auch die 33 Monate alten weiblichen Versuchskinder von Jacklin und Maccoby, von denen auf S. 93 berichtet wurde, spielten nur äußerst lebhaft, solange sie unter sich blieben, standen aber bald abseits und beobachteten nur noch, wenn Jungen anwesend waren[4].

Eine mehr oder weniger ausgeprägte Dominanz von Männern über Frauen ist, wie wir bereits gesehen haben, auch in allen uns bekannten menschlichen Kulturen zu beobachten. Selbst wenn die „geschlechtsegalitären“ Kulturen das Bild der

---

3 Peplau, 1973, zit. nach Maccoby & Jacklin, 1974

4 Jacklin & Maccoby, 1978

Gleichberechtigung insinuieren – das höhere Prestige und damit eine wesentliche Voraussetzung für die Dominanz ist beispielsweise auch bei den Buschleuten eben doch in erster Linie aufseiten der Männer. Auch ist noch einmal daran zu erinnern, dass sich die männliche Dominanz besonders prägnant dort einstellte, wo die Erziehungsdoktrin ausdrücklich eine Angleichung der Geschlechter zu erreichen suchte, wie in den Kinderläden und im Kibbuz (s. S. 26 und 172). Die kulturübergreifende Universalität und die Resistenz gegen geschlechtsrollenneutrale Erziehung sprechen dafür, dass hier das phylogenetisch alte Muster durchschlägt und dem männlichen Geschlecht zum Vorteil verhilft.

Vorteile für die Männer

Welches sind nun die Besonderheiten, die der männlichen Strategie die Vorherrschaft sichern?

1. Als erstes wäre das rigorosere Vorgehen zu nennen. Wenn man brachiale Maßnahmen fürchten muss, dann ist man eher zum Rückzug bereit, sofern einem eine ordentliche Rauferei keinen Spaß macht. Daran ändert auch die Tatsache nichts, dass Partnerinnen gegenüber dem Partner durchaus genauso häufig, ja sogar etwas häufiger handgreiflich werden, wie das umgekehrt der Fall ist; die wirklich ernsthaften Verletzungen gehen eben doch in erster Linie auf das Konto der Männer[5].
2. Ein zweiter Punkt ist die typisch männliche Fähigkeit, sich besser in Szene zu setzen, in der das alte Imponierverhalten zum Durchbruch kommt. Vieles mag dabei Bluff sein, wenn wir uns an das Verhalten der Jungen im Buchstabierwettbewerb erinnern. Die Mädchen fielen aber offensichtlich darauf herein, ganz im Unterschied zu den anderen Jungen, die sich durch die Angeberei ihrer Geschlechtsgenossen nicht beeinträchtigen ließen.
3. Hinzu kommt die ungebrochene Selbsteinschätzung, die sich schon bei kleinen Jungen in Situationen mit Wettbewerbscharakter dadurch äußert, dass sie keine Chance auslassen, selbst wenn ein Gewinn äußerst unwahrscheinlich ist, wie es z. B. beim Experiment von Slovic deutlich wurde[6].
4. Wenn wir dann außerdem noch den das Selbstgefühl fördernden Umgang mit Misserfolg und Erfolg in Betracht ziehen und ihn mit der ungünstigeren Attribution der Mädchen vergleichen, die sich Fehlleistungen viel mehr zu Herzen nehmen, dann verwundert die „männliche Vorherrschaft“ eigentlich nicht mehr. Man muss sich nur einmal vergegenwärtigen, was es bedeutet, wenn ein für Misserfolg sensibles weibliches Wesen mit der ungebrochenen Selbstüberschätzung eines männlichen Konkurrenten konfrontiert wird.

Ein Experiment von Cronin in einer direkten Wettbewerbssituation beim Dodgeball, einem dem Völkerball ähnlichen Spiel, veranschaulicht diese Wirkung bei Zehnjährigen sehr eindrücklich[7]. Es geht beim Dodgeball darum, einen der Mitspieler abzuschießen, der sich in der Mitte des Kreises der Spieler befindet. Um Punkte zu gewinnen, muss man also um den Besitz des Balles rivalisieren. Jungen und Mädchen spielten zuerst untereinander und dann gegeneinander. Beide wurden in gute und weniger gute Spieler eingeteilt. Als die Mädchen untereinander spielten, machten

[5] Archer, 2009
[6] Slovic, 1966
[7] Cronin, 1980

sie den Eindruck, fast so gut zu spielen wie die Jungen, allerdings nicht ganz so wettbewerbsorientiert. Bei den Jungen stürzten sich nämlich bis zu acht Spieler gleichzeitig auf den Ball, obwohl es für viele in dieser Konstellation ziemlich unrealistisch war, ihn zu erwischen; sie ließen einfach nicht die kleinste Chance aus. Die Mädchen spielten mit realistischerem Einsatz, versuchten also seltener den Ball zu erlangen, wenn der Erfolg unwahrscheinlich war. Bei der gemischtgeschlechtlichen Konstellation wurden zunächst die guten Spielerinnen mit den schlechten Spielern kombiniert, sodann auch eine Mischung nach den übrigen Kombinationsmöglichkeiten vorgenommen. In allen gemischtgeschlechtlichen Treffen spielten die Mädchen schlechter als untereinander, sogar, wenn gute Spielerinnen mit schlecht spielenden Jungen konkurrierten. Sie nutzten ihre Chancen kaum, hatten sozusagen von vorne herein schon aufgegeben. Bei einer anschließenden Befragung behaupteten sie, sich genauso angestrengt zu haben, wie immer; die Buben seien halt stärker, hätten mehr Tricks und würden mogeln. Auch bei einem Wettlaufexperiment mit israelischen Kindern zeigte sich diese Beeinträchtigung unter Konkurrenzdruck. Eigentlich liefen die Mädchen genauso schnell wie die Jungen. Sie verschlechterten sich aber drastisch, wenn man sie gegen einen Konkurrenten oder eine Konkurrentin laufen ließ, also eine Wettbewerbssituation vorgab, während die Jungen ihre Leistung unter dieser Bedingung steigerten[8].

Dass ein solcher Prozess nicht nur für sportliche Wettkämpfe typisch ist, bei denen man die Ursache leicht in der größeren körperlichen Robustheit der Jungen suchen könnte, sondern auch in Wettbewerbssituationen, in denen Mädchen genau wissen, dass sie den Jungen überlegen sind, belegen die Ergebnisse des auf Seite 248 beschriebenen Buchstabierwettbewerbs. Dabei muss man den Umstand berücksichtigen, dass eine Situation allein schon wegen ihres Wettbewerbscharakters bei Mädchen eine Leistungsminderung herbeiführen kann, ganz unabhängig vom Geschlecht der Kontrahenten. Dies wurde auch beim Buchstabieren deutlich, wo sich die Teilnehmerinnen ja auch im reinen Mädchenwettstreit nicht meldeten, wenn sie wussten, dass die Gegnerin besser war. In diesem Zusammenhang sei auch an die Wettbewerbsvermeidung der Frauen in dem Experiment von Niederle und Vesterlund erinnert, von dem im 21. Kapitel berichtet wurde.

Bell interviewte hoch begabte Mädchen zwischen neun und zwölf Jahren in der Grundschule, welche Hindernisse sie für ihre schulische Leistung sahen. Die Mädchen äußerten Besorgnis, jemanden zu verletzen, wenn sie bei Leistungstests gut abschnitten, auch wollten sie nicht als angeberisch gelten, wenn sie Stolz über ihre Leistung ausdrückten, vor allem aber nahmen sie sich zu Herzen, wenn sie nicht als Beste abschnitten[9]. In dem oben geschilderten israelischen Wettlaufexperiment sank die Leistung bei den Mädchen interessanterweise besonders stark ab, wenn die Konkurrentin ein Mädchen war. Diese Gehemmtheit unter Konkurrenzdruck trat in einem Experiment von Martin bereits bei Siebenjährigen in Erscheinung[10]. Hier wurde der Wettbewerb auf gleichgeschlechtliche Partner beschränkt. Es ging darum, verschieden weit entfernte Ziele zu treffen, um Murmeln zu gewinnen. Je weiter entfernt das Ziel lag, umso größer war der Gewinn. Zunächst wurde der Versuch einzeln ohne Konkurrenz durchgeführt, dann in Paaren, wobei der Gewinner den Anteil des Verlierers erhielt. Mit der Wahl eines weit entfernten Ziels stieg also nicht nur die Gefahr, nichts zu gewinnen, sondern man riskierte auch, den eigenen Gewinn an den Konkurrenten zu verlieren. Die Jungen wurden unter dieser Bedingung zwar etwas, aber nur unwesentlich vorsichtiger bei der Wahl entfernterer

8 Gneezy & Rustichini, 2004
9 Bell, 1989; Rose & Rudolph, 2006
10 Martin, 1973

Ziele. Die Mädchen dagegen reduzierten die Entfernung unter Konkurrenzdruck drastisch, vor allem, wenn sie als Zweite zum Zug kamen.

Da der Wettkampf mit gleichgeschlechtlichen Rivalinnen stattfand, entfällt die Erklärung, die Mädchen seien in der Leistungsfähigkeit durch die Befürchtung beeinträchtigt gewesen, die Rollenerwartungen des Gegengeschlechts nicht zu erfüllen, sich also bei den Jungen unbeliebt zu machen. Aber auch generell kann es sich nicht um die Angst vor Unbeliebtheit handeln, denn dann hätten sie die andere ja gewinnen lassen können. Offensichtlich ist die Furcht vor dem unangenehmen Misserfolgserlebnis der eigentlich motivierende Faktor, und diese wird umso wirksamer, je mehr auf dem Spiel steht.

Wir beobachten also beim *männlichen* Geschlecht die Bereitschaft zum Risiko und eine positive Einschätzung der eigenen Fähigkeiten mit der Neigung, sich auch einmal zu überschätzen. Im *weiblichen* Geschlecht zeichnet sich dagegen eine realistischere Einschätzung der eigenen Gewinnchancen ab. Mädchen verhalten sich einfach nicht so überrissen wettbewerbsorientiert. Das kann im Einzelfall durchaus seinen Vorteil haben und, wie etwa in den Experimenten von Slovic und Martin, die Gewinnchancen steigern. Ungünstig wirkt sich freilich die weibliche Tendenz aus, das eigene Können selbst bei gegenteiliger Erfahrung zu unterschätzen, wie dies bei den Collegestudentinnen der Fall war, die ihre Noten voraussagten. Hier wurden durch die Konfrontation mit der männlichen Strategie offensichtlich Prozesse ausgelöst, die sich auf das weibliche Selbstvertrauen negativ auswirkten.

Ins Abseits driften

An den Auswirkungen des besseren männlichen Beharrungsvermögens in Wettbewerbssituationen zeigt sich beispielhaft, dass es irrig und gefährlich ist, die Geschlechtsunterschiede nur deshalb für bedeutungslos zu halten oder gar zu ignorieren, weil sie im Mittel geringfügig sind. Tatsächlich kommen bei der Konfrontation der Geschlechter gruppendynamische Prozesse in Gang, die auch kleine Unterschiede verstärken und dadurch zu einem polarisierenden Effekt führen können.

Nun kann man sagen, dass in den angeführten Beispielen wirklich die Angst vor Verlust und Beschämung verhaltensbestimmend war. Tatsächlich genügt aber auch allein schon eine etwas geringere Misserfolgstoleranz bei den Frauen, um eine polarisierende Wirkung auszuüben, und zwar selbst dann, wenn die Geschlechter dabei überhaupt nicht direkt interagieren. Man kann sich das an dem nachfolgend dargestellten fiktiven Beispiel klarmachen.

Angenommen, fünf weibliche Bewerber konkurrieren mit fünf männlichen um eine Anstellung für eine bestimmte Tätigkeit. Es bestehen keine Vorurteile gegen die Einstellung einer Frau. Trotz gleicher Qualifikation kann nur eine Person die Stelle erhalten. Nehmen wir an, das sei eine Frau. Vier Frauen bleiben also übrig, aber eine davon bewirbt sich nicht wieder, weil sie sich den Misserfolg zu sehr zu Herzen nimmt. Alle fünf männlichen Bewerber hingegen versuchen es beim nächsten Mal unverdrossen wieder. Diesmal kommt vielleicht ein Mann zum Zug. Daraufhin gibt wieder eine der drei übrig gebliebenen Frauen auf, während die vier restlichen Männer im Rennen bleiben. Das Verhältnis steht jetzt also schon 4 zu 2. Man kann sich leicht ausmalen, dass im Endeffekt trotz völlig gleicher Chancen erheblich mehr Stellen von Männern als von Frauen besetzt sind.

Wem das Szenario zu drastisch erscheint, der kann es mit fünfzig Männern und Frauen durchspielen, und darunter dürfen durchaus auch ein paar Männer sein, die ihrerseits aufgeben. Es ging mir lediglich darum, einen Faktor ins Bewusstsein zu rufen, der eine bislang möglicherweise weit unterschätzte Rolle bei dem immer wieder beklagten Missstand spielen kann, dass Frauen in prestigeträchtigen Positionen unterrepräsentiert sind. Hierbei wirkt sich allerdings auch die zögerliche Haltung aus, die Frauen gegenüber Risiko einnehmen. Nicht nur, dass sie die Wettbewerbssituation vermeiden wollen, die beim Aufstieg unumgänglich ist, vielfach scheuen sie auch das Risiko, das gerade mit Führungsfunktionen verbunden sein kann. Man muss Entscheidungen treffen, auch wenn man deren Auswirkungen nicht kennt, man kann also nicht immer „auf Nummer sicher gehen". Von daher gesehen, stellt sich die Frage, ob die Quote, wenn sie denn verordnet ist, auch erfüllt wird. Sicher gibt es eine Anzahl von Frauen, die sich dem Wettbewerb stellen und Risiken einzugehen bereit sind. Aber wie viele sind das? Ohne gezieltes Training wird das wohl bei vielen nicht gehen. Die Wirtschaftsjournalistin Barbara Bierach vertritt in diesem Zusammenhang die recht provokative These vom „dämlichen Geschlecht". „Frauen seien nicht unterprivilegiert oder unterdrückt, sondern verhielten sich einfach falsch, indem sie ihren eigenen Fähigkeiten auswichen und zu wenig mutig und risikofreudig seien"[11].

Natürlich ist das auch wieder zu einseitig gesehen, und dass dies alles etwas mit der Biologie zu tun hätte, würde Bierach empört von sich weisen. Wenn es wirklich zum Konkurrenzkampf kommt, setzen Männer in jedem Fall ihr volles „Repertoire" ein und eine Frau, die sich auf das Spiel einlässt, genießt dann keine „ritterliche" Schonung mehr. Ich erinnere nur an das Beispiel von Gerhard Schröder. Aber eine offene Konfrontation ist eben gar nicht erforderlich und braucht daher auch nicht a priori unterstellt zu werden[12].

Durchsetzung und Selbstvertrauen

Wenn wir nun noch einmal die Frage aufwerfen, warum Frauen ein schlechteres Selbstvertrauen haben, dann lassen sich die Ursachen auf verschiedenen Ebenen ansiedeln. Ganz an der Oberfläche wirkt das Geschlechtsrollenstereotyp, demzufolge von Frauen nur eine minderwertige Leistung zu erwarten sei, während den Männern die eigentlich hochwertigen Kapazitäten zugesprochen werden. Diese Stereotypisierung haben wir darauf zurückgeführt, dass die Tätigkeitssparten, die sich mit dem weiblichen Reproduktionsstil am zwanglosesten verbinden lassen, in der Industriegesellschaft kaum noch Kunstfertigkeit erfordern, aber auch zuvor schon weniger aus dem Alltagsgeschehen hervorstachen, weniger Unternehmungslust und Risiko voraussetzten und daher weniger auffielen; sie waren somit schon immer weniger geeignet, Ansehen zu gewinnen.

Als nächster Faktor wurde die Selbstverständlichkeit genannt, mit der bereits sehr kleine Mädchen als sozial kompetenter eingeschätzt werden. Dies führt dazu, dass man ohne Aufhebens viel von ihnen erwartet, ohne sie dafür aber ausdrücklich zu loben. Bei den „schwierigeren" Jungen dagegen überwiegt der Eindruck eines unangepassten und auffälligen Verhaltens, das ihnen auf jeden Fall sichert, im Mittelpunkt der Aufmerksamkeit zu stehen. Hinzu kommt, dass positive Leistungen bei ihnen ausdrücklich belohnt werden, weil sie eher unerwartet sind. Hierin könnte der erzieherische Beitrag zur ungünstigen weiblichen Verarbeitung von Erfolg- und Misserfolg liegen, und eben nicht in erster Linie darin, dass man den Mädchen dauernd bekundet, wie wenig sie wert sind.

---

[11] Bierach, 2002, zit. nach Hollstein, 2004, S. 126
[12] Vgl. auch Merz, 1979, S. 170

Gräbt man aber noch eine Schicht tiefer, dann stößt man auch auf unterschiedliche *Dispositionen*, die einer disruptiven sozialen Entwicklung affektiv den Boden bereiten (vgl. o. S. 277). Der Übergang zum Landleben und zur damit verbundenen inneren Befruchtung ist eben schon eine ganze Weile her; und seitdem ist dem männlichen Geschlecht nie etwas anderes übrig geblieben, als sich ständig erneut der Konkurrenz zu stellen, Kontrahenten durch imponierendes Auftreten einzuschüchtern und auf jeden Fall am Ball zu bleiben. Ob Tier oder Mensch – die Situation, dass das männliche, nicht aber das weibliche Fortpflanzungspotential notorisch ungenützt bleibt, hat sich seitdem nicht geändert, und die formenden Kräfte der Selektion hatten also genügend Zeit, entsprechende Anpassungen zu erzwingen.

Selbst wenn Sozialisation da und dort noch unterstützend nachhilft, wird auch so verständlich, dass schon kleine Jungen ein gesundes Selbstgefühl bis hin zur Selbstüberschätzung an den Tag legen und dieses auch bei Misserfolg aufrechterhalten können, weil sie die Ursachen dafür außerhalb ihrer selbst suchen. Werden Mädchen mit dieser Haltung konfrontiert, so treten sie meist schon den Rückzug an, bevor es überhaupt zu einer kompetitiven Interaktion kommt. Auf der langen Ahnenreihe ihrer weiblichen Vorfahren hat ja nur in Ausnahmefällen – viel zu selten, um der Selektion eine Handhabe zu bieten – der Druck gelastet, mit Rivalinnen um das Exklusivrecht auf den *einzigen* Mann am Platze konkurrieren zu müssen. Selbst wenn sie nicht den besten erringen konnten, war ihnen bei der polygynen Neigung der Männer auf jeden Fall ein Partner gewiss. Kein Wunder, dass sie von vorne herein weniger disponiert sind, sich Situationen mit Wettkampfcharakteristik auszusetzen, dass sie dabei weniger riskieren und dass sie generell weniger Spaß daran finden, ihre Kräfte zu messen. Dies zeigt sich schon in der fehlenden Neigung zu spielerischem Raufen, das fast ausschließlich bei Jungen auftritt.

Allein die höhere Misserfolgsresistenz des Mannes, herangezüchtet in einer halben Jahrmilliarde des Konkurrierens um ständig rare Geschlechtspartnerinnen, setzt diesen nun also jenen Partnerinnen gegenüber in den Vorteil, wenn eine Situation eintritt, die die Evolution nicht vorhersehen konnte – dass die ehemals begehrenswerten Kampfrichterinnen zu Rivalen geworden sind.

Aufgrund der genannten Voraussetzungen kommt es fast regelmäßig zu einem Sieg der Männer. Viele Mädchen und Frauen fühlen sich ganz einfach der Konkurrenzsituation mit dem männlichen Geschlecht nicht gewachsen, sie lähmt ihre Leistungsfähigkeit, und an der Oberfläche beobachten wir dann das Phänomen der „Furcht vor Erfolg". Tatsächlich geraten Mädchen und Frauen aber nicht nur ins Hintertreffen, weil patriarchalisches Machtverlangen ihnen nur die Unterwerfung offen lässt, sie manövrieren sich vielmehr auch selbst ins Abseits, indem sie unangenehme Erfahrungen, die in Konkurrenzsituationen nun einmal unvermeidbar sind, scheuen und sich nicht entsprechenden Verletzungen aussetzen möchten. Hier erweist sich das phylogenetische Erbe des „dickeren Fells" der Männer als der entscheidende Vorteil.

Testosteron und „Aggressivität"

Wenn Männer an Wettbewerbssituationen Spaß finden, Insuffizienzgefühle vermeiden und selbst Misserfolge noch in Erfolge umdeuten, so gibt es dafür, wie wir sahen, plausible ultimate Erklärungen. Wie sieht es aber mit der proximaten Verursachung aus? Auf der Ebene der individuellen Ontogenese haben wir festgestellt, dass entsprechende Dispositionen wahrscheinlich etwas mit der Wirkung von Testosteron zu tun haben. Bisher war in erster Linie von der prägenden Wirkung pränataler Androgene auf Gehirnstrukturen die Rede. Im Folgenden wollen wir uns etwas genauer mit Befunden zum *aktivierenden* Einfluss des Testosterons befassen, mit dem nach Einsetzen der Pubertät zu rechnen ist.

Bei Tieren weiß man, dass Testosterongaben „aggressiver" machen. Analysiert man das genauer, stellt sich ziemlich regelmäßig heraus, dass Verhaltensweisen gemeint sind, die eine Verbesserung der *Rangposition* ermöglichen. Dem entspricht, dass Ranghohe einen höheren Testosteronspiegel aufweisen[13].

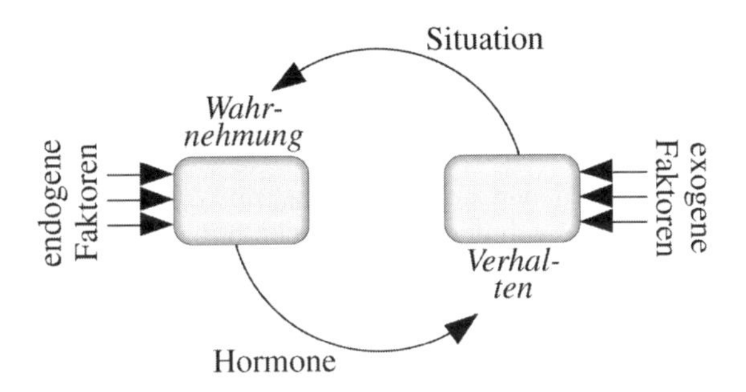

Interaktion zwischen endokrinen und situativen Parametern

Wenn man Hormone mit psychologischen Daten korreliert, ist grundsätzlich zu bedenken, dass das Wirkungsgefüge dabei so gut wie nie den Charakter einer einsinnigen Kausalkette hat. In der Regel muss man vielmehr von einer Kreisbeziehung nach Art der obenstehenden Abbildung ausgehen.

Hormone werden unter dem Einfluss endogener (z. B. reifungsabhängiger oder biorhythmischer) Faktoren produziert. Sie tragen ihrerseits zur Auswahl von Verhaltensbereitschaften bei und beeinflussen auf diesem Wege, interaktiv mit exogenen Faktoren, die Situation, in der sich der Organismus vorfindet. Die Wahrnehmung der Situation (z. B. die Anwesenheit eines paarungsbereiten Weibchens, eines Rivalen, oder Erfolg und Misserfolg im Rivalenkampf) kann aber wiederum ihrerseits die Hormonproduktion ankurbeln oder hemmen.

Was hier Ursache und was Wirkung ist, lässt sich oft schwer entscheiden. Das ist vor allem angesichts der Korrelation zu bedenken, die beim Menschen zwischen Testosteronspiegel und „Aggressivität" beobachtet wird. Teils lassen sich die Befunde so auslegen, dass die Aggression auf situationsbedingte Frustrationen reagierte, teils könnten sie aber auch auf assertive Durchsetzungsstärke verweisen.

Testosteron wird vorzugsweise in den Hoden, in kleinen Mengen auch in den Eierstöcken und bei beiden Geschlechtern außerdem in Form von Androstendion in der Nebennierenrinde und ebenfalls in den Hoden bzw. den Eierstöcken produziert. Androstendion nimmt vor allem als Reaktion auf Stress zu. Dieser wiederum tritt im Zusammenhang mit Frustration auf. Androstendion dürfte also eher mit reaktiver als mit assertiver Aggression korreliert sein. Einige Untersuchungen, die einen Zusammenhang zwischen Testosteronspiegel und Aggression gefunden haben, beziehen sich in der Tat auf die Bereitschaft, sich zu wehren, zu rebellieren, eventuell sogar delinquent zu werden, wenn man sich eingeschränkt oder angegriffen fühlt[14].

13 Archer, 1988
14 Archer, 2009

Testosteron und Erfolg

Eindeutiger als mit genereller Aggressivität hängt das Testosteron mit Erfolg und Misserfolg bei assertivem Verhalten zusammen[15]. Die ersten Untersuchungen hierzu wurden von Mazur und Lamb bei Männern vorgenommen[16]. Die Autoren gingen von der Hypothese aus, dass sich Erfolg in einer Wettkampfsituation positiv auf den Testosteronspiegel auswirken müsse, denn wie der Tiervergleich zeige, sei Letzterer bei ranghohen Tieren erhöht. Sie haben ihre Annahme in drei Testsituationen geprüft:

- Erfolg bzw. Misserfolg bei einem Tennismatch mit hoher Belohnung
- Hoher Lotteriegewinn
- Doktorfeier nach bestandener Promotion

Sieger im Tennisspiel, bei denen sich das Hochgefühl einstellte, etwas Besonderes geleistet zu haben, hatten nach dem Kampf einen höheren Testosteronspiegel als davor. Bei den Verlierern dagegen war er abgesunken. Auch die Promotionsfeier erbrachte einen Hormonanstieg am nächsten Tag. Der Lotteriegewinn hingegen änderte nichts am Testosteron. In diesem Fall war der Gewinn nicht mit dem Bewusstsein verbunden, man sei selbst dafür verantwortlich. In der Sprache der Attributionsforschung ausgedrückt, muss also die Möglichkeit zu einer internalen Attribution bestehen, wenn sich an der Hormonkonzentration etwas ändern soll.

Die hormonalen Auswirkungen von Erfolg oder Misserfolg beim sportlichen Wettkampf, so z. B. beim Judo und beim Baseball, sind inzwischen in weiteren Untersuchungen bestätigt worden[17]. Dabei hat sich herausgestellt, dass der Testosteronspiegel bereits in Erwartung des Kampfes ansteigt, wenn der Gegner als ernstzunehmend und gefährlich eingeschätzt wird. Testosteron fördert in diesen Fällen die Bereitschaft zu riskantem Verhalten, ferner verbessert es das Koordinationsvermögen, die kognitive Leistungsfähigkeit und die Konzentration.

Der Anstieg von Testosteron bei Gewinnern zeigt sich am eindeutigsten bei sportlichen Wettkämpfen, tritt aber auch beim Schachspiel auf. Vorausgesetzt ist in allen Fällen, dass der Erfolg auf das eigenen Können und die eigene Anstrengung zurückgeführt werden kann. Überraschenderweise kann sich der Effekt aber auch einstellen, wenn die Betroffenen gar nicht selbst am Wettkampf teilnehmen, sondern sich als Zuschauer lediglich mit den Kämpfenden identifizieren. So stieg bei Brasiliens Gewinn der Fußballweltmeisterschaft 1994 gegen Italien der Testosteronspiegel von Brasilianern, die das Spiel am Fernseher verfolgt hatten, während er bei italienischen Fans absank[18]. Bemerkenswert ist ferner, dass der Verlierer seinen Testosteronabfall zu mindern vermag, wenn er die Ursache für seinen Misserfolg auf äußere Umstände, z. B. einen parteiischen Schiedsrichter zurückführen kann.

Einige Untersuchungen haben gezeigt, dass der Testosteronanstieg bei Gewinnern umso höher ist, je stärker sie *machtmotiviert* sind. Dies verweist auf eine direkte Beziehung von Androgenen zu der Wettbewerbs- und Rangorientierung, wie sie typisch für die oben S. 289 eingeführte Dominanzhierarchie ist und dazu passt auch, dass hohe Testosteronwerte mit der Bereitschaft korrelieren, etwas zu riskieren[19].

---

[15] Überblick s. Mazur & Booth, 1998; Archer, 2005b; Rowe et al., 2004
[16] Mazur & Lamb, 1980
[17] Mazur & Booth, 1998; Archer, 2005b
[18] Bernhardt et al., 1998
[19] Stanton et al., 2011

Leider gibt es bisher aber kaum Untersuchungen zum Zusammenhang von Testosteron und Ranghöhe[20]. Schaal und Mitarbeiter haben in einer Längsschnittstudie bei Jungen im Alter von sechs bis zwölf Jahren regelmäßig die Durchsetzungsstärke und die Rangposition einstufen lassen und im Alter von 13 Jahren außerdem die Testosteronkonzentration bestimmt. Dabei ergaben sich folgende Beziehungen:

- Jungen, die als durchsetzungsorientiert und als soziale Führer eingeschätzt wurden, hatten die höchsten Testosteronwerte, obwohl sie nicht die physisch Aggressivsten waren.
- Jungen, die nur als durchsetzungsstark galten, aber keine Führer waren, unterschieden sich im Testosteronpegel nicht von anderen Jungen.
- Überraschenderweise hatten die aggressivsten Jungen die niedrigsten Testosteronwerte.

Die Befundlage ist wohl dahingehend zu interpretieren, dass ein hoher Testosteronspiegel nur dann zu verzeichnen ist, wenn Durchsetzungsorientiertheit mit hoher Rangposition korreliert, während Aggressivität ohne Ansehen allein sich eher negativ auf die Hormonkonzentration auswirkt. Bei dem zuletzt genannten Befund denkt man natürlich an Frustrationsaggression bei Jungen, die bei anderen nicht „ankommen"[21]. In einer Fragebogenuntersuchung an erwachsenen Männern zeigte sich ebenfalls ein Zusammenhang von hohem Testosteron mit dem Bewusstsein eigener Überlegenheit, in dem sowohl die Komponente der Dominanz als auch die des Ansehens enthalten war[22].

Schließlich sind noch interessante Zusammenhänge zwischen dem länger überdauernden (also nicht Tagesschwankungen unterworfenen) Testosteronspiegel und der Cortisolausschüttung nach Erfolg oder Misserfolg zu erwähnen. In einer Untersuchung wurden Männer mit einem hohen Testosteron-Basiswert von jenen mit einem niedrigen unterschieden. Verloren die ersteren bei einem Wettbewerb, dann stieg ihr Cortisolspiegel, sie gerieten also unter Stress. Für sie stand mit der Niederlage der Status auf dem Spiel. Hatten sie hingegen gewonnen, dann fiel das Cortisol. Bei Männern mit niedrigem Basiswert trat dieser Effekt nicht ein, ihnen machte Gewinnen bzw. Verlieren offensichtlich weniger aus. Daraus schließen die Autoren, dass der Basiswert von Testosteron etwas über die Stärke des Dominanzmotivs aussagt[23].

Abschließend ist festzuhalten, dass sich also auch beim Mann ein Zusammenhang zwischen Erfolg als Voraussetzung für Ranghöhe und Testosteron nachweisen lässt. Möglicherweise liegt hier der eigentliche Grund dafür, dass Doping mit Androgenen beim Sport so beliebt ist. Sie fördern nicht nur das Muskelwachstum, sondern auch die Motivation und die Zuversicht, im Wettkampf Erfolg zu haben.

Das Bild rundet sich, wenn wir noch einmal auf die funktionale Ebene zurückkommen. Testosteron ist ein *Sexualhormon,* es korreliert auch mit der *Libido*[24]. Fällt es ab, dann ist es mit der Letzteren nicht gut bestellt. Die starke Tendenz, sich

---

20 Schaal et al., 1995; siehe auch Dabbs & Dabbs, 2000; Rowe et al., 2004
21 siehe auch Rowe e al., 2004
22 Johnson et al., 2007
23 Mehta et al., 2008
24 Hellhammer et al., 1985

durch Misserfolg nicht erschüttern und diesen gar nicht erst auf das Selbstvertrauen Einfluss nehmen zu lassen, könnte letztlich also die Funktion haben, alles zu vermeiden, was die Libido schmälert und damit den Fortpflanzungserfolg direkt in Frage stellt. Hier erhält nun das auf Seite 297 f. geschilderte Experiment von Peplau eine neue Deutungsmöglichkeit. Wenn die jungen Männer, die zu Protokoll geben, dass sie Angst vor erfolgreichen Frauen haben, alles daransetzen, *ihre Freundin* zu besiegen, dann steckt dahinter vielleicht nicht so sehr die Absicht, diese an die Wand zu spielen und in den Schatten zu stellen, als vielmehr ein irrationales Bemühen, ihr und sich selbst die eigene Potenz zu erhalten.

Ich habe früher als Ehetherapeutin gearbeitet und erinnere mich aus dieser Zeit, dass Männer, die über Impotenz klagten, häufig von einer matronenhaft energischen und recht dominanten Frau begleitet wurden. Genauere Erhebungen darüber sind mir nicht zur Hand; aber ein Zusammenhang dieser Art scheint jedenfalls nicht gerade absurd. Wenn wir also unbedingt die Herrschaft der Männer abschaffen wollen, dann schadet es nichts, auch einmal zu fragen, ob wir „Schlaffis" eigentlich erotisch attraktiver fänden.

Testosteron bei Frauen

Wie sieht es nun bei den Frauen aus? Auch diese produzieren ja Testosteron, wenn auch in geringerer Menge, und auch hier wäre es interessant, mehr über Auswirkungen auf das Verhalten zu wissen. Untersuchungen hierzu sind nicht gerade zahlreich, dafür aber umso aufschlussreicher, denn sie belegen durchgängig eine positive Korrelation zwischen Testosteron und Durchsetzungsstärke, dominantem und selbstbewusstem Auftreten und beruflicher Karriereorientiertheit, z. B. bei Managerinnen und Anwältinnen[25].

Baucom und Mitarbeiter haben als erste den Zusammenhang untersucht[26]. Sie bestimmten bei über hundert Studentinnen den Testosteronspiegel sechs Tage nach Einsetzen der Menstruation mithilfe einer Speichelprobe. Außerdem ließen sie Einschätzungen zur Geschlechtsrollenidentifikation auf der oben Seite 5 beschriebenen zweidimensionalen Skala vornehmen; demgemäß gliederten sich die Probandinnen in die vier Gruppen maskulin, feminin, androgyn und undifferenziert. Androgyne und Maskuline unterschieden sich, wie erwartet, von den Femininen durch eine höhere Testosteronkonzentration, allerdings erreicht der Unterschied nur gerade Signifikanz, wenn man die beiden erstgenannten Gruppen zusammennimmt. Deutlich signifikant – und das hatten die Autoren nicht erwartet – war dagegen der Unterschied zwischen den Femininen und den Undifferenzierten, die von allen vier Gruppen die höchsten Werte aufwiesen. Da sie nicht nur wenig feminine sondern auch wenig maskuline Merkmale für sich in Anspruch nahmen, hätte man eher das Gegenteil, also einen niedrigen Testosteronwert erwartet.

Bei der Interpretation ergab sich nun, wie Baucom und Mitarbeiter ausführen, folgendes Dilemma. Wie man aus anderen Untersuchungen weiß, sind Undifferenzierte bei ihren Peers unbeliebt; es ist also nicht auszuschließen, dass sie generell stärker unter Stress stehen. Da Testosteron bei Frauen in der Nebennierenrinde im Zusammenhang mit Stress produziert wird, könnte sich die hohe Konzentration des Hormons bei der Gruppe der Undifferenzierten auf diese Weise erklären lassen. Aber auch der umgekehrte Kausalzusammenhang würde einen Sinn ergeben. Das

[25] Dabs & Dabs, 2000; Archer, 2005b
[26] Baucom et al., 1985

Hormon könnte die Ursache für Verhaltensweisen sein, die dann Unbeliebtheit zur Folge haben.

Für die zuletzt genannte Alternative spricht folgender Zusatzbefund. Die Probandinnen schätzten sich auch nach einer Eigenschaftswörterliste (Adjective Check List) ein. Die drei Gruppen mit den höheren Testosteronwerten, also die Maskulinen und Androgynen, aber auch die Undifferenzierten charakterisierten sich als impulsiv, robust, unternehmend, handlungsorientiert, spontan, unkonventionell und unabhängig. Ferner bescheinigten sie sich ein gutes Selbstvertrauen. Die Frauen mit den niedrigsten Testosteronwerten, also die Femininen, bezeichneten sich dagegen als zivilisiert, vernünftig, praktisch, hilfsbereit, besorgt, ängstlich und etwas depressionsanfällig.

Wenn man nun die Eigenschaften Revue passieren lässt, die die Undifferenzierten aus der Adjektivliste auswählten, fragt man sich, wieso sie im Geschlechtsrolleninventar keine höheren Werte in Maskulinität aufweisen. Jedenfalls passten sie wohl wirklich nicht in den Rahmen konventioneller Rollenerwartung. Denkbar, dass das öfters einmal zu Ablehnung und Isolation geführt haben könnte. Andererseits kann man sich schwer vorstellen, dass sich eine Person mit den genannten Eigenschaften viel aus dem Urteil anderer macht und deshalb unter starkem Stress steht. Das spräche dann eher dafür, dass der hohe Testosteronwert das Verhalten verursachte und nicht umgekehrt.

Eine deutsche Studie von Kozak mit der gleichen Fragestellung führte zu einem eindeutigeren Ergebnis. In diesem Fall wurde das Testosteron ebenfalls am sechsten Tag nach der Menstruation aus dem Serum bestimmt. Die höchsten Werte fanden sich bei den maskulin und androgyn identifizierten Frauen, die niedrigsten bei den femininen und undifferenzierten, wobei die Unterschiede zwischen den Letzteren und den androgynen Probandinnen am ausgeprägtesten waren[27].

Eine methodisch sorgfältige Untersuchung von Elizabeth Cashdan an Collegestudentinnen gibt präziser darüber Aufschluss, wie Testosteron und psychologische Faktoren bei Frauen zusammenhängen, wodurch auch die Ergebnisse von Baucom besser interpretierbar werden[28]. Die Probandinnen mussten sich selbst in Bezug auf ihre Durchsetzungsorientiertheit, ihr Ansehen, ihre Beliebtheit bei Männern und bei Frauen sowie auf ihre Führungsqualitäten einstufen. Außerdem wurden sie von ihren Kommilitoninnen hinsichtlich der gleichen Eigenschaften beurteilt. In Verhaltensbeobachtungen stellte man fest, wie häufig sie lächelten, wobei häufiges Lächeln als Indiz für Unterwürfigkeit gewertet wurde. Ferner wurden sie befragt, wie viele sexuelle Partner sie während der letzten zwölf Monate gehabt hatten und wie sie generell zum Partnerwechsel eingestellt seien. Schließlich wurden die Hormone Testosteron, Androstendion und Östradiol bestimmt. Zwischen allen drei Hormonen und der eigenen Selbsteinschätzung ergab sich ein *positiver* Zusammenhang. Je höher die Hormonkonzentration, umso höher war die eigene Meinung der Betreffenden bezüglich ihres Ansehens, ihrer Führerschaft und ihrer Beliebtheit bei den Mitstudentinnen. Diese sahen das nun ihrerseits allerdings überhaupt nicht so, sondern sprachen Frauen einen hohen Status zu, bei denen die untersuchten Hormone *negativ* mit den beurteilten Eigenschaften korrelierten. Die Frauen mit hohem Androgen- und Östradiolspiegel hatten also ein unzutreffendes Bild von ihrem eigenen Status. Einerseits waren sie eindeutig durchsetzungsorientiert und von hohem Ranganspruch (was sich auch darin äußerte, dass sie seltener lächelten), andererseits aber unbeliebt und nicht von hohem Ansehen.

[27] Kozak, 1996
[28] Cashdan, 1995; 2003

Cashdan interpretiert das Ergebnis dahingehend, dass die eher männlich-direkte Strategie des Rangverhaltens, die von den Frauen mit den erhöhtem Androgenen an den Tag gelegt wurde, bei anderen Frauen nicht so gut ankam, eben weil sozial kompetente Allianzenbildung und die eher subtilen Formen des Statusstrebens, wie wir sie oben S. 288 kennen gelernt haben, in weiblichen Gruppen die bessere Strategie darstellten. Das Ergebnis illustriert im Übrigen recht gut die „Krabbenkorbreaktion" der Mitstudentinnen. Anzumerken bleibt noch, dass die Frauen mit erhöhten Androgen- und Östradiolwerten deutlich mehr sexuelle Beziehungen angaben, sie ähnelten auch in dieser Hinsicht eher dem männlichen Muster.

Zum Thema „Testosteron und Erfolg" bei Frauen, analog etwa zum Beispiel mit den Tennisspielern, wurde eine Untersuchung mit Rugbyspielerinnen durchgeführt[29]. Der Testosteronspiegel stieg vor dem Spiel an, allerdings unabhängig davon, für wie gefährlich die gegnerische Mannschaft gehalten wurde, und steigerte sich noch während des Spiels. Gewinnen oder Verlieren blieben danach aber ohne Einfluss auf die Höhe des Hormons.

In Bezug auf die weibliche Reaktion auf Erfolg und Misserfolg gibt es indes neuere Befunde, die eine differenziertere Einschätzung nahelegen. In der oben angeführten Untersuchung von Mehta und Mitarbeitern wurde auch eine Stichprobe von Frauen getestet[30]. Auch bei ihnen wurde je eine Gruppe mit hohem und mit niedrigem Testosteron-Basiswert unterschieden. War ihr Basiswert hoch, dann reagierten die Frauen bei Niederlage in einem Wettbewerb genauso wie die Männer mit Cortisolausschüttung, also mit Stress, bei Erfolg hingegen mit Cortisolabfall, also mit Entspannung. Bei den Frauen mit niedrigem Basiswert ergab sich ebenfalls wie bei den Männern kein Unterschied. Interessant war indessen das Verhalten der Frauen in einem Zusatzexperiment. Bei hohem Testosteronspiegel waren nur diejenigen, die gesiegt hatten, bereit, noch einmal gegen die gleiche Konkurrentin anzutreten, nicht aber, wenn sie verloren hatten. Die Frauen mit niedrigem Testosteronniveau zeigten dagegen keine Vermeidung einer erneuten Wettbewerbssituation, gleich ob sie vorher gewonnen hatten oder nicht.

Was die Wirkung der Östrogene betrifft, so ist bemerkenswert, dass Östradiol in der Untersuchung von Cashdan positiv mit den hohen Androgenen korrelierte. So wurden denn jüngst auch eine direkte Beziehung zwischen der Höhe des Östradiols und dem Dominanzbedürfnis festgestellt, was die Vermutung nahelegt, das Hormon könnte bei Frauen in Bezug auf das Machtmotiv eine ähnliche Rolle spielen wie Testosteron bei Männern[31]. Schließlich sei abschließend noch einmal auf die oben S. 224 angeführten Befunde zum Zusammenhang des Menstruationszyklus mit kognitiven Leistungen erinnert, sowie auch an die auf S. 295 geschilderten Auswirkungen des Östrogens auf die Einschätzung der Attraktivität weiblicher Gesichter.

[29] Bateup et al., 2002
[30] Mehta et al., 2008
[31] Stanton & Edelstein, 2009

24 Fürsorge und Verantwortlichkeit

Starke und schwache Identitäten

In den letzten Kapiteln war wiederholt davon die Rede, dass der Schwerpunkt sowohl der Kompetenz als auch der Motivation bei Frauen in anderen Tätigkeitsbereichen liegt als bei Männern. In diesem Kapitel sollen diese Differenzen nun genauer beleuchtet werden. Zu Beginn möchte ich etwas ausholen und zunächst eine Untersuchung vorstellen, die einige aufschlussreiche Unterschiede im männlichen und weiblichen Selbstverständnis aufgedeckt hat.

1980 veröffentlichte der Entwicklungspsychologe Marcia eine Arbeit, in der er sich mit der Identitätsfindung bei Jugendlichen befasste[1]. Die Adoleszenz ist die Zeit, in der der Mensch selbstständig wird, eigene Ziele und Pläne bezüglich Beruf, Lebensweise und Partnerschaft fasst, den eigenen Charakter mit seinen Stärken und Schwächen erkundet, Wertvorstellungen ausbildet und diesen gegenüber Gefühle der Verpflichtung entwickelt. Im Anschluss an Erikson wird diese inhaltliche Ausgestaltung des Selbstkonzepts als „Identität“ bezeichnet.

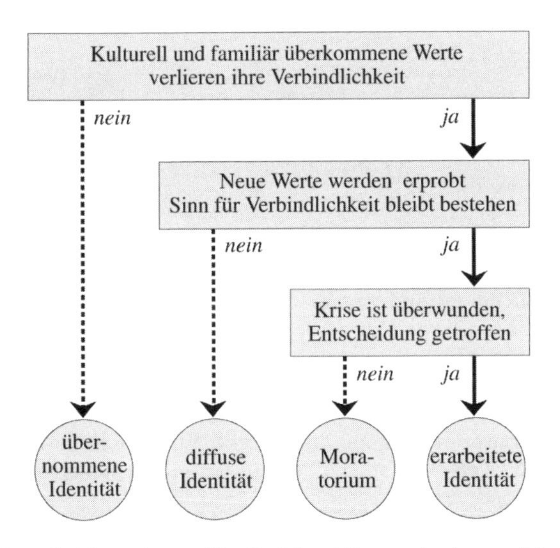

Entscheidungsbaum für die Identitätstypologie von Marcia

Marcia interviewte seine Probanden mit Fragebogen, in denen sie zu den Bereichen „Beschäftigung“, „Religion“, „Politik“ und „Werte“ Auskunft zu geben hatten. Bei der Auswertung kristallisierten sich vier Typen heraus, die sich gemäß dem obenstehenden Entscheidungsbaum an Hand dreier Kriterien differenzieren ließen: ob die Jugendlichen die in der Kindheit überkommene Wertwelt ernsthaft in Frage gestellt hatten, ob sie sich dabei das Gefühl für Verbindlichkeit bewahrt und demgemäß nach neuen Orientierungen Ausschau gehalten hatten und ob sie bereits zu Entscheidungen gelangt waren.

[1] Marcia, 1980

- Von *erarbeiteter Identität* spricht Marcia, wenn alle drei Kriterien erfüllt sind. Der Jugendliche hat eine Reihe von Möglichkeiten erwogen, sich schließlich selbstständig für eine Berufstätigkeit entschieden und eigene Wertüberzeugungen ausgebildet, denen er sich verpflichtet fühlt. Dieser Prozess führt häufig zu Konflikten mit der Herkunftsfamilie, in deren Folge es zu einer Ablösung kommt.

- Richtet sich der junge Mensch in seiner Berufswahl und in seinen Wertüberzeugungen dagegen nach den Vorstellungen seiner Herkunftsfamilie, dann handelt es sich nach Marcia um eine *übernommene Identität.* Solche Jugendlichen übernehmen z.B. unhinterfragt den Beruf des Vaters. Eine eigentliche Ablösung von der Familie findet nicht statt, eine Krise wurde nicht durchgemacht, alternative Möglichkeiten nicht erwogen.

- Jugendliche mit *diffuser Identität* fühlen sich weder der elterlichen noch einer alternativen Wertwelt verpflichtet, sie haben kein Verlangen, auf die Suche nach sich selbst zu gehen, treffen keine Entscheidung und streben auch keine an. Ihr Selbstbild ist ein Flickwerk („patchwork") aus unverbindlichen und auswechselbaren Mustern.

- Vom *Moratorium* spricht man schließlich, wenn sich der Jugendliche in die Identitätskrise hineinbegeben, aber noch nicht aus ihr herausgefunden hat. Er probiert alles Mögliche aus und kann sich noch nicht festlegen, sucht aber nach einer Entscheidung, weil er zwingend empfindet, um eine solche nicht herumzukommen.

Diese Typologie legt die Probanden nicht ein für allemal fest; was heute zutrifft, kann in einem Jahr einem anderen Erscheinungsbild gewichen sein. Es handelt sich aber auch nicht um Entwicklungsstufen, die etwa in festgelegter Reihenfolge zu durchlaufen wären. Solange es einfach um Bestandsaufnahmen des Status quo geht, leistet die Einteilung gleichwohl gute Dienste.

Marcia hat seinen Fragebogen in der Folge mit weiteren Tests kombiniert und dabei interessante Zusammenhänge aufgedeckt. Eine wichtige Rolle spielt dabei eine Dimension, die er als die „Stärke" der Identität bezeichnet.

- Von *starker Identität* wird gesprochen, wenn die Person sich ihres Wertes bewusst ist, wenn sie genau weiß, wo ihre Schwächen und Stärken liegen, was sie mit anderen gemeinsam hat und worin ihre Einmaligkeit besteht.

- Individuen mit *schwacher Identität* haben keine feste Grenzen gegenüber anderen. Sie sind unsicher und unklar in ihren Zielen und brauchen äußere Rückmeldungen, um sich selbst einzuschätzen.

Bezüglich der Frage, welche der vier Identitätstypen als „stark" oder „schwach" einzustufen sind, fand Marcia nun einen bedeutsamen *Geschlechtsunterschied.*

Bei den jungen Männern erweisen sich die *erarbeitete* Identität und das *Moratorium* als „starke" Formen. Sie haben Selbstvertrauen, sind autonom und leistungsmotiviert und können sich flexibel an veränderte Bedingungen, z. B. im Beruf, anpassen. Dagegen sind junge Männer mit *übernommener* Identität autoritätsgläubig, konservativ und von äußerer Anerkennung abhängig. Wegen ihrer rigiden Haltung sind ihre Entwicklungsperspektiven schlecht. Die fehlende Ablösung von der Herkunftsfamilie wirkt sich hier also hemmend auf die Persönlichkeitsentwicklung aus. Männer mit *diffuser* Identität haben ein schlechtes Selbstwertgefühl, es fehlen ihnen ein einheitlicher Identitätskern und die integrative Kraft. Sie lassen sich auf dieses und jenes ein und haben keinen wirklichen Lebensplan.

Diese eher ungünstige Entwicklungsperspektive trifft bei *Frauen* nun zwar auch auf die *diffuse* Identität zu, interessanterweise ist sie aber nicht mit *übernommener* Identität korreliert. Obwohl Frauen dann mit der traditionellen Rolle ihrer eigenen Mutter identifiziert sind und in ihren Wertvorstellungen nicht von der Herkunftsfamilie abweichen, zählen sie aufgrund ihrer Testergebnisse eindeutig zu den „starken" Persönlichkeiten. Die geschlechtsrollenkonformen Werte „Pflege der Partnerschaft" sowie „Sorge für die Familie" stehen an erster Stelle ihrer Wertvorstellungen, selbst dann, wenn sie berufstätig sind. Ihre positive Selbsteinschätzung gründet sich auf das Bewusstsein, im Bereich persönlicher Beziehungen kompetent zu sein.

männlich *weiblich*
stark
Er — Er
Mor Üb
schwach
Üb Mor
Dif — Dif

Unterschiedliche Geschlechtsverteilung „starker" und „schwacher" Identitäten

Auch die Frauen mit *erarbeiteter* Identität sind „starke" Persönlichkeiten, sie schätzen ihren Selbstwert sogar besonders hoch ein. Das Hauptgewicht liegt bei ihnen auf der beruflichen Selbstverwirklichung, und zwar auch dann, wenn sie eine eigene Familie haben. Im Gegensatz zu den Frauen mit übernommener Identität fällt bei ihnen aber eine erhöhte *Angstanfälligkeit* auf.

Ein zweiter Geschlechtsunterschied betrifft die Frauen im *Moratorium.* Sie zählen zu den „schwachen" Identitäten. Von allen vier Gruppen sind sie am meisten mit Problemen belastet. Sie haben Konflikte mit der Herkunftsfamilie und vor allem eine schlechte Beziehung zur Mutter. Reaktiv darauf erweisen sie sich als anfällig für Schuldgefühle und ihre Selbsteinschätzung ist negativ. Sie sind begabt, aber unsicher und wissen nicht, was sie eigentlich wollen. Im Konflikt zwischen Berufsinteressen und dem Wunsch, eine eigene Familie zu gründen, können sie sich nicht entscheiden.

Es sieht demnach so aus, als würden Frauen, deren Identität sich nicht in kritischer Auseinandersetzung mit traditionellen Werten herausbildet und die daher auch keine Schwierigkeiten sehen, den geltenden weiblichen Rollenerwartungen zu entsprechen, keineswegs dieselbe Einbuße im Selbstbewusstsein erleiden wie die Männer mit übernommener Identität. Mit der weiblichen Rolle identifiziert zu sein, führt also nicht automatisch zu problematischem Selbstwertgefühl und zu Rigidität. Die Verwirklichung traditioneller Rollenvorstellungen braucht nicht notwendig mit einer stagnierenden Persönlichkeitsentwicklung verbunden zu sein.

Die ursprünglichen Befunde stammen aus den 70er Jahren. Inzwischen hat man festgestellt, dass die Angstanfälligkeit bei den Frauen im Moratorium und mit erarbeiteter Identität zurückgegangen ist. Sie tritt nur in den Bereichen „Beschäftigung" und „Politik" auf und konkretisiert sich in Angst vor dem Erfolg und vor der Ächtung durch die Männer, mit denen man in Konkurrenz treten muss. Nach wie vor gilt aber, dass der Status der übernommenen Identität für Frauen viel adaptiver ist als für Männer und nicht den rigiden Charakter aufweist wie bei diesen[2].

Beruf und Familie

Die Untersuchung Marcias konfrontiert uns mit der nicht unbedingt bequemen Einsicht, dass die traditionelle weibliche Rolle eine echte Alternative darstellen kann, die zumindest einem Teil der Frauen wirklich Zufriedenheit und Erfüllung einbringt. Eine Selbstentwertung ist nicht unabdingbar mit dieser Rolle programmiert. Das ist als Diagnose zu nehmen, nicht als Plädoyer für konservative Wertvorstellungen, wohl aber als Warnung vor einer pauschalen Geringschätzung von Frauen, die sich für die traditionelle Rolle entschieden haben.

Auf der anderen Seite scheint auch der Weg in eine berufliche Karriere zunehmend selbstverständlicher zu werden. Dass Frauen mit erarbeiteter Identität und im Moratorium inzwischen weniger angstanfällig sind, gibt hier zu Hoffnungen Anlass, obwohl freilich die Ängste gerade im beruflichen Sektor am wenigsten nachgelassen haben.

Das hängt sicher auch damit zusammen, dass sehr viele Frauen im Unterschied zu den Männern auf zwei Schultern tragen: Sie wollen der Karriere nicht die Familie opfern. Eine Untersuchung an der Universität Zürich zu den Lebensplänen von männlichen und weiblichen Jura- und Medizinstudenten hat dies sehr deutlich belegt. Beide Geschlechter wünschen sich eine Familie. Aber die Studentinnen räumen dieser nach wie vor die Priorität ein, während bei den Männern eindeutig der Beruf vorgeht und die Betreuung der Kinder, wie immer schon, primär als Sache der Frau angesehen wird[3]. In vergleichbarer Weise ergab nach Auskunft von Susan Pinker „2005 ... eine heiß diskutierte Untersuchung, dass 60 Prozent der befragten Studentinnen an amerikanischen Elite-Universitäten planten, nach Geburt eines Kindes beruflich kürzer zu treten oder ganz aufzuhören“[4].

Wie der Hinweis „heiß diskutierte Untersuchung“ nahelegt, wird so etwas offensichtlich nicht gern gehört und man mag einwenden, die Studentinnen hätten sich so geäußert, weil sie wüssten, dass die Männer bei einer anderen Rollenverteilung doch nicht mitspielen würden. Also gelte es, weitere Umerziehungsarbeit zu leisten. Dabei sind Weltverbesserer wie immer rasch bereit, die Verdammten dieser Erde notfalls auch zu ihrem Glück zu zwingen: So hörte ich Alice Schwarzer vor einiger Zeit in einem Vortrag fordern, man dürfe den Frauen statt drei Kinderfreijahren höchstens ein einziges zugestehen und müsse zum Ausgleich eben für mehr Kinderkrippen sorgen. Noch Fortschrittlichere meinen gar, man bringe die Kinder am besten schon im ersten Lebensjahr in die Krippe, dann würde das reibungsloser von ihnen akzeptiert, als wenn sie älter wären.

Dieses Thema wird gegenwärtig mit einer erstaunlichen Naivität abgehandelt, und auffällig ist dabei, dass mögliche Konsequenzen, die solche Maßnahmen vielleicht für die *Kinder* haben könnten, kaum eine Diskussion wert zu sein scheinen. Auch wenn es politisch nicht korrekt klingen mag, kann ich mich doch nicht enthalten, Unbehagen zu artikulieren, wenn man bei den Themen Lebensqualität, Selbstverwirklichung, Persönlichkeitsentfaltung und individuelles Glück immer nur an die Frauen denkt, zu deren Ego-Arrondierung dann eben auch noch ein Kind gehört.

[2] Marcia et al., 1993
[3] Janssen-Ebnöther & Tobler-Zeltner, 1991
[4] Pinker, 2008, S. 131

Was den Ersatz für die mütterliche Betreuung angeht, so ist es nach den bereits oben S. 149 angeführten Aussagen von Sarah Hrdy in unserer Evolutionsgeschichte wohl zu jeder Zeit so gewesen, dass sogenannte „allomothers", also zusätzliche Betreuungspersonen, bei der Pflege eine wichtige Rolle spielten, wenn sie auch bestimmte existentielle Funktionen wie das Stillen und damit die Ernährung zumindest in den einfacheren Kulturen nicht übernehmen konnten. Hrdy betont aber ausdrücklich, dass diese Betreuungspersonen sich engagiert einsetzen müssten und dass es längerfristig dieselben Personen sein sollten, so dass sie dem Kind ausreichend vertraut sind. Solange beispielsweise eine willige Oma zur Verfügung steht, gibt es keine Probleme. Und wenn der Vater die Mutter bei der Babyfürsorge entlastet, ist das erst recht aller Ehren wert; man darf auf Männer auch getrost einen „sanften Druck" ausüben, sich hier mehr zu engagieren, wie wir unten noch genauer erläutern werden. Das Problem entsteht, wenn man Babys in Fremdbetreuung gibt. In Anbetracht dessen, was im 21. Kapitel über die kindlichen Bedürfnisse ausgeführt wurde, ließe sich hiergegen allerlei einwenden. Nichts gegen eine gut geführte, reichlich mit Personal ausgestattete Kinderkrippe. Aber irgendwann sollten wir uns doch einmal ernsthaft fragen, woher eigentlich das genügend gut ausgebildete und hochmotivierte Personal kommen soll, das bereit ist, mit engelsgleicher Geduld, stets gut gelaunt, liebevoll, zuverlässig, kompetent und ausdauernd für den manchmal bekanntlich ziemlich nervenden Nachwuchs anderer Menschen zu sorgen, nur damit diese sich in Tätigkeiten selbst verwirklichen können, die sie attraktiver finden als die Betreuung der eigenen Kinder.

Die immer wieder im Brustton der Überzeugung vorgebrachte Behauptung, Krippenbetreuung sei ein Vorteil für die Kinder, nimmt Studien bewusst nicht zur Kenntnis, die das Gegenteil oder zumindest eine vorsichtigere Einschätzung nahelegen. Eine amerikanische Langzeitstudie des *National Institute of Child Health and Human Development* zu Auswirkungen nichtmütterlicher Betreuung an über 1 000 Kinder in den ersten fünf Lebensjahren kam zu dem ernüchternden Ergebnis, dass die Anfälligkeit für Verhaltensauffälligkeiten wie Disziplinierungsprobleme und Aggressivität proportional mit der Dauer der Fremdbetreuung zunahm, und zwar selbst dann, wenn man die Qualität, die Art und die Stabilität der Betreuung und den Familienhintergrund bei der Auswertung berücksichtigte. Als der einzige Faktor, der geeignet war, diese Anfälligkeit zu reduzieren, erwies sich die Einfühlsamkeit der Mutter[5]. Das heißt natürlich nicht, dass alle Kinder unter Fremdbetreuung automatisch verhaltensauffällig werden müssten, aber ein gewisser Prozentsatz ist in dieser Hinsicht doch immerhin gefährdeter als Kinder unter elterlicher Betreuung, und wie Nachfolgeuntersuchungen ergaben, machen sich die Folgen längerer täglicher Fremdbetreuung in den ersten 5 Lebensjahren auch noch bei 15-Jährigen in Form von erhöhter Impulsivität und Neigung zu riskantem Verhalten bemerkbar[6].

Diese Erkenntnis passt derzeit nicht in die politische Landschaft. So wurde eine jüngst veröffentlichte Übersichtsstudie zu Auswirkungen der Berufstätigkeit von Müttern auf die intellektuelle Entwicklung und das Auftreten von Verhaltensstörungen bei Kindern in den ersten drei Lebensjahren in einem Zeitungsartikel mit der Überschrift angekündigt „Kinderkrippen schaden nicht"[7]. Liest man indess die Studie genauer, stellt sich heraus, dass Krippenerziehung eigentlich in erster Linie für Kinder von Unterstützungsempfängern und Alleinerziehenden vorteilhaft ist.

[5] National Institute of Child Health and Human Development Early Child Care Research Network; weitere Literatur Rhoads, 2004

[6] Vandell et al., 2010

[7] Christina Berndt, Süddeutsche Zeitung vom 17.11.2010

Allerdings ist das auch nur dann der Fall, wenn die Mutter nicht bereits im ersten Lebensjahr die Arbeit wieder aufnimmt. Kinder aus ökonomisch besser gestellten Zwei-Eltern-Familien kommen hingegen nicht so gut weg. Bei ihnen wirkt sich Krippenbetreuung eher nachteilig aus[8]. Die Autoren geben zu bedenken, dass – zumindest was die Betreuung im ersten Lebensjahr betrifft – die Möglichkeiten für die Mütter verbessert werden sollten, sich selbst um ihre Babys zu kümmern.

Ich denke, Emanzipations-Fundamentalistinnen tun anderen Frauen keinen Dienst, wenn sie ihnen vormachen, Kinder *gerne* zu betreuen sei minderwertig, wenn sie ihnen gar Schuldgefühle wegen mangelnder Selbstverwirklichung einreden, nur weil sie das Muttersein ein paar Jahre lang mehr befriedigt als die berufliche Tätigkeit. Beispielhaft hierfür ist Simone de Beauvoir, die 1968 verlautbarte[9]: „Keiner Frau sollte es erlaubt sein, zuhause zu bleiben und ihre Kinder aufzuziehen. Frauen sollten diese Wahlmöglichkeit nicht haben, insbesondere weil zu viele von ihnen in diesem Fall von ihr Gebrauch machen".

Es klingt wie ein Nachhall Beauvoirs, wenn Autorinnen aus einer modernen Interviewstudie über die Lebenspläne junger Frauen das Fazit ziehen, diese seien noch weit davon entfernt, sich über „traditionelle" Rollenanforderungen hinwegzusetzen. Partnerschaft, Ehe und Kinder seien immer noch die primär angestrebten Ziele, für die die Frauen bereit seien, viele Kompromisse einzugehen. Darüber enttäuscht fordern die Autorinnen zu einer Art „Kulturkampf" auf, „in dem die dominanten ... Bilder von Weiblichkeit, Beziehungsorientierung und Schwäche bekämpft und andere Varianten weiblicher Existenz glaubwürdig entwickelt werden"[10]. In Amerika geht dieser „Kulturkampf" teilweise so weit, dass jede Darstellung einer traditionell weiblichen Tätigkeit, und sei es auch nur die Abbildung einer Frau mit einem Baby, in Schulbüchern als politisch inkorrekt zurückgewiesen wird[11]. In einer jüngst erschienenen kanadischen Studie behaupten die Autoren sogar, Eltern würden sich das Glück, Kinder zu haben nur einreden, um den tatsächlichen Stress, den sie bereiten, kompensatorisch wegzuleugnen. Eigentlich sei man natürlich ohne Kinder zufriedener[12].

Es sieht indessen nicht so aus, als ließen sich grundsätzliche Änderungen in der weiblichen Einstellung einfach so herbeireden. In großangelegten Befragungen in den USA, in denen Frauen im letzten Jahrzehnt über ihre Lebenspläne Auskunft gaben, räumen sie in der Mehrzahl nicht der beruflichen Karriere die höchste Priorität ein, selbst wenn sie anspruchsvolle Tätigkeiten etwa als Managerin verfolgen. Für sie hat das Wohlergehen der eigenen Familie, die Pflege persönlicher Beziehungen gleichwohl einen höheren Stellenwert. So verzichten etliche Frauen nach einigen Jahren erfolgreicher beruflicher Karriere insbesondere auch auf dem naturwissenschaftlichen und technischen Sektor auf weitere Aufstiegsmöglichkeiten oder steigen ganz aus, um in ihrer Lebensführung stärker auf personenbezogene Interessen eingehen zu können[13]. In einer 2003 erschienen Schweizer Studie an Medizinstudierenden weisen die Zielvorstellungen der weiblichen Beteiligten ebenfalls in die gerade charakterisierte Richtung; sie erhoffen sich Beschäftigungen mit intensivem Patientenkontakt, während ihre männlichen Kollegen eher an der Ausübung instrumentell orientierter und hochtechnologischer Medizin interes-

[8] Lucas-Thompson et al., 2010
[9] de Beauvoir, 1968
[10] Hopf & Hartwig, 2001
[11] Rhoads, 2004
[12] Eibach & Mock, 2011
[13] Pinker, 2008

siert sind[14]. Insgesamt sprechen die Befunde dafür, dass betreuerische Tätigkeiten im Allgemeinen und die Familie im Besonderen für Frauen wichtige Lebensziele darstellen[15]; es ist kaum zu erwarten, dass die Mehrheit sich diese Option nehmen lässt, wie ja schon die Sabras der dritten Generation aus dem Kibbuz, von denen auf S. 169 berichtet wurde, eindrücklich demonstrierten.

Was besagt das alles nun aber für die am Eingang des Kapitels gestellte Frage nach den kognitiven und vor allem motivationalen Hintergründen solcher geschlechtstypischen Präferenzen? Nach allem, was in diesem Buch bisher an Material zusammengetragen wurde, mag man nicht mehr so recht an die alleinige Nachwirkung der „Jahrhunderte währenden Sozialisation" glauben, sondern wird auch geschlechtstypische Neigungen in Rechnung stellen, die eine erheblich längere Entstehungsgeschichte haben. Sie lassen sich mit den Stichworten *Fürsorglichkeit, Pflege persönlicher Beziehungen, Verantwortung für das Wohlergehen und die seelische Verfassung anderer* kennzeichnen. Auch wenn man sich heutzutage fast lächerlich macht, solche Qualitäten überhaupt noch ernst zu nehmen, legen doch unter anderem eben die Untersuchungen von Marcia nahe, dass es Frauen gibt, die gerade aus ihnen ein gesundes Selbstbewusstsein zu beziehen vermögen[16].

Seelenfreundschaften

Susanne war sieben Jahre alt, als Anna mit ihrer Familie in den Ort zog. Die beiden gingen in die gleiche Klasse und freundeten sich sofort an. Sie schienen erstaunlich gut zueinander zu passen. Man sah sie gemeinsam auf Bäume klettern, sie waren stundenlang auf Streifzügen durch die Felder verschwunden. Insbesondere aber entfalteten sie ihre Aktivitäten auf dem Dachboden des Elternhauses von Susanne, wo sie ihre Fantasie in wahren Orgien auslebten. Da wurden Drehbücher für Filme geschrieben und „realisiert", es gab riesige Bauten aus Pappkartonschachteln und alten Vorhängen, mal wurden die „Mumins" adaptiert, dann wieder gab die erste Mondlandung Anlass, sich Geschichten auszudenken. Unmassen von Stofftieren und Puppen wurden als Akteure eingesetzt. Jede freie Minute wurde gemeinsam verbracht. Die Beziehung war ausgesprochen exklusiv, kein weiteres Kind durfte an ihr teilhaben, weder die etwas jüngeren Schwestern Susannes noch eines der gleichaltrigen Kinder, die in der Nachbarschaft zahlreich vorhanden waren. Man wusste eigentlich auch nicht so genau, was die beiden machten. Nur wenn die Mutter gelegentlich über den Dachboden ging, wurde sie unbemerkt Zeuge einiger Satzfetzen, die deutlich werden ließen, wie die beiden sich in ihrer Kreativität gegenseitig steigerten.

Als die Mädchen älter wurden, rückten die gemeinsamen Spiele allmählich in den Hintergrund. Nun zogen sie sich auf eines ihrer Zimmer zurück und tauschten stundenlang Geheimnisse aus, jede war die Seelenfreundin der anderen und nahm intensiv an deren Problemen Anteil.

Susanne verschlug es dann mit ihrer Familie auf einen anderen Kontinent und sie hatte dort auch andere Freundinnen. Aber keine reichte an Anna heran. Es wurden seitenlange Briefe ausgetauscht, Susanne war die eifrigere Schreiberin. Als sie in die Heimat zurückkehrte, wurde die Freundschaft mit unverminderter Intensität wieder aufgenommen und hielt auch, als Susanne erneut wegziehen musste. Die beiden trafen und besuchten sich, so oft es nur ging, vor allem wenn eine von ihnen an einem seelischen Tiefpunkt war und sich aussprechen wollte. Kein großes Fest, an

[14] Buddeberg-Fischer et al., 2003
[15] Hollstein, 2004; Pinker, 2008
[16] Feingold, 1992

dem Anna nicht angereist kam oder Susanne nicht in die alte Heimat fuhr. Krisen in der Beziehung gab es allenfalls, wenn beide sich in die gleichen Männer verliebten, aber auf die Dauer hat auch das der Freundschaft keinen Abbruch getan.

Warum ich diese Geschichte schildere? Sie hat sich in der Tat genauso abgespielt und sie ist einigermaßen typisch für Mädchenbeziehungen. Bereits im Grundschulalter zeichnet sich deutlich ein Geschlechtsunterschied ab. Auch Jungen schließen Zweierfreundschaften, aber diese sind viel offener für die Einbeziehung Dritter, und es tut ihnen auch keinen Abbruch, dass die Partner in anderen Kontexten weitere Kumpane haben, mit denen sie auf dieselbe Weise vertraut sind. Solche Beziehungsnetze können zeitweilig oder dauerhaft zu größeren, bis etwa sieben Mitglieder umfassenden Gruppen verschmelzen.

Mädchen hingegen sind vorzugsweise zu zweit, allenfalls gelegentlich zu dritt beieinander[17]. Sie können fast immer eine „beste" Freundin benennen, während Jungen in dieser Hinsicht keine sonderliche Präferenz haben. Diese eher exklusive Tendenz zeigt sich auch im räumlichen Abstand, Mädchen rücken messbar näher zusammen, während Jungen mehr auf Distanz bleiben[18].

Folgt man Maccoby und Jacklin, so lassen sich in der „Soziabilität" keine Geschlechtsunterschiede aufweisen; allenfalls haben Jungen im Allgemeinen mehr Freunde[19]. Es ist aber eben die Crux solcher Metaanalysen, dass sie schnell einmal Äpfel und Birnen mischen. Im vorliegenden Fall fällt unter den Tisch, dass die Zusammenschlüsse bei den Geschlechtern ganz unterschiedlich *motiviert* sind.

Bereits achtjährige Mädchen vertiefen sich in lange intime Unterhaltungen über persönlich wichtige Ereignisse in ihrem Leben, wobei sie aufmerksam zuhören und unterstützend und ermutigend auf Probleme der anderen reagieren. Dagegen wissen Jungen im gleichen Alter kaum, worüber sie miteinander reden sollen, es sei denn, um zu beratschlagen, was man miteinander tun könnte[20]. Besonders deutlich macht sich der Unterschied in der Pubertät bemerkbar. Nun beginnen zwar auch die Jungen miteinander über private Angelegenheiten zu reden, haben aber dabei die Tendenz, die Probleme des anderen herunterzuspielen.

Douvan und Adelson haben Jugendliche im Alter zwischen elf und 17 Jahren genauer befragt, was sie von einer Freundschaft erwarten und welche Art Befürchtungen sie damit verbinden[21].

Für beide Geschlechter beginnt in diesem Alter die Zeit der Ablösung vom Elternhaus. Sie entwickeln ein intensives Bedürfnis nach Autonomie, sind aber andererseits noch nicht selbstsicher genug, ihren Weg allein zu gehen, und das macht das Zusammensein mit Gleichaltrigen besonders wichtig. Für *Jungen* ist das Interesse an anderen Jungen vor allem dadurch geleitet, ob man gemeinsam etwas unternehmen kann; man erwartet Hilfe, wenn man in eine missliche Situation – z. B. eine Keilerei – gerät, und man denkt an die Möglichkeiten der Bandenaktivität und des Abenteuers, das man zusammen erleben kann, oder auch an Aufgaben, die man gemeinsam bewältigt, wie beispielsweise bei den Pfadfindern.

Bei *Mädchen* sieht das anders aus. Während für die elf- bis 13-Jährigen ebenfalls gemeinsame Aktivitäten im Vordergrund stehen, suchen ältere die Seelenfreundschaft, in der man sich geborgen fühlen kann. Die Freundin wird zum Spiegel eigener

---

[17] Rose & Rudolph, 2006; Blakemore et al., 2009

[18] Omark & Edelman, 1976; Rose & Rudolph, 2006

[19] Maccoby & Jacklin, 1974

[20] Tannen, 1990; Thompson & Moore, 2000; Kyratzis, 2001

[21] Douvan & Adelson, 1966; siehe auch Coleman, 1974; Auckett et al., 1988; Barth & Kinder, 1988; Caldwell & Peplau, 1982; Jones et al., 1990; Maccoby, 2000; weitere Literatur Rose & Rudolph, 2006

Probleme, man vertraut ihr die intimsten Geheimnisse an, vor allem auch solche, die sich auf erste Erfahrungen mit dem anderen Geschlecht beziehen. Mädchen suchen Anteilnahme, Verständnis und Einfühlung bei der Freundin und empfinden ihr gegenüber Gefühle der Verpflichtung und Verantwortung. Treue ist ein wichtiger Wert. Man fürchtet, die Freundin zu verlieren oder von ihr zurückgestoßen zu werden, und am schlimmsten wäre es, wenn sie das Vertrauen missbrauchen und Verrat üben würde. Konflikte entstehen vor allem, weil man eifersüchtig darüber wacht, dass sich keine Dritte in den Bund eindrängt. Generell sind Mädchenfreundschaften spannungsreicher als die Beziehungen in Jungengruppen, wohl weil man sich durch die Eröffnung intimer Bereiche wechselseitig so stark einander ausgeliefert hat.

Bei Jungen sind persönliche Beziehungen weniger konfliktgeladen. Eifersucht, weil sich ein anderer eindrängen könnte, stellt kein Thema dar, denn die Beziehung ist eben nicht exklusiv. Wenn Konflikte auftreten, dann betreffen sie Eigentum, die Wahl der Freizeitaktivitäten und die Konkurrenz um Mädchen.

Jungen entwickeln überdies sehr viel weniger Verpflichtungsgefühle. Einfühlung und Anteilnahme am Seelenleben der anderen spielen kaum eine Rolle. Die Gruppierungen erinnern an die Männchenkohorten im Tierreich, die Christian Vogel als einen „Club von Individualisten“ bezeichnet hat[22]. Es handelt sich eher um Zweckverbände, die der gemeinsamen Erregungssuche dienen und das Abenteuerbedürfnis befriedigen. Im Übrigen gelten hier die Bedingungen, die für die typisch männliche Dominanzhierarchie kennzeichnend sind und von denen wir im letzten Kapitel ja gesehen haben, dass sie zur Konfliktreduktion beitragen und die Kooperation fördern[23].

Allenfalls in der späten Adoleszenz gewinnen auch bei Männern Dimensionen wie Intimität, Einfühlung, Anteilnahme an seelischen Belangen und der Wunsch, sich verstanden zu fühlen, an Bedeutung, dann aber auch in erster Linie in den Beziehungen zum anderen Geschlecht[24]. So geben junge Männer bezeichnenderweise an, dass sie über Probleme lieber mit einer Freundin als mit einem Freund sprechen würden[25].

Wie aus dem Ausgeführten hervorgeht, wäre es allzu oberflächlich, die Stärke des Anschlussbedürfnisses bei den Geschlechtern nach Menge oder Dauer der „Interaktionen“ oder der Zahl der Freunde zu berechnen. Der Unterschied ist vielmehr qualitativer Natur und liegt in der Art der Zielvorstellungen, die mit der Freundschaft verbunden sind. Alle Befunde weisen in die Richtung, dass die Thematik bei Mädchen eindeutig stärker auf seelische Belange gerichtet ist als bei Jungen.

Prosoziale Dominanz

Während unseres Aufenthaltes in Kalifornien fiel mir auf, dass mir manche weibliche Gäste, wenn ich zu einer Dinnerparty eingeladen hatte, in der Küche zu helfen anboten, und dies in einer fast drängenden Weise, wie sie mir aus Europa nicht vertraut war. Umgekehrt wunderte ich mich als Gast immer über die ungemein aufgeräumten Küchen der Gastgeberinnen, denen man nicht anmerkte, dass darin gerade ein Vier-Gänge-Menü vorbereitet worden war. Nachdem ich das mehrmals erlebt hatte, kam mir allmählich der Gedanke, hier könnte so etwas wie ein sublimes Machtspiel am Werk sein, bei dem es meinen weiblichen Gästen gar nicht

[22] Vogel, 1976
[23] Siehe auch Lever, 1976
[24] Auckett et al., 1988; Barth & Kinder, 1988; Caldwell & Peplau, 1982
[25] Auckett et al., 1988

in erster Linie darum ging zu helfen; sie wollten vielmehr die eigene Kompetenz demonstrieren und mich in die Rolle der Hilfsbedürftigen dirigieren. Ihre eigenen aufgeräumten Küchen wiederum sollten mich in der Rolle der Besucherin gar nicht erst auf die Idee kommen lassen, hier sei Hilfe vonnöten.

Ein ähnliches Phänomen lässt sich bereits im Kindergarten beobachten, wie die nebenstehende, von Merz stammende Abbildung zeigt[26]. Es geht dabei um Kooperationsangebote bei Kindergartenkindern, wobei die Stärke der Pfeile die Häufigkeit anzeigt. Jungen wollen mit anderen Jungen kooperieren, was angesichts der spontanen Segregation der Geschlechter in diesem Alter nicht weiter verwundert. Jüngere Buben dienen sich vorzugsweise älteren an. Sich mit Stärkeren zu verbünden, hebt die eigene Position, man kann sich wichtig fühlen, einmal, weil man vom Ranghohen akzeptiert wird, und zum zweiten, weil man ein bisschen an dessen Macht partizipieren und sie auch in seinem Namen ausüben kann.

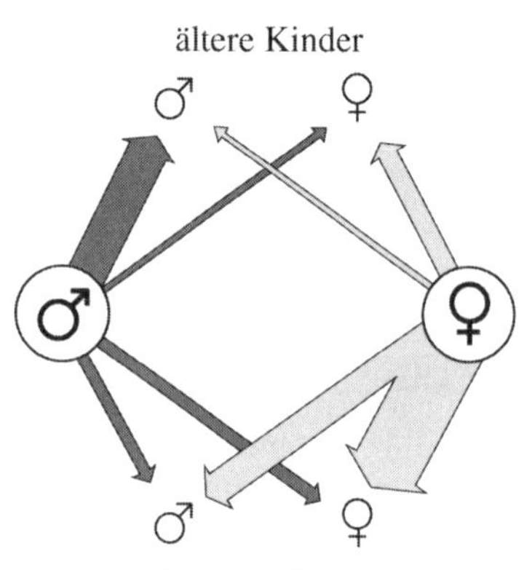

Häufigkeit und Richtung von Kooperationsangeboten bei Jungen und Mädchen

Bei den Mädchen sieht das Bild ganz anders aus. Sie richten ihre Kooperationsangebote hauptsächlich an jüngere Kinder und interessanterweise nicht nur an solche des gleichen Geschlechts, sondern auch an Jungen. Gemäß den Angaben von Merz lässt sich ihr Verhalten am besten als „Bemuttern" charakterisieren. Hierzu zählen pflegerische Leistungen, z. B. Schuhe binden, Nase putzen, die Kleinen beschützen, ihnen helfen, etwas Schweres zu tragen, ihnen zeigen, wie man etwas macht. Kommen neue Kinder in die Gruppe, dann werden diese von den Buben in der Regel ignoriert. Die Mädchen dagegen kümmern sich lieb um die Neuankömmlinge, führen sie freundlich herum, zeigen ihnen alles und schlagen vor, was sie spielen könnten. Sie bringen in ihren Verhaltensweisen also deutlich das Bedürfnis zum Ausdruck, einem anderen etwas Gutes zu tun[27].

Eine Parallele hierzu liefern die im 22. Kapitel besprochenen Daten von Barbara Hold. Wie aus der Abbildung auf Seite 284 hervorgeht, haben Mädchen ein Übergewicht in der Kategorie „Organisieren". Hold versteht darunter *erlauben, verbieten, belehren, zuweisen.* Organisieren zählt neben den eher für Jungen typischen Strategien Initiative und Aggression zu den drei Kriterien, die nach Hold besonders geeignet sind, die Aufmerksamkeitszuwendung und damit die Achtung der anderen zu sichern.

Auch in der Studie von Savin-Williams haben Mädchen ihren Ranganspruch vorzugsweise dadurch bekundet, dass sie sich um die Lösung von Konflikten und generell um das seelische Wohlbefinden der anderen kümmerten, aber auch ungebeten Ratschläge erteilten und Informationen gaben[28]. Wir haben auf dieses Phänomen auf Seite 288 unter dem Stichwort „prosoziale Dominanz" Bezug genommen. Der Begriff stammt von Whiting und Edwards, die kindliches Verhalten kulturvergleichend bei Drei- bis Sechsjährigen in sechs Kulturen untersucht haben[29].

---

[26] Merz, 1979
[27] Weitere Literatur siehe Rose & Rudolph, 2006
[28] Savin-Williams, 1979
[29] Whiting & Edwards, 1973

Ihren Beobachtungen zufolge geht es bei den Rangkämpfen der Buben vor allem darum, eigene Interessen durchzusetzen; die Autoren sprechen hier von *egoistischer* Dominanz. Mädchen dagegen dominieren eben *prosozial.* Sie machen Vorschläge und erteilen Befehle, die zugleich das Wohlbefinden des anderen Kindes betreffen, also den Charakter der Verantwortlichkeit haben.

In der prosozialen Dominanz bekundet sich einerseits die Kompetenz dessen, der besser Bescheid weiß und helfen kann, er lässt somit dem Rezipienten etwas zugute kommen. Zugleich verlangt sie vom anderen aber mehr oder weniger deutlich, dass er sich unterordnet, und speist somit auch das Gefühl der eigenen Überlegenheit. Hilfehandlungen können also doppelt motiviert sein – durch Verantwortlichkeit und Anteilnahme am Wohlbefinden des anderen oder aber durch den Wunsch, die eigene Überlegenheit zu spüren und sozial zu etablieren. Echte Besorgtheit und handfeste Bevormundung können hier gleitend ineinander übergehen. Die Erfahrungen, die man als Patient im Krankenhaus mit dem Pflegepersonal macht, zeigen die ganze Bandbreite der Möglichkeiten.

Unter der Perspektive der prosozialen Dominanz verliert der Begriff „Fürsorglichkeit" einen Beigeschmack, der für viele Frauen heute der Grund dafür sein mag, sich gegen die Zuschreibung dieses typisch weiblichen Attributs zur Wehr zu setzen. Ich meine die Konnotation des Dienens, des Sich-Aufopferns, des Von-anderen-ausgenützt-Werdens, der Subalternität, also von Eigenschaften, die Niederrangigkeit bekunden und damit der Abwertung Vorschub leisten. Wenn die richtige Balance zwischen dem Wunsch, Sorge für den anderen zu tragen und dem Bewusstsein der eigenen Kompetenz gegeben ist, dann bietet die prosoziale Dominanz eine positive Quelle für ein gutes Selbstvertrauen.

Natürlich geht es auch hier auf subtile Weise um Macht, mit allen ethischen Fragwürdigkeiten, die dieser Dimension nun einmal anhaften. Aber wenn dabei immerhin das Wohlergehen anderer gefördert wird, ist das immer noch besser als das geistlose Geprotze ästeschwingender Machos, von dem außer dem Ausübenden niemand etwas hat.

Empathie und Gefühlsansteckung

Betrachten wir nun etwas genauer die kognitiven und motivationalen Wirkungszusammenhänge, die dazu führen, dass man um andere besorgt ist und sich getrieben fühlt, ihnen beizustehen. Wir haben die Ontogenese dieses Phänomens in unserem Zürcher Institut sehr gründlich und an einer großen Zahl von Kindern untersucht. Dabei wurden 14- bis 24-monatige Jungen und Mädchen mit einem „Unglück" konfrontiert, das einer erwachsenen, befreundeten Spielpartnerin zustieß: Ihr ging ein (zuvor entsprechend präpariertes) Spielzeug entzwei, worauf sie Trauer simulierte.

Ein Teil der Versuchskinder zeigte sich emotional betroffen und bemühte sich, die Situation des Opfers zu verbessern, indem sie etwa das Spielzeug zu reparieren suchten, ein anderes als Ersatz anboten oder die Mutter alarmierten und zu Hilfe holten. Was diese Kinder zu erkennen gaben, heißt in der Fachsprache *Empathie.* Darunter versteht man die Fähigkeit, an der subjektiven Verfassung einer anderen Person emotional teilzuhaben und dadurch deren Gefühlslage oder Absicht zu verstehen.

Empathie ist die Basis für Mitgefühl, Mitleid und Mitfreude, also für Emotionen, die geeignet sind, den Fokus des Handelns auf das Wohlbefinden eines anderen zu richten. Die Schwierigkeit des Konzepts rührt daher, dass es einige weitere

Phänomene gibt, die sich von Empathie qualitativ unterscheiden, aber oft damit verwechselt werden.

Eines davon ist die *Gefühlsansteckung*. Auch bei ihr wird man von einer fremden Stimmung ergriffen, aber man ist sich dabei nicht bewusst, dass es eigentlich um die Gefühlslage des *anderen* geht. Gefühlsansteckung tritt beispielsweise auf, wenn das schallende Gelächter einer Gruppe von Leuten den unwiderstehlichen Drang mitzulachen weckt, selbst wenn man gar nicht weiß, worum es geht. Gefühlsangesteckte Kinder in unseren Versuchen brachen angesichts der betrübten Miene der Spielpartnerin ihrerseits in Weinen aus und rannten zur Mutter, um sich selbst trösten zu lassen.

Aus hier nicht zu erörternden Gründen hatten wir vermutet, dass Kinder auf die Notlage der Spielpartnerin erst dann empathisch reagieren können, wenn sie sich im *Spiegel* erkennen, d. h. auch sich selbst distanziert gegenübertreten können. Diese Fähigkeit reift etwa um die Mitte des zweiten Lebensjahres. Unsere Hypothese wurde durch die Ergebnisse voll bestätigt: Ausschließlich Kinder, die sich selbst erkannten, von diesen aber fast alle, konnten das Leid auf die andere Person beziehen und daher verstehen, dass man etwas an *deren* Situation ändern musste, um es aus der Welt zu schaffen. Nicht-Erkenner reagierten allenfalls gefühlsangesteckt; in der Regel blieben sie entweder überhaupt unbeteiligt oder zeigten Anzeichen von Verwirrung[30].

Bei den Kindern nun, die sich im Spiegel erkannten und demgemäß Betroffenheit bekundeten und der Spielpartnerin zu helfen suchten, ergab sich keinerlei Unterschied zwischen den Geschlechtern. Dieses Ergebnis hat uns überrascht. Schaut man sich nämlich die einschlägige Literatur an, dann spricht die Mehrzahl der Befunde für eine stärkere weibliche Ansprechbarkeit durch Empathie. Sie zählt kulturübergreifend zu den Eigenschaften, die man bei Mädchen und Frauen eher erwartet als bei Jungen und Männern. Wie eine Metaanalyse von Feingold belegt, zeigt sich der Unterschied besonders ausgeprägt bei Selbstzeugnissen in Fragebogenerhebungen. So ergab sich für die Variable „tender mindedness", worunter wohl Empathie und Fürsorglichkeit zu verstehen sind, eine Effektstärke von $d = -0{,}97$. Dabei kann freilich nicht ausgeschlossen werden, dass Erwägungen der sozialen Erwünschtheit das Ergebnis beeinflusst haben[31].

Empirisch gut belegt ist auch ein weiblicher Vorsprung im prosozialen Verhalten, wiederum deutlich vor allem in Form von Selbstaussagen, aber auch durch Untersuchungen in naturalistischen Situationen, weniger dagegen in strukturierten Experimenten[32].

Empathie und Perspektivenübernahme

Ein Problem bei den einschlägigen Übersichtreferaten ist die unterschiedliche Operationalisierung der in Frage stehenden Leistungen. So waren Maccoby und Jacklin zu der Auffassung gekommen, es gäbe überhaupt keine Verschiedenheit in der sozialen Kognition, also in der Fähigkeit, die psychischen Zustände anderer zu verstehen. Leider ist die Sachlage aber komplizierter. Martin Hoffman hat das Augenmerk auf eine weitere Unterscheidung gelenkt, die in der Literatur oft übersehen wird und auch im Konzept der „sozialen Kognition" bei Maccoby und

30 Bischof-Köhler, 1989, 1994, 1998, 2011
31 Feingold, 1994
32 Eisenberg & Fabes, 1998; Eisenberg et al., 2006; Rose & Rudolph, 2006

Jacklin außer Acht bleibt. Es handelt sich um die Differenzierung von *Empathie* und *Perspektivenübernahme.*

Der Mensch verfügt über zwei verschiedene Kompetenzen, die ihm ermöglichen, Einsicht in die subjektive Verfassung anderer Personen zu nehmen. Die eine davon, eben die Empathie, vollzieht sich im Medium der *Emotion;* sie basiert auf dem phylogenetisch alten Prozess der Gefühlsansteckung und formt diese zu einem Akt sozialer Kognition um, indem sie die übertragene Stimmung erlebnismäßig auf die andere Person zentriert. Demgegenüber versteht man unter Perspektivenübernahme eine rein *rationale* Funktion, bei der man sich in den anderen „hineindenkt", ohne dabei notwendigerweise auch emotional anzusprechen. Sie stellt einen Teilfunktion einer umfassenderen Fähigkeit dar, die in der Entwicklungspsychologie als „theory of mind" bezeichnet wird. Bei dieser handelt es sich generell um die Fähigkeit, über Bewusstseinsvorgänge nachzudenken, seien es die eigenen oder die eines anderen[33].

Ein Befund von Hoffman mag den Unterschied veranschaulichen. Der Autor konfrontierte Vorschulkinder beiderlei Geschlechts mit dem Unfall eines anderen Kindes, das hingefallen war und sich verletzt hatte. Jungen fanden in solch einer Situation, man müsse die Polizei oder den Krankenwagen holen, sie versetzten sich also relativ nüchtern in die *Perspektive* des anderen Kindes und wussten, was zu tun sei. Die kleinen Mädchen tendierten hingegen eher dazu, das Leid des Kindes auch *empathisch* mitzuempfinden, sie dachten daran, den Verunglückten zu trösten und zu beruhigen, ihnen ging es vor allem um sein seelisches Wohlbefinden[34].

Zahn-Waxler kam bei einer Untersuchung bei Sechsjährigen zu einem vergleichbaren Ergebnis[35]. Die Versuchskinder hörten ein Baby schreien. In der Art und Weise, wie sie sich verhielten, zeigte sich kein Geschlechtsunterschied; die Mädchen begleiteten ihre Aktionen aber öfter als die Jungen mit verbalen Sympathiebekundungen. Auch hier bestätigte sich also das Bild, dass Mädchen durch die emotionale Verfassung einer anderen Person stärker selbst betroffen werden. Eisenberg und Fabes heben hervor, dass sich die Geschlechter in Bezug auf instrumentelles Helfen zwar kaum unterscheiden, dass die prosoziale Bereitschaft von Mädchen sich aber vor allem in Form von Wohlwollen und Besorgtheit äußere[36].

In 16 Untersuchungen zu diesem Themenbereich fand Hoffman durchgängig eine signifikante oder zumindest tendenzielle weibliche Überlegenheit auf dem Empathiesektor[37]. In der Perspektivenübernahme schnitten die Mädchen dagegen etwas schlechter ab als die Jungen. Wie leicht ersichtlich, nivellieren sich diese Geschlechtsunterschiede, wenn man die Ergebnisse zusammenwirft, so wie dies Maccoby und Jacklin getan hatten. Dabei ist allerdings zu berücksichtigen, dass viele Untersucher Empathie nicht von Gefühlsansteckung unterscheiden. Nun besteht aber in Bezug auf die Anfälligkeit für Gefühlsansteckung ein empirisch gut belegtes weibliches Übergewicht. Es wurde bereits darauf hingewiesen, dass sich schon neugeborene Mädchen eher durch das Geschrei anderer Babys anstecken lassen als Jungen. Falls die Annahme zutrifft, dass Gefühlsansteckung in der

33 Bischof-Köhler, 2000, 2011
34 Hoffman, 1977
35 Zahn-Waxler et al., 1991
36 Eisenberg & Fabes, 1998; siehe auch Haviland & Malatesta, 1981; Eisenberg & Lennon, 1983
37 Hoffman, 1977

Entwicklung die Basis für Empathie abgibt, zeichnet sich hier eine durchgehende Tendenz ab, deren Generalnenner eine stärkere emotionale Ansprechbarkeit der Mädchen ist.

Ontogenetisch sind also drei qualitativ zu trennende Stufen jener Kompetenz zu unterscheiden, die in der Literatur oft unter dem vagen Sammelbegriff „soziale Kognition" abgehandelt wird (vgl. Abbildung). *Gefühlsansteckung* beobachten wir ab der Geburt. Mit etwa anderthalb Jahren differenziert sich aus ihr die Empathie. Mit knapp vier Jahren kommt die *Perspektivenübernahme* hinzu, und diese scheint bei den Buben dann zu überwiegen. So ließe sich erklären, dass in der von uns untersuchten Altersgruppe noch kein Geschlechtsunterschied in der Empathie zu bemerken war.

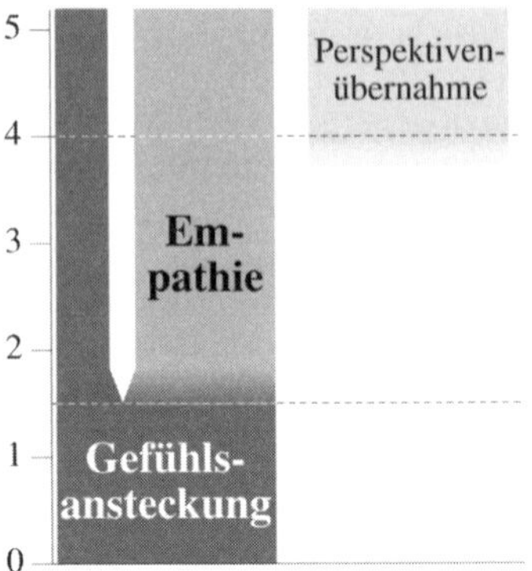

Formen der „Sozialen Kognition"
Formen der
„Sozialen Kompetenz"

Systematik versus Empathie

Baron-Cohen hat in einem 2004 erschienen Buch die weibliche Empathiefähigkeit zu einem von zwei Polen einer Dichotomisierung des männlichen und des weiblichen Gehirns erklärt[38]. Männer, so meint er, seien „systematische" Denker, Frauen zeichneten sich dagegen durch höheres Empathievermögen aus. Diesen Unterschied setzt er in Beziehung zu vorgeburtlichen Hormoneinflüssen. Grundlage hierfür bietet der Vergleich von Müttern, bei denen während der ersten drei Monate der Schwangerschaft eine Amniozentese, also eine Punktion der Fruchtblase, vorgenommen wurde; auf die dabei angefallenen Befunde habe ich schon oben S. 193 Bezug genommen. Generell lassen sich die Ergebnisse dahingehend zusammenfassen, dass hohe pränatale Testosteronwerte, wie sie für Jungen typisch sind, mit weniger Blickkontakt, geringerem sozialen Interesse und niedriger sozialer Kompetenz korrelieren – umgekehrt ausgedrückt: Die stärker personorientierten und sozial kompetenteren Mädchen waren pränatal eben niedrigeren Testosteroneinflüssen ausgesetzt. Die Untersucher hatten in dieser Hinsicht auch einen Zusammenhang mit der höheren Sprachkompetenz der Mädchen erwartet. Zwar hatten diese mit 18 Monaten in der Tat ein besseres Vokabular als Jungen, mit den pränatalen Testosteronwerten korrelierte dies aber nicht[39].

Baron-Cohen leitet nun aus diesen Unterschieden eine Menge gravierender Folgerungen ab, und selbst wenn man geneigt ist, vorgeburtlichen Hormoneinflüssen auf die Ausbildung von geschlechtstypischen Verhaltensdispositionen einen hohen Stellenwert einzuräumen, zögert man doch, ihm bedenkenlos zu folgen.

Vorbehalte ergeben sich vor allem aus der Pauschalität, mit der der Autor verschiedene Leistungen über einen Kamm schert. Schauen wir uns das zunächst einmal beim systematischen Denken an, das von Baron-Cohen als männliche Stärke reklamiert wird. Darunter versteht er den Drang, Systeme zu begreifen, und Systeme wiederum konzipiert er als „jedes Objekt oder Phänomen, das bestimmten Regeln folgt, die den Zusammenhang zwischen input, Operation und output steuern". Das ist eine so vage Definition, dass man sich fragt, was am Denken sich nicht unter

[38] Baron-Cohen, 2004
[39] Lutchmaya et al., 2002a, b

diesen Kriterien fassen lässt. Baron-Cohen selbst gibt zu, dass er da „mit einer ziemlich weitgefassten Definition von System arbeite, die nahezu alles erfasst". Wenn das aber so ist, dann läuft seine Unterscheidung letztlich darauf hinaus, dass Männer eben besser denken können als Frauen, und die bekommen als Trost dann eben das bessere Einfühlungsvermögen attestiert.

So weit so gut, nur bei der Definition der Empathie stoßen wir auf den nächsten Stolperstein. Baron-Cohen versteht darunter „das Vermögen, die Gefühle und Gedanken eines anderen Menschen zu erkennen und darauf mit angemessenen eigenen Gefühlen zu reagieren". Um mit einem angemessenen Gefühl reagieren zu können, bedürfe Empathie einer affektiven Komponente. Was der Autor dabei für „angemessen" hält, wird nicht schlüssig begründet, es mögen wohl ethische Überlegungen mitspielen. In erster Linie denkt er nämlich an Mitleid, das er eigentlich auch gar nicht von Empathie unterscheidet. Dagegen schließt er Schadenfreude aus und berücksichtigt dabei nicht, dass Nachempfinden eines fremden Leides ja nicht nur ein wesentlicher Bestandteil für Mitleid, sondern eben auch für Schadenfreude sein kann, je nachdem, wie man zu dem Betroffenen steht (siehe unten S. 335).

Empathie bedarf nun seiner Meinung nach aber auch noch einer kognitiven Komponente, und die sieht er in der Perspektivenübernahme. Sie brauche man, um den Gemütszustand des anderen überhaupt zu verstehen. Wenn wir diesen Ansatz mit der oben dargestellten Differenzierung zwischen Empathie und Perspektivenübernahme vergleichen, dann wird deutlich, dass Baron-Cohen beide vermischt, obwohl sie Unterschiedliches leisten und entwicklungsmäßig auch in unterschiedlichen Altersabschnitten entstehen. Hinzu kommt, dass Empathie überhaupt erst im zweiten Lebensjahr auftritt, und zwar gleichermaßen bei beiden Geschlechtern. Sie kann also gar nicht die Ursache für die stärkere Neigung von Mädchen sein, bereits im ersten Lebensjahr Blickkontakt herzustellen, womit er sein Argument für die Anlagebedingtheit des Geschlechtsunterschieds ja begründet.

Auch wenn wir zugestehen, dass Einfühlungsvermögen eher einen weiblichen Schwerpunkt darstellt, leuchtet es überhaupt nicht ein, wieso Männer nicht genauso gut wie Frauen zur *Perspektivenübernahme* befähigt sein sollen, ja diese darin sogar in bestimmten Bereichen übertreffen. Empirisch jedenfalls lässt sich auf diesem Sektor kein weibliches Übergewicht ausmachen. Letztlich läuft die Baron-Cohensche Unterscheidung auf die sattsam bekannte Feststellung hinaus, dass Frauen eben mehr personorientiert und Männer mehr an sachbezogenen Zusammenhängen interessiert sind. Die Beziehungen zwischen Fürsorglichkeit, Empathie und weiteren Möglichkeiten sozialen Erkennens sowie ihre Ausprägung bei den Geschlechtern sind bei präziserer Analyse sicherlich nicht so einschichtig, wie sie sich bei Baron-Cohen darstellen.

Zum Dienen geboren?

Wenn wir nun die einzelnen Komponenten der weiblichen Pflegemotivation genauer einzuordnen suchen, dann ist zunächst einmal festzustellen, dass phylogenetische Argumente eindeutig für eine stärkere fürsorgliche Disposition im weiblichen Geschlecht sprechen. Wie im 2. Teil des Buches begründet wurde, stand hierauf über Jahrmillionen eine hohe Selektionsprämie. Mütter, die dazu veranlagt waren, ihre Babys sorglos zu vernachlässigen, hatten kaum eine Chance, diese Dispositionen weiterzuvererben. Dieses ultimate Argument wird durch empirische Befunde gestützt, die im 13. und in diesem Kapitel dargestellt wurden.

Wollten wir es bei diesem Hinweis bewenden lassen, so wäre dies allerdings eine einseitige Sichtweise. Es ist zwar nicht ernsthaft zu bezweifeln, dass eine phylogenetisch sehr alte Disposition zur Brutpflege eher im weiblichen Geschlecht verankert ist. Andererseits haben wir aber festgestellt, dass die väterliche Investition bei Menschen auch nicht gerade niedrig ist. Das heißt, dass auch bei Männern in irgendeiner Form die Bereitschaft fundiert sein muss, sich an der Fürsorge für die Familie zu beteiligen. Wenn wir nun konkret fragen, wie diese Fürsorglichkeit motiviert ist, dann werden wir als erstes auf die phylogenetisch rezenten und spezifisch menschlichen Mechanismen der sozialen Kognition verwiesen, die in den vorigen Abschnitten eingeführt wurden. Selbst wenn Männer etwas weniger empathisch sein sollten als Frauen, verfügen sie doch auf jeden Fall über Perspektivenübernahme.

Es lässt sich also in Bezug auf einen möglichen Anlageunterschied folgende Differenzierung erwägen. Zum einen ist beim weiblichen Geschlecht mit einer dem Säugetiererbe entsprechenden Brutpflegemotivation zu rechnen. Maccoby spricht in diesem Zusammenhang direkt von stärkeren Versorgungs-„Instinkten" bei der Frau[40]. Es sieht ganz so aus, dass diese von hormonellen Konstellationen während der Schwangerschaft, dann bei der Geburt und vor allem beim Stillen, aber auch durch Signale des Babys, wie insbesondere Geruch und Schreien, aktiviert werden. Das „Brutpflegehormon" Prolaktin, das auch bei Tiermüttern eine zentrale Rolle spielt, wird bereits während der Schwangerschaft produziert. Ferner weiß man, dass das Hormon Oxytocin eine die Zuwendung unterstützende Rolle spielt. Es wird nicht nur beim Orgasmus, sondern auch während der Geburt und beim Stillen ausgeschüttet und sorgt generell für eine angenehme, angstfreie und lustvolle Stimmung, schafft also ein Klima, das es der Mutter erleichtert, Gefallen an ihrem Kind zu finden[41]. Ferner befördert Oxytocin das Einfühlungsvermögen. Wie letzthin festgestellt wurde, erkannten Männer bei einem Test, bei dem Frauen üblicherweise besser abschneiden, Emotionen auf Fotos am Augenausdruck besser, wenn sie vorher Oxytocin zu schnupfen bekamen, als eine Vergleichsgruppe, die nur ein Placebo erhalten hatte[42]. Von weiteren Auswirkungen des Oxytocins auf das elterliche Verhalten wird unten die Rede sein.

Zum anderen existieren bei *beiden* Geschlechtern Mechanismen der sozialen Kognition, von denen derjenige mit der emotionalen Basis, also die Empathie, etwas stärker im weiblichen Geschlecht ausgeprägt scheint, was aber im männlichen Geschlecht durch die Fähigkeit zur rationalen Perspektivenübernahme aufgewogen wird.

Mit dem unterschiedlichen Gewicht, das den beiden Mechanismen bei den Geschlechtern zukommt, würde sich auch die Funktionsteilung in der Fürsorge erklären, wie wir sie unter traditionellen Bedingungen beobachten. Die Frauen sind eher für das seelische Wohlbefinden zuständig, auf das sie im Zusammenhang mit pflegerischen Aktivitäten unmittelbar Einfluss nehmen können. Die Männer dagegen sorgen dafür, dass das Umfeld stimmt, indem sie einen Beitrag zur Ernährung und zum Schutz der Familie leisten. Diese Aktivitäten wiederum sind eher mit ihren expansiven Neigungen kompatibel.

---

[40] Maccoby, 2000, S. 322; Russell et al., 2001

[41] Detailliert siehe Blaffer-Hrdy, 2000

[42] Domes et al., 2007

Männliche „Brutpflege"

Im letzten Jahrzehnt hat das Bild der „Brutpflegemotivation" indessen eine entscheidende Erweiterung erfahren. Endokrinologische Befunde legen nahe, dass wir auch beim Mann mit einer über die geschilderten sozial-kognitiven Mechanismen hinaus tieferreichenden Verankerung der Fürsorgebereitschaft zu rechnen haben. Im letzten Kapitel wurde die Bedeutung des Testosterons für die Wettkampfbereitschaft und den Erfolg beim Rivalisieren herausgestellt. Nun unterliegt das Testosteron aber situativen Schwankungen, und es ist im Zusammenhang mit der uns hier beschäftigenden Thematik höchst aufschlussreich, wann es bei Männern einen *tieferen* Stand aufweist. Das ist nämlich nicht nur bei Misserfolg der Fall, sondern auch wenn Männer in die Rolle des Vaters geraten. Zwar gibt es hierzu noch nicht viele Untersuchungen, doch sie weisen alle in dieselbe Richtung. Verglichen mit unverheirateten oder kinderlosen Männern hatten Väter von Neugeborenen einen signifikant niedrigeren Testosteronspiegel, und zwar vor allem dann, wenn sie das Bedürfnis empfanden, das Baby zu halten, auf hungriges Schreien zu reagieren und die Windeln zu wechseln. Nun könnte man argumentieren, dass Männer, deren Testosteronspiegel konstitutionell niedriger ist, eben väterlicher seien. Dagegen spricht aber, dass die Testosteronkonzentration erst nach der Geburt des Kindes abfiel, dagegen vorher durchaus der von Nicht-Vätern vergleichbar war[43].

Die Befunde bestätigen die oben S. 143 angestellte evolutionstheoretische Überlegung, dass Männern in Bezug auf die Fortpflanzung eine doppelte Strategie einprogrammiert sein dürfte. Einerseits gibt es zahlreiche Hinweise auf die Tendenz, mit vielen möglichst kostenarmen kurzzeitigen Affären die parentale Investition niedrig zu halten. Diese Neigung korrespondiert mit der doch recht ausgeprägten Wettkampforientierung, die ja letztlich eine Folge des Rivalisierens um Partnerinnen ist. Dem entspricht auf proximater Ebene eine Erhöhung des Testosteronspiegels vor dem Wettkampf, vor allem aber bei dessen erfolgreichem Ausgang, mit einer positiven Beziehung zur sexuellen Aktivität. Zugleich besteht aber auch die Disposition, sich längerfristig zu binden – mit gemäßigter Polygynie als bevorzugter Eheform. Damit verbunden ist die Bereitschaft des Mannes, höher in den Nachwuchs zu investieren. Das wiederum wird hormonell durch den zeitweiligen Abfall des Testosteronspiegels unterstützt, wodurch das männliche Interesse vom Rivalisieren weg und auf die Betreuung der Kinder hin gelenkt wird.

Nun sprechen neuere Befunde aber dafür, dass die väterliche Investition auch direkt durch „Brutpflegehormone" gefördert wird. Wie bereits erwähnt, steigt Prolaktin, das eigentliche Brutpflegehormon, bei werdenden Müttern bereits mit fortschreitender Schwangerschaft an, aber – und jetzt kommt das Sensationelle – nicht nur bei werdenden Müttern, sondern auch bei werdenden Vätern[44]. Vergleichbares wurde auch bei Tierarten festgestellt, bei denen sich die Männchen an der Aufzucht beteiligen[45]. Beim Menschen gibt es dazu bisher nur eine Untersuchung, man kann also gespannt auf weitere diesbezügliche Erhebungen sein. Jedenfalls scheint die von manchen Kulturen als *Couvade* berichtete männliche Tendenz, Schwangerschaftssymptome zu entwickeln, wenn die Partnerin ein Baby erwartet, und sich sodann auch ins Kindbett zu legen, eine handfeste Basis zu haben. Auch nach der Geburt ließ sich ein erhöhter Prolaktinspiegel mit der Bereitschaft der Väter in Verbindung bringen, auf das Schreien der Babys mit erhöhter Aufmerksamkeit zu reagieren, vor allem wenn sie nicht zum ersten Mal Vater wurden. Waren die

[43] Storey et al., 2000; Fleming et al. 2002; Archer, 2005b
[44] Storey et al., 2000
[45] Schradin & Anzenberger, 1999

Babys erst einmal ein paar Monate alt, dann war erhöhtes väterliches Prolaktin vor allem mit Spielaktivitäten verknüpft, die die kindliche Exploration förderten[46]. Da diese Verhaltenstendenzen und ihre endokrinologischen Entsprechungen erst bei Zweitgeborenen oder bei mehrmonatigen Babys zum Tragen kommen, vermuten die Autoren so etwas wie ein Einschleifen der Dispositionen, das man sich wohl nach Art der stimulativen Alimentation vorstellen könnte, wie sie oben S. 178 beschrieben wurde.

Besonders aufschlussreich ist eine Untersuchung an einer unabhängigen Gruppe von Vätern bzw. Müttern, die während der Interaktion mit ihren vier- bis sechsmonatigen Babys beobachtet wurden. Zwei Verhaltensstile wurden unterschieden: „zärtlich zugewandt" (streicheln, küssen, knuddeln, sanft wiegen) und „stimulativ" (mit Objekten berühren, körperlich anregen, exploratives Spiel). Mütter waren eher zärtlich zugewandt, Väter beschäftigten das Baby eher stimulativ. Aufgrund ihrer Interaktion wurden Väter und Mütter sodann in hoch-intensive und wenig-intensive Gruppen eingeteilt. Und nun kommt der Clou der ganzen Unternehmung: Die Untersucher bestimmten bei beiden Geschlechtern auch den Oxytocinspiegel. Hierin unterschieden sich Eltern, die sich weniger intensiv mit ihrem Baby beschäftigten, nicht. Die interessanten Unterschiede ergaben sich bei den Hoch-Intensiven. Zärtlicher Kontakt korrelierte bei den Müttern mit hohem Oxytocin, stimulativer dagegen zeigte keinen Zusammenhang. Bei den Vätern war es genau umgekehrt; bei ihnen stieg das Oxytocin bei stimulativer Beschäftigung, während zärtlicher Austausch sich nicht auf das Hormon auswirkte. Ferner steigerte sich bei beiden Eltern die Oxytocinkonzentration während der Interaktion und zwar bei den Vätern noch ausgeprägter als bei den Müttern[47]. Angesichts solcher Befunde mit dem „Glückshormon" Oxytocin fällt es schwer, der oben S. 314 angeführten Behauptung Glauben zu schenken, die Eltern redeten sich ihre Freude an den Kindern nur ein.

Hausväter und berufstätige Mütter

Der Zusammenhang mit den fürsorge-fördernden Hormonen zeigt, dass die befriedigende Beschäftigung mit ihren Babys den Vätern durchaus von der Natur einprogrammiert zu sein scheint. Man ist geneigt, daraus abzuleiten, dass Väter eigentlich in ihrer Betreuungskapazität als gleichwertig anzusehen sind und sich ruhig mehr in der Kinderbetreuung engagieren könnten, als dies üblicherweise der Fall ist. Meistens ziehen sie sich aber doch bald in die Rolle des Zuschauers und gelegentlichen Spielkameraden zurück und setzen motivational andere Prioritäten, die dann wohl auch mit einem Wiederanstieg des Testosteron verbunden sind. Dagegen kam der mütterlichen Fürsorge über Jahrmillionen hinweg allein schon durch das Stillen, das übrigens in jüngster Zeit wegen seiner Effekte auf das Immunsystem wieder eine Aufwertung gegenüber der Flaschenfütterung erfährt, eine lebenserhaltende und unersetzliche Bedeutung zu. Die endokrinologischen Begleiterscheinungen des Stillens tragen in besonderem Maße dazu bei, die Bindung zwischen Mutter und Kind zu intensivieren, die sich dann vor allem auch in zärtlicher Zuwendung ausdrückt. In diesem Zusammenhang ist von Interesse, dass die unterschiedliche hormonelle Resonanz des väterlichen und des mütterlichen Interaktionstils in der oben geschilderten Studie direkt auf die im 8. Kapitel dargestellten Befunde verweist, denen zufolge sich das mütterliche Spiel eher in einer Atmosphäre der Geborgenheit und Voraussehbarkeit vollzieht und das Gefühl der Sicherheit vermittelt, während

[46] Fleming et al., 2002; Gordon et al., 2010
[47] Feldman et al., 2010

das des Vaters vor allem durch seine robuste körper-akzentuierte Komponente eher für Abwechslung sorgt und zur Exploration anregt.

Nun könnten überzeugte Anhänger der sozialen Rollentheorie ins Feld führen, dass die unterschiedlichen Interaktionsstile in erster Linie durch die Rollenanforderungen an die Eltern bedingt seien. Bei traditioneller Aufteilung könnten Väter es sich leisten, mit ihren Kindern herumzutoben, denn sie bekommen das wohlversorgte Baby am Abend nach der Rückkehr von der Arbeit gleichsam „zum Spielen serviert". Der Mutter käme dagegen die Aufgabe zu, hinterher alles wieder aufzuräumen, was bei den „anregenden und abwechslungsreichen" Spielen in Unordnung geraten ist. Vielleicht würden aber auch sie Spaß daran finden, ganz anders zu spielen, wenn sie nicht die tägliche Routine erledigen müssten, sondern als Berufsfrauen abends daheim das wohlversorgte Baby vorfänden.

Die Frage lässt sich empirisch prüfen, denn es gibt inzwischen Familien, die den Rollentausch praktizieren, bei denen der Vater also zur primären Betreuungsperson wird, die das Kind füttert, Pflegeleistungen an ihm vornimmt und den größten Teil des Tages für es verantwortlich ist, während die Mutter ihrer Berufstätigkeit nachgeht. Wir wollen diese Väter als *Hausväter* bezeichnen und ihre Frauen, die ja nur sekundär an der Versorgung des Babys beteiligt sind, als *berufstätige Mütter.* Bei Familien mit traditioneller Rollenaufteilung wollen wir dagegen von *Hausmüttern* und *berufstätigen Vätern* sprechen.

Zwar liegen bisher nur wenige Untersuchungen zu diesem Thema vor, sie sind aber recht aufschlussreich. Tiffany Field stellte fest, dass einige Verhaltensweisen bei den Hausvätern zunehmen, die sonst für Mütter typisch sind, so z. B. imitative Interaktionsspiele und lächeln, anstatt zu lachen, also der verhaltenere Ausdruck[48]. In anderen Verhaltensweisen unterschieden sie sich aber nach wie vor nicht von den berufstätigen Vätern: Ebenso wie diese hielten sie seltener die Gliedmaßen des Kindes, als Mütter dies tun, sie spielten mehr Spiele und „knufften" die Kinder häufiger, was in Richtung „robuste Körperspiele" verweist.

Eine zweite Untersuchung von Lamb und Mitarbeitern gibt detaillierter über den Unterschied von berufstätigen Müttern und Hausmüttern Auskunft[49]. Die Studie wurde in Schweden bei 50 Familien mit achtmonatigen Erstgeborenen durchgeführt, bei denen sich ein Teil der Väter dazu entschieden hatte, den bezahlten „Mutterschaftsurlaub" anstelle der Frau zu nehmen. Von diesen Männern waren 17 voll in die Rolle der primären Betreuungsperson, also des Hausvaters, eingetreten. Sie hatten diese Tätigkeit schon für mehr als einen Monat ausgeübt; 14 unter ihnen sogar für wenigstens drei Monate.

Die Eltern wurden abends in einer zweistündigen Beobachtungsstudie in folgenden Verhaltensweisen verglichen:

- Halten (mehrere Kategorien, z. B. zum Disziplinieren, Beruhigen, Füttern)
- Spielen (mehrere Kategorien)
- Zuneigungsäußerungen (Küssen, Knuddeln, Umarmen, Schmusen)
- Ansprechen
- Lächeln
- Pflegeleistungen

Wie die nachfolgende Tabelle verdeutlicht, zeigten alle Frauen, unabhängig davon, ob es sich um berufstätige oder Hausmütter handelte, deutlich (+) oder sehr deutlich (+ +) erhöhte Werte in allen genannten Verhaltenskategorien, sie entsprechen neben

[48] Field, 1978
[49] Lamb et al., 1982

den Pflegeleistungen genau dem im letzten Abschnitt charakterisierten „zärtlich zugewandten Stil“. Beim Spiel rangierten die berufstätigen Väter fast so hoch wie die Hausmütter; allerdings waren in dieser Studie keine Unterschiede im Spielstil zwischen Vater und Mutter erkennbar.

	Spiel	übrige Kategorien
Berufstätige Mütter	+	++
Hausmütter	++	+
Berufstätige Väter	++	ø
Hausväter	ø	ø

Verhalten gegenüber dem Kind in Abhängigkeit vom Tätigkeitsschwerpunkt der Eltern

Hausväter dagegen spielten deutlich weniger mit ihren Kindern als berufstätige Väter. Sie erhielten aber auch sonst in allen Kategorien die niedrigsten Werte. Sofern sie sich nicht bewusst zurückhielten, um den Müttern den Vorrang zu lassen, könnte man annehmen, dass die tägliche Routine sie so mitgenommen hatte, dass ihnen die Lust an mehr Beschäftigung vergangen war. Interessanterweise zeigten die Hausmütter aber keine entsprechende „Erschöpfung“, sondern beschäftigten sich immer noch intensiv mit ihren Kindern.

Besonders aufschlussreich ist das Verhalten der berufstätigen Mütter. Entgegen der Erwartung spielten sie nicht besonders viel mit ihren Kindern, jedenfalls weniger als die Hausmütter und vor allem weniger als die berufstätigen Väter. Dagegen kamen sie in den Kategorien, die zärtliche Zuwendung charakterisieren, auf Höchstwerte. Sie hielten die Kinder besonders lang im Arm, tauschten Zärtlichkeiten mit ihnen aus, sprachen mit ihnen, lächelten sie an, und nahmen kleine Pflegeleistungen an ihnen vor, obwohl dies eigentlich gar nicht erforderlich gewesen wäre, so als wollten sie nachholen, was sie an Zärtlichkeit und Pflege während des Tages versäumt hatten.

Ein vergleichbares Ergebnis hat auch eine Untersuchung in den USA erbracht[50]. Auch hier kamen die berufstätigen Mütter auf die höchste Interaktionsrate mit ihren Babys, und die Hausväter hatten die niedrigste.

Es sieht also ganz so aus, als würden Mütter, wenn sie von der primären Pflege entlastet sind, nicht in stärkerem Maße anfangen, mit ihrem Kind zu spielen. Sie scheinen vielmehr in erster Linie Spaß an Pflegeleistungen zu haben, an zärtlicher Interaktion, am Schmusen, also an Verhaltensweisen, die unmittelbar dazu dienen, das Bindungsbedürfnis des Kindes zu befriedigen und die, wie wir gesehen haben, die Oxytocinausschüttung fördern.

Väter dagegen könnten durch die Hauptverantwortung an der Pflege ziemlich belastet sein, so dass sie diese mit geringstmöglichem Aufwand erledigen und dann keine Lust mehr haben, auch noch mit dem Kind zu spielen. Übrigens wurden die Männer in der Studie von Lamb auch mithilfe eines geeigneten Fragebogens auf den Grad ihre Geschlechtsrollenidentifikation hin untersucht. Männer, deren Eigenschaftsprofil eher „androgyn“ oder „feminin“ war, involvierten sich nicht stärker in

[50] Pedersen et al., 1982

der Betreuung als „maskuline“ Väter. Es ergab sich also keine Beziehung zwischen schwacher oder fehlender Identifikation mit der männlichen Geschlechtsrolle und stärkerer Fürsorglichkeit.

Die Untersuchung von Lamb macht deutlich, dass der männliche und weibliche Stil des Umgangs mit dem Kind nicht jeweils nur eine Folge der Art der Beschäftigungsanforderung ist, sondern tiefergehende Ursachen hat. Lamb schlussfolgert, dass diese Interaktionsstile wohl nicht so einfach zu ändern seien, indem man nur die Rollen tauscht. Die Stile seien entweder in den Jahren der Geschlechtsrollensozialisierung zu tief verinnerlicht oder sie hätten eben doch biologische Wurzeln. Um dies zu entscheiden, müsste man die Bedingungen in Kulturen untersuchen, bei denen Eltern keiner traditionellen Geschlechtsrollenerziehung ausgesetzt waren. Das Kibbuz-Beispiel von Spiro lässt freilich ahnen, was bei einer solchen Untersuchung herauskäme.

Die bisherigen Ausführungen weisen darauf hin, dass neben der ausgeprägten Zuwendungs- und Pflegemotiviertheit der Mütter eine intensivere Teilnahme der Väter an der primären Betreuung für alle Beteiligten zu wünschen wäre. Man wird nur nicht erwarten dürfen, dass Väter sich genauso verhalten wie Mütter. Und ob sie letztlich dann tatsächliche eine genauso tiefe Befriedigung in der Kinderbetreuung finden wie diese, bleibt auch dahingestellt.

Zum Dienen erzogen?

Nun erwägt Lamb als mögliche Ursache für das Verhalten der berufstätigen Mütter auch die „Jahre der Geschlechtsrollensozialisation“. Sehen wir zu, wie es damit bestellt ist. Die fürsorgliche Personorientiertheit der Frauen ist ein Thema, an dem sich recht gut die Interaktion von Anlage und Sozialisation durchspielen lässt. Zwar ist die Datenlage noch lückenhaft; aber man kommt hier auch mit Plausibilitätsargumenten ein Stück weiter.

Mädchen sind, wie wir sahen, vor vorn herein anfälliger für Gefühlsansteckung, suchen häufiger Blickkontakt und halten diesen auch länger aufrecht, sie orientieren sich stärker an Gesicht und Stimme und zeigen häufiger den Ausdruck des Interesses. Von früher Kindheit an haben sie ein besseres Verständnis für den Gefühlsausdruck anderer. Sie sind also deutlicher als Jungen auf soziale Interaktion fokussiert. Auf diese Vorgabe setzt nun reaktiv die Einflussnahme der Bezugspersonen ein, wobei dies überhaupt nicht im Sinne einer bewussten Geschlechtsrollenerziehung zu geschehen braucht. Mit einem Kind, das Interesse am sozialen Austausch signalisiert, wird man bereitwilliger interagieren als mit einem Kind, das in dieser Hinsicht eher indifferent wirkt, man wird mit ihm über Gefühle reden und überhaupt über seelische Belange. Als Nächstes wird sich bei den Betreuern unbewusst ein Bezugssystem ausbilden, das dem sozial interessierteren Kind ein besseres soziales Verständnis zuweist und ein solches dann von ihm auch erwartet.

Nun darf man sich diesen Prozess aber, wie bereits im 3. Kapitel angesprochen, nicht zu simpel vorstellen. Man könnte meinen, die soziale Ansprechbarkeit der kleinen Mädchen käme von vorn herein dem Stereotyp weiblicher Fürsorglichkeit entgegen, und die erzieherischen Bemühungen bräuchten die vorgegebenen Tendenzen nur noch zu verstärken, um verlässlich die traditionelle Geschlechtsrolle zu perpetuieren. Aber so einsinnig gehen Eltern nicht vor. Es ist gar nicht so einfach, die Faktoren zu erfassen, die sie dazu veranlassen, einen bestimmten Verhaltensbereich erzieherisch für förderungsbedürftig zu halten oder auch nicht. Befunde zur geschlechtsdifferenzierenden Sozialisation sprechen jedenfalls eher dagegen, dass Mädchen auf dem prosozialen Sektor besonders gefördert werden, zumindest solange sie klein sind.

Zunächst bildet sich im zweiten Lebensjahr die Empathiefähigkeit bei allen Kindern aus, unabhängig vom Geschlecht und von elterlicher Anleitung. Im weiteren Verlauf der Entwicklung kann sie aber durch bestimmte Maßnahmen gefördert werden, während andere Erziehungshaltungen sie verkümmern lassen.

Hierzu existiert eine instruktive Beobachtungsstudie an Zweijährigen von Zahn-Waxler und Mitarbeitern[51]. Die Kinder wurden von ihren Müttern in Situationen beobachtet, die geeignet waren, Empathie auszulösen. Dabei wurden zwei Möglichkeiten unterschieden. Im einen Fall waren die Kinder passive Beobachter, im anderen hatten sie das Leid einer anderen Person selbst verursacht, etwa indem sie ihr wehgetan oder etwas weggenommen hatten. Die Mütter reagierten meist nur im zweiten Fall. Dabei traten nun entscheidende Stilunterschiede auf. Manche Mütter gingen in einer Weise vor, die Zahn-Waxler die *induktive Methode* nennt: Sie wiesen das Kind nachdrücklich und mit emotionalem Engagement auf die Gefühle hin, die es beim anderen durch sein Verhalten hervorgerufen hatte. Sie sagten beispielsweise: „Wenn du ihn haust, dann tut es ihm doch weh". Mütter, die so vorgingen, hatten Kinder, die signifikant häufiger empathisch reagierten als Kinder, bei denen die Mütter in der entsprechenden Situation lediglich Verbote aussprachen, aber nichts erklärten, also beispielsweise nur „Lass das!" sagten.

Bei solchen Kommentaren machten die Mütter keinen Unterschied zwischen Buben und Mädchen. Anders verhielt es sich aber in Situationen, in denen das Kind nicht Ursache, sondern nur passiver Beobachter eines Missgeschicks war. Die Mütter wiesen dann sehr viel seltener auf den Gefühlszustand der betroffenen Person hin, indem sie beispielsweise sagten: „Schau, der ist traurig". Sofern sie aber überhaupt Erklärungen abgaben, war dies signifikant häufiger bei *Jungen* der Fall.

Es sieht also ganz so aus, als hätten die Mütter mit Selbstverständlichkeit erwartet, dass Mädchen die Notlage eines anderen von alleine verstehen, ohne dass man sie eigens darauf hinweisen müsste. Die Mütter hielten sie demnach wohl für einfühlsamer, sei es wegen des Stereotyps oder sei es, weil sie bereits entsprechende Erfahrungen mit ihnen gemacht hatten. Dagegen schien bezüglich der Jungen die Vorstellung wirksam zu sein, diese müssten eigens auf die emotionale Verfassung einer anderen Person aufmerksam gemacht werden, weil sie von sich aus nicht darauf kommen würden.

Jedenfalls wird deutlich, dass eine Sozialisationsvorstellung nach dem simplen Wachstafel-Modell der Sache nicht gerecht wird. Wie komplex die Zusammenhänge in Wirklichkeit sind, zeigt sich schon in der auf Seite 101 angeführten unterschiedlichen Reaktion von Müttern auf den Emotionsausdruck bei Buben und Mädchen. Bei Ersteren beschränken sie sich im Allgemeinen darauf, nur positive Emotionen direkt zu spiegeln. Auf diese Weise vermeiden sie, negative Gefühlszustände bei den sowieso emotional labileren Jungen durch ein Feedback aufzuschaukeln. Bei Mädchen reagieren die Mütter dagegen variabler. Sie spiegeln den Ausdruck nicht immer direkt, sondern geben ihn in paraphrasierender Weise wieder. Ihre Rückmeldung bietet also eine breitere Palette analoger Ausdrucksmöglichkeiten für eine bestimmte Emotion. Damit könnte möglicherweise bei den kleinen Mädchen die Grundlage für ein differenzierteres Ausdrucksverständnis gelegt werden, was dann wieder der Grund dafür sein mag, dass Mädchen bereits im dritten Lebensjahr besser als Jungen Ausdrucksmuster unterscheiden können[52].

[51] Zahn-Waxler et al., 1991
[52] Malatesta & Haviland, 1985

Es wäre eine interessante Hypothese, ob die vergleichsweise eher rigide Emotionsspiegelung, die Jungen im ersten Lebensjahr erfahren, dafür verantwortlich ist, dass sie später auf dem empathischen Sektor weniger sensibel reagieren. Vor allem aber ist zu beachten, dass die breitere emotionale Ausdruckspalette, mit der Mädchenbabys konfrontiert werden, nicht einfach von der bewussten oder unbewussten Zielvorstellung der Mütter geleitet wird, sie müssten stärker in ihrem sozialen Verständnis gefördert werden, sondern schlicht eine Reaktion auf ihre vergleichsweise höhere emotionale Stabilität ist. Falls sich daraus tatsächlich Weiterungen für ihr soziales Verständnis ergeben sollten, würde dies sozusagen als Nebeneffekt anfallen, ohne aber eigentlich intendiert gewesen zu sein.

Durchaus denkbar ist es hingegen, dass die dem Stereotyp entsprechende Erwartung, Mädchen seien sozial kompetenter, etwas später dazu führt, dass man sich mit persönlichen Dingen auch eher an sie wendet und Verständnis von ihnen erwartet. Dies könnte sich dann durchaus im Sinne eines Trainings auswirken und Mädchen die Möglichkeit geben, einschlägige Erfahrungen zu machen und ihre soziale Kompetenz zu verbessern.

Festzuhalten bleibt zweierlei. Erstens werden Rollenerwartungen nicht nur von außen an das Mädchen herangetragen, sondern auch durch sein spontanes Interaktionsangebot ermutigt. Und zweitens verstärkt die Förderung nicht blindlings die Anlage, sondern sie kann zu ihr durchaus auch in ein kompensatorisches Verhältnis treten.

25 Moralisches Bewusstsein

Welches Geschlecht ist moralischer?

Wie wir uns erinnern, hat sich Freud wenig schmeichelhaft über die moralische Potenz des weiblichen Geschlechts geäußert. Bei Jungen bringt er die moralische Entwicklung in direkte Beziehung zur Überwindung des Ödipuskomplexes. Um der Rache des Vaters zu entgehen, identifiziert sich der Sohn mit ihm und übernimmt seine moralischen Wertvorstellungen, was unter anderem zur Folge hat, dass er sich verkneift, die Mutter sexuell zu begehren. Stattdessen erhebt er innerlich selbst den Finger drohend, wenn ihn unstatthafte Gelüste anfallen. Den Mädchen ist eine solch rigorose Entwicklung zur Moralität versagt, weil ihnen der hierzu erforderliche Schlüssel, nämlich der stattliche Penis, fehlt. Aus Neid auf diese den Jungen vorbehaltene Zier empfinden sie sich selbst und ihr ganzes Geschlecht als minderwertig und da sie sowieso nichts mehr zu verlieren haben, halten sie es mit der Moral auch nicht so genau. Zu den vielen anderen Unzulänglichkeiten kommt also beim weiblichen Geschlecht auch noch die moralische Schwäche.

Freuds Spekulationen haben das Ihre dazu beigetragen, die Sicht des Weiblichen zu trüben und seiner Abwertung Vorschub zu leisten. Aus heutiger Perspektive erscheinen sie nicht nur grotesk, sondern sie sind nachweislich falsch. In Wirklichkeit sind die Verhältnisse gerade umgekehrt. Wenn überhaupt ein Geschlecht als moralisch stärker anzusehen ist, dann das weibliche.

Dieser Eindruck entsteht zumindest, wenn man sich die Kriminalitätsstatistiken anschaut oder einfach auch nur registriert, wie häufig regelwidriges Verhalten auftritt, da hat das männliche Geschlecht nach wie vor eindeutig das Übergewicht – darüber sollten auch die von den Medien meist aufgebauschten Berichte über zunehmende Gewalt weiblicher Jungendlicher nicht hinwegtäuschen. Das geht bei den Jungen schon im Schulalter los: Sie lügen und stehlen häufiger, zündeln, laufen weg, zerstören Eigentum, quälen Tiere. Ab der Pubertät kommen delinquente Handlungen hinzu wie Vandalismus, Laden- und Autodiebstahl, Waffenbesitz, Raub und Gewaltanwendung mit Körperverletzung. Lediglich im Drogen- und Alkoholkonsum halten die Mädchen Schritt[1]. Der Höhepunkt wird bei 18- bis 21-Jährigen, also in der Adoleszenz erreicht und ist nach wie vor 10-mal höher als beim weiblichen Geschlecht. Später flauen diese Verhaltenstendenzen ab bis auf einen gewissen Prozentsatz von wiederum in erster Linie männlichen Jugendlichen, bei denen daraus dauerhafte kriminelle Karrieren resultieren. Als Ursachen sind unter anderem die erhöhte Risikobereitschaft, die Neigung zu physischer Aggression, Angeberei sowie eine verminderte Fähigkeit Versuchungen zu widerstehen in Erwägung zu ziehen. Hinzu kommt eine je nach Kultur mehr oder weniger ausgeprägte Forciertheit eines Leitbildes von Männlichkeit. Aber bedeutet das alles schon eine geringere Moralität des männlichen Geschlechts – so weit wird man doch wohl nicht gehen wollen. Wie ist es damit im Einzelnen bestellt?

Eine höhere Empfänglichkeit des weiblichen Geschlechts für moralische Belange ergibt sich unmittelbar aus dem im letzten Kapitel umrissenen Eigenschaftsprofil. Wer besonders sensibel auf die seelische Verfassung anderer anspricht, wird sich auch schlechter der *Verantwortlichkeit* entziehen können, und das ganz besonders, wenn das Wohl oder Wehe des anderen durch eigenes Handeln verursacht wurde.

In eine solche Situation gerät man insbesondere dann, wenn man als Pflegeperson jemanden betreut. Mit den Pflegeleistungen sind ganz bestimmte Desiderata

---

[1] Blakemore et al., 2009

verbunden, die als konkrete Zielvorstellungen das Verhalten bestimmen: Handelt es sich um ein Kleinkind, so soll es satt und sauber sein, sich wohlfühlen, es soll ihm nichts wehtun. Solange es weint oder unzufrieden erscheint, hat die Betreuungsperson ihr Ziel nicht erreicht; erst wenn das Baby Wohlbehagen bekundet, also beispielsweise lächelt oder friedlich einschläft, kann auch sie sich zufrieden zurücklehnen. Hieraus wird unmittelbar deutlich, wie wichtig es ist, dass sie ihre Antennen für das Wohlbefinden des Kindes, oder wer auch immer ihr Schutzbefohlener sein mag, gut eingestellt hat. Um zu beurteilen, ob ihre eigene Tätigkeit angemessen war, muss sie in viel stärkerem Ausmaß die emotionalen Rückmeldungen anderer berücksichtigen, als dies beispielsweise erforderlich ist, wenn man einer Person eine Anweisung erteilt. Im letzteren Fall kommt es lediglich darauf an, dass diese befolgt wird; wie der Ausführende sich dabei fühlt, ist ziemlich gleichgültig.

Wie sieht es nun aber aus, wenn die fürsorgliche Aktivität nicht funktioniert, wenn das Kind weint, vielleicht, weil der Brei zu heiß war oder der Po wund ist? Die Betreuungsperson muss sich in diesem Fall sagen, dass sie für das Unbehagen des Kindes verantwortlich ist, und wird daraufhin unter Umständen *Schuldgefühle* entwickeln.

In der Mitte des vorigen Jahrhunderts haben amerikanische Psychologen Experimente ersonnen, die wir heute aus ethischen Gründen nicht mehr akzeptieren würden. Eines davon wurde von Buss durchgeführt und ist im vorliegenden Zusammenhang relevant. Die Probanden erhielten den Auftrag, einer im Nachbarzimmer auf einem Stuhl festgeschnallten Person Strafreize in Form massiver Elektroschocks zu erteilen, wenn diese ein Lernpensum nicht erfüllte. Natürlich war das Szenario fingiert, aber das konnten die Versuchspersonen nicht wissen. Sie waren angewiesen, den Schock von Mal zu Mal höher zu dosieren. Dabei zeigte sich, dass Mädchen und Frauen durch die hörbaren Schmerzbekundungen des Opfers eher zu hemmen waren als Jungen und Männer und die Erteilung der Schocks eher abbrachen als diese[2]. In einem modernen Experiment ähnlichen Zuschnitts konnten Männer bzw. Frauen in einem Wettbewerbsspiel einem fiktiven Kontrahenten, von dem sie Elektroschocks erhalten hatten, zur Vergeltung ihrerseits Schocks unterschiedlicher Stärke erteilen, dies aber auch sein lassen. Auch hier hielten sich die Frauen sowohl was die Häufigkeit als auch die Stärke des Schockens betraf eher zurück[3].

Eine erhöhte Schuldanfälligkeit von Mädchen und Frauen bekundet sich auch in einer stärkeren *Internalisierung* der moralischen Haltung, also genau im Gegenteil von dem, was Freud unterstellt hatte: Sie machen ihr Verhalten *weniger* von äußeren Konsequenzen abhängig. So hat Hoffman mittels einer Befragung von Zwölfjährigen und Erwachsenen herausgefunden, dass Mädchen und Frauen auf Übertretungen eher mit Schuldgefühlen reagieren, Jungen und Männer dagegen eher mit Angst vor dem Ertapptwerden und vor Strafe[4]. Gross stellte seine Versuchspersonen direkt auf die Probe, indem er sie auf der Straße Wertgegenstände finden ließ, die er dort deponiert hatte und die den Anschein erweckten, jemand habe sie verloren[5]. Frauen waren eher geneigt, die Fundsachen zurückzugeben, und zwar auch dann, wenn sie nicht von jemandem gesehen wurden, als sie sie fanden. Männer dagegen gaben nur zurück, wenn sie sich beobachtet fühlten.

[2] Maccoby & Jacklin, 1974
[3] Zeichner et al., 2003
[4] Hoffman, 1976
[5] Gross, 1971, zit. nach Maccoby & Jacklin, 1974

Empathie und Schuldgefühle

Hoffman leitet die erhöhte Schuldanfälligkeit direkt aus dem empathischen Mitempfinden her. Nehmen wir einmal an, eine Mutter habe ihr Kind ungeschickt gehandhabt, so dass es beinahe vom Wickeltisch herunterfiel, es erschrickt und schreit. Sein Unbehagen überträgt sich auf sie, da sie empathisch mit ihm identifiziert ist. Zugleich muss sie sich aber sagen, dass sie selbst es war, die das Unbehagen verursacht hat. Diese Kombination von empathischem Mitempfinden und dem Bewusstsein eigener Verursachung ist es nun, was nach Hoffman die Qualität des Schuldgefühls ausmacht.

Diese Theorie unterscheidet sich diametral von den Vorstellungen, die sich Freud, aber auch die Lerntheoretiker, über die Genese von Schuldgefühlen machen. Dort wird Schuld als verinnerlichte Angst vor Strafe gesehen. Dagegen kommt Hoffman ohne Strafinstanz aus; bei ihm ist Schuld eine dem Individuum innewohnende Erlebnispotenz, die sich spontan realisiert, sobald Empathie empfunden und das Leid des anderen als Konsequenz des eigenen Handelns wahrgenommen wird. Tatsächlich lassen sich erste Bekundungen von Schuldgefühlen denn auch bei Kindern im zweiten Lebensjahr beobachten, sobald diese in der Lage sind, empathisch zu reagieren, also lange vor der Freudschen „ödipalen Phase“.

Die erhöhte Anfälligkeit für Schuldgefühle wirft ein neues Licht auf die Frage, warum Frauen für Misserfolg besonders sensibel sind, ja warum sie dies vielleicht sogar sein müssen. Wenn ihnen nämlich bei Pflegeleistungen etwas schief geht, dann ist das mehr als ein persönlicher Rückschlag, der weh tut, weil er sich negativ auf das Selbstwertgefühl auswirkt. Es ist mit diesem Erlebnis vielmehr zugleich die Erfahrung verbunden, dass man durch die eigene Handlung einem anderen einen Schaden zugefügt hat.

Vergleicht man diese Art Misserfolg mit der anderen, wie sie etwa eintritt, wenn ein Mann einem Rivalen unterliegt oder ein technisches Problem nicht bewältigt, dann wird deutlich, dass diese Formen von Versagen, verglichen mit dem, das zugleich das Wohlbefinden eines anderen betrifft, um eine Dimension ärmer sind.

Im Kontext von Konkurrenz und Leistung ist es dysfunktional, sich bei einem Misserfolg aufzuhalten oder durch Schuldgefühle irritieren zu lassen. Und schon gar nicht wäre es angebracht, auf die Gefühle des Gegners Rücksicht zu nehmen. Die internale Attribution von Erfolg und die externale von Misserfolg kommen diesen Erfordernissen entgegen. Frauen hingegen, für die aus evolutionsbiologischen Gründen Betreuungsaktivitäten eine wesentlich höhere Priorität einnehmen, müssen es sich zu Herzen nehmen, wenn sie etwas falsch gemacht haben, denn das Wohlbefinden ihrer Schutzbefohlenen steht auf dem Spiel. Diese Implikation lässt eine externale Attribution des Misserfolgs sehr viel weniger geeignet erscheinen, vor allem weil dadurch die Chance einer Verhaltensänderung sinkt, die geeignet ist, den angerichteten Schaden bei den Pflegebefohlenen zu korrigieren und ähnliche Fehler nicht zu wiederholen.

Die Einbettung in leicht weckbare Schuldgefühle rechtfertigt übrigens auch, die prosoziale Dominanz wirklich „prosozial“ zu nennen. Es geht eben nicht allein darum, sich durch Demonstration der eigenen Kompetenz und Bevormundung des anderen als überlegen zu beweisen, sondern man fühlt sich auch tatsächlich für dessen Wohlergehen *verantwortlich* und würde sich Vorwürfe machen, wenn ihm etwas zustieße. Die gefühlte Verantwortlichkeit zentriert die Motivation auf den anderen und verleiht ihr damit jene soziale Note, die dem „egoistischen“ Dominanzstreben (s. o. S. 319) fehlt.

In diesem Kontext gibt auch eine 2006 veröffentlichte Studie zu denken[6]. In einem Experiment ließ man Frauen und Männer zunächst gegen einen fairen Gegner spielen, den sie in der Folge erwartungsgemäß sympathisch fanden, und einen unfairen, den sie dann nicht mochten. Im Anschluss beobachteten sie, wie sowohl der faire als auch der unfaire Kontrahent einen leichten aber doch schmerzhaften elektrischen Schock erhielt. Messungen der Gehirnaktivität ergaben, dass beide Geschlechter mit der fairen Person Mitgefühl empfanden. Nur die Frauen zeigten diese Reaktion jedoch auch gegenüber der unfairen Person. Bei den Männern sprachen in diesem Fall dagegen Areale an, die eher mit der Empfindung von Genugtuung und Schadenfreude in Verbindung gebracht werden können. Die Autoren interpretieren ihren Befund im Sinne geschlechtsspezifischer Unterschiede in der empathischen Reaktionsbereitschaft. Sie berücksichtigen dabei nicht, dass auch Schadenfreude eine Spielart der Empathie darstellt, wenn auch eine sozial eher negative[7]. Stellt man dies in Rechnung, dann relativiert es die Interpretation der Autoren. Es wäre ja denkbar, dass die Geschlechter in ihrem Empathiepotenzial gar nicht so weit auseinander liegen, wohl aber darin, ob sich ihr Mitempfinden eher prosozial oder sozial-negativ ausdrückt.

Ganz auf dieser Linie liegt ein Befund bei drei- bis fünfjährigen Kindern, bei denen der Zusammenhang zwischen Theory of Mind und sozialem Verhalten untersucht wurde. Hier hatte man erwartet, dass Kinder mit bereits besonders weit entwickelter Fähigkeit, sich die Bewusstseinsinhalte anderer Kinder vorstellen zu können, auch besonders häufig prosoziales Verhalten zeigen sollten. Dies traf indessen nur für die Mädchen zu; bei den Jungen korrelierte die Fähigkeit hingegen eher mit der Neigung zu aggressiver Konfliktlösung und Durchsetzung, was dafür spricht, dass sie Theory of Mind vorrangig im Dienste ihres Dominanzanspruchs einsetzten[8].

Stufen des moralischen Urteils

Nun kann es bei moralischen Konflikten auch zu Problemen führen, wenn man sich primär von Gefühlen leiten lässt. Moral ist eben gerade dazu gut, dass man weiß, wie man sich zu verhalten hat, auch wenn die Gefühle einen im Stich lassen. Wir brauchen uns nur einmal eine soziale Konstellation vorzustellen, in der mehrere Akteure berechtigte Interessen verfolgen, diese kollidieren aber miteinander. Wem soll man nun Recht geben? Soll man mit dem Bestohlenen Mitleid haben, weil er geschädigt und gedemütigt wurde, oder mit dem Dieb, weil er ein armer Kerl ist und eine schauerliche Kindheit hatte? Wie auch immer man sich hier entscheidet, es wird jedenfalls das fatale Gefühl zurückbleiben, es nie allen recht machen zu können. Größere Gesellschaften ziehen sich aus diesem Dilemma, indem sie Gesetze erlassen, denen sich alle ohne Rücksicht auf persönliche Gefühle beugen müssen.

Lawrence Kohlberg ist der Entwicklung des moralischen Bewusstseins genauer auf den Grund gegangen[9]. Er hat Versuchspersonen moralische Dilemmata vorgelegt, zu denen sie Stellung nehmen mussten. Es handelte sich dabei um Fallschilderungen aus dem menschlichen Alltag. Am bekanntesten ist hier die Geschichte von Heinz geworden, einem Mann, der in eine Apotheke einbricht und ein Medikament stiehlt, mit dem allein er das Leben seiner schwerkranken Ehefrau retten

[6] Singer et al., 2006
[7] Bischof-Köhler, 1989, 2011
[8] Walker, 2005
[9] Kohlberg, 1976

kann; der Apotheker hatte einen ungerechtfertigt hohen und für den Betroffenen unerschwinglichen Preis für das Medikament verlangt.

Die Probanden hatten jeweils anzugeben, ob es richtig war, wie sich der jeweilige Protagonist verhalten hatte, was er stattdessen hätte tun sollen und aus welchem Grund sie zu ihrem Urteil kamen. Aufgrund dieser Aussagen und eigener wertphilosophischer Erwägungen gelangte Kohlberg zur Unterscheidung von sechs Stufen des moralischen Urteils, deren Quintessenz die nachfolgende Tabelle wiedergibt.

Stufen des moralischen Urteils nach Kohlberg, ontogenetisch und werthierarchisch von 1 nach 6 aufsteigend

Stufe	**Tenor des moralischen Urteils**
1	*Lass' dich nicht erwischen!* Orientierung an Strafe und Gehorsam
2	*Wie du mir, so ich dir!* Instrumentell-relativistische Orientierung
3	*Das kann man dem anderen doch nicht antun!* Orientierung an zwischenmenschlicher Übereinstimmung
4	*Recht und Ordnung gehen über alles!* Orientierung an geltenden Gesetzen
5	*Der größte Nutzen für alle ist anzustreben!* Legalistische Orientierung
6	*Dem Imperativ des Gewissens ist zu folgen!* Orientierung an universellen ethischen Prinzipien

Die Stufenfolge ist sowohl im Sinne einer ansteigenden Wertehierarchie als auch im Sinne einer ontogenetischen Aufeinanderfolge zu verstehen. Nach Kohlbergs Annahme durchlaufen Kinder und Jugendliche die Stufen in gleicher Reihenfolge; die jeweils vorausgehende ist notwendig, damit die nächstfolgende erreicht werden kann. Allerdings kann die Entwicklung auf jeder Stufe stagnieren, es gibt also Personen, die über die erste und zweite nicht hinausgelangen. Die meisten Erwachsenen argumentieren auf der dritten oder vierten Stufe. Stufe 6 dagegen wird fast von niemandem erreicht, ein paar Moralphilosophen ausgenommen. Ich gehe auf Details nicht ein; es genügt, im vorliegenden Zusammenhang das Augenmerk auf die Stufen 3 und 4 zu richten.

Bei ihnen nämlich zeigte sich ein interessanter Geschlechtsunterschied. Frauen urteilten eher auf der 3. Stufe, bei der die Anteilnahme am seelischen Wohlbefinden der Betroffenen im Vordergrund steht. So fanden sie beispielsweise zum oben dargestellten Dilemma: „Der Mann muss das Medikament stehlen, denn das Wohlergehen seiner ihm nahestehenden Frau geht über alles." Männer dagegen waren öfter auf der 4. Stufe einzuordnen, die primär die Konformität mit dem Gesetz fordert: „Der Mann kann das Medikament stehlen, aber dann muss er sich der Polizei stellen und sich vom Gericht zu einer Strafe verurteilen lassen, denn die Aufrechterhaltung der öffentlichen Ordnung geht über alles."

Da nun die Stufe, auf der Frauen bevorzugt urteilen, mit dem vorgenannten Problem behaftet ist, es nicht allen recht machen zu können, wird sie bei Kohlberg niedriger bewertet als die Stufe der Gesetzeshörigkeit. Damit waren die Frauen wieder einmal als die moralisch Minderwertigeren abgestempelt.

Die „andere" Stimme

Carol Gilligan, eine Mitarbeiterin von Kohlberg, hat dies nicht auf sich beruhen lassen wollen. In einem Buch mit dem Titel „Die andere Stimme" postuliert sie unter Bezugnahme auf die dritte Stufe eine spezifisch weibliche *Beziehungsmoral der Fürsorglichkeit und Verantwortlichkeit,* die sie der die 4. Stufe kennzeichnenden männlichen *Prinzipienmoral der Gerechtigkeit und der Gesetze* als gleichwertig an die Seite stellt[10]. Was sie im Sinn hat, lässt sich anhand der folgenden Fabel veranschaulichen.

Die Hamster haben den ganzen Sommer Vorräte zusammengetragen und sich warme Höhlen in der Erde gebaut, um dort zu überwintern. Das Stachelschwein dagegen hat sich den ganzen Sommer um nichts gekümmert als um seine täglichen Mahlzeiten. Als dann die ersten kalten Tage kamen, fing es erbärmlich zu frieren an und bat die Hamster, es in ihrer Höhle aufzunehmen. Die taten das auch zunächst, aber das Stachelschwein stach, und sie selbst konnten sich nicht mehr in der Höhle aufhalten. Was sollen die Hamster tun?

Naheliegende Antwort: Sie werfen es raus, denn es hätte im Sommer ja selbst für den kommenden Winter Sorge tragen können. Vom moralischen Gesichtspunkt ist diese Lösung freilich nicht gerade hochkarätig, und es gibt hierzu nun tatsächlich eine edlere Variante: Man besorgt eine Decke, wickelt das Schwein ein, so kann es nicht mehr stechen und bei den Hamstern bleiben.

Die erste Antwort ist typisch für die männliche Prinzipienmoral: Jeder soll das erhalten, was seinem Verdienst entspricht. Bei der zweiten Antwort steht dagegen die Beziehung im Vordergrund, man möchte gut miteinander auskommen und berücksichtigt die Verfassung der Betroffenen, auch wenn es sich um ein faules Stachelschwein handelt.

Gilligan moniert, dass Kohlberg seine Stufen der Moralentwicklung ausschließlich durch Untersuchungen an männlichen Versuchspersonen gewonnen und auf diese zugeschnitten hätte und darüber der weiblichen Perspektive einen zu geringen Stellenwert einräumt. Sie kritisiert vor allem die ungleiche Bewertung der Stufen 3 und 4 und argumentiert, man dürfe die Werte, die diesen Stufen zugrunde liegen, nicht in eine hierarchische Ordnung bringen, sondern müsse sie als gleichgewichtige Schwerpunkte im ethischen Bewusstsein auffassen.

Für Männer liegt nach Gilligan das moralische Ziel darin, wie man am besten seine eigenen Rechte durchsetzen kann, ohne mit denen der anderen zu interferieren. Männer urteilten rigide nach dem Gesetz, Frauen flexibel nach ihrem Empfinden. Für Frauen steht die Verbundenheit mit anderen im Vordergrund und ihr moralisches Ziel ist es, Verpflichtungen gegen sich selbst, die Familie und die Menschen insgesamt zur Deckung zu bringen. Vordringlich ist dabei, Schaden zu begrenzen, anderen zu helfen und mitmenschliche Beziehungen zu pflegen. Das Ziel der moralischen Entwicklung besteht für Frauen darin, dass „Fürsorge ein selbstgewähltes Prinzip einer Entscheidung wird, die in ihrer Bemühung um Beziehungen psychologisch bleibt und zugleich universal wird in der Verdammung von Ausnutzung und Leid".

[10] Gilligan, 1984

Die Ursache für die geschlechtstypische Differenzierung in der moralischen Orientierung sieht Gilligan in der frühkindlichen Entwicklung und beruft sich dabei auf Chodorow. Diese hält, wie oben Seite 50 f. ausgeführt wurde, die Beziehung des Jungen zur Mutter für problematisch, da er sich, um ein Mann zu werden, gegen eine zu enge Bindung abgrenzen, die ursprüngliche Geborgenheit verlassen und auf Distanz gehen müsse. Damit geht für ihn aber auch die frühe Orientierung auf Fürsorglichkeit verloren, er lernt vom Einzelfall zu abstrahieren und sich auf Prinzipien zu verlassen. Für das Mädchen stellt sich dieses Problem nicht, da es an der Identifikation mit der Mutter festhalten könne und sich somit die Erfahrung sozialer Einbettung bewahre. Diese frühe Bezogenheit mündet organisch in eine eigene fürsorgliche Haltung, aus der heraus die junge Frau dann die Aufrechterhaltung von Beziehungen und den Ausgleich zwischen eigenen und fremden Bedürfnissen als vorherrschenden Wert empfinde.

Eine typisch weibliche Moral?

So sehr Gilligans Betonung der weiblichen Werte „Fürsorglichkeit" und „Verantwortung" zu begrüßen ist, und so sehr ich ihr Bedürfnis respektiere, die bei Kohlberg anklingende Herabstufung der weiblichen Moralfähigkeit zu korrigieren – bei näherem Zusehen erheben sich doch Einwände sowohl methodischer als auch grundsätzlicher Art gegen das Postulat von den zwei Moralformen, die zum Teil recht giftige Kontroversen ausgelöst haben[11].

Zunächst einmal ist festzustellen, dass Gilligans Ergebnisse nicht unmittelbar mit denen Kohlbergs verglichen werden können, weil sie ihre Daten auf andere Weise erhoben hat als Kohlberg. Sie interviewte junge Frauen, als diese eine Abtreibung planten und dann, nachdem sie diese hinter sich gebracht hatten. Im Unterschied zu Kohlbergs Versuchspersonen, die nur zur Situation einer fiktiven Person Stellung nehmen mussten, waren Gilligans Probandinnen also unmittelbar von dem Problem betroffen, zu dem sie sich äußerten. Allein schon aufgrund dieses Unterschieds wäre eine anders gelagerte Argumentation verständlich.

Darüber hinaus ist es angesichts eines inzwischen zusammengekommenen umfangreichen Befundmaterials zum Postulat Gilligans grundsätzlich zweifelhaft, ob die von ihr unterschiedenen Orientierungen sich tatsächlich auf Männer und Frauen aufteilen lassen[12]. So kommt Gertrud Nunner-Winkler, eine Expertin auf dem Gebiet der moralischen Entwicklung, zu dem Schluss, dass die beiden von Gilligan postulierten Perspektiven zwar tatsächlich existieren, dass das moralische Engagement aber bereichsspezifisch variiert und dass es von der eigenen Erfahrung abhängt, nach welchem Prinzip man sich vorrangig bei der Beurteilung einer Situation richte. Konfrontiert man beispielsweise junge Männer mit dem Thema der *Abtreibung*, dann urteilen sie in der Tat rigide nach der Gesetzesnorm mit Argumenten wie „Frauen haben das Recht, selbst zu entscheiden" oder „Töten darf man nicht". Frauen differenzieren dagegen ihre Stellungnahme unter Bezugnahme auf konkrete Bedingungen wie beispielsweise „Ja, wenn die Mutter sehr jung ist, keine Ausbildung hat, das Kind missgebildet ist". Genau umgekehrt ist es, wenn man die *Wehrdienstverweigerung* zum Thema macht. Jetzt urteilen die Frauen rigide etwa mit „Töten darf man nicht", „Verteidigung muss sein", während die Männer Kon-

[11] Siehe Beiträge in Nunner-Winkler, 1995
[12] Für eine Übersicht siehe Turiel, 1998

textbedingungen berücksichtigt haben wollen, z. B. indem sie die Frage nach dem „gerechten" Krieg stellen oder die möglichen Folgen eines Atomkrieges erwägen[13].

Nunner-Winkler hat auch die Anfänge des moralischen Bewusstseins bei Kindern im Vorschulalter untersucht und ist dabei zwar auf interessante Entwicklungsschritte gestoßen, in Bezug auf die Geschlechter ergab sich aber kein Unterschied, auch nicht, was das Wissen um moralische Gefühle betraf, wo man eigentlich einen Vorsprung der Mädchen erwarten könnte[14]. Die Autorin kommt aufgrund einer weiteren Untersuchung an Adoleszenten zu dem Schluss, dass die fürsorgliche Perspektive dort betont wird, wo die Frauen traditionellen Rollenvorstellungen verhaftet sind. Legen sie dagegen größeren Wert auf die Berufstätigkeit, dann gewinnt die Gerechtigkeitsperspektive an Gewicht. Zu einem vergleichbaren Ergebnis kommt Walker in einem Übersichtsartikel zum Argumentationsniveau von Männern und Frauen bei den Kohlbergschen Dilemmata[15]. Kontrolliert man das Ausbildungsniveau und die berufliche Stellung, vergleicht man also nur Frauen mit Männern, die in dieser Hinsicht gleiche Voraussetzungen haben, dann verschwindet der ursprüngliche Unterschied: Berufstätige Frauen argumentieren genauso häufig auf der 4. Stufe wie Männer. Also auch hier zeigt sich, dass die Beurteilung weitgehend davon abhängt, in welchem sozialen Umfeld man sich bewegt. Sofern es sich um eine komplexere Konstellation handelt und nicht mehr nur um den familiären Rahmen, passt sich das Niveau des Urteilens an die damit gegebenen Erfordernisse an, ganz gleich, ob man ein Mann oder eine Frau ist.

Durch Kontrolle der Randbedingungen lässt sich der Geschlechtsunterschied des moralischen Urteils also jedenfalls erheblich reduzieren. Ob er wirklich jedweder Grundlage entbehrt, mag gleichwohl dahingestellt bleiben. Wenn wir die Ausführungen im letzten Kapitel berücksichtigen, steht wohl doch zu erwarten, dass Frauen aufgrund ihrer generell stärkeren mitmenschlichen Bezogenheit eher dazu tendieren, die fürsorgliche Orientierung in ihrem moralischen Urteil geltend zu machen, auch wenn sie prinzipiell auf eine Gerechtigkeitsmoral umschalten können. Immerhin weisen einschlägige Untersuchungen mit einer, wenn auch bescheidenen Effektstärke von $d = -0.28$ in diese Richtung[16]. Ganz Unrecht wird Gilligan also trotz der Einwände wohl doch nicht haben.

---

13 Nunner-Winkler, 1995
14 Nunner-Winkler & Sodian, 1988
15 Walker, 1991
16 Jaffee & Hyde, 2000

Epilog

26 Natur und Gesellschaft

Der unbefriedigende Stand soziokultureller Erklärungen

Bücher über Geschlechtsunterschiede sind oft parteiisch geschrieben. Die Autoren picken sich aus der Fülle des vorliegenden empirischen Materials nur das heraus, was in ihren theoretischen Bezugsrahmen passt, oder sie lassen wesentliche Facetten aus, weil sie jenseits ihrer Disziplin liegen. Ich habe mich zumindest *bemüht,* diese Fehler zu vermeiden und die ganze Palette zu entfalten. Lücken werden sicher auch hier zu beanstanden sein, aber es ist doch immerhin eine Menge Stoff zusammengekommen. Was nun noch aussteht, ist die Herausarbeitung der Quintessenz, also das, was man im pragmatischen Englisch die „take home message" nennt. Hiermit wollen wir uns in den beiden restlichen Kapiteln dieses Buches befassen.

Bei der Darstellungsweise werde ich dabei wie folgt verfahren. Wir rekapitulieren zunächst noch einmal die wesentlichen Stationen der Argumentation dieses Buches. Der schärferen Profilierung halber soll dies dort, wo es sinnvoll erscheint, im Anschluss an eine explizit formulierte und auch optisch hervorgehobene *Gegenthese* erfolgen.

Die allgemeinste These *gegen* den Grundtenor dieses Buches würde lauten:

> Geschlechtsunterschiede im Verhalten und Erleben sind nicht biologisch angelegt; sie werden sozial hergestellt oder sind das Produkt kognitiver Verarbeitungsprozesse.

Diese Position haben wir im ersten Teil des Buches ausgelotet. Wir haben dort speziell die vier wichtigsten *soziokulturellen Theorien* der Geschlechterdifferenzierung dargestellt und auf ihre empirische Haltbarkeit hin überprüft. Es handelt sich um die Erklärungsansätze der *Psychoanalyse,* des konventionellen *Behaviorismus,* der *Sozialen Lerntheorie* und des *Kognitivismus.*

Die dort vertretenen Standpunkte sind in den Kapiteln 4 bis 6, ihre Problematisierung in den Kapiteln 7 und 8 ausführlich dargestellt; ich rufe hier nur noch einmal die jeweiligen Kerngedanken in Erinnerung. Nicht berücksichtigt bleiben dabei zunächst die Argumente, die positiv für die Wirksamkeit biologischer Faktoren sprechen und erst im zweiten Teil des Buches erörtert worden sind.

Psychoanalytische Theorie

Grundgedanke:
- ➢ Die Übernahme der Geschlechtsrolle basiert wesentlich auf der Identifikation mit dem gleichgeschlechtlichen Elternteil.

Einwand:
- ➢ Die theoretische Herleitung der Identifikation (Ödipuskomplex) ist fragwürdig.

- Kinder zeigen in dem Alter, in dem sie sich gemäß der Theorie identifizieren können, längst geschlechtstypisches Verhalten.

Konditionierungstheorien

Grundgedanke:
- Geschlechtsrollen werden durch Belohnung und Strafe anerzogen.

Einwand:
- Die Geschlechtsrollensozialisation erfolgt nicht so konsistent, wie man fordern müsste, wollte man die gesamte Differenzierung auf sie zurückführen (Beispiel: aggressives Verhalten bei Jungen).
- Die Sozialisationsagenten wirken zeitweise direkt gegeneinander (Beispiel: Mütter fördern bei Söhnen Spiel mit neutralen und Mädchen-Spielsachen, Väter eher geschlechtsangemessenes Spiel).

Soziale Lerntheorie

Grundgedanke:
- Geschlechtsrollen werden durch Nachahmung erworben.

Einwand:
- Die Theorie erklärt nicht, wie Kinder dazu kommen, gerade jene Vorbilder auszuwählen, die ihrem eigenen Geschlecht entsprechen.

Kohlbergs Theorie (weitergeführt in der Geschlechtsschema-Theorie)

Grundgedanke:
- Kinder müssen erst Wissen über Geschlechtszugehörigkeit und geschlechtsadäquate Tätigkeiten erwerben, bevor sie sich in ihrem Verhalten danach richten.
- Dieses Wissen entsteht in invarianter Abfolge:
  1. Bestimmung des Geschlechts bei sich selbst und anderen,
  2. Stereotypenwissen und Bevorzugung gleichgeschlechtliche Partner und Spielaktivitäten,
  3. Verbindlichkeit geschlechtsrollenkonformen Verhaltens.

  Einwand:
- Die Entwicklungsfolge lässt sich empirisch nicht bestätigen:
  - Kognition des eigenen und fremden Geschlechts sowie Stereotypenwissen erst im 3. Lebensjahr, stabile Geschlechtsidentität ab dem 5. Lebensjahr,
  - jedoch geschlechtstypische Verhaltensweisen und Präferenzen bereits im 1. Lebensjahr, zum Teil schon bei der Geburt.

Selbstverständlich wird niemand leugnen, dass sich geschlechtstypisches Verhalten in ständiger Auseinandersetzung mit Familie und Gesellschaft bildet und durch diesen Prozess auch wesentlich mitgestaltet wird. Als *alleinige* Ursache der beobachteten Verhaltensunterschiede ist Sozialisation aber erheblich überfordert. Zumindest ist bei der derzeitigen Befundlage schon klar, dass die Annahme, Geschlechtsunterschiede seien ausschließlich soziokulturell bedingt, nicht so anspruchslos ist, dass man ihr allein schon wegen ihrer Sparsamkeit den Status einer Nullhypothese zuerkennen kann.

Ultimate Verursachung

Der zweite Teil des Buches behandelt die Befundlage in Bezug auf die *biologischen* Faktoren. Dabei wurde auf *zwei Analyseebenen* argumentiert. Die erste betraf die evolutionsbiologische Herleitung von Geschlechtsunterschieden aufgrund *ultimater Betrachtung*, mit der zentralen Frage, ob die Geschlechter in der Evolution unterschiedlichem Selektionsdruck ausgesetzt waren und worin dieser bestand. Die zweite befasste sich mit der *proximaten Ursachenanalyse*, welche die individuelle geschlechtliche Morphogenese zum Gegenstand hat und damit auch die anatomischen und physiologischen Grundlagen für geschlechtstypische Verhaltensdispositionen.

Die *ultimate* Analyse deckte einen tief in der Phylogenese wurzelnden Unterschied der Geschlechter auf, der sich aus der Divergenz der *parentalen Investition* bei allen zu innerer Befruchtung genötigten Lebewesen herleitet. Als entscheidend erwies sich hier die Diskrepanz der potentiellen Nachkommenzahl bei zeugenden und empfangenden Organismen. Dispositionelle Schwerpunkte sind auf dieser Basis beim weiblichen Geschlecht in den Bereichen der *Fürsorglichkeit* und der erhöhten *Selektivität bei der Partnerwahl* zu erwarten. Beim männlichen entstand wegen der Notwendigkeit, um Weibchen zu konkurrieren, eine spezifische *Wettkampforientierung* mit der Betonung assertiver Strategien.

Aufgrund phylogenetischer und kulturvergleichender Betrachtung gibt es keinen Anlass zu zweifeln, dass sich die parentale Investition, für die unsere Anlagefaktoren uns vorbereiten, auch beim Menschen ungleich auf die Eltern verteilt. Zwar ist das menschliche Kind auch auf die Präsenz des Vaters angewiesen, doch reicht dies noch immer nicht an die Unersetzlichkeit der Mutter heran. Infolgedessen sind die genannten unterschiedlichen Verhaltensdispositionen auch bei uns zu erwarten.

Hiergegen wird nicht selten der folgende Einwand vorgebracht:

> Unter den Lebensbedingungen der Industriegesellschaft ist die evolutionsbiologisch bedingte Polarisierung der Geschlechter funktionslos geworden. Sie hat also für den (modernen) Menschen keine Bedeutung mehr.

Dieses Argument verwechselt indessen die Rationalität individueller oder gesellschaftlicher Problemlösestrategien mit der Funktionalität biologischer Anpassung an Selektionswirkungen. Die Evolution ist ein sehr träge verlaufender Prozess und die Natur einer Spezies, auch der menschlichen, ändert sich nicht schon deshalb, weil da und dort ein paar Jahrhunderte lang gewisse zuvor über erdgeschichtliche Zeiträume hinweg wirksamen Selektionswirkungen aufgehoben oder geschwächt worden sind. Anders wäre es allenfalls, wenn das folgende Argument zuträfe:

> Die durch unterschiedliche parentale Investition bedingten Anlageunterschiede der Geschlechter mögen zwar bei unseren Primatenvorfahren wirksam gewesen sein; beim Menschen wurden sie aber auf Grund seiner von Anfang an spezifisch neuen Lebensumstände schon seit prähistorischer Zeit abgezüchtet.

Dagegen wiederum ist zu sagen, dass die genannten Anlageunterschiede ganz im Gegenteil eine ausgezeichnete Präadaptation für den Lebensstil darstellten, von dem wir annehmen müssen, dass er seit Beginn der Menschwerdung über Millionen Jahre hinweg für unsere Vorfahren kennzeichnend war. Er beginnt mit dem Übergang zu kooperativer Großwildjagd und hat schon früh eine Arbeitsteilung der Geschlechter nahe gelegt, bei der die Männer jagten und die Konflikte mit den Nachbargruppen austrugen, während die Frauen Nahrung sammelten und primär für die Kinderaufzucht verantwortlich waren. Wie der Kulturvergleich zeigt, sind Jagd und Krieg sowie Politik in allen bekannten Kulturen männliche Domänen, während die Verantwortung für die Kinderbetreuung eine weibliche Angelegenheit darstellt, wobei Frauen jedoch immer auch weitere, von Kultur zu Kultur variierende, wichtige Aufgaben erfüllen.

Universell sprechen die transkulturellen Konstanten in der Geschlechtsrollenaufteilung dafür, dass die Kulturen in ihren Stereotypen das Verhaltenspotential aufgreifen und überformen, das von der Veranlagung her der Mehrzahl von Männern und Frauen am meisten entgegenkommt. Abweichungen von diesem Gesamtbild treten in einzelnen Sozietäten zwar auf, sie erweisen sich aber als mehr oder weniger konfliktanfällig, so dass sich der Eindruck erhärtet, man könne die Geschlechtsrollen nicht ohne erheblichen Aufwand nach Belieben „inszenieren“.

Proximate Verursachung

Wenn es darum geht, die Rolle von Anlagefaktoren beim Zustandekommen von Geschlechtsunterschieden zu bestimmen, hat die Aufklärung proximater Mechanismen, konkret also von Fragen der Morphologie und Physiologie des Zentralnervensystems, an sich keine hohe Aussagevalenz. Auch extreme Milieutheoretiker würden heutzutage wohl konzedieren, dass Sozialisation im Gehirn stattfindet und dort ihren entsprechenden Niederschlag findet.

Das ist besonders im Zusammenhang mit psychoendokrinologischen Fragen zu bedenken. Es ist durchaus nicht einfach zu bestimmen, von welchen Faktoren die Hormonproduktion abhängt, was die Hormone ihrerseits bewirken und wie das von ihnen Bewirkte mit den soziokulturellen Faktoren interagiert, die ohne Zweifel ja auch eine wichtige Bedeutung bei der Genese von Geschlechtsunterschieden haben.

Was ist es beispielsweise, das Jungenspielsachen für Jungen attraktiver erscheinen lässt? Was speziell wird befriedigt, wenn sie damit spielen? Dadurch, dass man bestimmte Strukturen im Gehirn aufweisen kann, in denen sich die Geschlechter unterscheiden, hat man noch nichts erklärt, auch wenn gegenwärtig eine gewisse Tendenz besteht, sich mit solchen in der Tat „handfesten“ Befunden als Beweise biologischer Einflüsse zufrieden zu geben. Solange man nicht weiß, unter welchen Einflüssen sich solche gehirnanatomischen Strukturen letztlich bilden, bleibt die Ursachenfrage offen.

Anders verhält es sich indessen, wenn man die proximate Frage mit der *ontogenetischen* verbindet. Hier ist zunächst vorauszusetzen, dass zwei Arten von Umweltwirkung differenziert werden müssen: die *Alimentation* liefert das *Material* für die Morphogenese und ist für Reifungsvorgänge maßgeblich, die *Stimulation* vermittelt *Information* und ist beim Lernen vorausgesetzt. Für die Entscheidung, ob Unterschiede erst durch Sozialisation entstehen oder bereits durch Reifungsprozesse gebahnt werden, ist die Analyse des Entwicklungsgeschehens in der *intrauterinen* Phase von besonderer Aussagekraft. Die Leitbilder der Gesellschaft haben erst gestaltenden Zugriff auf das Kind, wenn es geboren ist. Wenn sich zeigen lässt, dass endokrine Einflüsse, die ihrerseits aus nachweislich genetischen Gründen zwischen den Geschlechtern differenzieren, bereits vorgeburtlich am Werke waren, dann sind die so entstandenen Unterschiede eben nicht auf Sozialisation zurückzuführen, mag diese auch die Konturen des Erscheinungsbildes später noch scharfzeichnen oder ausschmücken.

Besonders der prägenden Wirkung *pränataler Androgene* kommt alimentativ eine Schlüsselrolle zu. Es wird zunehmend deutlich, dass sie für die geschlechtstypische Differenzierung nicht nur der Morphologie, sondern auch bestimmter Verhaltensdispositionen verantwortlich ist. Besonders aufschlussreich sind in dieser Hinsicht weibliche Personen, die während der Fötalentwicklung einer untypischen Androgenisierung ausgesetzt waren. Diese beeinflusste offensichtlich die Ausbildung bestimmter Gehirnstrukturen, die das Auftreten typisch männlicher Vorlieben begünstigen. So zeigen die betroffenen Mädchen Freude an sportlichen Wettkämpfen und an spielerischem Raufen, neigen zu einer eher aggressiven Konfliktbewältigung und präferieren Jungenspielsachen. Damit verbunden ist ein erhöhtes Leistungsvermögen auf dem visuell-räumlichen Sektor, das ebenfalls als Indikator für eine eher männliche Gehirnprägung zu werten ist.

Auch gegen diese Argumentation wird zuweilen ein Einwand vorgebracht:

Es ist nicht zulässig, von Fehlentwicklungen auf den normalen Entwicklungsverlauf zu schließen.

Die Hartnäckigkeit, mit der dieses Bedenken wiederkehrt, steht in eigentümlichem Kontrast zu seiner logischen Substanzlosigkeit. Warum sollte ein solcher Schluss denn nicht erlaubt sein? Kausalzusammenhänge werden allemal dadurch überprüft, dass man die als wirksam vermuteten Faktoren variiert. Auch und gerade wenn solche Variationen den Normbereich des noch als gesund zu Bezeichnenden verlassen, bleibt ihre Aussagekraft erhalten. Im vorliegenden Fall stützen sie die These, dass den pränatalen Androgenen normalerweise auch bei Jungen eine Schlüsselrolle bei der Ausbildung typisch männlicher Verhaltensdispositionen zukommt; und dies ist, wie einschlägige Untersuchungen mit Hormonbestimmungen aus dem Fruchtwasser bei normal verlaufenden Schwangerschaften zunehmend belegen, in der Tat der Fall.

Die Frage der Interaktion

Im dritten Teil des Buchs wurden Hypothesen formuliert, wie man sich die Interaktion von anlagebedingten Dispositionen und soziokulturellen Einflussgrößen am ehesten vorzustellen hat. Dabei musste eingeräumt werden, dass wir zum gegenwärtigen Zeitpunkt von der Aufklärung dieses Fragenkomplexes noch weit entfernt sind. Das liegt wesentlich am Aufwand der hier einzusetzenden Forschungsstrategie. Um beispielsweise genauer zu verstehen, wie Mütter ihre Maßnahmen auf das Verhaltensangebot ihrer Babys abstimmen, müsste ihr Umgang mit diesen in den ersten Jahren fortlaufend systematisch beobachtet werden. Längsschnittuntersuchungen kommen aber bei der Schnelllebigkeit der gegenwärtigen Forschungspraxis mehr und mehr aus der Mode.

In der Literatur erhält man zu dieser Frage daher kaum Aufschluss, auch nicht bei Autoren, die den Einfluss biologischer Ursachen prinzipiell bejahen. Meist zählt man alle denkbaren Faktoren auf und belässt es im Übrigen bei dem Hinweis, dass sie „eben irgendwie interagieren“.

Einige der Milieutheorie verpflichteten Autoren nützen diese Wissenslücke aber, um sich der Auseinandersetzung überhaupt zu entziehen, und zwar mit dem folgenden Argument:

Solange wir den biologischen Anteil des Anlage-Umwelt-Komplexes nicht detailliert erforscht haben, ist es verfrüht, ihn zu berücksichtigen.

Da diese Argumentationsfigur über Jahrzehnte hinweg nicht an Beliebtheit eingebüßt hat – erst vor kurzem wurde sie wieder von Alice Schwarzer in einem Interview mit der Süddeutschen Zeitung formuliert – sei hier etwas genauer darauf eingegangen. Als Beleg führe ich zunächst ein Zitat der Soziologin Helge Pross an, die in einer Podiumsdiskussion zu unserem Thema die Meinung vertrat[1],

„dass es zwar unstreitig biologische Differenzen zwischen den Geschlechtern gibt, dass man aber so sehr viel Genaues, Konkretes über diese Differenzen gar nicht sagen kann. ... Die Forschung beginnt doch erst auf dem Gebiet. ... wir sind noch nicht so weit, dass wir unser Augenmerk in erster Linie auf biologische Schwierigkeiten der Gleichberechtigung richten sollten, sondern wir sollten das bisschen Fantasie, das wir haben, mobilisieren, um bessere Formen der Realisierung von Gleichberechtigung ohne schematische Gleichheit zu finden."

Hinter solchen Einlassungen steht nach meiner Erfahrung häufig das Motiv, eine Diskussion aufzukündigen oder wenigstens auf den Sankt Nimmerleinstag zu vertagen, die man im Grunde gar nicht ernsthaft führen will, weil man ihr ideologisch misstraut, aber auch weil man sich ihr fachlich nicht gewachsen fühlt. In Klartext übersetzt, würden einige Passagen nämlich deutlicher klingen: Statt „wir (die Biologen) können noch nichts Konkretes sagen" sollte es heißen „wir (die Soziologen) verstehen zu wenig davon"; und statt „die Forschung beginnt erst" entsprechend „wir fangen erst an, die Sache unter dem Druck der Verhältnisse zur Kenntnis zu nehmen."

Aber nehmen wir die Argumentation immerhin wörtlich. Dann stecken darin doch erkennbar zwei Fehler. Der eine besteht in der Voraussetzung, der Sozialisationsbehauptung gebühre der Status der *Nullhypothese,* die Beweislast trage also die Biologie. Für diese Asymmetrie gibt es, wie früher schon festgestellt, keinerlei forschungsmethodische oder wissenschaftstheoretische Gründe.

In Wirklichkeit ist es eher umgekehrt: Man kann zeigen, dass immer dann, wenn die Adaptation an Umweltparameter parallel durch einen *trägen* und einen *flexiblen* Mechanismus überwacht wird, konkret also durch Züchtungs- und Lernprozesse, zwar der Letztere allein für die Anpassung an *rasch veränderliche* Umweltkonstellationen verantwortlich ist. Die Anpassung an *langfristig konstante* Umweltparameter hingegen nimmt der träge Mechanismus dem flexiblen im Laufe der Zeit mehr und mehr ab. Zur Veranschaulichung: Eine Menschenpopulation, die über zigtausende von Jahren unter glühender Sonne lebt, wird allmählich dunkle Hautpigmentierung auch dann ausbilden, wenn sie von Anfang an intelligent genug ist, Sonnenschirme zu verwenden. Ohne dieses Theorem ausführlicher begründet zu haben, wofür hier der Platz fehlt, möchte ich nicht so weit gehen, gerade umgekehrt die *genetische* Anpassung des geschlechtstypischen Verhaltens an die immerhin seit etlichen hundert Millionen Jahren bestehende innere Befruchtung als Nullhypothese zu reklamieren. Zumindest sei aber festgehalten, dass jeder, der in dieser Hinsicht der Biologie die Beweislast aufbürden will, gründlich nachdenken sollte, wie er das eigentlich legitimieren will.

Der zweite Fehler in obigem Einwand verkennt die Dichte der Interaktion zwischen biologischen und soziogenen Faktoren. Man argumentiert so, als hätte

[1] Weinzierl, 1980, S. 85f.

man es mit zwei Stockwerken zu tun und könne nach der Maxime vorgehen: Erst einmal machen wir in der Beletage Ordnung, und dann sehen wir schon, ob das Haus wohnlich genug ist. Notfalls kann man später immer noch im Souterrain nach dem Rechten sehen. In Wirklichkeit greifen aber Erziehungsmaßnahmen immer am ganzen Menschen an. Wenn man ihm auf eine Weise kommt, die seinen angelegten Präferenzen widerspricht, so kann man damit vielleicht Erfolg haben, aber es wird unnötigen Aufwand kosten und weniger lange vorhalten. Es empfiehlt sich also, seine Natur von vorn herein in Rechnung zu stellen, wenn man ihn anleiten will, diese kultivierend zu überformen.

Unternehmungslust und Durchsetzungsorientiertheit

Auch wenn sich die Frage nach der Interaktion von biologischen und soziokulturellen Einflussgrößen gegenwärtig nur durch Arbeitshypothesen beantworten lässt, kann man deren Plausibilität immerhin im Lichte der bereits vorliegenden Befunde abzuschätzen versuchen. Dies soll in den folgenden Abschnitten geschehen. Dabei legen wir besonderes Gewicht auf den *motivational-emotionalen* Bereich, also auf die Frage nach der Entwicklung unterschiedlicher Gewichtungen in Interessen, Neigungen und Motivstärken, in der Art, überhaupt emotional zu reagieren und sich für bestimmte Ziele zu begeistern und zu engagieren.

Rekapitulieren wir zunächst, in welchen Interessensschwerpunkten sich die Geschlechter schon so früh unterscheiden, dass die Annahme anlagebedingter Verursachung plausibel erscheint.

Jungen lieben körperliche Spiele mit Wettkampfcharakter, raufen gern und toben herum. Sie sind rasch einmal lärmig und mögen Objekte, mit denen man Krach machen kann. Sie lieben Bewegung und Dinge, die Bewegung erlauben, und sie begeben sich gern in riskante Situationen mit Abenteuercharakter. Ferner zeigen sie schon als Halbjährige Anzeichen stärkerer Durchsetzungsorientiertheit, sie sind assertiver, nehmen beispielsweise einem Gleichaltrigen ungehemmt etwas weg, während Mädchen dies nicht tun.

Vergleichbares deutet sich bei fötal androgenisierten Mädchen an. Pränatale Androgene dürften also bei der Prägung der hirnphysiologischen Grundlagen dieses Merkmalsprofils eine entscheidende Rolle spielen. Und da diese bauplangemäß eben bei männlichen und normalerweise nicht nennenswert bei weiblichen Föten wirksam werden, scheint es berechtigt, den genannten Eigenschaftskomplex als typisch männlich einzuordnen.

Man hat darüber nachgedacht, ob es einen gemeinsamen Nenner gibt, auf den sich alle die genannten Eigenschaften bringen lassen. Einige Autoren haben vorgeschlagen, die genannten Verhaltensbesonderheiten auf einen Unterschied im *Aktivitätsniveau* zu reduzieren[2]. Ich halte die Aktivität allein aber für eine unzureichende Dimension und gehe davon aus, dass die Ursachen spezifischer bestimmt werden können. Den Schlüssel dazu liefert wiederum die asymmetrische Verteilung der parentalen Investition auf die Geschlechter. In der Terminologie des Zürcher Modells der sozialen Motivation ausgedrückt, lassen sich die oben aufgezählten Dispositionen auf zwei Generalnenner bringen:

[2] Coie & Dodge, 1998

1. Die „Unternehmungslust“, definiert als Bedürfnis nach und Toleranz für Abenteuer und Risiko, ist bei Jungen anlagebedingt im Mittel etwas höher als bei Mädchen.
2. Jungen sind angeborenermaßen assertiver als Mädchen.

Erhöhte Unternehmungslust bedeutet konkret, dass Jungen eher dazu neigen, unbekannte und riskante, also erregende Situationen und Dinge dann noch faszinierend zu finden und zu erkunden, wenn Mädchen bereits etwas zögern und sich lieber vorsichtig zurückhalten.

Die stärkere Assertivität, also Durchsetzungsorientierung, ist in unmittelbarem Zusammenhang mit einer höheren Wettbewerbsmotivation zu sehen. Jungen bilden schon im Kindergartenalter Rangordnungen mit Gleichgeschlechtlichen. Im Aufbau und Vorgehen erinnern diese Strukturen an die tierischen Dominanzhierarchien bei Männchen und verweisen somit auf die Wirksamkeit phylogenetischer Vorgaben: Imponierverhalten, Konfliktreduktion, Unterordnungsbereitschaft und Stabilität sind hier die kennzeichnenden Merkmale.

Erhöhtes soziales Interesse

Die beiden eben formulierten Thesen könnten den Eindruck erwecken, das weibliche Geschlecht werde wieder einmal von einem Defizit her bestimmt, Frauen damit als Mängelwesen charakterisiert und solcherart nach sattsam bekannter Weise diskriminiert. Die Jungen hätten, was die Mädchen nicht oder weniger haben, und das aufgrund pränataler Androgene, die bei Mädchen viel schwächer anfallen.

Angesichts dieser Sachlage verspürt man das Bedürfnis, nach einem Gegengewicht zu suchen und Merkmale zu finden, bei denen das weibliche Geschlecht im Vorteil ist. Die Endokrinologie hilft bei diesem Bemühen freilich nicht. Was die pränatale Wirkung weiblicher Hormone betrifft, gibt es nach dem gegenwärtigen Stand unseres Wissens tatsächlich nichts der Androgenisierung Äquivalentes.

Wenn man nun aber glaubt, daraus zwingend defizitäre Folgen ableiten zu müssen, dann hat man den *alimentativen* Charakter der Hormone nicht verstanden. Androgene sind wie Dünger auf dem Feld: Dem Klee tut er gut, Orchideen lässt er eingehen. Es gibt typisch weibliche Verhaltensdispositionen, die sich nur entfalten können, wenn die Androgene *nicht* wirken. Bei der Morphogenese der weiblichen Genitalien ist es nota bene genauso.

Man sollte sich also an den Gedanken gewöhnen, dass „nicht haben“ in der Frage der hormonellen Fundierung von Geschlechtsunterschieden nicht zu verwechseln ist mit „nichts haben“. Diesem Argument sind wir übrigens früher bereits, in umgekehrter Stoßrichtung, schon beim Größenvergleich von X- und Y-Chromosom begegnet.

Welches sind nun also positiv definierbare Verhaltensdispositionen, bei denen das weibliche Geschlecht vor dem männlichen einen Vorsprung hat? Bereits bei neugeborenen Mädchen nachweisbar und deshalb mutmaßlich anlagebedingt ist die Attraktion durch menschliche Gesichter; weibliche Babys suchen den Blickkontakt und halten ihn länger aufrecht als Jungen. Damit ist der Keim zu jenem Interesse an sozialer Interaktion gelegt, das den Frauen über alle Altersabschnitte hinweg erhalten bleibt; es bildet letztlich die Grundlage für das Stereotyp „Personorientiertheit“.

Nehmen wir noch die erhöhte Ansprechbarkeit für den Emotionsausdruck anderer hinzu, wie sie sich zuerst in der Gefühlsansteckung bekundet, und die frühe

Vorliebe für das Puppenspiel, dann liegt es nahe, an eine Disposition zu denken, die sich in *fürsorglichen* und *pflegerischen* Aktivitäten Ausdruck sucht. Eine diesbezügliche Veranlagung entspricht aufgrund der hohen mütterlichen Investition evolutionsbiologischen Erwartungen. Demzufolge lässt sich bezüglich angeborener Interessensschwerpunkte beim weiblichen Geschlecht folgende Hypothese aufstellen:

Fürsorglichkeit und Interesse an persönlichen Beziehungen sind im weiblichen Geschlecht dispositionell stärker verankert als im männlichen.

Einen Hinweis darauf, dass das pränatale Hormonmilieu bei der Anlage dieser Dispositionen eine Rolle spielt, bieten die Fallgeschichten genetisch und gonadal männlicher Individuen, die aufgrund von Androgenresistenz eine Feminisierung der hypothalamischen Regionen erfuhren. Sie zeigen ausgeprägt feminine Neigungen, insbesondere ein Interesse am Kinderversorgen, Freude an der Hausarbeit und ein deutlich akzentuiertes Zärtlichkeits- und Zuneigungsbedürfnis. Das ist ein konkreter Hinweis darauf, dass der Ausfall des Androgens nicht nur den Ausfall männlicher, sondern auch das Gedeihen weiblicher Wesenszüge bewirken kann.

Zwei Formen der sozialen Kognition

Unbeschadet der besonderen Rolle, die der Fürsorgemotivation als uraltes Säugetiererbe im weiblichen Verhaltensinventar zukommt, soll nicht übersehen werden, dass diese Motivation aus ultimater Perspektive auch beim menschlichen Mann nicht völlig fehlen darf, da er ja seinerseits auf ein gewisses Maß an parentaler Investition eingerichtet ist.

Hier dürften die evolutionsgeschichtlich jungen Mechanismen der sozialen Kognition, also *Empathie* und *Perspektivenübernahme,* ins Spiel kommen. Diese Mechanismen sind für beide Geschlechter nützlich; den Männern ermöglichen sie beispielsweise die kooperative Jagd. Mit diesen phylogenetischen Neuerwerben ist aber auch der Fürsorglichkeit eine neue Motivgrundlage erwachsen.

Die Befundlage spricht nun dafür, dass auch hier eine Polarisierung stattgefunden hat und zwei unterschiedliche Formen, fürsorglich zu sein, existieren, die sich mit ungleichem Gewicht auf die Geschlechter verteilen.

Bei Frauen finden sich Hinweise auf ein evolutionär ursprünglicheres Programm, das seine Wurzeln in der tierischen Brutpflegemotivation haben dürfte und hormonell unterfüttert ist. Das Gewicht, das pflegerisches Verhalten auch bei berufstätigen Müttern hat, der Kampf der jungen Frauen im Kibbuz, die eigenen Kinder selbst versorgen zu dürfen, das durchgängige Höherstellen der Familie über die Berufstätigkeit oder wenigstens die Einplanung einer Familienphase in den Lebensplänen moderner Frauen sprechen dafür, dass die unmittelbare Betreuung von Kindern einen Stellenwert hat, der sich aus dem bloßen Bestreben, gängigen Stereotypen zu entsprechen, nicht mehr erklären lässt.

Dagegen dürfte die Fürsorglichkeit bei Männern eher einen instrumentellen Charakter haben. Sie bezieht sich vorzugsweise darauf, zum Lebensunterhalt beizutragen und tatkräftig für die Sicherung des familiären Umfeldes zu sorgen. Es sieht so aus, als würde dies vor allem auf das Konto einer beim männlichen Geschlecht markanter ausgebildeten Bereitschaft zur *Perspektivenübernahme* gehen. *Empathie* scheint eher eine weibliche Domäne zu sein und äußert sich generell in der Bezogenheit auf die psychische Verfassung anderer und speziell im Umgang mit den Kindern in Form von Pflegeleistungen und in einer Geborgenheit vermittelnden zärtlichen Zuwendung. Dagegen kommt im direkten Umgang der Väter mit ihren Kindern ein pflegerisches Interesse weniger zum Ausdruck. Sie finden vielmehr eine körperlich-robuste stimulierende Interaktion und die Anregung zur Exploration befriedigender. Interessanterweise korrelieren diese Aktivitäten in den Monaten nach der Geburt eines Kindes mit der erhöhten Ausschüttung von fürsorge-fördernden Hormonen, was auf den ersten Blick daran denken lässt, Väter verfügten über eine den Müttern äquivalente Pflegemotivation. Soweit die einschlägigen Untersuchungen bereits Aussagen zulassen, bestehen da aber doch entscheidende qualitative Differenzierungen: Die väterliche Zuwendung unterscheidet sich eben in der gerade geschilderten Weise durch ihren eher anregenden Charakter vom pflegeorientierten Stil der Mütter.

Um in dieser Frage Aufschluss zu erhalten, bedarf es weiterer Untersuchungen an primär mit der Betreuung der Kinder befassten Vätern; denn erst wenn eine solche Vergleichsgruppe in statistisch hinreichender Größe zur Verfügung steht, wird sich verbindlich aussagen lassen, ob und wie Mann und Frau sich in der Qualität ihrer Fürsorglichkeit unterscheiden. Soviel lässt sich jetzt aber bereits sagen: Die Pflege persönlicher Beziehungen, die Anteilnahme am Schicksal anderer, das Eingehen auf das seelische Wohl zählen auch heute noch zu den Kompetenzen, die in besonderer Weise geeignet sind, das weibliche Selbstgefühl zu fundieren.

Variation und Überlappung

Falls die oben entwickelten Annahmen zutreffen, wäre die Ausgangssituation so zu denken, dass Neugeborene bereits motivationale Prädispositionen mitbringen, die bei den Geschlechtern schwerpunktmäßig unterschiedlich verteilt sind und sich später in Richtung auf Unternehmungslust und Durchsetzung bzw. soziale Interaktion und Fürsorge weiterentwickeln.

Nun unterscheiden sich Kinder aber schon früh auch in der *Stärke* dieser Neigungen, und es stellt sich die Frage, wie es zu dieser Streuung kommt. Natürlich denkt man hier wiederum als erstes an die Sozialisation. Aber wenn Veranlagung überhaupt eine Rolle spielt, dann trägt sie auch zur Varianz bei. Man weiß, dass die Konzentration der pränatalen Hormone eine gewisse Bandbreite hat. Wie Untersuchungen von Maccoby und ihrer Arbeitsgruppe nahe legen, ändert sich die Hormonkonzentration je nachdem, wie oft eine Mutter schwanger war und wie dicht die Schwangerschaften aufeinander folgten[3]. So hängt die Progesteronmenge im kindlichen Nabelschnurblut bei der Geburt beispielsweise davon ab, ob und wie lange vorher die Mutter ein weiteres Kind geboren hat. Das endokrinologische Milieu im Mutterleib variiert also je nachdem, welche Stellung das Kind in der Geschwisterreihe einnimmt und wie groß der zeitliche Abstand zum vorherigen Geschwister ist. Allerdings wissen wir nicht, ob und wie sich unterschiedliche Konzentrationen von Progesteron im Einzelnen auf Dispositionen auswirken. Einen eindeutigen Hinweis auf die Verursachung von Varianz bieten indes Ergebnisse zur pränatalen Androgenkonzentration aus Fruchtwasserbestimmungen bei normalen Schwangerschaften. Die Höhe der Konzentration steht in direkter Korrelation zur Neigung für geschlechtstypisches Spiel bei Jungen und zu jungentypischem Spiel bei Mädchen. Die Annahme einer hormonell-alimentativen Grundlage phänotypischer Varianz ist also durchaus plausibel.

[3] Maccoby et al., 1979

Darüber hinaus wird man davon auszugehen haben, dass die Hirnstrukturen, die sich in dem hormonalen Milieu entwickeln, auch ihrerseits schon eine genetisch bedingte Varianz mitbringen. Diese trägt zwar von sich aus nichts zur Unterscheidung der Geschlechter bei, wohl aber zur Streubreite der Merkmale innerhalb jeden Geschlechts und damit letztlich ebenfalls zur Überlappung der Merkmalsspektren von Mann und Frau.

Versuch einer Integration

Auf der Grundlage des bisher Ausgeführten wollen wir nun versuchen zu modellieren, wie sich ein *typischer Junge* und ein *typisches Mädchen* entwickeln, dabei immer der Tatsache eingedenk, dass es sich um eine Idealisierung handelt, von der die Realität stets mehr oder minder weit abweicht.

Unsere typischen Jungen oder Mädchen fühlen sich schon sehr früh von Kindern des gleichen Geschlechts mehr angezogen als von solchen des anderen, weil es ihnen leichter gelingt, die Bewegungen ihrer Geschlechtsgenossen nachzuvollziehen, sie also nachzuahmen, und weil sie mit ihnen in einer Weise spielen können, die ihren natürlichen Neigungen und Interessen entgegenkommt. Letzteres ist auch der Grund, warum gleichgeschlechtliche Erwachsene attraktiver sind, die ja auch ihrerseits geschlechtsabhängig unterschiedliche Umgangsstile erkennen lassen. Typische Männer regen eher körperliche Aktivitäten und die Erkundung von Neuem an und sind damit für den typischen Jungen attraktiver, typische Frauen kommen mit vertrauten Spielen und der pflegerischen Aktivität eher den Neigungen der typischen Mädchen entgegen. Infolge ihrer Attraktivität werden Personen des gleichen Geschlechts zum bevorzugten Modell und erhalten höhere Relevanz, mit Ausnahme vielleicht der Mutter, die für den Jungen natürlich ebenso die bevorzugte Sicherheitsquelle ist wie für das Mädchen. Die höhere Relevanz Gleichgeschlechtlicher steigert deren Bedeutung als Sozialisationsagenten; was sie sagen, wird ernst genommen. Jungen reagieren daher nicht gern auf die Anweisungen von Mädchen und ignorieren auch eher die Erziehungsbemühungen weiblicher Erwachsener, während sie auf gleichaltrige Jungen und den Vater bzw. den Lehrer eher hören. Ob das spiegelbildlich für Mädchen ebenso gilt, muss offen bleiben, zumindest wissen wir, dass sie sich von Jungen nichts sagen lassen.

Ausgangspunkt der Entwicklung wäre also eine Präferenz für geschlechtstypische Tätigkeiten. Je stärker sie ist, umso eindeutiger wird ein Kind sich auf Gleichgeschlechtliche hin orientieren. Umso leichter wird es ihm dann auch fallen, beide Geschlechter zu unterscheiden, was ja die Voraussetzung für die Benennung ist, die als nächster Schritt in der Entwicklung folgt.

Konkret könnte das etwa folgendermaßen ablaufen: Ein kleiner Bub macht in einer gemischtgeschlechtlichen Kindergruppe die Erfahrung, dass einige Kinder Dinge tun, wie beispielsweise sich balgen, die er interessant und spaßig findet, während andere Kinder, die gerade etwas basteln, weniger attraktiv, ja langweilig wirken. Gerade zu Letzteren fühlt sich indessen ein Mädchen eher hingezogen.

Auf diese Weise können geschlechtsgetrennte Gruppierungen zustande kommen, ohne dass die Kinder überhaupt schon wissen müssten, was „Jungen“ und „Mädchen“ sind. Die wahrgenommenen Stilunterschiede bieten dann in der Folge aber eine gute Anschauungsgrundlage, auf der man die Zuordnung des Geschlechts lernen kann. Dabei macht das Kind die Erfahrung, dass die Bezeichnung für die interessantere Gruppe auch für es selbst gilt; es lernt, sein eigenes Geschlecht richtig zu bestimmen. Auf die gleiche Weise werden auch die Inhalte der Geschlechtsrollen veranschaulicht. Das, was man mit anderen Kindern gern macht oder bei Erwachsenen attraktiv findet, wird der Klasse der Eigenstereotypen zugeordnet, das was man nicht so gern macht bzw. langweilig findet, konstituiert die Fremdstereotypen.

Die primäre Orientierung auf das eigene Geschlecht aufgrund der im Kind angelegten geschlechtstypischen Präferenzen entbindet die Sozialisation von der Last, allein die Differenzierung der Geschlechter leisten zu müssen. Deshalb ist es nicht weiter gravierend, wenn die Erziehung auch einmal gegensinnig wirkt, Väter also z. B. geschlechtstypisches, Mütter dagegen auch gegengeschlechtliches Verhalten verstärken. Ferner ist es irrelevant, dass beide Eltern wichtig genug sind, um sie im Sinne der sozialen Lerntheorie eigentlich gleich nachahmenswert zu machen: Die angeborenen Neigungen fördern die Identifikation mit gleichgeschlechtlichen Personen und machen diese damit zu bevorzugten Modellen, lange bevor das Kind kognitiv in der Lage ist, die eigene Geschlechtsidentität als unveränderbar zu verstehen und damit die Geschlechtsrolle als verbindlich zu erleben. Damit löst sich das Problem der Modellwahl, die ja ein Handicap der sozialen Lerntheorie darstellte.

Schließlich liefert das eben umrissene Entwicklungsszenario auch eine plausible Interpretation der Korrelationen, die im Kontext von Untersuchungen zu Kohlbergs Theorie gefunden wurden. Wie oben Seite 81 ausgeführt, scheinen Kinder, die früher über die Geschlechtszugehörigkeit bei anderen und sich selbst Bescheid wissen, auch eher die einschlägigen Stereotypen zu kennen. Die Frage ist aber, woher diese Frühentwicklung rührt. Es könnte sich beispielsweise um Kinder handeln, bei denen das Interesse an geschlechtstypischen Aktivitäten von der Anlage her besonders stark ausgeprägt ist. Sie würden dann emotional intensiver zwischen eigen- und gegengeschlechtlichen Charakteristiken unterscheiden und infolgedessen wohl auch die in Frage stehenden Kenntnisse rascher erwerben. Ob diese Deutung zutrifft, lässt sich dem Material nachträglich nicht mehr entnehmen; es kommt hier aber nur darauf an, dass die Entwicklungsreihe nicht, wie Kohlberg und die Geschlechtsschema-Theorie in kognitivistischer Manier als selbstverständlich voraussetzen, von der Kenntnis der Geschlechtsidentität über den Erwerb der Stereotypen zur Präferenz für geschlechtstypische Aktivitäten verlaufen muss, sondern dass die Letztere durchaus auch am Anfang der Entwicklung stehen und dann ihrerseits den Erwerb der in Frage stehenden Kenntnisse kanalisieren könnte.

Auch dass Kinder das eigene Geschlecht und alles, was dazu gehört, höher bewerten, setzt nicht, wie Kohlberg meint, die Kenntnis der Geschlechtszugehörigkeit voraus. Diese ist ja erst im dritten Jahr verfügbar; wie wir inzwischen aber wissen, treten die Präferenzen schon beim Einjährigen auf.

Das Dilemma lässt sich auflösen, wenn wir als Grundlage für die Beurteilung nicht die bewusste, rationale Einsicht in die eigene Geschlechtszugehörigkeit und in die damit verbundene Rolle annehmen, sondern von einer durch angelegte Neigungen fundierten *emotionalen Bewertung* ausgehen, die unreflektiert vollzogen wird und bei den Gefühlsqualitäten wie „spannend“, „anziehend“, „aufregend“, „lustbringend“ für das Eigengeschlechtliche und „langweilig“, „ängstigend“, „befremdlich“ für das Gegengeschlechtliche eine Rolle spielen.

Wie nochmals hervorgehoben sei, setzt der hier vorgestellte ontogenetische Entwurf nicht voraus, dass die angeborenen Präferenzen geschlechts*spezifisch* sind, also ausschließlich bei Jungen oder bei Mädchen auftreten. Ihre Verteilung über die Geschlechter kann sich durchaus überlappen. Es genügt, wenn auf jeder Seite die Mehrzahl der Beteiligten die genannten geschlechts*typischen* Vorlieben zeigt und sich zu entsprechenden Aktivitäten zusammenfindet. Damit wird *anschaulich* deutlich, was buben- bzw. mädchenhaft ist. Die übrigen, dispositionell nicht so eindeutigen Kinder werden mehr oder weniger mitgezogen. Dabei wird der Druck der Spielgefährten wirksam, der die potentiellen Abweichler durch Hänseln von gegengeschlechtlichen Aktivitäten zurückhält, oder aber, wenn sie an solchen Aktivitäten festhalten, vom Mitspielen ausschließt. Weder das Bewusstsein der Geschlechtsidentität noch vollends ein explizites Wissen, was sich für Jungen oder Mädchen „gehört", sind für diese Prozesse erforderlich, wenngleich natürlich außer Frage steht, dass beide Faktoren *zusätzlich* wirksam werden, sobald der Stand der kognitiven Entwicklung dies erlaubt.

Interessanterweise sind Kinder, deren Verhalten vom geschlechtstypischen Muster *abweicht,* nicht unbedingt vom Eigenschaftsprofil her dem anderen Geschlecht ähnlich[4]. Es sind also nicht in erster Linie die eher femininen Buben, die mit Mädchen spielen, oder die besonders assertiven und aktiven Mädchen, die Anschluss an Jungen suchen. Im Gegenteil, meist ist bei den aktiven Mädchen der Segregationswunsch besonders intensiv. Ob man allerdings mit Maccoby so weit gehen kann, daraus abzuleiten, die Segregation sei ausschließlich auf das Bewusstsein der Geschlechtsidentität zurückzuführen, erscheint doch fraglich und wird von Maccoby in ihrem neuesten Buch auch nicht mehr behauptet[5]. Näher läge, dass solche Mädchen aufgrund ihrer Art häufiger bei Jungen anecken und deshalb lernen, sie zu meiden und ein ausgeprägteres Fremdstereotyp auszubilden.

Welche Mechanismen dabei auch immer eine Rolle spielen, der Einfluss der Gleichaltrigen profiliert die Unterschiede wahrscheinlich mehr als die Geschlechtsrollenvorstellungen erwachsener Erziehungspersonen. Hinzu kommt, dass gerade im Vorschulalter aufgrund des generellen kognitiven Entwicklungsniveaus eine Tendenz zu vergröbernder Verallgemeinerung vorherrscht, die der gesellschaftlich verordneten Dichotomisierung der Geschlechtsrollenaufteilung entgegenkommt. Selbst wenn jemand im unerschütterlichen Glauben an soziale Konstruierbarkeit versuchen wollte, den Kindern einzureden, es gäbe nur ein einziges Geschlecht, würde das Vorschulkinder kaum hindern, einfach aufgrund ihrer geschlechtstypischen Neigungen und der Art, wie sie das Verhalten der Spielgefährten einschätzen, spontan und unvermeidlich eine Aufteilung in zwei Geschlechter vorzunehmen und dies auch sprachlich zu artikulieren.

Das Problem der Diskriminierung

Nach dem dargestellten Modell bereitet sich die Übernahme der Geschlechtsrolle durch prärationale Prozesse vor, wobei angeborene Präferenzen für bestimmte Verhaltensmuster zunächst auf rein emotionaler Basis soziale Anziehungs- und Abstoßungskräfte speisen und so zu Gruppierungen führen, an denen sich später, durch Konformitätsdruck unterstützt, kognitive Selbstinterpretation festmacht, die sich ihrerseits dann an den sozial angebotenen Stereotypen orientiert.

Dabei tritt nun aber noch ein weiterer Effekt ein, und der ist wenig erfreulich. Die Eigen- und Fremdstereotypen beinhalten nämlich nicht nur bloße Tatsachenbehauptungen, sondern auch eine *Bewertung*, und zwar nicht nur symmetrisch zugunsten des eigenen und zuungunsten des anderen Geschlechts, sondern auch asymmetrisch zum Nachteil der Frauen. Damit kommen wir zu einem Phänomen, das vor allem im dritten Teil des Buches immer wieder zur Sprache kam: der *Diskriminierung.*

Für deren Verständnis erinnern wir uns, dass die Konfrontation mit dem anderen Geschlecht nicht nur zu einer Profilierung der Unterschiede führt, sondern sich auch verschieden auf das *Selbstvertrauen* auswirkt und dies zuungunsten des

4 Maccoby & Jacklin, 1987; Maccoby, 1988
5 Maccoby, 2000

weiblichen Geschlechts. Mädchen schätzen die eigene Kompetenz geringer ein, sie schreiben sich Misserfolg selbst zu, fürchten sich vor Erfolg, allerdings noch mehr vor dem Versagen, sie neigen dazu, ihr Licht unter den Scheffel zu stellen, auch wenn sie Anerkennung erhalten, und sie geben bei Misslingen eher auf. Demgegenüber verfügen Jungen in der Regel über ein kaum zu beeinträchtigendes Selbstwertgefühl, sie geben an, überschätzen sich selbst und sind überzeugt, den Lauf der Dinge selbst zu kontrollieren. Diese unterschiedlichen Haltungen können vor allem dann zu verhängnisvollen Effekten führen, wenn die Geschlechter miteinander in Konkurrenz treten. Dabei ziehen die Frauen häufig den kürzeren, sei es, weil sie durch die rigoroseren Methoden der Männer überrollt werden, sei es, dass sie sich selbst ins Abseits manövrieren, indem sie sich imponieren lassen und dünnhäutiger auf Misserfolge reagieren.

Die Erziehung und die generelle Einstellung der Gesellschaft leisten dieser Entwicklung Vorschub. Männliche Tätigkeiten werden höher bewertet, erfahren mehr Aufmerksamkeit. Erfolg in diesen Bereichen polstert daher das Selbstwertgefühl. Weibliche Tätigkeiten werden weniger beachtet, als selbstverständlicher hingenommen, geringer geschätzt, das führt zu Selbstwerteinbuße. Diese Bewertungsunterschiede sollte man nicht einfach gedankenlos unter der Rubrik Stereotypen verbuchen. Stereotypen sind schließlich nicht vom Himmel gefallen. Solange sie neutrale Inhalte betreffen, kann man sie immerhin als Kognitionsleistungen der naiven Psychologie erklären; wenn es aber ums Bewerten geht, ist es an der Zeit, genauer nach den Ursachen zu fragen.

Eine solche Ursachenanalyse haben wir im dritten Teil des Buches versucht, mit einem zur Besorgnis Anlass gebenden Ergebnis. Das Wertgefälle zuungunsten der Frau erschloss sich dabei nämlich als eine weitere Konsequenz unseres phylogenetischen Erbes, genauer gesagt, des ständigen Konkurrenzdrucks im männlichen Geschlecht. Dieser hat zweierlei bewirkt: Er hat erstens die Neigung zum Imponieren begünstigt, was Männer zu Spezialisten in der Selbstdarstellung werden ließ. Und zweitens wurden sie selektioniert, etwas zu riskieren, alles auf eine Karte zu setzen und auch bei Misserfolgen nicht aus dem Rampenlicht zu treten, alles Eigenschaften, die ihnen gewissermaßen ständig die Schlagzeile sichern und damit allein schon Ansehen begünstigen.

Die Bereiche, in denen Frauen ihre Kompetenz erweisen, sind unauffälliger und damit weniger geeignet, Prestige einzubringen. Frauen tragen primär die Verantwortung für die Kinder und andere ihrer Obhut anvertraute, für das Funktionieren persönlicher Beziehungen, für das soziale Netz. Behutsamkeit und Einfühlungsvermögen kennzeichnen ihr Vorgehen. Dass sie in allen Kulturen auch einen mehr oder minder wichtigen Beitrag zum Unterhalt der Familie leisten, also faktisch berufstätig sind und darin ebenfalls Kompetenz beweisen, bleibt allzu leicht unbemerkt.

Wenn kleine Jungen schon von den ersten Lebensmonaten an allein durch ihre Umtriebigkeit, ihren Ungehorsam und ihr risikoträchtiges Verhalten mehr Beachtung auf sich ziehen als Mädchen, so fangen damit für sie die Erfahrungen eigenen Bewirkens an, die letztlich im hohen Selbstwertgefühl ihren Niederschlag finden. Mädchen dagegen fallen mit ihrem Verhaltensstil weniger auf. Schon als Babys sind sie „pflegeleichter", sie vermitteln den Müttern den Eindruck einer reibungsloseren Interaktion. Wenn kleine Mädchen Beachtung auf sich ziehen, dann nicht, weil sie etwas Spektakuläres unternehmen, sondern weil sie niedlich aussehen. Da diese Form der Beachtung aber wenig mit dem eigenen Können zu tun hat, ist sie auch weniger geeignet, zum Selbstwertgefühl beizutragen. Dasselbe gilt, wenn die Mädchen sich später als erwachsene Frauen „schön machen" und die Blicke auf sich ziehen.

Natürlich kann man den Kopf darüber schütteln, wie naiv es doch ist, bloße Auffälligkeit mit Ansehen und dieses mit einer höheren Einstufung auf der Wertskala zu koppeln; aber das kann man sich noch so lange vorsagen – die basaleren Partien unseres Gehirns reagieren nun einmal so. Sie werden also auch nicht so ohne Weiteres aufhören, sich vom typisch männlichen Verhaltensstil imponieren zu lassen.

27 Wie soll es weitergehen?

Wie soll die Frau Beruf und Mutterschaft vereinigen?

Wenn ich in Vorträgen über das Thema dieses Buches zu der im letzten Kapitel gezogenen Bilanz komme, wird in der Diskussion meistens die Frage vorgebracht, ob es denn überhaupt einen Sinn habe, etwas ändern zu wollen. Nun wird man aus guten Gründen zwischen Diagnose und Therapie unterscheiden müssen; die Erstere ist unerlässlich als Vorbereitung der Letzteren und verliert nicht ihren Sinn, wenn die daraus zu ziehenden praktischen Konsequenzen noch umstritten sind.

Die Diagnose lässt unter anderem deutlich werden, dass der Wunsch vieler Frauen, sich beruflich zu betätigen, aus natürlich angelegten Neigungen erwächst und daher zu berücksichtigen ist, wenn beiden Geschlechtern gleiche Lebensqualität zustehen soll. Der Wunsch nach Familie und Kindern ist bei der Mehrzahl der Frauen und durchaus auch bei Männern aber nicht minder stark. So gaben um die Jahrtausendwende über 80 % der Befragten – weibliche wie männliche – in Deutschland an, dass sie sich Partnerschaft und Familie wünschen und als eines der wichtigsten Lebensziele ansehen, 2010 äußerten sich 76 % der Jugendlichen entsprechend[1]. Und in der Tat, wie einschlägige Untersuchungen belegen, tragen Ehe und Familie nach wie vor weit mehr zum persönlichen Glücksempfinden bei als beruflicher und finanzieller Erfolg, auch wenn neuerdings behauptet wird, die Betroffenen redeten sich das nur ein. Dass die Realität etwas weniger rosig aussieht, die Zahl der Singles zunimmt, Scheidungen an der Tagesordnung sind und ein gewisser Prozentsatz von Frauen ganz auf Kinder verzichtet, hat sicher vielfältigere Ursachen als nur die Problematik, wie man Beruf und Familie vereinbaren kann, wenngleich dies zweifelsohne ein Konfliktfaktor von hohem Gewicht ist[2]. Neben dem Mangel an Betreuungsmöglichkeiten für die Kinder besteht nach wie vor nur eine zögerliche Bereitschaft, Teilzeitjobs oder gleitende Arbeitszeiten einzurichten, und Karrierebeeinträchtigung bei Unterbrechung der Berufstätigkeit auszuräumen.

Die politische Lösung dieses Problems wird derzeit primär darin gesehen, den Frauen – und sei es mithilfe einer Quote – gleichberechtigten Zugang zu allen Berufssparten und den damit verbundenen Aufstiegsmöglichkeiten zu verschaffen. Ziel ist Vollbeschäftigung beider Geschlechter bei gleichgewichtiger Verteilung auf alle Berufe und Positionen. Um das Dilemma zwischen Beruf und Familie zu lösen, forciert man den Ausbau der ganztägigen Betreuung der Kinder, die möglichst schon im ersten Lebensjahr einsetzen soll. Nun zeichnen sich aber Entwicklungen ab, die dafür sensibilisieren sollten, dass es ganz so einfach vielleicht doch nicht geht. Schließlich gibt es auch Eltern und insbesondere Mütter, die sich nicht nur wegen widriger äußerer Umstände um ihre Kinder kümmern, sondern denen dies, wie vor allem im 24. Kapitel deutlich gemacht wurde, ein tiefer gehendes zentrales Anliegen ist. Das sollte man nicht mit dem Hinweis auf die Wirksamkeit traditioneller Stereotype abtun, die es eben endlich zu überwinden gelte, sondern im Sinne der Geschlechtergerechtigkeit ebenfalls ernst nehmen, was allerdings bedeutet, dass Patentrezepte für die Vereinbarkeit von Familie und Beruf nicht ohne Weiteres zur Verfügung stehen. Vielmehr müssen Lösungen für die jeweiligen Verhältnisse maßgeschneidert werden. Diesbezügliche Experimente sind in vollem Gange und es ist natürlich in hohem Maße wissenswert, wie sie sich bewähren und mit welchen Kosten sie verbunden sind.

---

1 Shell Studie 2010

2 Hollstein, 2004

Erinnern wir uns noch einmal an die Ergebnisse von Spiro aus dem Kibbuz, von denen im 13. Kapitel berichtet wurde. Was auch immer man dagegen einwenden könnte, das Experiment hatte den Vorzug, dass es gemeinschaftlich durchgeführt wurde, dass also zumindest innerhalb der Organisation dieser bestimmten Siedlung alle Mitglieder mehr oder minder das gleiche Ideal zu verwirklichen suchten. Anders verhält es sich mit Ehepaaren, die neue Formen des Zusammenlebens innerhalb traditioneller Gesellschaften erproben. Sie sind immer noch in der Minderzahl, haben kaum Vorbilder, aber wenigstens ist der gesellschaftliche Gegenwind abgeflaut und sie werden nicht mehr als Außenseiter angesehen. Rollentausch oder gleiche Verteilung der Familien- und Berufsarbeit auf beide Ehepartner ist nach wie vor mit einer Reihe von Problemen behaftet, die zum Teil mit den angedeuteten äußeren Widrigkeiten zusammenhängen, sich aber auch aus psychologischen Reaktionen der Beteiligten ergeben. Diesen Aspekten wollen wir etwas genauer nachgehen.

Befragungsergebnisse zur derzeitigen Situation

Wie stellen sich moderne Frauen zum Problem der Vereinbarung von Familien- und Berufsarbeit, in welcher Akzentsetzung integrieren sie beide in ihre Identität und worin suchen sie Befriedigung? Hierzu gibt es Befragungen und sie ergaben unter andrem interessante kulturabhängige Varianten.

In den USA und in Großbritannien zeichnen sich in der Lebensplanung von Frauen bestimmte Präferenzen ab, was die Soziologin Catherine Hakim von der London School of Economics dazu veranlasste, drei weibliche Orientierungen zu unterscheiden, die sie wie folgt charakterisiert[3]:

1. *Kinder-* bzw. *familienorientierte* Frauen befinden sich mit etwa 10–30 % in der Minderzahl. Obwohl sie nicht selten eine gute Ausbildung haben, sehen sie diese nicht als Sprungbrett für eine Karriere sondern räumen nach der Heirat der Familie und der Privatsphäre einen Vorrang ein und verzichten darauf, Geld zu verdienen, wenn nicht finanzielle Probleme es erfordern. Berufstätigkeit gehört also nicht zum Lebensplan dieser Frauen. Sie sind fürsorglich eingestellt, nicht kompetitiv, am Gemeindeleben interessiert und legen Wert auf Zusammenhalt.
2. *Anpassungsorientierte* Frauen stellen mit etwa 60 % den Hauptanteil der Frauen. Sie wollen Berufstätigkeit und Familienarbeit kombinieren, ohne sich auf die Priorität des einen oder des anderen festzulegen. Beruflich bevorzugen sie Positionen bzw. Arbeitsbedingungen, die sich am besten mit diesem Ziel vereinbaren lassen wie z. B. die Tätigkeit als Lehrerin. Besonders attraktiv sind Teilzeitbeschäftigungen und sofern diese zur Verfügung stehen, werden sie von den Frauen in allen Berufssparten wahrgenommen. Ergibt sich diese Möglichkeit nicht, entscheiden sich die Frauen für saisonale Beschäftigungen, Zeitarbeit oder wenn es gar nicht anders geht, für eine Vollbeschäftigung mit der Tendenz, diese für eine Weile aufzugeben, vor allem wenn sich mehrere Kinder einstellen.
3. *Berufsorientierte* Frauen sind häufig nicht verheiratet, oder wenn, dann haben sie oft keine Kinder oder nur ein Kind. Sie sind gut ausgebildet, ehrgeizig, karriereorientiert und stellen sich dem Wettbewerb, der für einen Aufstieg meist vorausgesetzt wird, und der Forderung nach vollem Einsatz aller Kräfte. Das Familienleben, so es denn eines gibt, muss sich der Berufstätigkeit anpassen. Obwohl Frauen der Zugang zu prestigeträchtigen Positionen, wie etwa als Vorgesetzte und Managerin, nicht mehr verwehrt wird, sind eindeutig berufs-

[3] Hakim, 2007

orientierte Frauen mit nur etwa 10–30 % in der Minderzahl. Hakim führt das darauf zurück, dass prestigeträchtige Positionen mit Tätigkeitsmerkmalen verbunden seien, die sich schwerlich erfüllen ließen, wenn man gleichzeitig noch auf eine Familie hin orientiert ist. Als typische Merkmale hochkarätiger Karrieren nennt sie vollen Arbeitseinsatz, längere Arbeitszeiten, Bereitschaft zu Überstunden, häufige Reisen, Krisenmanagement, die Einhaltung von Terminen und die Verantwortung für Mitarbeiter. Weil nur eine vergleichsweise geringe Zahl von Frauen zu einem solch hohen Einsatz bereit wäre, diese Merkmale sich aber in bestimmten Berufssparten und -positionen auch schwerlich abändern ließen, würden Männer nach Ansicht der Autorin immer einen Vorteil haben und deshalb werde sich an der ungleichgewichtigen Verteilung der Geschlechter in diesen Positionen auch nichts Wesentliches ändern.

Die Einteilung in diese drei Typen lässt sich vermutlich auf ganz Europa übertragen, wobei die relativen Anteile variieren mögen, aber doch in der Größenordnung zutreffen dürften. Die Verteilung lässt deutlich werden, dass die „neue“ Frau, die *ausschließlich* im Beruf ihre Erfüllung sieht, wie auch die reine Familienmutter wohl eher die Minderheit darstellen. Frauen scheinen vielmehr in den verschiedenen Lebensabschnitten unterschiedliche Präferenzen zu entwickeln und haben sich nur insofern von traditionellen Vorstellungen entfernt, als sie mehrheitlich nicht ausschließlich in der Mutterrolle aufgehen wollen. Diese bleibt aber für die meisten nach wie vor eine tragende und wertstiftende Säule der eigenen Identität und daran hat sich auch in den letzten zwei Jahrzehnten kaum etwas geändert[4].

Nun kann man einwenden, diese Zahlen spiegelten lediglich äußere Engpässe wider, insbesondere das unzureichende Angebot an Fremdbetreuung für die Kinder. Die Frauen würden nichts lieber machen, als ihre Kinder möglichst bald nach der Geburt abzugeben, um ihre Karriere weiter verfolgen zu können, wie die von verschiedenen Instanzen immer wieder vorgebrachte Forderung nach dem Ausbau entsprechender Einrichtungen unterstellt. Derzeit beträgt der Prozentsatz der unter dreijährigen Krippenkinder in den meisten europäischen Ländern höchstens um die 20 %, in Frankreich, Schweden, Belgien und Spanien um die 40 %, nur in Dänemark und den Niederlanden liegt er darüber. Die Frequentierung von Kindertagesstätten durch Drei- bis Sechsjährige ist hingegen durchgängig höher[5]. Die Bilanz ist also, was krippenbetreute Kleinkinder betrifft, für viele Mütter wahrscheinlich alles andere als befriedigend. Andererseits fragt es sich natürlich, wie viele Eltern ihre Babys tatsächlich in Fremdbetreuung geben würden, wenn ein entsprechendes Angebot vorhanden wäre. In dieser Hinsicht stimmt z. B. folgender Befund nachdenklich: In den Ländern Frankreich und Schweden, die in Deutschland als beispielhaft für die Ganztagsbetreuung von Kleinkindern dargestellt werden, zeichnet sich derzeit eine Entwicklung ab, die in genau die andere Richtung weist. Frankreich gilt als das Land, das Müttern angeblich himmlische Verhältnisse für ihre berufliche Karriere bereitet. Tatsächlich bleiben etwa genauso viel Mütter zu Hause, um ihre Kleinkinder zu betreuen wie in Deutschland, und immer mehr Eltern, auch solche, die Ganztagsbetreuung nutzen, erheben die Forderung nach mehr Teilzeitbeschäftigung und flexibleren Arbeitszeiten, um mehr Zeit für die Familie zu haben[6]. Elisabeth Badinter, die mit ihrem Buch „Mutterliebe“ mit dem angeblichen Mythos eines Mutterinstinkts aufgeräumt zu haben glaubt, erregte sich in einem Interview in der Süddeutschen Zeitung denn auch ziemlich über junge französische Mütter, die es

4 Rhoads, 2004
5 Europäische Kommission, 2010
6 Brüning, Süddeutsche Zeitung, 14.2.09

neuerdings ausgesprochen befriedigend fänden, sich um ihre Babys zu kümmern und diese zu stillen[7]. Auch in Schweden gilt Vollzeitbeschäftigung beider Eltern inzwischen nicht mehr unbedingt als das Ideal. Eltern bekommen drei Jahre lang ein Betreuungsgeld, wenn sie ihre Babys selbst betreuen wollen und danach haben sie einen Anspruch auf Teilzeitjobs. Schwedische Frauen sehen ihre berufliche Selbstverwirklichung denn auch mehrheitlich in Teilzeitbeschäftigung und nicht in einer eigentlichen Karriere. Am fehlenden Betreuungsangebot kann das aber nicht liegen.

Befunden aus Schweden, Finnland, Deutschland, Ungarn und Österreich zufolge, sind Frauen dieser Länder sich darin einig, dass sie die Mutterrolle genießen und die Möglichkeit eingeräumt haben wollen, diese auch zu verwirklichen, etwa in Form von Mutterschaftsurlaub. Dabei wünschen sie einen finanziellen Ausgleich für die Familienarbeit bzw. eine Arbeitsplatzgarantie. Eine besonders starke Identifizierung mit der häuslichen Rolle findet sich in Finnland, Ungarn und Österreich, wobei in den beiden ersten Ländern die Frauen mit Selbstverständlichkeit auch berufstätig sind. Als besonders selbstbewusst erwiesen sich die Hausfrauen und Mütter in Österreich, für die es kein Problem darzustellen scheint, die Berufstätigkeit zugunsten der Familienarbeit aufzugeben[8].

In Deutschland ist die Einstellung in der Frage Familien- oder Berufsidentität komplizierter, wie Schmidt-Denter ausführt[9]. Die Diskussion ist durch eine Polarisierung innerhalb des Frauenlagers gekennzeichnet; das Konfliktniveau ist hoch, die Auseinandersetzungen werden aggressiv geführt und es fehlt der gesellschaftliche Konsens. Es besteht eine Diskrepanz zwischen den Präferenzen von Frauen und den Leitbildern, die öffentlich propagiert und politisch gefördert werden. Derzeit gilt die berufsorientierte Frau eindeutig als die Favoritin, „Hausfrau und Mutter“ dagegen darf man gar nicht laut sagen, man sieht das unter anderem an den Debatten um das Elterngeld. Einer relativ großen Gruppe von Nur-Hausfrauen steht die Gruppe der Berufstätigen gegenüber. Beide Gruppen zeigen sich ambivalent gegenüber beiden Rollen und stellen in Frage, ob sie das Richtige machen. Nur-Hausfrauen haben ein niedrigeres Selbstbewusstsein als die Mütter in den anderen Ländern, wenn die Familienarbeit in den letzten Jahren auch eine Aufwertung in der Beurteilung erfahren hat[10]. Berufstätige müssen immer noch dagegen ankämpfen, sich als „Rabenmütter“ zu fühlen und ein schlechtes Gewissen zu haben. Vielfach wird die Berufstätigkeit nicht als etwas gesehen, das man ausübt, weil es Spaß macht, sondern eher als „Bekenntnis“.

Bei der Frage, woher soviel Unzufriedenheit gerade bei den deutschen Frauen rühren könnte, führt Schmidt-Denter an, dass hierzulande eine Scheu bestünde, die Lebensgestaltung nach individuellen Bedürfnissen auszurichten. Es herrschte vielmehr der Zwang, sich ständig selbst zu hinterfragen, als gäbe es objektiv richtige Lösungen. Hinzu käme eine Polarisierung in der öffentlichen Meinung, bei der beide Rollen abgewertet würden, sodass sie nicht wie in den anderen Ländern als vollwertige Identitätsaspekte einer Person gälten. Das äußert sich etwa in der Frage der Förderung von Teilzeitjobs und Mutterschaftsurlaub, die in anderen Ländern als politische Maßnahmen selbstverständlich propagiert werden. Linksorientierte Kreise sehen darin eine Diskriminierung, die Rechten dagegen finden sowieso, die Frau solle zu Hause bleiben. Dadurch wird natürlich die Rollenflexibilität nicht nur konkret erschwert, sondern auch noch mit negativen Bewertungen besetzt.

---

[7] Interview mit J. Rubner, Südd. Zeitung 28./29.8.2010

[8] Erler et al., 1983; Nickel & Quaiser, 2001

[9] Schmidt-Denter, 1994

[10] Hollstein, 2004

Rollentausch funktioniert schlecht

Nun gibt es inzwischen eine, wenn auch nicht sehr große Anzahl von Ehepaaren, die neue Rollenkonzepte verwirklichen, und es liegen diesbezüglich genug Daten vor, die eine erste Evaluation erlauben, was sich bewährt hat, wo es zum Scheitern kam, und worin die Ursachen hierfür zu suchen sind. Lewis und O'Brien haben einschlägige Untersuchungen aus England, Australien und Schweden zusammengefasst[11]. In Deutschland gibt es eine Untersuchung von Prenzel und Strümpel[12].

Es ist eine unbestreitbare Tatsache, dass sich in der *Einstellung* der Geschlechter zur Partnerschaft in den letzten 25 Jahren entscheidendes geändert hat. Männer finden es richtig, dass Frauen sich beruflich verwirklichen, wünschen sich ein partnerschaftlicheres Verhältnis, wollen sich mehr mit ihren Kindern abgeben und äußern generell mehr Interesse an der Freizeit. Für die Frauen ist der Gedanke der beruflichen Selbstverwirklichung zu einer Selbstverständlichkeit geworden, sie fordern die Beteiligung der Männer an der Familienarbeit und sind nicht mehr ohne Weiteres bereit, sich für die Karriere des Mannes zu opfern. Wenn man dann aber die tatsächlichen Verhältnisse in Betracht zieht, dann hat sich an der traditionellen Rollenaufteilung wenig geändert[13]. Ein gutes Beispiel hierfür ist die Elternzeit nach der Geburt eines Kindes, die sich die Eltern in Schweden schon länger und seit einiger Zeit auch in Deutschland aufteilen können. Letztlich funktioniert das nur mit der Androhung finanzieller Einbußen, wenn die Väter sich nicht wenigstens für einen gewissen Zeitabschnitt beteiligen. In Schweden hatte man auch einmal mit einem staatlichen Förderungsprogramm versucht, die Männer zu motivieren, was aber nicht viel brachte.

Mütter, die berufstätig sind, haben immer noch sowohl im Haushalt als auch bei der Kinderbetreuung den Hauptanteil der Arbeit zu leisten. Dass Männer mit Teilzeitbeschäftigung sich gleichwertig an den Aufgaben innerhalb der Familie beteiligen oder gar als Hausmann fungieren, ist eher die Ausnahme. Die Arbeitsteilung bleibt aber auch unter solchen Bedingungen häufig ungleichgewichtig. Selbst mit vollzeitlich als Hausmann beschäftigten Partnern leisten berufstätige Ehefrauen immer noch mehr an Hausarbeit als die berufstätigen Ehemänner bei umgekehrter Rollenverteilung. Das hängt natürlich mit alteingefahrenen Vorstellungen zusammen. Aber die Tatsache, dass Mütter sich gerade in Bezug auf die Kinderbetreuung nichts entgehen lassen möchten, ist auch nicht zu unterschätzen, das hat auch das schwedische Beispiel gezeigt. So geben Frauen nicht selten an, sie befürchteten, sich den Kindern zu entfremden, oder sie sind mit der Weise, wie die Männer die Familienarbeit machen, nicht zufrieden. Bei einer in Australien durchgeführten Untersuchung, die sich über längere Zeiträume erstreckte, zeichnete sich ziemlich deutlich ab, dass es sich beim Engagement der Männer in der Familienarbeit mehrheitlich um vorübergehende Lösungen handelte und dass die Ehepaare meistens schon nach fünf Jahren zur traditionellen Rollenverteilung zurückgekehrt waren[14].

Wie Prenzel und Strümpel in ihrer Untersuchung in Deutschland feststellten, waren die Hausmänner, was die Motivation betrifft, am unzufriedensten. Dabei wurden bei der Stichprobe nur solche Männer berücksichtigt, die sich zu dieser Rolle aus freien Stücken entschlossen hatten. In manchen Fällen mögen allerdings finanzielle oder sonstige äußere Bedingungen mitgespielt haben, etwa dass die Frau mehr verdiente, oder dass kein befriedigender Teilzeitjob zu finden war; die

11 Lewis & O'Brien, 1987
12 Prenzel & Strümpel, 1990
13 Vgl. auch Maccoby, 2000; Rhoads, 2004; Hollstein, 2004; Helfferich & Fichtner, 2001
14 Russell, 1987

Entscheidung war in diesen Fällen also wohl nicht ganz freiwillig. Als Gründe für die Unzufriedenheit gaben die Hausmänner an, von anderen schief angesehen zu werden, zu wenig Kontakt zu haben, keine Bestätigung für ihre Tätigkeit zu erhalten. Sie litten unter der Monotonie und fühlten sich unausgefüllt. Das Engagement in der Familienarbeit erlahmte schnell und nur jeder vierte sah die Hausmannstätigkeit als längerfristige Perspektive. Eine Studie aus dem Jahre 1997 kommt zu einem positiveren Ergebnis. Hierbei handelte es sich aber um Männer, für die von vorne herein klar war, dass ihre Familientätigkeit befristet sein würde.[15]

Nun würde manche Frau natürlich einwenden, das Argument des Nicht-Ausgefülltseins und der mangelnden Anerkennung träfe ebenso auch für die Hausfrau zu. Hier wäre es wichtig, zu wissen, wie hoch der Prozentsatz unzufriedener Familienmütter tatsächlich ist. Die oben angeführten Einstellungen von Frauen zu Beruf und Familie sprechen eher dagegen, dass es sich um einen höheren Anteil der weiblichen Bevölkerung handelt.

In Bezug auf den völligen Rollentausch muss auch berücksichtigt werden, dass die Mehrzahl von Frauen den reinen Hausmann *unattraktiv* findet. So konnten sich vier von fünf Frauen in Führungspositionen nicht vorstellen, mit einem Hausmann zusammenzuleben[16]. Dies verwundert nicht, wenn man die im 13. Kapitel berichteten Ergebnisse von Buss berücksichtigt, denen zufolge Frauen bei potentiellen Partnern besonderen Wert darauf legen, dass diese sich durchsetzen können und ein gutes Fortkommen haben. Wenn dieses Partnerleitbild aber eben auch für erfolgreiche Managerinnen gilt, dann dürfte seine Quelle kaum allein darin liegen, dass die Frauen eben dazu erzogen sind, vom Mann materielle Versorgung zu erwarten.

Allein erziehende Mütter

Nun ist der Rollentausch eine eher extreme Lösung. Bevor ich jedoch auf Möglichkeiten des Kompromisses zwischen alten Rollenvorstellungen und modernen Lebensformen zu sprechen komme, möchte ich zuerst auf einen auch eher extremen Versuch eingehen, den Problemen auszuweichen, die sich beim Zusammenleben in einer Partnerschaft ergeben. Seit einiger Zeit wird propagiert, das Heil für Frauen liege darin, ganz ohne Mann auszukommen und den Status der *allein erziehenden Mutter* zu wählen. Um nicht missverstanden zu werden: Ich spreche hier nicht von den Frauen, die notgedrungen allein erziehen *müssen*, sondern von einem Ideal femininer Selbstverwirklichung, das dem Kind aus freien Stücken die Erfahrung vorenthält, einen Vater zu haben.

Den Schwierigkeiten, die aus der Partnerschaft erwachsen, geht man damit gewiss aus dem Weg, und das Bewusstsein der Selbstbestimmung und Autonomie ist sicher uneingeschränkter gewährleistet als in einer Zweierbeziehung. Ob aber dem Wohl des Kindes gedient ist oder wenigstens seine Betreuung einfacher wird, bleibt zu bezweifeln. Das Kind muss auf jeden Fall, da die Mutter ja den Lebensunterhalt zu verdienen hat, für etliche Stunden am Tag in Fremdbetreuung gegeben werden. Wie schon im 24. Kapitel ausgeführt, ist dagegen nichts einzuwenden, solange sichergestellt ist, dass die Art der Betreuung eine überdauernde Bindung gewährleistet, konkret, dass wenigstens eine der Betreuungspersonen – es kann sich auch um einen Mann handeln! – eine wirkliche Ersatz-„Mutter“ ist.

[15] Reiche, 1997
[16] Liebrecht, 1988

Im Übrigen mögen die vielen scheidungsbedingten Restfamilien bei diesem neuen Ideal der allein erziehenden Mutter ein trauriges Vorbild abgegeben haben, denn „es geht dort doch auch, wie man sieht". Es ist recht aufschlussreich, dass in Zeitschriftenartikeln, die über diese neue Lebensform berichten, ganze Absätze damit gefüllt sind, wie die Mütter sich mit dieser Lösung wohlfühlen (wobei abzuwarten bleibt, ob das in ein paar Jahren auch noch so aussieht!), mit keinem Wort jedoch darauf eingegangen wird, was dies für die Kinder bedeutet.

Mögen Kinder eigentlich ohne Vater aufwachsen? Stellen sich die Befürworter dieser Lebensform irgendwann einmal diese Frage? Nicht nur aus der Literatur zum Thema Scheidung, sondern auch aus Studien zu primär vaterlosen Familien weiß man, dass das Fehlen einer männlichen Bezugsperson vor allem auch für Söhne belastend sein kann und sich das Risiko, dass sie aggressiv, verhaltensauffällig, ja sogar kriminell werden, erhöht und zwar unabhängig von Einkommen und sozioökonomischem Status[17]. Von den möglichen Auswirkungen auf Töchter war auf S. 212 bereits die Rede. Nun wird in diesem Zusammenhang immer behauptet, die mehr oder minder subtilen Zerrüttungen, die einer Scheidung oft jahrelang vorausgehen, seien mindestens genauso schädlich. Die fallen bei der von vorne herein allein erziehenden Mutter natürlich weg. Dennoch halte ich es für bedenklich, das, was in Scheidungsfamilien notgedrungenermaßen funktionieren muss, zum Vorbild zu erheben. Nur weil ein gewisser Prozentsatz von Männern und Frauen zu einem bestimmten Lebensstil genötigt ist, muss der noch nicht ideal sein.

Bei kulturvergleichender Betrachtung spricht einiges dafür, dass die Natur bei der menschlichen Familie auch dem Vater einen Anteil an der parentalen Investition zugewiesen hat und wie wir im 23. Kapitel gesehen haben, findet das sogar in hormonellen Prozessen seinen Ausdruck. Das heißt aber, dass Kinder von ihrer natürlichen Ausstattung her die Interaktion mit *beiden* Eltern erwarten, um sich optimal zu entfalten. Die Bedeutung der unterschiedlichen Umgangsstile von Mutter *und* Vater für die Befriedigung des Sicherheits- und Erregungsbedürfnisses insbesondere der gleichgeschlechtlichen Kinder gerade in den ersten Lebensjahren wurde im 21. Kapitel ausführlich besprochen; ein Elternteil allein kann nur mit großer Mühe beide Dimensionen abdecken. Mit dem Wegfall des Vaters verarmt die Palette des Angebots an die Kinder.

Menschen lieben es, Experimente mit anderen Menschen zu machen, vor allem mit ihren Kindern. Man kann sie kaum davon abhalten und es bleibt nichts übrig, als abzuwarten und zu hoffen, dass es kein unsanftes Erwachen gibt.

Gleichverteilung der Lasten

Eine geradezu optimale Präsenz beider Eltern ist dagegen gewährleistet, wenn diese häufig zu Hause sind, sei es weil es ihre Berufstätigkeit nahe legt, oder sei es weil sie sich die Familienarbeit teilen. Ersteres war in früheren Zeiten die Regel und ist auch heute noch in einer allerdings nur noch kleinen Zahl von Familien realisiert. Ich denke dabei an Bauernbetriebe oder an die mittelständischen, handwerklichen Berufssparten: die Bäckerei mit dem Mann in der Backstube und der Frau im Laden oder den Automechaniker, bei dem die Frau die Bürotätigkeiten übernimmt. Allerdings hat die Frau bei diesen Arrangements meist außerdem die Hausarbeit am Hals und damit doch wohl eher wieder eine Doppelbelastung. Dass beide El-

[17] Wallerstein & Kelly, 1980; Hetherington et al., 1985; Marquardt, 2005; Matzner, 2008; weitere Literatur s. Rhoads, 2004

tern daheim ihren Beruf ausüben, ist im Rückgang begriffen, wobei sich in dieser Hinsicht allerdings eine ganz neue Entwicklung anbahnt: Mit der wachsenden Zahl von Internetjobs eröffnen sich für Männer, insbesondere aber auch für Frauen Perspektiven, deren ganze Tragweite noch nicht abzuschätzen ist.

Der zweite Fall, dass die Eltern sich die Familienarbeit teilen, stellt die moderne Variante der gerade skizzierten Lebensform dar und ist kennzeichnend für die so genannten *Zwei-Karrieren-Familien.* Auch hier sind beide Partner berufstätig, wobei sie ihren Job nicht einfach nur als Mittel zum Broterwerb ansehen, sondern als wichtige Lebensaufgabe, die persönliche Erfüllung bringt. Dazu gehört, dass sie beide lebenslang ihren Beruf ausüben; in der Regel haben sie auch Kinder. Im Idealfall, der leider oft auch bei diesen Partnerschaften nicht realisiert ist, sollte die Doppelbelastung für die Frau wegfallen, denn der Partner kümmert sich ja nicht nur teilzeitlich um die Kinder, sondern erledigt auch seinen Anteil an der Hausarbeit. Das funktioniert am besten bei Akademikern, die im privaten oder öffentlichen Dienstleistungssektor tätig sind. Bis jetzt ist dieses Modell leider nur bei einem geringen Prozentsatz der Bevölkerung realisiert; in der Schweiz waren es 2003 immerhin 17 %[18].

Wie die Untersuchung von Prenzel und Strümpel belegt, bringt das teilzeitliche Engagement an der Familienarbeit den Männern eine weitaus größere Befriedigung als die Existenz eines reinen Hausmanns und bis zu einem gewissen Grad ist es auch befriedigender als die ausschließliche Berufstätigkeit. Die Väter empfinden vor allem den intensiveren Umgang mit den Kindern als Bereicherung, ebenso wie die geistige Anregung im Austausch mit der Partnerin[19].

Ganz ohne Spannungen geht es allerdings bei vielen dieser Paare nicht. Unter bestimmten Umständen kann sich diese Konstellation sogar als äußerst konfliktträchtig erweisen. Eines der Probleme ist die karrierebedingt vielfach unerlässliche Mobilität, die viele Paare inzwischen dazu nötigt, Ehen auf Distanz zu führen, sich also nur am Wochenende zu sehen. Das belastet nicht nur die Beziehung, sondern führt auch unvermeidlich dazu, dass nur einer der Partner primär für die Betreuung der Kinder verantwortlich sein kann. Ein weiteres Problem sind Karrierenachteile bei Teilzeitbeschäftigung, die gerade in Prestigeberufen, wie Hakim betont, nur schwer auszuräumen sind[20].

Nicht selten kommt es auch zu einer Konkurrenz in der Familienarbeit, denn nicht wenige Frauen empfinden die Beteiligung des Mannes als Einmischung in ihren eigensten Kompetenzbereich. Hier macht sich bemerkbar, dass die Geschlechter, wie bereits im 22. Kapitel ausgeführt, nicht darauf angelegt sind, miteinander zu konkurrieren und bisher auch immer getrennte Arbeitsbereiche hatten. Bei der zu Beginn des Abschnitts geschilderten traditionellen Zusammenarbeit von Mann und Frau in Handwerksbetrieben sind Reibungsmöglichkeiten reduziert, da jeder sich um seinen eigenen Bereich kümmert und für diesen auch die Verantwortung trägt.

Eine solche Trennung ist dagegen nicht gegeben, wenn die Partner *Jobsharing* praktizieren. Man sollte denken, dass dies eine ideale Situation ist. Leider geraten die beiden darüber aber leicht in Konkurrenz, wer der bessere ist. Das Schicksal von jungen Pfarrerehepaaren ist hier ein warnendes Beispiel, die mit einer Scheidungsrate von über 30 % nicht hinter der übrigen Bevölkerung zurückstehen. Als man diesem in kirchlichen Kreisen eher als peinlich empfundenen Tatbestand etwas genauer auf den Grund ging, stellte sich heraus, dass die Betroffenen in vielen Fällen sich nicht nur die Familienarbeit, sondern auch die Pfarrstelle teilten. Man kann sich

[18] Hollstein, 2004
[19] Siehe auch Hollstein, 2004
[20] Hakim, 2007

lebhaft vorstellen, was es für den Ehefrieden bedeutet, wenn einer von beiden in der Gemeinde der Favorit, bzw. die Favoritin ist und sich dann auch noch in der Küche und der Betreuung der Kinder anmaßt, den Ton anzugeben.

Karrierezyklen

Als wichtiges Instrument für die Konfliktreduktion erweist sich eine sorgfältige Abstimmung der *Karrierezyklen*[21]. Besonders ungünstig ist es, wenn beide Partner gleichzeitig in der Anfangsphase einer noch nicht etablierten Karriere stehen und durch die Doppelbelastung unter entsprechenden Druck geraten, sodass die Kräfte zur gegenseitigen Unterstützung nicht ausreichen. Hieraus resultiert dann auch häufig Rivalität.

Als konfliktreduzierend erwies sich dagegen eine *Phasenverschiebung* der Karrierezyklen dergestalt, dass jeweils dann, wenn einer der Partner beruflich die kritischen Aufstiegsphasen durchläuft, der andere langsamer tritt und sich verstärkt in der Familienarbeit engagiert. Wenn Kinder geplant sind, wird dieses Modell in den meisten Fällen darauf hinauslaufen, dass die Frau ihre Karriere nach dem Mann macht. Anderenfalls läuft sie Gefahr, ihre Schwangerschaften für ein Lebensalter zu projektieren, in dem das Risiko von Erbschädigungen und Aborten ansteigt bzw. Probleme mit der Fruchtbarkeit eintreten können. Auch der Umstand, dass der Mann in den meisten Fällen älter ist als die Frau, legt diese Reihenfolge nahe.

Damit kommen wir zu einer Partnerschaftsform, die unter dem Stichwort *Dreiphasenmodell* immer noch von vielen Paaren als die Lösung des Problems angesehen wird. Meist arbeitet die Frau bis zur ersten Schwangerschaft. Sie widmet sich dann der Kinderbetreuung und versorgt den Haushalt, bis das Jüngste im Kindergarten oder in der Schule ist. Danach kehrt sie wieder, wenigstens teilzeitlich, zu einer Beschäftigung zurück. Früher scheiterte der dritte Schritt häufig daran, dass die Frau keinen Job mehr fand. Mittlerweile haben gesetzliche Regelungen der Elternzeit und einer Arbeitsplatzgarantie solche äußeren Hindernisse reduziert, zumindest auf dem Papier, denn in Zeiten der Massenentlassungen mag die Fortführung der Beschäftigung im konkreten Einzelfall auf Hindernisse stoßen. Auch gehen die Aufstiegschancen mit zunehmendem Alter zurück, hier müsste auf jeden Fall eine Flexibilisierung von Altersgrenzen durchgesetzt werden.

Es sei auch nicht versäumt, darauf hinzuweisen, dass zudem innere Reibungen auftreten können, die sich aus der Psychodynamik des Modells ergeben. Betrachten wir zunächst die psychologischen Begleitumstände beim traditionellen beruflichen Werdegang des Mannes, wie sie die folgende Abbildung schematisch wiedergibt.

Nach der Ausbildungsphase tritt er im Allgemeinen direkt in die Berufstätigkeit ein. Nehmen wir an, er sei hochmotiviert, weil sich seine Berufswahl mit seinen Interessen deckt. Die Fachkompetenz ist am Beginn der Karriere eher noch bescheiden; es fehlt die praktische Erfahrung. Dieses Defizit aber machen Erfolgserwartung, Unverfrorenheit und Risikofreude wett, typisch männliche Eigenschaften, die in der Jugend noch besonders markant hervortreten. Hinzukommt, dass die Gesellschaft vom Mann den Eintritt ins Berufsleben erwartet und initiale Schwächen ebenso zu akzeptieren bereit ist wie sie einen organischen Kompetenzanstieg annimmt. Der Letztere fundiert dann mehr und mehr die Selbstgewissheit, wenn die Risikobereitschaft altersbedingt nachlässt. Auch die Motivation mag etwas abkühlen; aber insgesamt konsolidiert sich auf diese Weise doch das Bild einer stabilen beruflichen Identität.

[21] Schmidt-Denter, 1994

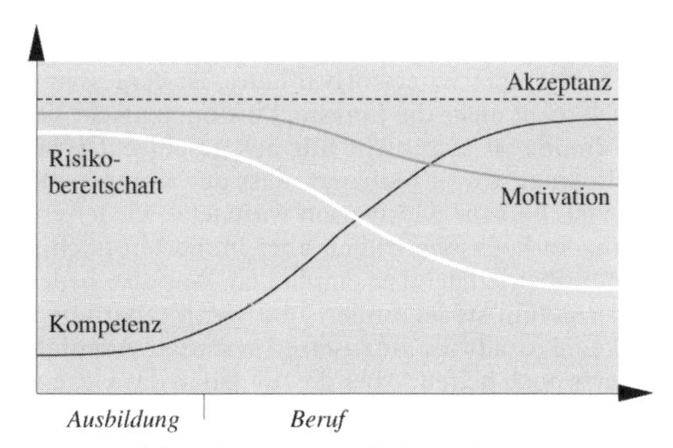

Zeitgang erfolgsrelevanter psychologischer Parameter während der männlichen Karriere

Die Situation der Frau, die Familie und Beruf auf die Reihe bringen will, ist problematischer. Am Anfang ist alles noch genauso wie beim Mann, abgesehen von einer realistischeren Selbsteinschätzung und entsprechend etwas weniger hohen Risikobereitschaft.

Dann aber, wenn die Frau sich zum Eintritt in die Familienphase entscheidet, ändern sich die Verhältnisse. Vor allem kommt es zu einem mehr oder minder ausgeprägten Wechsel in der Motivation. Die Gedanken und Gefühle beginnen, um das Kind zu kreisen und die berufliche Karriere rückt manchmal so fern, dass man sich zwingen muss, sie weiter zu verfolgen. Die endokrinologische Umstellung im letzten Drittel der Schwangerschaft unterstützt diese Verschiebung der Interessen. In der Stillzeit und wenn das Kind klein ist, ändert sich nicht viel an diesem Zustand, und womöglich kommt dann noch ein zweites.

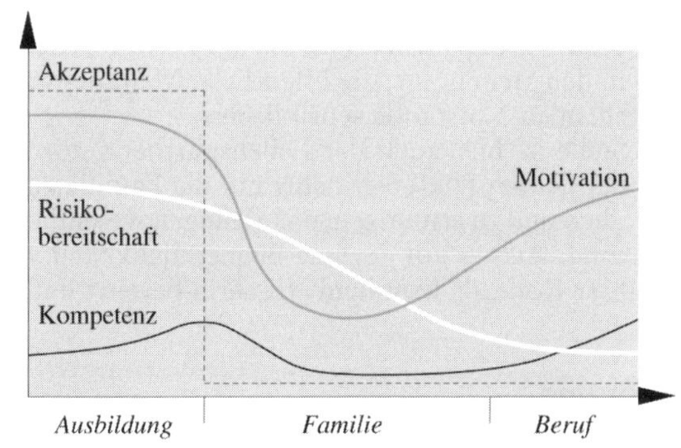

Zeitgang erfolgsrelevanter psychologischer Parameter während der weiblichen Karriere

Immerhin gehen die Jahre weiter, irgendwann sind die Kinder aus dem Gröbsten heraus, besuchen eine Kindertagesstätte oder die Schule, und es wäre an der Zeit, in die dritte, berufszentrierte Lebensphase einzusteigen. Jetzt aber ist die psychologische Situation der Frau eine wesentlich andere als beim jungen Mann am Beginn seiner Karriere. Vieles, das sie während der Ausbildung und der ersten Berufstätigkeit an Fachkompetenz erworben hatte, ist vergessen oder nicht mehr up to date. Sie ist auch nicht mehr die Jüngste, Illusionen macht sie sich nicht mehr so leicht, die Risikofreude ist also nicht nur aus geschlechtstypischen Gründen, sondern auch altersbedingt soweit reduziert, dass der Kompetenzmangel nicht so leicht zu überspielen ist. Nur die Motivation wäre jetzt wieder erwacht, vielleicht auch nicht mehr ganz so hoch wie früher, aber immerhin noch stark genug, die häusliche Existenz als unbefriedigend zu empfinden. Was aber bedeutet Motivation, wenn kein Kompetenzgefühl sie legitimiert und wenn erbarmungslos realistische Selbsteinschätzung keine rosa Brille aufzusetzen gestattet? Allenfalls die öffentliche Akzeptanz könnte jetzt noch helfen. Aber die tut genau das Gegenteil: „Der Mann verdient doch genug Geld!" „Die Kinder sind doch noch nicht aus dem Haus!" „Die Arbeitsplätze sollte man den Männern lassen!" und ähnliche Meinungen gehören, zumindest gebietsweise, immer noch zur Alltagserfahrung. Es bedarf keiner großen Fantasie, zu verstehen, warum viele Frauen an dieser Klippe scheitern oder sich mit einer Tätigkeit zufriedengeben, die ihrer eigentlichen Qualifikation nicht entspricht.

Lässt sich etwas an diesem Zustand ändern? An der beschriebenen Motivdynamik wohl nicht, es ist ja auch durchaus funktionell, wenn die Kinder eine zeitlang im Mittelpunkt stehen. Auch die Berufsmotivation wird sich zu gegebener Zeit wieder einstellen. Gegen den Kompetenzverlust dagegen muss man rechtzeitig vorgehen; und es ist jeder Frau dringend nahezulegen, es hier zu keinem Einbruch kommen zu lassen, auch wenn sich das im Einzelfall nur schwer realisieren lässt. Zunächst empfiehlt es sich, nach dem Abschluss der Ausbildung wenigstens ein paar Jahre zu arbeiten, um das Bewusstsein des beruflichen Erfolgs mit dem Selbstbild zu verbinden. Auch während der Familienphase wäre eine Teilzeitbeschäftigung anzustreben – und sei es wöchentlich auch nur mit geringer Stundenzahl –, sodass der Kompetenzeinbruch gar nicht erst eintritt; für diesen Zeitraum dürfte in jedem Fall ein Babysitter zu finden sein, sei es der Vater, die Großeltern oder eine gleichgesinnte Mutter mit einem gleichaltrigen Kind, mit der man sich abwechselt.

Wesentlich ist vor allem aber, dass sich die öffentliche Akzeptanz verbessert, und hier möchte ich bei aller Reserve gegen radikalfeministische Übertreibungen doch die Tätigkeit jener pressure groups würdigen, die in Erkenntnis des Naturgesetzes, dass ein steter Tropfen den Stein höhlt, die öffentliche Meinung ständig erneut für die noch immer bestehenden Notstände sensibilisiert.

Nicht an letzter Stelle ist hier auch der Lebenspartner gefordert, von dessen Bereitschaft, sich in der dritten Phase vermehrt um die Familie zu kümmern, den Wiedereinstieg zu bejahen und zu ermutigen, das Gelingen wesentlich abhängt, auch wenn es für ihn bedeutet, dass er auf gewisse Bequemlichkeiten verzichten muss, die ihm die Frau in ihrer Rolle als Familienbetreuerin bereitet hat.

Kreativität und Routine

Die diesem Kapitel vorangestellte Frage, wie es weitergehen soll, muss vorerst also offen bleiben. Prinzipiell ist zu vermerken, dass der Mensch so flexibel ist, dass man ihm bei entsprechendem Nachdruck so ziemlich jede Lebensform aufzwingen kann. Nun haben wir aber die Natur der Geschlechter zu einem anderen Zweck studiert. Die Frage muss nämlich lauten: Welche Lebensformen sind denkbar und politisch durchsetzbar, bei denen beide Geschlechter, ihren mutmaßlichen natürlichen Präferenzen gemäß, ein Minimum an Stress zu gewärtigen haben? Und zwar sollte dies nicht nur für die große Menge gelten, die sich typisch verhält, sondern möglichst auch für Individuen an den Rändern der Verteilung, für die vielleicht eine abweichende Existenzform die natürlichere ist.

Was bedeutet eigentlich Gleichberechtigung? Es bedeutet Recht auf Selbstverwirklichung in den Tätigkeitsfeldern, in denen die Schwerpunkte des Lebens liegen. Jede Tätigkeit aber ist aufgespannt zwischen den Polen Kreativität und Routine. Die Letztere kann entlastend sein, aber sie ist langweilig und unter Umständen entwürdigend. Zu Lebensqualität und Selbstverwirklichung trägt der andere Pol bei, wobei sogleich festzuhalten ist, dass damit nicht etwa nur künstlerische oder geistige Tätigkeiten gemeint sind. Auch der alltägliche Umgang mit Menschen, die Herausforderungen jeder nicht ganz und gar mechanischen Berufstätigkeit bringen immer wieder Gelegenheiten zu originellen Problemlösungen mit sich, aus denen man Befriedigung ziehen kann.

Das gilt durchaus auch für den häuslichen Tätigkeitsbereich, wie umgekehrt etwa die Fabrikarbeit und andere typische Männerberufe öde Routine sein können. Es ist also nicht etwa so, dass alles, was Männer machen, mit einem Kreativitätsbonus versehen ist und Frauen nur die Routine bleibt.

Andererseits kann durchaus sein, dass z. B. die mangelnde Befriedigung, die Hausmänner in ihrer Tätigkeit erleben, damit zusammenhängt, dass sie im Unterschied zu Frauen schlechter in der Lage sind, der Hausarbeit und der Kinderpflege kreative Seiten abzugewinnen. Denn ob eine Tätigkeit Routine oder Kreativität ist, hängt ja nicht von der Tätigkeit allein ab, sondern wesentlich auch von der Motivation.

Tatsache ist aber, dass heute, paradoxerweise mitbedingt durch die modernen zivilisatorischen Erleichterungen, die ehemals erfüllenden Frauentätigkeiten ihr kreatives Potential weitgehend eingebüßt haben, auch für Frauen nur noch Routine sind und daher nicht mehr befriedigen. Die logische Konsequenz ist, dass Frauen in Männerberufe drängen, nicht in erster Linie, um es Männern gleichzutun, sondern aus einem unverzichtbaren Anspruch auf Teilhabe an kreativer Selbstverwirklichung.

Die Forderung müsste also jedenfalls lauten, beiden Geschlechtern eine erfüllende, sinnvolle Lebensgestaltung zu ermöglichen, und dies möglichst zu gleichen Teilen und mit einem Minimum an Stress und Einbuße für den anderen. Was das Studium natürlicher Geschlechtsunterschiede dazu beiträgt, ist die Erkenntnis, dass dieses Ziel, so egalitär es im Effekt ist, sich nur verwirklichen lässt, wenn man Asymmetrien bei der Ausführung einplant. So gesehen ist die Erkenntnis, dass Mann und Frau von Natur aus anders sind, weder Bankrotterklärung noch ein Bekenntnis zu konservativer Repression, sondern eine notwendige Voraussetzung auf dem Wege zu einer für beide Geschlechter menschenwürdigen Existenz.

Literatur

Ainsworth, M., Blehar, M., Waters, E. & Wall, S. (1978) Patterns of attachment. Hillsdale: Erlbaum

Alexander, G. M. & Hines, M. (2002) Sex differences in response to children's toys in nonhuman primates (Cercopithecus aethiops sabaeus). Evolution and Human Behavior, 23, 467–479

Alfermann, D. (1991) Frauen in der Attributionsforschung: Die fleißige Liese und der kluge Hans. In G. Krell, & M. Osterloh (Hrsg.) Personalpolitik aus der Sicht von Frauen. München: R. Hampp, 301–317

Alfermann, D. (1996) Geschlechtsrollen und geschlechtstypisches Verhalten. Stuttgart: Kohlhammer

Alink, L.R.A., Mesman, J., van Zeijl, J., Stolk, M.N., Juffer, F., Koot, H.M., Bakermans-Kranenburg, M.J. & van Ijzendoorn, M.H. (2006) The early childhood aggression curve: Development of physical aggression in 10- to 50-month-old children. Child Development, 77, 954–966

Allred, R.A. (1990) Gender differences in spelling achievement in grades 1 through 6. Journal of Educational Research, 83, 187–193

Amsterdam, B.K. (1972) Mirror self-image reactions before age two. Developmental Psychobiology, 5, 297–305

Andersson, M. (1994) Sexual selection. Princeton: Princeton University Press

Archer, J. (1988) The behavioral biology of aggression. Cambridge: Cambridge University Press

Archer, J. (2004) Sex differences in aggression in real-world settings: A meta-analytic review. Review of General Psychology, 8, 291–322

Archer, J. (2006) Testosterone and human aggression: An evaluation of the challenge hypothesis. Neuroscience and Biobehavioral Reviews, 30, 319–345

Archer, J. (2009) Does sexual selection explain human sex differences in aggression? Behavioral and Brain Sciences, 32, 249–311

Archer, J. & Coyne, S.M. (2005) Indirect, relational, and social aggression. J. of Personality and Social Psychology, 9, 212–230

Asendorpf, J.B. (1996, 1999) Psychologie der Persönlichkeit. Heidelberg: Springer

Asendorpf, J.B. & Baudonniere, P.M. (1993) Self-awareness and other-awareness: Mirror self-recognition and synchronic imitation among unfamiliar peers. Developmental Psychology, 29, 88–95

Auckett, R., Ritchie, J. & Mill, K. (1988) Gender differences in friendship patterns. Sex Roles, 19, 57–66

Auyeung, E., Baron-Cohen, S., Ashwin, E., Knickmeyer, R., Taylor, K., Hackett, G. & Hines, M. (2009) Fetal testosterone predicts sexually differentiated childhood behavior in boys and girls. Psychological Science, 20, 144–148

Babcock, L. & Laschever, S. (2003) Women don't ask: Negotiation and the gender divide. Princeton: University Press

Bachofen, J.J. (1861) Das Mutterrecht. Eine Untersuchung über die Gynaikokratie der alten Welt nach ihrer religiösen und rechtlichen Natur. H.J. Heinrichs (Hrsg.) 1975, Frankfurt

Bacilieri, C. (2000) Weibliche und männliche Innenwelten in der vorpubertären und pubertären Lebensphase. Zürich: Studentendruckerei

Badinter, E. (1981) Die Mutterliebe. München: Piper

Baenninger, M. & Newcombe, N. (1989) The role of experience in spatial test performance: A meta-analysis. Sex Roles, 20, 327–343

Bailey, A.A. & Hurd, P.L. (2005) Finger length ratio (2D:4D) correlates with physical aggression in men but not in women. Biological Psychology, 68, 215–222

Bailey, J.M. (2003) The man who would be queen. The science of gender-bending and transsexualism. Washington: Joseph Henry Press
Bailey, J.M., Dunne, M.P. & Martin, N.G. (2000) Genetic and environmental influences on sexual orientation and its correlates in an Australian twin sample. Journal of Personality and Social Psychology, 78, 524–536
Bailey, J.M. & Pillard, R.C. (1991) A genetic study of male sexual orientation. Archives of General Psychiatry, 48, 1089–1096
Bailey, J.M. & Zucker, K.J. (1995) Childhood sex-typed behavior and sexual orientation: A conceptual analysis and quantitative review. Developmental Psychology, 31, 43–55
Baillargeon, R.H., Zoccolillo, M., Keenan, K., Côté, S., Pérusse, D., Wu, H.-X., Boivin, M. & Tremblay, R.E. (2007) Gender differences in physical aggression: A prospective population-based survey of children before and after 2 years of age. Developmental Psychology, 43, 23–26
Ban, P. & Lewis, M. (1974) Mothers and fathers, girls and boys: Attachment-behavior in the one-year-old. Merrill-Palmer Quarterly, 20, 195–204
Bandura, A. (1977) Social-learning theory. Englewood Cliffs, New York: Prentice Hall
Bandura, A. & Walters, R.H. (1963) Social learning and personality development. New York: Holt, Rinehart & Winston
Baron-Cohen, S. (2004) Vom ersten Tag an anders. Das weiblich und das männliche Gehirn. Düsseldorf: Patmos Verlag
Barth, R.J. & Kinder, B.N. (1988) A theoretical analysis of sex differences in same-sex friendships. Sex Roles, 19, 349–363
Baruch, G.K. & Barnett, R.C. (1986) Fathers' participation in family and children's sex role attitudes. Child Development, 57, 1210–1223
Barry, H., Bacon, M.K. & Child, I.L. (1957) A cross-cultural survey of some sex differences in socialization. Journal of Abnormal and Social Psychology, 55, 327–332
Bateup, H.S., Booth, A., Shirtcliff, E.A. & Granger, D.A. (2002) Testosterone, cortisol, and women's competition. Evolution and Human Behavior, 23, 181–192
Baucom, D.H., Besch, P.K. & Callahan, S. (1985) Relation between testosterone concentration, sex role identity and personality among females. Journal of Personality and Social Psychology, 48, 1218–1226
Bauer, P.A. (1993) Memory for gender-consistent and gender-inconsistent event sequences by 25-month-old children. Child Development, 64, 285–297
Baumert, J. (1992) Koedukation oder Geschlechtertrennung. Zeitschrift für Pädagogik, 38, 83–110
Bell, A.P., Weinberg, M.S. & Hammersmith, S.K. (1981) Sexual preference: Its development in men and women. Bloomington: Indian University Press
Bell, L.A. (1989) Something's wrong here and it's not me: Challenging the dilemma that block girls success. Journal for the Education of the Gifted, 12, 118–130
Belsky, J., Steinberg, L. & Draper, P. (1991) Childhood experience, interpersonal development, and reproductive strategy: An evolutionary theory of socialization. Child Development, 62, 647–670
Bem, D. (1996) Exotic becomes erotic: A developmental theory of sexual orientation. Psychological Review, 103, 320–335
Bem, S. (1974) The measurement of psychological androgynity. Journal of consulting and clinical psychology, 45, 196–205
Bem, S. (1989) Genital knowledge and gender constancy in preschool children. Child Development, 60, 649–662
Benbow, C.P. (1988) Sex differences in mathematical reasoning ability in intellectually talented preadolescents. Their nature, effects and possible causes. Behavioral and Brain Sciences, 11, 169–232
Benderlioglu, Z. & Nelson, R.J. (2004) Digit length ratios predict aggression in women, but not in men. Hormones and Behavior, 46, 558–564
Benenson, J.F., Carder, H.P. & Geib-Cole, S.J. (2008) The development of boys' preferential pleasure in physical aggression. Aggressive Behavior, 34, 154–66

Berenbaum, S.A. (1999) Effects of early androgens on sex-typed activities and interests in adolescents with congenital adrenal hyperplasia. Hormones and Behavior, 35, 102–110
Berenbaum, S.A. & Hines, M. (1992) Early androgens are related to childhood sex-typed toy preferences. Psychological Science, 3, 203–206
Berenbaum, S.A. & Resnick, S.M. (1997) Early androgen effects on aggression in children and adults with congenital adrenal hyperplasia. Psychoneuroendocrinology, 22, 505–517
Berenbaum, S.A. & Snyder, E. (1995) Early hormonal influences on childhood sex-typed activity and playmate preferences: Implications for the development of sexual orientation. Developmental Psychology, 31, 31–42
Bernadoni, A.A. & Werner, V. (Hrsg.) (1987) Ohne Seil und Haken. Frauen auf dem Weg nach oben. Bonn
Bernard, J. (1945) Observations and generalizations in cultural anthropology. American Journal of Sociology, 50, 284–291
Bernhardt, P.C., Dabbs, J.M. Jr., Fielden, J.A. & Lutter, C.D. (1998) Testosterone changes during vicarious experiences of winning and losing among fans at sporting events. Physiol. Behavior, 65, 59-62
Bieber, I., Dain, H., Dince, P., Drellick, M., Grand, H. ... & Bieber, T. (1962) Homosexuality: A psychoanalytic study. New York: Basic Books
Bierach, B. (2002) Das dämliche Geschlecht. Warum es kaum Frauen im Management gibt. München: Serie Piper
Bischof, N. (1972) Inzuchtbarrieren in Säugetiersozietäten. HOMO, 23, 330–351
Bischof, N. (1975) A systems approach towards the functional connections of attachment and fear. Child Development, 46, 801–817
Bischof, N. (1979) Der biologische Sinn der Zweigeschlechtlichkeit. In E. Sullerot (Hrsg.) Die Wirklichkeit der Frau. München: Steinhausen.
Bischof, N. (1985, 2001) Das Rätsel Ödipus. München: Serie Piper
Bischof, N. (1993) Untersuchungen zur Systemanalyse der sozialen Motivation I: Die Regulation der sozialen Distanz – Von der Feldtheorie zur Systemtheorie. Zeitschrift für Psychologie, 201, 5–43
Bischof, N. (1996) Das Kraftfeld der Mythen. Signale aus der Zeit, in der wir die Welt erschaffen haben. München: Piper
Bischof, N. (2009) Psychologie: Ein Grundkurs für Anspruchsvolle. Stuttgart: Kohlhammer, 2. Aufl.
Bischof, N. & Bischof-Köhler, D. (2000) Die Differenz der Geschlechter aus evolutionsbiologischer und entwicklungspsychologischer Perspektive. Nova Acta Leopoldina, NF 82, Nr. 315, 79–96
Bischof, N. & Preuschoft, H. (Hrsg.) (1980) Geschlechtsunterschiede – Entstehung und Entwicklung. München: Beck
Bischof, N. & Scheerer, E. (1970) Systemanalyse der optisch-vestibulären Interaktion bei der Wahrnehmung der Vertikalen. Psychologische Forschung, 34, 99–181
Bischoff, S. (1986) Männer und Frauen in Führungspositionen in der Bundesrepublik Deutschland. Hamburg
Bischof-Köhler, D. (1985) Zur Phylogenese menschlicher Motivation. In L.H. Eckensberger & E.D. Lantermann (Hrsg.) Emotion und Reflexivität. München: Urban & Schwarzenberg, 3–47
Bischof-Köhler, D. (1989) Spiegelbild und Empathie. Die Anfänge der sozialen Kognition. Bern: Huber
Bischof-Köhler, D. (1990a) Frau und Karriere in psychobiologischer Sicht. Zeitschrift für Arbeits- und Organisationspsychologie, 34, 17–28
Bischof-Köhler, D. (1990b) Zur Psychobiologie geschlechtstypischen Verhaltens: „genetisch“ bedingt, „natürlich“ bedingt – oder was? Zeitschrift für Arbeits- und Organisationspsychologie, 34, 202–204
Bischof-Köhler, D. (1991) Jenseits des Rubikon. In E.P. Fischer (Hrsg.) Mannheimer Forum 90/91. Ein Panorama der Naturwissenschaften. München: Serie Piper, 143–193

Bischof-Köhler, D. (1992) Geschlechtstypische Besonderheiten im Konkurrenzverhalten. In G. Krell, & M. Osterloh (Hrsg.) Personalpolitik aus der Sicht von Frauen, München: R. Hampp, 251–281. Leicht veränderte Fassung in R. Wunderer & P. Dick (Hrsg.) (1997) Frauen im Management. Neuwied: Luchterhand, 209–240
Bischof-Köhler, D. (1994) Selbstobjektivierung und fremdbezogene Emotionen. Identifikation des eigenen Spiegelbildes, Empathie und prosoziales Verhalten im 2. Lebensjahr. Zeitschrift für Psychologie, 202, 349–377
Bischof-Köhler, D. (1998) Zusammenhänge zwischen kognitiver, motivationaler und emotionaler Entwicklung in der frühen Kindheit und im Vorschulalter. In H. Keller (Hrsg.) Lehrbuch Entwicklungspsychologie, Bern: Huber, 319–376.
Bischof-Köhler, D. (2000) Kinder auf Zeitreise. Theory of Mind, Zeitverständnis und Handlungsorganisation. Bern: Huber
Bischof-Köhler, D. (2011) Soziale Entwicklung in Kindheit und Jugend. Bindung, Empathie, Theorie of Mind. Stuttgart: Kohlhammer
Bischof-Köhler, D. & Bischof, N. (1996) Die „ödipale" Phase im Lichte empirischer Forschung. In H. Kretz (Hrsg.) Lebendige Psychohygiene. München: Eberhard, 75–98
Blaffer-Hrdy, S. (2000) Mutter Natur. Die weibliche Seite der Evolution. Berlin Verlag
Blakemore, J.E.O., Berenbaum, S.A. & Liben, L.S. (2009) Gender development. New York: Psychology Press
Blanchard, R. & Bogaert, A.F. (2004) Proportion of homosexual men who owe their sexual orientation to fraternal birth order: An estimate based on two national probability samples. American Journal of Human Biology, 16, 151–157
Block, J.H. (1976) Issues, problems and pitfalls in assessing sex differences: A critical review of the psychology of sex differences. Merrill-Palmer Quarterly, 22, 283–308
Block, J.H. (1983) Differential premises arising from differential socialization of the sexes: Some conjectures. Child Development, 54, 1335–1354
Boldt, U. (2008): Jungen und Koedukation. In M. Matzner & W. Tischner (Hrsg.) Handbuch Jungen-Pädagogik. Weinheim: Beltz, 136–149
Bosinski, H. (2006) Sexualstörungen – Geschlechtsidentitätsstörungen. In H. Förstl, M. Hautzinger & G. Roth, (Hrsg.) Handbuch „Neurobiologie psychischer Störungen". Berlin: Springer, 808–826
Bowlby, J. (1975) Bindung. München: Kindler
Bradley, S.J., Oliver, G.D., Chernik, A.B. & Zucker, K.J. (1998) Experiment of nurture: ablatio penis at 2 months, sex reassignment at 7 months, and a psychosexual follow-up in young adulthood. Pediatrics, 102, 9
Braidwood, R.J. (1975) Prehistoric men. Glenview: Scott, Foresman & Co.
Bretherton, I. (1985) Attachment theory: Retrospect and prospect. In I. Bretherton & E. Waters (Hrsg.) Growing points of attachment theory and research. Soc. for Research in Child Development, Serial 209, V. 50, 3–35
Brophy, J.E. (1985) Teacher-student interaction. In J.B. Dusek (Hrsg.) Teacher expectancies. Hillsdale: Lawrence Erlbaum, 303–328
Brosnan, M.J. (1998) The implications for academic attainment of perceived gender-appropriateness upon spatial task performance. British Journal of Educational Psychology, 68, 203–215
Brown, J. (1995) Irokesinnen. In I. Lenz & U. Luig (Hrsg.) Frauenmacht ohne Herrschaft. Frankfurt: Fischer, 170–179
Brunner, M., Krauss, S. & Kunter, M. (2008) Gender differences in mathematics: Does the story need to be rewritten? Intelligence, 36, 403–421
Buddeberg-Fischer, B., Klaghofer, R., Buddeberg, C. (2003) The influence of gender and personality traits on the career planning of Swiss medical students. Swiss Medicine Weekly, 133, 535–540
Burnham, D.K. & Harris, M.B. (1992) Effects of real gender and labeled gender on adults perception of infants. Journal of Genetic Psychology, 153, 165–183
Buss, D.M. (1989) Sex differences in human mate preferences: Evolutionary hypotheses tested in 37 cultures. Behavioral and Brain Sciences, 12, 1–14

Buss, D. M. (1994) Die Evolution des Begehrens. Geheimnisse der Partnerwahl. Hamburg: Kabel
Buss, D. M. (1994a) The strategies of human mating. American Scientist, 82, 238–294
Buss, D. M. (2004) Evolutionäre Psychologie. München: Pearson Studium
Butler, J. (1991) Das Unbehagen der Geschlechter. Frankfurt
Byrnes, J.P., Miller, D.C. & Schafer, W.D. (1999) Gender differences in risk taking: A meta-analysis. Psychological Bulletin, 125, 367–383
Caldera, Y.M., Huston, A.C. & O'Brien, M. (1989) Social interactions and play patterns of parents and toddlers with feminine, masculine and neutral toys. Child Development, 60, 70–76
Caldwell, M. & Peplau, L. (1982) Sex differences in same-sex friendship. Sex Roles, 8, 721–732
Campbell, A. (1999) Staying alive: Evolution, culture, and women's intrasexueal aggression. Behavioral and Brain Sciences, 22, 203–252
Campbell, A. (2002) A mind of her own. New York: Oxford University Press
Campbell, A., Shirley, L. & Caygill, L. (2002) Sex-typed preferences in three domains: Do two-year-olds need cognitive variables? British Journal of Psychology, 93, 203–217
Camperio Ciani, A., Corna, F. & Capiluppi, C. (2004) Evidence for maternally inherited factors favouring male homosexuality and promoting female fecundity. Proceeding of the Royal Society Series B, 271(1554), 2217–2221
Casey, M.B., Nuttall, R.L. & Pezaris, E. (1997) Mediators of gender differences in mathematics college entrance test scores: A comparison of spatial skills with internalized beliefs and anxieties. Developmental Psychology, 33, 669–680
Cashdan, E. (1995) Hormones, sex, and status in women. Hormones and Behavior, 29, 354–366
Cashdan, E. (1998) Are men more competitive than women? British Journal of Social Psychology, 37, 213–229
Cashdan, E. (2003) Hormones and competitive aggression in women. Aggressive Behavior, 29, 107–115
Chance, M.R.A. (1976) Attention structure as a basis of primate rank orders. In M.R.A. Chance & R.R. Larsen (Hrsg.) The social structure of attention. London: Wiley, 11–28
Charlesworth, W.R. & Dzur, C. (1987) Gender comparisons of preschoolers behavior and resource utilization in group problem solving. Child Development, 58, 191–200
Chasiotis, A. & Voland, E. (1998) Geschlechtliche Selektion und Individualentwicklung. In H. Keller (Hrsg.) Lehrbuch Entwicklungspsychologie, Bern: Huber, 563–595
Cherry, F. & Deaux, K. (1978) Fear of success or fear of gender-inappropriate behavior. Sex Roles, 4, 97–101
Cherry, L. (1975) The preschool teacher-child dyad; Sex differences in verbal interaction. Child Development, 46, 532–535
Chodorov, N. (1978) The reproduction of mothering. Berkeley: University of California Press. Deutsch: Das Erbe der Mütter. München: Frauenoffensive, 1985
Cillessen, A.H.N. & Mayeux, L. (2004) From censure to reinforcement: Developmental changes in the association between aggression and social status. Child Development, 75, 174–163
Clarke-Stewart, K.A. (1978) And daddy makes three: The father's impact on mother and young child. Child Development, 49, 466–478
Cohen-Bendahan, C.C., Buitelar, J.K., van Goozen, S.H., Orlebeke, J.F. & Kettenis, P.C. (2005) Is there an effect of prenatal testosterone an aggression and other behavioral traits? A study comparing same-sex and opposite-sex twin girls. Hormones and Behavior, 47, 230–237
Cohen-Bendahan, C. C., van de Beek, C. & Berenbaum, S.A. (2005) Prenatal sex hormone effects on child and adult sex-typed behavior: Methods and findings. Neusoscience & Biobehavioral Reviews, 29, 353–384
Coie, J.D. & Dodge, K.A. (1998) Aggression and antisocial behavior. In W. Damon & N. Eisenberg (Hrsg.) Handbook of Child Psychology. Vol. 3, 779–862

Colapinto, J. (2000) As nature made him: The boy who was raised as a girl. New York: Harper Collins
Coleman, J.C. (1974) Relationships in adolescence. London: Routledge & Paul
Collaer, M.L. & Hines, M. (1995) Human behavioral sex differences: A role for gonadal hormones during early development. Psychological Bulletin, 118, 55–107
Collier, J.F. & Rosaldo, M.Z. (1981) Politics and gender in simple societies. In S.B. Ortner & H. Whitehead (Hrsg.) Sexual meanings. The cultural construction of gender and sexuality. Cambridge: University Press
Comings, D.E., Muhleman, D., Johnson, J.P. & MacMurray, J.P. (2002) Parent-daughter transmission of the Androgen receptor gene as an explanation of the effect of father absence on age of menarche. Child Development, 73, 1046–1051
Condry, J. & Condry, S. (1976) Sex differences: A study of the eye of the beholder. Child Development, 47, 812–819
Connell, R.W. (1999) Der gemachte Mann. Konstruktion und Krise von Männlichkeit. Opladen: Leske & Budrich
Connellan, J., Baron-Cohen, S., Wheelwrigth, S., Ba'tkti, A. & Ahluwalia, J. (2001) Sex differences in human neonatal social perception. Infant Behavior and Development, 23, 113–118
Connor, J.M., Schackman, M. & Serbin, L.A. (1978) Sex-related differences in response to practice on a visual-spatial test and generalization to a related test. Child Development, 49, 24–29
Crandall, V.C. (1969) Sex differences in expectancy of intellectual and academic reinforcement. In C.P. Smith (Hrsg.) Achievement related motives in children. New York: Russel Sage Found
Crick, N.R., Casas, J.F. & Mosher, M. (1997) Relational and overt aggression in Preschool. Developmental Psychology, 33, 579–588
Crick, N.R. & Cropeter, J.K. (1995) Relational aggression, gender and social-psychological adjustment. Child Development, 66, 710–722
Crick, N.R., Werner, N., Casas, J., O'Brien, K. Nelson, D., Cropeter, J. & Markon, K. (1999) Childhood aggression and gender: A new look at an old problem. Nebraska Symposium on Motivation, 45, 75–141
Cronin, C.L. (1980) Dominance relations and females. In D.R. Omark, F.F. Strayer & D.G. Freedman (Hrsg.) Dominance relations: An ethological view of human conflict and social interaction. New York: Garland STPM Press, 299–318
Csathó, A., Osvath, A., Bicsak, E., Karadi, K., Manning, J. & Kallai, J. (2003) Sex role identity related to the ratio of second and fourth digit length in women. Biological Psychology, 62, 147–156
Dabbs, J.M. & Dabbs, M.G. (2000) Heroes, rogues and lovers: Testosterone and behavior. New York: McGraw-Hill
Daly, M. & Wilson, M. (1983) Sex, evolution and behavior. Belmont: Wadsworth Publ. Comp.
Daly, M. & Wilson, M. (2001) Risk-taking, intrasexual competition, and homicide. In J.A. French, A.C. Kamil & D.W. Leger (Hrsg.) Evolutionary psychology and motivation. Nebraska Symposium on Motivation, Vol. 47. University of Nebraska Press, 1–36
D'Antrade, R.G. (1966) Sex differences in cultural institutions. In E. Maccoby (Hrsg.) The development of sex differences. Stanford: Stanford University Press, 173–204
Dannhauer, H. (1973) Geschlecht und Persönlichkeit. Berlin: VEB Dtsch. Verlag der Wissenschaften
Darwin, C. (1871, 2004) The descent of man and selection in relation to sex. Penguin Classics (Original 1871)
Dawkins, R. (1976) The selfish gene. Oxford: Oxford University Press
de Waal, F.B.M. (1987) Tension regulation and nonreproductive functions of sex in captive bonobos (pan paniscus). National Geographic Research, 3, 318–335
Deaux, K. & Emswiller, T. (1974) Explanations of successful performance on sex-linked tasks; What is skill for the male is luck for the female. Journal of Personality and Social Psychology, 29, 80–85

Degenhardt, A. (1982) Die Interpretation von Geschlechtsunterschieden im Spontanverhalten Neugeborener. Zeitschrift für Entwicklungspsychologie und Pädagogische Psychologie, 14, Heft 2, 161–172
DeMause, L. (1974) The history of childhood. New York: The Psychohistory Press
DiPietro, J. (1981) Rough and tumble play: A function of gender. Developmental Psychology, 17, 50–58
Diamond, M. & Sigmundson, H.K. (1997) Sex reassignment at birth: Long-term review and clinical implications. Arch. Pediatric Adolesc. Medicine, 151, 298–304
Dittmann, R.W., Kappes, M.H., Börger, D., Stegner, H., Willig, R.H. & Wallis, H. (1990) congenital adrenal hyperplasia I: Gender-related behavior and attitudes in female patients and sisters. Psychoneuroendocrinology, 15, 401–420
Dixson, A.F. (1998) Primate sexuality. Oxford: Oxford University Press
Dörner, D. (1989) Die Logik des Misslingens. Reinbek: Rowohlt
Dörner, D. & Kreuzig, H.W. (1983) Problemlösefähigkeit und Intelligenz. Psychologische Rundschau, 34, 185–192
Dörner, G. (1988) Neuroendocrine response to estrogen and brain differentiation inheterosexuals, homosexuals and transsexuals. Archives of Sexual Behavior, 17, 57–75
Domes, G., Heinrichs, M., Michel, A., Berger, C. & Herpertz, S. (2007) Oxytocin imporoves „mind-reading“ in humans. Biological Psychiatry, 61, 731–733
Douvan, E. & Adelson, J. (1966) The adolescent experience. New York: Wiley
Draper, P. (1976) Social and economic constraints on child life among the Kung. In R. Lee & I. DeVore (Hrsg.) Kalahari hunter-gatherers. Cambridge: Harvard University Press
Dweck, C.S. (1986) Motivational processes affecting learning. American Psychologist, 41, 1041–1048
Dweck, C.S., Davidson, W., Nelson, S. & Enna, B. (1978) Sex differences in learned helplessness: II, The contingencies of evaluative feedback in the classroom and III, An experimental analysis. Developmental Psychology, 14, 268–276
Dweck, C.S. & Elliott, E.S. (1983) Achievement motivation. In P.H. Mussen (Hrsg.) Handbook of Child Psychology, New York: Wiley, Vol. 4, 643–691
Dweck, C.S. & Light, B.G. (1980) Learned helplessness and intellectual achievement. In J. Garber & M.E.P. Seligman (Hrsg.) Human helplessness: Theory and applications. New York: Academic Press
Eagly, A.H. (1987) Sex differences in behavior: A social-role interpretation. Hillsdale: Erlbaum
Eagly, A.H. (1995) The science and politics of comparing women and men. American Psychologist, 50, 145–158
Eagly, A.H. & Johnson, B.T. (1990) Gender and leadership style: A meta-analysis. Psychological Bulletin, 108, 233–256
Eagly, A.H. & Wood, W. (2009) Sexual selection does not provide an adequate theory of sex differences in aggression. Commentary Behavioral and Brain Sciences, 32, 276–277
Eagly, A.H., Wood, W. & Johannsen-Schmidt, M.C. (2004) Social role theory of sex differences and similarities: Implications for the partner preferences of women and men. In A.H. Eagly, A. Beall & R.S. Sternberg (Hrsg.) The psychology of gender, 2. Aufl., New York: Guilford Press, 269–295
Eaton, W.O. & Enns, L.R. (1986) Sex differences in human motor activity level. Psychological Bulletin, 100, 19–28
Eccles, J.S. & Blumenfeld, P. (1985) Classroom experiences and student gender: Are there differences and do they matter? In L.C. Wilkinson & C. Marrett (Hrsg.) Gender influences in classroom interaction. Hillsdale: Erlbaum, 79–114
Eccles-Parsons, J., Kaczala, C.M. & Meese, J.L. (1982) Socialization of achievement attitudes and beliefs: Classroom influences. Child Development, 53, 322–339
Eccles-Parsons, J., Meese, J.L., Adler, T.F. & Jaczakam, C.M. (1982) Sex differences in attributions and learned helplessness. Sex Roles, 8, 421–432
Ecuyer-Dab, I. & Robert, M. (2004) Spatial abilities and home-range size: Examining the relationship in Western men and women (Homo sapiens). Journal of Comparative Psychology, 118, 217–231

Ehrhardt, A.A. (1980) Prinzipien der psychosexuellen Differenzierung. In N. Bischof & H. Preuschoft (Hrsg.) Geschlechtsunterschiede – Entstehung und Entwicklung. München: Beck, 99–122
Ehrhardt, A.A. & Baker, S.W. (1974) Fetal androgens, human central nervous system differentiation, and behavior sex differences. In R.C. Friedman, R.M. Richart, R.L. van de Wiele & L.O. Stern (Hrsg.) Sex differences in behaviour. New York: Wiley, 33–51
Ehrhardt, A.A., Meyer-Bahlburg, H.F.L., Rosen, L.R., Feldman, J.F., Veridiano, N.P., Zimmerman, I. & McEwen, B.S. (1985) Sexual orientation after prenatal exposure to exogenous estrogen. Archives of Sexual Behavior, 14, 57–77
Eibach, R.P. & Mock, S.E. (2011) Idealizing parenthood to rationalize parental investments. Psychological Science, 22, 203–209
Eibl-Eibesfeldt, I. (1970) Liebe und Hass. Zur Naturgeschichte elementarer Verhaltensweisen. München: Piper
Eibl-Eibesfeldt, I. (1984) Die Biologie des menschlichen Verhaltens. Grundriss der Humanethologie. München: Piper
Eisenberg, N., Fabes, R.A., Nyman, M., Bernzweig, J. & Pinuelas, A. (1994) The relations of emotionality and regulation to children's anger-related reactions. Child Development, 65, 109–128
Eisenberg, N., Fabes, R.A. & Spinrad, T.L. (2006) Prosocial development. In W. Damon, & N. Eisenberg (Hrsg.) Handbook of Child Psychology. Vol. 3, New York: Wiley, 701–862
Eisenberg, N. & Lennon, R. (1983) Gender differences in empathy and related capacities. Psychological Bulletin, 94, 100–131
Engels, F. (1891) Der Ursprung der Familie, des Privateigentums und des Staates. Im Anschluss an Lewis Morgans Forschungen. MEW Berlin, Bd. 21
Erler, G., Jaeckel, M. & Sass, J. (1983) Mütter zwischen Beruf und Familie. München: Juventa
Estell, D.B., Cairns, R.B., Farmer, T.W. & Cairns, D.B. (2002) Aggression in inner-city early elementary class-rooms: Individual and peer-group configurations. Merill-Palmer Quarterly, 48, 52–76
Estioko-Griffin, A.A. & Griffin, P.B. (1981) Woman the hunter. In F. Dahlberg (Hrsg.) Woman the gatherer. New York: Yale University Press
Fabes, R.A., Martin, C.L. & Hanish, L.D. (2003) Young children's play qualities in same-other-, and mixed-sex peer groups. Child Development, 74, 921–932
Fagot, B.I. (1985) Beyond the reinforcement principle: Another step toward understanding sex role development. Developmental Psychology, 21, 1097–1104
Fagot, B.I. & Hagan, R. (1991) Observations of parent reactions to sex-stereotyped behaviors. Child Development, 62, 617–628
Fagot, B.I. & Leinbach, M.D. (1993) Gender-role development in young children: From discrimination to labeling. Developmental Review, 13, 205–224
Fagot, B.I., Leinbach, M.D. & Hagan, R. (1986) Gender labeling and the adoption of sex-typed behaviors. Developmental Psychology, 22, 440–443
Fagot, B.I. & Patterson, G.R. (1969) An in vivo analysis of reinforcing contingencies for sex role behaviors in the preschool child. Developmental Psychology, 1, 563–568
Faulstich-Wieland, H. (1991) Koedukation – enttäuschte Hoffnungen? Darmstadt: Wiss. Buchgesellschaft
Faulstich-Wieland, H. & Horstkemper, H. (1996) 100 Jahre Koedukationsdebatte - und kein Ende. Ethik und Sozialwissenschaften, 4, 509–520
Fausto-Sterling, A. (2000) Sexing the body. Gender politics and the construction of sexuality. New York: Basic Books
Feather, N.T. (1969) Attribution of responsibility and valence of success and failure in relation to initial confidence and perceived lack of control. Journal of Personality and Social Psychology, 13, 129–144
Feather, N.T. (1988) Values, valences and course-enrollments: Testing the role of personal values within an expectancy-value framework. Journal of Educational Psychology, 80, 381–391

Fein, G., Johnson, D., Kosson, N., Stork, L. & Wasserman, L. (1975) Sex stereotypes and preferences in the toy choice of 20-month-old boys and girls. Developmental Psychology, 11, 527–528

Feingold, A. (1992) Gender differences in mate selection preferences. A test of the parental investment model. Psychological Bulletin, 112, 128–139

Feingold, A. (1994) Gender differences in personality: A meta-analysis. Psychological Bulletin, 116, 429–456

Feldman, R., Gordon, I., Schneiderman, I., Weisman, O. & Zagoory-Sharon, O. (2010) Natural variations in maternal and paternal care are associated with systematic changes in oxytocin following parent-infant contact. Psychoendocrinology, 35, 1133–1141

Ferenczi, S. (1939) Das unwillkommene Kind und sein Todestrieb (1929) In Bausteine zur Psychoanalyse, III. Bd. Bern: Huber

Feshbach, S. (1970) Aggression. In P.H. Mussen (Hrsg.) Carmichael's Manual of Child Psychology, New York: Wiley, 159–259

Field, T. (1978) Interaction behaviors of primary versus secondary caretaker fathers. Developmental Psychology, 14, 183–184

Finn, J.D. (1980) Sex differences in educational outcomes: A cross-national study. Sex Roles, 6, 9–26

Fisher, M.L. (2004) Female intrasexual competition decreases female facial attractiveness. Proceedings of the Royal Society London B Biol. Science, 271, Suppl. 5, 283–285

Fisher, R.A. (1957) The genetical theory of natural selection (erschienen 1930), 2. Aufl., New York: Dover Press

Fleming, A.S., Corter, C., Stallings, J. & Steiner, M. (2002) Testosterone and prolactine are associated with emotional responses to infant cries in new fathers. Hormones and Behavior, 42, 399–413

Forster, E. (2004) Jungen und Männerarbeit. In E. Glaser, D. Klika, A. Prengel (Hrsg.) Handbuch Gender und Erziehungswissenschaft. Bad Heilbrunn: Klinkhardt

Fortune, R.F. (1939) Arapesh warfare. American Anthropologist, 41, 22–41

Freeman, D. (1983) Margret Mead and Samoa. The making and unmaking of anthropological myth. Cambridge, Mass.: Harvard University Press

Freud, A. (1946) Das Ich und die Abwehrmechanismen. London: Imago (1976)

Freud, S. (1900) Die Traumdeutung. Gesammelte Werke, Bd. 2/3, Frankfurt: Fischer

Freud, S. (1909) Analyse der Phobie eines fünfjährigen Knaben. Gesammelte Werke, Bd. 8, Frankfurt: Fischer, 1961

Freud, S. (1923) Das Ich und das Es. Bd. 13, Frankfurt: Fischer, 1955

Freud, S. (1925, 1931) Drei Abhandlungen zur Sexualtheorie. München: Fischer 1970

Fuentes, A. (1999) Re-evaluating primate monogamy. American Anthropology, 100, 890–907

Garcia-Retamero, R. & López-Zafra, E. (2006) Prejudice against women in male congenial environments: Perceptions of gender role congruity in leadership. Sex Roles, 55, 51–61

Gaulin, S.J. (1995) Does evolutionary theory predict sex differences in the brain? In M.S. Gazzaniga (Hrsg.) The Cognitive Neurosciences, Cambridge: Cambridge University Press, 1211–1225

Geschwind, N. & Galaburda, A.M. (1987) Cerebral lateralization: Biological mechanism, associations, and pathology. Cambridge, Mass.: MIT Press

Geym, H. (1987) Working together: women and men. European Women's Management Development Network, London

Gildemeister, R. (1988) Geschlechtsspezifische Sozialisation. Neuere Beiträge und Perspektiven zur Entstehung des „weiblichen Sozialcharakters“. Soziale Welt, 39, 486–503

Gilligan, C. (1984) Die andere Stimme. Lebenskonflikte und Moral der Frau. München: Piper

Ginsburg, H.J. & Miller, S.M. (1982) Sex differences in children's risk-taking behavior. Child Development, 53, 426–428

Gladue, B.A. & Delaney, J.J. (1990) Gender differences in perception of attractiveness in men and women in bars. Personality and Social Psychology Bulletin, 16, 378–391

Gneezy, U. & Rustichini, A. (2004) Gender and competition at a young age. American Economic Review Papers and Proceedings, 377–381
Göttner-Abendroth, H. (1988) Das Matriarchat, II, 1. Stuttgart: Kohlhammer
Goldberg, S. & Lewis, M. (1975) Play behavior in the year-old infant: Early sex differences. In U. Bronfenbrenner & M.A. Mahoney (Hrsg.) Influences on human development. Hinsdale: Drydan Press
Goldman, R.J. & Goldman, J.D.G. (1982) Children's sexual thinking. London: Routledge & Kegan Paul
Golombok, S. & Fivush, R. (1994) Gender Development. Cambridge: Cambridge University Press
Goodall, J. (1971) Wilde Schimpanzen. Reinbek: Rowohlt
Goodall, J. (1986) The Chimpanzees of Gombe. Cambridge, Mass.: Harvard University Press
Goodwin, M.H. (2002) Exclusion in girls' peer groups: Ethnographic analysis of language practices on the playground. Human Development, 45, 392–415
Gordon, I., Zagoory-Sharon, O., Leckman, J.F. & Feldman, R. (2010) Prolactin, oxytocin, and the development of paternal behavior across the first six months of fatherhood. Hormones and Behavior, 58, 513–518
Grace, D.M., David, B.J. & Ryan, M.K. (2008) Investigating preschoolers' categorical thinking about gender through imitation, attention, and the use of self-categories. Child Development, 19, 1928–1941
Grammer, K. (1995) Signale der Liebe. Die biologischen Gesetze der Partnerschaft. München: dtv
Green, R. (1974) Sexual identity conflict in children and adults. New York: Basic Books
Green, R. (1987) The „sissy boy syndrome" and the development of homosexuality. New Haven: Yale University Press
Grimshaw, G.M., Sitarenios, G. & Finegan, J.A.K, (1995) Mental rotation at 7 years – relations with prenatal testosterone levels and spatial play experiences. Brain and Cognition, 29, 85–100
Gubler, J. & Bischof, N. (1993) Untersuchungen zur Systemanalyse der sozialen Motivation II: Computerspiele als Werkzeug der motivationspsychologischen Grundlagenforschung. Zeitschrift für Psychologie, 201, 287–315
Günthner, S. & Kotthoff, H. (Hrsg.) (1991) Von fremden Stimmen. Weibliches und männliches Sprechen im Kulturvergleich. Frankfurt: Suhrkamp
Guggenbühl, A. (2008) Die Schule – ein weibliches Biotop? Psychologische Hintergründe der Schulprobleme von Jungen. In M. Matzner & W. Tischner (Hrsg.) Handbuch Jungen-Pädagogik. Weinheim: Beltz, 150–167
Guimond, S. (2007) Psychological similarities and differences between women and men across cultures. Social and Personality Psychology Compass, 2(1), 494–510
Gunnar, M.R. & Donahue, M. (1980) Sex differences in social responsiveness between six months and twelve months. Child Development, 51, 262–265
HagemannWhite, C. (1984) Sozialisation: Weiblich-männlich? Opladen: Leske Verlag
Haider, H. & Malberg, E.D. (2010) Sollten geschlechtspsychische Unterschiede in der Allgemeinen Psychologie berücksichtigt werden? In G. Steins (Hrsg.) Handbuch Psychologie und Geschlechterforschung. Wiesbaden: VS Verlag für Sozialwissenschaften, 105–130
Hakim, C. (2006) Women, careers, and work-life preferences. British Journal of Guidance and Counseling, 34, 279–294
Halpern, D.F. (1992; 3. Aufl., 2000) Sex differences in cognitive abilities. Hillsdale, Lawrence Erlbaum.
Halpern, D.F., Benbow, C.P., Geary, D.C., Gur, R.C., Hyde, J.S. & Gernsbacher, M.A. (2007) The science of sex differences in science and mathematics. Psychological Science in the Public Interest, 8, 1–51
Hamilton, W.D. (1978) The evolution of altruistic behavior. In T.H. Clutton-Brock & P.H. Harvey (Hrsg.) Readings in Sociobiology. Reading: Freeman, 31–33
Hampson E. (1990) Estrogen-related variations in human spatial and articulatory-motor skills. Psychoneuroendocrinology, 15, 97–111

Hampson, E., Ellis, C.L. & Tenk, C.M. (2008) On the relation between 2D:4D and sexdimorphic personality traits. Archiv of Sexual Behavior, 37, 133–144
Hannover, B. (2010) Lernen Mädchen anders?. In M. Matzner & I. Wyrobnik (Hrsg.) Handbuch Mädchen-Pädagogik. Weinheim: Beltz, 95–107
Harris, C.R., Jenkins, M. & Glaser, D. (2006) Gender differences in risk assessment: Why do women take fewer risks than men? Judgment and Decision Making, 1, 48–63
Harris, J.R. (1995) Where is the child's environment? A group sozialisation theory of development. Psychological Review, 102, 458–489
Haselton, M.G. & Buss, D.M. (2001) The affective shift hypothesis: The function of emotional changes following sexual intercourse. Personal Relationships, 8, 357–369
Hassett, J. M., Siebert, E.R. & Wallen, K. (2008) Sex differences in thesus monkey toy preferences parallel those of children. Hormones and Behavior, 54, 359–364
Haviland, J.M. & Malatesta, C.Z. (1981) Fallacies, facts and fantasies: A description of the development of sex differences in nonverbal signals. In C. Mayo & N. Henley (Hrsg.) Gender and nonverbal behavior. New York: Springer
Hay, D.F., Nash, A. & Petersen, J. (1983) Interactions between 6-month-olds. Child Development, 54, 557–562
Hejj, A. (1996) Traumpartner. Evolutionsbiologische Aspekte der Partnerwahl. Berlin: Springer
Helfferich, C. & Fichtner, J. (2001) Expertise Männer und Familienplanung. BZgA
Heller, K.A., Finsterwald, M. & Ziegler, A. (2001) Implicit theories of German mathematics and physics teachers on gender specific giftedness and motivation. Psychologische Beiträge, 43, 172–189
Heller, K.A. & Parsons, J.E. (1981) Sex differences in teachers evaluative feedback and students' expectancies for success in mathematics. Child Development, 52, 1015– 1019
Hellhammer, D.H., Hubert, W. & Schurmeyer, T. (1985) Changes in salvia testosterone after psychological stimulation in men. Psychoneuroendocrinology, 10, 77–81
Herdt, G.H. & Davidson, J. (1988) The Sambia „Turnim-Man"; sociocultural and clinical aspects of gender formation in male pseudohermaphrodites with 5-alpha-reductase deficiancy in Papua New Guinea. Archives for Sexual Behavior, 17, 33–56
Hetherington, E.M., Cox, M. & Cox, R. (1985) Long-term effects of divorce and remarriage on the adjustment of children. Journal of the American Academy of Child Psychiatry, 24, 518–530
Hines, M. (1990) Gonadal hormones and human cognitive development. In J. Baltharzart (Hrsg.) Hormones, brain and behavior in vertebrates. Basel: Karger, 51–63
Hines, M. (2010) Sex-related variation in human behavior and the brain. Trends in Cognitive Sciences, 14, 1–9
Hines, M., Brook, C. & Conway, G.S. (2004) Androgen and psychosexual development: Core gender identity, sexual orientation, and recalled gender role behavior in women and men with congenital adrenal hyperplasia (CAH). Journal of Sexual Research, 41, 75–81
Hines, M., Golombok, S., Rust, J., Johnston, K.J. & Golding, J. (2002) Testosterone during pregnancy and gender role behavior of preschool children: A longitudinal, population study. Child Development, 73, 1678–1687
Hirnstein, M. & Hausmann, M. (2010) Kognitive Geschlechtsunterschiede. In G. Steins (Hrsg.) Handbuch Psychologie und Geschlechterforschung. Wiesbaden: VS Verlag für Sozialwissenschaften, 69–85
Hock, E., Caccamo-Kroll, B., Frantz, J., Janson, K.A. & Widaman, K. (1984) Infants in play groups; Time related changes in behavior toward mothers, peers and toys. The Journal of Genetic Psychology, 144, 51–67
Hoffman, M.L. (1976) Empathy, roletaking, guilt and the development of altruistic motives. In T. Lickona (Hrsg.) Moral development and behavior. New York: Holt, Rinehart & Winston, 124–143
Hoffman, M.L. (1977) Sex differences in empathy and related behaviors. Psychological Bulletin, 84, 712–722

Hoffmann, M.L. & Powlistha, K.K. (2001) Gender segregation in childhood: A test of the interaction style theory. Journal of Genetic Psychology, 162, 298–313

Hogrebe, M.C., Nest, S.L. & Newman, I. (1985) Are there gender differences in reading achievement? An investigation using the high school and beyond data. Journal of Educational Psychology, 77, 716–724

Hold, B. (1977) Rank and behavior: An ethological study of preschool children. Homo, 28, Heft 3

Hold-Cavell, B. & Borsutzky, D. (1986) Strategies to obtain high regard: Longitudinal study of a group of preschool children. Ethology and Sociobiology, 7, 39–56

Hollstein, W. (2004) Geschlechterdemokratie Männer und Frauen: besser miteinander leben. Wiesbaden: VS Verlag für Sozialwissenschaften

Holz-Ebeling, F. & Hansel, S. (1993) Gibt es Unterschiede zwischen Schülerinnen in Mädchenschulen und koedukativen Schulen? Psychologie in Erziehung und Unterricht, 40, 21–33

Hopf, C. & Hartwig, M. (Hrsg.) (2001) Liebe und Abhängigkeit. Partnerschaftsbeziehungen junger Frauen. Weinheim: Juventa

Horner, K. (1972) Toward an understanding of achievement-related conflicts in women. Journal of Social Issues, 28, 129–156

Horstkemper, M. (1987) Schule, Geschlecht und Selbstvertrauen. Eine Längsschnittstudie über Mädchensozialisation in der Schule. München: Juventa.

Hrdy, S.B. (1981) The woman that never evolved. Cambridge: Harvard University Press

Huesmann, L.R. & Eron, L.D. (1986) Television and the aggressive child: A crossnational perspective. Hillsdale: Erlbaum

Huston, A.C. (1983) Sex typing. In P.H. Mussen (Hrsg.) Handbook of Child Psychology, Vol. IV, 387–467

Hutt, C. (1972) Neuroendocrinological, behavioral and intellectual aspects of sexual differentiation in human development. In C. Ounsted & D.C. Taylor (Hrsg.) Gender differences: Their ontogeny and significance. Edinburgh: Churchill Livingstone

Hyde, J.S. (1984) How large are gender differences in aggression? A developmental meta-analysis. Developmental Psychology, 20, 722–736

Hyde, J.S. (2005) The gender similarities hypothesis. American Psychologist, 60, 581–592

Hyde, J.S., Fennema, E. & Lamon, S.J. (1990) Gender differences in mathematics performance: A meta-analysis. Psychological Bulletin, 107, 139–155

Hyde, J.S. & Linn, M.C. (1988) Gender differences in verbal ability: A meta-analysis. Psychological Bulletin, 104, 53–69

Hyde, J.S. & Schuck, J.R. (1977) The development of sex differences in aggression; A revised model. Paper presented at the meeting of the American Association, San Francisco

Imperato-McGinley, J., Peterson, R., Gautier, T. & Sturla, E. (1979) Androgens and the development of male gender identity among male pseudo-hermaphrodites with Salpha-reductase deficiency. The New English Journal of Medicine, 300, 1233–1237

Isaac, G. (1978) The food sharing behavior of the protohuman hominids. Scientific American, 28, 90–109

Jacklin, C.N. & Maccoby E.E. (1978) Social behavior at 33 months in same-sex and mixed sex dyads. Child Development, 49, 557–569

Jacklin, C.N., Maccoby, E.E. & Dick, A.E. (1973) Barrrier behavior and toy preference: Sex differences (and their absence) in the year-old child. Child Development, 44, 196– 200

Jacklin, C.N., Maccoby, E.E. & Doering, H.H. (1983) Neonatal sex-stereoid hormones and timidity in 6–16-month-old boys and girls. Developmental Psychobiology, 16, 163–168

Jaffee, S. & Hyde, J.S. (2000) Gender differences in moral orientation: A meta-analysis. Psychological Bulletin, 126, 703-726

Jahnke-Klein, S. (2010) Mädchen und Naturwissenschaften. In M. Matzner & I. Wyrobnik (Hrsg.) Handbuch Mädchen-Pädagogik. Weinheim: Beltz, 242–256

Janssen-Ebnöther, E. & Tobler-Zeltner, E. (1991) Der Zusammenhang zwischen Geschlecht, Selbstkonzept und Lebensplan bei jungen Erwachsenen. Unveröff. Lizentiatsarbeit, Universität Zürich

Johanson, D. & Edey, M. (1982) Lucy. Die Anfänge der Menschheit. München: Piper
Jones, D.C., Bloys, N. & Wood, M. (1990) Sex roles and friendship patterns. Sex Roles, 23, 133–145
Johnson, D.D.P. & van Vugt, M. (2009) A history of war: The role of inter-group conflict in sex differences in aggression. Behavioral and Brain Sciences, 32, 280–281
Johnson, R.T., Burk, J.A. & Kirkpatrick, L.A. (2007) Dominance and prestige as differential predictors of aggression and testosterone levels in men. Evolution and Human Behavior, 28, 345–351
Jordan, K. (2010) Gehirn zwischen Sex und Gender – Frauen und Männer aus neurowissenschaftlicher Perspektive. In G. Steins (Hrsg.) Handbuch Psychologie und Geschlechterforschung. Wiesbaden: VS Verlag für Sozialwissenschaften, 88–104
Jordan, K., Wüstenberg,T., Heinze, H.-J., Peters, M. & Jäncke, L. (2002) Women and men exhibit different cortical activation patterns during mental rotation tasks. Neuropsychologia, 40, 2397–2408
Kane, E.W. (2006) „No way my boys are going to be like that": Parents' responses to children's gender nonconformity. Gender and Society, 20, 149–176
Kehr, M. (1991) Geschlechtstypische Motivationsdifferenzen in der hierarchischen Organisation – Eine explorative Befragungsstudie bei Sachbearbeitern in der Elektrobranche. Manuskript, Universität München
Keller, H., Schneider, K. & Henderson, B. (Hrsg.) (1994) Curiosity and Exploration. Berlin: Springer
Kendler, K.S., Thornton, L., Gilman, S.E. & Kessler, R.C. (2000) Sexual orientation in a US national sample of twin and non-twin sibling pairs. American Journal of Psychiatry, 157, 1843–1846
Kenrick, D.T., Sadalla, E.K., Groth, G.E. & Trost, M.R. (1990) Evolution, traits and the stages of human courtship. Qualifying the parental investment model. Journal of Personality, 58, 97–116
Kimball, M.M. (1989) A new perspective on women's math achievement. Psychological Bulletin, 105, 196–214
Kimura, D. (1992) Weibliches und männliches Gehirn. Spektrum der Wissenschaft, 11, 104–113
Kimura, D. (2000) Sex and cognition. Cambridge, MA: MIT Press
Kimura, D. & Hampson, E. (1994) Cognitive pattern in men and women is influenced by fluctuations in sex-hormones. Current Directions in Cognitive Science, 3, 57–61
Kindelberger, L.H. & Kuebli, J. (2006) Mothers' and fathers' socialization of preschoolers physical risk taking. Journal of Applied Developmental Psychology, 28, 2–14
Klann-Delius, G. (2005) Sprache und Geschlecht. Stuttgart: Metzler
Knight, G.P., Fabes, R.A. & Higgins, D.A. (1996) Concerns about drawing causal inferences from meta-analyses: An example in the study of gender differences in aggression. Psychological Bulletin, 119, 410–421
Kohlberg, L. (1966) A cognitive-developmental analysis of children's sex-role concepts and attitudes. In E. Maccoby (Hrsg.) The development of sex differences. Stanford: Stanford University Press, 82–173
Kohlberg, L. (1976) Moral stages and moralization. In R. Lickona (Hrsg.) Moral development and behavior. New York: Holt, Rinehart and Winston, 31–53
Kornadt, H.J. (1982) Aggressionsmotiv und Aggressionshemmung. Bern: Huber
Kotelchuck, M. (1976) The infant's relationship to the father: Experimental evidence. In M.E. Lamb (Hrsg.) The role of the father in child development. New York: Wiley, 329–344
Kozak, D. (1996) Geschlechtsrollenidentität und Testosteronspiegel bei Frauen. HOMO, 46, 211–226
Krabel, J. & Schädler, S. (2001) Dekonstruktivistische Theorie und ihre Folgerungen für die Jungenarbeit. In Heinrich-Böll-Stiftung (Hrsg.) Alles Gender? Oder was? Theoretische Ansätze zur Konstruktion von Geschlecht(ern) und ihre Relevanz für die Praxis in Bildung, Beratung und Politik. Berlin, 35–46

Kuhn, D., Nash, S.O. & Brucken, L. (1978) Sex role concepts of two and three-year-olds. Child Development, 49, 445–451
Kujawski, J.H. & Bower, T.G.R. (1993) Same-sex preferential looking during infancy as a function of abstract representation. Brit. Journal of Developmental Psycholgy, 11, 201–209
Kyratzis, A. (2001) Emotion talk in preschool same-sex friendship groups: Fluidity over time and context. Early Education and Development, 12, 359–392
La Freniere, P., Strayer, F.F. & Gauthier, R. (1984) The emergence of same-sex affiliative preferences among preschool peers: A developmental ethological perspective. Child Development, 55, 1958–1965
Lamb, M.E. (1996) The role of the father in child development. New York: Wiley
Lamb, M.E. (1977a) Father-infant and mother-infant interaction in the first year of life. Child Development, 46, 167–181
Lamb, M.E. (1977b) The development of mother-infant and father-infant attachments in the second year of life. Developmental Psychology, 13, 637–648
Lamb, M.E., Frodi, A.M., Hwang, C. & Frodi, M. (1982) Varying degrees of paternal involvement in infant care: Attitudinal and behavioral correlates. In M.E. Lamb (Hrsg.) Nontraditional families: Parenting and child development. Hillsdale: Erlbaum
Lambert, W.E., Yackley, A. & Hein, R.N. (1971) Child training values of English Canadian and French Canadian parents. Canadian Behavioral Science, 3, 217–236
Langlois, J.H. & Downs, A.C. (1980) Mothers, fathers, and peers as socialization agents of sex-typed play behaviors in young children. Child Development, 51, 1217–1247
Langström, N., Rahman, Q., Carlström, E. & Lichtenstein, P. (2010) Genetic and environmental effects on same-sex sexual behavior: A population study of twins in Sweden. Archiv of Sexual Behavior, 39, 75–80
Lawrie, L. & Brown, R. (1992) Sex stereotypes, school subject preferences and career aspirations as a function of single/mixed sex schooling and presence/absence of an opposite sex sibling. British Journal of Educational Psychology, 63, 132–138
Leacock, E. (1978) Women's status in egalitarian society: Implications for social evolution. Current Anthropology, 19, 247–275
Leakey, R.E. & Lewin, R. (1977) Origins. London: MacDonald and Jane's
Lee, R.B. (1968) What hunters do for a living, or, how to make out on scarce resourses. In R.B. Lee & I. DeVore (Hrsg.) Man the hunter. Chicago: Aldine, 30–48
Lee, V.E. & Bryk, A.S. (1986) Effects of single-sex secondary schools on student achievement and attitudes. Journal of Educational Psychology, 78, 381–395
Leinbach, M.D. & Fagot, B.I. (1993) Categorical habituation to male and female faces: Gender schematic processing in infancy. Infant Behavior und Development, 16, 317– 332
Lenz, I. (1995) Geschlechtssymmetrische Gesellschaften. In I. Lenz & U. Luig (Hrsg.) Frauenmacht ohne Herrschaft. Frankfurt: Fischer, 26–87
LeVay, S. (1991) A difference in hypothalamic structure between heterosexual and homosexual men. Science, 253, 1034–1037
Lever, J. (1976) Sex differences in the games children play. Social problems, 23, 478–487
Lewis, Ch. & O'Brien, M. (Hrsg.) (1987) Reassessing fatherhood – new observations of fathers and the modern family. London: Sage Publ.
Lewis, M. & Brooks-Gunn, J. (1979) Social cognition and the aquisition of self. New York: Plenum Press
Liebrecht, C.H. (1988) Die Frau als Chef. Frankfurt: Carl. H. Liebrecht KG
Liesen, L. (1995) Feminism and the politics of reproductive strategies. Politics and the Life Sciences, 14, 145–162
Lindahl, L.B. & Heimann, M. (2002) Social proximity in Swedish mother-daughter and mother-son-interactions in infancy. Journal of Reproductive and Infant Psychology, 20, 37-42
Linn, M.C. & Hyde, J.S. (1989) Gender, mathematics, and science. Educational Researcher, 18, 17–27

Linn, M.C. & Petersen, A.C. (1986) A meta-analysis of gender differences in spatial ability: Implications for mathematics and science achievement. In J.S. Hyde & M.C. Linn (Hrsg.) The psychology of gender: Advances through meta-analysis. Baltimore: The Johns Hopkins University Press, 67–101

Lippa, R.A. (2010) Gender differences in personality and interests: When, where, and why? Social and Personality Psychology Compass, 4, 1098–1110

Lirgg, C.D. (1991) Gender differences in self-confidence in physical activity: A meta-analysis of recent studies. Journal of Sport and Exercise Psychology, 13, 294–310

Lorenz, K. (1935) Der Kumpan in der Umwelt des Vogels. In K. Lorenz: Über tierisches und menschliches Verhalten. Gesammelte Abhandlungen Bd. 1/2, 1965, München: Piper

Low, B.S. (1989) Cross-cultural patterns in the training of children. An evolutionary perspective. Journal of Comparative Psychology, 103, 311–319

Lucas-Thompson, R.G., Goldberg, W.A. & Prause, J. (2010) Maternal work early in the lives of children and its distal associations with achievement and behavior problems: A meta-analysis. Psychological Bulletin. Advance online publication.doi: 10.1037/a0020875

Luchins, A.S. (1942) Mechanization in problem-solving: The effect of Einstellung. Psychol. Monogr., 54, No. 6

Ludwig, P.H. (2010) Schulische Erfolgserwartungen und Begabungsselbstbilder bei Mädchen – Strategien der Veränderung. In M. Matzner & I. Wyrobnik (Hrsg.) Handbuch Mädchen-Pädagogik. Weinheim: Beltz, 145–158

Luig, U. (1995) Sind egalitäre Gesellschaften auch geschlechtsegalitär? In I. Lenz & U. Luig (Hrsg.) Frauenmacht ohne Herrschaft. Frankfurt: Fischer, 88–169

Lutchmaya, S. & Baron-Cohen, S. (2002) Human sex differences in social and non-social looking preferences at 12 months of age. Infant Behavior and Development, 25, 319–325

Lutchmaya, S., Baron-Cohen, S. & Raggatt, P. (2002a) Foetal testosterone and eye contact in 12-month-old human infants. Infant Behavior and Development 25, 327–335

Lutchmaya, S., Baron-Cohen, S. & Raggatt, P. (2002b) Foetal testosterone and vocabulary size in 18- and 24-month-old human infants. Infant Behavior and Development, 24, 418–124

Lynn, D.B. & Cross, A.R. (1974) Parent preferences of preschool children. Journal of Marriage and the Family, 36, 555–559

Lytton, H. & Romney, D.M. (1991) Parents' differential socialization of boys and girls: A meta-analysis. Psychological Bulletin, 109, 267–296

Maccoby, E.E. (1984) Socialization and developmental change. Child Development, 55, 317–328

Maccoby, E.E. (1988) Gender as a social category. Developmental Psychology, 24, 755– 765

Maccoby, E.E. (2000) Psychologie der Geschlechter. Sexuelle Identität in den verschiedenen Lebensphasen. Stuttgart: Klett-Cotta

Maccoby, E.E. & Jacklin, C.N. (1973) Stress, activity and proximity seeking: Sex differences in the year-old child. Child Development, 44, 34–42

Maccoby, E.E. & Jacklin, C.N. (1974) The Psychology of sex differences. Stanford: Stanford University Press

Maccoby, E.E., Doering, C.H., Jacklin, C.N. & Kraemer, H. (1979) Concentrations of sex hormones in umbilical-cord blood: Their relation to sex and birth order of infants. Child Development 50, 632–642

Maccoby, E.E. & Jacklin, C.N. (1980) Sex differences in aggression: A rejoinder and reprise. Child Development 51, 964–980

Maccoby, E.E. & Jacklin, C.N. (1987) Gender segregation in childhood. In E.H. Reese (Hrsg.) Advances in child development and behavior. New York: Academic Press, 239–287

Maccoby, E.E., Snow, M.E. & Jacklin, C.N. (1984) Children's disposition and motherchild interaction at 12 and 18 months: A short-term longitudinal study. Developmental Psycholgy, 20, 459–472

Mahoney, J. & Nay, W.R. (1975) The effect of sexual integration of a reform institution on adolescent females' perception of adolescent males. Journal of Genetic Psychology, 127, 13–20
Malatesta, C. & Haviland, J.M. (1985) Signals, symbols and socialization: The modification of emotional expression in human development. In M. Lewis & C. Saarni (Hrsg.) The socialization of emotions. New York: Plenum, 89–115
Manning, J.T. (2002) Digit ratio. A pointer to fertility, behavior and health. New Brunswick: Rutgers University Press
Marcia, J.E. (1980) Identity in adolescence. In J. Adelson (Hrsg.) Handbook of adolescent psychology. New York: Wiley, 159–187
Marcia, J.E., Waterman, A.S., Matteson, D.R., Archer, S.L. & Orlofsky, J.L. (Hrsg.) (1993) Ego identity: A handbook for psychosocial research. New York: Springer
Marcus, D.E. & Overton, W.F. (1978) The development of cognitive gender constancy and sex role preferences. Child Development, 49, 434–444
Marquardt, E. (2005) Between two worlds. The inner lives of children of divorce. Crown
Martial, I. von (1988) Koedukation Vorteile für Mädchen? Recht der Jugend und des Bildungswesens, 36, 56–63
Martignon, L. (2010) Mädchen und Mathematik. In M. Matzner & I. Wyrobnik (Hrsg.) Handbuch Mädchen-Pädagogik. Weinheim: Beltz, 220–232
Martin, C.L. (1993) New directions for investigating children's gender knowledge. Developmental Review, 13, 184–204
Martin, C.L. & Fabes, R.A. (2001) The stability and consequences of young children`s same-sex peer interactions. Developmental Psychology, 37, 431–446
Martin, C.L. & Halverson, C.F. (1993) A schematic processing model of sex typing and stereotyping in children. Child Development, 52, 1119–1134
Martin, J.A. (1981) A longitutinal study of the consequences of early mother-infant interaction: A microanalytic approach. Monographs of the Society for Research in Child Development, 46 (3, Serial 190)
Martin, J.C. (1973) Competitive and noncompetitive behavior of children in beanbag voss game. University of California
Martin, R.D. (1992) Female cycles in relation to paternity in primate societies. In R.D. Martin, A.F. Dixson & E.J. Wickings (Hrsg.) Paternity in primates. Genetic tests and theories. Basel: Karger, 238–274
Matzner, M. (2010) Mädchen und junge Frauen im Übergang von der Schule in die Arbeitswelt. In M. Matzner & I. Wyrobnik (Hrsg.) Handbuch Mädchen-Pädagogik. Weinheim: Beltz, 197–217
Mazur, A. & Booth, A. (1998) Testosterone and dominance in men. Behavioral und Brain Sciences, 21, 353–397
Mazur, A. & Lamb, T. (1980) Testosterone, status and mood in human males. Hormones and Behavior, 14, 236–246
McClure, E.B. (2000) A meta-analytic review of sex differences in facial expression processing and their development in infants, children and adolescents. Psychological Bulletin, 126, 424–453
McGrew, W.C. (1969) An ethological study of agonistic behavior in preschool children. Proceedings of the Second International Primatological Conference, Atlanta, Georgia, Vol. 1, New York: Karger
McGrew, W.C. (1979) Evolutionary implications of sex differences in chimpanzee predation and tool use. In D.H. Hamburg & E.R. McCown (Hrsg.) The great apes. Menlo Park: Benjamin Cummings, 441–463
Mead, M. (1935) Sex and temperament in three primitive societies. New York: Morrow. Deutsch: Geschlecht und Temperament in primitiven Gesellschaften. München: dtv 1970
Mead, M. (1949) Male and female. New York: Morrow. Deutsch: Mann und Weib; das Verhältnis der Geschlechter in einer sich wandelnden Welt. Reinbek: Rowohlt, 1958

Meaney, M.J. (2001) Maternal care, gene expression and the transmission of individual differences in stress reactivity across generations. Annual Review of Neuroscience, 24, 1161–1192

Meese, J.L., Wigfield, A. & Eccles, J. (1990) Predictors of math anxiety and its influence on young adolescents' course enrollment intentions and performance in mathematics. Journal of Educational Psychology, 82, 60–70

Mehta, P.H., Jones, A.C. & Josephs, R.A. (2008) The social endocrinology of dominance: Basal testosterone predicts cortisol changes and behavior following victory and defeat. Journal of Personality and Social Psychology, 94, 1078–1093

Merz, F. (1979) Geschlechterunterschiede und ihre Entwicklung. Göttingen: Hogrefe

Meyer, J.W. & Sobieszek, B.J. (1972) The effect of a child's sex on adult interpretations of it's behavior. Developmental Psychology, 6, 42–48

Meyer-Bahlburg, H.F.L. (1980) Geschlechtsunterschiede und Aggression: Chromosomale und hormonale Faktoren. In N. Bischof & H. Preuschoft (Hrsg.) Geschlechtsunterschiede – Entstehung und Entwicklung. München: Beck, 123–145

Meyer-Bahlburg, H.F.L. (1993) Psychobiologic research on homosexuality. Sexual and gender identity disorders, 2, 489–500

Meyer-Bahlburg, H.F.L., Dolezal, C., Baker, S.W., Carlson, A.D. & Obeid, J.S. (2004) Prenatal androgenization effects, gender-related behavior but not gender identity in 5–12-year-old girls with congenital adrenal hyperplasia. Archiv of Sexual Behavior, 33, 97–104

Meyer-Bahlburg, H.F.L. & Ehrhardt, A.A. (1979) Gender related behavior and intelligence after exposure to exogenous progestons and estrogens during fetal development. Paper presented at the Society for Research in Child Development. San Francisco.

Meyer-Bahlburg, H.F.L., Ehrhardt, A.A., Rosen, L.R., Gruen, R.S., Veridiano, N.P., Vann, F.H. & Neuwalder, H.F. (1995) Prenatal estrogens and the development of homosexual orientation. Developmental Psychology, 31, 12–21

Milinsky, M. & Wedekind, C. (2001) Evidence for MHC-correlated perfume preferences in humans. Behavioral Ecology, 12, 140–149

Mischel, W. (1966) A social-learning view of sex differences in behavior. In E.E. Maccoby (Hrsg.) The development of sex differences. Stanford: Stanford University Press, 56–81

Molfese, D. (1990) Auditory evoked responses recorded from 16-months-old human infants to words they did and they did not know. Brain and Language, 38, 345–363

Money, J. (1955) An examination of some basic sexual concepts: The evidence of human hermaphroditism. Bulletin Johns Hopkins Hosp., 97, 301–319

Money, J. (1994) Zur Geschichte des Konzepts Gender identity disorder. Zeitschrift für Sexualforschung, 7, 20–34

Money, J. & Ehrhardt, A. (1975) Männlich – Weiblich: Die Entstehung der Geschlechtsunterschiede. Reinbek: Rowohlt

Moore, D.S. & Johnson, S.P. (2008) Mental rotation in human infants. A sex difference. Psychological Science, 19, 1063–1066

Morrongiello, B.A. & Dawber, T. (1998) Toddler's and mother's behavior in an injury-risk situation: Implications for sex differences in childhood injuries. Journal for Applied Developmental Psychology, 20, 227–251

Morrongiello, B.A. & Dawber, T. (2000) Mother's responses to sons and daughters engaging in injury-risk behaviors on a playground: Implications for sex differences in injury rates. Journal of Experimental Child Psychology 76, 89–103

Moss, H.A. (1974) Early sex differences and mother-child interaction. In R.C. Friedman, R.M. Richart, R.L.Van de Wiele & L.O. Stern (Hrsg.) Sex differences in behaviour. New York: Wiley, 149–163

Mulack, C. (1990) Natürlich weiblich. Die Heimatlosigkeit der Frau im Patriarchat. Stuttgart: Kreuz Verlag

Muldoon, O. & Reilly, J. (1998) Biology. In K. Trew & J. Kremer (Hrsg.) Gender and Psychology. London: Arnold

Murdock, G.P. (1957) Social structure. New York: The Free Press

National Institute of Child Health and Human Development Early Child Care Research Network (2003) Does amount of time spent in child care predict socioemotional adjustment during transition to kindergarten? Child Development, 74, 976–1005
Neujahr-Schwachulla, G. & Bauer, S. (1995) Führungsfrauen. Anforderungen und Chancen in der Wirtschaft. Frankfurt: Fischer
Neumann, F. (1980) Die Bedeutung von Hormonen für die Differenzierung des somatischen und psychischen Geschlechts bei Säugetieren. In N. Bischof & H. Preuschoft (Hrsg.) Geschlechtsunterschiede – Entstehung und Entwicklung. München: Beck, 43–75
Nicholls, J.G. (1975) Causal attributions and other achievement-related cognitions: Effects of taskoutcome, attainment, value and sex. Journal of Personality and Social Psychology, 31, 379–389
Nickel, H. & Quaiser-Pohl, C. (Hrsg.) (2001) Junge Eltern in kulturellem Wandel. Untersuchungen zu Familiengründung im internationalen Vergleich. Weinheim: Juventa
Nickel, H. & Schmidt-Denter, U. (1980) Sozialverhalten von Vorschulkindern. München: Ernst Reinhardt
Niederle, M. & Vesterlund, L. (2007) Do Women shy away from competition? Do men compete to much? Quartlerly Journal of Economics, 122, 1067–1101
Nordenström, A., Servin, A., Bohlin, G., Larsson, A. & Wedell, A. (2002) Sex-typed toy play behavior correlates with the degree of prenatal andogren exposure assessed by CYP21 genotype in girls with congenital adrenal hyperplasia. Journal of Clinical Endocrinology and Metabolism, 87, 5119–5124
Nunner-Winkler, G. (Hrsg.) (1995a) Weibliche Moral. Die Kontroverse um eine geschlechtsspezifische Ethik. München: dtv
Nunner-Winkler, G. (1995b) Gibt es eine weibliche Moral? In Nunner-Winkler, G. (Hrsg.) (1995) Weibliche Moral. Die Kontroverse um eine geschlechtsspezifische Ethik. München: dtv, 147–161
Nunner-Winkler, G. & Sodian, B. (1988) Children's understanding of moral emotions. Child Development, 59, 1323–1338
O'Boyle, M.W. & Benbow, C.P. (1990) Handedness and its relationship to ability and talent. In S. Coren (Hrsg.) Left-handedness: Behavioral implications and anomalies. North Holland: Elsevier Science Publ., 343–372
O'Brien, M. & Huston, A.C. (1985) Development of sex-typed play behavior in toddlers. Developmental Psychology, 21, 866–871
Oerter, R. (1995) Kindheit. In R. Oerter & L. Montada (Hrsg.) Entwicklungspsychologie. Weinheim: Beltz, 249–309
Omark, D.R. & Edelman, M.S. (1976) The Development of attention structures in young children. In M.R.A. Chance, & R.R. Larsen (Hrsg.) The social structure of attention. London: Wiley, 119–153
Omark, D.R., Strayer, F.F. & Freedman D.G. (1980) Dominance relations: An ethological view of human conflict and social interaction. New York: Garland STPM Press
Ormerod, M.B. (1975) Subject preference and choice in co-educational and single-sex secondary schools. British Journal of Educational Psychology, 45, 257–267
Ostrov, J.M. & Keating, C.F. (2004) Gender differences in preschool aggression during free play and structured interactions: An observational study. Social Development, 13, 255–277
Packer, C., Collins, D.A., Sindimwo, A. & Goodall, J. (1995) Reproductive constraints on aggressive competition in female baboons. Nature, 373, 60–63
Parish, A.R. (1994) Sex and food control in the „uncommon chimpanzee": How bonobo females overcome a phylognetic legacy of male dominance. Ethology and Sociobiology, 15, 157–179
Parke, R.D. (1979) Perspectives on father-infant-interaction. In J. Osofsky (Hrsg.) Handbook of infant development. New York:Wiley, 549–590
Parke, R.D. (1996) Fatherhood. Cambridge,MA: Harvard University Press
Parke, R.D. & Sawin, D.B. (1980) The family in early infancy: Social interactional and attitudinal analyses. In F. Pedersen (Hrsg.) The father-infant relationship: Observational studies in family context. New York: Praeger

Parsons, J.E. & Ruble, D.N. (1977) The development of achievement-related expectancies. Child Development, 48, 1075–1079

Pasterski, V.L., Geffner, M.E., Brain, C., Hindmarsh, P., Brook, C. & Hines, M. (2005) Prenatal hormones and postnatal socialization by parents as determinants of male-typical toy play in girls with congenital adrenal hyperplasia. Child Development, 76, 264–278

Pasterski, V.L., Hindmarsh, P., Geffner, M.E., Brain, C., Brook, C. & Hines, M. (2007) Increased aggression and activity level in 3- to 11-year old girls with congenital adrenal hyperplasia. Hormones and Behavior, 52, 368–374

Pawlowski, B., Atwal, R. & Dunbar, R.I.M. (2008) Sex differences in everyday risktaking behavior in humans. Evolutionary Psychology, 6, 29–42

Pedersen, F.A., Cain, R.L., Zaslow, M.J. & Anderson, B.J. (1982) Variation in infant experience associated with alternative family roles. In L. Laosa & I. Siegel (Hrsg.) Families as learning environments for children. New York: Plenum

Pedersen, F.A. & Robson, K.S. (1969) Father participation in infancy. American Journal of Orthopsychiatry, 39, 466–472

Pellegrini, A.D., Roseth, C., Mliner, S.C.,Bohn, Van Ryzin, M., Vance, N., Cheatham, C.L. & Tarullo, A. (2007) Social dominance in preschool classrooms. Journal of Comparative Psychology, 121, 54–64

Perry, D.G., White, A.J. & Perry, L.C. (1984) Does early sex typing result from children's attempt to match their behavior to sex role stereotypes? Child Development, 55, 2114–2121

Petit, G.S., Bakshi, A., Dodge, K.A. & Coie, J.D. (1990) The emergence of social dominance in young boys' play groups; Developmental differences and behavioral correlates. Developmental Psychology 26, 1017–1025

Pfost, K.S. & Fiore, M. (1990) Pursuit of nontraditional occupations: Fear of success or fear of not being chosen? Sex Roles, 23, 15–24

Pinker, S. (2008) Das Geschlechterparadox. München: Deutsche Verlangsanstalt

Pomerantz, E. & Ruble, D.N. (1998) The role of maternal control in the development of sex differences in child self-evaluative factors. Child Development, 69, 458–478

Pool, R. (1995) Evas Rippe. Das Ende vom Mythos vom starken und vom schwachen Geschlecht. München: Droemer Knaur

Postlethwaite, T.N. (1968) Leistungsmessung in der Schule. Frankfurt: Diesterweg

Preuschoft, H. (1980) Einleitung: Vom Standpunkt eines Biologen aus. In N. Bischof & H. Preuschoft (Hrsg.) Geschlechtsunterschiede – Entstehung und Entwicklung. München: Beck, 7–24

Prenzel, M., Artelt, C., Baumert, W., Blum, J., Hamman, W., Klieme, M. & Pekrun, R. (Hrsg.) PISA 2006. Das Ergebnis der dritten internationalen Vergleichsstudie. Münster: Waxman

Prenzel, W. & Strümpel, B. (1990) Männlicher Rollenwandel zwischen Partnerschaft und Beruf. Zeitschrift für Arbeits und Organisationspsychologie, 34, 29–36

Pusey, A.E. & Parker, C. (1986) Dispersal and philopatry. In B.B. Smuts, D.L. Cheyney, R.M. Seyfarth, R.W. Wrangham & T.T. Struhsaker (Hrsg.) Primate societies. Chicago: The University of Chicago Press, 250–266

Putz, D.A., Gaulin, S.J., Sporter, S.J. & McBurney, D.H. (2004) Sex hormones and finger length. What does 2D:4D indicate? Evolution and Human Behavior, 25, 182–199

Reiche, B. (1997) Väter-Dasein: die Erfahrungen von Vätern als Versorger ihrer Säuglinge und Kleinkinder im Wechselspiel von Rollenzuschreibung und Übertragung. Hamburg: Kovac

Reimers, T. (1992) Die Natur des Geschlechterverhältnisses. Biologische Grundlagen und soziale Folgen sexueller Unterschiede. Frankfurt: Campus

Reinisch, J.M. (1981) Prenatal exposure to synthetic progestins increases potential for aggression in humans. Science, 211, 1171–1173

Reinisch, J.M., Ziemba-Davis, M. & Sanders, S.A. (1991) Hormonal contributions to sexually dimorphic behavioral development in humans. Psychoneuroendocrinology, 16, 213–278

Rentenmeister, C. (1985) Frauenwelten – Männerwelten. Opladen

Resnick, S.M., Berenbaum, S.A., Gottesman, I.I. & Bouchard, T.J. (1986) Early hormonal influences on cognitive functioning in congenital adrenal hyperplasia. Developmental Psychology, 22, 191–198

Rhoads, S.E. (2004) Taking sex differences seriously. San Francisco: Encounter Books

Roberts, T. (1991) Gender and the influence of evaluations on self assessment in achievement settings. Psychological Bulletin, 109, 297–308

Rohde-Dachser, Ch. (1991) Expeditionen in den dunklen Kontinent. Berlin: Springer

Rose, A.J. & Rudolph, K.D. (2006) A review of sex differences in peer relationship processes: Potential trade-offs for the emotional and behavioral development of girls and boys. Psychological Bulletin, 132, 98–131

Rose, A.J., Swenson, L.P. & Waller, E.M. (2004) Overt and relational aggression and perceived popularity: Developmental differences in concurrent and prospektive relations. Developmental Psychology, 40, 378–387

Rose, L. (2007) Gender und soziale Arbeit. Annäherung jenseits des Mainstreams der Gender-Debatte. Baltmannsweiler: Schneider Hohengehren

Rosen, B.N. (1989) Gender differences in children's outdoor play injuries: A review and integration. Clinical Psychology Reviews, 1990, 10(2), 187–205

Rosen, W.D., Adamson, L.B. & Bakeman, R. (1992) An experimental investigation of infant social referencing: Mothers' messages and gender differences. Developmental Psychology, 28, 1172–1178

Rosenstiel, L.v. (1986) Frauen in Führungspositionen der Wirtschaft. Publikation des Instituts für Absatz und Handel, Hochschule St. Gallen, 2

Rosenstiel, L.v. (1997) Karrieremuster von Hochschulabsolventinnen. In R. Wunderer & P. Dick (Hrsg.) Frauen im Management. Neuwied: Luchterhand, 266–284

Rothbart, M.K. (1988) Temperament and the development of inhibited approach. Child Development, 48, 1250–1254

Rowe, R., Maughan, B., Worthman, C.M., Costello, E.J. & Angold, A. (2004) Testosterone, antisocial behavior and social dominance in boys: Pubertal development and biosocial interaction. Biological Psychiatry, 55, 546–552

Ruble, D.N., Greulich, F., Pomerantz, E.M. & Gochberg, G. (1993) The role of gender-related processes in the development of sex differences in self-evaluation and depression. Journal of Affective Disorders, 29, 97–128

Ruble, D.N. & Martin, C.L. (1998) Gender Development. In W. Damon & N. Eisenberg (Hrsg.) Handbook of Child Psychology. Vol. 3, Hoboken: Wiley, 933–1016

Ruble, D.N., Martin, C.L. & Berenbaum, S.A. (2006) Gender Development. In N. Eisenberg (Hrsg.) Handbook of Child Psychology. Vol. 3, 585–932, Hoboken:Wiley

Rudman, L.A. & Glick, P. (1999) Feminized management and backlash toward agentic women: The hidden costs to women of a kinder, gentler image of middle managers. Journal of Personality and Social Psychology, 77, 1004–1010

Rudolph, W. (1980) Geschlechterrollen im Kulturvergleich. In N. Bischof & H. Preuschoft (Hrsg.) Geschlechtsunterschiede – Entstehung und Entwicklung. München: Beck, 154– 201

Russell, G. (1982) Shared caregiving families: An Australian study. In M.E. Lamb (Hrsg.) Nontraditional families: Parenting and child development. Hillsdale: Erlbaum

Russell, G. (1987) Problems in role-reversed families. In Ch. Lewis & M. O'Brien (Hrsg.) Reassessing fatherhood – new observations of fathers and the modern family. London: Sage Publ., 161–179

Russell, G. & Russell, A. (1987) Mother-child and father-child relationships in middle childhood. Child Development, 58, 1573–1585

Russell, J.A., Douglas, A.J. & Ingram, C.D. (2001) Brain preparations for maternity – adaptive changes in behavioral and neuroendocrine systems during pregnancy and lactation. An overview. Prog. Brain Research, 133, 1–38

Rustemeyer, R. (1982) Wahrnehmung eigener Fähigkeiten bei Jungen und Mädchen. Frankfurt: Lang

Sadalla, E.K., Kenrick, D.T. & Vershure, B. (1987) Dominance and hetero-sexual attraction. Journal of Personality and Social Psychology, 52, 730–738

Sade, D. (1967) Determinants of dominance in a group of free-ranging Rhesus monkeys. In S.A. Altman (Hrsg.) Social communication among primates. Chicago: University of Chicago Press, 9–114

Savin-Williams, R.C. (1979) Dominance hierarchies in groups of early adolescents. Child Development, 50, 923–935

Savin-Williams, R.C. (1987) Adolescence: An ethological perspective. Berlin: Springer

Sbrzesny, H. (1976) Die Spiele der !Ko-Buschleute. Monographien zur Humanethologie. 2. Aufl., München: Piper

Schaal, B., Tremblay, R.E., Soussignan, R. & Susman, E.J. (1996) Male testosterone linked to high social dominance but low physical aggression in early adolescence. Journal of the American Academy of Child and Adolescence Psychiatry, 34, 132–230

Schmid Mast, M. (2000) Gender differences in dominance hierarchies. Lengerich: Pabst

Schmidt-Denter, U. (1994) Soziale Entwicklung. Weinheim: Psychologie Verlags Union

Schradin, C., Reeder, D.M, Mendoza, S.P. & Anzenberger, G. (2003) Prolactin and paternal care: Comparison of three species of monogamous new world monkeys. Journal of comparative Psychology, 117, 166–175

Schultze, W. (1974) Die Leistungen im naturwissenschaftlichen Unterricht in der Bundesrepublik im internationalen Vergleich. Deutsches Institut für Internationale Pädagogische Forschung und Gesellschaft zur Förderung pädagogischer Forschung e. V. Mitteilungen und Nachrichten, Sonderheft. Frankfurt

Schwank, I. (1990) Untersuchungen algorithmischer Denkprozesse von Mädchen Abschlussbericht Band I. Osnabrück: Forschungsinstitut für Mathematikdidaktik

Sears, R.R., Rau, L. & Alpert, R. (1966) Identification and child rearing. London: Tavistock

Seavey, A.A., Katz, P.A. & Zalk, S.R. (1975) Baby X: The effect of gender labels on adult responses to infants. Sex Roles 1, 103–109

Sebanc, A.M., Pierce, S.L., Cheatham, C.L. & Gunnar, M.R. (2003) Gendered social worlds in preschool: Dominance, peer acceptance and assertive social skills in boys' and girls' peer groups. Social Development, 12, 91–106

Seeland, S. (1986) Koedukation nützt nur den Männern. Die Erfahrungen der amerikanischen Frauen-Colleges. Frauenforschung, 4, 97–105

Servin, A., Bohlin, G. & Berlin, L. (1999) Sex differences in 1-, 3-, and 5-year-olds' toy-choice in a structured play-session. Scandinavian Journal of Psychology, 40, 43–48

Servin, A., Nordenstrom, A., Larsson, A., & Bohlin, G. (2003) Prenatal androgens and gender-typed behavior: A study of girls with mild and severe forms of congenital adrenal hyperplasia. Developmental Psychology, 39, 440–450

Sheldon, A. (1990) Pickle fights: Gendered talk in preschool disputes. Discourse Processes, 13, 5–31

Shepher, J. (1983) Incest – a biosocial view. London: Academic Press

Siegel, M. & Robinson, J. (1987) Order effects in children's gender constancy responses. Developmental Psychology, 23, 283–286

Siegelman, M. (1974) Parental background of male homosexuals. Archives of Sexual Behavior, 6, 89–96

Silbereisen, R.K.& Schmitt-Rodermund, E. (1998) Entwicklung im Jugendalter: Prozesse, Kontexte und Ergebnisse. In H. Keller (Hrsg.) Lehrbuch Entwicklungspsychologie, Bern: Huber, 378–397.

Silk, J.B. (1987) Social behavior in evolutionary perspective. In B.B. Smuts, D.L. Cheyney, R.M. Seyfarth, R.W. Wrangham & T.T. Struhsaker (Hrsg.) Primate societies. Chicago: The University of Chicago Press, 318–329

Simpson, A.W. & Erikson, M.T. (1983) Teachers' verbal and nonverbal communication patterns as a function of teacher race, student gender and student race. American Educational Research Journal, 20, 183–198

Singer, T., Seymour, B., O'Doherty, J.P., Stephan, K.E., Dolan, R.J. & Frith, C.D. (2006) Empathic neural responses are modulated by the perceived fairness of the others. Nature, 439, 466–469

Singh, D. & Luis, S. (1995) Ethnic and gender concensus for the waist to hip ratio on judgement of women's attractiveness. Human Nature, 6, 51–65
Slaby, R.G. & Frey, K.S. (1975) Development of gender constancy and selective attention to same-sex models. Child Development, 46, 849–856
Slijper, F.M.E. (1984) Androgens and gender role behaviour in girls with congenital adrenal hyperplasia; A pilot study. Journal of Sex Education and Therapy, 61, 417–422
Slovic, P. (1966) Risk-taking in children: Age and sex differences. Child Development, 37, 169–176
Smith, P.K. & Green, M. (1975) Aggressive behavior in English nurseries and play groups: Sex differences and response of adults. Child Development, 46, 211–214
Smuts, B.B. (1987a) Gender, aggression and influence. In B.B. Smuts, D.L. Cheyney, R.M. Seyfarth, R.W. Wrangham & T.T. Struhsaker (Hrsg.) Primate societies. Chicago: The University of Chicago Press, 400–412
Smuts, B.B. (1987b) Sexual competition and mate choice. In B.B. Smuts, D.L. Cheyney, R.M. Seyfarth, R.W. Wrangham & T.T. Struhsaker (Hrsg.) Primate societies. Chicago: The University of Chicago Press, 385–399
Snow, M.E., Jacklin, C.N. & Maccoby, E.E. (1983) Sex-of-child differences in father-child interaction at one year of age. Child Development, 49, 227–232
Snyder, H., Finnegan, T., Nick, E., Sickmund, D., Sullivan, D. & Tierney, N. (1987) Juvenile court statistics, 1984. Pittsburgh: National Center for Juvenile Justice
Spelke, E., Zelazo, P., Kagan, J. & Kotelchuck, M. (1973) Father interaction and separation protest. Developmental Psychology, 9, 83–90
Spence, J.T., Helmreich, R.L. & Stapp, J. (1974) The personal attributes questionnaire: A measure of sex-role stereotypes and masculinity-femininity. JSAS Catalog of Selected Documents in Psychology, 4, 43–44, MS 617
Spiro, M.E. (1979) Gender and culture: Kibbutz women revisited. Durham: Duke University Press
Sprafkin, C., Serbin, L.A., Denier, C. & Connor, J.M. (1983) Sex differentiated play: Cognitive consequences and early interventions. In M.B. Loss (Hrsg.) Social and cognitive skills. New York: Academic Press, 167–192
Stäudel, T. (1991) Problemlösen und Geschlecht: Unterschiede nur im Selbstbild? In G. Krell & M. Osterloh (Hrsg.) Personalpolitik aus der Sicht von Frauen. München: R. Hampp, 282–296
Stake, J.E. & Katz, J.F. (1982) Teacher-pupil relationships in the elementary school classroom; Teacher gender and pupil gender differences. American Educational Research Journal, 19, 465–471
Stanton, S.J. & Edelstein, R.S. (2009) The physiology of womens' power motive: Implicit power motivation is positively associated with estradiol levels in women. Journal of Research in Personality, 43, 1109–1113
Stanton, S.J., Liening, S.H. & Schultheiss, O.C. (2011) Testosterone is positively associated with risk taking in the Iowa Gambling Task. Hormones and Behavior, 59, 252–256
Stern, M. & Karraker, K.H. (1989) Sex stereotyping of infants. A review of gender labeling studies. Sex Roles, 20, 501–522
Stetsenko, A., Little, T.D., Gordeeva, T., Grasshof, M. & Oettingen, G. (2000) Gender effects in children's beliefs about school performance: A cross-cultural study. Child Development, 71, 517–527
Stockard, J. (1980) Sex inequities in the experience of students. In J. Stockard, P.A. Schmuck, K. Kempner, P. Williams, S.K. Edson & M.A. Smith (Hrsg.) Sex inequity in education. New York: Academic Press, 49–77
Storey, A.E., Walsh, C.J., Quinton, R.L. & Wynne-Edwards, K.E. (2000) Hormonal correlates of paternal responsiveness in new and expectant fathers. Evolution and Human Behavior, 21, 79–95
Strüber, D. (2008): Geschlechtsunterschiede im Verhalten und ihre hirnbiologischen Grundlagen. In M. Matzner & W. Tischner (Hrsg.) Handbuch Jungen-Pädagogik. Weinheim: Beltz, 34–48

Stumpf, H. & Klime, E. (1989) Sex-related differences in spatial abilities. More evidence for convergence. Perceptual and Motor Skills, 69, 915–921

Sütterlin, Ch. (1994) Kunst und Ästhetik. In W. Schiefenhövel, C. Vogel, G. Vollmer & U. Opolka (Hrsg.) Gedachte und gemachte Welten. Der Mensch und seine Ideen. Der Mensch – Anthropologie heute, Bd. 3. Stuttgart: Thieme, 95–119

Szrybalo, J. & Ruble, D.N. (1999) „God made me a girl": Sex-category constancy judgements and explanations revisited. Developmental Psychology, 35, 392–402

Tannen, D. (1990) Gender differences in topical coherence; Creating involvement in best friend's talk. Discourse Processes, 13, 73–90

Tanner, J.M. (1970) Physical growth. In P.H. Mussen (Hrsg.) Carmichael's Manual of Child Psychology. New York: Wiley, 77–155

Thayer, B. A. (2004) Darwin and international relations: On the evolutionary origins of war and ethnic conflict. University Press of Kentucky

Thompson, R.B. & Moore, K. (2000) Collaborative speech in dyadic problem solving: Evidence for preschool gender differences in early pragamtic development. Journal of Language and Social Psychology, 19, 248–255

Thürmer-Rohr, Ch. (1987) Vagabundinnen, Feministische Essays. Berlin

Thurstone, L.L. (1938) Primary mental abilities. Psychometr. Monographs, 1

Tieger, T. (1980) On the biological basis of sex differences in aggression. Child Development, 51, 943–963

Tiger, L. & Shepher, J. (1975) Women in the kibbutz. New York: Harcourt Brace Jovanovich

Tischner, W. (2008) Bildungsbenachteiligung von Jungen im Zeichen von Gender-Mainstreaming. In: M. Matzner & W. Tischner (Hrsg) Handbuch Jungen-Pädagogik. Weinheim: Beltz, 343–361

Trautner, M. (1991) Lehrbuch der Entwicklungspsychologie. Göttingen: Hogrefe

Trautner, M. (1992) The development of sex typing in children: A longitudinal analysis. German Journal of Psychology, 16, 183–199

Trautner, H.M., Gervai, J. & Nemeth, R. (2003) Appearance-reality distinction and development of gender constancy understandig in children. International Journal of Behavioral Development, 27, 275–283

Trautner, H.M., Ruble, D.N., Cyphers, L., Kirsten B., Rehrendt, R. & Hartmann, R. (2005) Rigidity and flexibility of gender stereotypes in childhood: Developmental or differential? Infant and Child Development, 14, 365–381

Trivers, R.L. (1978) Parental investment and sexual selection. In T.H. Clutton Brock & P.H. Harvey (Hrsg.) Readings in Sociobiology. Reading: Freeman, 52–97

Turiel, E. (1998) The development of morality. In W. Damon & E.N. Eisenberg (Hrsg.) Handbook of Child Psychology. Vol. 3. New York: Wiley, 863–932

Udry, J.R. & Talbert, L.M. (1988) Sex hormone effects on personality in puberty. Journal of Personality and Social Psychology, 54, 291–295

Underwood, M.K. (2003) Social aggression among girls. New York: The Guilford Press

Vandell, D.L., Belsky, J., Burchinal, M., Steinberg, L., Vandergrift, N. & NICHD Early Child Care Research Network (2010) Do effects of early child care extend to age 15 years? Results from the NICHD Study of Early Child Care and Youth Development. Child Development, 81, 737–756. doi: 10.1111/j.1467– 8624.2010.01431.x

Vogel, Ch. (1976) Ökologie, Lebensweise und Sozialverhalten der grauen Languren in verschiedenen Biotopen Indiens. Fortschritte der Verhaltensforschung (Beihefte zur Zeitschrift für Tierpsychologie) 7

Vollmer, F. (1986) Why do men have higher expectancy than women? Sex Roles, 14, 351–362

Voyer, D., Postma, A., Brake, B. & Imperato McGinley, J. (2007) Gender differences in object location memory: A meta-analysis. Psychonomic Bulletin and Review, 14, 23–38

Wai, J., Cacchio, M., Putallaz, M. & Makel, M.C. (2010) Sex differences in the right tail of cognitive abilities: A 30 year examination. Intelligence, doi: 10.1016/j.intell. 2010.04.006

Walker, L.J. (1991) Sex differences in moral reasoning. In W.M. Kurtines & J.L. Gewirtz (Hrsg.) Handbook of moral behavior and development. Vol. 2 Research. Hillsdale: Erlbaum, 333–364
Walker, S. (2005) Gender differences in the relationship between young children's peer-related social competences and individual differences in theory of mind. Journal of Genetic Psychology, 166, 297–312
Wallerstein, J.S. & Kelly, J.B. (1980) Surviving the breakup: How children and parents cope with divorce. New York: Basic Books
Walters, J.R. & Seyfarth, R.M. (1987) Conflict and cooperation. In B.B. Smuts, D.L. Cheyney, R.M. Seyfarth, R.W. Wrangham & T.T. Struhsaker (Hrsg.) Primate societies. Chicago: The University of Chicago Press, 306–317
Wawra, D. (2004) Männer und Frauen im Job Interview: Eine evolutionspsychologische Studie zu ihrem Sprachgebrauch im Englischen. Münster: LIT-Verlag
Wehner, R. & Gehring, W. (1995) Zoologie. Stuttgart: Thieme
Weinberg, M.K., Tronick, E.Z., Cohn, J.F. & Olson, K.L. (1999) Gender differences in emotional expressivity and self-regulation during early infancy. Developmental Psychology, 35, 175–188
Weiner, B. (1985) An attributional theory of achievement motivation and emotion. Psychological Review, 92, 548–573
Weinraub, M., Clemens, L.P., Sockloff, A., Ethridge, T., Gracely, E. & Myers, B. (1984) The development of sex role stereotypes in the third year: Relationships to gender labeling, gender identity, sex-typed toy preference, and family characteristics. Child Development, 55, 1493–1503
Weinzierl, E. (Hrsg.) (1980) Emanzipation der Frau. Zwischen Biologie und Ideologie. Düsseldorf: Patmos
Weisner, T.S. & Wilson-Mitchell, J.E. (1990) Nonconventional family life-styles and sex typing in six-year-olds. Child Development, 61, 1915–1933
West, M.M. & Konner, M.J. (1976) The role of the father: An anthropological view. In M. Lamb (Hrsg.) The role of the father in child development. New York: Wiley, 185–216
Whiting, B.B. & Edwards, C.P. (1973) A cross-cultural analysis of sex differences in behavior of children aged three through eleven. Journal of Social Psychology, 91, 171– 188
Whiting, B.B. & Edwards, C.P. (1988) Children of different worlds. Cambridge, MA: Harvard University Press
Whyte, M.K. (1978) The status of woman in preindustrial societies. Princeton: University Press
Williams, J.E. & Best, D.L. (1990) Measuring sex stereotypes: A multinational study. Newbury Park: Sage Publications
Williams, J.E., Satterwhite, R.C. & Best, D.L. (1999) Pancultural gender stereotypes revisisted: The five factor model. Sex Roles, 40, 513–125
Williams, Ch.L. & Pleil, K.E. (2008) Toy story: Why do monkey and human males prefer trucks? Comment on „Sex differences in rhesus monkey toy preference parallel those of children" by Hassett, Siebert and Wallen. Hormones and Behavior, 54, 355–358
Wilson, G.D. (1983) Finger length as an index of assertiveness in women. Pers Indiv Diff, 4, 111–112
Wilson, M. & Daly, M. (1992) The man who mistook his wife for a chattel. In J. Barkow, L. Cosmides & J. Tooby (Hrsg.) The adapted mind. Evolutionary psychology and the generation of culture. New York: Oxford University Press, 289–326
Witelson, S.F. (1979) Geschlechtsspezifische Unterschiede in der Neurologie der kognitiven Funktionen und ihre psychologischen, sozialen, edukativen und klinischen Implikationen. In E. Sullerot (Hrsg.) Die Wirklichkeit der Frau. München: Steinhausen, 341–368
Wolf, C.C., Ocklenburg, S., Oren, B., Becker, C., Hofstätter, A., Bös, C., Popken, M., Thorstensen, T. & Güntürkün, O. (2010) Sex differences in parking are affected by biological and social factors. Psychological Research, 74, 429–435
Wolf, T.M. (1973) Effects of life modeled sex-inappropriate play behavior in a naturalistic setting. Developmental Psychology, 9, 120–123

Wolf, T.M. (1976) Effects of life adult modeled sex-inappropriate play behavior in a naturalistic setting. Journal of Genetic Psycholology, 128, 27–32

Wood, B. (1976) The evolution of early man. Peter Lowe

Wunderer, R. & Dick, P. (1997) Frauen im Management. Besonderheiten und personalpolitische Folgerungen – eine empirische Studie. In R. Wunderer & P. Dick (Hrsg.) Frauen im Management. Neuwied: Luchterhand, 5–205

Yee, W.M. & Eccles, J.S. (1988) Parent perceptions and attributions for children's math achievement. Sex Roles, 19, 317–333

Yogman, M.W. (1982) Observations on the father-infant relationship. In S. Cath, A. Gurwitt & J.M. Ross (Hrsg.) Father and child: Developmental and clinical perspectives. Boston: Little Brown, 101–122

Zahn-Waxler, C., Cole, P. & Barrett, K. (1991) Guilt and empathy; Sex differences and implications for the development of depression. In K. Dodge & J. Garber (Hrsg.) Emotion regulation and disregulation. New York: Cambridge University Press, 243–272

Zeichner, A., Parrott, D.J. & Frey, F.C. (2003) Gender differences in laboratory aggression under response of choice conditions. Aggressive Behavior, 29, 95–106

Zmyj, N. & Bischof-Köhler, D. (2007) Gender constancy and time comprehension in early childhood. Poster presented at the Biennial Meeting of the Society for Resarch in Child Development, Boston, USA

Zosuls, K.M., Ruble, D.N., Tamis-LeMonda, C.S., Shrout, P.E., Bornstein, M.H. & Greulich, F.K. (2009) The aquisition of gender labels in infancy: Implications for sex-typed play. Developmental Psychology, 45, 688–701

Personenverzeichnis

Sachverzeichnis